Das Wissensministerium
Herausgegeben von
Peter Weingart und Niels C. Taubert

Das Wissensministerium

Ein halbes Jahrhundert Forschungs- und
Bildungspolitik in Deutschland

Herausgegeben von
Peter Weingart und Niels C. Taubert

**VELBRÜCK
WISSENSCHAFT**

Erste Auflage 2006
© Velbrück Wissenschaft, Weilerswist 2006
www.velbrueck-wissenschaft.de
Druck: Hubert & Co, Göttingen
Printed in Germany
ISBN-10: 3-938808-18-7
ISBN-13: 978-3-938808-18-4

Bibliografische Information Der Deutschen Bibliothek
Die Deutsche Bibliothek verzeichnet diese Publikation in der
Deutschen Nationalbibliografie; detaillierte bibliografische Daten
sind im Internet über http://dnb.ddb.de abrufbar.

Eine digitale Ausgabe dieses Titels in Form einer text- und
seitenidentischen PDF-Datei ist im Verlag Humanities Online
(www.humanities-online.de) erhältlich.

Inhalt

Vorwort 9

Peter Weingart und Niels C. Taubert
Das Bundesministerium für Bildung und Forschung 11

TEIL I: TECHNOLOGIEPOLITIK

Analysen

Joachim Radkau
Der atomare Ursprung der Forschungspolitik des Bundes 33

Johannes Weyer
Die Raumfahrtpolitik des Bundesforschungsministeriums 64

Alfons Bora
Technology Assessment als Politikberatung 92

Susanne Giesecke und Werner Reutter
Von der Forschungs- zur Innovationspolitik. Das Beispiel
Mikrosystemtechnik und aktuelle Herausforderungen
an das deutsche Innovationssystem durch die Konvergenz
der Spitzentechnologien 115

Erfahrungen und Standpunkte

Ernst-Joachim Meusel
Die Förderung der Großforschung durch das BMBF 144

Reimar Lüst
Zur Forschungspolitik des BMBF im Bereich der Raumfahrt 154

Uwe Thomas
Drei Jahrzehnte Forschungspolitik zur Modernisierung
der Volkswirtschaft 158

TEIL II: WISSENSCHAFTSPOLITIK

Analysen

Hariolf Grupp und Barbara Breitschopf
Innovationskultur in Deutschland. Qualitäten und Quantitäten
im letzten Jahrhundert 169

Wilhelm Krull und Simon Sommer
Die deutsche Vereinigung und die Systemevaluation der
deutschen Wissenschaftsorganisationen 200

Helmuth Trischler
Problemfall – Hoffnungsträger – Innovationsmotor: Die politische
Wahrnehmung der Vertragsforschung in Deutschland 236

Peter Weingart
Vom Umweltschutz zur Nachhaltigkeit. Förderung der
Umweltforschung im Spannungsfeld zwischen Wissenschafts-
entwicklung und Politik 268

Erfahrungen und Standpunkte

Dieter Simon
Rollenspiel: Die Wiedervereinigung der Wissenschaft 288

Gebhard Ziller
Der Weg zur gesamtdeutschen Forschungslandschaft 292

Andreas Stucke
Brauchen wir ein Forschungsministerium des Bundes? 299

TEIL III: BILDUNGSPOLITIK

Analysen

Uwe Schimank und Stefan Lange
Hochschulpolitik in der Bund-Länder-Konkurrenz 311

Ulrich Teichler
Hochschulsystem – Studium – Arbeitsmarkt. Die lehr- und
studienbezogene Hochschulpolitik des Bundesministeriums 347

Klaus Klemm
Der Bund als ›Player‹ im Feld der Schulentwicklung.
Entwicklung, Wege und Instrumente 378

Wolf-Dietrich Greinert
Berufsbildungspolitik zwischen Bundes- und Länderinteressen.
Eine historische Studie zur Klärung eines aktuellen Konflikts 403

Martin Baethge
Staatliche Berufsbildungspolitik in einem
korporatistischen System 435

Erfahrungen und Standpunkte

Klaus Landfried
Föderalismusdebatte – Ein Plädoyer 470

Hans R. Friedrich
Ergänzende Anmerkungen zum Beitrag von
Uwe Schimank und Stefan Lange ›Hochschulpolitik in
der Bund-Länder-Konkurrenz 481

Fritz Schaumann
Bildungs- und Wissenschaftspolitik des Bundes.
Unsystematische Erinnerungen 487

Verzeichnis der Abkürzungen 497
Hinweise zu den Autorinnen und Autoren 502

Vorwort

Die Zeit ist schnelllebig und in der Politik ganz besonders. Dieser Band sollte zum fünfzigsten Geburtstag des BMBF herauskommen und – so der Wunsch des Ministeriums – eine Art Festschrift sein; aber, wie es sich für ein Bildungs- und Forschungsministerium geziemt, keine hausgemachte Jubelschrift, sondern eine loyal-kritische Rückschau (wo möglich und angemessen auch nach vorn gerichtet) von Wissenschaftlern im Dialog mit Zeitzeugen aus dem Haus oder den Wissenschafts- und Bildungsorganisationen.

Dass ein solches Projekt seine Zeit braucht, wussten alle daran Beteiligten. Gleichwohl: Zunächst ging es nicht so schnell voran, wie es erforderlich gewesen wäre, und dann ging alles schneller als erwartet. Noch vor der geplanten Geburtstagsfeier kam es zu Neuwahlen und einem abermaligen Wechsel an der Spitze des Hauses. Die Feier musste wichtigeren Ereignissen des politischen Tagesgeschehens weichen. Die Herausgeber haben das nicht bedauert. Wichtiger als das ›Event‹ erschien uns die Qualität des Bandes. Dass wir ihn dennoch lange genug vor dem einundfünfzigsten Geburtstag des BMBF vorlegen können, verdanken wir zunächst der engagierten Mitarbeit der beitragenden Autoren – Geschenk und Reverenz an das Haus, dem wir alle als Forscher auch etwas verdanken. Dank gilt des weiteren Peter Ketsch für die erste Initiative zu dem Projekt und für dessen Betreuung. Schließlich danken wir Astrid Epp für die ebenso schwierigen wie wichtigen Arbeiten der Startphase, die das Projekt auf den Weg gebracht haben. Herzlichen Glückwunsch, BMBF, und wir hoffen, es gefällt.

Peter Weingart und Niels C. Taubert
Das Bundesministerium für Bildung und Forschung

Überblickt man die fünfzigjährige Geschichte des Bundesministeriums für Bildung und Forschung und dessen Vorläuferorganisationen, bietet sich ein unübersichtliches Bild: Es hieß zunächst ab 1955 ›Bundesministerium für Atomfragen‹, erhielt 1957 den Zusatz ›… und Wasserwirtschaft‹, wurde dann in ›Bundesministerium für Atomkernenergie‹ umbenannt, um ab 1962 als ›Bundesministerium für wissenschaftliche Forschung‹ bezeichnet zu werden. Ab 1969 setzte sich die Neubenennung durch eine Aufspaltung gedoppelt fort: ›Bildung und Wissenschaft‹ auf der einen, ›Forschung und Technologie‹ (mal mit, mal ohne Post- und Fernmeldewesen) auf der anderen Seite, ab 1994 dann wiedervereint als Zukunftsministerium für ›Bildung, Wissenschaft, Forschung und Technologie‹ (1994) und dann seit 1998 – semantisch verschlankt – ›Bundesministerium für Bildung und Forschung‹. Dabei ist es bis heute geblieben. Die Veränderungen spielen sich nicht nur auf der Ebene der Bezeichnung ab, sondern verweisen auch auf Entwicklungsprozesse im Zuschnitt des Ressorts und damit verbunden: jeweils mehr oder minder große Änderungen der Identität des Ministeriums, in denen sich nicht nur die Dynamik des Politischen, die Wirkungen der jeweiligen Ministerinnen und Minister, sondern auch wechselnde gesellschaftliche Problemlagen spiegeln.

Wer wird also mit diesem Band gefeiert und wer ist dieser fünfzigjährige Jubilar, dessen Gestalt sich fortwährend geändert hat und der seit seinem Ursprung im ›Atom‹ mehrere Metamorphosen durchlaufen hat? Womit wird es gerechtfertigt, von einer fünfzig Jahre währenden Kontinuität zu sprechen? Eine Begründung durch ein Kernressort als native Kompetenz des Ministeriums fällt aus, lässt die Gründung doch mehrere Entwicklungsrichtungen denkbar erscheinen: die Entwicklung hin zu einem Energieministerium, zu einem Ministerium mit hoher Affinität zur Wirtschaftspolitik oder in Richtung eines Ministeriums für Zukunftsvorsorge. Die Aufspaltung des BMWF in den 1970er und 1980er Jahren spricht ebenso gegen das Vorhandensein eines Kernressorts oder einer Kernzuständigkeit, wie der spätere Kompetenzverlust zugunsten anderer Ministerien.

Die Kontinuitäten und roten Fäden werden sichtbar, sobald man die Fixierung auf das Ministerium ablegt und stattdessen die Organisation in der Interaktion in seiner (politischen) Umwelt in den Blick nimmt. Dann wird die Identität eines Akteurs deutlich, der seine Konturen in der Auseinandersetzung mit ihr gewinnt. Diese wollen wir anhand von drei Problemfoki nachzeichnen: (1) am wechselnden Ressortzuschnitt und an der interministeriellen Konkurrenz auf Bundesebene, (2) am Föderalismus und den verflochtenen Kompetenzen von Bund und Ländern in den Bereichen Bildung und Forschung und (3) an der Einbettung des Ministeriums in eine zunehmend international geprägte Umwelt.

1. Wechselnder Ressortzuschnitt und interministerielle Konkurrenz

Der eingangs angesprochene Wandel des Ressortzuschnitts zeigt, dass – anders als bei Bundesministerien wie dem Außen-, Innen- oder Finanzministerium – offensichtlich keine ›natürlichen‹ Grenzen des Ressorts existieren, sondern die Bestimmung des Zuständigkeitsbereichs mit großer Regelmäßigkeit zum Gegenstand politischer Grenzziehungen wird. Die im Vergleich zu anderen Ministerien relative Schwäche zeigt sich nicht nur darin, dass nicht unerhebliche Zuständigkeitsbereiche zu einer Manövriermasse gehören, die zwischen den Ministerien verschoben oder bei denen dies zumindest erwogen wird,[1] sondern auch in der phasenweise auftretenden Überlagerung der Politik durch die anderer Ressorts.

(a) Besonders deutlich trat die Konkurrenz unterschiedlicher Ministerien um Kompetenzen im Zuge der Konstitution des Ministeriums als forschungspolitischer Akteur auf der Bundesebene hervor: Die Entwicklung eines für die Forschungsförderung zuständigen Ministeriums erfolgte nicht auf einen Schlag vermittels eines Gründungsaktes, sondern vollzog sich über einen längeren Zeitraum hinweg, der mit der Gründungsgeschichte des Bundesministeriums für Atomfragen beginnt und mit dem Bundesministerium für wissenschaftliche Forschung einen (vorläufigen) Endpunkt findet. Das BMAt darf nicht als ein Schmalspur-Forschungsministerium missverstanden werden, dessen Tätigkeitsbereich sich auf die Förderung nuklearer Technologien beschränkt; vielmehr war es außer mit einem nationalen Atomforschungsprogramm auch mit wirtschaftlichen Aspekten und insgeheim auch mit Fragen nach einer militärischen Option befasst.[2] Wenn man so will, war das BMAt mindestens ebenso Forschungs-, wie Energie- und Wirtschaftsministerium. Eine genuine Forschungskompetenz ist hier umso weniger zu erkennen, betrieben andere Ministerien doch bereits

---

[1] Jüngstes Beispiel stellt die Herauslösung der Kompetenzen für anwendungsnahe Technologiebereiche und deren Eingliederung in das Wirtschaftsministerium dar, das so aufgewertet nun als ›Bundesministerium für Wirtschaft und Technologie‹ firmiert.

[2] Vgl. hierzu Radkau 1983: 137 ff.

DAS BUNDESMINISTERIUM FÜR BILDUNG UND FORSCHUNG

seit längerer Zeit Ressortforschung: Zu nennen ist hier an erster Stelle das Wirtschaftsministerium, das aus dem European Recovery Program (EPR) Forschungsmittel vergab, das Innenministerium, das über eine für Wissenschaft und Hochschulen zuständige Kulturabteilung verfügte und das Landwirtschaftsministerium, das 15 landwirtschaftliche Forschungsanstalten unterhielt.[3] Aber auch durch den Zugewinn der Zuständigkeit für die Wasserwirtschaft entwickelte sich das Ministerium nun nicht stärker in Richtung ›Forschung‹ und auch nicht in Richtung eines Energieministeriums. Den verbindenden Aspekt bildete zu dieser Zeit die Zukunftsvorsorge, die sich nicht nur positiv in den Atomutopien der damaligen Zeit, sondern auch negativ als Herausforderung in der wachsenden Schadstoffbelastung der Gewässer zeigte. Erst als dem Ministerium die Kompetenz für Weltraumfahrt zugeschlagen wurde, geriet ›Forschung‹ zu der Klammer, die die unterschiedlichen Gegenstandsbereiche verband und sich auch in der Benennung als zuständig für ›Wissenschaftliche Forschung‹ niederschlug. Sowohl im Zuge der Gründung als auch während der Ausdehnung der Zuständigkeit traten andere Ministerien auf den Plan, die ihrerseits Interesse an den betreffenden Gegenstandsbereichen anmeldeten. War dies im Fall der Atomkraft das Wirtschaftsministerium, so traten an dessen Stelle bei der Raumfahrt das Bundesministerium des Inneren und das Bundesverkehrsministerium. Diese Konkurrenz um Kompetenzen bildete jedoch nicht nur eine Begleiterscheinung der Konstitutionsphase des Ministeriums, sondern setzte sich darüber hinaus auch weiter fort. Beispielhaft genannt sei hier die Abspaltung der Zuständigkeit der Luftfahrt- und Energieforschung und dessen Eingliederung in das Ministerium für Wirtschaft und Technologie in der ersten Legislaturperiode der rot-grünen Bundesregierung 1998.

(b) Auch für den zweiten Aspekt – die Überlagerung der Politik des Bildungs- und Forschungsministeriums durch die Politik anderer Ministerien – findet sich eine übergreifende Kontinuität von den Anfängen bis zur Gegenwart. Beredtes Zeugnis legen hier die Versuche ab, vermittels von Raumfahrtprogrammen Westintegration zu betreiben – und zwar mit wechselnden Partnern. Mit dem einen Programm wurde der Schulterschluss mit den USA versucht, mit dem anderen das Bündnis mit Frankreich geübt. Die über weite Strecken plan- und strategielos erscheinende Förderpolitik des Ministeriums in diesem Bereich ist also auch der Überlagerung der Forschungspolitik durch die Außenpolitik geschuldet.[4] Ein zweites Beispiel für eine solche Überlagerung – die hier allerdings im Ergebnis nicht dysfunktional gewirkt, sondern eher zur Beschleunigung ministerialen Handelns geführt hat – findet sich in den

---

3 Siehe ausführlicher Stucke 1991: 77.
4 Siehe den Beitrag von Johannes Weyer in diesem Band.

PETER WEINGART UND NIELS C. TAUBERT

Reformen des Bildungssystems der 1960er und 1970er Jahre. Die Notwendigkeit einer Intervention des Bundes wurde neben anderen Argumenten damit begründet, dass das Bereitstehen genügend qualifizierten Personals einen strategischen Stellenwert für die weitere wirtschaftliche Entwicklung einnimmt.[5] Diesem Argument folgend wurde Bildungspolitik als vorgezogene Wirtschaftspolitik betrachtet und die besondere Dringlichkeit vom Ziel des Erhalts der wirtschaftlichen Prosperität abgeleitet. Letztes Beispiel bildet die Förderung von Forschungsprojekten in der Wirtschaft.[6] Diese galten dem Wirtschaftsministerium als ein Dorn im Auge, sah es darin doch nicht nur eine versteckte Subventionierung der Wirtschaft und eine wettbewerbsverzerrende Intervention des Bundes, sondern auch einen Einbruch des Forschungsministeriums in seinen Zuständigkeitsbereich. Wenn man so will, gelang es hier dem BMBF, den Spieß umzudrehen – zumindest aus der Perspektive des anderen Ressorts.

Die Konkurrenz mit anderen Ministerien und die wechselseitige Überlagerung durch die Politiken anderer Ressorts verweist auf die relative Leichtgewichtigkeit des BMBF und seiner Vorläufer. Nicht dass es sich um ein weniger wichtiges Ministerium handelt, das sich mit einem Politikbereich von geringer Bedeutung beschäftigt, sondern dass es im politischen System nicht über eine ähnlich einflussreiche Stimme verfügt wie andere Ressorts. Hinsichtlich des Ergebnisses der Politik muss dies allerdings kein Nachteil sein, worauf eine damit verknüpfte Eigenschaft hindeutet: Das BMBF zeichnet sich durch eine hohe Responsivität bzw. eine hohe Resonanzfähigkeit in Bezug auf gesellschaftliche Problemlagen aus, die als Erwartungen an es adressiert werden. In der fünfzigjährigen Geschichte des BMBF ist die erfolgreiche Integration von Zuständigkeiten hierfür ebenso beispielhaft wie die Auflegung von Programmen zur Reaktion auf gesellschaftliche Problemlagen – erinnert sei hier an die Umweltforschung[7] – und die Förderung von neuartigen organisatorischen Strukturen, um Impulse für Innovationen zu setzen.[8] Es entspricht damit der Dynamik der wissenschaftlichen Forschung und ihrer Diffusion in alle gesellschaftlichen Bereiche. Zugleich ist unübersehbar, dass die noch immer geltende Hierarchie, in der die ›traditionellen‹ Ministerien dominieren und Forschung und Bildung am unteren Ende rangieren, ein Relikt des 19. Jahrhunderts ist und der Bedeutung des Politikfeldes in der Wissensgesellschaft des 21. Jahrhunderts nicht

5 Siehe zu den komplexen Ursachen der bildungspolitischen Konjunktur des Bundes den Beitrag von Klaus Klemm in diesem Band.
6 Siehe hierzu den Beitrag von Uwe Thomas in diesem Band.
7 Siehe hierzu den Beitrag von Peter Weingart in diesem Band.
8 Siehe hierzu den Beitrag von Susanne Giesecke und Werner Reutter in diesem Band.

gerecht wird. Vor diesem Hintergrund ist es dem Ministerium zu wünschen, dass sich der Ressortzuschnitt weniger als in der Vergangenheit nach der Logik des politischen Kräftespiels als nach der Logik eines sachgemäßen Ressortzuschnitts im Sinne einer Bündelung der Synergien zwischen Forschungsförderung und Bildungspolitik richtet.

2. Der Bundesdeutsche Föderalismus

Charakteristisch für die vom Bildungs- und Forschungsministerium bearbeiteten Politikfelder ist eine Verflechtung der Kompetenzen zwischen Bund und Ländern, die in der Bundesrepublik Deutschland im Vergleich zu anderen föderalistisch verfassten Staaten sehr stark ist (Sturm 2001: 10). Diese Kompetenzverteilung ist Deutschland nicht – wie heute oftmals behauptet wird – von den Alliierten im Zuge der Verfassungsgebung wider Willen oktroyiert worden,[9] sondern war von sämtlichen großen politischen Parteien auch so gewollt. Hintergrund bildete die in der Weimarer Republik gemachte Erfahrung, dass ein starker Zentralstaat auf der Basis eines Reichsgesetzes in der Lage ist, die Landesparlamente aufzulösen. Kurt Schumachers Formel »so föderalistisch wie möglich, so zentralistisch wie nötig« gibt die pro-föderalistische Stimmung dieser Zeit gut wieder.

War der Föderalismus bundesdeutscher Prägung schon qua Verfassung auf das Prinzip der Verflechtung festgelegt, wurde der entscheidende Schritt in Richtung eines kooperativen Föderalismus (Dästner 2001: 155) mit der während der Großen Koalition ab 1964 auf den Weg gebrachten und am 12. 5. 1969 verabschiedeten Finanzverfassungsreform getan. Hier wurden mit § 91 a und § 91 b echte Gemeinschaftsaufgaben definiert, die vorher durchweg in den Kompetenzbereich der Länder fielen und nun gleichermaßen von Bund und Ländern entschieden und finanziert werden sollten (Scharpf 1985: 327). Die Beschneidung der Kompetenz der Länder (Klatt 2000: 11) wurde durch die Beteiligung an Entscheidungen kompensiert. Betrachtet man die rechtliche Grundlage von Bildungs- und Forschungspolitik, so lässt sich feststellen, dass die Verflechtungen in diesem Bereich besonders stark ausfallen:

Im Bereich der Forschungspolitik besitzt der Bund zwar die Kompetenz, ein Forschungsförderungsgesetz zu erlassen, hat bislang jedoch hiervon keinen Gebrauch gemacht, um einen Konflikt mit den Ländern zu vermeiden.[10] Forschungsförderung findet daher vorrangig in Ab-

---

9 Vgl. für die Diskussion um die Gestaltung der Verfassung innerhalb der CDU Ley 1978.
10 Siehe hierzu auch den Beitrag von Ernst-Joachim Meusel in diesem Band.

stimmung und in Einvernehmen mit den Ländern statt, die Forschungspolitik des Bundes orientiert sich daher nicht nur an den Prinzipien des sachgemäßen Entscheidens, sondern auch an der Gleichmäßigkeit der zu verteilenden Mittel. Wo welche Institute gebaut werden und wie sich deren Ausstattung gestaltet, ist im Ergebnis nicht nur abhängig von den politischen Zielsetzungen des Ministeriums und der Kassenlage des Bundes, sondern ebenfalls von der Logik der beiden Entscheidungsebenen des bundesdeutschen Föderalismus.

Im Bereich der Hochschulpolitik verfügt der Bund über eine Rahmengesetzgebungskompetenz, die das Bundesverfassungsgericht – siehe die Urteile der jüngeren Vergangenheit – allerdings äußerst eng interpretiert. So hat den Ländern ein angemessener Gestaltungsspielraum (und damit Platz für eine länderspezifische Hochschulgesetzgebung) zu bleiben; der Bund darf also im Hochschulrahmengesetz keine vollzugsfähigen Normen vorgeben.[11] Auch hier ist Einvernehmen mit den Ländern gefragt, um die Hochschulen neuen Herausforderungen anzupassen, diese zu reformieren und gleichzeitig eine verfassungsrichterliche Abklärung der Zuständigkeiten zu vermeiden – die dann womöglich einen entsprechenden Gesichtsverlust des Bundes nach sich ziehen könnte. Im Bereich des Hochschulbaus hat der Bund in den 1970er Jahren mit dem neu ins Grundgesetz aufgenommenen § 91a Kompetenzen hinzugewonnen. Zwar können mit dieser Infrastrukturaufgabe personelle und strukturelle Entscheidungen an den Hochschulen präformiert werden – der Charakter der Gemeinschaftsaufgabe sieht aber wiederum das Einvernehmen mit den Ländern vor, so dass der Einfluss des Bundes auch hier häufig neutralisiert werden kann.

Im Bereich der schulischen Bildung besitzt der Bund keine genuinen Kompetenzen, so dass er – sofern er schulpolitische Ambitionen entwickelt – auf indirekte Mittel ausweichen muss. Unübersichtlicher noch ist die Lage im Bereich der beruflichen Bildung durch die Verknüpfung der Lernorte Betrieb und Schule. Während die berufsschulische Zuständigkeit bei den Ländern liegt, nimmt der Bund die Kompetenzen für den betrieblichen Teil der Ausbildung wahr und agiert zwischen den Tarifparteien häufig als Moderator. Die Zuordnung der Zuständigkeiten auf die unterschiedlichen Entscheidungsebenen und die Beteiligung von Dritten (Arbeitgeber- und Arbeitnehmerverbände) führt hier zu einer unerquicklich geringen Koordination der Lehrinhalte innerhalb dieser beiden Bestandteile der Berufsausbildung.[12]

---

11 Siehe ausführlicher zu den Spielräumen und Grenzen der Hochschulpolitik des Bundes insbesondere den Beitrag von Uwe Schimank und Stefan Lange in diesem Band.
12 Siehe hierzu den Beitrag von Wolf-Dietrich Greinert in diesem Band.

Die Schwierigkeiten und Probleme des Entscheidungswegs im bundesdeutschen Föderalismus allgemein und im Bildungsföderalismus im Besonderen lassen sich mit dem Begriff ›Politikverflechtungsfalle‹ (Scharpf) reflektieren. Hiermit sind Zwei-Ebenen-Entscheidungsstrukturen gemeint, bei denen beide gewählt sind, sich damit gegenüber einem Publikum bzw. einer Wählerschaft zu verantworten haben, und die höhere Ebene aufgrund der Abstimmungsregeln (Einstimmigkeit oder qualifizierte Mehrheit) auf die Zustimmung der unteren Ebene angewiesen ist.[13] Aus ihrer inneren Logik heraus neigen diese Strukturen dazu, sich entweder selbst zu blockieren oder »ineffiziente und problem-unangemessene Entscheidungen« zu erzeugen. Gleichzeitig sind sie unfähig, »die institutionellen Bedingungen ihrer Entscheidungslogik zu verändern – weder in Richtung auf mehr Integration noch in Richtung auf Desintegration« (Scharpf 1985: 350), eben weil die Veränderung dieser Entscheidungsstrukturen wiederum nur durch die Zustimmung beider Entscheidungsebenen erreicht werden kann. Die Verflechtung von Politik gerät zur Falle – siehe die jüngsten Versuche einer Förderalismusreform.[14] Auch der Druck der Öffentlichkeit läuft ins Leere, da sich die Verantwortung für Nicht-Entscheiden und Blockade zwischen den beiden Entscheidungsebenen diffusioniert und keinem Beteiligten eindeutig zugerechnet werden kann. Wegen der Verflechtung der Entscheidungskompetenzen existiert im Bereich der Bildungs- und Forschungspolitik eine Reihe von Organisationen, in denen die Interessen von Bund und Ländern aufeinander treffen und in zum Teil schwierigen und langwierigen Entscheidungsprozeduren Kompromisse ausgehandelt werden. Zu nennen sind hier der Wissenschaftsrat, die Bund-Länder-Kommission für Bildungsplanung und Forschungsförderung, der mittlerweile aufgelöste Bildungsrat, der Deutsche Ausschuss und das Forum Bildung.

Trotzdem ist auch unter diesen offensichtlich ungünstigen Bedingungen Politik möglich, wenn auch häufig an das Vorhandensein von günstigen Situationen geknüpft. In der Bildungspolitik finden sich hier viele Beispiele.[15] Die jüngsten Novellen des Hochschulrahmengesetzes zeigen

---

13 Vgl. zum Begriff ›Politikverflechtung‹ insbesondere Scharpf 1985: 337.
14 »Aber in auf Dauer angelegten Entscheidungs-Systemen ohne Exit-Option oder mit hohen Austritts-Kosten ändert sich die Rückfall-Regel. Mit zunehmender Regelungsdichte bedeutet Nicht-Einigung immer häufiger die Weitergeltung früherer Beschlüsse und nicht die Rückkehr in einen Zustand ohne kollektive Regelung.« (Scharpf 1985: 337).
15 Siehe hierzu den Beitrag von Klaus Klemm für den Bereich der schulischen Bildungspolitik und die Beiträge von Ulrich Teichler sowie Uwe Schimank/Stefan Lange für den Bereich der Hochschulpolitik in diesem Band.

demgegenüber, dass eine konfrontative Politik – im ungünstigsten Fall mit der postulierten Ambition, die Länderhoheiten zu beschneiden – nahezu zwangsläufig in die Blockade führt und dass eine erfolgreiche Politik bei der derzeitigen Kompetenzverteilung nur im Einvernehmen im Sinne eines kooperativen Föderalismus möglich ist. Nimmt man die vergangenen Reformversuche als Anhaltspunkt, so stehen die Chancen für eine Reform der Entscheidungsstruktur schlecht. Sie sollte sich aber – wie von der Kommission zur Modernisierung der Bundesstaatlichen Ordnung (Förderalismuskommission) ja auch vorgeschlagen – in Richtung einer Entflechtung von Entscheidungskompetenzen bewegen.

3. Internationalisierung und Europäische Integration

Unseren dritten Problemfokus, mit dem wir die Gestalt des Ministeriums für Bildung und Forschung bestimmen wollen, bilden die internationalen und hier insbesondere die europäischen Kräfteverhältnisse, in die es eingebunden ist. Im Bereich der Forschungspolitik reicht die Internationalisierung sehr weit zurück. Es ist schließlich ein allgemeines Merkmal wissenschaftlicher Communities, sich nicht an nationalen sondern an disziplinären Grenzen zu orientieren. Forschungsförderung hat dem Rechnung zu tragen, auch wenn hier neben den Bedürfnissen und Ansprüchen der Communities noch andere Faktoren virulent werden.

In der Frühzeit des Ministeriums für Atomfragen Mitte der 1950er Jahre bildeten die weltweit geringe Erfahrung im Reaktorbetrieb und eine Vielzahl in frage kommender Varianten die Rahmenbedingungen atompolitischer Entscheidungen. Die umfangreichen aber dennoch beschränkten Mittel für die Förderung der Technologie und der Variantenreichtum möglicher Optionen kulminierten in einer zu hohen Komplexität bei der Entscheidung, sich auf eine Strategie festzulegen. Dies führte nicht nur auf Seiten der Wissenschaftler sondern auch bei der Atomkommission und den politischen Entscheidungsträgern zu ausgedehnten Reiseaktivitäten, bei denen sich die Akteure vor allen Dingen in den USA und in Großbritannien über den Stand der Entwicklung informierten (Radkau 1983: 54 f.). Neben diesem Interesse an einem Erfahrungsaustausch (trotz der allgemeinen Wahrnehmung eines Wettlaufs der Nationen auf diesem Gebiet) gab es auch ein Interesse an der Verteilung der hohen Entwicklungskosten des zu errichtenden nuklearen Brennstoffkreislaufs auf mehrere Länder, das entgegen aller Kritik 1957 zur Gründung der Europäischen Atomgemeinschaft (Euratom) führte (Radkau 1983: 70). Zwar stellt Euratom keine Kooperation dar, die sich auf Forschungsföderung bzw. die Projektträgerschaft beschränkt, sondern ist mindestens ebenso ökonomisches Instrument – sie beinhaltet aber eben auch diese Dimension einer europäischen Koordination der Forschungsförderung, was sich u. a. in den vier Forschungsanstalten einer ›Gemeinsamen Forschungsstelle‹ zeigt (Starbatty/Vetterlein 1990: 20).[16] In diesen frühen Versuchen einer die Grenzen der Nationen übergreifenden Kooperation tauchen nun allerdings strukturell angelegte Konfliktpotentiale auf. Sobald industrielle Interessen im Spiel sind, ist Koordination und Austausch von Erkenntnissen kaum noch möglich, oder, wie in diesem Fall: die Bemühungen um eine gemeinsame Entwicklung scheitert dann, sobald jedes der Mitgliedsländer einen Reaktortyp auf den Markt bringen will und die ehemaligen Kooperationspartner sich nunmehr als Konkurrenten wahrnehmen (Radkau 1983: 316).

Weitere frühe, die Grenzen der Staaten übergreifende Kooperationen finden sich auch im Bereich der Weltraumfahrt. Deren Ausgangspunkt bildete nicht zuletzt der hohe finanzielle Bedarf, der die Leistungsfähigkeit vieler Länder und phasenweise selbst die der USA überforderte. Die Raumfahrt ist dabei ein exemplarisches Feld, auf dem sich die Forschungspolitiker beteiligter Staaten um eine möglichst günstige Positionierung ihrer Länder und Aufholen oder Aufrechterhalten der technologischen Vorsprünge bemühen. Hier versuchen die Akteure, finanzielle Lasten zu delegieren und Wissensgewinne zu monopolisieren. In diesem Spiel war Deutschland häufiger der Verlierer (vgl. hierzu den Beitrag von Weyer in diesem Band), vielleicht nicht zuletzt deshalb, weil neben forschungspolitischen auch außenpolitische Zielsetzungen verfolgt wurden (s. o.).

Im Zuge der Europäischen Einigung wurden Kompetenzen an die europäische Kommission delegiert; diese waren zunächst in Artikel 235 EWG-Vertrag, ab 1987 dann in Artikel 130f-q EWG-Vertrag und ab 1997 in Artikel 163-173 EU-Vertrag festgelegt. Forschungs- und Technologiepolitik wird in Form eines fünfjährigen Rahmenprogramms festgeschrieben, das auf Vorschlag der Kommission gemeinsam von Rat und Parlament verabschiedet wird. Das finanzielle Volumen des Rahmenprogramms stieg dabei von 5,396 Mrd. ECU (2. Rahmenprogramm) über 6,600 Mrd. ECU (3. Rahmenprogramm), 12,300 Mrd. ECU (4. Rahmenprogramm) und 14,96 Mrd. Euro auf 17,5 Mrd. Euro im sechsten Rahmenprogramm (BMBF 1998: 222; 2002: 490). Mit diesem Umfang kann die Europäische Forschungs- und Technologieförderung nicht mehr als leichtgewichtig bezeichnet werden; vielmehr ist mit dieser Entwicklung eine neue Ebene im Bereich der Technologiepolitik entstanden. Neben der finanziellen Förderung verfügt die Europäische Kommission auch die Kompetenzen zur Koordination der Forschung in Europa, wobei sie hiervon neben der Setzung von Schwerpunkten in ihren Rahmenprogrammen bislang noch keinen intensiven Gebrauch gemacht hat. Der Grund dafür dürfte darin liegen, dass es wegen der

---

16 Diese Zahl ist mittlerweile auf acht angewachsen (BMBF 2002: 489).

Entscheidungsmodalitäten kaum möglich ist, gegen deren Willen den EU-Ländern Vorschriften bezüglich der Schwerpunktsetzung im Bereich ihrer nationalen Forschungsförderung zu machen. Die Entscheidungslogik schlägt sich dann auch im Profil der Förderung nieder: Diese ist das Resultat eines sorgfältig ausgewogenen Kompromisses zwischen den Interessen der wissenschaftlich-technologisch fortgeschritteneren Länder an weitergehenden Erkenntnissen im Bereich der Hochtechnologien und den weniger technisierten Ländern mit Interessen an einer nachholenden Entwicklung.

Die grenzüberschreitende Forschungsförderung beschränkt sich bei weitem nicht auf die forschungs- und technologiepolitischen Aktivitäten der Kommission. Es bleibt den Mitgliedstaaten der EU unbenommen, in Form von bi- und multilateralen Kooperationen grenzübergreifende Forschungspolitik zu betreiben, eine Option, die häufig gewählt wird und die vom Volumen her die Rahmenprogramme bislang noch übertrifft. Allein die ESA als bei weitem größte Organisation erhielt zwischen 1998-2002 Mittel im Umfang von mehr als 10 Mrd. Euro (BMBF 2002: 506). Andere Beispiele für multilaterale Kooperationen bilden die unter dem EIROforum zusammengeschlossenen Wissenschaftseinrichtungen CERN, ILL, ESO, EMBL, EFDA und ESRF. Es lässt sich festhalten: mit der Europäischen Einigung ist eine weitere Ebene entstanden, auf der Forschungs- und Technologiepolitik gemacht wird – aus deutscher Sicht wird der Föderalismus um eine Entscheidungsebene erweitert, die sich in ihrem Verhältnis zum Bund nun allerdings in einem wesentlichen Punkt unterscheidet. Zwar ist EU-Forschungsförderung nur durch die Zustimmung einer qualifizierten Mehrheit zum Rahmenprogramm möglich, die jeweiligen Staaten besitzen jedoch im Fall einer Nichteinigung die Alternative, multilateral Forschungspolitik jenseits der EU zu betreiben und dort zu fördern, wo aus finanziellen Gründen oder aufgrund des Zuschnitts des Forschungsgegenstands ein grenzübergreifendes Vorgehen notwendig ist. Im Unterschied zur föderalistischen Entscheidungsstruktur besteht also *kein* Einigungszwang. Daher ist es wünschenswert, dass beide Wege der Forschungsförderung erhalten bleiben und nicht im Topf der EU aufgelöst werden, so dass dem BMBF als internationalem Makler der forschungspolitischen Interessen Deutschlands weiterhin Spielräume bleiben.

Die Europäisierung betrifft nun nicht nur den Bereich der Forschungspolitik, sondern tangiert auch in vielfältiger Weise den Tätigkeitsbereich ›Bildung‹. Mittlerweile ist der Bologna-Prozess mit der Anpassung von Studiengängen und Abschlüssen auf europäischer Ebene, der Einführung des Leistungspunktesystems und den Abschlüssen BA und MA weit vorangekommen. In diesem Prozess hat das BMBF eine treibende Rolle gespielt, wobei die Ergebnisse indes zweischneidig sind: Der Vorteil einer Vereinheitlichung auf der semantischen Ebene wird letztlich mit dem Nachteil erkauft, die eingeführte und qualitätsverbürgende ›Marke‹ Diplom zu opfern und nicht nur die Studierenden mit dem Risiko zu belasten, einen Kompetenznachweis zu erwerben, dessen Wert noch nicht bekannt ist, sondern auch in den Personalabteilungen von Unternehmen Anpassungskosten zu verursachen. Ob die gewünschten Steuerungseffekte des Abbaus von Hürden auf einem sich internationalisierenden Arbeitsmarkt damit tatsächlich erreicht werden, lässt sich wohl erst mit einiger zeitlicher Distanz feststellen.

4. Die Beiträge des Bandes[17]

Der deutsche politische Diskurs um Bildungs- und Forschungspolitik zeichnet sich durch einen merkwürdigen, beinahe nicht nachvollziehbaren Widerspruch aus. In den Sonntagsreden der Politiker bestehen Vertreter aller Parteien und aller Regierungen seit vielen Jahren immer wieder und nachdrücklich darauf, dass Bildung und Forschung die wichtigsten Ressourcen eines rohstoffarmen Landes wie Deutschland bilden und für ein gesundes Wirtschaftswachstum unerlässlich sind, und dennoch tun sich alle schwer, den Worten entsprechende Taten folgen zu lassen. Weder erreicht Deutschland bis 2010 die 3 Prozent Marke des Anteils der Forschungsausgaben am Bruttoinlandsprodukt, noch werden seine Schülerinnen und Schüler in absehbarer Zeit in die Nähe des finnischen Niveaus beim PISA-Ländervergleich gelangen. Das BMBF hat gegenüber den klassischen Ministerien Innen, Außen, Finanzen und Justiz einen untergeordneten Kabinettsrang, und nur wenige Ministerien hatten einen häufigeren Wechsel des Chefs zu verzeichnen[18] – ein Umstand, der auf eine vergleichsweise geringe Attraktivität des Ministeriums als Betätigungsfeld für Politiker hindeutet. Gerade weil sich das Ministerium für Bildung und Forschung im Tagesgeschäft nicht immer uneingeschränkter Unterstützung erfreut, kann man die kontrafaktische Frage stellen: »Was wäre, wenn es das BMBF nicht geben würde und nie gegeben hätte?«[19]

17 In diesem Sammelband finden sich sowohl Beiträge in der alten als auch in der neuen Rechtschreibung. Die Wahl der Schreibung blieb aus praktischen Gründen den Autoren überlassen.
18 Es folgen dem Ministerium für Raumordnung, Bauwesen, Städtebau und Verkehr mit 20, das Justizministerium mit 19 und das Finanzministerium mit 17 Ministerinnen und Ministern. Unübertroffen ist die durch die Aufspaltung des Ministeriums in ›Bildung‹ einerseits und ›Forschung‹ andererseits sich ergebende Zahl von zusammengenommen 22 Ministerinnen und Ministern.
19 Vgl. hierzu auch ausführlicher den Beitrag von Andreas Stucke in diesem Band.

Dass die Frage nicht so abwegig ist, wie sie auf den ersten Blick erscheint, zeigt der Vergleich mit anderen Ländern. Forschungs- oder Wissenschaftsministerien gehören keineswegs zur selbstverständlichen Ausstattung der Regierungssysteme moderner Industriestaaten, von Staaten der so genannten ›Dritten Welt‹ ganz abgesehen. Es gibt sie erst seit etwa 1950. Allerdings steigt seitdem die Zahl der Länder, die über Wissenschaftsministerien verfügen, stetig an, sodass 1990 mehr als 70 Nationen ein solches Ministerium hatten (Yong 2003: 121). Es gibt zumindest eine prominente Ausnahme von dieser Entwicklung, die USA. Selbst England, das sich hinsichtlich des Volumens und der Anerkennung seiner wissenschaftlichen Veröffentlichungen sowie der gewonnenen Preise an zweiter Stelle in der Welt sieht, leistet sich ›nur‹ ein *Office of Science and Technology* (OST), das im *Department of Trade and Industry* angesiedelt ist. Der *Secretary of State for Trade and Industry* ist gleichzeitig der *Cabinet Minister of Science and Technology*. Die Beispiele zeigen, dass alternative Formen der Organisation von Forschungs- und Bildungspolitik denkbar sind.

Die Frage ist noch aus einem anderen Grund berechtigt. Eine Untersuchung der Anlässe, derentwegen die Wissenschaftsministerien gegründet worden sind, ergibt einen überraschenden Befund. Die ersten Gründungen (Neuseeland 1949) lassen sich noch funktional erklären: Eine hinreichend komplexe wissenschaftliche und technologische Infrastruktur lässt eine zentralstaatliche Verwaltung geraten erscheinen. Aber viele der Gründungen in der Folgezeit gehen auf das Nachahmen von Vorbildern, des Verhaltens ›relevanter Nachbarstaaten‹, zurück, begünstigt durch die Kommunikation mit internationalen Organisationen wie der OECD oder der UNESCO (Yong 2003: 134). Ist das Bildungs- und Forschungsministerium im Fall von Deutschland also entbehrliches Überbleibsel einer Orientierung am Vorbild Anderer? Dagegen spricht, dass das Wachstum des Ministeriums Hand in Hand ging mit dem Wachstum der Forschungsinfrastruktur und sich diese beiden Prozesse offenbar wechselseitig stabilisieren konnten. Es kann daher begründet vermutet werden, dass das Ministerium einen erheblichen Anteil an der Art und Weise hat, wie sich das deutsche Innovationssystem heute darstellt – wenngleich zu Beginn der Entwicklung sicherlich auch andere Wege offen standen. Eine abschließende Antwort auf die Frage nach den Erträgen von fünfzig Jahren Forschungs- und Bildungspolitik, die möglicherweise auch hätten ausbleiben können, hätte es das Ministerium nicht gegeben, kann diese Einleitung nicht anbieten. Die Beiträge dieses Bandes geben jedoch Teilantworten, in denen neben der ›Logik‹, nach denen die betreffenden Politikfelder ›funktionieren‹, sowohl Ergebnisse und Erfolge als auch Rückschläge und Misserfolge zur Sprache kommen. Zusammengenommen geben sie eine – unvollständige – Übersicht über das, was ein Bildungs- und Forschungsministerium in der Vergangenheit zu leisten in der Lage war – und was in der Zukunft von ihm erhofft werden kann – aber auch darüber, wozu es eben nicht in der Lage war – mit entsprechenden Schlussfolgerungen, welche Erwartungen wahrscheinlich auch in Zukunft enttäuscht werden. Letztere sind dann allerdings überwiegend vom Leser zu ziehen.

Technologiepolitik

In den Bereich der Technologiepolitik fallen vier analytische Beiträge, die durch weitere drei Erfahrungs- oder Standpunktberichte ergänzt werden: Zu den Ursprüngen des Ministeriums in ›Atomfragen‹ begibt sich Joachim Radkau, der seinen Beitrag zwischen den Atomutopien der Anfangsjahre und dem Entstehen von Protest gegen die Atomkraft aufspannt. Neben dem Beratungsdilemma atompolitischer Entscheidungen diskutiert er das langsame Entstehen eines für die Forschung zuständigen Ministeriums und die Transformationen der Wahrnehmung dieser Technologie. Das Atom mit charismatischen Qualitäten verliert seine Ausstrahlung im Zuge seiner Manifestation als Realität in Beton. Von der Chronologie her schließt der Beitrag von Johannes Weyer hier an, der die Weltraumfahrtpolitik zum Gegenstand hat, also diejenige Technologie, die dafür gesorgt hat, dass ›Forschungsförderung‹ in das Portfolio des Ministeriums gerät. Der Autor interessiert sich dabei insbesondere für die Interessenlagen und Aushandlungsprozesse auf internationaler Ebene, auf der die divergierenden Interessen verschiedener Staaten aufeinander treffen. Die internationale Kräftekonstellation und die Überlagerung der Politik des BMBF durch die anderer Ressorts führen im Ergebnis zu teuren Fehlschlägen, inkonsistenten Strategien und Widersprüchlichkeiten der bundesdeutschen Raumfahrtpolitik.

Alfons Bora befasst sich mit den Ursachen der Entstehung von Technikfolgenabschätzung und -bewertung (TA), die er in den großtechnologischen Risiken einerseits und der funktionalen Differenzierung moderner Gesellschaften andererseits sieht. Diese Faktorenkombination führt dazu, dass die Erwartung eines wirksamen Schutzes vor Risiken bei gleichzeitiger Förderung von Technik typischerweise an die Politik adressiert wird, die sich in Reaktion darauf TA als Beratungsinstrument schafft. Hier wird versucht vermittels Partizipation soziale Diversität durch Argumente sachlich aufzulösen. Zugespitzt kann das Engagement des BMBF in diesem Bereich daher als Bemühung verstanden werden, indirekte soziale Folgen der Förderungsaktivitäten (Technikkonflikte) durch TA wieder einzuholen. Die Förderpolitik des BMBF in einem noch jungen Technologiebereich – der Mikrosystemtechnik – bildet den Gegenstand des Beitrags von Susanne Giesecke und Werner Reutter. An diesem Beispiel lassen sich neue Entwicklungen in der

Innovationsförderung ablesen. Die wesentlichen Veränderungen bestehen in der Förderung der organisatorischen Dimension der Innovation (Vernetzung von Akteuren) statt bloßer Technologieförderung sowie in der holistischen Perspektive des BMBF, die sämtliche Phasen des Innovationsgeschehens umfasst.

Die Beiträge mit kommentierendem Charakter werden angeführt von Ernst-Joachim Meusel, der sich die rechtlichen Grundlagen, die wesentlichen Instrumente und die administrativen Rahmenbedingungen der staatlichen Förderung von Großforschung zum Gegenstand nimmt. Die Einschätzung der relevanten Akteure und die Bewertung der Aktivität des Bundes runden den Artikel ab und lassen den Standpunkt des Autors erkennen. Im Beitrag von Reimar Lüst steht die Forschungspolitik des BMBF im Bereich der Wissenschaft für die Weltraumforschung und Raumfahrttechnik im Mittelpunkt. Er gibt eine Übersicht über die Organisation der bundesdeutschen Raumfahrtforschung und einschlägige Projekte. Er vervollständigt dieses Bild durch die Schilderung persönlicher Erinnerungen an die in diesem Politikbereich tätigen Personen im Ministerium. Die Frage nach dem Beitrag der Forschungspolitik des Ministeriums für die Modernisierung der Volkswirtschaft stellt der ehemalige Staatssekretär Uwe Thomas und gibt hieran anschließend eine Übersicht über die Konjunkturen verschiedener Förderschwerpunkte: Den Ausgangspunkt bildet die Diagnose eines ›technological gap‹ zu den USA in den siebziger Jahren, dem Förderaktivitäten für kleine und mittelständische Unternehmen, die Humanisierung des Arbeitslebens und verschiedene andere Modellversuche folgen. Vor dem Hintergrund dieser historischen Entwicklung bewertet der Autor die Zersplitterung von Kompetenzen zwischen Forschungs- und Innovationspolitik – wie sie aktuell zu beobachten ist – als problematisch.

Wissenschaftspolitik

Eine Vermessung des deutschen Innovationssystems leisten Hariolf Grupp und Barbara Breitschopf, die so gleichzeitig den thematischen Rahmen dieses Teils des Bandes abstecken. Anhand quantitativer Maßzahlen geben sie eine Übersicht über die öffentliche und privatwirtschaftliche Forschungsförderung und bestimmen den Beitrag des Forschungsministeriums für Innovationsaktivitäten innerhalb Deutschlands. Anhand der Nachzeichnung von ›Karrieren‹ bestimmter Technologiebereiche wird deutlich, wie sich die Art der Förderung im Verlauf der Annäherung einer Technologie an den Markt verändert. Ebenfalls einen großen Teil des Bereichs der Wissenschaftslandschaft schließt der Beitrag von Wilhelm Krull und Simon Sommer ein, mit dem sie die Evaluationen des deutschen Forschungssystems in Folge

DAS BUNDESMINISTERIUM FÜR BILDUNG UND FORSCHUNG

der Wiedervereinigung reflektieren. Im systematischen Durchgang der Wissenschaftsorganisationen analysieren sie den Verlauf und Erfolg der Leistungsbewertung vermittels dieses Instruments und zeigen so, wie wertvolle Impulse für eine Reform der Organisationen wissenschaftlicher Selbststeuerung gesetzt werden konnten.

Der Beitrag von Helmut Trischler beschäftigt sich mit einem bestimmten Typus von Forschung – der Vertragsforschung in Deutschland – und den mit ihrer Förderung verbundenen Befürchtungen, Hoffnungen und Wünschen des Forschungsministeriums. Das zentrale Anliegen besteht darin, die erfolgreich verlaufende Ausrichtung der Fraunhofer-Gesellschaft in Richtung erhöhter Wettbewerbsorientierung nachzuzeichnen, dabei zentrale Problemfelder und Aushandlungszonen der bundesdeutschen Forschungspolitik herauszuarbeiten und gleichzeitig die Grenzen staatlicher Lenkungsversuche in diesem Bereich zu bestimmen. Peter Weingart beleuchtet die Entstehung der Umweltforschung in Deutschland und die Rolle des BMBW und BMFT in diesem Prozess. Unter systematischen Gesichtspunkten ist an der Entwicklung interessant, dass zum einen eine Normalisierung und Trivialisierung der Umweltforschung im Verlaufe der Zeit zu beobachten ist, Umwelt also zum Querschnittsthema wird. Zum anderen lässt sich an ihr beobachten, wie die Warnung der Wissenschaft politische Reaktionen einer Steuerung von Zielsetzungen der Wissenschaft (Politisierung) provoziert und damit die Voraussetzung für eine Verwissenschaftlichung der Politik geschaffen wird.

Der Beitrag von Dieter Simon schließt an die Ausführungen von Wilhelm Krull und Simon Sommer an, indem er über die Wiedervereinigung und die Neustrukturierung der Wissenschaftslandschaft durch das Instrument Evaluation berichtet. Der Beitrag zeichnet ein von persönlichen Einschätzungen gefärbtes lebendiges Bild dieser Entwicklung und der Rollen, die die daran beteiligten Personen gespielt haben und gelangt zu einer differenzierten Bewertung des Erreichten. Auch Gebhard Ziller stellt die Wiedervereinigung in das Zentrum seines Beitrags, allerdings mit vorrangigem Interesse an der organisatorischen Dimension, wozu die Kooperation verschiedener Organisationen bei der Anwendung des Bewertungsinstruments ›Evaluation‹ und deren Umsetzung im Rahmen der KAI-AdW zählt. Diesen Teil abschließend stellt Andreas Stucke die ketzerische Frage nach der Notwendigkeit der Existenz eines Bundesforschungsministeriums und kommt nach einer Durchsicht der Rollen, die es im Verlauf seiner Geschichte gespielt hat, zu einem durchaus positiven Urteil: Neben der Notwendigkeit eines Akteurs mit einer länderübergreifenden, gesamtstaatlichen Perspektive ist es vor allen Dingen der zu befürchtende Verlust des Stellenwerts von Bildung und Forschung sowie die zunehmend wichtiger werdende Vertretung der deutschen Interessen auf europäischer Ebene, die für das

Ministerium und gegen die Alternative einer horizontalen Selbstkoordination der Länder sprechen.

Bildungspolitik

In den Themenbereich der Hochschulpolitik fallen die Beiträge von Ulrich Teichler sowie von Uwe Schimank und Stefan Lange. Der Schwerpunkt von Teichlers Beitrag liegt auf den substantiellen Inhalten und Ergebnissen der Politik (policy) des Bundes und hier insbesondere des Ministeriums. Er gibt eine Übersicht über die hier relevanten rechtlichen Grundlagen sowie deren Entwicklung und stellt die wichtigsten Initiativen und Vorhaben des BMBF und seiner Vorläufer vor. Zwar mögen die einzelnen Projekte des Bundes kontrovers beurteilt werden, in der Zusammenschau kommt Teichler jedoch zu dem Schluss, dass der Bund trotz geringer formaler Kompetenzen auf unterschiedlichen Wegen großen Einfluss ausgeübt und wichtige Impulse gesetzt hat. Schimank und Lange interessieren sich demgegenüber stärker für die Strategien und Wege vermittels derer das Ministerium Einfluss ausübt (politics). Die Autoren arbeiten dabei heraus, dass der Einfluss des Bundes an das Vorhandensein einer Gelegenheitsstruktur mit der Faktorenkombination ›Mittelknappheit der Länder‹ bei gleichzeitigen ›finanziellen Spielräumen des Bundes‹ gebunden ist und zu einer Strategie des sich-Einkaufens führt. Steuerungseffekte werden aber auch auf dem Weg der Programm- und Projektförderung erreicht, die – so das abschließende Urteil der Autoren – gegenüber einer institutionellen Mitträgerschaft keineswegs Mittel zweiter Wahl darstellen müssen.

Thema des Beitrags von Klaus Klemm bildet der Einfluss des Bundes im Bereich der schulischen Bildung. Interessant ist hier, dass der Bund trotz äußerst eingeschränkter Zuständigkeit zum Teil recht erfolgreiche Schulpolitik betrieben hat, die aber – ebenso wie es Schimank und Lange für den Bereich der Hochschulpolitik analysieren – an eine günstige Kombination von Faktoren gebunden ist. Förderlich für den Einfluss im Bereich der schulischen Bildungspolitik ist die öffentliche Wahrnehmung einer Krise, die als Bedrohung zukünftiger wirtschaftlicher Prosperität und als Erschränkung von Bürgerrechten interpretiert wird. Sie wird noch durch internationale Vergleichsstudien verstärkt, in denen das Schulsystem der Bundesrepublik wenig schmeichelhaft abschneidet. Auch in diesem Handlungsbereich des BMBF geht der Einfluss zurück, sobald die Gelegenheitsstruktur verschwindet.

Wolf-Dietrich Greinert fokussiert seine Überblicksdarstellung zur Entwicklung der beruflichen Bildung auf die Frage nach der Koordination zwischen den beiden Lernorten Schule und Betrieb innerhalb des dualen Systems. Das weitgehende Ausbleiben einer Abstimmung ist letztlich einer komplexen Verteilung von Kompetenzen geschuldet: In der dualen Berufsausbildung sind die Länder zuständig für den Bereich der berufsschulischen Bildung, während der Bund den gesetzlichen Rahmen für den Lernort Betrieb setzt. Hier kommen allerdings die organisierten Interessen der Tarifparteien ins Spiel, so dass eine Integration beider Ausbildungsbestandteile in eine curriculare Planung nicht nur unter der Kompetenzverflechtung zwischen Bund und Ländern, sondern auch unter den einander widerstrebenden Interessen der Tarifparteien leidet.

Der Beitrag von Martin Baethge stellt die korporatistische Dimension der beruflichen Bildungspolitik in den Mittelpunkt und geht anhand ›strukturbedingt schwer zu bewältigender Problemkonstellationen‹ – Ausbildungsmarkt und Qualität beruflicher Bildung – der Frage nach, wie leistungsfähig die Governance-Struktur dieses Politikfeldes ist. Der Autor arbeitet erfolgsbegünstigende Faktoren des korporatistischen Systems heraus und zeigt, dass dessen Stärke in der Abarbeitung von relativ klar abgrenzbaren Problemen liegt, es allerdings mit der Bewältigung von strukturellen Problemen tendenziell überfordert ist. Abschließend wird auf drei Problemfelder verwiesen, die in der Vergangenheit von der Berufsbildungspolitik wenig beachtet wurden und zukünftige Herausforderungen darstellen.

Der Meinungsbeitrag von Klaus Landfried hat den Kulturföderalismus zum Gegenstand. Er thematisiert die sachlichen Defizite im Bereich des Hochschulbaus ebenso wie die prozeduralen der Entscheidungsfindung durch die Verflechtung der Kompetenzen zwischen Bundes- und Länderebene. Der engagierte Beitrag endet mit Vorschlägen zu einer Reform der Zuständigkeiten in den Bereichen Hochschule und Forschung. Die Bedeutung des Bundesministeriums für Reformen im Bereich der Hochschulen betont Hans R. Friedrich in seinem Kommentar, der sich auf den Beitrag von Uwe Schimank und Stefan Lange bezieht. Nach der Durchsicht der Entstehung einer bundespolitischen Kompetenz im Bereich der Hochschulbildung zeigt er anhand von diversen Reformprojekten, dass der Bund durch seine überlegenen Analysekapazitäten die Rolle des Meinungsführers übernehmen konnte – und zwar nicht nur im föderalen System der Bundesrepublik Deutschland, sondern auch auf der europäischen Ebene. Der Beitrag endet mit einer Einschätzung und Bewertung der Hochschulpolitik des bundesdeutschen Föderalismus und deren Charakteristika.

Persönlich gehaltene Einblicke in seine Erfahrungen als Staatssekretär im BMBW und später BMBF gibt Fritz Schaumann. Neben der Beschreibung von zentralen politischen Vorhaben dieser Zeit – Absicherung der Berufsausbildung für eine möglichst große Zahl von Jugendlichen und Linderung der Situation der Hochschulen durch Hochschulsonderprogramme – zeichnet er ein spannungsgeladenes Bild der Aufgaben, die bei der Übernahme des Ost-Ministeriums für Bildung und Wissenschaft im Zuge der Wiedervereinigung zu lösen waren.

Literatur

BMBF (1998): Faktenbericht 1998 zum Bundesbericht Forschung. Drucksache 13/11091.

BMBF (2002): Faktenbericht Forschung. Bonn: BMBF.

Dästner, C. (2001): Entflechtung der Kompetenzen? Auf der Suche nach einer Verbesserung der politischen Handlungsfähigkeit im Bundesstaat. In: K. Eckart/H. Jenkis (Hrsg.): Föderalismus in Deutschland. Schriftenreihe der Gesellschaft für Deutschlandforschung. Berlin: Duncker & Humblot.

Grüske, K.-D. (1998): Föderalismus und Finanzausgleich. In: M. Vollkommer (Hrsg.): Föderalismus – Prinzip und Wirklichkeit. Atzelsberger Gespräche 1997. Erlangen: Universitätsbibliothek.

Hüttmann, M. G. (2000): Die föderale Staatsform in der Krise? In: H. G. Wehling (Hrsg.), Die deutschen Länder. Geschichte, Politik, Wirtschaft. Opladen: Westdeutscher Verlag.

Ley, R. (1978): Föderalismusdiskussion innerhalb der CDU/CSU. Von der Parteigründung bis zur Verabschiedung des Grundgesetzes. Mainz: v. Hase & Koehler Verlag.

Radkau, J. (1983): Aufstieg und Krise der deutschen Atomwirtschaft 1945-1975. Verdrängte Alternativen in der Kerntechnik und der Ursprung der nuklearen Kontroverse. Reinbek bei Hamburg: Rowohlt.

Scharpf, F./Reissert, B./Schnabel, F. (1976): Politikverflechtung: Theorie und Empirie des kooperativen Föderalismus in der Bundesrepublik. Kronberg: Scriptor.

Scharpf, F. (1985): Die Politikverflechtungs-Falle: Europäische Integration und deutscher Föderalismus im Vergleich. Politische Vierteljahresschrift, Jg. 26, Heft 4.

Stucke, A. (1991): Das Forschungsministerium des Bundes. Entstehung, Entwicklung und Steuerungsprobleme. Universität Bielefeld: Dissertation.

Stucke, A. (1993): Die Raumfahrtpolitik des Forschungsministeriums. Domänenstruktur und Steuerungsoptionen. S. 37-58, in: J. Weyer (Hrsg.), Technische Visionen – politische Kompromisse: Geschichte und Perspektiven der deutschen Raumfahrt. Berlin: Edition Sigma.

Sturm, R. (1998): Föderalismus als demokratisches Prinzip in Deutschland und Europa. In: M. Vollkommer (Hrsg.), Föderalismus – Prinzip und Wirklichkeit. Atzelsberger Gespräche 1997. Erlangen: Universitätsbibliothek.

Yong, S. J. (2003): The Global Diffusion of Ministries of Science and Technology. S. 120-135 in: G. S. Drori/J. W. Meyer/F. O. Ramirez/E. Schofer (Hrsg.), Science in the Modern World Polity. Institutionalization and Globalization. Stanford: Stanford University Press.

Teil 1:
Technologiepolitik

Joachim Radkau
Der atomare Ursprung der Forschungspolitik des Bundes[1]

1. Am Anfang Synergieeffekte – und die Bombe

Der Ursprung des gegenwärtigen Bundesministeriums für Bildung und Forschung ist – heute fast vergessen – das Bundesministerium für Atomfragen (BMAt), dessen Gründung die Bundesregierung am 6. Oktober 1955 beschloß (Sobotta 1969: 23). Dieses Ministerium war zu jener Zeit international ein Unikum: Bei keinem jener ausländischen Staaten, mit denen sich die Bundesrepublik zu vergleichen pflegte, gab es ein derartiges Ressort. Die Atommächte besaßen umfangreiche Atombehörden; aber genau dies wollte die damalige Bundesregierung vermeiden. Besonders merkwürdig wirkte ein derartiges Ministerium in einem Land, in dem es noch fast nichts an Kernforschung zu verwalten gab und die Kerntechnik nach herrschender liberalökonomischer Meinung keine Angelegenheit des Staates war. Kein Wunder, daß sich Franz Josef Strauß als neuernannter Bundesatomminister mit der Antwort auf die Frage »Warum Atomministerium?« schwertat (Atomkernenergie 1/1956: 33). Es wurde gewitzelt, das Ministerium für Atomfragen sei eben ein Ministerium für Fragen, nicht für Antworten. Im damaligen Kabinett Adenauer war dieses Ressort ein Fremdkörper: Die Wissenschaft war Ländersache, und Technologiepolitik war ohnehin noch kein Thema (Radkau 1998a: 149 f.).

Aber was war ›Atompolitik‹ zu jener Zeit überhaupt für eine Art von Politik? Das war anfangs alles andere als klar (Radkau 1993: 110 ff.). Real war 1955 nur die Bombe; das ›friedliche Atom‹ war zu jener Zeit lediglich eine Zukunftsvision. Die Medien sprachen zwar zu jener Zeit von der zivilen Kernenergie oft schon in einer Art, als sei diese Wirklichkeit; Adenauer und Strauß jedoch bemerkten schon bald, wenn auch nicht sogleich, daß dies keineswegs zutraf. 1960 ärgerte sich der Kanzler rückblickend, »die ganze verdammte Atomgeschichte« habe einem seinerzeit »den Kopf vernebel(t)« (Schwarz 1991: 619). Politisches Ge-

---

[1] Für viele wertvolle mündliche Hinweise danke ich Wolfgang Finke (Bonn-Bad Godesberg), der als einziger der heute Lebenden die bundesdeutsche Atompolitik als Ministerialreferent fast von Anfang an verfolgte, über ein Menschenalter lang die Forschungs- und Technologiepolitik auf verschiedenen Ebenen der Ministerialbürokratie mitgestaltete und zugleich immer wieder mit kritischer Courage begutachtete.

wicht besaß die Kernkraft für sie damals und noch später vor allem als militärische Potenz. Der französische Drang zur Atombombe stand, wie wir heute wissen, hinter der im Juni 1955 auf der Konferenz zu Messina beschlossenen Gründung der Europäischen Atomgemeinschaft (Euratom). Seither war Atompolitik nicht zuletzt Europapolitik und auch insofern für Adenauer von hoher Priorität. Auf der Kabinettssitzung am 5. Oktober 1956 erklärte Adenauer, er »möchte über EURATOM auf schnellstem Wege die Möglichkeit erhalten, selbst nukleare Waffen herzustellen«, da er dem amerikanischen Atomschirm nicht mehr traute. (Schwarz 1991: 299).

Atompolitik ließ sich zu jener Zeit jedoch auch als Zukunftsvorsorge in einem umfassenden Sinn verstehen. Vom 8. bis zum 20. August 1955 tagte im Genfer Palais des Nations die von der UNO einberufene ›Erste internationale Konferenz über die friedliche Verwertung der Atomenergie‹: Sie figuriert in den Geschichten des ›friedlichen Atoms‹, von Deutschland bis nach Indien, gewöhnlich die große Ouvertüre; denn sie löste eine weltweite Atom-Euphorie aus. Unter den Zukunftserwartungen gehörte der Antrieb von Kraftwerken noch eher zu den trivialeren Themen; Meerwasserentsalzung, Wüstenbewässerung, Ergrünung der Arktis, Revolution der Medizin und der Chemie waren die faszinierendsten Aussichten. Von daher sah es so aus, als sei die Atompolitik weit mehr als Energiepolitik. Stoltenberg erwähnte sogar noch 1969 als Bundesforschungsminister die »Meerwasserentsalzung unter Einsatz der Kernenergie« als künftigen »großen Beitrag« zur Entwicklung der Dritten Welt und »weiten Markt« für die deutsche Industrie (Stoltenberg 1969: 60f.). Der frühere Atomminister Balke belehrte den Verfasser (1978), zum Verständnis der frühen Atompolitik müsse man sich als allererstes klarmachen, daß diese mit Energiepolitik nichts zu tun gehabt habe; bereits in seiner Amtszeit hatte er ähnlich gesprochen (Radkau 1983: 78). Das bedeutet allerdings nicht, daß alle in seinem Haus so dachten.

Merkwürdig wirkt aus heutiger Sicht, daß dem Atomministerium von 1957 bis 1961 auch die Kompetenz für die *Wasserwirtschaft* übertragen wurde. Gerade von lokalen Wasserbehörden kamen die frühesten amtlichen Bedenken gegen den Bau von Atomanlagen wegen der befürchteten radioaktiven Abwässer (Radkau 1983: 395). War diese Kompetenzerweiterung des Ministeriums ein trickreicher Schachzug, um Widersacher mattzusetzen? Zu jener Zeit besaß die Problematik der wachsenden Schadstoffbelastung der Gewässer jedoch bereits erhebliche Publizität; so leicht waren die Warner nicht mehr zum Schweigen zu bringen, und Balke hegte wohl auch gar nicht derartige Hintergedanken. Als Bundesatomminister scheint er sich um den Wasserschutz nicht viel gekümmert zu haben; nach seiner Entlassung wurde er jedoch Präsident der Vereinigung deutscher Gewässerschützer und suchte in dieser Funktion öffentlichen Druck zur Durchsetzung von Kläranlagen zu machen. Schon 1956 war im Bundestag festgestellt worden, daß »die Frage Wasser genau so wichtig wie die Frage Atom« sei (Walther 1964: 18). Vor diesem Hintergrund mag sich die zeitweilige Zuweisung der Wasserkompetenz an das Atomministerium erklären: Die Atom- wie die Wasserpolitik wirkten als dringliche, in der Bundespolitik noch nicht etablierte Bereiche der Zukunftsvorsorge.

Als Energiepolitik hätte die Bonner Atompolitik in die Zuständigkeit des Wirtschaftsministeriums gehört, wo auch bereits frühe Planungen erfolgt waren; aber Adenauer stimmte mit führenden Atomphysikern darin überein, daß die Atomkompetenz dort, wo sie nur als eine eher lästige Nebensache betrachtet wurde, nicht gut aufgehoben war. In dieser Situation entschloß sich der Kanzler, für Strauß, der bis dahin Minister ohne Portefeuille war, das Atomministerium zu schaffen. Die Idee scheint aus der Physikalischen Studiengesellschaft gekommen zu sein, die 1954 zur Vorbereitung eines deutschen Reaktorbaus gegründet wurde, und dort insbesondere von Karl Winnacker, dem Chef der Farbwerke Hoechst und führenden Kopf der entstehenden nuklearen ›Community‹ in der Industrie (Stamm 1981: 165).

Das noch jahrelang winzige, im Godesberger Rheinhotel untergebrachte Ministerium besaß vorerst mehr symbolische als reale Bedeutung: Es diente der Bundesrepublik nicht zuletzt dazu, ihre 1955 neu gewonnene Souveränität zu bekunden. Strauß schreibt in seinen Memoiren, der »Aufbau eines Atomministeriums« habe damals »auch ein Stück Wiedergewinnung von Rang und Geltung« bedeutet: »eine Möglichkeit, auf dem Umweg über die Technik Politik wieder selber zu gestalten, mit anderen von gleich zu gleich verhandeln zu können« (Strauß 1989: 224) – eine Bemerkung, die nur dann Sinn ergibt, wenn mit der Atompolitik vor allem auch die Schaffung einer militärischen Option gemeint war. All das war zunächst mehr Eventualität als Realität. Man kann die dann folgenden Entwicklungen allerdings als Beweis dafür nehmen, daß ›symbolische Politik‹ auf die Länge der Zeit reale Substanz ansetzen kann.

Als das Bundeskabinett am 6. Oktober 1955 der Vorlage Adenauers zur Schaffung eines Atomministeriums zustimmte, war es vor allem Ludwig Erhard, der dagegen opponierte und die Kompetenz des Wirtschaftsministeriums dadurch ›eingeengt‹ sah. Er wies darauf hin, nirgendwo anders gebe es eigens ein Ministerium für Atomfragen; intern murrte er, es gebe doch auch kein Dampfkesselministerium. Adenauer scheint die Einwände seines Wirtschaftsministers keiner ausführlichen Widerlegung gewürdigt zu haben; das Sitzungsprotokoll enthält keine nähere Begründung des neuen Ressorts (Kabinettsprotokolle 1997: 553 f.). Da bemerkt der Kanzler nur, die Kompetenzenzersplitterung auf diesem Sektor müsse beseitigt werden; in der Tat hatte das britische

Foreign Office zwei Wochen davor festgestellt, die deutsche Kernenergie-Entwicklung befinde sich noch im »Dschungel-Stadium« (Fischer 1994: 257). Adenauer dachte allerdings nicht im Traum daran, seine atompolitische Richtlinienkompetenz an dieses neue Ministerium abzutreten. Bei der Entstehung des Bundesatomministeriums läßt sich, alles in allem, kaum ein deutliches Konzept, dafür viel zufälliges zeitliches Zusammentreffen erkennen: Wiedererlangte Souveränität, Euratom, Genfer Konferenz – das bundesdeutsche Bedürfnis, aus diesen Chancen etwas öffentlich Sichtbares zu tun, verbunden mit dem Unvermögen, diesen völlig neuen Politikbereich in bisherigen Institutionen unterzubringen.

Auch die dann folgende Geschichte wirkt über weite Strecken planlos und von vielerlei Zufälligkeiten bestimmt. Rudolf Schulten, der Erfinder des nach ihm benannten Hochtemperaturreaktors, erklärte 1987 in einem Vortrag in der Universität Bielefeld, in der Kernenergie-Entwicklung sei im Endeffekt »alles geworden gegen den Willen aller« (Radkau 1993: 121). Frühe Studien zur bundesdeutschen Atompolitik, die sich lediglich auf veröffentlichtes Material stützten, pflegten diese nach den vier Atomprogrammen zu gliedern; aus den Akten geht dagegen deutlich hervor, daß der tatsächliche Gang der Dinge nicht programmgesteuert war (Radkau 1983: 265 ff.). Die Programme dienten vorwiegend der Legitimation nach außen, nicht zuletzt gegenüber dem Finanzministerium. Der frühere Atomminister Balke versicherte dem Verfasser, er habe nie an einem Atomprogramm mitgearbeitet und diese Programme auch nicht ernst genommen; und die Akten stützen diese Behauptung (Radkau 1983: 142, 267 f.). Jene Wissenschaftler, die in der Politik mit Vorliebe nach rationaler Planung suchen, laufen Gefahr, sich durch die Außendarstellung und nachträgliche Rationalisierung irreführen zu lassen.

Das heißt jedoch nicht, daß die Geschichte der bundesdeutschen Atompolitik ganz und gar in Anekdoten zerfiele. Auf zweierlei Art läßt sich aus den einzelnen Geschichten Geschichte machen: Geschichte mit einem größeren zeitlichen Bogen, die ein System erkennen läßt und auf ihre Art Sinn ergibt. Zum einen auf *funktionalistische* Art: Die Atomforschung fungiert etwa ein Jahrzehnt lang gleichsam als eine Trägerrakete, die die Forschungspolitik auf die Bundesebene befördert, jedoch stufenweise als bloßer Ballast abgeworfen wird, nachdem dieses Ziel erreicht ist. Zum andern auf eine *intentionalistische* Art: Da erkennt man als untergründige Triebkraft der Atompolitik das anfängliche sinnstiftende Charisma der Atomforschung, das jedoch zunehmend durch Veralltäglichung verblaßt, wobei zugleich die durch das Charisma gestiftete atomare ›Community‹ zerfällt. Beide Geschichten hängen innerlich zusammen. In beiden Fällen vollzieht sich ein fundamentaler Wandel, sobald die Kernenergie nicht mehr bloße Zukunftsvision und

Objekt diverser Projektionen ist, sondern vollendete Fakten schafft, die die Diskurse fixieren. Dieser Vorgang erscheint überhaupt als die tiefste und wichtigste Zäsur in der Frühgeschichte der Atompolitik: Millionen- und Milliardeninvestitionen besitzen eine ganz andere Qualität als Zukunftsvisionen.

2. Die Atomforschung als Starthilfe der Bundeskompetenz für die Forschung

In ihrer Gründerzeit hatte die Bundesforschungspolitik an zwei Fronten zu kämpfen: gegen die Kulturhoheit der Länder und gegen die Selbstverwaltungsorganisationen der Wissenschaft. Der Föderalismus besaß in den 1950er Jahren mehr Kraft als heute; nach 1945 hatten sich ja die Länder früher konstituiert als der Bund. Eine Reichskompetenz für die Wissenschaft gab es zu jener Zeit nur als NS-Erbe: mit dem 1934 gegründeten Reichsministerium für Wissenschaft, Erziehung und Volksbildung, das »ein altes Gesetz deutscher Kulturpolitik durchbrochen« hatte (Sobotta 1969: 14). Das war keine gute Tradition. Auch der Anspruch der Wissenschaft auf Freiheit von staatlicher Bevormundung hatte durch die NS-Diktatur und durch die Konfrontation mit dem Kommunismus ein neues Pathos erlangt. Nicht alle Wissenschaftler dachten freilich so: Gerade führende Atomphysiker mit Heisenberg an der Spitze zogen aus der Ergebnislosigkeit der deutschen Atomforschung im Zweiten Weltkrieg die Lehre, daß sich auf diesem Sektor nur durch Sammlung der Kräfte und enge Zusammenarbeit mit dem Staat etwas erreichen lasse. Heisenberg besaß in den frühen fünfziger Jahren einen direkten Draht zu Adenauer, und bei ihm liefen in den Anfängen der bundesdeutschen Atompolitik viele Fäden zusammen (Radkau 1983: 37 ff.).

Nicht nur der Bund wurde Mitte der fünfziger Jahre atompolitisch aktiv; auch das Land Nordrhein-Westfalen gründete 1956 die Kernforschungsanlage (KFA) Jülich. Zwischen Jülich und Karlsruhe, dem Standort des größtenteils vom Bund getragenen Kernforschungszentrums, entwickelte sich über Jahrzehnte eine latente Rivalität. Anders als in Karlsruhe wurde die Atomforschung in Jülich auf enge Zusammenarbeit mit mehreren Universitäten angelegt. Der Düsseldorfer Staatssekretär Leo Brandt, der Initiator der KFA und sozialdemokratische Vordenker bei neuen Technologien, wandte sich Anfang 1956 gegen eine Zentralisierung der Atomforschung durch den Bund,»da dies mit der Freizügigkeit und einer vernünftigen Konkurrenz unter den Wissenschaftlern nicht vereinbar sei«. Er wußte dabei Otto Hahn auf seiner Seite, der 1952 vor der nordrheinwestfälischen Arbeitsgemeinschaft für Forschung versichert hatte, die Wissenschaft leiste der Wirtschaft dann den besten Dienst, wenn sie sich selbst überlassen sei und jeder eben das erforsche, was ihm »Spaß mache« (Radkau 1983: 38): ein Schlag ins Gesicht für alle Pläne staatlich dirigierter Großforschung. Hahn hatte ja – wie an seinem im Deutschen Museum ausgestellten Arbeitstisch anschaulich zu erkennen – die Kernspaltung mit nach heutigen Maßstäben geradezu lächerlich einfachen Mitteln und ganz ohne ›Big Science‹ entdeckt. Heisenberg dagegen warnte vor einer »Zersplitterung der Kräfte« auf mehrere Forschungszentren (Radkau 1983: 227 f.). Wer allerdings wie Strauß die riesigen amerikanischen ›Nationallaboratorien‹ kannte, die aus dem ›Manhattan-Projekt‹ hervorgegangen war, und diese ›Big Science‹ für die Zukunft auch der zivilen Kernforschung hielt, konnte von Anfang an vorhersehen, daß die Länder auf diesem Sektor fast wie von selbst vom Bund überspielt werden würden – so wie es dann auch rasch geschah. Der Forschungsbetrieb in Jülich kam viel schleppender in Gang als der in Karlsruhe; auch die KFA sah sich bald auf stärkere Bundeshilfe angewiesen. Mit Grund vertraute Strauß darauf, daß die normative Kraft des Faktischen im Falle der atomaren Großforschung kontroverse Grundsatzdiskussionen über den Föderalismus erübrigen werde. Im April 1956 prophezeite er intern: »Wenn man sich einmal daran gewöhnt habe, daß der Bund subventionierend, subsidiär und koordinierend eingreife, so werde die Einsicht in die Notwendigkeit einer ausgleichenden Tätigkeit des Bundes viel stärker sein, als wenn er bereits vor der Hingabe der ersten Mark mit grundsätzlichen Forderungen nach Kompetenzerweiterung an die Länder herantrete.« (Radkau 1983: 139)

Daß die Entwicklung der Kerntechnik wenn nicht ausschließlich, so doch auch und vorrangig eine staatliche und nationale, wenn nicht gar europäische Aufgabe war, ließ sich überhaupt im Grundsatz schwer bestreiten. Aus diesem Grund war die Kerntechnik in den fünfziger Jahren bei Anhängern des Interventionsstaates beliebter als bei Wortführern des Neoliberalismus. Wilhelm Röpke und Alexander Rüstow liebten die Kerntechnik nicht, während der 1892 geborene Edgar Salin, der letzte bedeutende Kopf der Historischen Schule der Nationalökonomie, unter dem Eindruck der Genfer Konferenz in Atomzeitalter-Visionen zu schwelgen begann (Salin 1963: 359 ff.).

Wieweit bestand von vornherein der Plan, das Atomministerium auf die Dauer zum Forschungsministerium auszuweiten? Die Atomkompetenz allein – in einem Land, das noch gar keine Nuklearanlagen besaß – befriedigte nicht den Ehrgeiz eines Strauß, ja nicht einmal den seines bescheideneren Nachfolgers Balke. Dieses Mini-Ministerium bot nicht viele Karrieremöglichkeiten. Zunächst war unklar, was es überhaupt zu tun gab; der dem neuen Atomminister für 1956 zugesprochene Etat von 33 Millionen Mark konnte nicht ausgegeben werden (Winnacker/Wirtz 1975: 167). Strauß sprach im Mai 1956 davon, weitere Ausbaumöglichkeiten seines Hauses sehe er in einem umfassenden Energie- oder in einem umfassenden Forschungsministerium. Eine Zeitlang schien er sogar beides zugleich anzustreben (Stamm 1981: 226). Die Ausweitung zum Energieministerium hätte jedoch Kampf mit dem Wirtschaftsministerium bedeutet. Im übrigen lernte Strauß sehr rasch – rascher als viele Atom-Enthusiasten –, daß es bis zu wirtschaftlichen Kernkraftwerken noch ein weiter Weg war. Zu alldem litt die Bundesrepublik ab 1957 an einer wachsenden Überproduktionskrise der Kohle; unter diesen Umständen wurde Energiepolitik bis auf weiteres Kohlepolitik. Balke, der schon 1956 Strauß als Atomminister ablöste, erteilte dem Plan eines Energieministeriums eine Absage, ja zeigte selbst an dem energiewirtschaftlichen Potential der Kerntechnik ein bemerkenswert geringes Interesse.

Anfang 1962 erklärte es der ›Industriekurier‹ im Interesse der entstehenden Atomindustrie für wünschenswert, »wenn der sehr geschätzte Bundesminister für Atomkernenergie auch den Gebrauch der politischen Ellenbogen verstünde. Beobachter der Bonner Szene meinen jedoch, daß der kultivierte Professor Balke zartfühlender sei als selbst die Frau Ministerin für das Gesundheitswesen.« (Radkau 1983: 142) Am 25. Januar 1962 brüskierte Balke jedoch vor dem Bundestagsausschuß für Atomfragen alle die, die ungeduldig auf den Bau von Leistungsreaktoren drängten, mit der Erklärung:»Wir haben uns überzeugt, daß wir angesichts der wirtschaftspolitischen Verhältnisse bei uns zur Zeit keine großen Leistungsreserven in Deutschland brauchen, vielleicht später oder aus Gründen der Autarkiereserve. [...] Die Arbeiten unseres Ministeriums – das möchte ich hier betonen – haben sich von dem ursprünglichen Zweck [...] d. h. Deckung der Energielücke durch Erzeugung von Elektrizität aus Atomenergie – entfernt und völlig gewandelt.« Heute möge es allenfalls »in der Arktis, in der Antarktis oder auf den ozeanischen Inseln« Standorte geben, »wo ein Bedürfnis nach Kernenergie vorhanden sei« (Radkau 1983: 262). »In der Arktis und Antarktis«!

Auf unterer Ebene seines Ministeriums liefen jedoch zu jener Zeit ohne Balkes Beteiligung bereits die Verhandlungen für den Bau des ersten Demonstrations-Kernkraftwerks bei Gundremmingen. Balkes Ziel dagegen bestand seit langem darin, sein Ministerium zu einem allgemeinen Wissenschaftsressort auszubauen. Dieses Ziel wurde – zumindest nominell – erst nach seiner Entlassung 1962 erreicht, als das um die Raumfahrtkompetenz erweiterte Ministerium in ›Bundesministerium für wissenschaftliche Forschung‹ umbenannt wurde. Der Staatssekretär Cartellieri hob später hervor, bereits während Balkes Amtszeit seien »die entscheidenden Weichen« für den Ausbau seines Hauses zum Wissenschaftsministerium, »das auch die Förderung der ›Neuen Technik‹ nicht vernachlässigt, gestellt worden« (Radkau 1983: 144): Da ist am Horizont sogar bereits die Technologiekompetenz.

Schon die Erweiterung von 1962 kam den Karriereinteressen der Ministerialangestellten entgegen. Bis dahin hatten sie befürchten müssen, daß ihr Ministerium – das immer noch provisorisch im Rheinhotel und umliegenden Villen untergebracht war – über kurz oder lang wieder aufgelöst werden würde, wenn sich seine Aufgabe, wie auch immer, erledigt hatte. Selbst Balke zweifelte zuweilen am Sinn seines eigenen Ministeriums; so wie es war, verlor es auf die Dauer seine Funktion. Die Wissenschaft dagegen ist unendlich; die Wissenschaftskompetenz enthielt Expansionsmöglichkeiten ohne Ende.

Seit der Umwandlung von 1962 läßt sich erkennen, daß Parkinsons Gesetz vom unaufhaltsamen Wachstum der Bürokratie – wenn wohl auch ohne bewußte Absicht von Balkes Nachfolger Lenz – auch hier in Kraft trat: vorerst noch gemächlich, bis dann Ende der 60er Jahre durch die Bereiche Bildung und Technologie neue starke Schubkräfte dazukamen, die von dem öffentlichkeitswirksamen Alarm über den ›Bildungsnotstand‹ und die ›technologische Lücke‹ – beides typische Turbulenzen der 60er Jahre – profitierten.

Unter Balke hatte im Ministerium die Devise gegolten: ›Ganz kleine Behörde, sehr großes Sachverständigengremium‹. Ministerialdirektor Joachim Pretsch, der in der atomaren Frühzeit als einziger im Haus engere Beziehungen zur atomaren ›Community‹ unterhielt und sich dadurch den Nur-Juristen überlegen fühlte, zeigte sich noch 1966 überzeugt, bei einer neuen Technologie sei eine große Verwaltungsorganisation nicht von Nutzen: »So schnell – entschuldigen Sie, daß ich als leitender Beamter das offen sage – lernt kein Beamter das.« (Radkau 1983: 138)

Zugleich mit dem Atomministerium war zu dessen Beratung die *Deutsche Atomkommission (DAtK)* gegründet worden: im Unterschied zur amerikanischen Atomkommission keine Behörde mit hauptamtlichen Beschäftigten, sondern ein ehrenamtliches Gremium, in dem sich die an der Atomforschung interessierte Prominenz aus Wirtschaft und Wissenschaft sammelte. Die Mitglieder waren großenteils keine ›Experten‹ im Sinne von Spezialisten, sondern eher Experten für die Etablierung der Atomforschung in Wissenschaft und Wirtschaft; bei der Gründung bemängelte der Bundesvizekanzler, die in Aussicht genommenen Persönlichkeiten seien »zu repräsentativ, um fruchtbare Arbeit leisten zu können« (Kabinettsprotokolle 1997: 758): ein Bedenken, das einen wunden Punkt dieser Kommission traf. Die DAtK berief Arbeitskreise und Unterausschüsse; in der charismatischen Ära der Atomforschung hatte sie keine Mühe, bedeutende Namen zu gewinnen: Selbst vielbeschäftigte Spitzenkräfte der Industrie drängten in sie hinein. Die frühe Atompolitik war offenbar von dem guten Glauben getragen, es gebe in diesem Bereich eine mehr oder weniger eindeutig von der Sache bestimmte Rationalität, die die einschlägigen Fachleute bei intensiver Diskussion herausfinden und der Politik übermitteln würden.

Noch nie war ein deutsches Ministerium auf einer derartigen terra incognita wie der Kerntechnik gegründet worden, und noch nie war den Experten eine derart führende Rolle zugewiesen worden wie in der Atompolitik. Die Geschichte dieses Politikbereiches liefert daher aufschlußreiche Beiträge zum Aufstieg des Expertenwesens in der Politik: einem hochbedeutsamen, noch ungeschriebenen Kapitel der Politikgeschichte des 20. Jahrhunderts. Dabei steht im Hintergrund die bis heute nie definitiv beantwortete Frage: ›Wer ist Experte wofür‹, und: ›Wer ist *unabhängiger* Experte?‹ Die DAtK funktionierte am besten in ihrer Anfangszeit, als die Diskussion nur wenig von bereits etablierten Interessen belastet war und viele Beteiligte ganz einfach neugierig auf dieses Neuland waren, das als das Reich der Zukunft schlechthin galt. Damals mußten die Wirtschaftsleute erst herausfinden, welcher Art ihr Interesse auf dem Atomsektor war. Je mehr jedoch der Reiz des Neuen, die charismatische Qualität der Kernenergie verblaßte und sich dafür interessengebundene Positionen verfestigten, desto schwächer wurde die Beraterqualität und Entscheidungsfähigkeit der DAtK. Immer wieder kam es zwischen den Interessenten zu Patt-Situationen und zu unschlüssigen Voten, die darauf hinausliefen, daß die Politik mehrere Entwicklungslinien fördern sollte – oder die Entscheidung zwischen diesen selber auf sich nehmen mußte.

1966 machte ein ungenannter Angehöriger des Forschungsministeriums in einem Interview seinem Ärger über die DAtK Luft:»Ich halte [...] wenig von schlecht vorbereiteten Entschließungen und Empfehlungen der Arbeitskreise und Fachkommissionen zu allgemeinen Fragen, denn entweder sie enthalten das, was wir wollen, dann haben sie lediglich das Funktion des ›backing‹ durch das Prestige großer Namen, [...] oder aber sie sind kontrovers [...] oder aber sie nehmen zu große Rücksicht auf Kollegen [...] Kritik wird gescheut, weil man's nicht mit seinem Geldgeber verderben will. Und wenn sie mal wirklich gegen die Politik des Hauses Stellung nehmen, dann wird das ignoriert, weil diese Stellungnahmen eh nicht gut durchdacht sind. [...] Zum Beispiel tagen manche Fachkommissionen alle paar Jahre. Wenn sie tagen, dann handelt es sich nicht um eine Beratung für uns, sondern wir müssen sie erst mal informieren, worum es geht und sie darüber beraten – es ist eine reine Farce [...] Das Ministerium hat sich hinsichtlich seines Sachverstandes sehr stark in den einzelnen Bereichen in die Hände dieser Gremien begeben, die dahin tendieren, ein Diktat auszuüben. Zum Beispiel die unsinnige Übung unserer Abteilungen, daß man die Anträge den Gremien zur Begutachtung vorlegt, denn die Prüfung dieser Anträge ist miserabel. [...] Der Erfolg bei uns ist, daß die wichtigsten Entscheidungen zum großen Teil außerhalb der Gremien gemacht worden sind, meist haben sie es erst hinterher bemerkt.« (Friedrich 1970: 326ff.) Ein besonders dürftiges Bild vermitteln die Akten von der Beratertätigkeit der Fachkommission ›Strahlenschutz‹. Manches deutet allerdings darauf hin, daß diese vom Ministerium als störend empfunden und bewußt kaltgestellt wurde (Radkau 1983: 393 ff.). Zwischen den Zeilen erkennt man, wie im Laufe der Jahre das Selbstbewußtsein mancher Ministerialbeamter, die sich in die Materie kontinuierlich eingearbeitet hatten, gegenüber den anfangs so respektvoll betrachteten prominenten ›Experten‹ gewachsen ist. Immer mehr stellte sich heraus, daß es zwar Experten für viele Details, jedoch nicht ›Experten‹ im vollen Sinne für die großen atompolitischen Fragen gibt und schon gar nicht *unabhängige* Experten. Letztlich war doch die politische Entscheidung gefragt. Und die alte Parole ›ganz kleine Behörde, sehr großes Sachverständigengremium‹ galt immer weniger; damit war die erste Wachstumshürde des Ministeriums weggeräumt.

Aber damit sind wir zeitlich vorausgeeilt. In den fünfziger Jahren stieß ein Anspruch des Bundes auf generelle Kompetenz in Sachen Wissenschaft und Bildung noch auf heftige Widerstände: nicht nur bei den Ländern, sondern auch in der Wissenschaft selbst, deren Selbstorganisation und Autonomiestreben im ersten Nachkriegsjahrzehnt neubelebt worden war. Balke, dem die Förderung des naturwissenschaftlichen Nachwuchses mehr am Herzen lag als der Bau von Kernreaktoren, glaubte bei seinen Vorstößen in dieser Richtung einen ›geheimen Kampf der DFG‹ gegen die Aktivitäten seines Ministeriums zu erkennen. Als er im Februar 1957 dem Bundeskanzler einen Vorschlag unterbreitete, der auf die Zentralisierung der Wissenschaftspolitik beim Bund hinauslief, zeigte sich der DFG-Präsident ›doch etwas erschreckt‹. Dieser Vorstoß kam zu früh.

Der Widerstand, den Balke von seiten der Selbstverwaltungsorganisationen der Wissenschaft spürte, brachte ihn auf; er, der ehemalige Postminister, pflegte zu sticheln, die Wissenschaftler hätten den Staat am liebsten nur als Geldbriefträger. Gelegentlich verwies er sogar auf frühe Pläne einer Neutronenbombe, um die Notwendigkeit staatlicher Lenkung und ›Rationalisierung‹ in der Wissenschaft zu unterstreichen. Obwohl in der NS-Zeit als Halbjude eingestuft und aus der in der deutschen Wirtschaft noch lange nach 1945 fortlebenden Kriegskameraderie ausgeschlossen, daher also mit allem Grund, über den Zusammenbruch NS-Deutschlands froh zu sein, gab er den Mängeln in der deutschen Wissenschaftsorganisation die Mitschuld an der deutschen Niederlage im Zweiten Weltkrieg,»wenn man auch nicht das erfolgreiche Führen von Kriegen als alleinige Aufgabe der Wissenschaft werten kann« (Radkau 1983: 143). Wie man sieht, war ihm mitunter jedes Argument recht, um das Autonomiestreben der Wissenschaft zurückzuweisen. 1964, nach seiner Entlassung nunmehr in grollender Distanz zum Politikbetrieb, bemerkte er allerdings in einer Ansprache zum fünfzigjährigen Jubiläum des Max-Planck-Instituts für Kohleforschung in Mülheim/Ruhr,»nach wie vor« bleibe »fraglich«,»ob die Kapazität unserer Selbstverwaltungsorganisationen der Wissenschaft schon völlig ausgeschöpft war, als der Staat mit seinen eigenen Förderungsmaßnahmen einsetzte.« (Balke 1969: 84)

Gegenüber dem zähen Autonomiestreben der Wissenschaft erschien die Atomforschung zeitweise als ein Patentmittel, um die Position des Bundes in der Forschung wie gegenüber den Ländern, so auch gegenüber DFG und MPG zu stärken. Heute käme niemand auf die Idee, diesen Organisationen die Reaktorentwicklung bis hin zur industriellen Reife zu übertragen; in den frühen fünfziger Jahren dagegen stellte sich die Situation zunächst anders dar. In einer Zeit, in der der bundesdeutsche Staat offiziell noch keine Atompolitik betreiben durfte, vollzog sich der Wiedereinstieg in die Kerntechnik innerhalb der Selbstverwaltungsorganisationen der Wissenschaft, wenn auch mit Kontakt zur Politik.

Damals war die Vorstellung verbreitet, eine hochgradige Verwissenschaftlichung der Technik bedeute die Herrschaft der Wissenschaftler in der Technik: ein fundamentaler Irrtum, wie wir heute wissen. Alexander Hocker schrieb als Vertreter der DFG 1953 an Heisenberg, eine künftige deutsche Atomkommission bestünde am besten aus »wenigen sehr hochgestellten Persönlichkeiten«, die »vielleicht« »sogar die Befugnis haben, den gewissermaßen als Ausführungsorganen beteiligten Bundesministerien im Rahmen der gesetzlichen Zuständigkeit verbindliche Anweisungen zu erteilen« (Radkau 1983: 41 f.). Die Vorstellung, der Bundeskanzler würde in Atomfragen seine Richtlinienkompetenz an führende Wissenschaftler abtreten, die dann den Ministerien Weisungen erteilen könnten, wirft ein Schlaglicht auf Illusionen der nuklearen Frühzeit, als man sich die großen Atomforscher als Führer der neuen Ära des ›Atomzeitalters‹ vorstellen mochte.

Aber selbst wenn man führenden Atomphysikern diese Macht gegeben hätte, wären sie mangels technischer Kompetenz gar nicht in der Lage gewesen, die Kernenergie-Entwicklung zu leiten. Strauß spottete spater: Hätte man den Aufbau des Atomministeriums Heisenberg überlassen, »wäre das Ergebnis ein perfektes Chaos gewesen« (Strauß 1989: 236). Vermutlich hatte er damit nicht einmal ganz Unrecht. Die stärkste Affinität zur reinen Theorie besaß die Bombe; Kernkraftwerke dagegen brauchten das Know-how erfahrener Ingenieure. Nicht nur durch Druck der Politik, sondern auch als Folge von Sachgesetzlichkeit drängte die Atomforschung, sobald sie über Labordimensionen hinauswuchs, aus der reinen Wissenschaft hinaus.

Von 1953 bis 1955 kämpfte Heisenberg dafür, daß das erste deutsche Reaktorzentrum in München bei seinem Max-Planck-Institut für Physik stationiert werden sollte. Im Juli 1955 entschied sich jedoch Adenauer für den Standort Karlsruhe. Heisenberg drohte damals: »Werde Karlsruhe gewählt, so wolle er in seinem Leben nichts mehr mit Reaktoren zu tun haben.« (Radkau 1983: 44) Zu jener Zeit wurde jedoch die Weiterentwicklung der Reaktortechnik ohnehin für die theoretische Physik immer uninteressanter. Heisenberg, dessen Geist in jener Zeit ganz um die ›Weltformel‹ kreiste, hätte so oder so schwerlich viel dazu beitragen können, Reaktoren sicherer und rentabler zu machen.

Wenn der Gang der Atomforschung, so gesehen, zumindest im Bereich der Reaktorentwicklung für die Forschungskompetenz des Bundes und gegen die Dominanz der Selbstverwaltungsorganisationen der Wissenschaft arbeitete, heißt das jedoch nicht, daß die neuen unter Regie des Staates entstehenden Kernforschungszentren auf die Länge der Zeit einer effektiven politischen Steuerung hätten unterworfen werden können. Je mehr die nuklearen Großprojekte kompakte Realität wurden, desto mehr entwickelten sie ein Eigenleben, das sich der Politik entzog. Die Experten, die – wenn überhaupt jemand – die Rationalität und Irrationalität solcher Projekte durchschauten, befanden sich in der Regel in einem Interessenkartell mit eben diesen Projekten, die sie begutachten sollten. Die Dominanz der Expertenkartelle mitsamt ihren Sprachregelungen hat mit dem Wachstum der Apparate und der investierten Gelder zugenommen.

Der Rückblick auf die atomare Frühzeit ist nicht zuletzt deshalb instruktiv, weil die normative Kraft des Faktischen damals noch relativ gering war und daher noch viel offener als später geredet wurde. Die Schwierigkeit einer politischen Steuerung der Forschung und Entwicklung in der Kerntechnik zeigte sich jedoch bereits in den 60er Jahren. Wolfgang Finke, der als Mitglied des Bundesatomministeriums und seiner Nachfolgeministerien von Anfang an kontinuierlich mit Reaktorangelegenheiten befaßt war, gibt 1970 einen deprimierenden Rückblick, zwar explizit auf die atompolitischen Instanzen anderer Länder bezogen, zwischen den Zeilen jedoch auch auf Verhältnisse im eigenen Land gemünzt: »Insgesamt war die Trefferquote bei der Entwicklung der Kernkraftwerkstechnik während der letzten 15 Jahre erstaunlich niedrig; entsprechend waren Anzahl und im Einzelfall auch Umfang der Fehlschläge ungewöhnlich groß. An ihnen hatten staatliche Entwicklungsorganisationen einen besonders hohen, für künftige Fälle zur Vorsicht mahnenden Anteil. Sämtliche von ihnen, aber auch von den meisten anderen Stellen bis 1965 gegebenen Prognosen haben sich als falsch, die daraus abgeleiteten Kosten-Nutzen-Vergleiche als irreführend und die darauf gestützten Entscheidungen als mindestens fragwürdig und oft verhängnisvoll erwiesen. Das Planungsinstrumentarium der für die nationalen und supranationalen Programme Verantwortlichen hat seine Feuerprobe nicht bestanden und sich gegenüber den meist konventionelleren und stets vorsichtigeren Planungsmethoden der Industrie und der Versorgungswirtschaft nicht behaupten können.« (atomwirtschaft 15.1970: 424) »Bis 1965«: Zu jener Zeit begann sich der weltweite Siegeszug der amerikanischen Leichtwasserreaktoren abzuzeichnen. Finkes Kritik zielte konkret vor allem auf die aus ›nationalen‹ Motiven betriebene staatliche Förderung der Gas-Graphit-Reaktoren in England und Frankreich und der Schwerwasserreaktoren in der Bundesrepublik. Die Geschichte der Atompolitik ist nicht zuletzt auch eine Geschichte der (versuchten) Reduktion von Komplexität. Theoretisch war eine verwirrende Vielfalt von Reaktortypen möglich, entsprechend der Vielzahl möglicher Kombinationen von Spaltstoff, Moderator und Kühlmittel. Dem Laien erschien die Aufgabe, in diesem Wirrwarr eine Wahl zu treffen, zunächst hoffnungslos. Zumal der Politiker, der seine Entscheidungen vor der Öffentlichkeit zu rechtfertigen hatte, brauchte dazu einige wenige handfeste Kriterien.

Ein Kriterium, das in der frühen bundesdeutschen Atompolitik ebenso wie in der anderer Länder obenan stand, war die Frage, welche Reaktortypen am meisten eine energiewirtschaftliche Unabhängigkeit verhießen. Eigentlich war ein Autarkiedenken in der welthandelsorientierten Bundesrepublik verpönt, offiziell zumindest; intern jedoch spielte es in der Bonner Atompolitik bis weit in die 60er Jahre eine überraschende Rolle. Das führte zur Bevorzugung von Natururan-Reaktoren, die die deutsche Atomwirtschaft von den extrem aufwendigen Urananreicherungsanlagen der USA emanzipieren sollten; zu diesen gehörte der Schwerwasserreaktor, bei dem die deutschen Atomwissenschaftler auf Erfahrungen aus dem Zweiten Weltkrieg zurückgreifen konnten (Radkau 1983: 57 ff.). Die nicht unproblematische Prämisse bestand dabei in der Annahme, daß die Bundesrepublik sich schweres Wasser sehr viel leichter beschaffen könne als angereichertes Uran.

Die ganze Logik war einfach und durchsichtig, auch in ihren Schwachstellen; und dagegen stand von Anfang an eine andere Rationalität, die im Ministerium von Finke vertreten wurde. Es war die Rationalität derer, die USA-Reisen als Initiationserlebnisse erfahren hatten und das Heil in einer engen Zusammenarbeit mit den USA erblickten, ebenso wie in möglichst konsequenter Ausrichtung an ökonomischen Kriterien und an maximaler Betriebserfahrung. Sie favorisierten frühzeitig die amerikanischen Leichtwasserreaktoren und empfanden das Kalkül der Natururan-Schwerwasser-Partei als ökonomisch irrational und im nationalen Denken der Vergangenheit befangen. Der Konflikt zwischen der Schwer- und der Leichtwasser-Reaktorstrategie stellte sich somit für den kerntechnischen Laien noch vergleichsweise einfach dar: Bei beiden Strategien wußte man, woran man war – zumindest schien es so. Es war eine Konstellation, die immerhin die Möglichkeit bot, nach politischen Kriterien zu entscheiden, auch wenn die Entscheidungssituation von der Sache her gesehen in Wahrheit weit komplexer war und Aspekte enthielt, die bei dieser Reduktion der Komplexität außer Betracht blieben, so insbesondere Fragen der Sicherheit.

Dennoch tat sich die Politik auch hier lange mit der Entscheidung schwer. Die zuständigen Ministerialbeamten waren in dieser Frage gespalten. Jene nukleare ›Community‹, die in der bundesdeutschen Atompolitik des ersten Jahrzehnts am meisten präsent war und hinter der Heisenberg und Siemens standen, war überwiegend auf deutsche Eigenentwicklung, Natururan und schweres Wasser eingeschworen. Auf der anderen Seite wurde frühzeitig klar, daß die Energieversorgungsunternehmen, die die Kernkraftwerke am Ende bezahlen und betreiben sollten, den Leichtwasserreaktor bevorzugten, ganz einfach weil er billiger und erprobter war.

Die Projektierungs- und Baugeschichte des Schwerwasser-Kernkraftwerks beim bayerischen Niederaichbach (KKN) geriet immer mehr zur Groteske. Schon vor Baubeginn entschied die Atomkraft Bayern GmbH zum Ärger der Natururan-Anhänger, daß der Reaktor zur Kostensenkung mit leicht angereichertem Uran betrieben werden würde; damit war der ursprüngliche Sinn des gesamten Projektes verdorben (Radkau 1983: 274 f.). Damals kam ein Dilemma heraus, an das die Atomphysiker nicht gedacht hatten: Natururanreaktoren mit ihrer relativ niedrigen Leistungsdichte erfordern größere Reaktordruckgefäße als Reaktoren mit angereichertem Uran; und Druckgefäße von solchen Dimensionen konnte die deutsche Industrie damals nicht liefern (Pohl 1996: 382). Obwohl deutlich zu erkennen war, daß die beteiligte Energiewirtschaft den Bau nur noch lustlos und vorwiegend dank der finanziellen Förderung durch den Bund fortsetzte, vermochte sich kein Minister zum Abbruch des Projektes zu entschließen. So wurde das Kernkraftwerk Niederaichbach 1973 endlich, nach siebenjähriger Bauzeit und vielen Verzögerungen, fertiggestellt, zu einer Zeit, als es bereits ein Fossil aus der nuklearen Vergangenheit war – um schon kurz nach der Inbetriebnahme definitiv stillgelegt und in der Folgezeit demontiert zu werden! Wie sich immer wieder zeigte, war es nicht leicht, bei der Steuerung der Kernenergie-Entwicklung politische Lorbeeren zu ernten. Eine Strecke weit hatte die Atomforschung den Ausbau einer Forschungskompetenz des Bundes gefördert; die dann folgende Erweiterung und Profilierung des Ministeriums mußte jedoch andere Wege einschlagen.

Das politische Entscheidungsdilemma vergrößerte sich noch erheblich auf dem höchst unübersichtlichen Sektor der vermeintlichen Zukunftsreaktoren: der Schnellen Brüter und der Hochtemperaturreaktoren, die ebenfalls über eine hohe Brutrate verfügten. Erst durch Wiederaufarbeitung der bestrahlten Brennelemente konnte der erbrütete Spaltstoff nutzbar gemacht werden; daher ergaben die Brutreaktorprojekte nur zusammen mit Wiederaufarbeitungsanlagen einen Sinn. Mit alledem sind wir mitten in der öffentlichen Konfliktszenerie der 70er und 80er Jahre. Der öffentliche Protest offenbarte eine Entscheidungsschwäche der Politik.

Diese Schwäche hatte Gründe, die in der Geschichte und in der Sache selbst lagen. Seit den frühen 60er Jahren, als ursprüngliche Pläne einer deutschen Eigenständigkeit durch Natururan-Schwerwasser-Reaktoren immer neue Enttäuschungen erfuhren, wurde der Brüter zur Lichtquelle nuklearer Visionen. Das galt nicht nur für die Bundesrepublik; auch in den USA schrieb David E. Lilienthal, der frühere Leiter der Atomic Energy Commission, 1963 mit beißendem Sarkasmus: »Brüter, das ist das neueste atomare Klischee. Wenn man dir harte Fragen über die altmodischen Atomwerke stellt, sag nur ›Brüter‹, und schon hast du dich aus der Schlinge gezogen; denn die Zukunft gehört dem Brüter-Kraftwerk – wer wagt diese Prognose zu bezweifeln?« (Lilienthal 1963: 65)

Diese Stimmung erfaßte auch das bundesdeutsche Forschungsministerium. Der Heisenberg-Schüler Wolf Häfele, der Leiter des Karlsruher Brüterprojekts, wurde die dominante Gestalt in der atomaren ›Community‹ der 60er Jahre. Intern konnte man allerdings gerade von Ingenieuren immer wieder hören, eigentlich sei der in Jülich entwickelte Hochtemperaturreaktor (HTR) mit kugelförmigem Brennelement der optimale Reaktortyp: Die hohe Betriebstemperatur, die ›jedes Ingenieurherz höher schlagen‹ lasse, verspreche gegenüber den Leichtwasserreaktoren mit ihren ›altmodischen‹ Sattdampfturbinen eine drastische Erhöhung des Wirkungsgrades, und dazu bringe der ständige Durchlauf der Brennstoffkugeln durch den Reaktor den Vorteil mit sich, daß im Reaktorkern nur der gerade zum Betrieb benötigte Spaltstoff enthalten sei und dieser nicht, wie bei anderen Reaktortypen notwendig, für ein ganzes Jahr mit Spaltstoff ausgestattet werden müsse: was eine sehr erhebliche Senkung des Risikos bei großen Störfällen bedeute. Die verschiedenen HTR-Projekte krankten jedoch stets daran, daß eine Konzentration der Kräfte nie in dem Maße gelang, wie dies unter Häfeles Regie auf der Brüter-Seite geschah.

Häfele legte am 21. Juni 1963 in einem später vielzitierten Vortrag in der Evangelischen Akademie Loccum dar, daß das Brüterprojekt einen Aufwand in Größenordnung der Raumfahrt erfordere. Es gehe hier um eine Schlüsselindustrie der Zukunft und daher um nichts weniger als um das »Sichbehaupten eines auf seine Industrie angewiesenen Volkes«. Daher müsse ein solches Großprojekt gewagt werden, »auch wenn der dafür zu zahlende Preis phantastisch wird und andere wichtige Dinge deswegen vernachlässigt werden mussen«. Derartige Projekte müßten schon zur Selbstdarstellung einer Gesellschaft in Angriff genommen werden, selbst wenn sie letztlich nicht rational zu begründen seien; das lehre die Weltgeschichte. »Die ägyptische Hochkultur baute Pyramiden, das Mittelalter die herrlichen Kathedralen und die Neuzeit baute große Schlösser. Heute scheinen es Atomstädte und Raketenstationen zu sein, die am zwingendsten das Wollen und Können eines modernen Industriestaates darstellen.« (Häfele 1963: 37 f.) Später charakterisierte

Klaus M. Meyer-Abich das Karlsruher Brüterprojekt als »unsere gescheiterte Mondfahrt« (Meyer-Abich/Ueberhorst 1985: 199 ff.). Wenn man Häfeles Prophezeiung ernst nahm, konnte sich ein Land wie die Bundesrepublik jedoch bestenfalls *eines* solcher Mega-Projekte leisten – auch in der Vergangenheit hatte ja keine Kultur gigantische Pyramiden und Kathedralen auf einmal gebaut. Allein in den Karlsruher Planungen wurden jedoch bis in die späten 60er Jahre drei verschiedene Brüter-Linien verfolgt: der natrium-, der wasserdampf- und der heliumgekühlte Brüter. Für alle Typen gab es Argumente, die plausibel wirkten. Häfele entschied sich nach amerikanischem Vorbild für den Natriumbrüter; Wirtz dagegen, der Gründervater des Kernforschungszentrums Karlsruhe, favorisierte den Heliumbrüter, und Kurt Rudzinski, der Wissenschaftsredakteur der ›Frankfurter Allgemeinen‹, führte, von Karlsruher Dissidenten mit Insider-Informationen ausgerüstet, eine jahrelange heftige Pressekampagne für den Dampf- und gegen den Natriumbrüter: Es war die erste spektakuläre Kernenergie-Kontroverse in der bundesdeutschen Öffentlichkeit.

Häfele setzte sich im Verein mit der beteiligten Industrie, die sich im Zweifelsfall an den USA orientierte, am Ende durch; aber die Kontroverse hinterließ eine Unsicherheit und einen bitteren Nachgeschmack. Auch der Laie konnte ja aus dem Chemie-Unterricht wissen, daß Natrium an der Luft in Brand gerät: Konnte man eine solche Substanz ausgerechnet als Kühlmittel eines Schnellen Brüters verwenden? Häfele selbst gestand später, als er sich aus der Leitung des Brüterprojekts zurückgezogen hatte, daß ihm die Entscheidung für den Natriumbrüter viel zu schaffen gemacht habe und nur »unter Qualen« getroffen worden sei. »Und dann war es am Ende nicht irgendein logisches Argument, sondern die Fülle der technischen Evidenz, die sich gegenseitig trägt.« (Matthöfer 1977: 301)

Das war nun eine Rationalität von einer Art, die von dem Laien, der nach einer einfachen Logik sucht, nicht nachzuvollziehen ist, sondern nur von dem Insider, der über viel Überblick und über lange Erfahrungen verfügt – weniger allerdings von jenem Expertentypus, der nur über spezielle Aspekte Bescheid weiß. Ebensowenig handelte es sich um eine Logik rein wissenschaftlicher Art. Wie dem auch sei: Politiker spielten in dem Entscheidungsprozeß bei der Brüterstrategie nur eine marginale Rolle. Die Politik stand den Forschungskomplexen, die sie selber geschaffen hatte, mehr oder weniger hilflos gegenüber, je mehr diese ihr Eigenleben gewannen. Mochte Atompolitik um 1960 als eine Art von Wissenschaftspolitik erscheinen, so war davon um 1970 keine Rede mehr.

Zu jener Zeit war all denen, die den Aufwand neuartiger Reaktorentwicklungen überschauten, mehr oder weniger bewußt, daß die Bundesrepublik nicht nur zwischen den Brütertypen, sondern auch zwischen

Schnellem Brüter und HTR zu wählen hatte. Aber auch bei dieser Wahl wurden die Politiker von den Experten im Stich gelassen. Wer die Dokumente jener Zeit durchgeht, muß zugeben, daß es die verantwortlichen Laien schwer hatten, hier eine Entscheidung zu treffen. Vergeblich suchten Politiker Fachleute aus Jülich und Karlsruhe zu kritischen Urteilen über die Reaktorprojekte der jeweils anderen Seite zu veranlassen: Mochte hinter den Kulissen zwischen beiden Kernforschungszentren Konkurrenz bestehen, gehörte es doch zu den Spielregeln der atomaren ›Community‹, öffentlich nichts gegen den anderen zu sagen.

Als 1973 Mitglieder des zuständigen Bundestagsausschusses einen Sprecher der KFA aus der Reserve zu locken suchte, erwiderte der, selbstverständlich werde er nichts gegen den Hochtemperaturreaktor sagen (»Also bitte, so unabhängig bin ich auch nicht«), »aber anständigerweise natürlich auch nichts gegen die Schnellen Brüter sagen, gegen die Kollegen in Karlsruhe.« Der Ausschußvorsitzende Ulrich Lohmar geriet dadurch in komische Verzweiflung: »Das ist das Problem, genau das ist das Problem! Und dies noch belegt mit dem Wort ›anständigerweise‹ verrät alles.« (Radkau 1983: 257)

In der Tat: Das war (und ist) das Expertendilemma bei der politischen Steuerung der Großprojekte. Klaus Traube schrieb aus seiner Erfahrung als Chefplaner des Schnellen Brüters im Rückblick: »Diese Großprojekte werden durchweg staatlich subventioniert. Jeder neue in der langen Reihe der für Forschungsförderung zuständigen Minister, die ich erlebt habe, trat sein Amt an mit dem festen Vorsatz, sich seine Sporen auch damit zu verdienen, irgendwo reinen Tisch zu machen, unnützer Verschleuderung von Steuergeldern sichtbar Einhalt zu gebieten. Keiner hat je etwas beendet, was nicht ohnehin bei Amtsantritt schon am Verröcheln war. Nicht, weil er unfähig, unentschlossen oder zu sehr an Interessen gebunden war – das mag hinzukommen –, sondern weil er ohne den Sachverstand der Ministerialbeamten nichts ausrichten kann, die wieder nichts ohne den Sachverstand der ihnen verantwortlichen Industriemanager, die wieder nichts ohne den Sachverstand der ihnen verantwortlichen technischen Manager. Alle diese Manager aber haben ein vornehmstes Ziel: die Organisationsmaschine am Laufen zu erhalten, und sie benutzen ihren Sachverstand, um, bewußt oder unbewußt, ihre Argumente entsprechend einzurichten.« (Traube 1978: 160) Auch Traube sicht diese Lage der Dinge mit gewissem Fatalismus und scheut, selber Experte, vor der Konsequenz zurück, daß Politiker auch einmal auf ihren Laienverstand gestützt entscheiden müssen.

Die atompolitische Raison der Anfangszeit hatte gelautet: ›eigenständige deutsche Entwicklung, maximale Unabhängigkeit der deutschen Atomwirtschaft von den bestehenden Atommächten‹, bei Adenauer und Strauß auch mit dem Hintergedanken: Schaffung einer Option zur Herstellung von Atomwaffen, und sei es auch nur als Verhandlungsobjekt innerhalb des westlichen Bündnisses und/oder als Grundlage für bundesdeutsche Gleichberechtigung innerhalb einer kommenden westeuropäischen Nuklearmacht. »Zumindest atomare Mitbeteiligung, wenn nicht gar eigene Kernwaffen für die Bundesrepublik zu erwerben, war eines der großen, verschwiegen angesteuerten Ziele seiner Kanzlerschaft gewesen«, resümiert der Adenauer-Biograph Hans-Peter Schwarz (Schwarz 1991: 908); dieses allenfalls zwischen den Zeilen der zeitgenössischen Dokumente durchscheinende Faktum muß man bei der bundesdeutschen Atompolitik des ersten Jahrzehnts stets im Auge behalten. Da dieses Ziel jedoch nie offen ausgesprochen werden konnte, ergab sich daraus kein Konzept, für das in offener Kontroverse gekämpft werden konnte. Auf diese Weise geriet auch der schrille Protest gegen den sogenannten ›Atomsperrvertrag‹, den Vertrag zur Nichtverbreitung von Kernwaffen, zum argumentativen Eiertanz. Adenauer und Strauß konnten die wahren Motive ihrer heftigen Gegenkampagne nicht offenlegen (Radkau 1988).

Seit dem Siegeszug der amerikanischen Leichtwasserreaktoren, also seit der zweiten Hälfte der 60er Jahre, setzte sich eine andere Raison, die vor allem in Kreisen der Energiewirtschaft schon frühzeitig bestand, mehr und mehr durch: ›Orientierung an den USA; schärfere Kostenrechnung (wobei die Kosten für Urananreicherungsanlagen, da externalisierbar, außer Betracht bleiben); Rückgriff auf maximal erprobte Reaktortypen.‹ Es war eine Art von Rationalität, die Innovationen entmutigte und daher den HTR ins Abseits brachte. So paradox es auf den ersten Blick wirkt: Gerade riskante neue Technologien benötigen zu ihrer großtechnischen Durchsetzung konservative Strategien, auf der Basis der nicht unvernünftigen Faustregel, daß man ein großes und neuartiges Risiko nicht mit noch weiteren Risiken verkoppeln darf (Radkau 1984: 87 ff.). Gerade unter Sicherheitsaspekten hat dieser Konservatismus einiges für sich. Manchmal können allerdings nur kühne Innovationen einen Qualitätssprung an inhärenter Sicherheit erbringen.

Von Anfang an war klar – wenn auch noch nicht so deutlich wie später –, daß der Fortschritt der Kerntechnik keine rein wissenschaftliche Aufgabe war, sondern eine enge Zusammenarbeit mit der Industrie erforderte; in der atomaren ›Community‹ waren Beziehungen zur Industrie stets ein Trumpf. Winnacker, der Chef der Farbwerke Hoechst, stand als eine treibende Kraft hinter der frühen Atompolitik, gerade auch ihrer ›nationalen‹ Linie; im Eltviller Gästehaus der Farbwerke Hoechst wurde 1957 ein erstes, zunächst noch inoffizielles deutsches Atomprogramm beschlossen – das sogenannte ›Eltviller Programm‹ (Radkau 1983: 149 ff.) – ; der Atomminister Balke kam aus der von Hoechst kontrollierten Wacker Chemie, und in seinem Verhalten gegenüber Winnacker war noch etwas von dem Respekt gegenüber seinem einstigen Konzernchef zu spüren. Es wurde zum geflügelten Wort, daß atompolitische Entscheidungen »auf Hoechster Ebene« fielen (Müller 1990: 431). Das lenkte freilich davon ab, daß die Energiewirtschaft, die in der DAtK zunächst nur eine marginale Rolle spielte, auf die Dauer am längeren Hebel saß und das letzte Wort behielt.

Bei der Entwicklung des Schwerwasser-Natururan-Reaktors ging die Forschung, ohne daß dies für Außenstehende damals klar erkennbar gewesen wäre, in industrielle Entwicklung über. Der ›Mehrzweck-Forschungsreaktor‹ (MZFR), der auf Schwerwasser-Natururanbasis 1959 projektiert und 1965 in Karlsruhe fertiggestellt wurde, lief ursprünglich als ›Mehrzweckreaktor‹ und war ein Pendant zu dem amerikanischen ›Dual Purpose Reactor‹, dessen Hauptweck in der Plutoniumproduktion für militärische Zwecke bestand. Auch beim MZFR war es möglich, während des Betriebes bestrahlte Brennelemente mit waffenfähigem Plutonium zu entnehmen. Kenner wußten, daß mit dem MZFR für die Bundesrepublik eine technische Option entstand, nukleare Waffen herzustellen; aber dies Thema war selbst intern tabu – Adenauer hatte seinerzeit die Aufnahme der Bundesrepublik in das westliche Bündnissystem nur unter ausdrücklichem Verzicht auf eine deutsche Produktion von Atomwaffen erreicht.

Als ›Forschungsreaktor‹ wurde der MZFR vornehmlich deshalb etikettiert, um unter der Rubrik ›Forschungsförderung‹ finanziert werden zu können (Winnacker/Wirtz 1975: 142); mit seiner Kapazität von fünfzig Megawatt lag er in Wahrheit turmhoch über der üblichen Kapazität von Forschungsreaktoren (Radkau 1983: 192). Nicht selten ist es in der Geschichte der Atomforschung wichtig, zu klären, was ›Forschung‹ konkret bedeutet, so auch bei der als ›Forschung‹ etikettierten Schiffsreaktorentwicklung in Geesthacht (Radkau 1993: 120f.). Wenn man das Etikett ›Forschung‹ stets für bare Münze nimmt, würde man übersehen, daß die Atomforschung, die zuerst die Bundeskompetenz in der Forschungspolitik begründet hatte, unter der Hand doch mehr und mehr aus dem Bereich dessen, was man sich üblicherweise unter Wissenschaft vorstellt, hinausführte.

Reine Wissenschaft blieb nur die Elementarteilchenforschung mit ihren Großbeschleunigern; da entstand eine atomare ›Community‹ neuer Art, die weit mehr als die bisherige die nationalen Grenzen überschritt. Hier waren jedoch Erfolg und Mißerfolg für die Laien, also auch die Politiker, vollkommen undurchsichtig. Selbst Heisenberg, der nach seinem verärgerten Rückzug aus der Kerntechnik sein Interesse wieder der Elementarteilchenforschung, seiner alten Leidenschaft (Hermann 1976: 115), zugewandt hatte, begann an dem Sinn dieser Riesenapparaturen zu zweifeln und argwöhnte, daß hier Fragen, die in Wahrheit theoretischer Art seien, vergebens auf empirische Art zu lösen versucht würden. Stattdessen genüge es, sich die elementaren Teilchen der Materie als kleine schwarze Punkte vorzustellen. Als Karlsruhe 1965 zusätzlich zu dem schon in Hamburg bestehenden Großbeschleuniger DESY eine eigene Großanlage dieser Art plante, kündigte Heisenberg seinen Rücktritt aus dem Arbeitskreis ›Kernphysik‹ der DAtK an, da er dieses in seinem Sinn ihm nicht einsichtige Projekt nicht mit seinem Namen decken wollte (Radkau 1983: 252, 530).

3. Entstehung und Zerfall des atomaren Charismas und der atomaren Community

Die frühe bundesdeutsche Atompolitik präsentiert sich über weite Strecken, je tiefer man sich in die Akten und in die Details begibt, desto mehr als eine planlose, von Zufälligkeiten und wechselnden Trends bestimmte Geschichte. Wenn man feststellt, daß die Atomforschung in den fünfziger und frühen 60er Jahren die Funktion erfüllte, eine Forschungskompetenz des Bundes gegenüber den Ländern und den Selbstverwaltungsorganisationen der Wissenschaft zu begründen, heißt das nicht, daß alle Beteiligten dieses Ziel von Anfang an bewußt angestrebt hätten: Funktionszusammenhänge zeichnen sich ja gerade dadurch aus, daß sie über die Intentionen der Akteure hinweg wirken. Bietet die Atompolitik jedoch auch Stoff für eine verstehende Sozialgeschichte; erkennt man hinter dem Hin und Her der Tagespolitik Sinn-entwürfe, die auf das Handeln einwirken und Akteursgemeinschaften erzeugen?

Solche Sinnentwürfe hat es in der Tat gegeben, sogar in hohem Maße; in der Zeit der Ersten Genfer Atomkonferenz war das ›friedliche Atom‹ geradezu mit Sinn überladen. Und es waren große Sinnentwürfe, die grenzüberschreitende Akteurskoalitionen hervorbrachten: eine nukleare ›Community‹ – das wurde auch in der Bundesrepublik der gängige Begriff –, die ein Netzwerk zwischen Wissenschaft, Wirtschaft, Politik und Medien schuf und nationale Grenzen überschritt. Diese ›Community‹ hat eine Geschichte mit Aufstieg, Wandlungsprozessen und Niedergang. Die Geschichte der Atompolitik läßt sich ohne diese ›Community‹ nicht verstehen; ein handlungsleitendes Kommunikationsnetz findet man mindestens so sehr dort wie innerhalb des Ministeriums.

Max Weber hat gelehrt, daß große Innovationen in der Geschichte nicht auf eine lediglich alltäglich-triviale Art ins Leben treten, sondern daß – materieller Beweggründe unbeschadet – am Beginn etwas Außeralltägliches steht, eine große Leidenschaft, bei der sich häufig Glücksstreben mit Angst und Verzweiflung mischt, getragen von ›charismatischen‹ Führerpersönlichkeiten. ›Charisma‹ war Webers erfolgreichste Begriffsschöpfung, und schon er selber leistete jener Inflationierung dieses Begriffs Vorschub, die wir seit langem erleben. Es ist nicht ganz einfach, mit diesem Konzept empirisch solide zu arbeiten. Wie weist man ein Charisma und dessen Wirksamkeit nach? Handelt es sich vor allem um eine natürliche Begabung von Führergestalten, oder existiert es vorwiegend im Wunschdenken derer, die an diese Führer glauben; oder wird es in aller Regel überhaupt erst durch geschickte Manipulation der Öffentlichkeit erzeugt? Können nur Personen oder kann auch eine neue Technologie ein Charisma besitzen?

Es ist schwer, auf diese Fragen eine generelle Antwort zu geben. Im Falle der Atomkraft ist jedoch evident, daß diese in einer bestimmten historischen Phase – eben in den Gründerjahren der zivilen Kerntechnik – Begeisterung und Faszination hervorrief, und zwar nicht als bloßes Strohfeuer der Medien, sondern als eine Kraft, die eine Akteursgemeinschaft mit ausgeprägtem Elite- und Sendungsbewußtsein hervorbrachte.

Genau besehen, war es allerdings vorwiegend die *Vision* des ›friedlichen Atoms‹, keine kerntechnische Realität, die dieses Charisma besaß: Je mehr das ›friedliche Atom‹ zur betonumkleideten Wirklichkeit wurde, desto mehr büßte es sein Charisma ein. Aber Mitte der fünfziger Jahre war es eben noch *keine* Realität, auch wenn viele Atom-Enthusiasten den imaginären Charakter des ›friedlichen Atoms‹ nicht begriffen.

Hätte man von Anfang an vorhergesehen, daß dieses Atom am Ende nichts anderes bescheren würde als einen neuen Antrieb von Kraftwerken, der keineswegs sehr viel billiger sein würde als die Kohlefeuerung und zwar ohne rauchende Schlote auskommen, aber dafür andere, nicht unbedingt angenehmere Emissionsprobleme schaffen würde, hätte es diese Begeisterung nicht gegeben. Aber mit dem ›friedlichen Atom‹ verband man eben noch keine sehr konkreten und realistischen Vorstellungen, vielmehr handelte es sich um eine Vision, in die man Wunschträume hineinprojizieren konnte: Träume von einer friedlicheren, gerechteren und glücklicheren Welt. Die Faszination wurde eher noch dadurch erhöht, daß Himmel und Hölle eng benachbart waren und sich mit dem Atom auch der Alptraum einer Selbstzerstörung der Menschheit verband. Das Atom war in den Visionen der fünfziger Jahre wie das Rheingold Richard Wagners: Den guten und friedlichen Menschen bringt es Glück, den bösen und machtgierigen dagegen Verderben.

Das atomare Charisma entstammte einer Zeit, als die Kerntechnik – zumindest in den Augen der Öffentlichkeit – noch nicht von Managern der Energiewirtschaft dirigiert wurde, sondern von einer Elite bedeutender Wissenschaftler. Die legendäre internationale ›Community‹ der Atomphysiker, die in den 1920er Jahren die Relativitäts- und Quantentheorie in ihren Konsequenzen diskutiert hatte und vermeintlich auf dem Wege war, dem auf die Spur zu kommen, ›was die Welt im Innersten zusammenhält‹, lebte in den fünfziger Jahren noch einmal auf. Es sah so aus, als ob unter ihrer Regie die Kerntechnik entstehen würde und diese geistige Elite die Gewähr dafür böte, daß die Atomkraft unter höchstem Verantwortungsbewußtsein und zum Segen der Menschheit entwickelt werden würde. Selbst Adenauer, der über Jahre einen direkten Kontakt zu Heisenberg unterhielt, scheint von solchen Vorstellungen nicht frei gewesen zu sein; er war stärker von wissenschaftlichen und technischen Innovationen fasziniert, als diejenigen ihm zutrauten, die ihn lediglich für einen stocknüchternen Pragmatiker und einen Mann der alten Zeit hielten.

Das Göttinger Manifest vom April 1957, in dem sich die führenden bundesdeutschen Atomphysiker von der atomaren Bewaffnung der Bundeswehr distanzierten und sich zugleich mit Nachdruck für die Förderung der zivilen Kernenergie aussprachen, brachte den Nimbus der Atomforschung in der deutschen Öffentlichkeit erst recht auf den Höhepunkt. Jetzt wurden die Atomphysiker, obwohl persönlich überwiegend konservativ und in ihren Anschauungen eher der CDU nahestehend, gerade für die Reformkräfte und die entstehende Linksintelligenz zu Identifikationsgestalten und zu Gegenautoritäten gegen die Autorität des greisen Bundeskanzlers. Bundesatomminister Balke, der sich ohnehin von Adenauer schlecht behandelt fühlte, wußte diesen Effekt des Göttinger Manifests zu schätzen.

Nur Insider durchschauten damals, daß das Manifest wesentlich von einem – damals nicht unbegründeten – Mißtrauen gegen die Karlsruher Reaktorentwicklung motiviert war. Heisenberg bekannte später, er habe sich damals ›Sorgen‹ gemacht, ob dieses Kernforschungszentrum »sich auf die Dauer dem Zugriff derer würde entziehen können, die so große Mittel lieber für andere Zwecke verwenden wollten« (Heisenberg 1973: 258) – gemeint war: für militärische –, und sein Mitstreiter Carl Friedrich von Weizsäcker erinnerte sich, Strauß habe »durch sein abends beim Wein nicht mehr verhülltes Drängen nach Atomwaffen« das »Mißtrauen« der Atomforscher erregt (Weizsäcker 1983: 192 f.). Im Göttinger Manifest brachten die Unterzeichner ihr Mißtrauen gegen Karlsruhe jedoch nur nebenher und verdeckt zum Ausdruck: mit der Schlußbemerkung, sie seien nicht bereit, »sich an der Herstellung, der Erprobung oder dem Einsatz von Atomwaffen in irgendeiner Weise zu beteiligen.« Gleich darauf folgte jedoch das emphatische Bekenntnis zur »friedlichen Verwendung der Kernenergie« (Rupp 1970: 75). Das schuf ein für jene Zeit typisches rhetorisches Grundmuster: Wer sich den ›Progressiven‹ zurechnete, pflegte sich mit gleichem Nachdruck für das ›friedliche Atom‹ zu erklären, wie er die Atombombe verdammte.

Später im Zuge der nuklearen Ernüchterung war die Erinnerung an die atomare Euphorie der Frühzeit manchen peinlich. In der Konfliktkonstellation der 70er Jahre pflegten die Protagonisten der Kernenergie als Verfechter nüchterner Rationalität aufzutreten und ihren Gegnern Emotionen vorzuwerfen. Damals erblickte ein Siemens-Direktor in der These von der ›Atom-Euphorie‹ der fünfziger Jahre eine geradezu beleidigende Unterstellung. Der RWE-Vorstand Heinrich Mandel, in den 70er Jahren von der Presse als ›Atompapst‹ tituliert, verkündete Ende

1978 noch auf dem Sterbebett einem ›Spiegel‹-Interviewer sein Credo, man müsse »quantitativ miteinander reden«; und weil die Gegner der Kernenergie dazu nicht fähig seien, fielen seine Worte »oft in einen Sumpf von Emotionen« (Der Spiegel 50/1978: 98 ff.). Dabei hatte der gleiche Mandel früher viele Jahre lang als Mann der kommenden Kerntechnik gegen die nüchternen Rechner im RWE-Vorstand kämpfen müssen und dabei nach eigenem Bekenntnis »seine ganze Zukunft aufs Spiel gesetzt«. 1964 hatte er Rentabilitätsbedenken gegen Kernkraftwerke mit dem – aus historischer Sicht durchaus begründeten – Argument wegzuwischen versucht, »jede große technische Entwicklung« vollziehe sich nun einmal »im wirtschaftlichen Halbdunkel« (Radkau 1986: 39). Kein Zweifel: Nicht nur der Widerstand gegen die Kerntechnik war von heftigen Emotionen getragen, sondern starke Emotionen standen auch am Ursprung der Kerntechnik selbst.

Immer wieder hört man in Gesprächen mit atomaren Veteranen: Wer in jenen Gründerjahren des ›friedlichen Atoms‹ dabei war, war mit Leib und Seele dabei; er war von Begeisterung getragen, nicht nur von nüchternem Pragmatismus. Er fühlte sich als Mitglied einer weltweiten Elite, der geistigen Führerschaft des kommenden Atomzeitalters, einer Ära der Herrschaft der Wissenschaft, der höheren Vernunft und der unbegrenzten Möglichkeiten. Gerade in Kreisen der Wissenschaft war ›Atomzeitalter‹ damals ein Zauberwort, trotz der Angst vor der Bombe. Mit Hinweis auf das ›Atomzeitalter‹ konnte man den Aufruf zu einer Politik der Verständigung zwischen Ost und West, zugleich aber auch den Ruf nach verstärkter Förderung der Naturwissenschaften verbinden.

Manches mag dabei aus der späteren Erinnerung verklärt werden. Auch in den fünfziger Jahren war die Euphorie mit Ernüchterungen und Bedenken durchmischt; in der damaligen Rollenverteilung war es anders als im Atomkonflikt der 70er Jahre geradezu so, daß die Fachleute gegenüber den Journalisten in manchen Situationen die Skeptiker spielten, die die Risiken dieser neuen Technik kannten. Das gilt am allermeisten für den alterfahrenen Kraftwerksbauer Friedrich Münzinger, der in den fünfziger Jahren das erste Standardwerk über den ›Bau ortsfester und beweglicher Atomantriebe‹ verfaßte und darin zwischendurch wetterte, man solle »nicht die Illusion aufkommen lassen, daß der Bau von Atomkraftwerken eine Art technischer Sonntagnachmittags Spaziergang sei, sondern dem Publikum klarmachen, daß Atomkraftwerke ebenso wie alle großen technischen Neuerungen ohne ein gewisses Opfer an Gesundheit und Leben nun einmal nicht zustandekommen können. Auch sollte man sich vor Prophezeiungen hüten wie der, daß die Atomkraft das Los des kleinen Mannes bald in unerhörter Weise erleichtern werde, weil sie durch Sachkenntnis nicht getrübte Flunkereien sind.« (Münzinger 1960: 236) Aber auch der

›kleine Mann‹ hatte zu jener Zeit zuviel böse Erfahrungen hinter sich, als daß er auf allzu billige Versprechungen hereingefallen wäre. Bei der Atomeuphorie handelte es sich mehr um eine veröffentlichte als um eine öffentliche Meinung. Meinungsumfragen aus jener Zeit zeigen, daß die Mehrheit der Bevölkerung mit dem ›Atom‹ damals nach wie vor die Bombe verband (Radkau 1983: 89, 434 f.). Der Atomminister bekam viele besorgte Briefe aus der Bevölkerung.

Damals, lange vor der Ära der vollendeten Fakten und der damit verbundenen Sprachregelungen, redeten die Fachleute über die Risiken der Kerntechnik manchmal mit einer Offenheit, die im Atomkonflikt der 70er Jahre kaum mehr vorstellbar wäre. Gerade weil die Erwartungen an das ›friedliche Atom‹ ungeheuer waren, konnte diese Vision auch erhebliche Schattenseiten verkraften. Auch die charismatischen Propheten Max Webers verkünden ja keinen einfachen Weg zum Heil. Es war ja nicht zuletzt das enorme Risiko, das gewaltige Forschungsprojekte rechtfertigte. Wenn jedoch später gerne behauptet wurde, die Atom-Euphorie der fünfziger Jahre sei einzig das Werk sensationshungriger Journalisten gewesen, wird man durch die Zeitzeugnisse eines anderen belehrt: Diese Stimmung war das Produkt einer Wechselwirkung zwischen Wissenschaft und Medien. Die Atomwissenschaftler blieben von den Erwartungen der Massenmedien nicht unbeeinflußt; sie lernten es, ihre Weisheiten mediengerecht zu formulieren. Das von Journalisten geschriebene Buch »Wir werden durch Atome leben« (Löwenthal/Hausen 1956) besaß nicht nur ein Vorwort von Franz-Josef Strauß, sondern auch ein Geleitwort des hochangesehenen Nobelpreisträgers Otto Hahn, des Entdeckers der Kernspaltung (der allerdings, genau besehen, von Reaktoren nur sehr wenig verstand).

Bei den Atom-Enthusiasten jener Zeit erkennt man nicht selten, daß sie sich der atomaren ›Community‹ mindestens so sehr verbunden fühlten wie der Institution, Partei oder Firma, der sie angehörten. Im Atomministerium waren es vor allem Joachim Pretsch und Walther Schnurr, die sich der ›Community‹ mitsamt dem Ziel einer deutschen Eigenentwicklung auf Natururan-Basis zugehörig fühlten, während der aus dem Wirtschaftsministerium kommende Wolfgang Finke zum Gegenspieler der ›nationalen‹ Linie wurde. Schnurr wechselte zum Kernforschungszentrum Karlsruhe über. Pretsch entwickelte sich nach den enttäuschenden Erfahrungen mit der Schwerwasser-Reaktorlinie zum Brüter-Enthusiasten. Da er die Kerntechnik als zukunftsträchtige *Entwicklung* behalten wollte, kümmerte er sich kaum um den von Finke ausgehandelten Bau der Leichtwasser-Demonstrationskernkraftwerke, mit denen die *reale* Geschichte der Kernenergie in der Bundesrepublik beginnt. Er interessierte sich auch nicht für einen weiteren Ausbau seines Ministeriums, der von dieser nuklearen Entwicklung wegführte.

Pretsch stand in enger Verbindung mit Wolfgang Finkelnburg, dem Leiter der Siemens-Reaktorabteilung, der bis zu seinem Tod (1967) die treibende Kraft der Schwerwasser-Reaktorentwicklung war und außer sich geriet, als die Energiewirtschaft bei Niederaichbach aus ökonomischen Gründen vom Natururan-Prinzip abging. Auch er handelte offensichtlich mindestens so sehr als Mitglied der ›Community‹, die visionäre Projekte brauchte, wie als Angehöriger eines auf Rentabilität gerichteten Unternehmens. Auch ein atomarer Visionär wie Leo Brandt fühlte sich vermutlich mindestens so sehr der ›Community‹ wie der Sozialdemokratie verbunden; seine temperamentvollen Reden und Schriften sind weit mehr von einem technokratischen als von einem sozialistischen Pathos getragen.

Selbst solche Wirtschaftsleute, die in dem rational kalkulierenden Teil ihres Selbst der Kernenergie eher skeptisch gegenüberstanden, blieben von der Attraktivität des Atoms nicht unberührt. Heinrich Schöller, der in den fünfziger Jahren als ›Elektropapst‹ tituliert wurde, agierte im RWE-Vorstand überwiegend als Mann der Braunkohle; unter seiner Protektion konnte jedoch Heinrich Mandel bei Kahl das erste deutsche Versuchskernkraftwerk errichten, und im Ruhestand übernahm Schöller ›ehrenamtlich als ›Hobby«‹ die Bauleitung des Karlsruher MZFR. Wie man sieht, vermittelte das Engagement in der Kerntechnik damals Befriedigung und Lebenssinn, selbst wenn es noch kein Geld brachte. Daß dieser ›Senior der deutschen Elektrizitätswirtschaft‹ (Balke) aus Faszination durch die Sache eine solche Mission erfüllte, blieb nicht ohne Signalwirkung (Radkau 1983: 119). Und, last but not least, Franz-Josef Strauß: Wenn dieser erste Bundesatomminister später versicherte, er habe sein neues Ressort keineswegs als bloßes ›Verlegenheitsministerium‹ empfunden, sondern als eine Aufgabe, die ihm »rundum Freude machte« (Strauß 1989: 236), ist diese Behauptung glaubwürdig. Er, der Nicht-Naturwissenschaftler, arbeitete sich damals mit einer Energie und einem Urteilsvermögen in diese Materie ein, daß er selbst einem Heisenberg Respekt einflößte, sogar noch nach dem Konflikt über dem Göttinger Manifest.

Längst nicht alle Mitglieder des Atomministeriums fühlten sich der ›Community‹ zugehörig; aber der animierende Geist dieses Kommunikationsnetzes wirkte bis in das Ministerium hinein. In diesem kleinen Ministerium in seinen zuletzt 15 Rheinvillen (Sobotta 1969: 147) ging es in den ersten Jahren recht unbürokratisch zu. Da es vor allem wichtig war, sich über den Stand der Dinge im Ausland zu informieren, wurde viel gereist; und die Reisen boten reichlich Gelegenheit zu ›herrschaftsfreier Kommunikation‹ ohne bürokratischen Dienstweg und formalisierte Sitzungen. Wenn sich Winnacker und Wirtz erinnern: »Die freimütige Information über alle Ereignisse und Überlegungen war und blieb das Grundprinzip der deutschen Atompolitik« (Winnacker/Wirtz 1975: 111), mag das für das erste Jahrzehnt in der Tendenz zutreffen, zumindest im Vergleich zu anderen längst bürokratisierten Ministerien. Erst nachdem das um neue Kompetenzbereiche erweiterte Ministerium 1967 in ein ministerielles Hochhaus umzog und schließlich 1972 sein eigenes Hochhaus bekam, brachen insbesondere zwischen ›Bildung‹ und ›Technologie‹ bittere Kämpfe über die in Etagen manifestierte Rangordnung aus.

Man kann als sozialgeschichtlichen Basisprozeß hinter all den Wechselfällen in der Atompolitik der 60er Jahre den Zerfall der atomaren ›Community‹ in separate Szenen begreifen. Gewiß, schon von Anfang an herrschte in der nuklearen Familie nicht eitel Harmonie, ebensowenig wie in anderen Familien. Spannungen gab es schon vom Uranprojekt des Zweiten Weltkrieges her, als sich eine Rivalität zwischen verschiedenen Forschergruppen entwickelt hatte; und manche dieser Spannungen lebten in den fünfziger Jahren wieder auf. Die einen hatten im Anblick des britischen Reaktors von Calder Hall, die anderen auf einem Atom-U-Boot des amerikanischen Generals Rickover jenes atomare Erwekkungserlebnis, das die Zuversicht vermittelte, daß die Energieerzeugung durch kontrollierte Kernspaltung tatsächlich funktioniert. Die eine Offenbarung führte zum Gas-Graphit-, die andere zum Leichtwasserreaktor; und um beide Reaktorlinien entwickelten sich unterschiedliche Rationalitäten und Mentalitäten. Aber über Jahre überwog doch in der Bundesrepublik das Stadium des neugierigen Sammelns von Informationen. Die Zahl der Experten – soweit es solche überhaupt noch gab – war noch gering, und alle kannten sich gegenseitig seit langem und teilten miteinander oft gemeinsame Reiseerfahrungen.

Im Laufe der 60er Jahre wandelte sich die Szenerie. Die meisten der von der Öffentlichkeit so hoch geschätzten Atomphysiker, die jedoch von den Details des Reaktorbaus nur wenig verstanden, verloren das Interesse am Fortgang der Kernenergieentwicklung und zogen sich in andere, von industrieller Praxis unbehelligte und dafür in theoretischer Hinsicht verheißungsvollere Wissenschaftsregionen zurück. Und auch die Reaktorforschung zerfiel zunehmend in konkurrierende Gruppen, je mehr die Projekte zu massiver Realität wurden, auf die sich Stellenanforderungen und Karrieren gründen ließen und für die immer neue Fördermittel erkämpft werden mußten.

Anfangs stellte man sich die gesamte Reaktortechnik mit ihrer Vielfalt von Konzepten gerne als Großfamilie mit mehreren Generationen vor: die ›konventionellen‹ Kernkraftwerke mit niedriger Brutrate – die einzigen, die bis heute wirtschaftliche Realität sind – als erste, die Brüter als zweite und die Fusionskraftwerke als dritte Generation (Radkau 1983: 69 f.). Diese organologische Metaphorik führte jedoch in die Irre. Es stellte sich heraus, daß unter den genannten Reaktortypen keineswegs die eine quasi-organisch aus der anderen hervorging; eher im Gegenteil: Der Siegeszug der Leichtwasserreaktoren führte zum Desinteresse der

Energiewirtschaft an anderen Reaktortypen, ja mehr noch dazu, daß Alternativen ins Abseits gedrängt wurden. Was vollends die Fusionsreaktoren anbelangte, so handelte es sich bei diesen um eine ganz andersartige Technologie, deren energiewirtschaftliche Nutzung in unbestimmter Ferne lag. 1955 in Genf war die Aussicht auf den Fusionsreaktor, der Energie nach dem Vorbild der Sonne erzeugt und wie diese eine regenerative und dazu extrem billige Energiequelle sein sollte, die allergrößte Sensation, und die Attraktivität der Kernspaltreaktoren beruhte nicht zuletzt darauf, daß sie in der damaligen Imagination Etappen auf dem Weg zu diesem Endziel waren. Die Wasserstoffbombe schien die Realität und das immense Potential dieser Energietechnik zu demonstrieren. Damals hieß es, bis zur zivilen Nutzung der Fusionsenergie werde es noch zwanzig Jahre dauern; als diese jedoch abgelaufen waren, war wieder von weiteren zwanzig Jahren die Rede (Radkau 1983: 67 ff.), und so ist es mehr oder weniger bis heute geblieben. Ob man daran glaubte oder nicht, so war doch klar, daß Kernspalt- und Fusionsreaktoren nichts miteinander zu tun hatten. Eher war die Fiktion künftiger Fusionsreaktoren dazu geeignet, manchen Bereichen der atomphysikalischen Grundlagenforschung eine politisch brauchbare Legitimation zu verleihen. Die Steuerungsfähigkeit der Atompolitik, die nicht einmal den rechtzeitigen Abbruch der Schwerwasserlinie hatte durchsetzen können, war auf einem derart futuristisch-esoterischen Sektor vollständig überfordert. Der Nutzen einer staatlichen Forschungssteuerung war hier kaum mehr zu demonstrieren.

Ein politisch wirksames Charisma besaß in den 60er Jahren am allermeisten die Brüterentwicklung. Auch sie versprach die Kernenergie zur erneuerbaren Energie zu machen. Mochte man in der kürzerfristigen Reaktorstrategie uneins sein, so bestand Einigkeit doch darin, daß alle Atomprogramme zu Brutreaktoren hinführen müßten (Radkau 1983: 219). Heisenberg hatte bereits 1953 in einem Vortrag vor dem Hamburger Übersee Club den aus der Rückschau ganz und gar absurden Eindruck erweckt, als sei die Brüterwirtschaft in den USA bereits mehr oder weniger Tatsache, und als sei »mit diesen schnellen Reaktoren niemals ein Unfall erfolgt«, obwohl diese »sozusagen gesteuerte Atombomben« seien (Radkau 1983: 65). Aus der Sicht des Theoretikers war das Brutproblem in der Tat mit dem amerikanischen Versuchsbrüter EBR I gelöst; dieser hatte jedoch nur die winzige Kapazität von 0,1 MW, und im übrigen wurde er schon 1955 durch einen Kernschmelzunfall zerstört. Ein Versuchsbrüter von industrieller Dimension, ›Enrico Fermi‹ bei Detroit, wurde nach einem schweren Störfall am 5. Oktober 1966 stillgelegt.

Wie so oft zeigte sich in der Kerntechnik die Wahrheit des Sprichworts, daß der Teufel im Detail lauert. Allein durch die Theorien der

Atomphysiker bekam man keine Vorstellung von den Tücken einzelner technischer Komponenten; daher waren die Ingenieure generell skeptischer als die Theoretiker. ›Physikerreaktor‹ wurde bei den Ingenieuren und Ökonomen zum Schimpfwort. Die jahrelange Attacke des FAZ-Redakteurs Rudzinski auf den Natriumbrüter zielte immer mehr auf grundsätzliche Risiken der Schnellen Brüter und machte zumindest eine begrenzte politische Öffentlichkeit hellhörig. Häfele bekannte 1977 im Rückblick seufzend, »daß Physiker – und auch ich bin von Hause aus theoretischer Physiker – im allgemeinen unterschätzen, wie schwer es ingenieurmäßig ist, auch nur einen einzigen Reaktortyp auf die Beine zu bringen.« (Radkau 1993: 119 f.) Er hatte das immerhin früher erkannt als sein Kontrahent Wirtz, der auf den Gasbrüter setzte, und rechtzeitig das Bündnis mit der Industrie gesucht.

Die Energiewirtschaft, die bereits die auf Natururan gegründete Attraktivität des Schwerwasserreaktors verdorben hatte, beschädigte am Ende auch den Nimbus des Schnellen Brüters, indem sie – wieder zur Kostensenkung – entschied, daß der bei Kalkar projektierte Demonstrationsbrüter auf eine Brutrate unter 1 ausgelegt werden sollte, so daß er am Ende kein Brüter mehr war, nämlich nicht mehr die faszinierende Fähigkeit besaß, mehr Spaltstoff zu erzeugen, als zu verbrauchen. Häfele, dessen Wortgewalt Politiker wie Ministerialbeamte für den Brüter begeistert hatte, zog sich nunmehr aus der Brüterentwicklung zurück. Als die Anti-Atomkraft-Bewegung der 70er Jahre den Brüter als Zielscheibe entdeckte, traf sie auf eine bereits stark angeschlagene Entwicklung, deren wirtschaftlicher Rückhalt bröckelte und und die ihre charismatische Qualität verloren hatte.

Der in den RWE-Vorstand aufgestiegene Heinrich Mandel hieß zwar in der Presse der ›Atompapst‹; dieser trockene Zahlenmensch, der selbst im Urlaub am Strand Logarithmentafeln paukte, besaß mit seinen Kurvendiagrammen jedoch keine prophetischen Gaben und weckte zwar Respekt, jedoch keine Begeisterung. Die Solarenergie, die in den fünfziger Jahren als Zukunftsvision von der Fusionsenergie verdrängt worden war, wurde erneut zur Wärmequelle von Wunschträumen. Robert Jungk, mit seinem Bestseller ›Heller als tausend Sonnen‹ (1956) einst in der Bundesrepublik der wirkungsvollste publizistische Herold der atomaren ›Community‹, der die apologetische Legende vom passiven Widerstand der deutschen Atomphysiker gegen Hitlers Bombenpläne in die Welt gesetzt hatte (Stölken-Fitschen 1995, 216 f.), wandelte sich nunmehr mit seinem ›Plutoniumstaat‹ (1977) zum donnernden Unheilspropheten der Gegenseite.

Selbst Carl Friedrich von Weizsäcker, mittlerweile in den Augen der Öffentlichkeit die ehrwürdigste Gestalt der Atomwissenschaft, ja der Wissenschaft überhaupt, ging in den späten 70er Jahren zur Kernenergie auf Distanz: eine Wende, die die verbliebene Atomgemeinde im Kern erschütterte. Als der niedersächsische Ministerpräsident Albrecht 1979 unter Weizsäckers Einfluß das Wiederaufarbeitungsprojekt bei Gorleben fallenließ, bekannte der Chef der Wiederaufarbeitungsgesellschaft, dieser Rückzieher sei trotz des darauf folgenden Wackersdorf-Projektes sein ›Cannae‹ gewesen, das ihn in eine »Phase der Lähmung und des Entsetzens« gestürzt habe (Radkau 1998b: 233). Die schwer angeschlagene atomare ›Community‹ wurde zwar durch den Ansturm der Gegner erneut zusammengezwungen und entwickelte nach außen einen Konformismus wie nie zuvor; aber es war eine Zwangsgemeinschaft mit Bunkermentalität, eine ›Community‹ ohne Charisma. Einen charismatischen Nimbus dagegen erlangte – zumindest eine Zeit lang – die ›grüne‹ Vision der Gegenseite. Das ist jedoch eine andere Geschichte.

Literatur

Balke, S. (1969): Aus seinen Reden über Technik, Wirtschaft und Gesellschaft. Köln: Arbeitergeber-Förderung GmbH.
Fischer, P. (1994): Atomenergie und staatliches Interesse: Die Anfänge der Atompolitik in der Bundesrepublik Deutschland 1949-1955. Baden-Baden: Nomos Verlagsgesellschaft.
Friedrich, H. (1970): Staatliche Verwaltung und Wissenschaft. Die wissenschaftliche Beratung der Politik aus der Sicht der Ministerialbürokratie. Frankfurt am Main: Europäische Verlagsanstalt.
Häfele, W. (1963): Die Projektwissenschaften. Forschung und Bildung, Schriftenreihe des Bundesministers für Wissenschaftliche Forschung, Heft 4.
Heisenberg, W. (1973): Der Teil und das Ganze. Gespräche im Umkreis der Atomphysik. München: dtv.
Hermann, A. (1976): Werner Heisenberg in Selbstzeugnissen und Bilddokumenten. Reinbek: Rowohlt.
Kabinettsprotokolle (1997): Die Kabinettsprotokolle der Bundesregierung, Bd. 8 (1955). München: Oldenbourgh.
Lilienthal, D. E. (1963): Change, Hope, and The Bomb. Princeton: Princeton University Press.
Löwenthal, G./Hausen, J. (1956): Wir werden durch Atome leben. Berlin: Lothar Blanvalet Verlag.
Matthöfer, H. (1977): Schnelle Brüter Pro und Contra. Protokolle des Expertengesprächs vom 19. 5. 1977 im Bundesministerium für Forschung und Technologie. Villingen: Neckar-Verlag.
Meyer-Abich, K. M./Ueberhorst, R. (Hrsg.) 1985: AUSgebrütet – Argumente zur Brutreaktorpolitik. Basel: Birkhäuser Verlag.
Müller, W. D. (1990): Geschichte der Kernenergie in der Bundesrepublik Deutschland. Anfänge und Weichenstellungen. Stuttgart: Schäffer Verlag.

Münzinger, F. (1960): Der Bau ortsfester und beweglicher Atomantriebe und seine technischen und wirtschaftlichen Probleme. 3. Aufl. Berlin: Springer-Verlag.

Pohl, M. (1996): Das Bayernwerk, 1921 bis 1996. München: Piper.

Radkau, J. (1983): Aufstieg und Krise der deutschen Atomwirtschaft, 1945-1975. Verdrängte Alternativen in der Kerntechnik und der Ursprung der nuklearen Kontroverse. Reinbek: Rowohlt.

Radkau, J. (1984): Kernenergie: Grenzen von Theorie und Erfahrung. Spektrum der Wissenschaft 12/1984: 74-90.

Radkau, J. (1986): Angstabwehr. Auch eine Geschichte der Atomtechnik. Kursbuch 85: 27-53.

Radkau, J. (1988): Die Kontroverse um den ›Atomsperrvertrag‹ aus der Rückschau. S. 63-89 in: C. Eisenbart/D. v. Ehrenstein (Hrsg.), Nichtverbreitung von Nuklearwaffen – Krise eines Konzepts. Heidelberg: FEST.

Radkau, J. (1993): Fragen an die Geschichte der Kernenergie – Perspektivenwandel im Zuge der Zeit. S. 101-126 in: J. Hohensee/M. Salewski (Hrsg.), Energie – Politik – Geschichte. Stuttgart: Franz Steiner Verlag.

Radkau, J. (1998a): »Wirtschaftswunder« ohne technologische Innovation? Technische Modernität in den fünfziger Jahren. S. 129-154 in: A. Schildt/A. Sywottek (Hrsg.), Modernisierung im Wiederaufbau. Die westdeutsche Gesellschaft der fünfziger Jahre. Aktualisierte Studienausgabe, Bonn: Dietz.

Radkau, J. (1998b): Das RWE zwischen Kernenergie und Diversifizierung. S. 221-244 in: D. Schweer/R. Thieme (Hrsg.), Der gläserne Riese. RWE – Ein Konzern wird transparent. Wiesbaden: Gabler Verlag.

Rupp, H. K. (1970): Außerparlamentarische Opposition in der Ära Adenauer. Der Kampf gegen die Atombewaffnung in den fünfziger Jahren. Köln: Pahl-Rugenstein Verlag.

Salin, E. (1963): Lynkeus. Gestalten und Probleme aus Wirtschaft und Politik. Tübingen: J. C. B. Mohr (Paul Siebeck).

Schwarz, H.-P. (1991): Adenauer. Der Staatsmann: 1952-1957. Stuttgart: DVA.

Sobotta, J. (1969): Das Bundesministerium für wissenschaftliche Forschung. Bonn: Boldt Verlag.

Stamm, T. (1981): Zwischen Staat und Selbstverwaltung. Die deutsche Forschung im Wiederaufbau 1945-1965. Köln: Verlag Wissenschaft und Politik.

Stölken-Fitschen, I. (1995): Atombombe und Geistesgeschichte. Eine Studie der fünfziger Jahre aus deutscher Sicht. Baden-Baden: Nomos Verlagsgesellschaft.

Stoltenberg, G. (1969): Staat und Wissenschaft. Zukunftsaufgaben der Wissenschafts- und Bildungspolitik. Stuttgart: Seewald Verlag.

Strauß, F. J. (1989): Die Erinnerungen. Berlin: Siedler Verlag.

Traube, K. (1978): Müssen wir umschalten? Von den politischen Grenzen der Technik. Reinbek: Rowohlt.

Walther, K. A. (Hrsg.) (1964): Wasser – bedrohtes Lebenselement. Zürich: Montana-Verlag.
Weizsäcker, C. F. v. (1983): Der bedrohte Friede. Politische Aufsätze 1945-1981. München: dtv.
Winnacker, K./Wirtz, K. (1975): Das unverstandene Wunder. Kernenergie in Deutschland. Düsseldorf: Econ Verlag.

Johannes Weyer
Die Raumfahrtpolitik
des Bundesforschungsministeriums

1. Einleitung

Ein Rückblick auf die Raumfahrtpolitik des Bundesforschungsministeriums zeigt, dass die Herausbildung des neuen Politikfeldes ›Raumfahrt‹ Ende der 1950er und Anfang der 1960er Jahre ein wesentlicher Faktor war, der es dem Bund ermöglichte, eine Bundeskompetenz für Forschung in einem von den Ländern (noch) nicht besetzten Feld zu beanspruchen und damit das eher provisorisch konzipierte Atomministerium zu einem vollwertigen Forschungsministerium auszubauen (vgl. Radkau, in diesem Band). Dieser Institutionalisierungsprozess hatte Folgen, die bis in die Gegenwart hinein wirken, denn dem Forschungsministerium wurde von Beginn an nur eine »halbierte Autonomie« (Weyer 1993a: 317) zugestanden; zudem blieb es stets auf Technologieprogramme fixiert (z. B. internationale Großprojekte der bemannten Raumfahrt), die vorrangig von einer politischen Rationalität geprägt waren und bei denen die Interessen von Wissenschaft und Forschung oftmals nur eine untergeordnete Rolle spielten.

Dem Forschungsministerium ist es in den vergangenen fünfzig Jahren zwar gelungen, ein eigenes Profil zu entwickeln und gegen alle Kritik an der Sinnhaftigkeit einer Bundesforschungspolitik, die bei Bundestagswahlen und Kabinettsumbildungen immer wieder aufkeimt, die Integrität des Ministeriums zu bewahren. Gerade in der Raumfahrt zeigt sich jedoch nach wie vor eine gewisse Ambivalenz, die daraus resultiert, dass das deutsche Raumfahrtprogramm meist einen halbherzigen Kompromiss unterschiedlicher Interessenpositionen darstellte, nämlich
- zwischen einer vor allem von der Raumfahrt-Industrie geforderten Ausrichtung auf *nationale* Programme und einer von den Weltraumwissenschaften gewünschten Beteiligung an *internationalen* Projekten;
- damit einhergehend zwischen einer Schwerpunktsetzung auf den *Raketenbau* (von der Industrie präferiert) und der Beteiligung an wissenschaftlichen *Satelliten*-Missionen; sowie
- zwischen einer Beteiligung an *europäischen* Gemeinschaftsprojekten (mit der Achse Frankreich-Deutschland), was vor allem die ›Europäer‹ unter den Politikern stets forderten, und einer bilateralen *transatlantischen* Kooperation mit den USA, welche die ›Atlantiker‹ propagierten.

Die Raumfahrtpolitik des Bundesforschungsministeriums ergab sich – oftmals in heftigen Konflikten zwischen den beteiligten nationalen wie internationalen Akteuren – aus dieser vielschichtigen Gemengelage von Interessen. Die aus diesen Verhandlungs- und Abstimmungsprozessen resultierenden Programme und Projekte waren häufig voller Widersprüche und Inkonsistenzen; sie führten immer wieder zu Fehlschlägen, die der Steuerzahler teuer bezahlen musste (›AZUR‹, ›Europa-Rakete‹, ›Spacelab-Labor‹, ›TV-SAT‹, ›Columbus-Labor‹). Dennoch kann man die knapp fünfzig Jahre Raumfahrtpolitik als eine Erfolgsgeschichte werten, denn es ist dem Bundesforschungsministerium gelungen, seine Domäne auf- und auszubauen und eine starke nationale Basis (in Forschung, Industrie und Management) zu etablieren, die nunmehr ein selbstbewusstes Auftreten Deutschlands als Weltraum-Macht des 21. Jahrhunderts ermöglicht.

2. Vorgeschichte: Die Raketenforschung der Nachkriegszeit 1945-1955

2.1 Die alliierten Forschungsverbote

Nach 1945 verbot sich zunächst jeder Gedanke an eine Reaktivierung des Raketenbaus in Deutschland, zu tief lag der Schatten von Peenemünde über dem Land. Wernher von Braun hatte in Peenemünde mit großem Einsatz und ohne Skrupel sein Ziel verfolgt, eine einsatzfähige Flüssigkeitsrakete zu entwickeln, die unter der Bezeichnung A-4 (später V-2) am 3. Oktober 1942 ihren erfolgreichen Erstflug absolvierte; er hatte sich dabei nicht nur in den Dienst des Militärs gestellt, sondern – anders als die verklärenden Legenden es später behaupteten – die Priorität auf die Entwicklung einer Kriegswaffe gelegt. Dabei hat er die vielen Opfer, die vor allem bei der Produktion der Rakete zu beklagen waren, billigend in Kauf genommen (Neufeld 1997, Weyer 1999). Der bereits in den letzten Kriegstagen einsetzende Transfer der Raketentechnik und ihrer Konstrukteure in die Länder der Siegermächte hatte vor allem die Funktion, sich einen möglichst großen Anteil an der neuen Technologie zu sichern und zugleich andere Mächte daran zu hindern, einen technologischen Vorsprung im beginnenden Kalten Krieg zu erlangen. Die Besatzungspolitik der Alliierten war zudem von dem Bestreben geprägt, Deutschland zumindest mittelfristig daran zu hindern, wieder zur militärischen Großmacht aufzusteigen.

Die alliierten Forschungsverbote untersagten daher den Bau von Raketen gänzlich; sie wurden 1954 erstmals gelockert, als die Entwicklung und Fertigung von Lenkwaffen (z. B. Flugabwehrraketen) mit einer Reichweite von bis zu 32 km gestattet und zudem ein Passus in die Pariser Verträge aufgenommen wurde, der Geräte von den Beschränkungen ausnahm, die »für zivile Zwecke verwandt werden oder der wissenschaftlichen [...] Forschung [...] dienen« (vgl. Weyer 1993a: 244); dies öffnete den Weg für die deutsche Beteiligung an den europäischen Gemeinschaftsprojekten. Als die Beschränkungen der Western European Union (WEU) 1984 ausliefen, arbeiteten deutsche Rüstungsfirmen bereits mit Hochdruck an der Entwicklung von Mittel- und Langstrecken-Raketen (Technex, Condor), die auch in Krisenregionen wie den Irak exportiert werden sollten (Weyer 1991: 419-423). Erst das von den USA mit Nachdruck betriebene ›Missile Technology Control Regime‹ (MTCR) von 1987 beendete diese Abenteuer und zwang Deutschland mit sanftem Druck auf die Linie der friedlichen Nutzung der Raketentechnik zurück.

2.2 Die Wiederbelebung der Raketenforschung durch Amateur-Vereine in der Nachkriegszeit (1945-1955)

Dass die Raketenforschung trotz der alliierten Forschungsverbote in (West-) Deutschland nach 1945 so rasch wieder belebt werden konnte, ist vor allem das Verdienst von Amateur-Vereinen wie der 1948 gegründeten ›Gesellschaft für Weltraumforschung‹ (GfW), die von Heinz-Hermann Koelle, einem Studenten der TH Stuttgart, geleitet wurde. Hier fanden sich Bastler und Enthusiasten zusammen, um das Erbe von Peenemünde zu wahren, die Know-how-Basis zu erhalten und die institutionellen Voraussetzung für den praktischen Wiederbeginn zu schaffen. Auch in der 1952 gegründeten ›Arbeitsgemeinschaft für Raketentechnik‹ (AFRA, später: DAFRA) engagierten sich alte und junge Raketenexperten für dieses Ziel. In der Grauzone zwischen Legalität und Illegalität betrieben die Vereine die Entwicklung kleinerer Raketen; sie demonstrierten damit das Selbstbewusstsein der Raketen-Community und testeten zugleich die Toleranzgrenzen der alliierten Besatzungsmächte. Diese duldeten die Aktivitäten stillschweigend bzw. förderten sogar die theoretischen und experimentellen Arbeiten der Raketen-Vereine. Koelles GfW wurde beispielsweise Anfang der 1950er Jahre von der U.S. Air Force unterstützt, die für Flugbahnberechnungen einen Betrag von 200.000 DM zur Verfügung stellte, mit dessen Hilfe er nicht nur sein Studium finanzieren, sondern auch sechs Mitarbeiter einstellen konnte.

Entscheidend für die Wieder-Anerkennung der (west-)deutschen Raketenforschung war jedoch die von Koelle geschickt betriebene Politik der Internationalisierung, die in der – von deutschen, französischen und britischen Raumfahrtgesellschaften betriebenen – Gründung der ›International Astronautic Federation‹ (IAF) im Jahr 1951 mündete.

Präsident wurde Eugen Sänger, der damals noch in Frankreich lebende deutsche Raketenpionier und Erfinder des Antipodenbombers. Bereits der 3. Internationale Astronautische Kongress wurde 1952 in Stuttgart durchgeführt; und es gelang der GfW, auf dem Umweg über diese internationale Vernetzung die Rehabilitierung der (bundes-)deutschen Raketenforschung voranzutreiben. Denn der Kongress erzeugte nicht nur in der Öffentlichkeit eine positive Resonanz; er weckte auch das Interesse des Bundesverkehrsministeriums (BMV), das mit seiner Unterstützung und Förderung der Aktivitäten der GfW wesentlich zur Re-Institutionalisierung der Raketenforschung beitrug.

Ein zweiter entscheidender Punkt war jedoch der Imagewechsel der Rakete, den Koelle und Sänger strategisch betrieben. In Abgrenzung zur militärischen Nutzung der Raketentechnik konzipierten sie das positive Gegenbild einer friedlichen, internationalen Raumfahrt mit bemannten Flügen zu interplanetarischen Zielen. Ein programmatischer Kernsatz aus dem Jahre 1949 lautete: »Die Rakete ist nicht nur eine Waffe, sondern auch ein Instrument friedlicher Forschung.« (Beiträge zur Weltraumforschung und Weltraumfahrt 1/1949: 14) Sänger erfand zudem das ›Naturgesetz‹ der Befriedung der Raumfahrt, das er folgendermaßen begründete:

»Es ist äußerst bemerkenswert, dass die unbemannten Fluggeräte (d. h. Raketen, J. W.) [...] als technische Kriegsgeräte für den Kampf zwischen Menschen auf unserer kleinen Erde unbrauchbar werden, sobald sie die Zirkulargeschwindigkeit von 28000 km/h überschreiten, weil ihre Trägheitsbahnen dann nicht mehr unmittelbar zur Erde zurückführen. Die naturgesetzliche Befriedung der Luftfahrt beginnt sich also hier auch auf die Raumfahrt auszudehnen.« (Sänger 1957: 3)

Die Plausibilität dieser Argumentation mag dahin gestellt bleiben; sie verdeutlicht jedoch das Bemühen, das Negativ-Image der Rakete mit allen Mitteln abzustreifen und durch ein neues Leitbild zu ersetzen, das – nicht ohne Blick auf potenzielle Geldgeber – den interplanetaren *Verkehr* in den Mittelpunkt rückte (vgl. Weyer 1993a: 89-100).

2.3 Die Besetzung des Politikfeldes durch das Verkehrsministerium unter H. C. Seebohm (1952-1955)

Ein entscheidender Schritt zur Institutionalisierung der deutschen Raketenforschung wurde 1954 mit der Gründung des ›Forschungsinstituts für Physik der Strahlantriebe‹ (FPS) in Stuttgart gemacht, dessen Leiter Eugen Sänger wurde. Bereits 1952 hatte Koelle – mit Unterstützung der Air Force – das ›Astronautische Forschungsinstitut Stuttgart‹ gegründet; und er betrieb im Kontext des Stuttgarter IAF-Kongresses nunmehr energisch die Gründung eines *nationalen* Raketenforschungs-Instituts.

Der Präzedenzfall einer Finanzierung der Raketenforschung durch den Bund war mit der Bezuschussung des IAF-Kongresses bereits geschaffen; auch hatte Minister Seebohm sich vor einer dort ausgestellten V-2-Rakete ablichten lassen und somit ein deutliches Signal gegeben. Nach Verhandlungen mit der TH Stuttgart und dem Land Baden-Württemberg, die ein akademisches Forschungsinstitut bevorzugt hätte, konnte sich bei der Gründung des FPS das Modell der außeruniversitären Großforschung unter Einbindung der in der Region ansässigen Industrie (Daimler, Bosch, Heinkel) durchsetzen – eine wichtige Weichenstellung für die weitere Institutionalisierung der Raumfahrtforschung in Deutschland.

Mit der finanziellen Förderung des FPS durch das Bundesverkehrsministerium unter Hans-Christoph Seebohm kam die Raumfahrt auf die bundespolitische Agenda, und zwar in der spezifischen, durch das BMV geprägten Definition als ›Verkehrsmittel‹. Das hinderte das FPS jedoch nicht daran, von Beginn an den Schwerpunkt auf die militärische Forschung zu legen; der erste Jahresbericht von 1956 listet folgende Projekte auf: »Luftangriffs-Waffen« (»ballistische Fernraketen und Fernraketenflugzeuge«, »horizontalfliegende Überschall-Höhenflugkörper«) sowie »Luftverteidigungs-Waffen« (»Photonenstrahl-Geräte«, »unbemannte Flugkörper mit Startraketen«) (Weltraumfahrt. Zeitschrift für Astronautik und Raketentechnik 1956: 31). Auch das Verteidigungsministerium (BMVg) und die amerikanische Industrie förderten Projekte am FPS, die aus Gründen der Geheimhaltung nicht publiziert werden durften (vgl. Weyer 1993a: 81-85).

Mitte der 1950er Jahre waren also mit dem Engagement des BMV (und des BMVg) wichtige Schritte zur Re-Etablierung der Raumfahrt- und Raketenforschung in der Bundesrepublik getan, welche die Basis für den Anfang der 1960er Jahre erfolgten Einstieg in die europäischen Gemeinschaftsprojekte legten.

3. Der Aufbau einer forschungspolitischen Identität des Bundes auf dem Wege über die Weltraumforschung (1955-1969)

3.1 Das neue Paradigma einer interventionistischen Industriepolitik unter F.-J. Strauß

In einer gewissen Konkurrenz zum BMV entwickelte Franz-Josef Strauß Mitte der 1950er Jahre das Konzept der staatlich gesteuerten und planmäßigen Erzeugung marktferner, prestigehaltiger Großtechnik; als ›Experimentfeld‹ für diese neue Form staatlicher Forschungsplanung und Techniksteuerung stand ihm, dem ersten Atomminister (1955-

1956) und späteren als Verteidigungsminister (1956-1962) der Bundesrepublik, insbesondere die militärische Luftfahrt zur Verfügung. Mit massiven Mitteln förderte er ab Mitte der 1950er Jahre den Aufbau der (west-) deutschen Luftfahrt- und Rüstungsindustrie und schuf damit die technologischen Grundlagen, vor allem aber die industrielle Basis für den Einstieg in den Raketenbau.

Strauß war faktisch der erste Minister für Forschungs-, Technologie- und Industriepolitik der Bundesrepublik, der Ende der 1950er/Anfang der 1960er ein (innovatives) Konzept einer staatlichen Forschungssteuerung und einer nicht-marktwirtschaftlichen Industriepolitik entwarf und damit den Stil und das Profil der bundesdeutschen F&T-Politik auch in den folgenden Jahrzehnten nachhaltig prägte. Noch 1970 vergab das BMVg doppelt so viele Entwicklungsaufträge an die Luft- und Raumfahrtindustrie wie das Bundesforschungsministerium (Weyer 1993a: 194f.). In den 1950er Jahren hatte Strauß einen ungewöhnlich großen Handlungsspielraum, da ihm im Rahmen der Aufrüstungsprogramme Milliardensummen zur Verfügung standen, die er für den Aufbau der Luftfahrtindustrie in der Bundesrepublik einsetzte. Wie Strauß diese Mittel nutzte, tat er bei verschiedenen Gelegenheiten öffentlich kund:

»Ich habe hier (im Bereich der Luftfahrt, J. W.) die glückliche Situation vorgefunden, dass die von der öffentlichen Hand, vom Steuerzahler, vom Parlament bewilligten Mittel für Landesverteidigung auf diesem Gebiet nicht nur einem unmittelbaren militärischen Zweck dienen, der rein nationalökonomisch gesehen unproduktiv wäre, wenn er auch unvermeidbar ist, sondern dass diese Mittel auch einem wissenschaftlichen und wirtschaftlichen Ziel dienen.« (Strauß 1959: 137)

Mit seiner Strategie einer über die militärischen Belange hinausweisenden Beschaffungspolitik verhalf Strauß Firmen wie Dornier zum Comeback, obwohl diese damals nur Sportflugzeuge wie die DO-27 anbieten konnten, die keinen erkennbaren militärischen Nutzen hatten; vor allem aber machte er den Newcomer Ludwig Bölkow zur zentralen Figur der Branche. Bölkow verkörperte den neuen Typus des Rüstungsproduzenten, der sich auf moderne High-Tech-Produkte spezialisierte. Dies traf sich mit der Straußschen Strategie der ›qualitativen Rüstung‹, die auf technologieintensive Produkte ausgerichtet war und damit mehrere Optionen zugleich verfolgte (vgl. Weyer 1993a: 165-214):

– Sie entschärfte den Konflikt mit der Wirtschaft, die den Adenauerschen Kurs der massiven Aufrüstung als ökonomisch kontraproduktiv kritisierte;

– sie akzentuierte die ökonomischen Sekundäreffekte einer technologieorientierten Rüstungspolitik und rückte somit deren industriepolitischen Funktionen in den Vordergrund (damit nahm sie in gewisser Weise die spätere Spin-off-These vorweg);

– und sie immunisierte sich mit ihrer technologie- und industriepolitischen Ausrichtung gegen die Kritik an zweifelhaften und rüstungspolitisch schwer zu rechtfertigenden Beschaffungsvorhaben (wie etwa des Schützenpanzers HS-30).

Strauß schuf damit innerhalb nur weniger Jahre einen neuen Industriezweig, der ein Fremdkörper innerhalb der sozialen Marktwirtschaft der Bundesrepublik war, da er vom (zivilen) Markt weitgehend abgekoppelt und – mit seiner Ausrichtung auf große F&E-Projekte – in hohem Maße von staatlichen Aufträgen abhängig war. Er forcierte zudem den Zusammenschluss der Firmen zu größeren Einheiten, was mit der Gründung von Messerschmitt-Bölkow-Blohm (MBB, 1969) sowie der Deutschen Aerospace (DASA, 1990) zu einem vorläufigen Abschluss kam.

Neben dem Wiederaufbau und der Restrukturierung der Luftfahrtindustrie hat Strauß auch den Wiedereinstieg in den Raketenbau entscheidend und sehr frühzeitig gefördert. Bereits im Januar 1957 erhielt Bölkow den Auftrag zur Lieferung von 2000 Cobra-Panzerabwehrraketen, an deren Entwicklung er bereits seit 1953 gearbeitet hatte. Bölkow sicherte sich auf diese Weise faktisch ein Monopol in der industriellen Entwicklung und Fertigung von Militärraketen in der Bundesrepublik, was ihm später auch bei den zivilen Projekten der europäischen Raumfahrt einen erheblichen Vorteil verschaffte. Die starke Position, welche die Rüstungsindustrie bei der Gestaltung des deutschen Raumfahrtprogrammes in den 1960er Jahren hatte, ist also ein Produkt der Straußschen Politik; auch ihre Fixierung auf den Raketenbau als zentrales programmatisches Element findet seine Erklärung in dieser Ausgangskonstellation.

Strauß verband mit seinem Engagement dezidiert industriepolitische Ambitionen, die über den engeren Bereich der Luftfahrtindustrie hinauswirken sollten und daher Konflikte mit dem Wirtschaftsministerium unter Ludwig Erhards Leitung provozierten, das mit seinem Konzept der sozialen Marktwirtschaft eine gänzlich entgegengesetzte wirtschaftspolitische Linie verfolgte. Strauß operierte in dieser Situation mit einer doppelten argumentativen ›Abschirmung‹: Der militärische Bedarf diente ihm als Rechtfertigung für eine neue Form der Industrie- und Technologiepolitik, während der industriepolitische Nutzen bzw. Sekundärnutzen Beschaffungen legitimierte, deren militärischer Wert umstritten war. Das von Strauß verfochtene neue Konzept einer interventionistischen, staatlich programmierten Technologie- und Industriepolitik konnte sich neben den traditionellen Konzepten der Wirtschafts- und Wissenschaftsförderung in der Bundesrepublik etablieren. Die Koalition zweier Außenseiter – Strauß in der Wirtschaftspolitik, die Luftfahrtindustrie in der Marktwirtschaft – hatte dies möglich gemacht.

Die industriellen Kapazitäten für ein großdimensioniertes Raumfahrtprogramm standen also Anfang der 1960er Jahre zur Verfügung;

für die von staatlichen Aufträgen fast vollständig abhängige Luftfahrt- und Rüstungsindustrie boten die europäischen Raumfahrt-Initiativen eine unverhoffte Chance, eine sich abzeichnende Auftragslücke zu überbrücken und den Mechanismus der staatlichen Förderung von Großtechnikprojekten zu verstetigen.

3.2 Die europäische Raumfahrt als historische Chance für den Aufbau einer forschungspolitischen Kompetenz des Bundes

Als Ende der 1950er Jahre – ausgelöst durch Sputnik und den anschließenden Wettlauf ins All – auch in Europa die Raumfahrt auf die Agenda kam, bot sich dem Bund eine Chance, eine neue Domäne aufzubauen, da die Kompetenzen für die Raumfahrt (ähnlich wie im Fall der Kernkraft) vom Grundgesetz nicht geregelt waren (vgl. Radkau, in diesem Band). Im Frühjahr 1960 hatte die britische Regierung in mehrere europäische Organisationen das Angebot eingebracht, auf Basis der ›Blue-Streak-Rakete‹ ein europäisches Trägersystem – unter Beteiligung der Bundesrepublik – zu entwickeln; dieses Projekt wie auch Fragen der Ausgestaltung eines europäischen Weltraumprogramms wurden auf einer Konferenz im November 1960 im ›Kernforschungszentrum CERN‹ bei Genf diskutiert. Hier machte es sich erstmals deutlich bemerkbar, dass die Bundesregierung keinen Ansprechpartner für derartige Fragen hatte, weil die Zuständigkeit für die Raumfahrt innerhalb des Kabinetts noch ungeklärt war. Die Gründung des ›Interministeriellen Ausschusses für Weltraumforschung‹ (IMA) im Februar 1961 war nur eine Zwischenlösung, die die Konflikte zwischen den in der Raumfahrt engagierten Ministerien vorerst beilegte, indem sie allen Beteiligten ein Mitspracherecht einräumte. Die Federführung lag vorerst beim Innenministerium (BMI), das auf Bundesebene für Fragen der Forschungsförderung zuständig war. Damit war der Weg für die offizielle Beteiligung der Bundesrepublik an der ›Organisation für die europäische Weltraumforschung‹ (COPERS, ab 1962 ESRO) geebnet.

Heikler war hingegen die Frage, ob Deutschland sich auch an der geplanten ›Organisation für die Trägerraketenentwicklung‹ (ELDO) beteiligen sollte, die aufgrund von Bedenken einiger Staaten, die die finanziellen Belastungen, aber auch die rüstungspolitischen Implikation eines europäischen Raketenbaus kritisch betrachteten, als separate Organisation neben der ESRO errichtet werden sollte (Weyer 1993a: 241). Insbesondere Strauß und Seebohm machten aus ihrer Ablehnung der ›Blue-Streak‹, die sie für technisch veraltet hielten, keinen Hehl. Anfang 1961 verstärkten Großbritannien und Frankreich den Druck auf die Bundesregierung, die daraufhin eine Expertenkommission unter Leitung von Günter Bock einsetzte. In dem bereits im Juni 1961 vorgelegten Gutachten wurde die Blue-Streak zu einem Lern- und Technologieprogramm umdefiniert, das durch seinen indirekten und mittelfristigen Nutzen doch zu rechtfertigen sei (Weyer 1993a: 249). Die Kommission empfahl daher die Entwicklung und den Bau der dritten Stufe als deutschen Beitrag zur geplanten Europa-Rakete. Mit Beschluss vom 28. Juni 1961 machte das Kabinett dieses Projekt zu einem der Schwerpunkte des *nationalen* deutschen Raumfahrtprogramms, womit zugleich deutlich signalisiert wurde, dass neben der Beteiligung an den europäischen Kooperationsvorhaben auch eigenständige nationale Aktivitäten geplant waren. Der damals schon deutliche Konflikt zwischen den ›Europäern‹ und den ›Atlantikern‹ (insbesondere Strauß, der eine bilaterale Kooperation mit den USA bevorzugt hätte) wurde durch einen Kompromiss beigelegt, der mit »dieser Doppelgleisigkeit einer sowohl europäischen als auch transatlantischen Kooperation [...] den westdeutschen Sonderweg in der Raumfahrt« (Weyer 1993a: 251) begründete.

3.3 Die Gründung des BMwF (1962)

Nunmehr war der Weg frei für institutionelle Innovationen. Die ›große Lösung‹ eines deutschen Raumfahrtministeriums kam nicht in Frage, da die verschiedenen Ministerien sich wechselseitig blockierten. Zur Überraschung aller Beteiligten übertrug Konrad Adenauer im November 1961 dem Atomministerium die Federführung für die Raumfahrt und beauftragte es wenig später auch mit der Leitung des Interministeriellen Ausschusses. Diese ›kleine Lösung‹ war ein taktisch kluger Kompromiss, mit dem Adenauer eine Zuordnung zu einem der um die Raumfahrt konkurrierenden Ressorts vermied und so die Konflikte innerhalb der Bundesregierung minimierte; auch absehbare Auseinandersetzungen mit den Ländern konnten so vorerst verhindert werden. Bereits im Dezember 1962 wurde das BMAt jedoch zum Bundesministerium für wissenschaftliche Forschung (BMwF) umgewandelt, womit Adenauer deutlich demonstrierte, dass der Bund bestrebt war, die europäische Raumfahrt als Vehikel zum Aufbau einer allgemeinen Kompetenz für die Forschungspolitik zu nutzen.

Damit wurden zwei bedeutsame Strukturentscheidungen getroffen: Zum einen setzte sich eine Definition von Raumfahrt und Raketentechnik als wissenschaftliche Forschung durch; alle anderen Varianten hätten in Konflikt mit dem Grundgesetz sowie den Pariser Verträgen gestanden. Zum anderen wurde dem BMwF nur eine ›halbierte Autonomie‹ (Weyer 1993a: 317) zugestanden, da die Entscheidungsbefugnis in raumfahrtpolitischen Fragen dem Interministeriellen Ausschuss für Weltraumforschung vorbehalten blieb, in dem alle interessierten Ministerien vertreten waren. Das BMI war der große Verlierer, während vor allem das BMVg zunächst der stille Gewinner des Spiels um die Raumfahrt war, da sich wesentliche Elemente der Straußschen Technologiepolitik, nämlich die Förderung politisch prestigeträchtiger und militärisch verwertbarer Großtechnik, im BMwF wiederfanden und auch eine deutliche personelle Kontinuität gewahrt werden konnte. Dennoch verlor auch das BMVg in dem Moment an Bedeutung, als die zivile europäische Raumfahrt an Eigendynamik gewann und das als ›schwaches‹ Ministerium konstruierte BMwF die Europäisierung der Raumfahrt dazu nutzte, schrittweise ein eigenes Profil zu entwickeln.

Die Bundesrepublik Deutschland hatte es somit in einer kurzen Zeitspanne von 1960 bis 1962 vermocht, auf dem Wege über die europäischen Kooperationsangebote eine allgemeine Bundeskompetenz für Forschung zu etablieren und in einem rüstungspolitisch sensiblen Technologiegebiet wieder tätig zu werden, ohne gegen die bestehenden Rüstungskontroll-Abkommen zu verstoßen. Die britischen und französischen Initiativen waren insofern ein Glücksfall, als eine rein nationale Wiederbelebung des Raketenbaus sich Anfang der 1960er Jahre angesichts eines nach wie vor misstrauischen Auslands verboten hätte.

Sowohl die europäischen Partner, als auch die USA verfolgten jedoch eine Strategie der ›Kontrolle durch Kooperation‹; ihr Bestreben war es, die wieder erwachenden Potenziale der Bundesrepublik auf militärisch sensiblen Feldern unter Kontrolle zu halten. Während die USA insbesondere darauf bedacht waren, Deutschland von militärisch und kommerziell nutzbaren Projekten fernzuhalten, verfolgte Frankreich eher die Strategie, auf dem Umweg über internationale Kooperationsvorhaben Technologie-Entwicklungen mitfinanzieren zu lassen, die einen hohen Wert für nationale Rüstungsvorhaben hatten (vgl. Weyer 1993 a: 226-233, 294 f.). Frankreich hatte stets ein starkes Interesse an einer europäischen, von den USA unabhängigen Raumfahrt, auf die es sowohl aus politisch-symbolischen Gründen als auch wegen des militärtechnischen Spin-offs angewiesen war, während Großbritannien (aber auch die Bundesrepublik) stärker transatlantisch orientiert waren. Um wieder ins Spiel zu kommen, ließ sich die Bundesrepublik auf die von den Partnern diktierten Bedingungen ein, mit der Folge, dass das deutsche Raumfahrtprogramm eine deutliche zivile, wissenschaftliche und internationale Ausrichtung bekam.

3.4 AZUR – der erste deutsche Satellit im Orbit

Allerdings hat vor allem die Industrie nichts unversucht gelassen, diese Entscheidung zu revidieren und eine stärkere nationale Ausrichtung sowie eine Fokussierung auf den Raketenbau durchzusetzen. Bereits 1962 legte die ›Kommission für Raumfahrttechnik‹ (KfR), eine Lobbyorganisation von Raumfahrtindustrie und Großforschungseinrichtungen, ein Vier-Jahres-Programm vor, das den Raketenbau sowie Projekte der bemannten Raumfahrt zum Schwerpunkt des nationalen Programms machte. Das größte Einzelprojekt war ein bemannter Raumtransporter, gefolgt von einer Raumstation für 30 bis 80 Mann Besatzung (vgl. Weyer 1993a: 259-272). Gegen dieses futuristische Programm setzte Bölkow ein pragmatisches Alternativ-Konzept, das den – von der KfR kaum berücksichtigten – Bau von Satelliten (auch kommerzieller Nachrichten-Satelliten) in den Mittelpunkt rückte und so den Weg für einen raschen Einstieg in das neue Technikgebiet wies (vgl. Weyer 1993a: 280-303). Der Satellit sollte in nationaler Regie gebaut und, ohne Rücksicht auf die sich verzögernden europäischen Entscheidungsprozesse, so rasch wie möglich von einer amerikanischen Rakete gestartet werden. Bölkow verfolgte mit dem multifunktionalen Mehrzweckgerät von immerhin 1.5 t Gewicht, das auch als Erprobungsträger für bemannte Raumgleiter verwendet werden sollte, weitgehende Ambitionen, nämlich rasch zu einem gleichberechtigten Partner im internationalen Raumfahrtgeschäft aufzusteigen; diese wurden jedoch von den USA durchkreuzt, die sich strikt weigerten, ein derartiges Projekt zu unterstützen und die erforderliche leistungsfähige Trägerrakete für den technisch anspruchsvollen Satelliten zur Verfügung zu stellen.

Am Beginn der deutsch-amerikanischen Kooperation in der Raumfahrt stand also ein handfester Eklat, mit dem die USA deutlich machten, dass sie Deutschland allenfalls den Status eines Juniorpartners in amerikanischen Projekten zugestehen würden, nicht aber den Zugriff auf kommerziell oder militärisch relevante Technologien. Das Projekt wurde behindert und verzögert – ganz im Gegensatz zum britischen Ariel-1, der als erster europäischer Satellit bereits 1962 gestartet werden konnte. Die Briten hatten sich den amerikanischen Spielregeln unterworfen, die bilaterale Projekte vorsahen, bei denen europäische Experimentier-Apparaturen in Satelliten montiert wurden, welche im wesentlichen aus amerikanischer Fertigung stammten. Die Deutschen mussten warten, weil sie diese Bedingungen nicht akzeptieren wollten, sondern das Satellitenprojekt als Vehikel für den Einstieg in eine nationale Produktion von Raumfahrttechnik nutzen wollen.

Das Projekt ›625 A‹ wurde in der Folgezeit zu einem kleinen, konventionellen, wenig ambitionierten Satelliten umgewandelt, der vor allem dadurch gerechtfertigt wurde, dass er zum Aufbau der deutschen Raumfahrtindustrie beigetragen habe. Nach etlichen Verzögerungen wurde ›AZUR‹, der erste deutsche Satellit, am 8.11.1969 (vier Monate nach der ersten Mondlandung), hastig und übereilt gestartet, um der frisch gewählten sozial-liberalen Koalition die Leistungskraft der deutschen Raumfahrtindustrie zu demonstrieren; aufgrund technischer Defekte fiel er jedoch bereits nach wenigen Wochen aus (Weyer 1993 a: 311).

›AZUR‹ war dennoch ein Erfolg, denn er hat nicht nur als Starthilfe für die entstehende Raumfahrtindustrie fungiert; in der Phase von 1962 bis 1965 hat das Satellitenprojekt auch dazu beigetragen, wesentliche Grundsatzentscheidungen über die Ausrichtung des deutschen Weltraumprogramms zu fixieren, nämlich die Schwerpunktsetzung auf den – in *nationaler* Regie betriebenen – Satellitenbau, der zum zweiten Standbein neben der Beteiligung an der Entwicklung einer *europäischen* Trägerrakete wurde. Auch das Forschungsministerium konnte das ›AZUR-Projekt‹ nutzen, um seine Position auszubauen und seine Domäne zu festigen. Bis 1965 blieb die Programmatik des BMwF zwar diffus; die Formulierung von Programmen und Projekten wurde weitgehend an Beratungsgremien wie die ›Kommission für Raumfahrttechnik‹ (KfR) und die ›Deutsche Kommission für Weltraumforschung‹ (DKfW) delegiert. Das erste (west-)deutsche Raumfahrtprogramm wurde erst 1967 vorgelegt, als praktisch alle weichenstellenden Entscheidungen für die 1960er und 1970er Jahre bereits gefällt waren. Dennoch war die Ad-hoc-Politik des BMwF in dieser Phase des programmatischen Vakuums rational im Sinne der Domänenerweiterung; denn dem BMwF gelang es, durch eine Allianz mit Großforschung und Raumfahrtindustrie seine zunächst sehr eingeschränkten Handlungsspielräume zu erweitern und zum unumstrittenen Forschungsministerium des Bundes zu avancieren.

4. Konflikt und Kooperation – Raumfahrtpolitik auf dem Prüfstand (1969-1982)

4.1 Die europäische Raumfahrt vor dem Ende?

Nach den spektakulären Fehlstarts der Europa-Rakete in den Jahren 1966-1971 stand die europäische Raketenforschungs-Organisation ELDO Anfang der 1970er Jahre vor dem ›Aus‹. Angesichts davon laufender Kosten und technischer Misserfolge galt das Konzept einer europäischen Gemeinschaftsrakete als gescheitert, womit sich all diejenigen Akteure bestärkt fühlten, welche die starke Priorisierung des Raketenbaus zu Lasten anderer Projekte der europäischen Raumfahrt abgelehnt hatten. Als Alternative bot sich nunmehr der Verzicht auf eine eigenständige Raketenentwicklung und eine verstärkte Zusammenarbeit mit den USA beim Transport wissenschaftlicher, aber auch kommerzieller Nutzlasten ins Weltall an.

Ende der 1960er Jahre zeichnete sich allerdings ab, dass die Nutzung von Nachrichtensatelliten beispielsweise für Fernsehübertragungen ein lukratives Geschäftsfeld werden könnte, das sich die USA mit dem ›INTELSAT-Abkommen‹ jedoch faktisch exklusiv gesichert hatten. Insbesondere Frankreich bestand darauf, dass die Europäer ein eigenständiges Kommunikationssystem errichten sollten, und verständigte sich mit Deutschland 1967 – zum Ärger der europäischen Partner – auf das bilaterale Projekt eines deutsch-französischen Nachrichtensatelliten ›Symphonie‹. Dieser sollte mit der Europa-2 gestartet und für die Übertragung der Olympischen Spiele 1972 in München genutzt werden. Nach dem Misserfolg der Europa-Rakete standen die Europäer jedoch ohne eigenes Trägersystem da. In dieser Situation nutzten die USA ihr damaliges Raketenmonopol aus und verknüpften ihr Angebot, die beiden ›Symphonie-Satelliten‹ mit amerikanischen Raketen zu starten (so geschehen 1974 und 1975), mit der Bedingung, dass die Satelliten nicht kommerziell genutzt werden durften. Zudem belegten sie Symphonie mit Embargos, um die Lieferung dringend benötigter elektronischer Bauteile zu unterbinden, und verzögerten so dessen Fertigstellung (vgl. Riedl 1997: 287, Reinke 2004: 108-111).

Dieses unkooperative Verhalten der USA und die damit einhergehende Demütigung der europäischen Raumfahrt hat vor allem in Frankreich den Willen gestärkt, die Entwicklung einer eigenen Trägerrakete energisch voranzutreiben; dabei konnte man auch auf das Know-how zurück greifen, das man beim Bau von Mittelstreckenraketen gewonnen hatte. Ab 1973 entwickelte die CNES mehr oder minder im Alleingang eine dreistufige, für zivile Zwecke verwendbare Rakete, die unter der Bezeichnung ›Ariane‹ bereits am 24. 12. 1979 ihren erfolgreichen Erstflug absolvierte. Ariane hat – gestützt auf massive staatliche Hilfen – in den folgenden Jahrzehnten das amerikanische Raketenmonopol erfolgreich gebrochen und Europa zum Marktführer im Segment des Satellitentransports gemacht. Deutschland hat sich an diesem Projekt nur halbherzig beteiligt und einen eigenständigen Weg eingeschlagen, der zum Weltraumlabor Spacelab und zum Einstieg in die – kommerziell irrelevante – bemannte Raumfahrt führte (vgl. Abschnitt 4.2).

Der strukturelle Widerspruch der europäischen Raumfahrt in den 1960er und 1970er Jahren bestand also darin, dass sie auf amerikanische Technik und die Kooperationsbereitschaft der USA angewiesen war, die Bedingungen aber dieser Kooperation dem politischen Ziel eines eigenständigen Europa zuwiderliefen. Denn bis zur Fertigstellung der Ariane-Rakete nutzten die USA ihr Raketenmonopol, indem sie den Europäern großzügige Angebote zum Start von Satelliten unterbreiteten und auf diese Weise einen europäischen Großraketenbau überflüssig erscheinen ließen. Sie versuchten immer wieder, die europäischen Energien in eine Richtung zu lenken, die den amerikanischen Interessen nicht zuwiderlief und zugleich eine Kontrolle der europäischen Aktivitäten durch selektive Partizipation ermöglichte. Die Strategie der USA lautete: »Kooperation in der Wissenschaft, ausdrückliche Zurückhaltung in der Technik« (McDougall 1985: 352). Die europäischen Partner sollten in Kooperationsprojekte eingebunden werden, die sie von militärisch und kommerziell relevanten Technikgebieten fernhielten. Zweck dieser Umarmungsstrategie war es, die Position der USA als der wissenschaftlich-technischen und militärisch-politischen Führungsmacht des Westens zu festigen und zu erhalten.

Insbesondere die Deutschen und die Briten akzeptierten die von den Amerikanern diktierten Bedingungen, da nur auf diesem Wege rasche Erfolge möglich erschienen, die sie zur Rechtfertigung der kostspieligen Raumfahrtprogramme benötigten; Frankreich hingegen verfolgte konsequent den Kurs einer europäischen Eigenständigkeit.

4.2 Das Post-Apollo-Programm und der deutsche Einstieg in die bemannte Raumfahrt

Nach der erfolgreichen Mondlandung 1969 setzte die Diskussion um das ›Post-Apollo-Programm‹ ein. Die amerikanische Weltraumbehörde NASA benötigte ein Folgeprojekt für ›Apollo‹, war jedoch aus finanziellen und legitimatorischen Gründen auf die Kooperation internationaler Partner angewiesen. Den Europäern unterbreitete man daher weitreichende Kooperationsangebote, die vor allem in der Bundesrepublik auf Interesse stießen. Denn im Rahmen der zur Diskussion stehenden Projekte Raumstation, Raumfähre und Raumschlepper sah insbesondere die Raumfahrtindustrie eine Chance, endlich den lang ersehnten Einstieg in die Raumtransportertechnik vollziehen zu können. In Anbetracht der Misserfolge der Europa-Rakete erschien es eine attraktive Option, sich an der Entwicklung der nächsten Generation von Trägersystemen zu beteiligen. Allerdings war das Forschungsministerium in dieser Frage tief gespalten.

In den 1970er Jahren hätte es im »institutionellen Eigeninteresse des BMBW« (Stucke 1993a: 47) liegen müssen, die kostenmäßig ausufernden Raumfahrtprojekte zurück zu fahren, um so wieder Handlungsfähigkeit zu gewinnen. Die beiden Minister (1969-1972: Hans Leussink, 1972-1974: Klaus von Dohnanyi) betrachteten die amerikanische Offerte daher als Chance für einen Kurswechsel, während die Weltraumabteilung unter Max Mayer öffentlich die Fortführung des europäischen Raketenprogramms favorisierte (vgl. Stucke 1993a: 46-

56, Reinke 2004: 136-154).[1] (Die Industrie wie auch die Forschungsanstalten waren in dieser Frage uneins.) Nach längeren Debatten votierte das Forschungsministerium Mitte 1972 endgültig für die amerikanische Option, musste aber aufgrund einer Intervention von Außen- und Verteidigungsministerium diese Linie zugunsten einer Doppelstrategie aufgeben, die eine Beteiligung am Post-Apollo-Programm *und* der geplanten Europa-Rakete (›Ariane‹) beinhaltete und damit den problematischen Spagat fortschrieb. Der Entscheidungsprozess war in jeder Hinsicht »suboptimal« (Stucke 1993a: 53). Die »fehlende Konfliktfähigkeit des Forschungsministeriums« (ebd.: 47) gegenüber dem Außen- und dem Verteidigungsministerium machte sich bei dieser programmatischen Weichenstellung deutlich bemerkbar; »technologiepolitische Überlegungen traten gegenüber außen-, sicherheits- und industriepolitischen Gesichtspunkten zurück« (ebd.: 52 f.).

Mittlerweile hatten die USA ihr Kooperationsangebot allerdings deutlich relativiert und auf die Beteiligung an der Raumstation reduziert. Das Angebot zum Bau des Raumschleppers wurde zurückgenommen, weil die Air Force Gefallen an dem Projekt gefunden hatte. Auch den ›Space Shuttle‹ behielten sich die Amerikaner vor; nur die Triebwerke basieren auf einer Lizenz von MBB (vgl. Büdeler 1982: 74 f.). Für Deutschland blieb lediglich ›Spacelab‹, die »Blechbüchse im All« (Reimar Lüst, zit. n. Reinke 2004: 140), die von keinem der Beteiligten gewollt war. Der Spacelab-Vertrag sah vor, dass das Weltraumlabor als wissenschaftliche Nutzlast vom Shuttle ins All befördert werden, dann aber in den Besitz der NASA übergehen sollte (Reinke 2004: 145).

Die traditionelle Arbeitsteilung war wieder perfekt: Die Amerikaner reservierten sich die kommerziell aussichtsreichen und rüstungspolitisch sensitiven Programmteile vor allem in der Antriebs- und Hyperschalltechnik und behandelten die Europäer wiederum als Juniorpartner, dem allenfalls Unteraufträge zugestanden wurden. Die Bundesrepublik machte aus der Not eine Tugend, gab bis zur Flugerprobung entwickelte Vorarbeiten zum Raumtransporter ganz auf und entwickelte die wissenschaftliche Forschung unter Schwerelosigkeit zu einem ihrer Programmschwerpunkte. Sichtbarer Ausdruck der bundesdeutschen »Systemführerschaft« in diesem Teilbereich des europäischen Raumfahrtprogramms sind der ›Spacelab-Flug‹ (1983), die ›D-1-Mission‹ (1985) sowie die nach mehrfacher Verschiebung 1993 durchgeführte ›D-2-Mission‹ an Bord des Shuttle.

Der Beschluss der sozial-liberalen Bundesregierung Anfang der 1970er Jahre, sich mit dem Spacelab am amerikanischen ›Post-Apollo-Pro-

---

[1] Hierbei hat vermutlich auch das Bestreben von SPD-Politikern eine Rolle gespielt, eine Wiederbelebung des Raketenbaus in Deutschland um jeden Preis zu verhindern (pers. Information von Klaus Pinkau, 11. Juli 2005).

gramm‹ zu beteiligen – und nur marginal am Projekt der europäischen Trägerrakete Ariane mitzuarbeiten – war faktisch die später kaum noch revidierbare Entscheidung für den Einstieg in das neue Technologiefeld der bemannten Raumfahrt, der ohne eingehende Diskussion vollzogen wurde. Dieses von Teilen der SPD später massiv kritisierte Engagement war also eine ›Erblast‹ der sozial-liberalen Koalition.

Die Interpretation liegt auf der Hand, dass die weit reichenden amerikanischen Angebote zur Kooperation im ›Post-Apollo-Programm‹ gezielt darauf angelegt waren, die Europäer zu entzweien und zu verhindern, dass ein in sich konsistentes europäisches Raumfahrtprogramm entsteht (vgl. Weyer 1993c, Reinke 2004: 139). Denn sie erfolgten genau zu dem Zeitpunkt, als die Europäer nach dem Scheitern des Programms zum Bau der Europa-Rakete über die weitere Vorgehensweise berieten, und verstärkten so den Dissens zwischen den Positionen der ›Europäer‹ und der ›Atlantiker‹, der zu einer Zerreißprobe zu werden drohte. Insbesondere Großbritannien und die Bundesrepublik waren in dieser Situation bereit, auf eine europäische Raketenentwicklung zu verzichten (vgl. Schwarz 1979: 204 ff.). Die Franzosen hingegen wollten sich mit dieser Arbeitsteilung und der darin fixierten Subordination Europas unter die USA nicht abfinden und forcierten ihrerseits die Entwicklung eines eigenständigen Trägersystems.

Den Amerikanern war es also Anfang der 70er Jahre wieder einmal gelungen, durch ihre Kooperationsangebote die Energien der Europäer auf mehrere Teilprogramme aufzuspalten und so den kaum zu verhindernden Aufholprozess zu verlangsamen. Der Abstand blieb gewahrt. Die bemannte Raumfahrt, in die vor allem die Bundesrepublik einen großen Teil ihrer Ressourcen investiert hat, hat jedoch die in sie gesetzten Erwartungen nicht erfüllt, und das ›Spacelab‹ erwies sich als teures Lernprojekt mit zweifelhaftem Nutzen (Reinke 2004: 144-154).

4.3 Mühsamer Konsens: Die Gründung der ESA

Angesichts der auseinander driftenden Interessen Frankreichs (an einem eigenen, kommerziell nutzbaren Trägersystem) und Deutschlands (an einer Beteiligung am ›US-Shuttle-Programm‹) konnte die europäische Weltraumorganisation 1973 nur durch einen mühsam erzielten Kompromiss gerettet werden, der die neue Architektur der europäischen Raumfahrt in Form eines Nebeneinanders von Raketenentwicklung und bemannter Raumfahrt schuf, die formal unter dem Dach der ESA vereint sind, ohne jedoch ein kohärentes Ganzes zu bilden. (So war beispielsweise nie vorgesehen, das europäische Weltraum-Labor mit einer europäischen Rakete zu starten und so den Weg einzuschlagen, den die Russen recht erfolgreich mit ›Saljut‹ und ›Mir‹ gegangen waren.) Die grundlegenden Divergenzen zwischen den europäischen Partnern konnten nur überspielt, nicht jedoch beseitigt werden. Faktisch einigte man sich auf ein Nebeneinander von Programmen, die jeweils nationalen Sonderinteressen entsprachen, untereinander aber nur bedingt kompatibel waren. Auch der Langzeitplan der ESA von 1987 schreibt diesen Minimalkonsens lediglich fort. Gemäß dem ›Package Deal‹ von 1973 beteiligte sich die Bundesrepublik lediglich mit einem symbolischem Anteil von 20 Prozent an der ›Ariane‹-Entwicklung, die im Wesentlichen in französischen Händen blieb (62,5 Prozent), und Frankreich übernahm 10 Prozent der Entwicklungskosten des Spacelab (deutscher Anteil 52,5 Prozent, vgl. Reinke 2004: 144).

Die europäische Raumfahrt verdankt ihre Entstehung also einer Konstellation, in der politische Kalküle und taktische Kompromisse einen weit höheren Stellenwert hatten als das Anliegen der Weltraumforschung. Insbesondere die Doppelstrategie, sowohl eine eigene Rakete zu entwickeln als auch mit den USA zu kooperieren, lässt sich nur aus der zugrunde liegenden Akteurkonstellation – im nationalen wie internationalen Rahmen – erklären, in der das Forschungsministerium allenfalls eine »politisch marginale Rolle« (Stucke 1993a: 54) spielte.

5. Bemannte Raumfahrt – der Aufbruch der Europäer ins Weltall (1982-1992)

5.1 Der (kurze) Traum von der europäischen Autonomie im Weltall

Der Langzeitplan, den die Europäische Weltraumbehörde ESA 1987 beschloss, deutete eine Neuorientierung der europäisch-amerikanischen Beziehungen in der Raumfahrt an. Mit gewachsenem Selbstbewusstsein formulierte dieser Plan das Ziel, Europa aus der einseitigen Abhängigkeit von den USA zu lösen und als eine eigenständige Weltraummacht zu etablieren, die den offenen Wettbewerb mit den USA, aber auch mit der (damaligen Großmacht) UdSSR nicht zu scheuen brauchte.

Dieses Ziel sollte mit der leistungsstarken Rakete Ariane 5, dem Raumlabor Columbus als Beitrag zur Internationalen Raumstation ›ISS‹ sowie einem eigenen europäischen Raumgleiter namens Hermes realisiert werden, woraufhin die ESA sich in mühsamen Kompromissen Mitte der 1980er Jahre einigte. Allerdings ergaben sich in der Folgezeit massive technische, finanzielle, aber auch Abstimmungsprobleme, die dazu führten, dass 1995 abermals eine Kurswende vollzogen werden musste (vgl. Weyer 1994, Reinke 2004). Zudem waren die Planungen der ESA von Beginn an von programmatischen Inkonsistenzen geprägt, die in gewisser Weise ein Reflex der fragilen Akteur-Konstellation innerhalb der europäischen Raumfahrt-Organisation waren.

Trotz der Lektionen, die die Europäer im Umgang mit den USA immer wieder erteilt bekamen, blieb die europäische Raumfahrt durch den Spagat zwischen der transatlantischen und der europäischen Orientierung geprägt. Die ›Atlantiker‹ plädierten für eine enge Zusammenarbeit mit den USA beim Bau der ISS; vor allem Deutschland war bestrebt, über das Columbus-Projekt seine Position in der bemannten Raumfahrt auszubauen. Die ›Europäer‹ setzten hingegen verstärkt auf eigenständige Programme; insbesondere Frankreich verfolgte die Strategie, sich mit dem Raumgleiter Hermes nicht nur einen eigenständigen bemannten Zugang zum Weltall zu verschaffen, sondern auch sein Know-how im Bereich der zivilen und militärischen Hyperschallforschung zu vertiefen.

Sich widersprechende Strategien und technische Konzepte wurden auch im ESA-Langzeitprogramm von 1987 lediglich in Formelkompromisse gefasst. So wurde als Ziel die »Autonomie Europas im Weltall« (ESA 1987: 6) bezeichnet; dieses Ziel sollte jedoch wiederum über eine partielle Kooperation mit den USA erreicht werden. Auch nach Brechung des amerikanischen Raketenmonopols durch die Ariane-Rakete blieb der strukturelle Widerspruch der europäischen Raumfahrt also ungelöst. Dies galt insbesondere für Großprojekte der bemannten Raumfahrt, die sich vom US-Shuttle in gleicher Weise abhängig machten wie zuvor die Satellitentechnik von den US-Raketen. So planten die Europäer, sich zunächst mit dem Modul Columbus an die von den USA dominierte internationale Raumstation anzukoppeln, um sich im zweiten Schritt, nach der Fertigstellung von Hermes, wieder von ihr abzukoppeln und eine eigene Mini-Station aufzubauen (vgl. Weyer 1988). Die Logik dieses Zickzack-Kurses war schwer nachvollziehbar.

Stellt man in Rechnung, dass die Reagan-Regierung sich 1982 zum Ziel gesetzt hatte, die amerikanische Führungsrolle im Weltraum zu erhalten und zu festigen, so erscheinen nicht nur amerikanische Initiativen wie das 1983 gestartete SDI-Programm und das 1984 in Gang gesetzte Raumstationsprojekt in einem anderen Licht. Auch die Rolle, die den Europäern innerhalb der Programme zugestanden wurde, lässt sich in diesem Kontext derart interpretieren, dass es eine der Funktionen beider Initiativen war, europäische Technik an Projekte anzubinden, deren Kontrolle allein oder überwiegend in amerikanischer Zuständigkeit lag. Die kontroversen Reaktionen der Europäer vor allem auf das Angebot zur Partizipation am SDI-Programm sind ein Indiz dafür, dass man sich des Doppelcharakters der transatlantischen Kooperation bewusst war: Einerseits lassen sich auch in Zeiten gewachsenen europäischen Selbstvertrauens Großprojekte wie die Raumstation nicht ohne die Amerikaner realisieren. Andererseits machen die USA immer wieder klar, dass sie zu einer Kooperation gleichberechtigter Partner nicht bereit sind, sondern sich wichtige Entscheidungen sowie Nutzungsrechte vorbehalten.

Auch bei den Entscheidungen über die Großprojekte der bemannten Raumfahrt in den 1980er Jahren war das BMFT nicht der zentrale, richtungweisende Akteur, sondern wurde von einer Interessen-Allianz dominiert, deren herausstechende Figuren Außenminister Hans-Dietrich Genscher und der bayrische Ministerpräsident Franz-Josef Strauß waren, der dezidiert als Lobbyist der Luft- und Raumfahrtindustrie auftrat. Forschungsminister Heinz Riesenhuber (1982-1993) war keineswegs begeistert, als Mitte der 1980er Jahre mit ›Hermes‹ ein weiteres Großprojekt auf ihn zukam, für das in seinem ohnehin angespannten Etat kein Platz mehr war; denn die Kosten für die europäischen Großprojekte liefen mit Steigerungsraten von 10 Prozent pro Jahr völlig aus dem Ruder. Der Nutzen von ›Hermes‹ war fragwürdig, und nach etlichen technischen Modifikationen zeichnete sich zudem ab, dass ›Hermes‹ nur eine geringe Nutzlast würde transportieren können (Weyer 1988, 1994). Aber »gegen die geballte Kraft der Hermes-Lobby« (Reinke 2004: 239) von Genscher, Strauß und Kohl kam Riesenhuber nicht an; er musste die ›Kröte‹ schlucken und mit ansehen, wie ein immer größerer Teil des Forschungsbudgets von der Raumfahrt – und hier wiederum vor allem von der bemannten Raumfahrt – konsumiert wurde, die in den 1980er Jahren überproportionale Zuwächse aufwies. Das BMFT war in seiner »Handlungsfähigkeit geschwächt« (Stucke 1993a: 56). Da die Weltraumabteilung von der Entwicklung profitierte – mit der möglichen Perspektive der Gründung eines eigenständigen Raumfahrtministeriums –, bestanden hier zudem wenige Anreize, Alternativkonzepte zu entwickeln und die Weichen in eine andere Richtung zu stellen.

5.2 Kontroverse Debatten um Sinn und Unsinn der bemannten Raumfahrt

In den Jahren 1986 und 1987 war durch die Diskussionen um die Großprojekte der europäischen Raumfahrt eine politisch aufgeheizte Stimmung entstanden, die zu einer Polarisierung der Debatte führte (vgl. ausführlich Weyer 1997). Auf der einen Seite stand die ›Deutsche Gesellschaft für Auswärtige Politik‹ (DGAP) mit ihrer Forderung nach einem Kurswechsel in der deutschen Raumfahrtpolitik, die von weiten Teilen der Regierungskoalition mitgetragen wurde. Deutschland solle – so hieß es in einer programmatischen Schrift auf dem Jahre 1986 – wieder eine führende Rolle in der Weltraumpolitik spielen und diesen Anspruch u. a. durch die Entwicklung eines eigenen Aufklärungssatelliten und eines Raketenabwehrsystems untermauern (vgl. DGAP 1986, 1990). Die Erschließung des Raumes unter deutscher Systemführung wurde als machtpolitisches Instrument zur Stärkung der deutschen Stellung in der internationalen Gemeinschaft propagiert; und es wurde eine erhebliche Ausweitung der Raumfahrt-Aktivitäten sowie eine Verlagerung zugunsten militärischer Projekte gefordert.

Dem widersprachen Mitglieder der Oppositionsparteien sowie eine Reihe von Wissenschaftsverbänden. Das Memorandum ›Kritik der Bonner Weltraumpolitik‹ (1987) unterzog die Kostenkalkulationen für das europäische Raumfahrtprogramm erstmals einer systematischen Überprüfung und kam zu dem Ergebnis, dass das BMFT mit geschönten Zahlen operierte, welche nach einer detaillierten Durchsicht der ESA-Budgets erheblich nach oben korrigiert werden mussten. Ferner zeichnete sich damals bereits ab, dass allein bei moderaten Kostensteigerungsraten insbesondere die Projekte der bemannten Raumfahrt den Etat des BMFT mittelfristig derart stark belasten würden, dass andere Förderbereiche erheblich darunter leiden würden. Da diesen haushaltspolitischen Risiken – so das Memorandum – kein erkennbarer Nutzen gegenüberstehe, zudem eine schleichende Militarisierung des Weltalls zu befürchten sei, forderten die Unterzeichner einen völligen Verzicht auf die Großprojekte der bemannten Raumfahrt und eine Umschichtung der freiwerdenden Fördermittel zugunsten alternativer Projekte.

Daneben kam eine Reihe von Spin-off-Studien, die in den Jahren 1988 und 1989 vorgelegt wurden, zu dem Ergebnis, dass Raumfahrt- und Rüstungsprogramme durch ihre ökonomischen Effekte nicht zu rechtfertigen seien (vgl. zusammenfassend Krück 1993); damit geriet das Forschungsministerium zusätzlich unter Druck. In dieser Situation ergriff das BMFT die Initiative und gab 1988 erstmals Studien zur Technikfolgenabschätzung (TA) in der Raumfahrt in Auftrag, wobei es sich auf die ökologischen Folgewirkungen konzentrierte. Dies kann als Versuch interpretiert werden, die Kontrolle über die Debatte wieder zu gewinnen und das BMFT als die politisch verantwortliche Organisation von dem Druck zu entlasten, der durch die öffentliche Debatte entstanden war.

Der Lehrstuhl für Raumfahrttechnik an der Technischen Universität München (Prof. Harry O. Ruppe) wurde 1988 beauftragt, eine Studie über die ›Umweltbeeinflussung durch die Raumfahrt‹ vorzulegen, die den Stand der Forschung zusammenfassen sollte. In welchem Maße diese Studie durch das BMFT für seine Zwecke instrumentalisiert wurde, belegt der Vergleich des veröffentlichten Textes mit der ursprünglichen Version: Alle Passagen, die eine ökologische Gefährdung der Umwelt durch die Raumfahrt allzu deutlich ansprachen, wurden ersatzlos gestrichen (vgl. Wengeler 1993).

Konkreter wurde die Studie der Max-Planck-Institute für Meteorologie in Hamburg und für Chemie in Mainz, die im Auftrag des BMFT eine Untersuchung der ›Umweltverträglichkeit des Raumtransportsystems Sänger‹ (vgl. Abschnitt 5.3) anfertigten; diese beschränkte sich zunächst auf die Sänger-Unterstufe und kam auf Basis atmosphärenchemischer

Modellrechnungen zu dem Ergebnis, dass der Beitrag von ›Sänger‹ zum Treibhauseffekt ›gering bis vernachlässigbar‹ sei, zumindest wenn man von wenigen Starts pro Jahr ausging (vgl. Brühl et al. 1993). Allerdings wurde in der Studie nur ein Drittel der ›Sänger‹-Flugbahn berechnet; auch der Einsatz einer weltweit operierenden Flotte von Hyperschall-Verkehrsflugzeugen – von der Raumfahrtindustrie stets als eine Option propagiert – wurde nicht berücksichtigt. Die politische Vorgabe, sich in der Studie auf 24 Starts im Jahr zu beschränken, hatte die Ergebnisse also stark präformiert.

Die hier nur knapp skizzierten TA-Studien spiegeln unverkennbar das Bestreben des BMFT, sich von politischem Druck zu entlasten und der Raumfahrtpolitik der Bundesregierung neue Legitimität zu verschaffen. Denn das Parlament hatte in den 1980er Jahren immer wieder vehement gefordert, ein Büro für Technikfolgenabschätzung einzurichten (vgl. Paschen/Petermann 1991); und die Raumfahrt als eine umstrittene Großtechnologie stand oben auf der Liste der Themen, derer sich ein solches Büro zunächst annehmen würde. Das größte Teilprogramm des BMFT lief also Gefahr, einer unabhängigen Überprüfung unterzogen zu werden, was unkalkulierbare politische Risiken mit sich gebracht hätte. Die TA-Aktivitäten des BMFT können in diesem Kontext als der Versuch interpretiert werden, durch eine rechtzeitige Besetzung des Feldes seine Handlungsfähigkeit unter Beweis zu stellen und durch eine Vorgabe der relevanten Untersuchungsdimensionen den Prozess unter Kontrolle zu halten. Dies gelang jedoch nur partiell.

5.3 Die TA-Studie zum Raumtransporter Sänger

Denn im Januar 1991 erhielt das frisch gegründete Büro für Technikfolgenabschätzung (TAB) beim Deutschen Bundestag den Auftrag, eine Studie zum Raumtransporter ›Sänger‹ durchzuführen. ›Sänger II‹ wurde Ende der 1980er Jahre von der deutschen Raumfahrtindustrie als Folgeprojekt zu den – gerade erst anlaufenden – kostspieligen europäischen Großprojekten propagiert, das in nationaler Regie entwickelt werden sollte; dabei handelte es sich um einen wiederverwendbaren, horizontal startenden und landenden Hyperschall-Raumtransporter, der als Satellitenträger, aber auch als ziviler Passagierjet sowie als militärischer Fernbomber konzipiert war. Die Kostenschätzungen lagen 1990 bei ca. 45 Mrd. DM.

Die TA-Studie zu Sänger wurde bereits im Juni 1992 fertiggestellt und trug entscheidend dazu bei, dass das TAB seine dauerhafte Institutionalisierung durchsetzen konnte. Die Teilstudie der Deutschen Forschungsanstalt für Luft- und Raumfahrt (DLR) befasste sich mit ›Technik und Wirtschaftlichkeit eines Raumtransportsystem Sänger‹ und entwickelte alternative Szenarien und Optionen, denen das TAB später weitgehend folgte. Die Unternehmensberatung Scientific Consulting Dr. Schulte Hillen nahm eine ›Bewertung von Status und Zielsetzung‹ des Sängerprojekts vor; sie warnte insbesondere vor einer zu frühen Festlegung auf ein Konzept und schlug daher ein breit angelegtes, grundlagenorientiertes Forschungsprogramm vor. Karl Kaiser von der Deutschen Gesellschaft für Auswärtige Politik erhielt den Auftrag, eine Studie zu den ›Außen- und sicherheitspolitischen Aspekten‹ durchzuführen (DGAP 1992). Auf Drängen von SPD-Abgeordneten im Forschungs-Ausschuss wurde schließlich der Autor dieses Beitrag gebeten, ein Kommentargutachten zur Kaiser-Studie anzufertigen, um die zu erwartende politische Einseitigkeit der DGAP auszubalancieren. In meiner Studie kam ich damals zu dem Ergebnis, dass »die außenpolitischen Konfliktpotentiale, die sich aus einer machtpolitisch motivierten Instrumentalisierung von Sänger ergeben, [...] von der DGAP unterschätzt (werden), während die sicherheitspolitischen Gewinne, die Sänger als Fernaufklärer oder Trägersystem für Beobachtungssatelliten erbringen kann, bei weitem überschätzt werden« (Weyer 1992: 37).

Der Endbericht des TAB wurde im Oktober 1992 als TAB-Arbeitsbericht Nr. 14 veröffentlicht (TAB 1992); er stellte fest, dass die Entwicklung eines neuen Raumtransportsystems nur Sinn macht, wenn man eine erhebliche Ausweitung der Raumfahrtaktivitäten unterstellt, etwa in Form einer bemannten Mars-Mission oder der Energiegewinnung im Weltall. Der Einstieg in ein solches Szenario müsse jedoch als eine raumfahrtpolitische Grundsatzentscheidung erfolgen und nicht als eine schwer revidierbare Festlegung in einem Technologieprogramm des BMFT oder der ESA. Das TAB entwickelte drei Optionen zur Fortführung des ›Sänger‹-Programms, dessen erste Förderphase 1993 auslief. Option III, die einen sanften Rückzug aus dem ›Sänger‹-Projekt beinhaltete, wurde vom Forschungsausschuss des Bundestags schließlich übernommen; sie bedeutete faktisch das ›Aus‹ für das ›Sänger‹-Projekt, dessen Förderung 1996 eingestellt wurde. Danach bracht das öffentliche Interesse an der Raumfahrt und der Raumfahrt-TA abrupt ab. Eine systematische Technikfolgenabschätzung zu anderen Raumfahrtprojekten hat bislang nicht stattgefunden.

6. Neuausrichtung der deutschen Raumfahrt (1992-2005)

6.1 *Schrittweiser Ausstieg aus den Großprojekten der bemannten Raumfahrt*

Nach dem Zusammenbruch der sozialistischen Staaten wurden weltweit die Ausgaben für Rüstung und Raumfahrt drastisch gekürzt. Insofern kann man in Bezug auf das deutsche Raumfahrtprogramm von einer Wiedervereinigungs-Krise nach 1990 sprechen, die den Ausstieg aus den europäischen Großprojekten der bemannten Raumfahrt und eine Abkehr vom Konzept der europäischen Autonomie zugunsten einer internationalen Ausrichtung der Raumfahrt zur Folge hatte (versinnbildlicht am Beispiel der ISS, an der neben den USA, Europa und Japan nunmehr auch Russland beteiligt wurden, vgl. Weyer 1994). Dabei ergab sich eine bemerkenswerte Kontinuität über den Regierungswechsel von 1998 hinweg: Die von Forschungsminister Jürgen Rüttgers (1994-1998) vollzogene Ausrichtung der Raumfahrt auf Anwendungsfelder wie die Erdbeobachtung oder die Satellitennavigation, aber auch die sicherheitspolitische Nutzung wurde nach dem Regierungswechsel durch seine Nachfolgerin Edelgard Bulmahn konsequent fortgesetzt (vgl. Reinke 2004: 355, 434).

Mitte der 1990er Jahre stand die ESA wieder einmal vor einem Scherbenhaufen; die Realisierungschancen der drei Schlüsselprojekte des ESA-Langzeitplans von 1987 hatten sich erheblich verschlechtert: Auf Hermes wurde (erst vorläufig, dann endgültig) verzichtet, womit zugleich das Projekt Ariane 5 seine ursprüngliche Rechtfertigung verlor, und die amerikanischen Umorientierungen bei der Raumstation lassen es bis heute fraglich erscheinen, ob das Projekt ›Columbus‹ jemals wie vorgesehen durchgeführt werden kann. ›Columbus‹ sollte ursprünglich bereits Anfang der 1990er Jahre im All sein, wartet jedoch immer noch im eingemotteten Zustand auf seinen Start. Ob es dazu jemals kommen wird, erscheint nicht erst seit dem Absturz der Raumfähre ›Columbia‹ am 1. Februar 2003 fraglich. Ein gesicherter Zugang zur ISS steht Deutschland derzeit nicht zur Verfügung. Die Ankündigung von Präsident Bush, die Raumstation nur noch bis 2010 weiter zu bauen, die Shuttle-Flotte außer Dienst zu stellen (wobei das Nachfolge-System frühestens 2014 zur Verfügung stehen soll) und als nächstes Fern-Ziel den Mars anzusteuern, kommt einem (klammheimlichen) Eingeständnis gleich, dass das gesamte amerikanische Programm der bemannten Raumfahrt gescheitert ist. Die Bundesregierung hat hierzu bislang keine dezidierte Strategie entwickelt. Allerdings hat sie allein für ›Columbus‹ in den letzten 20 Jahren etwa drei bis fünf Mrd. DM ausgegeben – ein immenser Betrag, wenn man berücksichtigt, dass die gesamte ISS mit

30 Mann Besatzung ursprünglich einmal 8 Mrd. US-Dollar kosten und 1992 fertig gestellt sein sollte.

6.2 Neuausrichtung auf industrie- und sicherheitspolitische Ziele

Die wesentliche institutionelle Neuerung der 1990er Jahre ist die schrittweise Verlagerung der Kompetenzen für die europäische Raumfahrt von der ESA zur Europäischen Union, die sich im Handlungsfeld Raumfahrt aus industriepolitischen, aber auch aus außen- und sicherheitspolitischen Gründen immer stärker engagiert. Das Schlüsselprojekt dieser neuen Strategie ist ›Galileo‹, die europäische Antwort auf das amerikanische Satellitennavigations-System GPS (vgl. Weyer 2004).

›Galileo‹ besteht aus einem System von 27 hochpräzisen Navigationssatelliten, die ab 2008 im Orbit stationiert werden und damit das bisherige amerikanische Monopol in diesem Bereich brechen sollen. Nach jahrelangen Querelen konnten die europäische Staats- und Regierungschefs im März 2002 endlich den Startschuss für das ›Galileo‹-System geben, das 3,4 Mrd. Euro kosten wird und – ein Novum bei europäischen Raumfahrtprojekten – jeweils zur Hälfte von der ESA und der EU finanziert werden soll. Letztere ist vor allem an den telematischen Nutzanwendungen und den sich daraus ergebenden industriepolitischen Optionen interessiert.

Begründet wird das ›Galileo‹-Projekt u. a. mit der »Souveränität und Unabhängigkeit Europas«. Die Europäische Union verfüge damit erstmals über ein »ziviles System unter ziviler Kontrolle«, das auch im Krisenfall nicht gestört bzw. abgeschaltet werden könne (wie bei GPS zuletzt im Golfkrieg 1991 geschehen). Aber ›Galileo‹ (Hagen/Scheffran 2002) ändert an dem strukturellen Dilemma einer für zivile und militärische Anwendungen gleichermaßen nutzbaren Technik (›Dual-use‹) wenig. Denn ›Galileo‹ wird auch in Europa explizit als Bestandteil einer neuen sicherheitspolitischen Strategie der Europäischen Union bezeichnet, die Europa in die Lage versetzen soll, weltweite Einsätze zur Friedenssicherung und zu humanitären Zwecken durchzuführen.

›Galileo‹ verschafft Europa also erstmals die Fähigkeit, Angriffskriege mit sogenannten intelligenten Waffen zu führen und damit eine Lücke zu den USA zu schließen, die sich vor allem im Kosovo-Krieg deutlich aufgetan hat. Diese Neuorientierung ist ein deutlicher Bruch mit der bisherigen, zumindest explizit auf zivile Zwecke ausgerichteten europäischen Raumfahrtpolitik; und dies erklärt auch das institutionelle Novum einer Beteiligung der EU. Der rein zivile Charakter von ›Galileo‹ ist also durch diese Doppelausrichtung bereits erheblich eingeschränkt. Zudem beanspruchen die USA nicht erst seit dem 11. September 2001 ein Mitspracherecht bei militärisch sensitiver Technologie auch in Europa. Denn die frei verfügbaren Ortungssignale, die ›Galileo‹ ebenso wie die GPS-Satelliten ausstrahlen, versetzen prinzipiell auch Terroristen bzw. sogenannte ›Schurkenstaaten‹ in die Lage, ihre Waffen präzise in ein gewünschtes Ziel zu steuern.

Im Fall von ›Galileo‹ wird also wieder einmal mit Steuergeldern Industriepolitik – diesmal von einer rot-grünen Bundesregierung – betrieben, in deren Mittelpunkt ein Großprojekt mit zweifelhaftem Nutzen und Dual-use-Charakter steht. Das Interesse der Industrie ist verhalten, und ob das Projekt sich zu den angegebenen Kosten und im geplanten Zeitrahmen realisieren lassen wird, ist nach Erfahrungen mit bisherigen Projekten dieser Art (Schneller Brüter, Raumstation etc.) eher zweifelhaft. ›Galileo‹ reiht sich damit nahtlos ein in die Liste der Projekte, die Produkt einer Innovations-Strategie des Staates sind, der seine Rolle als die des Technologietreibers in Hochtechnologie-Feldern definiert – nur diesmal nicht auf nationaler, sondern auf europäischer Ebene.

7. Fazit: Bilanz von fünfzig Jahren deutscher Raumfahrtpolitik

Das Bundesforschungsministerium hat in der Raumfahrtpolitik der vergangenen fünfzig Jahre stets eine schwache Position gehabt; wichtige Entscheidungen wurden oftmals von anderen Ministerien herbeigeführt oder durch die nationalen wie internationalen Akteurs-Konstellationen präformiert. Halbherzige Kompromisse und inkonsistente Programme prägten die Geschichte der europäischen wie auch der deutschen Raumfahrtpolitik; etliche Projekte erwiesen sich als teure Fehlschläge oder als unnötige Umwege.

Das Bundesforschungsministerium hat als schwaches Ministerium die Politisierung der Raumfahrt bzw. deren Instrumentalisierung für andere Zwecke nie verhindern können. In der Gründungskonstellation der frühen 1960er Jahre war eine Konzeption der Bundesforschungspolitik entstanden, die durch eine eingeschränkte Autonomie des Ministeriums, dessen Ausrichtung auf politisierte Großtechnik sowie den Spagat zwischen der transatlantischen und der europäischen Kooperation geprägt war. Bei allen späteren Weichenstellungen in den 1970er und 1980er Jahren hat diese Konstellation eine klare programmatische Ausrichtung verhindert und Kompromisse erzwungen, die nicht von einer wirtschaftlichen oder wissenschaftlichen, sondern primär von einer politischen Rationalität geprägt waren. Kurzfristige, oftmals außenpolitische Kalküle haben bei fast allen Schlüsselentscheidungen den Ausschlag gegeben, die in einer fragmentierten, von Kompetenzstreitigkeiten der Ressorts geprägten Politikarena stattfanden. Das eigentliche Ziel, unbemannte oder bemannte Missionen ins All zu befördern, stand oftmals hinter anderen Erwägungen zurück, die dazu führten, dass kostspielige Großprojekte durchgeführt wurden, die sich als Fehlschläge erwiesen und nachträglich lediglich durch die mit ihnen verbundenen Lerneffekte legitimiert werden konnten.

Literatur

Brühl, C., et al. (1993): Der Einfluss des Raumtransporters SÄNGER auf die Zusammensetzung der mittleren Atmosphäre. S. 179-198 in: J. Weyer (Hrsg.), Technische Visionen – politische Kompromisse. Geschichte und Perspektiven der deutschen Raumfahrt, Berlin: edition sigma.

Büdeler, W. (1982): Transportsysteme bis ins All. Zum Beispiel: MBB. Bild der Wissenschaft 8/1982: 64-79.

DGAP (1986) Forschungsinstitut der Deutschen Gesellschaft für Auswärtige Politik: Deutsche Weltraumpolitik an der Jahrhundertschwelle. Analyse und Vorschläge für die Zukunft, Bonn.

DGAP (1990) Forschungsinstitut der Deutschen Gesellschaft für Auswärtige Politik: Beobachtungssatelliten für Europa, Bericht einer Expertengruppe, Bonn.

DGAP (1992) Forschungsinstitut der Deutschen Gesellschaft für Auswärtige Politik: Außen- und sicherheitspolitische Aspekte des Raumtransportsystems Sänger. Gutachten im Auftrag des Büros für Technikfolgen-Abschätzung des Deutschen Bundestages (TAB).

ESA (1987) European Space Agency Council: European Long Term Space Plan 1987-2000, ESA/C(87)3, Paris, 10 June 1987.

Hagen, R./Scheffran, J. (2002): Weltraum – ein Instrument europäischer Macht, www.hsfk.de/abm/print/forum/hagsch.htm (20.12.2002).

Krige, J./Russo, A. (1994): Europe into Space. 1960-1973, Noordwijk (ESA SP-1172).

Krück, C.P. (1993): Spin-off aus der Raumfahrt. Empirische Befunde und Diskursstrategien. S. 285-314 in: J. Weyer (Hrsg.), Technische Visionen – politische Kompromisse. Geschichte und Perspektiven der deutschen Raumfahrt, Berlin: edition sigma.

McDougall, W.A. (1985): ... the Heavens and the Earth. A Political History of the Space Age, New York: Basic Books.

Memorandum (1987) Memorandum: Kritik der Bonner Weltraumpolitik, Bonn.

Neufeld, Michael J. (1997): Die Rakete und das Reich. Wernher von Braun, Peenemünde und der Beginn des Raketenzeitalters. Berlin: Brandenburgisches Verlagshaus.

Paschen, J./Petermann, T. (1991): Technikfolgen-Abschätzung – Ein strategisches Rahmenkonzept für die Analyse und Bewertung von Techniken. S. 19-41 in: T. Petermann (Hrsg.), Technikfolgen-Abschätzung als Technikforschung und Politikberatung, Frankfurt am Main

Reinke, N. (2004): Geschichte der deutschen Raumfahrtpolitik. Konzepte, Einflussfaktoren und Interdependenzen 1923-2002, München: R. Oldenburg.

Riedl, L. (1997): Satellitenfernsehen in Europa (1945-1994). Die Konstruktion neuer Medienlandschaften. S. 277-327 in: J. Weyer et al., Technik, die Gesellschaft schafft. Soziale Netzwerke als Ort der Technikgeschichte, Berlin: edition sigma.

Sänger, E. (1957): Gemeinsamkeit und Befriedung der Luftfahrt- und Raumfahrt-Entwicklung im 20. Jahrhundert. Weltraumfahrt. Zeitschrift für Astronautik und Raketentechnik 8 (1957): 1-6.

Schwarz, M. (1979): European Policies on Space Science and Technology 1960-1978. Research Policy 8 (1979): 204-243.

Strauß, F. J. (1959): Ansprache des Bundesministers für Verteidigung anläßlich der Konstituierung des Wissenschaftlichen Rates der DGF am 13.11.1959 in Bonn. S. 136-139 in: Deutsche Gesellschaft für Flugwissenschaften: Aufgaben, Organisation, Tätigkeit 1960-1965, Bonn.

Stucke, A. (1993a): Die Raumfahrtpolitik des Forschungsministeriums: Domänenstrukturen und Steuerungsoptionen. S. 37-58 in: J. Weyer (Hrsg.), Technische Visionen – politische Kompromisse. Geschichte und Perspektiven der deutschen Raumfahrt, Berlin: edition sigma.

TAB (1992) Büro für Technikfolgen-Abschätzung des Deutschen Bundestages: Technikfolgen-Abschätzung zum Raumtransportsystem ›Sänger‹ (TAB-Arbeitsbericht Nr. 14), Bonn.

Wengeler, H. (1993): Umwelt- und technologiepolitische Aspekte derbundesdeutschen Raumtransporter-Entwicklung 1962-1991. S. 215-235 in: J. Weyer (Hrsg.), Technische Visionen – politische Kompromisse. Geschichte und Perspektiven der deutschen Raumfahrt, Berlin: edition sigma.

Weyer, J. (1988): Bemannte Raumfahrt: Taktische Spiele im All. Die ZEIT 22.4.1988: 36-37.

Weyer, J. (1991): Experiment Golfkrieg. Zur operativen Kopplungsystemischer Handlungsprogramme von Politik und Wissenschaft. Soziale Welt 42: 405-426.

Weyer, J. (1992): Der Raumtransporter SÄNGER als Instrument deutscher Großmachtpolitik? Gutachten, erstellt im Auftrag des Büros für Technikfolgenabschätzung des Deutschen Bundestages (Materialien zum TAB-Arbeitsbericht Nr. 14) Bonn, o. J.

Weyer, J. (1993 a): Akteurstrategien und strukturelle Eigendynamiken. Raumfahrt in Westdeutschland 1945-1965, Göttingen: Otto Schwartz.

Weyer, J. (Hrsg.) (1993b): Technische Visionen – politische Kompromisse. Geschichte und Perspektiven der deutschen Raumfahrt, Berlin: edition sigma.

Weyer, J. (1993 c): Verstärkte Rivalitäten statt Rendevous im All? Die wechselhafte Geschichte der deutsch-amerikanischen Zusammenarbeit in der Raumfahrt. S. 89-110 in: J. Weyer (Hrsg.), Technische Visionen

– politische Kompromisse. Geschichte und Perspektiven der deutschen Raumfahrt, Berlin: edition sigma.
Weyer, J. (1994): Der Fehlgriff nach den Sternen. Zur Abwicklung des gescheiterten Mega-Projekts ›Bemannte Raumfahrt‹. S. 160-180 in: G. Ahrweiler et al. (Hrsg.), Memorandum Forschungs- und Technologiepolitik 1994/95. Gestaltung statt Standortverwaltung, Marburg: BdWi-Verlag.
Weyer, J. (1997): Technikfolgenabschätzung in der Raumfahrt. S. 465-483 in: R. Graf von Westphalen (Hrsg.), Technikfolgenabschätzung als politische Aufgabe, München: Oldenbourg Verlag.
Weyer, J. (1999): Wernher von Braun. Reinbek b. Hamburg: Rowohlt.
Weyer, J. (2004): Innovationen fördern – aber wie? Zur Rolle des Staates in der Innovationspolitik. S. 278-294 in: M. Rasch/D. Bleidick (Hrsg.): Technikgeschichte im Ruhrgebiet – Technikgeschichte für das Ruhrgebiet, Essen: Klartext Verlag.

Alfons Bora
Technology Assessment als Politikberatung

Technikfolgenabschätzung und -bewertung (technology assessment, TA) ist ein wichtiger Bestandteil der Wissenschafts- und Technologiepolitik in Bund und Ländern. Zahlreiche Studien sind von Hochschulen und TA-Einrichtungen in den letzten Jahrzehnten erstellt worden und haben Eingang in politische Entscheidungsprozesse gefunden. In gewisser Weise hat TA in die einzelnen, spezialisierten Fachdisziplinen wie etwa die Nanowissenschaften, die Informatik, die Klimaforschung oder die Genetik Einzug gehalten und dort einen Normalisierungsprozeß durchlaufen. Dies alles soll im folgenden vorausgesetzt und nicht weiter thematisiert werden. Im Zentrum des Interesses stehen vor dem Hintergrund der skizzierten Entwicklung die Konstellation der Politikberatung, die damit verbundenen Dilemmata und Probleme und die Frage, in welcher Weise TA als Politikberatung gelingen kann. Dabei liegt der Schwerpunkt der Überlegungen vor allem auf der Rolle von TA bei der Beratung der Exekutive.

TA wird allgemein als eine Mischung zwischen einer spezifischen Form interdisziplinärer Technikforschung und der Aufgabe wissenschaftlicher Politikberatung aufgefaßt (Grunwald 2005: 213), also als eine Aktivität, die einerseits wissenschaftlichen Kriterien genügen, andererseits zugleich aber auch die Anforderungen des politischen Systems bedienen soll. Diese Kombination von Wissenschaft und Politik ist prekär, da sie entweder den Primat einer der beiden Seiten voraussetzt oder nach einer, wie im folgenden näher erörtert werden wird, voraussetzungsreichen und komplexen Integrationsleistung verlangt (unten Abschnitt 1). In der Geschichte der TA wird diese prekäre Kombination immer wieder sichtbar. Die institutionalisierte, in eigenen organisatorisch abgegrenzten Einrichtungen verkörperte TA (sei es als parlamentarische TA, sei es als TA-Aktivität im Ministerium) wurde ins Leben gerufen als Instrument der Politik. Immer wieder zeigt sich dabei ein Spannungsverhältnis zwischen dieser instrumentellen Rolle einerseits und einer charakteristischen Beratungsfunktion von TA für die Politik, die, wenn sie tatsächlich Problemlösungskapazität aufweisen will, eine Integration von Erwartungen verschiedener Funktionssysteme und daher eine hohe organisatorische und personelle Autonomie der TA selbst voraussetzt (unten Abschnitt 2). Es ist also nicht nur die Rede von einem Konflikt zwischen wissenschaftlicher Erkenntnis auf der einen und politischen Interessen auf der anderen Seite. Vielmehr stellt sich die Frage, wie die Etablierung eines erfolgreichen Beratungsverhältnisses theoretisch und praktisch vorstellbar ist. Die Politik als Auftraggeber und Adressat formuliert dabei bisweilen eine schwierig zu erfüllende Erwartung an TA: ›Integriere die divergierenden Erwartungen und Rationalitäten (zu denen unter anderem auch die Politik gehört), und tu dies mit Blick auf unsere Interessen‹. Für die institutionalisierte TA stellt sich dann häufig die Frage, welchen Weg sie einschlägt: Unterwerfung unter den politischen Primat oder Versuch einer Kontrolle von Politik. Keine der beiden Varianten für sich genommen hat sich als besonders fruchtbare Überlebensstrategie erwiesen.

Das skizzierte Spannungsverhältnis ist gerade in jüngster Zeit wieder sichtbar geworden in Krisenerscheinungen politisch geförderter TA-Einrichtungen, die in einigen Fällen bis zur Auflösung führten. Damit soll nicht behauptet werden, daß solche Veränderungen nur auf das genannte Spannungsverhältnis von Politik und TA zurückzuführen sind. Andererseits sind die vergangenen zehn Jahre gerade durch die Parallelität zwischen intensiven Auseinandersetzungen über die Rolle von TA auf der einen und dem Ende einiger wichtiger Einrichtungen wie des OTA, der Baden-Württembergische Akademie für Technikfolgenabschätzung oder (sicherlich weniger sichtbar, aber doch nicht ganz unerheblich) des Arbeitskreises Technikfolgenabschätzung und -bewertung des Landes Nordrhein-Westfalen auf der anderen Seite charakterisiert.

Im folgenden soll deshalb der Versuch unternommen werden, das Spannungsverhältnis von TA, Wissenschaft und Politik theoretisch und empirisch etwas genauer zu beleuchten. Ein Rückblick auf die Auseinandersetzungen um die Institutionalisierung der TA in Deutschland soll die instrumentelle Rolle von TA in den unterschiedlichen politischen Konzepten jener Zeit – vor allem der achtziger Jahre – sichtbar machen. Die Auseinandersetzungen verlaufen jedenfalls zum Teil zwischen der Legislative und der Exekutive. Das damalige BMBF mußte, so die These, auf dem Gebiet der TA mitziehen, um dem Parlament keinen öffentlichkeitswirksamen Vorsprung auf dem Gebiet der Technologiepolitik zu lassen. Beide Seiten jedoch, so versuche ich zu zeigen, bedienen sich der TA als eines politischen Instruments. Dies ist durchaus konsequent und im strengen Sinne rational im Kontext politischen Handelns. Allerdings konfligiert diese Strategie mit dem Konzept von TA selbst, das seine Rationalität in starkem Maße aus einer Integration divergierender gesellschaftlicher Ansprüche schöpft. Das aus diesen unterschiedlichen Orientierungen resultierende Konfliktpotential hat TA von Anfang an geprägt. Es ist geradezu ein konstitutives Merkmal von TA. Allerdings provoziert es gerade deshalb auch dauernde Selbstreflexion und Standortbestimmungen in der TA-Community. Daher stellt sich für TA immer wieder aufs Neue die Frage: Gibt es eine Gestalt von TA, die dieses Spannungsverhältnis produktiv werden läßt? Meine These lautet: Diese produktive Form könnte in einem spezifischen Verständnis von Politikberatung zu finden sein. Um diese These verdeutlichen zu können, wird es nötig sein, den Begriff der Beratung so zu kalibrieren, daß er für die Analyse des Spannungsverhältnisses von politischer Instrumentalisierung und Politikberatung aussagekräftig wird. Dazu benutze ich das Konzept des ›Arbeitsbündnisses‹, mit dem eine diffizile Wechselbeziehung zwischen beiden Bereichen beschrieben wird, in der Beratung als quasi paradoxe Aufgabe sichtbar wird: zugleich ›drinnen‹ und ›draußen‹ sein zu können, dem Beratenen zu helfen, dies aber nicht um den Preis des Verlustes der Autonomie des Beraters (unten Abschnitt 3). Abschließend soll gefragt werden: Beobachten wir einen Wandel der TA hin zu einer so verstandenen Politikberatung?

1. Theoretische Grundlagen: TA als integratives Konzept

Technikfolgenabschätzung und -bewertung (technology assessment) wird seit Ende der 1960er Jahre als Form der Konfliktlösung und Politikberatung eingesetzt (Petermann 1991; Weyer 1994; Baron 1995; Grunwald 2002.) Sie ist ursprünglich in den USA entwickelt und mittlerweile in vielen Staaten auf unterschiedliche Weise in die Politikprozesse integriert worden. Als Vorbild wird oft das inzwischen aufgelöste US-amerikanische ›Office of Technology Assessment‹ (OTA) genannt. Allerdings haben sich je nach politischer und Rechtskultur sowie in Abhängigkeit von historisch variablen Rahmenbedingungen sehr unterschiedliche Methoden und Vorgehensweisen entwickelt. Für die deutschen Verhältnisse ist vor allem die späte Institutionalisierung des ›Büros für Technikfolgenabschätzung beim Deutschen Bundestag‹ (TAB) kennzeichnend. Weiterhin gilt als typisch für TA das Fehlen standardisierter methodischer und verfahrenstechnischer Regeln (Grunwald 2002: 114 ff.). Die VDI-Richtlinie 3780 ›Technikbewertung – Begriffe und Grundlagen‹ bildet insofern eine vereinzelt dastehende Ausnahme, die überdies praktisch bedeutungslos geblieben ist. Paschen und Petermann (1992) bezeichnen Technikfolgenabschätzung nicht als Verfahren, sondern als ›strategisches Rahmenkonzept‹, weil es keine verbindliche, routinemäßig und allgemein anwendbare Vorgehensweise gibt. Zusammengefaßt soll das Konzept einer Technikfolgenabschätzung gängigen Charakterisierungen zufolge jedoch mindestens folgende Komponenten enthalten (Bechmann 1994): Frühwarnung des politischen Systems, umfassende Analyse auf wissenschaftlichem Gebiet, Entscheidungsorientierung und Partizipation der betroffenen Kreise.

Diese Begriffsbestimmungen und Charakterisierungen von TA sind alle zutreffend und für die Entwicklung eines TA-spezifischen Selbstverständnisses dienlich gewesen. Sie eröffnen allerdings keine systematische Perspektive auf den Gegenstand TA, die eine wissenschaftliche Analyse ermöglichen könnte. Eine solche Perspektive kann meines

Erachtens mit dem Begriff der Integration gewonnen werden. Technikfolgenabschätzung zeichnet sich demnach vor allem dadurch aus, daß sie unterschiedliche, einander zum Teil auch widersprechende gesellschaftliche Beobachtungsweisen und Systemreferenzen in ein Verfahren integriert. Diese Sichtweise soll im folgenden kurz erläutert werden. Dazu wird zunächst der gesellschaftliche Regulierungsbedarf etwas näher charakterisiert, auf den TA reagiert. Aus dieser Rekonstruktion ergibt sich dann die integrationstheoretische Perspektive auf TA.

(a) Kontrolle und Gestaltung: governance als Aufgabe von TA

Technology Assessment reagiert auf einen mit Technologie (meist mit der Entwicklung neuer Technologie) verbundenen Regulierungsbedarf. Dieser entsteht aus einem charakteristischen Spannungsverhältnis heraus. Einerseits sind Wissenschaft und Technik zweifellos Triebkräfte der gesellschaftlichen Modernisierung sowie relevante Faktoren für Wohlstand und sozialen Ausgleich. Zugleich produzieren sie andererseits aber auch unbeabsichtigte und oft kaum vorhersehbare Risiken und Gefahren. Insbesondere die bedeutenden Innovationen auf dem Gebiet der Hochtechnologien sind deshalb oftmals gesellschaftlich sehr umstritten. Viele große soziale Konflikte der letzten Jahrzehnte wurden durch technologische Innovationen angestoßen, man denke etwa and Kernenergie und Biotechnologie. Ein vergleichbares Konfliktpotential entfalten daneben auch die schwer zu entdeckenden Langfristfolgen von Technik wie etwa Klimaveränderungen oder Artensterben. Auf allen diesen Gebieten stellen sich Fragen nach den gesellschaftlichen Eingriffsmöglichkeiten und den Chancen, diese Prozesse zu steuern. Dabei lassen sich unterschiedliche Typen von Gefahrenquellen unterscheiden, zum einen Mißbrauchspotentiale, zum anderen Unfälle und Katastrophen (Titanic, Tschernobyl) und schließlich, vielleicht am schwierigsten zu beurteilen, gerade das perfekte Funktionieren, das bei einigen Innovationen, etwa in der Biotechnologie, als die eigentliche Quelle von Gefahren betrachtet wird.

Technikregulierung ist vor diesem Hintergrund eine Aufgabe mit Doppelcharakter. Sie steht vor der Herausforderung, den gesellschaftlichen Nutzen von Technologien so gut wie möglich zu fördern und dabei potentielle Risiken frühzeitig auszuschalten. Diese doppelte Aufgabe der Regulierung verweist heute auf ein komplexes, post-interventionistisches Verständnis staatlichen Handelns. Regulierung in diesem breiten Sinne der Förderung und Kontrolle von Technologien findet auf allen Ebenen des Innovationsprozesses statt, von der Grundlagenforschung über die Selektionsprozesse in Innovationsnetzwerken und die Vermarktungsstrategien in der Wirtschaft bis hin zu den klassischen

Formen der staatlichen Subvention, Supervision und Kontrolle (Bora 2002). Diese Formen der Regulierung werden heute meist mit dem Konzept der governance in Zusammenhang gebracht. Im Kontrast zu früheren Steuerungsideen betont governance ein komplexes Verständnis rekursiver, auf unterschiedlichen Ebenen der Politik angesiedelter und zwischen einer Vielzahl von Akteuren sich abspielender Kommunikations-, Vermittlungs- und Entscheidungsprozesse. In vielen Fällen ersetzen neue Formen nichthierarchischer, dezentraler, kooperativer und ›ermöglichender‹ Regulierung die älteren Konzepte direkter Intervention. Das Konzept der governance steht deshalb für Instrumente der politischen, rechtlichen und sozialern Regulierung jenseits von Markt und Staat. Es beschreibt eine neue Form der Koordination, die starke horizontale Aktivitäten zwischen staatlichen Institutionen, Nichtregierungsorganisationen, Privatunternehmen und individuellen Akteuren umfaßt. Aus dieser Perspektive deckt governance staatliche, marktförmige und zivilgesellschaftliche Aktivitäten ab. TA kann als eine solche Form von governance verstanden werden, in der sich die Regulierung von Technik in der modernen Gesellschaft vollzieht.

Der Regulierungsbegriff bezeichnet in diesem Zusammenhang eine rechtliche, politische oder andere Operation, die darauf zielt, einen Zustand in einem zu regulierenden Bereich zu beeinflussen (Bora 2002). Dabei kommt es nicht darauf an, daß durch diese Operation direkt oder gar erfolgreich in den zu regulierenden Bereich eingegriffen würde. Vielmehr ist politische oder rechtliche Regulierung durch die Intention des Beeinflussens hinreichend abgegrenzt. Regulierung operiert mit der Unterscheidung ›Einfluß erwartet/nicht erwartet‹. So spricht man von der rechtlichen Regelung eines Sachverhalts nicht erst dann, wenn sich der Sachverhalt tatsächlich auf das Recht einstellt, sondern bereits dann, wenn das Recht sich auf die Sachverhaltsänderung hin orientiert. Regulierung meint insofern eine Operation, die von der Erwartung geleitet ist, daß ein anderer auf Grund der Beobachtung dieser Operation sein Verhalten ändern werde. Es geht also, um ein Beispiel zu geben, um die Erwartung, daß Unternehmen durch die Beobachtung geänderter Grenzwerte im Immissionsschutzrecht zu technischen Veränderungen ihrer Anlagen angeregt werden. Die Erwartung von Einfluß ist damit entscheidend für das Verständnis von Regulierung. Regulierung findet sich damit konsequenterweise in allen Phasen von Innovationszyklen, in der Grundlagenforschung an Universitäten und anderen Forschungseinrichtungen, in der Entscheidungsphase über Produktentwicklungen in Unternehmen und Innovationsnetzwerken, hin zu den Parlamenten, Regierungen und Gerichten in der Phase der Stabilisierung einer Technologie.

Regulierung in diesem Sinne bedeutet also notwendigerweise immer Kontrolle *und* Gestaltung. In der Praxis enthält der Begriff damit beide Komponenten, die beispielsweise. in neueren Diskussionen über die Innovationsorientierung von TA enthalten sind. Wenn man sich klarmacht, daß TA immer schon zukunftsorientierte, gestalterische Aspekte hat, wird diese teils mit Emphase geführte Diskussion schnell obsolet. Im Unterschied zur Semantik einer Innovations- und Technikanalyse (ITA) zeigt das Konzept der Gestaltung, daß es nicht allein und nicht einmal primär um ökonomische Fragen geht, sondern um eine Integration unterschiedlicher gesellschaftlicher Erwartungen und Relevanzen mit dem Ziel einer zukunftsfähigen Entwicklung. Und daß diese Integration mit einer hohen Autonomie der zu regulierenden gesellschaftlichen Felder zu rechnen hat, ist in diesem Regulierungsbegriff konzeptionell bereits angelegt

TA wird im folgenden in dieser umfassenden Bedeutung eines Instruments von governance betrachtet, das auf Einfluß hin orientierte Beziehungen zwischen gesellschaftlichen Feldern zum Gegenstand hat.

(b) TA als integratives Regulierungskonzept

Wie wird der skizzierte gesellschaftliche Regulierungsbedarf im Kontext des technology assessment bearbeitet? Wie erwähnt, wird sich jede Form der Regulierung mit autonomen, in ihrer Eigenrationalität allenfalls irritierbaren, kaum aber im klassischen Sinne ›steuerbaren‹ gesellschaftlichen Feldern konfrontiert sehen. Wenn oben gesagt wurde, TA stehe vor der Aufgabe, die Erwartungen von Politik und Wissenschaft, Wirtschaft usw. zu integrieren, so wird nun die Größe der mit dieser Integrationsaufgabe verbundenen Herausforderung sichtbar. Moderne Gesellschaften sind funktional differenzierte Gesellschaften. Wenn man ein differenzierungstheoretisches Konzept etwa im Sinne der Systemtheorie zugrunde legt (Luhmann 1984, 1997), werden Fragen gesellschaftlicher Integration vorrangig im Bereich der Leistungsbeziehungen zwischen sozialen Systemen angesiedelt. Integration wird also nicht wie in konkurrierenden Ansätzen beispielsweise über Konsens, sondern durch wechselseitiges Beobachten und Kopplungen im Verhältnis zwischen sozialen Systemen erklärt (Bora 1999).

TA entsteht, wie man vermuten kann, dort wo funktionale Differenzierung sich bemerkbar macht als Begrenzung einzelner Regulierungsinstrumente. Weder Politik, noch Recht, Ökonomie, Erziehung oder Ethik für sich sind in der Lage, Technik in der funktional differenzierten Gesellschaft zu regulieren. Jedes der genannten Felder weist spezifische Stärken und Schwächen auf. Das Recht ist beispielsweise zwar in der Lage, stabile Erwartungssicherung zu ermöglichen, bleibt dabei aber in gewisser Weise träge und reagiert nur mit Verzögerung auf äußere

Veränderungen und Anpassungsdruck. Die Ökonomie ermöglicht zwar äußerst flexible Reaktionen, erweist sich aber gegenüber Gemeinwohlproblematiken – und um solche handelt es sich bei TA regelmäßig – als wenig sensibel, wie die alte Debatte um das sogenannte Allmende-Dilemma gezeigt hat. Erziehung zielt auf langfristige und nachhaltige Veränderungen, die über sozialisatorische Interventionen erreicht werden sollen, kommt aber gerade wegen der Langfristigkeit ihrer Perspektive und wegen der Ungewißheit des Interventionsergebnisses für Regulierungsleistungen nur begrenzt in Betracht. Ethik – verstanden als Reflexionstheorie von Moral – vermag zwar wichtige Aufklärungseffekte zu erzielen, bleibt dabei aber häufig (wie Wissenschaft insgesamt) auf Distanz zur Entscheidungspraxis. Moral andererseits eignet sich kaum als integrative Entscheidungshilfe, da sie – als Kommunikation von Achtung/Mißachtung – tendenziell konfliktsteigernde Effekte hervorruft. Politik schließlich, an die ja typischerweise dann sehr hochgesteckte Erwartungen adressiert werden, kann vor der Zuschreibung umfassender Problemlösungskompetenz letztlich nur kapitulieren. Mit ihren auf Machtsicherung angelegten Orientierungen und ihren relativ kurzen Relevanzzyklen, die ja de facto immer nur knapp mehr als die Hälfte einer Legislaturperiode umfassen, kann sie angesichts langfristiger und weltweiter Probleme häufig nur lokale, zeitlich begrenzte Lösungen anbieten. Die vor allem auch durch die Massenmedien dramatisch gesteigerten Erwartungen werden dann notwendigerweise enttäuscht. Diese Enttäuschung äußert sich typischerweise in Semantiken des ›Politikversagens‹. In der gesellschaftlichen Selbstbeschreibung werden damit die eigentlich auf alle Funktionssysteme verteilten Leistungsprobleme oft einseitig dem politischen Funktionssystem zugeschrieben. TA, so die These, stellt einen Versuch dar, angesichts dieser ›Schwächen‹, des ›Politikversagens‹, der mangelnden Durchsetzung des Rechts, einer öffentlich befürchteten Verantwortungslosigkeit in der Wissenschaft, eines Versagens des Erziehungssystems etc., einen integrativen Regulierungsmechanismus zur Verfügung zu stellen. Angesichts der operativen Grenzen der einzelnen Funktionssysteme, so könnte man kurz zusammenfassen, stellt sich die Frage nach einem integrierten Ansatz, mit dem Wissen gebündelt, Prognosen gewagt, Bewertungen vorgenommen und Entscheidungsvorschläge entwickelt werden. Exakt dieses Aufgabenbündel charakterisiert die Rolle des technology assessment.

Die Entwicklung des technology assessment läßt sich meines Erachtens durchaus in diesem Sinne deuten. Aus technokratischen Planungsutopien der fünfziger und sechziger Jahre entwickelte sich in den Siebzigern immer noch ein (in Westeuropa häufig mit sozialdemokratischer bzw. sozialliberaler Reformpolitik verbundener) Steuerungsoptimismus, für den die Idee des TA eine notwendige Umsetzung gesellschaftlicher Gestaltung darstellte. Wenig deutlich war dabei jedoch die Antwort auf

die Frage, in welcher Gestalt TA das eben skizzierte Integrationsproblem lösen könnte. Auffällig ist zunächst – darauf wurde eingangs unter dem Stichwort ›strategisches Rahmenkonzept‹ ja bereits hingewiesen –, daß es sich bei TA eher um eine (politische) Semantik, eine Absichtserklärung bzw. Problembeschreibung als um einen klar umrissenen, begrifflich eindeutig beschriebenen Phänomenbereich handelt. Immerhin enthält der Begriff TA, der im Deutschen am treffendsten mit Technikfolgenabschätzung und -bewertung zu übersetzen ist, drei theoretisch relevante Elemente:
(1) Ein kognitives Element: Folgenabschätzung als wissenschaftliche Expertise, die fragt, welche Effekte mit welcher Wahrscheinlichkeit aus einer Entscheidung resultieren und welche Kontrollmöglichkeiten es gibt (was können wir tun?). Weiterhin zwei evaluative Elemente der Technikbewertung, nämlich
(2) ein normatives Element (was dürfen/sollen wir tun?) und
(3) ein voluntatives Element (was wollen wir tun?).
Diese Dimensionen verweisen auf gesellschaftliche Funktionssysteme. Kognitive Fragen werden an die Wissenschaft adressiert, normative an das Recht und an die Ethik, voluntative an die Politik. TA wird unter diesen Prämissen zu einem Abstimmungsprozeß zwischen gesellschaftlichen Diskursen, die wissenschaftliche, rechtliche, ethische und politische Kriterien transportieren. Sie stellt in diesem Sinne also den Versuch dar, unterschiedliche Regulierungsebenen und -instrumente zusammen zu bringen.

Vor diesem Hintergrund lassen sich in konzeptioneller Hinsicht nun ganz grob zwei Formen integrativer Verfahren unterscheiden. Das sind zum einen solche, die ich als unireferentiell bezeichne. Damit soll der Umstand gemeint sein, daß sich solche Ansätze im wesentlichen an einem Funktionssystem orientieren, also beispielsweise alle Probleme von TA ohne Unterschied als ökonomische Fragen behandeln. Multireferentiell werden dann jene Formen genannt, die sich bei der Bearbeitung des Integrationsproblems an möglichst allen relevanten Funktionssystemen orientieren.

In Ansätzen läßt sich diese Unterscheidung in verschiedenen Verfahren der demokratischen Technikbewertung wiederfinden. Die Differenzen zwischen diesen Verfahren lassen sich formal vor allem über den unterschiedlichen Grad der Integration verschiedener Typen von Akteuren charakterisieren (Abels/Bora 2004). Trotz insgesamt wenig befriedigender Forschungslage auf diesem Gebiet kann man doch mit guten Gründen annehmen, daß nur bestimmte dieser Verfahrenstypen geeignet sind, die Multireferentialität gesellschaftlicher Relevanzen und Erwartungen in Bezug auf neue Techniken adäquat abzubilden und zu verarbeiten (ebd.)

Eben dieses wechselseitige Wahrnehmen je spezifischer Weltsichten,

Rationalitätsstandards, Präferenzen und Ziele ist es aber, was die Form der Folgenzurechnung und -reflexion in Prozessen der Technikfolgenabschätzung auszeichnet. Hier geht es ja gerade nicht allein darum festzustellen, ob und mit welcher Wahrscheinlichkeit beispielsweise auf dem Gebiet der sogenannten Grünen Gentechnik ein horizontaler Gentransfer erwartet werden kann, sondern auch darum, welche Schlüsse in ökologischer, ökonomischer – ja auch in rechtlicher, ethischer und politischer Hinsicht – gegebenenfalls daraus zu ziehen wären. Ein so verstandenes, reflexives, Folgen in unterschiedlichen Bereichen wechselseitig beobachtendes Modell von TA kann dann als ein Moment gesellschaftlicher Integration durch Verfahren begriffen werden. TA etabliert in spezifischer Weise Leistungsbeziehungen: durch die Reflexion auf fremde Wahrnehmungen werden die Freiheitsgrade reduziert, die man jeweils für seine Operationen noch hat. Dadurch werden Orientierungen gewonnen, mögliche Folgen werden in spezifischer Weise auf Entscheidungen zurechenbar. TA-Verfahren stellen insofern einen denkbaren Integrationsmechanismus dar, der differenzierte Gesellschaften mit Kapazitäten wechselseitiger Beobachtung und Resonanzfähigkeit versorgen könnte.

2. Technology Assessment als Instrument der Politik

Die Institutionalisierung von TA im politischen Feld und durch politische Akteure hat die eben erläuterte Aufgabe der Multireferentialität nur in Ansätzen und widerstrebend verwirklicht. Die Ursache dafür ist in der Binnenrationalität politischen Handelns zu suchen. Diese These kann im Rückblick auf die Institutionalisierungsgeschichte von TA wenigstens in ihren Grundzügen plausibel gemacht werden.

Im folgenden wird deshalb kurz die Institutionalisierung von TA als öffentlicher Einrichtung behandelt. Es geht also nicht um TA in Unternehmen oder als rein wissenschaftliche Aufgabe an den Hochschulen. Vielmehr bildet TA als Aspekt politischen Handelns, dessen Aufgabe die Herstellung kollektiv bindender Entscheidungen ist, jene Integrationsaufgabe ab, von der oben die Rede war. Die These wird im folgenden sein, daß dieser Institutionalisierungsprozeß in Deutschland von einem ungeklärten Verhältnis unireferentieller und multireferentieller Ansätze gekennzeichnet ist, wobei im politischen Bereich die ersteren im Zweifel den Vorzug erhielten.

Das Konzept des technology assessment wurde, wie bereits erwähnt, in den sechziger Jahren vor allem in den USA entwickelt. Seine Wurzeln ragen sichtbar in die Technokratiemodelle zurück, die im zwanzigsten Jahrhundert lange die Debatte bestimmten: Optimierung gesellschaftlicher Lebensverhältnisse durch rationale wissenschaftliche Planung und entsprechende technologische Realisation.

Die Debatte in Deutschland läßt sich ganz grob in drei Phasen einteilen:
(1) die siebziger und frühen achtziger Jahre, in denen eine intensive Auseinandersetzung um die Institutionalisierung parlamentarischer TA geführt wurde, wobei das BMFT in den jeweiligen Bundesregierungen eher als Gegner des Parlaments auftrat;
(2) die zweite Hälfte der achtziger und die neunziger Jahre, in denen sich die parlamentarische TA konsolidierte und das BMFT eine eigenständige, aktive TA-Politik, nunmehr als Konkurrent des Parlaments verfolgte; und
(3) die Phase seit Beginn unseres Jahrzehnts, in welcher – gewissermaßen nach der Klärung der Fronten zwischen Legislative und Exekutive – eine neue Debatte um Aufgabe und Gestalt von TA einsetzt, begleitet von einzelnen Krisenerscheinungen, vor allem der Auflösung namhafter TA-Einrichtungen.

Bei dieser groben Sequenzierung wird man die Problematik jeder Phaseneinteilung zu berücksichtigen haben. Es handelt sich dabei um ein ex post generiertes Konstrukt, zu dem Alternativen denkbar sind und das sicherlich in vielen Details Akzentsetzungen enthält, die auch anders vorgenommen werden können. Das erscheint jedoch solange unproblematisch als der heuristische Charakter einer solchen Beschreibung präsent ist; sie stellt eine Interpretation dar, die bestimmte Strukturen sichtbar machen soll.

Phase 1: Etablierung parlamentarischer TA: Die siebziger Jahre waren vor allem geprägt durch die Einrichtung des OTA in den USA im Jahre 1972. Die deutsche Situation war durch eine lange anhaltende kontroverse Debatte zwischen dem Parlament und den wechselnden Regierungen über eine Institutionalisierung parlamentarischer TA in Deutschland gekennzeichnet, die sich vor allem in der Mitte der achtziger Jahre abspielte, durch die Debatten in der Enquete-Kommission wesentlich beeinflußt wurde und in der Einrichtung des TAB im Jahre 1990 gipfelte. Das BMFT verhielt sich in dieser Diskussion in allen Regierungskonstellationen zunächst eher ablehnend und bremsend. Der Bundestag hatte aus verschiedenen Gründen ein starkes Interesse an der Gründung einer TA-Einrichtung. Das Parlament sah sich durch die Reichweite und Komplexität technikpolitischer Entscheidungen zunehmend herausgefordert, fachliche Unterstützung zu suchen, die in der Legislative routinemäßig nicht zur Verfügung steht. Angesichts der im Vergleich zur Exekutive stets begrenzten Fachkompetenz des Parlaments wurde ein Bedarf an entsprechender Unterstützung gesehen. Deshalb wurde aus verschiedenen Fraktionen die Forderung nach Einrichtung einer eignen Beratungskapazität des Bundestages erhoben. Die

Gegenargumente ließen nicht auf sich warten: Ein solches Instrument sei innovationsfeindlich (›fortschrittshemmend‹, wie es damals hieß). Es laufe auf eine politische Steuerung der Forschung und auf eine Bürokratisierung der Wissenschaft hinaus. Umgekehrt wurde aber auch eine Zunahme expertokratischer Einflüsse auf den politischen Entscheidungsprozeß befürchtet. Die achtziger Jahre sind somit die Phase der Etablierung parlamentarischer TA. Das TAB entsteht in diesem Sinne als Instrument der Politik, nämlich der Legislative, als ›Denkanstalt für das Parlament‹ (Petermann 2005). Seine Gründung als eine organisatorisch eigenständige (wenngleich nicht völlig selbständig operierende) Einrichtung beim Parlament schließt gewissermaßen diese erste Phase ab.

Phase 2: Aufholende Entwicklung der TA im BMFT: Während das TAB wie dargestellt zwar beim Parlament angesiedelt, aber auf Grund der konflikthaften Vorgeschichte als unabhängige und neutrale Einrichtung gegründet wurde (zum Verhältnis von Programmatik und Realität siehe Grunwald 2005), ist der instrumentelle Charakter der TA-Aktivitäten in Ministerium von Anfang an deutlicher zu Tage getreten. Die entscheidenden Jahre sind hier die beiden ersten Amtszeiten der Regierung Kohl, vor allem die Mitte der achtziger Jahre. 1984 erklärt Forschungsminister Heinz Riesenhuber den Aufbau von TA zur Aufgabe des Ministeriums, »um das systemanalytische Werkzeug zur Abschätzung von Gefahren aus Altlasten ebenso wie Orientierungswissen für die Entscheidung über Neuentwicklungen zu bekommen« (BMFT Journal 1984, H. 3: 3.). Deutlich sichtbar sind hier die risikosoziologischen Wurzeln der TA, ebenso wie der Primat der Politik, mit welchem der TA eine klar instrumentelle und das heißt in unserem Zusammenhang: eine unireferentielle Rolle zugewiesen wird. Die Fragen nach den unbeabsichtigten Folgen einzelner Techniken oder ganzer Technikfelder und nach den entsprechenden Möglichkeiten, diese Folgen zu entschärfen, sollten nach der erklärten Absicht des Ministeriums nicht in einer neuen, eigenständigen Einrichtung bearbeitet werden. »Vielmehr können bestehende Institutionen wie die Großforschungseinrichtungen, Institute und Hochschulen einen effizienten Beitrag leisten [...]« (ebd.). Im Ministerium selbst scheint diese Rolle von Anfang an eher ambivalent gesehen worden zu sein. Denn einerseits wird Akzeptanzbeschaffung im Beitrag des Ministers explizit als Ziel von TA abgelehnt. Statt dessen gehe es darum, »Technik akzeptabel zu gestalten« (ebd.), was bereits in einem gewissen Widerspruch zu den im selben Jahr im Bundesforschungsbericht deklarierten Zielen steht: die öffentliche Auseinandersetzung mit der Technik, so heißt es dort in Teil 1. 2.2.2, werde mit dem Ziel geführt, »breite Zustimmung« zu Forschung und technischem Fortschritt im Sinne der »Konsensfähigkeit des Fortschrittes« zu erreichen (Bundesbericht Forschung 1984: 20.).

Seit 1985 wurden diese Aufgaben im BMFT in einer eigens gerich-

teten Abteilung bearbeitet (Faktenbericht 1986 zum Bundesbericht Forschung: 140.). Das Ministerium beginnt damit, technology assessment vor allem mit vier Instrumenten zu fördern:
(1) mit dem klassischen Instrument der Förderprogramme, und zwar sowohl in spezifischen Programmen als auch in Querschnittsprogrammen;
(2) über TA-Einheiten in den Großforschungseinrichtungen;
(3) über den Aufbau einer TA-Datenbank;
(4) mit der Förderung von Tagungen und ähnlichen Einzelaktivitäten.

Technology assessment wird zum Bestandteil der Leitlinien der Forschungs- und Technologiepolitik des Bundes (Bundesbericht Forschung 1988: 16 f.). Herausgehobene Aktivitäten wie etwa die Benda-Kommission, die den rechtlichen Regelungsbedarf auf dem Gebiet der Biotechnologie abzuschätzen versuchte, daneben aber auch zahlreiche Forschungen über TA in den Fachprogrammen Energie, Umwelt, Fertigungstechnik, Informatik oder Lasertechnik kennzeichnen die Fördertätigkeit jener Jahre. Zum ersten Mal wird dabei explizit auf das konstitutive Problem der TA eingegangen: Neben den vom Ministerium selbst lancierten ›politiknahen‹ Themen soll dabei verstärkt auch TA-Forschung gefördert werden, bei welcher »auch Fragestellungen von der Wissenschaft selbst vorgeschlagen werden können« (Faktenbericht Forschung 1990 zum Bundesbericht Forschung 1988: 181.).

In diesen Zeitraum fallen ab 1988 insbesondere auch größere TA-Projekte wie die von Weyer[1] beschriebenen Studien zur Raumfahrt, insbesondere aber auch das vom BMFT geförderte WZB-Verfahren zur Technikfolgenabschätzung transgener herbizidresistenter Pflanzen, das in der TA-Community intensiv und kontrovers diskutiert wurde und heute als paradigmatisch für einen bestimmten Typus der TA gelten kann (van den Daele et al. 1996; Bora/van den Daele 1997). Es soll in unserem Zusammenhang als Beispiel einer im Wesentlichen unireferentiellen Verfahrensanlage dienen. Dieses Verfahren brachte Experten und Vertreter von Interessengruppen zusammen, um wissenschaftlich-technische Sachfragen zu klären und aus dieser Sachklärung gegebenenfalls politische Entscheidungsvorschläge abzuleiten. Die Beteiligten wurden nach Sachkompetenz (Expertise) und politischem Betätigungsfeld (Stakeholder) ausgewählt. Sie hatten sowohl die Kontrolle über den Input in das Verfahren, also über dessen Zusammensetzung, die Themen, die Gutachten etc. (Prozeßkontrolle), als auch die Kontrolle über den Output, also über die Auswertung der Gutachten und die Formulierung der Resultate (Ergebniskontrolle). Das Verfahren selbst war als uneingeschränkte Argumentation ausgestaltet. Die unterschiedlichen Experten aus verschiedenen Disziplinen und mit unterschiedlichen Einstellungen

1 Vgl. Johannes Weyer in diesem Band.

der Sache gegenüber, Kritiker und Befürworter der Technik aus Industrie, Verbänden, Umweltbewegung und Behörden erörterten in den Gutachten sowie in einer ganzen Anzahl von persönlichen Treffen alle sachlich relevanten Gesichtspunkte.

In diesem Modell haben die Experten eine Schlüsselrolle inne. Gleichwohl geht das Konzept von der Voraussetzung aus, daß Expertise gewissermaßen nicht politisch ungefiltert zu haben ist, jedenfalls nicht dann, wenn es in der Konsequenz um politische Bewertungsfragen geht. Um dieser politischen ›Färbung‹ von Expertise Rechnung zu tragen, wird zum einen das Prinzip der Repräsentativität sehr extensiv angewendet. Zum anderen wird das Verfahren als Argumentationsprozeß angelegt, in welchem sich die soziale Diversität der Meinungen in der Auseinandersetzung face to face in Form von Argumenten sachlich in Problemlösungsoptionen auflösen lassen soll.

Die WZB-TA verfolgte das Ziel, im Wege der Sachklärung durch Expertise und ›Gegenexpertise‹ politische Handlungsoptionen sichtbar zu machen und politische Entscheidungen mit Legitimationsgrundlagen zu versorgen. Sie sollte dazu Risikobewertungen produzieren, die auf expertenbasierter Aufklärung umstrittener Sachverhalte beruhen und damit die Grenzen unstrittigen Wissens (spezifischen Nichtwissens) als Entscheidungsgrundlage markieren.

Über das WZB-Verfahren ist in der Folge viel gestritten worden. In unserem Zusammenhang geht es weniger um die Frage, ob das Verfahren als solches erfolgreich war oder ob es – wie Kritiker meinen – an seinem starken Rationalitätsbegriff scheiterte, sondern darum, daß es ein besonders schönes Beispiel für eine autonome, vom Ministerium nicht gesteuerte Prozedur ist. Es handelte sich um ein stark wissenschaftsbasiertes, Experten und Stakeholder integrierendes Verfahren, das über den Mechanismus der sozialen Repräsentativität eine nach wie vor beispielgebende sachliche Klärung der damals strittigen (Risiko-)Fragen ermöglichte. Zugleich fällt auf, daß der angestrebte Output, also die konkrete Beratungsleistung des Verfahrens sehr schwach ausgeprägt ist. Das WZB-Verfahren hat besonders deutlich werden lassen, daß TA als Politikberatung neben der sachlichen Integrationsleistung auch einer wie immer im Detail ausgeprägten sozialen Verbindlichkeit bedarf, um jenseits der Grenzen des Verfahrens selbst wahrgenommen zu werden. Die Frage ist, wie solche Verbindlichkeit oder zumindest soziale Anschlußfähigkeit erzeugt werden kann. Der Vorteil eines in seiner Gestaltung absolut unabhängigen Prozesses wurde hier mit dem Nachteil kaum (oder allenfalls indirekt, Bora 1999) meßbarer Außenwirkung erkauft. Das heißt, die eingangs beschriebene Integrationsaufgabe wurde innerhalb des Verfahrens durch Expertise gelöst, blieb freilich nach außen völlig offen. Das Verfahren trug tendenziell unireferentielle Züge (Abels/Bora 2004) und war vielleicht gerade deshalb, so könnte man vermuten, kaum in der Lage, in einer komplexen, multireferentiellen Umwelt anschlußfähig zu sein. Es kann somit als großes, vom Ministerium unterstütztes Experiment betrachtet werden, mit dem die Chancen einer Integration von zumindest zwei Perspektiven – der Wissenschaft und der Politik (in Gestalt der Stakeholder) – untersucht werden sollten, bei dem die wissenschaftliche Argumentation die Integrationsaufgabe übernehmen sollte und das – nicht intern, aber in der Anschlußfähigkeit an die soziale Umwelt des Verfahrens – damit letztlich nicht durchgedrungen ist. Die Aufgabe der politischen Beratung, so kann man sagen, wurde von diesem eher unireferentiell angelegten Verfahren nicht bewältigt.

Allgemein zeigt sich in jener Zeit auch in den Programmatiken des Ministeriums wieder der bereits bekannte ›doppelte‹ Trend, einerseits divergierende Ansprüche zu integrieren (was eine Präferenz für eine der Perspektiven ausschließt), andererseits das Verfolgen klarer politischer Zielvorgaben, nämlich der Akzeptanzbeschaffung. Dies zeigt sich ein weiteres Mal direkt in den Publikationen des Ministeriums. Während der Forschungsbericht 1993 deutlich die Integrationsaufgabe betont, ohne allerdings sagen zu können, nach wessen Regeln diese denn zu bearbeiten wäre (»TA geht [...] über rein wissenschaftliche Betrachtungsweisen hinaus; sie ist auch Bewertung von Technik, auch im Sinne einer Güterabwägung. Sie erfordert deshalb gemeinsame Anstrengungen von Politik, Wissenschaft, Wirtschaft und Gesellschaft«, Bundesbericht Forschung 1993: 261), hebt der Bericht drei Jahre später wieder die klassische Aufgabe der Akzeptanzbeschaffung hervor: »Gegenwärtig ist es eines ihrer (sc. der TA) zentralen Anliegen, Chancen und Risiken neuer Technologien transparent zu machen, zum Abbau unbegründeter Technikängste in der Bevölkerung beizutragen und aktiv eine technikfreundliche Atmosphäre in Deutschland zu schaffen. Unter diesen Aspekten werden beispielsweise Untersuchungen zu den ›Chancen und Risiken der Gentechnik aus der Sicht der Öffentlichkeit‹ gefördert« (Bundesbericht Forschung 1996: 266.) Einmal abgesehen davon, daß in der Passage ein wissenschaftlich kaum mehr haltbares Vertrauen in die sogenannte Defizit-Hypothese sichtbar wird, nach welcher mangelnde Aufklärung (scientific illiteracy) zu unbegründeten Technikängsten führt – eine These, die durch europaweite Studien inzwischen längst widerlegt ist (Durant et al. 1998, Hampel/Renn 1999, Urban/Pfennig 1999) –, wird hier außerdem auch in seltener Deutlichkeit der instrumentelle Charakter von TA sichtbar.

Als Fazit der Phase 2 kann festgehalten werden, daß in dieser Zeit nachholender Entwicklung die zuerst in Legislative etablierte TA jetzt auch in der Exekutive auf starkes Interesse stieß. TA wurde Teil der ministeriellen Routine und wurde in umfangreiche Förderaktivitäten eingebunden. Die eingangs erwähnten konstitutiven Probleme von TA wurden damit freilich nicht gelöst, sondern blieben weiterhin latent vorhanden.

Phase 3: Krisensymptome und Neuorientierung: Die nach wie vor nicht völlig geklärte Stellung und Bedeutung der TA haben zum Ende der neunziger Jahre nicht nur die Wissenschaft, sondern auch die Politik beschäftigt. So begann das Ministerium spätestens um 1998 öffentlich von der Notwendigkeit einer Neubewertung der Situation zu sprechen. Nach 25 Jahren TA, so heißt es im Forschungsbericht, sei es an der Zeit »Strukturen, Themen und Verfahren der TA« neu zu bewerten (Bundesbericht Forschung 1998: 164.) Diese Neuorientierung wird in den Folgejahren gezielt in Angriff genommen. TA insgesamt soll deutlicher als bisher auf die Bedürfnisse der Politik ausgerichtet werden.

Waren die Gründe für die Notwendigkeit einer Neubewertung zunächst noch etwas nebulös geblieben, so lieferte eine vom BMBF in Auftrag gegebene und 1999 publizierte Studie ›Technology Assessment. Eine Managementperspektive. Bestandsaufnahme – Analyse – Handlungsempfehlungen‹ (Weber et al. 1999) zum ersten Mal eine Legitimation für den angestrebten Veränderungsprozeß. Dabei handelt es sich um eine von Wissenschaftlern, die selbst nicht in die Entwicklung der TA involviert waren, durchgeführte Bestandsaufnahme der TA-Landschaft in Deutschland sowie einigen europäischen Nachbarländern, verbunden mit dem Anspruch einer systematischen Evaluation. Mit diesem Ansatz sollte ein objektiver, unbeteiligter Blick ›von außen‹ auf die TA-Aktivitäten geworfen werden, um eine Analyse der offensichtlich als zunehmend unbefriedigend empfundenen Situation der TA zu ermöglichen. Die Studie diagnostiziert vor allem eine zu hohe Abgeschlossenheit und Intransparenz der TA-Community, eine mangelnde Orientierung an den Interessen von Unternehmen und eine mangelnde Wettberwerbsförmigkeit der TA-Forschung. Entsprechend werden Instrumente zur politischen Umsteuerung empfohlen, die vor allem auf eine bessere Vernetzung, Öffnung und öffentliche Darstellung der TA, auf eine starke Einbindung von Unternehmen und auf Einrichtung wettbewerbsförmiger Beziehungen unter den TA-Akteuren bei gleichzeitiger konsequenter Rückführung der institutionellen Förderung zielen (Weber et al. 1999; Kurzdarstellung in TA-Datenbanknachrichten 2000: 2, 107-109). Die Studie ist Gegenstand intensiver Diskussionen und heftiger Kritik gewesen. Die Kritik weist insbesondere auf die Problematik unireferentieller Perspektiven hin, die in der Studie deutlich zum Ausdruck kommen – jetzt nämlich nicht mehr als Eigenschaft von TA, sondern als Perspektive von deren Beobachtern und Evaluatoren. Dabei kann man grundsätzlich ohne weiteres die Vorteile einer ›externen‹ Beobachtung anerkennen. Der nicht involvierte Beobachter mag im Detail zu Fehleinschätzungen oder kuriosen Fehlern neigen – die Studie enthält einige davon –, er wird aber immer neue und irritierende Sichtweisen produzieren, die ›intern‹

geradezu notwendigerweise auf Widerstand stoßen müssen. Der Vorteil einer solchen Beobachtung besteht ja gerade darin, eingefahrene Deutungsmuster in Frage zu stellen und damit Voraussetzungen für Lernen und produktive Weiterentwicklung zu schaffen. Dies wird im nächsten Abschnitt generell als Stärke von Beratungsprozessen benannt und systematisch eingefordert werden. Insofern stellen die Studie und die Reaktionen in der TA-Community eigentlich nur den Normalfall dar. Gleichzeitig zeigt aber dieser Fall besonders deutlich das Dilemma, in welchem TA steckt. Als Instrument zur Bearbeitung eines spezifischen Integrationsproblems gebaut, werden die aus der Integrationsaufgabe resultierenden Schwierigkeiten hier ein weiteres Mal unireferentiell, diesmal mit Referenz auf das Wirtschaftssystem angegangen. Dies ist aus ökonomischer Perspektive gewiß zwingend, berücksichtigt aber gerade nicht die Situation von TA. Deshalb wurde sicherlich zu Recht darauf hingewiesen, daß TA sich auf offene Felder gesellschaftlicher Zukunftsgestaltung bezieht, die hohes Konfliktpotential enthalten und große Schwierigkeiten »in Bezug auf Erkennung, Modellierung und Prognose« aufwerfen. TA läßt sich deshalb »nicht ohne Verlust auf die Schemata betrieblicher Unternehmensberatung reduzieren« (Grunwald 2000: 134). Grunwald hebt in seiner Kritik unter anderem zwei Punkte hervor: erstens steht TA unter dem Primat der Gemeinwohlorientierung, was eine rein ökonomische Betrachtungsweise problematisch erscheinen läßt; zweitens zielt TA auf die Analyse der gesellschaftlichen Rahmenbedingungen für die Entwicklung von Techniken und Produkten, nicht aber auf diesen Entwicklungsprozeß selbst.

Daß dem Ministerium selbst diese Problematik bewußt gewesen ist, kann man dem Umstand entnehmen, daß es den Empfehlungen nur halbherzig folgt und ein weiteres Mal einen Balanceakt zwischen unireferentieller Orientierung und TA als Integration multireferentieller Perspektiven versucht. Im Konzept der Innovations- und Technikanalyse, das im Ministerium die alte Bezeichnung TA ablöst, wird der in der Studie enthaltene Aspekt der Innovationsorientierung aufgenommen, deren einseitige Ausrichtung auf Ökonomie aber deutlich moduliert. Bereits 2000 leitete unter dem Stichwort ›Technik- und Innovationsanalyse‹ »[...] das BMBF eine Neuorientierung dieses Politikbereichs ein: TA wird noch stärker als bisher mit der Innovationspolitik des BMBF und dem Innovationsmanagement von Unternehmen verknüpft.« Für diesen Zweck wurden im Jahr 2000 zunächst 7 Mio. DM bereitgestellt (Bundesbericht Forschung 2000: 212.) Im Jahre 2001 wurde dann das Konzept der Innovations- und Technikanalyse (ITA) vorgestellt. Die Notwendigkeit einer Neuorientierung wird hier – anders als in der erwähnten Studie – zunächst explizit mit dem TA-spezifischen Integrationsbedarf begründet, so als ob TA zuvor gerade nicht integrativ gewesen sei: »Die politische Zielsetzung des BMBF ist es, durch Bildung und

Forschung einen entscheidenden Beitrag zur notwendigen Innovationsförderung in Deutschland zu leisten. Innovationsförderung kann aber nur mittels eines systemischen Ansatzes verfolgt werden, in dem technisch-wissenschaftliche, ethische, soziale, rechtliche, ökonomische und politische Aspekte gleichermaßen berücksichtigt werden. Deshalb setzt das BMBF mit seiner Konzeption der Innovations- und Technikanalyse auf eine Neuausrichtung der bisherigen TA [...]« (Brüntink 2001: 6.). Die mit der Bezeichnung ITA verbundenen Zielbestimmungen sind dann weithin mit den klassischen Aufgaben von TA identisch: Früherkennung von Risiken, Innovations-, Handlungs- und Zukunftsorientierung, Partizipation und Diskurs sowie interdisziplinäre Arbeitsweise charakterisieren den Ansatz der ITA (BMBF 2001). Die Reform besteht, so der Eindruck, im wesentlichen in der Renovierung von Semantiken. Konzeptionell und in der Praxis wird im Kern die klassische Form der TA mit der nun mehrfach erwähnten, seit den ersten Anfängen konstitutiven Integrationsaufgabe weitergeführt. Neu ist eine gewisse Akzentverlagerung auf Unternehmen und eine deutlicher als früher betonte Einbeziehung partizipativer Elemente, freilich ohne daß diese beiden Elemente konzeptionell weiter auf ihre Passung überprüft würden.

Als Fazit der gesamten Entwicklung kann festgehalten werden, daß im politischen Kampf um das politische Instrument TA im Ergebnis unterschiedliche Varianten gefunden wurden. Die hier nicht weiter diskutierte Lösung des TAB (Büro für Technikfolgenabschätzung beim Deutschen Bundestag) reflektiert institutionell das Problem der Multireferentialität, indem von vornherein eine eher lose Kopplung an den politischen Auftraggeber, verbunden mit einer breiten, in alle gesellschaftlichen Felder reichenden Handlungskompetenz des beauftragten Instituts (ITAS) gewählt wurde. Ob damit eine befriedigende Lösung der TA-spezifischen Problematik gelungen ist, soll hier nicht das Thema sein. Das BMFT wählt im Vergleich dazu die – institutionell durchaus auch naheliegende – Variante einer auf das Interesse der Exekutive ausgerichteten Förderpolitik, allerdings mit einigen ›systemfremden‹ Einsprengseln. Über den gesamten hier beschriebenen Zeitraum hinweg ist eine ambivalente bzw. letztlich unbestimmte Programmatik mit Blick auf TA zu beobachten. Indienstnahme der TA und Gewährung relativ hoher Autonomie stehen konzeptionell einigermaßen unverbunden nebeneinander. Die konkrete Praxis läuft, wenn unser grober Überblick über die Förderpolitik des Ministeriums einigermaßen zutreffend ist, auf die Variante einer gezielten Indienstnahme von TA hinaus, was ja keineswegs kritisiert werden soll, sondern ganz und gar in der Rationalität politischen Handelns begründet ist.

Nur am Rande sei in diesem Zusammenhang erwähnt, daß dieser politische Charakter von TA in anderen Ländern noch viel klarer erkennbar wird, etwa beim britischen POST oder – in einem ganz anderen

Sinne – beim Rathenau-Institut in Holland oder beim dänischen Technologic-Rat. Alle sind in einem sehr starken Sinne politische Instrumente: das POST als reines Instrument für Parlamentarier, die beiden anderen als eigenständige politische Akteure. Das TAB bedient im Vergleich dazu mehrere Funktionen, nämlich Aufträge des Parlaments, aber auch eigenständige Aktivitäten und muß vielleicht gerade deshalb mehr als andere Institutionen Autonomiesicherung betreiben, indem es sich in starkem Maße auf ›wissenschaftliche Unabhängigkeit als konstitutives Prinzip‹ beruft.

Der historische Rückblick hat dann vor allem auch deutlich werden lassen, daß die vielfach reklamierte wissenschaftliche Unabhängigkeit der TA von Anfang an in einem begrifflich und konzeptionell oft ungeklärten Verhältnis zu konkurrierenden – und in ihre je spezifischen Rationalität ja ebenfalls begründeten – Geltungsansprüchen steht. Die Integrationsaufgabe ist, mit anderen Worten, in der Praxis virulent. Sie wird dort inkrementell bearbeitet, bleibt aber sowohl für die Praxis als auch für die Theorie des Technology Assessment eine dauernde Herausforderung. Welche organisatorischen Lösungen dieses spannungsreichen Verhältnisses von wissenschaftlicher Autonomie und Arbeit für die Politik sind denkbar? Wie kann es unter den Bedingungen sich radikal verändernder gesellschaftlicher Bedingungen mit TA weitergehen? Zu diesen Fragen nun abschließend wenigstens einige perspektivische Bemerkungen.

3. Professionelle Politikberatung und ›Arbeitsbündnis‹

Nach dem bisher Gesagten setzt das Gelingen der Integrationsaufgabe einerseits Multireferentialität und andererseits einen Mechanismus voraus, der die Anschlußfähigkeit verschiedener Perspektiven im Prozeß der TA sicherstellt, zusätzlich aber auch die Fähigkeit, die Ergebnisse eines derart komplexen Prozesses für gesellschaftliche Entscheidungen verfügbar zu machen. Dieser zweite Aspekt verlangt eine konkrete Adresse, an die das TA-Ergebnis gerichtet werden kann und die dieses dann gegebenenfalls zur Entscheidungsfindung nutzt.

Beide Aspekte zusammen sind konstitutiv für Beratungssituationen ganz allgemein. Diese sind charakterisiert durch komplexe, an mehreren Referenzen orientierte Entscheidungssituationen sowie eine Beziehung zwischen Berater und Beratenem, die eine hohe Autonomie der Beratungstätigkeit mit ihrer Ausrichtung an den Problemen des Beratenen kombiniert, der den Berater wegen dieser Probleme zu Rate zieht und sich in eine prinzipiell asymmetrische Sozialbeziehung zu diesem begibt (von Alemann 2002: 25 ff.). Eine solche Merkmalskombination der Berater kennzeichnet typischerweise Professionen. Der Professional arbeitet, ausgestattet mit spezifischer, meist wissenschaftlicher Kompetenz und unterstützt durch den Klienten an einer stellvertretenden Lösung von dessen Krise, die zur Einschaltung des Professionals geführt hat. Diese Aspekte hat vor allem Ulrich Oevermann mit seiner revidierten Professionalisierungstheorie in den Mittelpunkt gestellt (Oevermann 2002).

Diese Beschreibung von Beratungssituationen paßt auf den ersten Blick nur mit Mühe in das Bild, das die Praktiker der TA von ihrem Handeln entwerfen. In der Regel werden etwa folgende Modelle zur Beschreibung angeboten: Technology Assessment ist, wie gesagt, als ›strategisches Rahmenkonzept‹ bezeichnet worden, weil es keine routinemäßig und allgemein anwendbare Vorgehensweise gibt. Als Sammelkonzept für Bewertungsverfahren umfaßt der Begriff die Komponenten der Frühwarnung, der umfassenden wissenschaftlichen Bestandsaufnahme und der Entscheidungsorientierung. Dabei wird dann häufig unterschieden zwischen wissenschaftsorientierten Modellen (instrumentell oder elitistisch) auf der einen Seite, die etwa dem Typus von Sachverständigengutachten gleichen und partizipativen Modellen auf der anderen Seite, die den Grundgedanken einer governance durch öffentliche Deliberation verwirklichen. Als Schwächen der wissenschaftsorientierten Modelle werden häufig Grenzen des Wissens oder die geänderte Rolle der Experten im ›Modus 2‹ genannt, der die prominente Bedeutung wissenschaftlichen Wissens angreift, oder aber der begrenzte Zeithorizont politischen Entscheidens, dem sich seriöse Wissenschaft kaum unterwerfen kann. Als Stärke gilt der Umstand, daß wissenschaftliches Wissen nicht durch andere Wissensformen ersetzt werden kann. Beide Modelle werden, wie wir gesehen haben, als Instrumente der Politikberatung eingesetzt, wobei Expertenmodelle häufig mit dem Nachteil unireferentieller Orientierung behaftet sind, während Partizipationsmodelle oft unter unklarer Beratungskompetenz bzw. fehlenden institutionellen Ansprechpartnern leiden. In beiderlei Hinsicht, so die These, machen sich typische Probleme von Beratungssituationen bemerkbar.

Diese Beratungsschwierigkeiten bestehen

(a) in der prekären Kombination von Freiwilligkeit einerseits und der Anerkennung der überlegenen Kompetenz des Beraters andererseits, von internen Bedürfnissen und externer Beobachtung.

(b) in der spezifischen Leistung des Beraters, beim Beratenen auf der strukturellen Ebene Irritationen zu erzeugen, die einen Umbau operativer Schemata ermöglichen. Es geht also wohlgemerkt nicht einfach um Irritation, sondern um produktive Störungen routinisierter Abläufe. Wissenschaftliche Beratung nimmt insofern die externe Perspektive eines Beobachters ein, der eine andere, nicht systemeigene (insofern nicht rationale) ›Erzählung‹ bietet. Sie ist im Zweifel nicht affirmativ, sondern auf Überraschung aus. Nur so kann sie strukturelle Innovation auf Seiten des Beratenen generieren. Was ist Innovation in diesem Sinne? Etwas Neues, das zumindest die kategoriale Re-Konzeptualisierung von Bekanntem und erst dadurch Erkenntnisgewinn und praktische Lernprozesse verspricht. Zwei Beobachtungsperspektiven kommen zum Tragen: die Binnenperspektive des Beratenen, die auf Assimilation setzt: man sieht, was man weiß. Und die Außenperspektive des Beraters, die auf Irritation, ggf. Überraschung, vielleicht Akkommodation setzt: die Außenbeobachtung führt zum Umbau bewährter Schemata der Weltdeutung und dadurch zur Chance auf Innovation. Diese Situationsstruktur ist prekär, da sie den Rationalitäten der Beratenen nicht unmittelbar entgegenkommt. Die Außenperspektive zwingt zu Dezentrierung, zur Anerkennung des schmerzlichen Umstandes, daß es andere Perspektiven mit eigenen Rationalitäten gibt. Dies mag einer der Gründe sein, warum professionelle Beratung in der Regel erst in Krisensituationen in Anspruch genommen wird. Sie setzt geradezu die Wahrnehmung und Akzeptanz der eigenen Krise voraus.

(c) in sozialer Hinsicht in der gleichzeitigen Sicherung von Bindung und Autonomie durch eine temporäre auf ein Ende hin gerichtete stabile Kopplung. Diese besteht typischerweise aus komplementären asymmetrischen Beziehungen, nämlich einem Kompetenzgefälle zwischen Berater und Beratenem auf der einen Seite, das die stellvertretende kooperative Problemlösung ermöglicht und einer mit einem Honorar entlohnten Auftragserteilung auf der anderen Seite, die auch die Möglichkeit einer Kündigung und damit der jederzeitigen Rückgewinnung der Autonomie des Beratenen ermöglicht. Für diese prekäre Beziehung kann in Anlehnung an psychologische Konzepte der Begriff des ›Arbeitsbündnisses‹ gewählt werden.

Wenn wissenschaftliche Beratung erfolgreich sein will, muß sie, so meine These, ein solches Arbeitsbündnis herstellen, welches angesichts der geschilderten Situation dem Berater erlaubt, nicht bloße externe Irritation und nicht bloße Public Relation/Marketing zu bieten, sondern dem Beratenen zur Akkommodation seiner Weltsicht zu verhelfen. Unter diesen Voraussetzungen kann dann Beratung als eine professionelle Beziehung gedacht werden. Technology assessment als Politikberatung stellt insofern im Sinne der vorhin erwähnten revidierten Professionalisierungstheorie eine professionalisierungsbedürftige – und derzeit nur unvollständig professionalisierte – Tätigkeit dar, die als professionelle den multireferentiellen Erfordernissen von Technikbewertung Rechnung zu tragen hat und nicht unireferentiell auf die Deutungen des Auftraggebers festgelegt werden kann.

Im Rückblick auf die angestellten Betrachtungen und im Ausblick auf die weitere Entwicklung läßt sich damit festhalten: TA stellt den Versuch einer Integration differenter gesellschaftlicher Kommunikationsstrukturen dar. Sie ist deshalb häufig mit kontradiktorischen Erwartungen konfrontiert, die ein ›Scheitern‹ provozieren. Deshalb ist es angebracht, Erwartungen an die Problemlösungskapazitäten solcher ›hybrider‹ Instrumente nicht überzustrapazieren. Denn TA ist vor allem ein in seinen Möglichkeiten begrenztes, nicht ›berechenbares‹ Instrument. Es wird eher auf Resonanz zwischen Regulierungs-Akteuren zu setzen sein als auf unireferentielle Verfahren, die viele Folgeprobleme mit sich bringen und zum Teil überbewertet werden. Die Chance von TA liegt nach den hier angestellten Überlegungen in einer spezifischen Form der Professionalität, die ein Arbeitsbündnis mit den Beratenen erfordert.

Wo aber liegen die konkreten Möglichkeiten solcher Arbeitsbündnisse in der näheren Zukunft? Verschiedentlich war auf die Schließung renommierter TA-Einrichtungen hingewiesen worden, die eine Krise des Verhältnisses von TA und Politik indizieren. Im Anschluß an diese Entwicklungen ist es in neuerer Zeit aber auch zu einer Reorganisation der TA im deutschsprachigen Raum gekommen, die auf Grund der gewählten Form durchaus gute Voraussetzungen für gelingende Beratungsbeziehungen bieten könnte. Im Jahr 2004 hat sich unter dem Namen ›Netzwerk Technikfolgenabschätzung‹ (NTA; http://www.netzwerk-ta.net/; Bora et al. 2005) eine neue Form der Kooperation aller in der TA engagierten Personen und Einrichtungen gebildet, die sich durch einen schwachen Organisationsgrad (Netzwerk), durch schnelle und einfache Kommunikationswege (Internet), durch hohe Unabhängigkeit von finanzieller Unterstützung (geringe Kosten, teils institutionell aufgefangen) und eben dadurch durch ein hohes Maß an Inklusion sehr unterschiedlicher Akteure aus Wissenschaft, Politik, Verbänden und der Wirtschaft auszeichnet.

Die Chancen dieser neuen Form bestehen meines Erachtens in folgenden Aspekten:
(1) Das NTA kann sich auf Grund seiner hohen Autonomie von der Ambivalenz politisch gesteuerter TA hin zu einer klarer bestimmten Rolle der TA entwickeln.
(2) Gelingende Beratung (in Form von Arbeitsbündnissen) liegt als strukturelle Innovationschance jenseits nur semantischer Reformen dem Netzwerk gewissermaßen zu Grunde, da es als solches bereits ein multireferentielles Feld mit autonomen Akteuren bildet, das gleichzeitig – jedenfalls zur Zeit – durch dichte und anschlußfähige Kommunikationsbeziehungen charakterisiert ist.

Die Risiken auch des NTA bestehen darin, daß mangels guter finanzieller Ausstattung der einzelnen Akteure auch hier einmal mehr TA als ›Begleitforschung‹ in Fachprogramme wandert, wo sie wenig mehr als instrumentelle Zulieferleistungen erbringen wird. Diese mögen im Einzelfall zweifellos wichtig und willkommen sein. Sie bilden aber nicht den konzeptionellen Kernbestand von TA, wie in diesem Beitrag zu zeigen versucht wurde. Daher wird es in der nächsten Zeit darauf ankommen, die Perspektiven des NTA genau auszuloten. Kann es weitgehend autonom und mit allenfalls punktueller, auf konkrete Anlässe wie Tagungen etc. bezogener externer Unterstützung Fähigkeiten ausbilden, welche eine professionelle Beraterrolle in dem oben angedeuteten Sinne ermöglichen? Die Voraussetzungen sind – vielleicht gerade in Folge der beschriebenen Umwälzungen – besser als zuvor. Die Schließung renommierter Einrichtungen hat in gewisser Weise auch wieder neue Kräfte geweckt und die Notwendigkeit deutlich werden lassen, Technology Assessment auf eigene Füße zu stellen, um aus einer autonomen Position heraus professionalisierte Beratungsleistungen anbieten zu können. Die Politik scheint heute mehr denn je Beratungsbedarf zu haben. In welcher Gestalt sie unabhängige Beratung zu akzeptieren bereit ist, wird auch in Zukunft von Fall zu Fall auszuhandeln sein.

Literatur

Abels, G./Bora, A. (2004): Demokratische Technikbewertung. Bielefeld: transcript Verlag.
Alemann, A. von (2002): Soziologen als Berater. Eine empirische Untersuchung zur Professionalisierung der Soziologie. Opladen: Leske + Budrich.
Baron, W. (1995): Technikfolgenabschätzung: Ansätze zur Institutionalisierung und Chancen der Partizipation. Opladen: Westdeutscher Verlag.
Bechmann, G. (Hrsg.) (1993): Risiko und Gesellschaft. Opladen: Westdeutscher Verlag.
BMBF (2001): Innovations- und Technikanalyse. Zukunftschancen erkennen und realisieren. Herausgegeben vom Bundesministerium für Bildung und Forschung.
Bora, A. (1999): Differenzierung und Inklusion. Partizipative Öffentlichkeit im Rechtssystem moderner Gesellschaften. Baden-Baden: Nomos.
Bora, A. (2002): Ökologie der Kontrolle. Technikregulierung unter der Bedingung von Nicht-Wissen. S. 243-275 in: C. Engel/J. Halfmann/M. Schulte (Hrsg.), Wissen, Nichtwissen, unsicheres Wissen. Baden-Baden: Nomos.
Bora, A./Decke, W. van den (1997): Partizipatorische Technikfolgenabschatzung. Das WZB-Verfahren zu Kulturpflanzen mit gentechnisch erzeugter Herbizidresistenz. S. 124-148 in: S. Köberle/F. Gloede/L. Hennen (Hrsg.), Diskursive Verständigung? Mediation und Partizipation in Technikkontroversen. Baden-Baden: Nomos.
Bora, A./Decker, M./Grunwald, A./Renn, O. (Hrsg.) (2005): Technik in einer fragilen Welt. Die Rolle der Technikfolgenabschätzung. Berlin: edi-

tion sigma. Reihe Gesellschaft – Technik – Umwelt. Neue Folge 7.
Brüntink, C. (2001): Zum Konzept der innovations- und technikanalyse des BMBF. In: TA-Datenbank-Nachrichten 2001, 2, 6-9.
Daele, W. van den/Pühler, A./Sukopp, H./Bora, A./Döbert, R./Neubert, S./Siewert, V. 1996: Grüne Gentechnik im Widerstreit. Modell einer partizipativen Technikfolgenabschätzung zum Einsatz transgener herbizidresistenter Pflanzen. Weinheim u. a.: VCH.
Durant, J./Bauer, M. W./Gaskell, G. (eds.) (1998): Biotechnology in the Public Sphere. London: Science Museum.
Grunwald, A. (2000): TA – Politikberatung oder Unternehmensberatung? Anmerkungen zu einer aktuellen Diskussion. In: TA-Datenbank-Nachrichten 2000, 3, 132-138.
Grunwald, A. (2002): Technikfolgenabschätzung – Eine Einführung. Berlin: Edition sigma.
Grunwald, A. (2005): Wissenschaftliche Unabhängigkeit als konstitutives Prinzip parlamentarischer Technikfolgen-Abschätzung. S. 213-239 in: T. Petermann/A. Grunwald (Hrsg.), Technikfolgen-Abschätzung für den Deutschen Bundestag. Das TAB – Erfahrungen und Perspektiven wissenschaftlicher Politikberatung. Berlin: Edition sigma.
Hampel, J./Renn, O. (Hrsg.) (1999): Gentechnik in der Öffentlichkeit. Wahrnehmung und Bewertung einer umstrittenen Technologie. Frankfurt am Main/New York: Campus.
Luhmann, N. (1984): Soziale Systeme. Grundriß einer allgemeinen Theorie. Frankfurt am Main: Suhrkamp.
Luhmann, N. (1997): Die Gesellschaft der Gesellschaft. 2 Bände. Frankfurt am Main: Suhrkamp.
Oevermann, U. (2002): Professionalisierungsbedürftigkeit und Professionalisiertheit pädagogischen Handelns. S. 19-63 in: M. Kraul/W. Marotzki/ C. Schweppe (Hrsg.), Biographie und Profession. Bad Heilbrunn: Julius Klinkhart.
Paschen, H./Petermann, T. (1991): Technikfolgen-Abschätzung: Ein strategisches Rahmenkonzept für die Analyse und Bewertung von Techniken. S. 19-41 in: T. Petermann (Hrsg.), Technikfolgen-Abschätzung als Techniknikforschung und Politikberatung. Frankfurt am Main: Campus.
Petermann, T. (2005): Das TAB – Eine Denkwerkstatt für das Parlament. In: T. Petermann/A. Grunwald (Hrsg.), Technikfolgen-Abschätzung für den Deutschen Bundestag. Das TAB – Erfahrungen und Perspektiven wissenschaftlicher Politikberatung. Berlin: Edition sigma.
Urban, D./Pfenning, U. (1999): Technikfurcht und Technikhoffnung. Die Struktur und Dynamik von Einstellungen zur Gentechnik – Ergebnisse einer Längsschnitt-Studie. Stuttgart: Grauer 1999.
Weber, J./Schäffer, U./Hoffmann, D./Kehrmann, T. (1999): Technology Assessment. Eine Managementperspektive. Bestandsaufnahme – Analyse – Handlungsempfehlungen. Wiesbaden: Gabler.
Weyer, J. (Hrsg.) (1994): Theorien und Praktiken der Technikfolgenabschätzung. München: Profil.

Susanne Giesecke und Werner Reutter
Von der Forschungs- zur Innovationspolitik
Das Beispiel Mikrosystemtechnik und aktuelle Herausforderungen an das deutsche Innovationssystem durch die Konvergenz der Spitzentechnologien

In seiner berühmten Abhandlung ›Der Streit der Facultäten in drey Abschnitten‹ von 1798 hatte Immanuel Kant noch zwischen drei »obern« Fakultäten (Theologie, Rechtswissenschaft und Medizin), »deren Lehren ... die Regierung selbst interessiert«, und einer »untern« Fakultät (Philosophie) zu unterscheiden, die es »mit ihren Sätzen halten mag, wie sie es gut findet.« »Die Regierung aber,« so Kant weiter, »interessiert das am allermeisten, wodurch sie sich den stärksten und daurendsten Einfluß aufs Volk verschafft, und dergleichen sind die Gegenstände der oberen Fakultäten.« (Kant 1798/1993: 280 f.) Moderne Universitäten, obschon viele sich seit kurzem einer klassischen Fakultätsstruktur wieder anzunähern suchen, kommen mit einer solchen akademischen Differenzierung bei weitem nicht mehr aus. Die Humboldt-Universität zu Berlin beispielsweise wies 2005 alleine zehn Fakultäten mit insgesamt 23 Fachbereichen auf, und dabei sind weder die Medizin noch interdisziplinäre Zentren mitgezählt – ganz zu schweigen von den Dutzenden von akademischen Abschlüssen und Studiengängen, die heute das Bild einer Universität prägen. Universitäre Strukturen, akademische Disziplinen und Abschlüsse mögen zwar nur teilweise auf wissenschaftliche Veränderungen und disziplinäre Herausbildungen zurückzuführen sein, doch spiegeln sie die Rationalität wissenschaftlichen Fortschritts getreulich wider: Die Entwicklung von Wissenschaft und Forschung ist gekennzeichnet durch Differenzierung, Komplexitätsreduktion und Spezialisierung. Wohl nicht ganz zufällig sind das auch Merkmale, wie sie die vielleicht anerkannteste wissenschaftliche Methode, das Experiment, charakterisieren. In ihm werden Teile eines Ganzen isoliert betrachtet und unter kontrollierten Umständen getestet. Traditionelle Forschungs- und Wissenschaftspolitik fordert diese Tendenz zur Differenzierung und Spezialisierung durch die Etablierung spezieller Institute für bestimmte Disziplinen, die Einrichtung neuer Studiengänge und die Auflegung von Programmen, die einem spezifischen Thema gewidmet sind.

Die Forschung auf dem Gebiet der Mikrosystemtechnik (MST), die den Gegenstand des Beitrags bildet, steht jedoch quer zu diesen traditionellen wissenschaftlichen Entwicklungslinien. Sie beruht auf Integration und Konvergenz, also auf Entdifferenzierung, Komplexitätssteigerung und holistischen Betrachtungsweisen. Eine Innovationspolitik, die eine konvergente Spitzentechnologie fördern will, muss dies berücksichtigen. Die MST-Förderpolitik steht damit nicht alleine da, sondern stellvertretend für andere Förderpolitiken von Hochtechnologien seit den 80er Jahren. Erfolgreiche Innovationsprozesse kommen in diesen Bereichen ohne Interdisziplinarität und wissenschaftliche Grenzüberschreitung nicht aus, die ihrerseits spezifische Anforderungen an Forschungs-, Technologie- und Innovationspolitik stellen. Schlagwortartig lassen sich diese Anforderungen an staatliche Intervention unter den Begriff der ›Kontextsteuerung‹ (Willke 1989) subsumieren, die Enthierarchisierung und ergebnisoffene Programmierung voraussetzt: Die Entwicklung der Mikrosystemtechnik und die darauf bezogen staatlichen Förderprogramme illustrieren mithin einen Wandel staatlicher Forschungspolitik, die sukzessive Technologie- und Innovationspolitik aufgenommen und sich insgesamt zur Forschungs-, Technologie- und Innovationspolitik – im folgenden kurz FTI-Politik – transformiert hat (Lundvall/Borras 2005). Politik kann also ökonomische und technologische Voraussetzungen für wirkmächtige Steuerung nicht unbeachtet lassen. Vielmehr muss sie auf die Eigengesetzlichkeiten ihres zu gestaltenden und zu steuernden Objektes Rücksicht nehmen und Steuerungsziele und -instrumente entsprechend anpassen. An der auf die Förderung der Mikrosystemtechnik bezogenen staatlichen FTI-Politik lassen sich die Merkmale von Kontextsteuerung in besonderer Weise ablesen und herausarbeiten. Im vorliegenden Beitrag werden also Voraussetzungen und Zusammenhänge für Kontextsteuerung untersucht und diskutiert. Es werden die Anforderungen skizziert, die eine Konvergenz von Spitzentechnologien ermöglichen und erfolgreiche Innovationsprozesse initiieren. Er reflektiert daher zuerst internationale Entwicklungen und versucht, die innovationstheoretischen Debatten für das Konzept der ›Kontextsteuerung‹ von FTI-Politik fruchtbar zu machen. Im zweiten Teil wird der Wandel von der Forschungs- zur Innovationspolitik in Deutschland am Beispiel der Mikrosystemtechnik nachgezeichnet. Darauf aufbauend werden abschließend die Anforderungen diskutiert, die eine Konvergenz von Spitzentechnologien an die deutsche Innovationspolitik und das Innovationssystem richtet.

1. Forschung, Technologie, Innovation: theoretische Vorklärungen

Die Aussage, dass sich Forschungs-, Technologie- und Innovationspolitik in der Realität kaum trennscharf unterscheiden lassen, dürfte wohl nicht mehr sein als ein Gemeinplatz. Doch ist dieser als selbstverständlich zu betrachtende Umstand Resultat eines historischen und politischen Lernprozesses. Nominell hat Forschungspolitik in Deutschland erst mit dem Atomministerium 1955 eine institutionelle Ausformung erfahren, wenngleich die tatsächlichen Inhalte auch damals schon weiter ausgelegt wurden (vgl. den Beitrag von Joachim Radkau in diesem Band). Bis dahin war sie Teil und Funktion anderer, klassischer Politikbereiche, vor allem der Wissenschafts- und Wirtschaftspolitik, und selbstredend ist sie es in vielerlei Hinsicht noch immer. Erst allmählich gewann die Idee, den technisch-ökonomischen Fortschritt zielführend zu fördern und damit über die ›bloße‹ Einrichtung und Finanzierung wissenschaftlicher Institutionen (wie etwa den Max-Planck-Instituten etc.) hinauszugehen, an Bedeutung. Doch erlaubte der Institutionalisierungsprozess der FTI-Politik, ein eigenständiges Profil mit entsprechenden Instrumentarien auszubilden. Die Entwicklung der FTI-Politik ist nicht nur dadurch gekennzeichnet, dass sie sich sukzessive gegenüber anderen Politikbereichen abgrenzen konnte, sondern auch durch interne Gewichtsverschiebungen. In Sonderheit hat die Innovationspolitik gegenüber ›reiner‹ Forschungs- und Technologiepolitik an Bedeutung gewonnen. Zwar bewegt sich FTI-Politik – beziehungsweise ihre Teilbereiche – immer im Spannungsfeld zwischen Industrie- und Wirtschaftspolitik einerseits und den Anforderungen einer zukunftsorientierten Technikgestaltung andererseits. Doch hat die Trinität von Forschung, Technologie und Innovation in den letzten Jahren eine Verlagerung erfahren: Das Primat der Innovation und der ›Zwang‹, technologische Neuerungen möglichst rasch in marktfähige Produkte zu übersetzen und zu kommerzialisieren, hat sich vielfach durchgesetzt. Diese Bedeutungsverschiebung mag nicht für alle Länder der OECD und EU in gleichem Maße gelten und unterstellt keineswegs ein Ende der ›klassischen‹ Forschungs- und Technologiepolitik. Dennoch hat sich in der europäischen FTI-Politik ein Innovationsleitbild herauskristallisiert, das in andere Teilbereiche ausstrahlt, diese bisweilen sogar zu dominieren vermag (Caracostas/Muldur 1998; Rammer et al. 2004; Dachs et al. 2003).

Technologische Veränderungen, ökonomische Umstrukturierungen, Globalisierung und der Trend zu angebotsorientierter Wirtschaftspolitik blieben nicht ohne Einfluss auf die FTI-Politik. Theoretisch hat sich dies niedergeschlagen: in Diskursen über den systemischen Charakter insbesondere von Innovationsprozessen, in Debatten über staatliche Steuerungsfähigkeit und good governance generell, in einer Neuausrichtung der FTI-Politik im Sinne eines enabling (Giesecke 2001) sowie schließlich in einem Trend zur Europäisierung und Regionalisierung.

1.1 Forschung-Technologie-Innovation: vom linearen Prozess zur systemischen Betrachtung

Forschung, Technologie und Innovation lassen sich nicht als getrennte Bereiche betrachten ebenso wenig wie Innovation als bloß lineare Abfolge zeitlich abzugrenzender Entwicklungsphasen (Forschung, Invention, Entwicklung, Anwendung etc. bis hin zur erfolgreichen Markteinführung) behandelt werden kann. Theoretisch hat sich diese Erkenntnis in der Innovationsforschung in holistischen, systemorientierten[1] Konzepten niedergeschlagen (Lundvall 1992; Nelson 1993; Edquist 1997), die sich, von der evolutions- und institutionentheoretischen Ökonomie inspiriert, inzwischen vielfältig ausdifferenziert haben. Neben den klassischen Ansätzen, die auf nationale Innovationssysteme fokussieren, finden sich nun auch Theorien, die Regionen, Städte oder Wirtschaftssektoren in das Zentrum der Betrachtungen über Innovationssysteme stellen (Freeman 1987; Archibugi/Michie 1997; Hollingsworth/Boyer 1997; Cooke et al. 1998; Hall/Soskice 2001; Casper/Whitley 2003; zusammenfassend: Giesecke 2001). Insbesondere Lundvall geht davon aus, dass diese Systeme durch die Interaktion der Akteure lernfähig sind. Dieser Ansatz beschreibt also mehr einen Prozess als einen Zustand.

Neben dieser Differenzierung von Innovationssystemen in räumliche, sektorale und sequentielle Komponenten trat ein Weiteres: Innovationsforschung und Innovationspolitik tendieren immer mehr dazu, von konkreten Inhalten zu abstrahieren und allgemein die Bedingungen der Möglichkeit von Innovationen zu diskutieren. Es rücken mithin prozessuale Charakteristika in den Vordergrund, die auch verstärkt Gegenstand politischer Gestaltung wurden (Bender et al. 2000; Weber 2005). Die früher präferierte Förderung technologischer Großvorhaben (z. B. Atomenergie) existiert zwar noch immer (Transrapid, Maut-System etc.), doch hat sie in technologisch wenig oder überhaupt nicht spezifizierten Forschungsprogrammen zur Förderung von Innovationen Konkurrenz erhalten. Die Erweiterung der Innovationsförderung von ›rein‹ technologiespezifischen um funktionelle Aspekte unterstreichen Johnson/Jacobsson (2001), für die Innovationssysteme folgende Aufgaben besitzen:
- neues Wissen zu schaffen und zu verbreiten,
- die Richtung anzugeben, in denen sich neue Möglichkeiten eröffnen könnten,
- Ressourcen (Geld, Personen etc.) zur Verfügung zu stellen,

1 Der Begriff ›System‹ wird im Kontext der »Nationalen Innovationssysteme« als ein rein heuristisches Konzept verwendet und hat keinerlei Bezug zur Systemtheorie.

- positive ökonomische Effekte zu schaffen,
- und die Schaffung von Märkten zu unterstützen.

Ein solches nahezu ›technikneutrales‹, vornehmlich die Funktionen von Innovationssystemen betonendes Verständnis ist verstärkt auch der FTI-Politik unterlegt. Damit wird der Weg, um Innovationen zu evozieren, zum Ziel von Forschungspolitik. Weniger die einzelne technologische Neuerung oder das marktfähige Produkt stehen im Zentrum der FTI-Politik, sondern die Schaffung von Opportunitätsstrukturen und Möglichkeitspotentialen. Das manifestiert sich zuerst in der Art der eingesetzten FTI-politischen Maßnahmen. So reflektieren neuere Förderprogramme zunehmend dieses systemische oder holistische Verständnis von Innovation und kombinieren ›klassische‹ finanzielle Projektförderung mit Maßnahmen, die der Systementwicklung durch Vernetzung, Qualifizierung, Standardisierung oder der Förderung von Mobilität und Gründungen dienen.[2] Sie versuchen mithin, disziplinäre Integration mit wissenschaftlicher Interdisziplinarität zu verbinden und sie anschlussfähig zu machen an ökonomische Strukturen (vgl. Weber 2005).

1.2 FTI-Politik als Kontextsteuerung

Die skizzierten Veränderungen legen die Frage nahe, ob und inwieweit Komplexität und Ungewissheit technologischer Entwicklung einer ›Neuausrichtung‹ der FTI-Politik den Weg bereitet haben. Eine solche Entwicklung könnte sich manifestieren: in einer Beschränkung der Politik auf die Verbesserung der Bedingungen der Möglichkeit von innovationsrelevanten Aktivitäten, der Moderation von Aushandlungsprozessen zwischen den beteiligten Akteuren und der Impulssetzung durch orientierende Vorgaben. Die nationale Politik konzentriert sich damit auf den Kontext von Innovationsprozessen; nationale FTI-Politik stellt sich in dieser Perspektive zunehmend als ›Kontextsteuerung‹ dar. Theoretisch ist damit eine Enthierarchisierung und prinzipielle Gleichrangigkeit gesellschaftlicher Funktionssysteme unterstellt. Denn nur durch die gleichwertige Beteiligung dezentraler Akteure lässt sich eine »strukturelle Kopplung« (Luhmann 2000: 373) zwischen der Systeminnen- und Systemaußenwelt, also den Kontextbedingungen gewährleisten. Kontextsteuerung setzt somit voraus, dass die Politik die Eigenlogik anderer Systeme anerkennt. Oder in den Worten von Helmut Willke (1996: 342): »Diese Selbstbeteiligung [dezentraler Akteure an

---

2 Dies trifft nicht nur auf das noch im Weiteren auszuführende Förderprogramm Mikrosystemtechnik, sondern z. B. auch auf die Produktions- und Fertigungstechnik oder die optischen Technologien zu.

Verhandlungssystemen, Kommissionen etc.] an der Kontextsteuerung schafft die Voraussetzungen dafür, die jeweilige Selbststeuerung auf die Prämissen der Kontextsteuerung auszurichten, also eine Selbstbindung über Partizipation zu erreichen.« Ein solches Verständnis von Steuerung impliziert jedoch weder die Aufgabe staatlicher Gestaltungsansprüche, noch lässt es die Vermutung zu, dass sich die Eigendynamik gesellschaftlicher Teilsysteme einer politischen Programmierung grundsätzlich entzieht. Im Gegenteil, gerade die FTI-Politik zeigt, wie sich beide Elemente – staatliche Steuerung und Selbstregulierung – verknüpfen und positiv aufeinander beziehen lassen (vgl. auch Mayntz/Scharpf 1996; Mayntz/Schneider 1996). Mit der FTI-Politik ist also keineswegs ein steuerungspolitischer Kontinuitätsbruch einhergegangen. Vielmehr sind die Veränderungen in diesem Bereich als Form- und Funktionswandel zu verstehen.

Eine Kontextsteuerung, mit der die Rahmenbedingungen für Innovationsprozesse verbessert werden sollen, setzt sich dabei auf mehreren Ebenen zusammen: Sie verlangt die Entwicklung neuer Politikinstrumente (1) sowie eine Neubestimmung der Aufgabenteilung in der FTI-Politik nicht nur zwischen öffentlichen Trägern, sondern auch zwischen Staat und Gesellschaft (2). Damit einhergehen erhöhte Anforderungen, FTI-Politik zu legitimieren, denn Kontextsteuerung bedeutet, dass traditionelle Muster demokratischer Kontrolle eingeschränkt, wenn nicht gar unmöglich werden. Gleichwohl bedarf staatliches Handeln gerade auch in diesem Bereich demokratischer Rechtfertigung, die dann durch neue Formen der Partizipation und Legitimation geleistet werden muss (3). Und schließlich kann ein weiteres Motiv von Technologiepolitik, die Bedarfs- und Nutzenfrage, nicht ausgeblendet werden, d. h. FTI-Politik ist weiterhin – wenn bisweilen auch nur implizit und indirekt – ziel- und inhaltsorientiert auszurichten (4).

(1) FTI-Politik als Kontextsteuerung erfordert spezifische Politikinstrumente. Nicht nur das BMFT bzw. BMBF hat in den vergangenen Jahren verstärkt auf Maßnahmen gesetzt, die darauf abzielen, die relevanten Akteure in den jeweiligen Innovationsfeldern zu vernetzen und Clusterbildungen zu unterstützen (Jonas et al. 2000), regulative Rahmenbedingungen zu vereinfachen, den Wissens- und Technologietransfer zwischen Universitäten und Industrie zu verbessern (Edler/Schmoch 2001) und Ähnliches mehr. Die Einsicht, dass Technikentwicklung durch Politik nur schwer steuerbar ist, führte zum Einsatz technologie-unabhängiger Anreizmechanismen, um Prozesse und Strukturen im Innovationssystem anschlussfähiger zu machen (Weber 2005). Gleichzeitig macht dieses Beispiel ein Dilemma technikneutraler Kontextsteuerung deutlich: Der partielle Rückzug der Politik aus der direkten Technik(mit)gestaltung wird nicht selten von der bloßen Hoffnung begleitet, dass hieraus Innovationen erwachsen und damit der ›Wohlstand

der Nationen‹ (A. Smith) gemehrt werde. Kontextsteuerung läuft daher bisweilen Gefahr, langfristige Wirkungen oder negative externe Effekte technologischer Entwicklungen zu übersehen.

(2) Kontextsteuerung bedeutet auch: eine veränderte Arbeitsteilung zwischen öffentlichen Trägern einerseits und zwischen Staat und gesellschaftlichen Akteuren andererseits. So setzen die politischen Akteure in zahlreichen OECD-Ländern auf eine strategische Neuausrichtung der FTI-Politik und ihrer Instrumente.[3] Umschreiben lassen sich diese Veränderungen mit: organisatorischer Proliferation, Dezentralisierung von Verantwortung und Kompetenzen sowie Konzentration staatlicher FTI-Politik auf strategische Grundentscheidungen und Koordinationsaufgaben über Politikfelder hinweg.

– Mit organisatorischer Proliferation ist gemeint, dass sich neue Akteure ausbilden wie insbesondere Forschungs- und Technologieräte, die die häufig organisatorisch und thematisch zersplitterten Bereiche der FTI-Politik koordinieren. Für Deutschland seien hier stellvertretend der ›Innovationsbeirat‹ des BMBF und die ›Partner für Innovation‹ des Bundeskanzleramts aus der 14. respektive 15. Legislaturperiode genannt. Allein die Tatsache, dass das Thema ›Innovation‹ nicht ausschließlich im BMBF verankert ist, macht deutlich, dass es einer Einbeziehung anderer politischer Akteure bedarf und die daraus erwachsende vertikale Aufgabenteilung folglich eine Koordinierung notwendig macht. Das Spektrum von Politikfeldern, die inzwischen für Forschung, Technologie und Innovation von Bedeutung sind, hat sich sukzessive ausgeweitet.

– Dezentralisierung von Verantwortung und Kompetenzen: In den OECD-Ländern ist insgesamt die Tendenz zu beobachten, den Forschungsfördereinrichtungen ebenso wie den Forschungsakteuren höhere Kompetenzen und Autonomie in Bezug auf die Inhalte und Ressourcen einzuräumen. Dies gilt für außeruniversitäre Forschungseinrichtungen ebenso wie für Universitäten; als Beispiel sei hier die Neuausrichtung der deutschen Forschungslandschaft im außeruniversitären Bereich genannt. Bei den Universitäten wurden in einigen europäischen Ländern (z. B. in den Niederlanden und in Österreich) ebenfalls Reformen eingeleitet, um die FTI-politischen Aufgaben dieser Einrichtungen neu zu bestimmen und ihnen Möglichkeiten für autonome Strategiefindung zu bieten.

– Die gleichzeitige Stärkung und die Aufgabenerweiterung zentraler Forschungsförderungseinrichtungen gehen einher mit einer Konzentration der Ministerien auf die Funktion der strategischen Steuerung

---

3 In Österreich macht sich diese Neuausrichtung z. B. mit der Ernennung eines Rats für Forschung und Technologieentwicklung als auch mit der Einrichtung so genannter Kompetenzzentren (Kplus-Zentren) bemerkbar.

des FTI-politischen Prozesses: Impulse setzen, Systemstrukturen verbessern, den Gesamtprozess verfolgen, die internationale Einbindung und Positionierung sicherstellen und Ähnliches mehr stellen zwischenzeitlich wichtige staatliche Funktionen dar. Dies verweist auf eine der zukünftigen zentralen Herausforderungen der FTI-Politik: der Politikkoordination (Remoe 2005). Diese erstreckt sich nicht nur auf den steigenden Abstimmungsbedarf innerhalb der FTI-Politik, sondern erfasst auch die Schnittstellen zu anderen Politikfeldern (wie Energie, Umwelt, Verkehrssicherheit, Regulierung, Infrastruktur, Arbeitsmarkt).

(3) Kontextsteuerung durch FTI-Politik birgt darüber hinaus spezifische Legitimationsanforderungen. Die klassische demokratische Methode der Programmierung der politischen Exekutive durch Entscheidungen des Parlaments und der nachträglichen Kontrolle kann hier aus zwei Gründen nicht funktionieren. Zum einen zeichnen sich neuere technologische Entwicklungen durch Nichtwissen, Komplexität und Ambiguität aus und entziehen sich zunehmend einer langfristigen Vorausschau, so dass eine klare Zielsetzung ex ante schon problematisch scheint (Boeschen et al. 2004; Renn 2002). Zum anderen bezieht sich die Kontextsteuerung nicht auf das Ergebnis des politischen Prozesses, sondern auf die Steuerung des Prozesses selbst. Dies erschwert eine ex post-Kontrolle, wie sie Parlamente normalerweise ausüben, enthebt FTI-Politik jedoch nicht von der demokratischen Rechtfertigung, schon weil staatliches Handeln sich grundsätzlich legitimieren muss und Innovationen der Akzeptanz durch die Anwender bedürfen. Um den staatlichen Gestaltungsanspruch bei der Technikentwicklung aufrechtzuerhalten, wird daher seit den späten 80er Jahren versucht, die Beziehung zwischen Wissenschaft, Politik und Gesellschaft durch partizipative Verfahren zu moderieren. Die Beteiligung von Fachleuten und Betroffenen soll sicherstellen, dass Expertenwissen ebenso im Entscheidungsprozess berücksichtigt wird wie die Anliegen derjenigen, die die sozialen, ökologischen und ökonomischen Folgen der technischen Entwicklung zu tragen haben. Allerdings zeigen die bisherigen Erfahrungen, dass mit den Partizipationsverfahren, bei denen der Staat lediglich eine Moderatorenrolle wahrnimmt, zwar Expertenwissen besser berücksichtigt werden kann, dass aber keineswegs immer die Akzeptanz für getroffene Entscheidungen erhöht werden muss (Joss/Bellucci 2002).

(4) Schließlich ist in den letzten Jahren erneut die Frage nach den langfristigen Folgen technologischer Entwicklung in den Vordergrund gerückt. Dies steht keineswegs im Widerspruch zur Rationalität von Kontextsteuerung. Denn: Verstärkt werden gesellschaftliche und wirtschaftliche Probleme und Chancen zum Ausgangspunkt für die Definition von Forschungsprogrammen. Eingefordert wird dann ein Beitrag von Forschung und technologischer Entwicklung, um die genannten

VON DER FORSCHUNGS- ZUR INNOVATIONSPOLITIK

Probleme zu lösen oder die Chancen zu realisieren. Ein erster Versuch, um die langfristigen Wirkungen und externen Effekte technologischer Entwicklungen schon frühzeitig einzubeziehen, waren die key actions des Fünften Rahmenprogramms, die problemorientiert formuliert wurden. Ein ähnlicher Ansatz ist dem Futur-Prozess in Deutschland unterlegt, in dem partizipativ zukünftige Forschungsthemen ermittelt wurden (www.futur.de). Mit diesem Foresight-Prozess sollten etablierte disziplinäre und administrative Restriktionen durch übergreifende Themen aufgebrochen werden.[4] Dieser problemorientierte Zugang forciert systemische Lösungsansätze und erfordert interdisziplinäre Herangehensweisen. Es wird also eine nachhaltige Entwicklung technologischer Systeme angestrebt, die mit der Herausbildung neuer Rahmenbedingungen, Institutionen, Standards, Kompetenzen, Marktmodelle, Formen des Nutzerverhaltens und Technologien ihre eigenen Reproduktionsbedingungen zu schaffen versuchen; Rip/Kemp (1998) sprechen in diesem Zusammenhang sogar von ›regime shifts‹. Dieser eher normative Anspruch an die Kontextgestaltung impliziert die ganzheitliche Ausrichtung auf zukünftige Systementwicklungen unter Begleitung flankierender Maßnahmen und nicht das Anstreben von Einzellösungen. Das europäische IST-Programm (Information Society Technologies) ist hier ein Beispiel für ein Forschungsprogramm, bei dem zunehmend Politikinstrumente eingesetzt werden, die auf die Entwicklung problemlösender und gleichzeitig rasch kommerzialisierbarer technologischer Systemlösungen ausgerichtet sind. Die Weiterentwicklung technologischer Einzelaspekte ist innerhalb des Gesamtprogramms angesiedelt (Weber 2005).

1.3 FTI-Politik zwischen Europäisierung und Regionalisierung

Nicht nur auf der nationalen, sondern vermehrt auch auf der europäischen und regionalen Ebene werden die beschriebenen Veränderungen hin zu einer FTI-Politik reflektiert und vorangetrieben. Dies drückt sich weniger in dem immerhin gestiegenen Forschungsetat der EU aus, sondern vielmehr darin, dass die EU-Rahmenprogramme zunehmend die Inhalte nationaler Förderschwerpunkte vorprägen, regionale und transnationale Koordinations- und Kooperationsstrukturen einfordern und schließlich auch den Regionen eine bedeutendere Rolle einräumen. Diese Veränderungen deuten sogar an, dass das Potential zur strategischen Entscheidung über die Ausrichtung von Forschung und

---

[4] Ähnliches gilt für inter- und transdisziplinäre Forschungsprogramme wie die sozialökologische Forschung in Deutschland, provision in Österreich oder die verschiedenen Programme zum Transition Management in den Niederlanden (Weber 2005).

Innovation von der nationalen auf die europäische Ebene verlagert werden könnte, während die Umsetzung von Programmen subnationalen Institutionen vorbehalten bleibt, in Deutschland also den Ländern. In der Konsequenz würden somit Gestaltungsspielräume nationaler FTI-Politik eingeschränkt, was eine Kontextsteuerung wiederum befördern könnte (Weber 2005).

Insgesamt hat die europäische FTI-Politik einen kontinuierlichen Bedeutungszuwachs erfahren. Auch wenn die in den Rahmenprogrammen eingesetzten Mittel für Projekt- und Programmfinanzierungen bescheidene fünf Prozent der Ausgaben für Forschung und Entwicklung in Europa ausmachen, darf nicht übersehen werden, dass damit rund 30 Prozent derjenigen Maßnahmen gefördert wird, die eine inhaltliche Lenkungswirkung ausüben. Hinzu kommt, dass die Rahmenprogramme eine Leitfunktion erfüllen: Sie geben Richtung und Orientierung für Programmentwicklungen besonders in den kleineren und den neuen EU-Mitgliedsstaaten vor. Häufig nehmen auch große EU-Länder zentrale Themen der europäischen Forschungspolitik auf und übersetzen sie in nationale Programme, schon um an den EU-Forschungsmitteln partizipieren und einen Mittelrückfluss sicherstellen zu können. Schließlich wurde mit dem Sechsten Rahmenprogramm eine Reihe neuer Instrumente eingeführt, die die Abstimmung und Koordination nationaler FTI-Politiken über die bereits etablierte Methode der »offenen Koordinierung« hinaus verstärken sollen. Technologieplattformen dienen dabei der Formulierung gemeinsamer europäischer Forschungsagenden unter intensiver Einbindung industrieller Vertreter, während die so genannten ERA-Nets (European Research Area Netzwerke) die Abstimmung zwischen nationalen FTI-politischen Initiativen verbessern und somit die Politikkoordination im Europäischen Forschungsraum erhöhen sollen (Weber 2005).

2. FTI-Politik des BMBF am Beispiel der Mikrosystemtechnik

Das Programm Mikrosystemtechnik hat verschiedene Phasen durchlaufen: Der Inkubationsphase, die mit Fördermaßnahmen zur Mikroelektronik Anfang der 80er Jahre bis zum Programm Mikroperipherik (1986-1989) reichte, folgten die eigentlichen MST-Programme, die Ende der 90er Jahre in ihre Reifephase traten und 2004 neu ausgerichtet wurden. Im Verlauf bildeten sich Merkmale von Kontextsteuerung in diesem Bereich sukzessive aus. Anhand des Beispiels lässt sich daher illustrieren, wie sich ein neues Steuerungskonzept entwickelt. Darüber hinaus verweist der Verlauf des Programms darauf, dass FTI-Politik nur als Lernprozess zu begreifen ist. ›Versuch‹ und ›Irrtum‹ sind konstitutive Bestandteile eines solchen Prozesses, in dem daher auch Rückkopplungsmechanismen und Evaluationsverfahren eine immer größere Rolle spielen.

Die Mikrosystemtechnik ist eine konvergente Technologie, das macht es bisweilen schwer, sie ökonomisch und technologisch klar abzugrenzen. So fehlen einheitliche Kriterien, mit denen Unternehmen, Produkte oder Projekte eindeutig dem Bereich der Mikrosystemtechnik zugeordnet werden könnten (Steg 2000). Hinzu kommt: Mikrosystemtechnik umfasst keineswegs nur die Mikroelektronik, sondern integriert die Mikromechanik, die Mikrooptik und andere Verfahren zur Miniaturisierung komplexer technologischer Systeme; dazu zählen auch die Sensorik und Aktorik und andere Technologien, mit deren Hilfe miniaturisierte Systeme entwickelt werden können. Wicht (1999: 13) hat darauf hingewiesen, dass sich Mikrostrukturen durch ihre dreidimensionale geometrische Form definieren, wobei mindestens eine dieser Dimensionen im Mikrometerbereich ausgebildet ist und die technische Funktion der Struktur auf der dreidimensionalen Formgebung im Mikrometerbereich beruht.

Zu diesen definitorischen und kategorialen Schwierigkeiten passt, dass der Begriff Mikrosystemtechnik ursprünglich politisch geprägt wurde; er ist nicht Resultat wissenschaftlicher Debatten. Zwar ist umstritten, wer die ›Väter‹ und ›Mütter‹ der Bezeichnung ›Mikrosystemtechnik‹ sind, ob nun Physiker aus der Forschung oder Ministerialbeamte (Sonntag 1994: 273 f.; Bender 2005: 178). Entscheidend ist jedoch, dass der förderpolitische Diskurs, der vom BMBF initiiert und koordiniert wurde, die Entwicklung der Mikrosystemtechnik in Deutschland maßgeblich beeinflusste. Bis 1987 existierte der Begriff als Bezeichnung für ein Technologiefeld noch nicht. Der systemintegrative Ansatz, der das wesentliche Kennzeichen für die MST ist, war damals auf den Bereich der Sensorik beschränkt (Bender 2005: 178). Im öffentlichen Diskurs wird der MST inzwischen aber der Status einer Schlüsseltechnologie zugewiesen (Bierhals et al. 2000; Steg 2000). In wissenschaftlicher Hinsicht schlägt sich dies durch einen dokumentierbaren Anstieg entsprechender Publikationen nieder (Jonas et al. 2000).

2.1 Der Beginn: das Förderprogramm Mikroperipherik

In den 80er Jahren stand noch die Mikroelektronik im Fokus der Förderprogramme, die eine Reaktion auf die damalige ökonomische Krise insbesondere der klassischen Industriezweige in Deutschland waren. Mit den Programmen sollte unter anderem der Anschluss im Wettrennen um die Mikroelektronik, das zugunsten der USA und Japan entschieden worden war, wieder hergestellt werden. Diesem Ziel sollte auch das Förderprogramm Mikroperipherik dienen, das 1983/84 konzipiert wurde und eines der Vorläuferprogramme zur MST darstellte.

Mikroperipherik-Komponenten[5] bekamen Mitte der 80er Jahre eine strategische Bedeutung für die Elektronik und angrenzende Bereiche, da sie die Kosten des Einsatzes der Mikroelektronik in neue Produkte senken konnten (Brasche/Eschenbach 1990: 1). Das Programm sollte deutschen Unternehmen den Zugang zur Sensortechnologie erleichtern, die damals noch aus größtenteils teuren, feinmechanischen Sonderanfertigungen bestand (Bender 2005: 178).

Der Beginn der Förderung fiel also in eine Phase, in der Forschungspolitik Technologien auch – vielleicht sogar vor allem – als Mittel begriff, um die Wettbewerbsfähigkeit von Industriesektoren zu steigern (Lundvall/Borras 2005: 608). In diesem Sinne war die damalige Forschungs- und Innovationspolitik der klassischen Wirtschaftspolitik zwar noch untergeordnet, allerdings besaß das Programm Mikroperipherik bereits das Potential zur Kontextsteuerung: Es kann – teilweise – als unternehmensbezogenes Sonderprogramm interpretiert werden, das zum Ziel hatte, Mikroprozessoren möglichst breit in die industrielle Anwendung in Deutschland einzuführen. Intention war, solche Ergebnisse zu generieren, die für die Industrie von Interesse waren und eine Anwendungsorientierung aufwiesen (Sonntag 1994: 58, 269).

2.2 Das Förderprogramm MST

Im ersten Förderprogramm Mikrosystemtechnik (MST I, Laufzeit 1990-1994) finden sich bereits wesentliche Merkmale kontextueller Steuerung: Ausdehnung der beteiligten Akteure, Delegation von Kompetenzen an untere Ebenen, Anwendung neuer, auf Kooperation und Koordination angelegter Förderungsinstrumente und die Herausbildung politikfeldübergreifender Strategien und Maßnahmen. MST I war dabei keineswegs allein die ›Kopfgeburt‹ des damaligen BMFT; vielmehr wirkten von Beginn an Vertreter aus Wirtschaft (Großindustrie wie MBB) und akademischer Forschung (Fraunhofer-Gesellschaft, Forschungszentrum Karlsruhe) bei der Programmerstellung mit. Diese Akteure entwarfen schon 1987 Konzepte, um eine Unterstützung der Technologieentwicklung über das absehbare Ende des Mikroperipherik-Programms 1989 hinaus zu gewährleisten. In diesem Kontext wurde der Begriff Mikrosystemtechnik in den forschungs- und innovationspolitischen Sprachgebrauch eingeführt (Sonntag 1994: 274).

Das BMFT verband mit dem Programm nicht allein technologie-

---

[5] Darunter sind zu verstehen: miniaturisierte und mikroelektronik-kompatible Sensoren und Aktuatoren.

politische, sondern vor allem struktur- und innovationspolitische Ziele. MST I wurde als Förderprogramm technologieorientierter Klein- und Mittelbetriebe konzipiert und unterschied sich damit vom Vorläuferprogramm Mikroperipherik. Kleinen und mittelständischen Unternehmen (KMU) wurde häufig eine größere Flexibilität zugeschrieben, um sich ändernden Wettbewerbsbedingungen anzupassen. Da jedoch die Nutzung einer Technologie, die in ihren Grundlagen in Forschungseinrichtungen und Großunternehmen entwickelt wurde, ein Anpassungsproblem für KMU darstellte, war ein Ziel der Folgeprogramme von MST I, betriebliche Strukturanpassungen, die aus der Anwendung dieser Technologie resultierten, unterstützend zu begleiten (Sonntag 1994: 273f.). Mit der Neuausrichtung des Programms sollten also auch strukturpolitische Ziele realisiert und die Innovationskompetenz der privatwirtschaftlichen Unternehmen in diesem Technologiefeld – und damit auch die Innovationskraft des nationalen Innovationssystems – erhöht werden (Sonntag 1994: 37 ff.). Zudem ließen sich mit der Neujustierung des Programms die heterogenen Interessen der beteiligten Akteure schon im Vorfeld – zumindest teilweise – in Einklang bringen. Vor allem großen Unternehmen, aber ebenso außeruniversitären Forschungsinstitutionen bot sich damit die Chance zur Profilbildung durch die Definition eines neuen Themas. Um die beiden als bereits ausgereift geltenden Technologien Mikromechanik und Mikroelektronik auf der Mikro-Meso-Ebene mit einer neu entstehenden Technologie, der Mikrooptik, zu kombinieren, sollten die vorhandenen Kapazitäten gebündelt und das BMFT für einen Förderschwerpunkt gewonnen werden.

Anders als die Vorläuferprogramme sollte die MST-Förderung zum einen bisher unverbundene Techniklinien in einen Systemzusammenhang stellen und zwar auf der damals kleinsten denkbaren Ebene, der Mikroebene (BMFT 1992: 28). Ziel war also technologische Integration und Konvergenz, kurzum: dem Programm war ein dezidiert systemischer Ansatz unterlegt. Außerdem sollten die zu fördernden Firmen ihre Innovationstätigkeit selbständig managen und verwalten. Das Programm sollte dazu beitragen, die technischen und organisatorischen Lücken zu schließen, die einer breiten Produktentwicklung entgegenstanden (Sonntag: 1994: 37, 66, 269f.).

Die Tendenz zur Verbundforschung und zum Anwendungsbezug setzte sich im Folgeprogramm MST II (Laufzeit bis 2000) fort und wurde dort wesentlich ausgebaut. Es überraschte daher kaum, dass in dieser Förderphase Produkt- und Verwertungsinteressen eine immer größere Bedeutung errangen. Ab 1996/97 wurde die Entwicklung von Prototypen gefördert, die für die spätere Anwendung konzipiert worden waren. Auch reine Industrieverbünde konnten in den späteren Jahren in den Genuss der Forschungsförderung gelangen; die Beteiligung von Forschungseinrichtungen war nicht mehr zwingend erforderlich. Auch in die Bewilligungspraxis floss das Kriterium der Anwendung immer stärker ein. Innerhalb des MST-Programms gab es eine Konzentration auf Industrie- und Anwendungscluster. Ziel einer solchen Ausrichtung war neben einer größeren Anwendungsnähe die Bündelung der Kräfte zur Erzeugung von economies of scale. Hinzu kam der nach der langjährigen Förderung resultierende steigende öffentliche Rechtfertigungsdruck, der vorzeigbare Ergebnisse verlangte. Gleichzeitig bestand auf Seiten der Programmmacher der Wille, die Förderung fortzusetzen. Da sich jedoch Entwicklungen in der MST nur mittelfristig in Produkte umsetzen, blieb die Anzahl der kommerzialisierbaren Ergebnisse am Markt hinter den ursprünglichen Erwartungen zurück. Die Produkte, die seit 2000 auf den Markt kamen, waren oft das Resultat der späteren Phase, in der mehr auf gewerbliche Technologieentwicklung bis hin zum Prototypen gesetzt wurde. Dieses Defizit wurde in der Neuauflage des Förderprogramms MST 2000+ (2000-2004) berücksichtigt (BMBF 2000).

Gleichzeitig leitete dieses Programm einen grundlegenden Wechsel in der MST-Förderung ein (Heimer/Werner 2004). Zum ersten gab es die Fokussierung auf die Mikroelektronik auf. MST wird jetzt u. a. als Schnittstelle zu Nano-, Bio- und Polymertechnologien betrachtet. Zweitens wurde die Konzentration auf Branchen beendet. Das neue Programm zielte auf die Entwicklung branchenübergreifender Anwendungen. Drittens fand eine Reorientierung hin auf grundlegende Innovationen statt; inkrementalistische Verbesserungen bereits existierender Technologien traten in den Hintergrund. Und schließlich verstärkte sich viertens der Einfluss nichtstaatlicher Akteure auf das Programm. Es wurde die Idee eines ›atmenden Programms‹ entwickelt, das den Beteiligten im Rahmen heterarchischer Netzwerke (Grabher 1993) hohe Definitionschancen einräumte.

2.3 Von der Förderung einer neuen Technologie zur Stärkung des Innovationssystems

Das Programm MST ist heute ein weitgehend durch die beteiligten Akteure definiertes Programm, das technologie- und branchenübergreifend ausgestaltet ist und nicht mehr nur auf der Technologie der Mikroelektronik aufsetzt. Es ist kaum übertrieben, die Mikrosystemtechnik als eines der Technologiefelder in Deutschland zu bezeichnen, das mit Hilfe verschiedener strategischer Förderinstrumente aufgebaut wurde, um langfristig Innovationen zu generieren. Die breite Aufstellung des Programms geht insbesondere mit seiner jüngsten Neuausrichtung über das übliche Spektrum technologiepolitischer Aktivitäten hinaus und weist teilweise enge Bezüge zur Wirtschafts- und Industriepolitik auf.

Gleichzeitig werden einige strukturpolitische Komponenten beibehalten. So ist das Programm weiterhin auf KMU ausgerichtet. Außerdem war mit den MST-Programmen bzw. mit seinen Vorläufern das Ziel verbunden, nicht nur Forschung, sondern privatwirtschaftliche Unternehmen in Deutschland zu fördern. In der neuen Programmatik wird dezidert darauf hingewiesen, dass durch die Einbindung großer wie kleiner Unternehmen, Forschungseinrichtungen wie Universitätsinstitute und eventuell weitere Anwender die gesamte Wertschöpfungskette schon in den einzelnen Förderprojekten abgedeckt werden soll (BMBF 2004 b). Mittels Gestaltung sozio-ökonomischer und organisatorischer Rahmenbedingungen war und ist der Anspruch verknüpft, mit der MST ein neues Technologiefeld zu etablieren, aber auch neue Märkte zu erschließen und in der Privatwirtschaft die Bedingungen zu schaffen, die in weiten Teilen erst die Innovationsfähigkeit mikrosystemtechnischer Problemlösungen ermöglichen (BMBF 2004 a).

Das Programm weist gleichzeitig wesentliche Merkmale von Kontextsteuerung auf: Der allmähliche Wandel zu einer strategisch ausgerichteten FTI-Politik zeigt sich nicht nur in den Zielsetzungen, dem erwähnten Einbezug von staatlichen und gesellschaftlichen Akteuren, sondern auch und vorwiegend im Einsatz breit gefächerter Förderinstrumente: Neben der Grundfinanzierung von F & E-Instituten erwies sich insbesondere das flexible Instrument der Verbundforschung als geeignet, um sowohl die Technologie in die Nähe der Marktreife zu bringen, als auch entsprechende Fertigungsanlagen zu etablieren. Flankiert wurden und werden diese Aktivitäten von einem umfassenden Begleitprogramm (begleitende Maßnahmen), das darauf ausgerichtet ist, den Forschungs- und Innovationsprozess zu steuern, ohne ihn durch substantielle Vorgaben oder einzeltechnische Projektförderung inhaltlich einzuengen (Eschenbach/Sonntag 1994: 7; BMBF 2004a: 34 ff.). Hinzu kommen schließlich Ansätze zu einer Europäisierung der MST-politischen Förderung.[6] Die Ausrichtung auf die unmittelbare Marktnähe ist mit der Fortschreibung des Förderprogramms Stück für Stück näher gerückt. Dies mag nicht nur daran liegen, dass eine Neuauflage des Programms nach langjähriger Förderung inzwischen politischer Rechtfertigung bedarf. Parallel dazu hat sich die Mikrosystemtechnik als eigenständiges Technologiefeld etabliert und in zahlreichen Anwendungsfeldern die Voraussetzungen für Innovationen geschaffen. Die MST ist in technologischer Hinsicht zu einer Marktreife gelangt, die inzwischen zu einem nicht zu unterschätzenden Standortvorteil geworden ist (BMBF 2004 a: 34). Das BMBF hat vor dem Hintergrund dieser Entwicklung seine MST-Förderpolitik auf die Verfügbarkeit von Entwicklungstools, von

6 Vgl. dazu auch die zahlreichen Aktivitäten, die auf der MST-Homepage http://www.mstonline.de/news/ dargestellt sind.

F & E-Fertigungsleistungen mit möglichst genau definierten Standards, von qualifiziertem Personal und von organisatorischen Strukturen ausgerichtet.

Das flexible Instrument der Verbundförderung war rückblickend ohne Zweifel ein geeignetes Mittel, um die Technologie von der Inkubationsphase zur Marktreife zu begleiten. Die Richtlinie zur Verbundförderung als ein neues Instrument der FTI-Politik ist 1986 zwischen dem BMFT und Vertretern von Industrieverbänden ausgehandelt worden. Diese hybride Form der Förderung sollte einen Kontrapunkt zur traditionellen Einzelprojektförderung setzen und die weitere Finanzierung von Forschungsvorhaben bei sukzessiver Verringerung der Haushaltsmittel sicherstellen. Neben diesen finanziellen Effekten diente das Instrument der Verbundforschung dazu, die Neuausrichtung der FTI-Politik in strategisch wichtigen Technologiefeldern des BMFT zu unterstützen: Es ging nicht mehr darum, einen technologischen Wandel einzuleiten und selektiv zu steuern, sondern innovationsfähige Technologiefelder mit dem Potential zu marktfähigen Anwendungen zu erschließen (Lütz 1993: 34 ff.).[7] Mit der Verbundförderung im MST-Programm sollte gewährleistet werden, dass die Technologien für verschiedenartige Anwendungen bereitstehen (Eschenbach/Sonntag 1994: 41). Das Ziel, die Integration bis dahin unverbundener Technologien, wurde durchaus erreicht: Die Schwerpunkte der Projekte lagen in der Kombination von integrierter Optik und Faseroptik, Mikromechanik, Schichttechniken und den Systemtechniken. Neu hinzu kamen biochemische Verfahren und die Biosensorik (Eschenbach/Sonntag 1994: 13).[8] Damit wurde sozusagen ein Schnittstellenmanagement erforderlich, um die vormals isolierten Technologien zu verknüpfen und zu integrieren.[9]

Die Verbundforschung ist als ein wichtiges Instrument zu bewerten,

---

7 Andere Technologiefelder, in denen die Verbundforschung als Förderinstrument ebenfalls eingesetzt wurde, waren beispielsweise die Fertigungstechnik, die Laserforschung und die Materialforschung (Lütz 1993). Im Übrigen weist Lütz (1993: 29 ff.) darauf hin, dass japanische Großprojekte, z. B. zur Förderung der Computerindustrie, als Vorbild für das Instrument Verbundforschung dienten.

8 Die Anwendungsorientierung schloss Grundlagenforschung keineswegs aus. So gab es zahlreiche Projekte, die ohne anwendungsbezogene Ergebnisse blieben, gleichwohl das Verständnis über die grundlegenden Wirkungsmechanismen von MST in den verschiedenen Disziplinen vertieften. Bei dieser Art von Projekten war die Beteiligung von Großunternehmen durchaus notwendig, da sie technologisch breiter aufgestellt waren und ihr Know-how zur Verfügung stellen konnten, das dann durch die Projektförderung in die KMU fließen konnte.

9 Zur Diffusion der MST in die Lebenswissenschaft und die Formierung von regionalen Clustern der MST im Raum Dortmund (Jonas et al. 2001).

um längerfristig stabile Kooperationsbeziehungen von Partnern unterschiedlicher Provenienz zu etablieren. Nicht selten schlossen sich in einem Konsortium bis zu zehn Partner aus Großunternehmen, KMU, Hochschulen und außeruniversitären Forschungseinrichtungen zusammen. Ihre disziplinäre Vielfalt war ähnlich breit gefächert: Hier kamen Akteure aus der Physik, Chemie, den Ingenieurwissenschaften, der Elektrotechnik und später auch den Life Sciences zusammen (Sonntag 1994: 41 ff.). Unabhängig davon, ob diese Wissensinfrastruktur einer ›New Production of Knowledge‹ (Gibbons et al. 1994), der ›Triple Helix‹ (Etzkowitz/Leydesdorff 2000) oder dem Typus der Innovationsnetzwerke (Weyer 2000) entspricht, sie trägt dazu bei, dass Wissensbestände und Methoden aus mehreren disziplinären Kontexten zusammengeführt und ausgetauscht werden, um eine Lösung für ein vorab definiertes Problem zu entwickeln, zu testen und im Idealfall einen materiellen Prototypen hervorzubringen (Jonas 2002: 7; Kowohl/Krohn 2000). Die Lernkurve und der Erfolg solcher Prozesse hängen entscheidend von der Fähigkeit der Akteure ab, sich im Projektverlauf auf die individuellen Motivationen und Kompetenzen der Partner einzulassen und die Zieldefinition entsprechend anzupassen. Jonas (2002) weist darauf hin, dass ein nicht zu unterschätzender innovativer Gehalt in der Verknüpfung alter und neuer Wissensbestände liegt. Nicht zuletzt konnten sich aufgrund der Verbundforschung Technologie-Cluster im Bereich der MST etablieren, die die gesamte Wertschöpfungskette der vielfältigen MST abbildet (Jonas et al. 2001).

Nicht nur die am Projekt beteiligten Wissenschaftler sind wichtige Akteure in Verbundprojekten, sondern auch die Vertreter des Ministeriums und des Projektträgers. Schon Lütz (1993: 67 ff.) versteht Projektträger (PT) als Mediatoren im Forschungsgeschehen, die nicht nur verantwortlich für die administrative Betreuung der öffentlichen Zuschüsse sind, sondern auch für die Beratung sowohl der Fachabteilung des BMFT als auch für Antragsteller und Förderempfänger. Die Vermittlungstätigkeit bestand unter anderem darin, die Akteure zusammenzubringen, um im organisierten Diskurs Themen für die zukünftige Ausrichtung zu finden, Spezifika der Fördermaßnahmen festzulegen und weitere Industrie- und Politikkreise vom Nutzen der MST zu überzeugen.

Ebenso wichtig wie die Förderung von Kooperationen der Akteure entlang der Wertschöpfungskette ist für ein entstehendes Technologiefeld die Unterstützung zur Entwicklung von Werkzeugen, Fertigungsanlagen und weiteren technischen Infrastrukturen. Spezifische Infrastrukturen für die KMU wie Entwicklungslaboratorien und Fertigungsanlagen wurden in den Anfängen des Programms mit Hilfe der so genannten indirektspezifischen Maßnahmen gefördert.[10] Dies gab den Projektpartnern die

10 Eine Übersicht über die unterschiedlichen Förderinstrumente im Bereich

Möglichkeit, über ihre begrenzten technischen Voraussetzungen hinaus neue Technologien zu testen und Synergieeffekte zu erzeugen (Sonntag 1994: 7; Lütz 1993: 36; Jonas 2002: 32). Die indirekt-spezifischen Maßnahmen richteten sich an Besitzer (vor allem Großunternehmen) von Miniaturisierungstechnologien, die in die Produktion mikroelektronik-kompatibler Sensoren einsteigen wollten, sowie an Sensorhersteller (KMU), die ihre Produkte im Rahmen herkömmlicher Leiterplattentechnologien miniaturisieren wollten (Drücke et al. 1990: 71). Unternehmen wurden bevorzugt gefördert, wenn sie nachweisen konnten, dass sie bereits über Laborgeräte und -anlagen verfügten, um derartige Sensoren zu entwickeln und zu produzieren. Die Idee dieser Art der Förderung war, so zum Aufbau einer Fertigungsinfrastruktur beizutragen.

Strategien zur Diffusion von Know-how und zur marktfähigen Umsetzung der Innovationen sind inzwischen operativer Bestandteil der Verbundforschung. Diese Zielsetzung wird abhängig von den spezifischen Anwendungsfeldern, für die die Projekte forschen, bedarfsgerecht zugeschnitten. So ist die Förderpolitik in dem thematischen Schwerpunkt ›Erstanwendungen von rechnergestützten Werkzeugen für den Entwurf und die Simulation in der Mikrosystemtechnik‹ darauf ausgerichtet, bereits bestehende Werkzeuge, die für zunächst andere Anwendungen entwickelt wurden, für die Mikrosystemtechnik verwendbar zu machen (siehe unten sowie BMBF 2004 b).

Für die flankierende Hilfestellung zur Überwindung bestehender Innovationshemmnisse setzt das BMBF begleitende Maßnahmen ein. Konkret dienen sie zur Ausgestaltung von Aktivitäten, die den Technologieaustausch zwischen Wissenschaft und Industrie befördern. Die Maßnahmen sind flexibel gestaltbar und mit Freiräumen ausgestattet, um auf unvorhersehbare Anforderungen schnell reagieren zu können. Sie haben sich im Laufe der fortgeschriebenen Programme den sich verändernden forschungs- und innovationspolitischen Bedarfen angepasst und umfassen seit Anfang der 90er Jahre: Qualifikations- und Informationsmaßnahmen, begleitende Aktivitäten bei Messen und Ausstellungen, die Bereitstellung von Datenbanken und Technologieübersichten, die Herstellung von Kontakten im internationalen Raum und schließlich auch Evaluationen. Insgesamt schufen sie ein heterarchisches Netzwerk, das dann in den strategischen Maßnahmen aufging, die gleichwohl in großer inhaltlicher Kontinuität standen zu jenen aus MST I. Die strategischen Maßnahmen wiederum bestanden aus: Veranstaltungen zur Vorbereitung des Nachfolgeprogramms MST 2000+, der Aufrechterhaltung von Kommunikationsstrukturen mit den größten Stakeholdern der Wissenschafts- und Technologiepolitik sowie deren Umfang findet sich im Beitrag von Hariolf Grupp und Barbara Breitschopf in diesem Band.

und der Fortführung des Gesprächskreises MST (Vertreter der Verbände, Hauptanwenderbranchen, Industrie). Im derzeitigen Rahmenprogramm wird die MST-Förderpolitik durch ein Trendscouting zu neuen Technologien und Anwendungen begleitet; Informationsangebote wie ein Internetportal und ein Faktenbuch unterstützen den Wissenstransfer; eine Wanderausstellung unter dem Titel ›Mikrowelten‹ soll den Dialog zwischen Forschung und Öffentlichkeit befördern; und von entscheidender Bedeutung ist schließlich die Fortführung zur Aus- und Weiterbildung, die nicht zuletzt die Curricula an aktuelle Ausbildungserfordernisse anpasst. Dies gilt sowohl für die Ausbildung des Lehrberufs zum Mikrotechnologen als auch für den Studiengang Mikrosystemtechnik (BMBF 2004a: 6, 18, 38).

Die Ausweitung des Akteursradius ist ein weiteres maßgebliches Anzeichen für neue Ansätze in der Forschungspolitik und ihren Wandel zu einer moderierten FTI-Politik. Auch in den MST-Programmen war die Erkenntnis handlungsleitend, dass gerade vor dem Hintergrund der Grenzen klassischer Forschungspolitik und deren nicht intendierten Konsequenzen eine größere Anzahl von Akteursgruppen einbezogen werden müsste, nicht nur um die Wertschöpfungsketten zu integrieren, die sich aus der MST ergeben könnten, sondern um das gesamte Innovationssystem der MST abzudecken. Die Reichweite des Ministeriums und der PT erschien zu gering, um eine Struktur- bzw. Innovationspolitik autonom durchzusetzen. An Akteuren involvierte dies neben Ministerium und Projektträger auch Vertreter aus Verbänden, der akademischen Forschung und Entwicklung sowie der Privatwirtschaft (Großunternehmen und KMU). Eine Maßnahme, die sich auch heute noch als zielführend erweist, war die Einberufung des bereits erwähnten Gesprächskreises MST, dem Experten aus der Community und angrenzender Felder beiwohnten. Ministerium und Projektträger wurden in diesem Kontext zu Moderatoren und verhandelnden Akteuren. Im Rahmen der Begleitmaßnahmen wurden zahlreiche weiterführende Aktivitäten initiiert, die die Qualifizierung, den Wissenstransfer, die Wissensvermittlung, die Finanzierung den Arbeitsmarkt und das internationale Engagement betrafen.

Eine Evaluation des MST-Förderprogramms aus dem Jahr 2002 bescheinigt allen involvierten Akteuren, mit der FTI-Politik die richtigen Pfade eingeschlagen zu haben, um die MST zu einer der Schlüsseltechnologie für das 21. Jahrhundert auszubauen. Dies zeige sich nicht nur im wichtigsten Anwendungsfeld der MST, nämlich dem Automobilbau, wo Deutschland heute eine herausragende Stellung einnehme, sondern auch bei der Ausdehnung auf andere zukunftsträchtige Anwendungsfelder wie Mess-, Kontroll- u. ä. Instrumente, der Herstellung elektronischer Bauelemente und dem Maschinenbau (Prognos 2002: I, VII).

Das BMBF geht davon aus, dass im Jahr 2004 rund 680.000 Arbeitsplätze in der Bundesrepublik direkt mit der Mikrosystemtechnik verbunden waren (BMBF 2004a). Für das Jahr 2002 wurde das Weltmarktvolumen der MST-Komponenten auf US$ 3,9 Mrd. geschätzt, mit steigender Tendenz. Das Wachstum des Weltmarkts für komplette Mikrosysteme in der Zeit von 1996 bis 2003 wird von US$ 14 auf 50 Mrd. angegeben. Der Umsatz für Produkte, in denen MST-Anteile integriert sind, soll im Jahr 2002 für die deutsche Industrie bei Euro 270 Mrd. gelegen haben (BMBF 2004a: 15, 17).

Wie angesprochen, zeichnet sich eine moderne FTI-Politik nicht zuletzt durch die Verteilung der Aktivitäten in horizontaler und vertikaler Hinsicht aus, und damit ist auch die europäische Ebene angesprochen. In den letzten Jahren gibt es zunehmend Interesse des BMBF an der Beteiligung von europäischen Aktivitäten auf diversen Technologiefeldern, sei es bei den Exzellenznetzwerken, den Integrierten Projekten, den Technologieplattformen, den ERAnets oder an EUREKA-Clustern und -Projekten. Dieses europäische Engagement ist nicht zuletzt Ausdruck der Erkenntnis, dass nationale Innovationssysteme keine abgeschlossenen Systeme (mehr) sind, sondern die Rahmenbedingungen zur Entfaltung solcher Technologien wie der MST auch auf der internationalen bzw. europäischen Ebene gestaltet werden müssen (BMBF 2004a: 39). Damit reagierte die Politik auf eine Bewegung, die von den wissenschaftlichen Akteuren im Bereich der MST schon seit Anfang der 90er Jahre angestoßen worden war. Führende deutsche Wissenschaftler waren an der Gründung des europäischen MST-Netzwerkes Nexus beteiligt, das 1992 durch die finanzielle Unterstützung der Europäischen Kommission ins Leben gerufen wurde. Sehr schnell weitete es sich zu einem Netzwerk von Akteuren aus Politik, Wirtschaft, Wissenschaft und intermediären Institutionen aus, deren Anliegen es war, die MST in Europa zu verbreiten und damit neue Märkte zu schaffen (Steg 2005; Bender 2005: 180). Wirtschaftlichen Erfolg versprachen sich die Protagonisten vor allem in den Sektoren Anlagenbau und Automobil – für viele europäische Firmen zentrale Standbeine. Erwähnenswert im Rahmen von Nexus sind vor allem die sogenannten User-Supplier-Clubs, die ab 1995 für ›lead functions‹ eingerichtet wurden und seit 2005 die Sektoren Automobil, Medizintechnik, industrielle Prozesssteuerung, Pharmazie und Telekommunikationsindustrie einschließen, um über die Einbindung von Nutzern und Abnehmern neue Innovationen zu generieren (Bender 2005: 181).

2.4 Innovationen für die deutschen ›Lead Markets‹

Die MST-Politik des Forschungsministeriums war evolutionär. Sukzessive konnten Grundlagen aufgebaut werden, um die Forschung auf breite Säulen zu stellen, die dann schließlich von Anwendungsfeldern in den deutschen ›Lead Markets‹ wie der Automobilindustrie aufgegriffen wurden. Den Anteil der MST an der Wertschöpfungskette im deutschen Automobilsektor beziffert das BMBF auf bis zu 25 Prozent (BMBF 2004 a: 15). Der letzte Schritt in dieser evolutionären Entwicklung wird deutlich im Übergang vom Förderprogramm Mikrosystemtechnik 2000+ zum Förderprogramm Mikrosysteme, für das eine Laufzeit bis 2009 vorgesehen ist (BMBF 2004 a). Wurde früher noch auf eine breit angelegte Förderung in zahlreichen Anwendungsfeldern gesetzt, so ist in der Neuausrichtung eine stärkere Fokussierung auf einzelne Sektoren zu beobachten. In der Regel handelt es sich um Sektoren, für die von der MST Ausstrahlungseffekte erwartet werden und in denen noch technologische Lücken bestehen, deren Schließung der deutschen Wirtschaft Vorteile auf dem Weltmarkt verschaffen soll.

So ist beispielsweise die Einführung mikrosystemtechnischer Lösungen für die Fahrerassistenz im Automobilsektor bisher an unzureichenden Techniken, einem unattraktiven Preis-Leistungsverhältnis und fehlender Kundenakzeptanz gescheitert. Verbundprojekte zur Entwicklung neuartiger Sensor- und Aktorkonzepte sollen dieses Defizit kompensieren. Die MST wird dabei als Impulsgeber gesehen. Ihre Flexibilität hinsichtlich Materialen, Aufbau, Verbindungstechniken und Multisensoransätzen soll der Fahrerassistenz zum entscheidenden Qualitätssprung verhelfen und die Vernetzung zwischen Fahrer und Fahrzeug einerseits sowie zwischen den Verkehrsteilnehmern und ihrer Umgebung andererseits ermöglichen. Da der dazu erforderliche F & E-Bedarf die Leistungsfähigkeit einzelner Unternehmen der Automobilindustrie übersteigt, konzentriert sich die Förderung des BMBF dezidiert auf die Mikrosystemtechnik. Es soll damit gewährleistet werden, dass in den Projektkonsortien neben KMU und Forschungseinrichtungen auch Akteure mit Marktzugang, Automobilhersteller bzw. Systemlieferanten beteiligt sind (BMBF 2004 c).

Neben dem Automobilsektor stehen weitere Themen im Zentrum der neu ausgerichteten Förderung, von denen Initialwirkungen sowohl für kleine und mittelständische Unternehmen als auch für die technologische Ausdifferenzierung und Reife neuartiger Technologiefelder erwartet werden. So erhofft sich das BMBF für den Schwerpunkt ›Integrierte Mikrosysteme für biotechnologische Anwendungen‹ (bioMST) von der Miniaturisierung biotechnologischer Prozesse geringere Prozesskosten sowie gänzlich neue Anwendungsmöglichkeiten, die wiederum in neuen

Geräten oder Plattformen zum Einsatz kommen, in der biologischen Analytik, der medizinischen Diagnostik oder im Bereich der Arzneimittelentwicklung. Den technologischen Vorsprung, den die deutsche Mikrosystemtechnik auf dem Weltmarkt genießt, hofft das BMBF auf die miniaturisierten biotechnischen Prozesse zu übertragen und somit eine weitere Technologieführerschaft zu etablieren. Auch hier wird wiederum auf die unmittelbare industrielle Umsetzung Wert gelegt. So sollen in den Verbundprojekten alle Akteure beteiligt sein, die die entsprechende Wertschöpfungskette abdecken inklusive der Beteiligung federführender Unternehmen, die den notwendigen Marktzugang besitzen (BMBF 2005 b).

Weitere Schwerpunkte in der neu ausgerichteten MST-Förderpolitik ist die ›Erstanwendung von rechnergestützten Werkzeugen für den Entwurf und die Simulation in der Mikrosystemtechnik‹ und – zusammen mit zwei anderen Rahmenprogrammen für ›Werkstoffinnovationen für Industrie und Gesellschaft‹ und die ›Forschung für die Produktion von morgen‹ – die ›Leitinnovation Mikrobrennstoffzelle‹. Bei den rechnergestützten Werkzeugen geht es wiederum um einen ganzheitlichen Ansatz zur Unterstützung vom KMU in der MST, die bisher noch nicht in der Lage sind, komplexe Entwicklungen von Mikrosystemen eigenständig durchzuführen, weil sie weder über die notwendigen Erfahrungen mit entsprechenden Methoden bzw. über die einzusetzenden Instrumente verfügen. Mit dem zielgerichteten Einsatz rechnergestützter Werkzeuge für Entwurf und Simulation erhofft sich das BMBF, den Entwicklungsaufwand für Mikrosysteme zu reduzieren, die Entwicklung zu beschleunigen, die Leitungsfähigkeit der Systeme zu verbessern und damit die Chancen für eine wirtschaftlich erfolgreiche Umsetzung zu erhöhen. Auch hier ist beabsichtigt, mit dem Instrument Verbundforschung eine enge Zusammenarbeit zwischen KMU, Forschungseinrichtungen und solchen Unternehmen zu fördern, die über fundierte Erfahrungen in der Entwicklung und Nutzung von Mikrosystemen verfügen (BMBF 2004b).

Die ›Leitinnovation Mikrobrennstoffzelle‹ wiederum zeigt die Verzahnung von unterschiedlichen Forschungsfeldern einerseits sowie von Forschung und Unternehmen unterschiedlicher Branchen andererseits. Denn bei der Mikrobrennstoffzelle geht es um miniaturisierte Energieversorgungssysteme von tragbaren Elektronikprodukten wie Laptops, Digitalkameras oder speziellen Werkzeugen. Nur die konzertierte Anstrengung einer Vielzahl von Unternehmen, Branchen und Forschungsinstitutionen kann nach Auffassung des BMBF Innovationen auf dem Gebiet Mikrobrennstoffzelle bewirken, um die mittelständisch geprägte deutsche Industrie international wettbewerbsfähig zu machen und langfristig Arbeitsplätze zu sichern. Denn der wirtschaftliche Durchbruch scheiterte bisher an der mangelnden Integrationsfähigkeit in handhabbare und kostengünstige Produkte. Das BMBF beabsichtigt auch hier, die Unterstützung nicht auf den vorwettbewerblichen Bereich zu beschränken, sondern solche Verbundprojekte zu fördern, in denen eine anschließende Fertigung und Produktion ein Ziel der Kooperation ist und deren Lösungen nach Projektende zu verwertbaren Produkten führen. Das bedeutet wie schon bei den anderen Schwerpunkten, die Teilnahme mindestens eines Akteurs im Verbund, der für den Marktzugang steht, sowie die vollständige Abdeckung der Wertschöpfungskette (BMBF 2005a).

3. MST-Politik: Modell für die Konvergenz von Spitzentechnologien?

Die Mikrosystemtechnik ist keine einheitliche, homogene Technologie. Sie umfasst heterogene Technologieansätze, deren Gemeinsamkeit ihre Integration auf der Mikroebene bildet. Sie wird auch als ›Kombitechnologie‹ bezeichnet, deren innovations- und beschäftigungspolitische Bedeutung gerade darin liegt, dass in ihr neue und alt bewährte Wissensbestände miteinander verknüpft werden (Jonas et al. 2000). Die FTI-Politik des BMBF war zweifellos federführend daran beteiligt, die MST als ein zukunftsweisendes Technologiefeld zu klassifizieren und weit über die deutschen Grenzen hinaus international anerkannte Entwicklungslinien und Anwendungsoptionen zu formulieren. Experten haben diese Politik zur Förderung der MST als beachtlichen Erfolg bewertet (Heimer/Werner 2004). Die innovationspolitischen Erfahrungen, die in den letzten 25 Jahren mit der MST und ihren Vorläufertechnologien gemacht werden konnten, sind dabei vor allem in einer Hinsicht relevant für die Herausforderungen, die mit der Konvergenz der Spitzentechnologien Nano, Bio, Info und Cogno (kurz: NBIC) gegenwärtig und verstärkt in den nächsten Jahren auf die Innovationspolitik zukommen: Sie können eine Grundlage bilden, um mit einer entsprechend konzipierten Kontextsteuerung eine Konvergenz von Spitzentechnologien zu befördern und in die innovationspolitisch erwünschten Bahnen zu lenken. Dass eine solche Steuerung notwendig ist, ergibt sich schon aus den vielfältigen Anwendungsgebieten, in denen eine Konvergenz von Hochtechnologien die Zukunft prägen wird. Sie kann zu Problemlösungen führen beispielsweise bei der Bekämpfung von genetisch bedingten oder psychischen Krankheiten ebenso wie für die Wiederherstellung von Gliedmaßen bzw. Organen nach Verletzungen oder Operationen. Auch die lebenslange Speicherung und Abrufbarkeit aller Informationen, die ein Individuum betreffen, z. B. mittels eines externen Gedächtnisspeichers, soll möglich werden. Die omnipotente Vernetzung und

Abrufbarkeit von Informationen wäre damit in greifbare Nähe gerückt (Roco/Bainbridge 2002; Staman 2004; vgl. 2003).

Auch wenn diese Visionen zum Teil noch Zukunftsmusik sind, sind sie doch bereits Gegenstand ernst zu nehmender Wissenschaftsdiskurse. Das Anliegen der involvierten Akteure ist es, die vereinzelten Ansätze der Konvergenz, die heute schon zwischen zwei bis drei (z. B. Nanobiotechnologie; Forschung zu Nanodrähten, die Medikamente an die richtigen Orte im Gehirn platzieren sollen) der fokussierten Technologien zu erkennen sind, systematisch zur Entfaltung zu bringen. Angeschoben wurde diese Diskussion in den USA mit dem offen propagierten Ziel, die ›Leistungsfähigkeit des Menschen‹ zu optimieren. Ohne dieses funktionalistische Menschenbild zu übernehmen, ist die Thematik bei der Europäischen Kommission und auch bei einzelnen Regierungen auf Gehör gestoßen (Nordmann 2004). Die Europäische Kommission hat mit der Sondierung dieses potentiellen Forschungsfeldes reagiert und einige Machbarkeitsstudien und Potentialerhebungen in Auftrag gegeben. Zukünftige Forschungsrichtungen, institutionelle Settings und ethische Debatten haben bisher noch keine Zielrichtung erhalten. Hier hat die Politik die Aufgabe, gestalterisch zu wirken und über einen ganzheitlichen Ansatz von FTI-Politik, verbunden mit einem breit angelegten öffentlichen Diskurs, Institutionen zu schaffen, die die gewünschten und machbaren technologischen Entwicklungen formulieren, verankern und umsetzen. Bei allen Unterschieden, die zwischen der Systemintegration auf der Mikroebene und der sogenannten Konvergenz der Spitzentechnologien bestehen, kann doch die Organisation und institutionelle Flankierung der MST eine Hilfestellung für ein Reagieren auf die Konvergenz sein.

Zweifellos ist einer der wesentlichen Unterschiede der technologische Reifegrad. Während die Mikrosystemtechnik in der Anwendungsforschung angesiedelt war und nicht weit von der Anwendung entfernt ist bzw. diese in zahlreichen Beispielen schon umgesetzt hat, ist die Konvergenz der Spitzentechnologien vornehmlich im Bereich der Grundlagenforschung zu finden. Akteure in diesen Bereich sind noch darum bemüht, ein einheitliches Entwicklungsniveau zwischen den Technologien herzustellen, um gegenseitige Anknüpfungspunkte zu finden. Ein weiterer gravierender Unterschied ist die Akzeptanzfrage. Während die MST problemlos in viele Alltagsbereiche diffundiert und sich durch ihren hohen Anwendungsbezug in zahlreichen Alltagstechnologien immer unersetzlicher macht, wirft das Konzept der Converging Technologies schwerwiegende gesellschaftliche, wirtschaftliche und ethische Fragen auf, wie sie in ähnlicher Weise schon bei der Einführung der Biotechnologie und der Nanotechnologie diskutiert wurden (Giesecke 2003).

Die deutsche FTI-Politik verfügt über die technologischen und institutionellen Voraussetzungen, um die Herausforderungen zu bewältigen und die Chancen in diesem Bereich zu nutzen. Das steuerungspolitisch Neue – die holistische Betrachtung, die stärkere Betonung organisatorischer und prozessualer Faktoren sowie die umfassende Beteiligung von Experten und Betroffenen – kann durchaus als Blaupause für andere Bereiche fungieren, in denen eine Konvergenz von Spitzentechnologien zu erwarten ist. Von der Mikrosystemtechnik lernen heißt dabei für das Innovationsfeld NBIC vor allem, disziplinäre Grenzen zu überschreiten und mit dem Instrumentarium einer heterogenen Förderpraxis Akteure aus Forschung, Industrie, Politik und Gesellschaft zu vernetzen. Wie das Beispiel MST zeigt, gelingt dies nicht nur mit einem auf die Technologien ausgerichteten Förderprogramm, sondern mit begleitenden, breit angelegten, flankierenden Maßnahmen. Zudem zeigt die MST-Förderung, dass sich FTI-Politik nur als Lernprozess organisieren und begreifen lässt. Es existieren erst ansatzweise erprobte Maßnahmen und Standards, mit denen bewährte Fördermaßnahmen gestaltet und begründet werden könnten. Die Wandlungsfähigkeit von Innovationssystemen verstärkt diesen Mangel an erprobten Rezepten und Instrumentarien. Mehr noch als andere Bereiche ist FTI-Politik auf Verfahren des ›trial and error‹ angewiesen, damit jedoch gleichzeitig dem Zwang ausgesetzt, positive und negative Erfahrungen in Lernprozessen zu verarbeiten.

Literatur

Archibugi, D./Michie, J. (Hrsg.) (1997): Technology, Globalization and Economic Performance. Cambridge: Cambridge University Press.

Bender, G. (2005): Technologieentwicklung als Institutionalisierungsprozess. Zeitschrift für Soziologie 34: 170-187.

Bender, G./Steg, H./Jonas, M. (2000): Technologiepolitische Konsequenzen ›transdisziplinärer‹ Innovationsprozesse. Arbeitspapier des Lehrstuhls Technik und Gesellschaft der Universität Dortmund Nr. 8/2000. Dortmund.

Bierhals, R./Cuhls, C./Hüntrup, V./Schünemann, M./Thies, U./Weule, H. (2000): Mikrosystemtechnik – Wann kommt der Marktdurchbruch? Miniaturisierungsstrategien im Technologiewettbewerb zwischen USA, Japan und Deutschland. Heidelberg: Physica-Verlag.

BMBF – Bundesministerium für Bildung und Forschung (2000): Förderkonzept: Mikrosystemtechnik 2000+. MST für High-Tech-Produkte Made in Germany. Bonn: BMBF.

BMBF – Bundesministerium für Bildung und Forschung (2004 a): Mikrosysteme. Rahmenprogramm zur Förderung 2004-2009. Bonn: BMBF.

BMBF – Bundesministerium für Bildung und Forschung (2004 b): URL: http://www.bmbf.de/foederungen/2857.php, download 30.8.2005.

BMBF – Bundesministerium für Bildung und Forschung (2004 c): URL: http://www.bmbf.de/foederungen/3178.php, download 30.8.2005.

BMBF – Bundesministerium für Bildung und Forschung (2005 a): URL: http://www.bmbf.de/foerderungen/5047.php, download 10. 9. 2005.
BMBF – Bundesministerium für Bildung und Forschung (2005 b): URL: http://www.bmbf.de/foerderungen/5046.php, download 17. 9. 2005.
BMFT – Bundesministerium für Forschung und Technologie (1992): Mikrosystemtechnik: Förderschwerpunkt im Rahmen des Zukunftskonzepts Informationstechnik. Bonn: BMFT.
Boeschen, S./Schneider, M./Lerf, A. (Hrsg.) (2004): Handeln trotz Nichtwissen. Vom Umgang mit Chaos und Risiko in Politik, Industrie und Wissenschaft. Frankfurt am Main: Campus.
Caracostas, P./Muldur, U. (1998): Society, the Endless Frontier – A European Vision for Research and Innovation Policies for the 21st Century. Luxemburg/Brüssel: Office of Official Publications of the European Communities (EUR 17655).
Casper, S./Whitley, R. (2003): Managing Competences in Entrepreneurial Technology Firms: A Comparative Institutional Analysis of Germany, Sweden and the UK, ESRC Centre for Business Research, university of Cambridge, Working Paper no. 230.
Cooke, P./Brazcyk H. J./Heidenreich, M. (Hrsg.) (1998): Regional Innovation Systems. London: University College London Press.
Dachs, B./Diwisch, S./Kubeczko, K./Leitner, K.-H./Schartinger, D./Weber, K. M./Gassler, H./Polt, W./Schibany, A./Streicher, G. (2003): Zukunftspotentiale der österreichischen Forschung. Endbericht. Seibersdorf: ARC–S-0233.
Drücke, H./Ewers, H.-J./Holm-Müller, K. (1990): Wirkungsanalyse der indirekt-spezifischen Fördermaßnahme Mikroperipherik. Institut für Stadtforschung und Strukturpolitik. Berlin.
Edler, J./Schmoch, U. (2001): Wissens- und Technologietransfer in öffentlichen Forschungseinrichtungen. ifo-Schnelldienst 4/2001, 54. Jahrgang: 18-26.
Edquist, C. (Hrsg.) (1997): Systems of Innovation: Technology, Institutions and Organizations. London: Pinter.
Eschenbach, R./Sonntag, P. (1994): Förderschwerpunkt Mikrosystemtechnik 1990-1993. Aus- und Bewertung der Verbundmaßnahme. Dritter Erfahrungsbericht. Teltow.
Etzkowitz, H./Leydesdorff, L. (2000): The dynamics of innovation: from national systems and ›mode 2‹ to a triple helix of university-industry-government relations. Research Policy 29: 109-123.
Freeman, C. (1987): Technology and Economic Performance. Lessons from Japan. London, New York: Pinter.
Gibbons, M./Limoges, C./Nowotny, H./Schwatzmann, P. (1994): The New Production of Knowledge. The Dynamics of Science and Research in Contemporary Societies. London: Sage.
Giesecke, S. (2001): Von der Forschung zum Markt. Berlin: edition sigma.
Giesecke, S. (2003): Radikale Innovationen bei Spitzentechnologien. WechselWirkung 122, Juli/August: 26-29.

Grabher, G. (1993): The Weakness of Strong Ties: The Lock-in of Regional Development in the Ruhr Area. S. 255-277 in: G. Grabher (Hrsg.), The Embedded Firm: On the Socioeconomics of Industrial Networks. London, New York, NY: Routledge.

Hall, P. A./Soskice, D. (Hrsg.) (2001): Varieties of Capitalism. Oxford: Oxford University Press.

Heimer, T./Werner, M. (2004): Die Zukunft der der Mikrosystemtechnik. Chancen, Risiken, Wachstumsmärkte. Weinheim: Wiley-VCH.

Hollingsworth, J. R./Boyer, R. (Hrsg.) (1997): Contemporary Capitalism. The Embeddedness of Institutions. Cambridge: Cambridge University Press.

Johnson, A./Jacobsson, S. (2000): The Diffusion of Renewable Energy Technology: An Analytical Framework and Key Issues for Research. Energy Policy 28: 625-640.

Jonas, M. (2002): Erfolgsfaktoren heterogener Kooperation – Zur Entstehung einer neuartigen Wissenspraxis in einem kombitechnologisch orientierten Projektcluster. Wien: Reihe Soziologie/Sociological Series 55.

Jonas, M./Berner, M./Bromberg, T. (2000): ›Clusterbildung‹ im Feld der Mikrosystemtechnik – das Beispiel Dortmund. Dortmund: Arbeitspapier am Lehrstuhl Technik und Gesellschaft.

Joss, J./Bellucci, S. (Hrsg.) (2002): Participatory Technology Assessment: European Perspectives. London: Centre for the Study of Democracy.

Kant, I. (1798/1993): Der Streit der Fakultäten. S.265-393 in: I. Kant: Schriften zur Anthropologie, Geschichtsphilosophie. Politik und Pädagogik 1. Werkausgabe Band XI, hrsg. von W. Weischedel, Frankfurt am Main: Suhrkamp.

Kowohl, U./Krohn, W. (2000): Innovation und Vernetzung – Die Konzeption der Innovationsnetzwerke. S. 135-160, in: J. Weyer (Hrsg.), Soziale Netzwerke – Konzepte und Methoden der sozialwissenschaftlichen Netzwerkforschung. München: R. Oldenbourg.

Luhmann, N. (2000): Die Politik der Gesellschaft. Frankfurt am Main: Suhrkamp.

Lundvall, B.-A. (Hrsg.) (1992): National Systems of Innovation: Towards a theory of innovation and interactive learning. London: Pinter.

Lundvall, B.-A./Borrás, S. (2005): Science, Technology, and Innovation Policy. S. 599-631 in: J. Fagerberg/D. Mowery/R. Nelson (Hrsg.), The Oxford Handbook of Innovation. Oxford: Oxford University Press.

Lütz, S. (1993): Die Steuerung industrieller Forschungskooperation – Funktionsweise und Erfolgsbedingungen des staatlichen Förderinstrumentes Verbundforschung. Frankfurt am Main: Campus.

Mayntz, R./Scharpf, F. W. (1996): Steuerung und Selbstorganisation in staatsnahen Sektoren. S. 9-38 in: R. Mayntz/F. W. Scharpf (Hrsg.), Gesellschaftliche Selbstregelung und politische Steuerung. Frankfurt am Main: Campus.

Mayntz, R./Schneider, V. (1996): Die Entwicklung technischer Infrastruktursysteme zwischen Steuerung und Selbstorganisation. S. 73-100 in R.

Mayntz/F. W. Scharpf (Hrsg.), Gesellschaftliche Selbstregelung und politische Steuerung. Frankfurt am Main: Campus.

Nelson, R. R. (Hrsg.) (1993): National Innovation Systems: a Comparative Study. Oxford: Oxford University Press.

Nordmann, A. (2004): Converging Technologies – Shaping the Future of European Societies. European Comission Research, HLEG – Foresighting the New Technology Wave, URL: http://europa.eu.int/comm/research/conferences/2004/ntw/pdf/final_report_en.pdf.

Prognos (2002): Evaluation des Förderkonzepts Mikrosystemtechnik 2000+. Berlin u. a.: Prognos

Rammer, C./Polt, W./Egeln, J./Licht, G./Schibany, A. (2004): Internationale Trends der Forschungs- und Innovationspolitik – Fällt Deutschland zurück? Nomos: Baden-Baden.

Remoe, S.-O. (2005): Innovation Governance in Dynamic Environments. Final Synthesis Report from the OECD NIS-MONIT Project, Paris: OECD (i. E.).

Renn O. (2002): Foresight and Multi-Level Governance, Paper for the Conference »The role of foresight in the selection of research policy priorities«. Sevilla, 13.-14. Mai 2002.

Rip, A./Kemp, R. (1998): Technological Change. S. 327-399 in: S. Rayner/E. L. Malone (Hrsg.), Human Choice and Climate Change. Vol. 2, Columbus (OH): Battelle Press.

Roco, M. C./Bainbridge, W. S. (2002): Converging Technologies for Improving Human Performance. Nanotechnologie, Biotechnology, Information Technology and Cognitive Science. NSF/DOC-sponsored report, Arlington, Virginia, URL: http://wtec.org/ConvergingTechnologies/Report/NBIC_report.pdf.

Sonntag, P. (1994-2000): Mikrosystemtechnik 1994-1999. Jahresberichte 1994-1999. Teltow: VDI/VDE-IT.

Staman, J. (2004): SIG II-report on the ethical, legal and societal aspects of the converging technologies (NBIC). EU, Foresighting the New Technology Wave Expert Group SIG 2, Final Report V3.7 (11.7), July 2004, URL: http://europa.eu.int/comm/research/conferences/2004/ntw/pdf/sig2_en.pdf.

Steg, H. (2000): Makrowirkung durch Mikrowelten. MST sichert Wettbewerbsfähigkeit und Beschäftigung als Bindeglied zwischen New und Old Economy – Bildung und Qualifikation wichtige Erfolgsvoraussetzungen. S. 238-246 in: P. Sonntag (Hrsg), Mirkosystemtechnik. Jahresbericht. Teltow: VDI/VDE-IT.

Steg, H. (2005): Innovationspolitik in transnationalen Innovationssystemen. Relevanz – institutionelle Gestaltung – Wirkung. Frankfurt am Main: Aachen: Shaker Verlag.

Weber, M. (2005): Technology Assessment und ihre zukünftige Rolle in der FTI-Politik. In: A. Bora/M. Decker/A. Grunwald/O. Renn (Hrsg.), Technik in einer fragilen Welt. Die Rolle der Technikfolgenabschätzung. Berlin: edition sigma.

Weyer, J. (Hrsg.) (2000): Soziale Netzwerke – Konzepte und Methoden der sozialwissenschaftlichen Netzwerkforschung. München/Wien: Oldenbourg.
Wicht, H. (1999): Mikrosystemtechnik: eine Marktanalyse. Frankfurt am Main u. a.: Peter Lang.
Willke, H. (1989): Systemtheorie entwickelter Gesellschaften. München/Weinheim: Juventa.
Willke, H. (1996): Ironie des Staates. Grundlinien einer Staatstheorie polyzentrischer Gesellschaft. Frankfurt am Main: Suhrkamp.

Ernst-Joachim Meusel
Die Förderung der Großforschung durch das BMBF

1. Rechtsgrundlagen

An die Aufforderung, über die Förderung der Großforschung durch das BMBF in gebotener Kürze zu reflektieren, geht der Jurist mit der Standardfrage heran ›quae sit actio‹: auf welcher Rechtsgrundlage durfte und darf der Bund diesen Wissenschaftsbereich eigentlich fördern? Diese Frage ist nicht trivial. Sie hat in der Gründungsphase unserer Republik und in den ihr folgenden drei Jahrzehnten eine strittige Rolle zwischen Bund und Ländern, in Literatur und Rechtsprechung gespielt.[1]

Nach dem Zweiten Weltkrieg hatten die Alliierten auf einen verfassungsrechtlichen Föderalismus gedrängt, in dem die ›Kulturhoheit der Länder‹ das Herzstück bildete. Forschungsförderung wurde darunter subsumiert und von den Ländern zunächst als ausschließliche Zuständigkeit in Anspruch genommen. Sie spielte deshalb auch im Grundgesetz-Entwurf von Herrenchiemsee keine Rolle, sondern tauchte erstmals 1949 in den Verhandlungen des Parlamentarischen Rats auf,[2] und zwar ausgelöst durch ein Schreiben Werner Heisenbergs und anderer Wissenschaftler, die eine Gesetzgebungszuständigkeit des Bundes wegen der »unlösbaren Verkettung vieler Forschungsaufgaben mit den wirtschaftlichen Fragestellungen und der Außenpolitik« forderten und unter Hinweis auf schlechte Erfahrungen in den gerade zurückliegenden Jahren meinten, dass »das einzelne Land die Finanzierung und die Verantwortung für die seit vielen Jahrzehnten über die Ländergrenzen hinweg verwobene deutsche wissenschaftliche Forschung nicht tragen« könne.[3]

Das verfehlte seinen Eindruck auf die politischen Parteien nicht und führte zur vorrangigen Gesetzgebungskompetenz des Bundes ›für die Förderung der wissenschaftlichen Forschung‹ in Artikel 74 Ziffer 13 des Grundgesetzes. Von ihr wurde bis heute nie Gebrauch gemacht. Mehrere Versuche wurden abgebrochen oder scheiterten,[4] weil ein

1 Siehe dazu E. Meusel 1996a: 1235-1280.
2 Sitzungsniederschrift über die 30. Sitzung am 6.1.1949: 361-364.
3 Schreiben der Professoren Heisenberg, Regener, Rein, Zenneck vom 15.12.1948, zitiert in der Sitzungsniederschrift über die 30. Sitzung am 6.1.1949: 362.
4 Nachweise bei Meusel 1996a: 1242 (Fn 50).

Forschungsförderungsgesetz dann auch akzessorisch die Verwaltungszuständigkeit hätte regeln müssen und diese den Kern des Kompetenzkonflikts zwischen Bund und Ländern bildete.

Dieser Kompetenzkonflikt erreichte einen Höhepunkt 1955 mit der Einrichtung des Bundesministeriums für Atomfragen,[5] das von Anfang an seinen Ressortauftrag nicht eng auslegte, sondern weite Bereiche von Physik, Chemie, Biologie, Medizin, Landwirtschaft und Technik an Hochschulen und außeruniversitären Forschungseinrichtungen förderte.[6] Nachdem es 1961 auch die Förderung von Weltraumforschung und -technik übernommen hatte, wurde es Ende 1962 zum Bundesministerium für Wissenschaft und Forschung[7] ausgebaut.

Strittig blieb die Förderungs- (=Verwaltungs-)Kompetenz des Bundes, und zwar auch noch, als die von Bund und Ländern 1964 gebildete ›Troeger-Kommission‹ in ihrem ›Gutachten über die Finanzreform in der Bundesrepublik Deutschland‹[8] eine ›Verwaltungsvereinbarung über das Zusammenwirken von Bund und Ländern bei der Finanzierung öffentlicher Aufgaben‹ vorschlug, wonach der Bund unter Beteiligung des Sitzlands u. a.»die naturwissenschaftliche Großforschung außerhalb der Hochschulen, insbesondere im Bereich der Kern-, Flug- und Weltraumforschung« finanzieren dürfe. Dies wurde 1971 auf Vorhaben der Meeresforschung und Datenverarbeitung erweitert. Als verfassungsrechtliche Grundlage wurde für Bund-Länder-Vereinbarungen über die Forschungsförderung Artikel 91 b in das Grundgesetz eingefügt[9] und die ›Bund-Länder-Kommission für Bildungsplanung und Forschungsförderung‹ (BLK) als ›quasi-gemischt-institutionalisierte Verwaltungszuständigkeit‹ errichtet.[10] Daraus entwickelten sich Rahmen- und Ausführungsvereinbarungen, aufgrund deren Großforschungseinrichtungen im Verhältnis 90:10 vom Bund und dem jeweiligen Sitzland finanziert werden konnten. Trotz allem blieben verfassungsrechtliche Zweifel bestehen;[11] sie wurden vom bayerischen Kultusminister und Staatrechtslehrer Theodor Maunz beschwichtigt: zwar dürfe der Bund die Forschung nicht finanzieren, das Land jedoch dessen Mittel annehmen, ohne gegen die Verfassung zu verstoßen.[12]

Obgleich sich die gemeinsame Zuständigkeit von Bund und Sitzland für die Förderung der Großforschung nun über einige Jahrzehnte gut

5 1957-1961 Bundesministerium für Atomkernenergie und Wasserwirtschaft.
6 Cartellieri 1967; 1969: 43 ff.
7 Seit 1963 Bundesministerium für wissenschaftliche Forschung.
8 Kommission für die Finanzreform, Stuttgart 1966.
9 21. Gesetz zur Änderung des GG vom 12. 5. 1969 (BGBl. I 359).
10 Dazu E. Schlegel 1996: 1689-1698.
11 Meusel 1996a:1254 ff.
12 Maunz 1968: 164.

eingespielt hat, tauchen sporadisch Wünsche nach einer ›Flurbereinigung‹ auf, durch die z. B. eine Alleinzuständigkeit des Bundes für die Großforschung begründet werden soll. Dem stehen jedoch die guten Erfahrungen aller Großforschungseinrichtungen im austarierten Zusammenwirken mit Bund und Ländern sowie das alte Diktum des Wissenschaftsrats entgegen, der sich stets für einen institutionalisierten Pluralismus der Anschauungen und Strukturen, für ein kooperatives Verhältnis zwischen Bund und Ländern bei der Forschungsförderung ausgesprochen hat.[13]

2. Akteure

Institutionen und ihre Konzepte werden durch Menschen bestimmt. Es liegt deshalb nahe, nach fünfzig Jahren auf diejenigen zu schauen, die das BMBF wesentlich geprägt haben. Das waren naturgemäß zunächst die Minister, 16 an der Zahl,[14] ihre beamteten Staatssekretäre[15] und einige leitende Beamte.

Auffallend ist der häufige Wechsel im Ministeramt; die durchschnittliche Verweildauer betrug etwas mehr als drei Jahre. Das lag am wenigsten im Politikwechsel begründet. Das Amt galt unter den Ressorts nicht als schwergewichtig. Die Wochenzeitschrift ›DIE ZEIT‹ berichtete unwidersprochen, Willy Brandt habe bei Bildung der ersten Großen Koalition erklärt, er wählte am liebsten das Forschungsministerium, denn von dort aus habe er die meiste Zeit, sich um die Partei zu kümmern.[16]

13 Wissenschaftsrat 1975: 54.
14 Franz-Josef Strauß (CSU) 20. 10. 1955-16. 10. 1956; Siegfried Balke (CSU) 16. 10. 1956-14. 12. 1962; Hans Lenz (FDP) 14. 12. 1962-26. 10. 1965; Gerhard Stoltenberg (CDU) 26. 10. 1965-22. 10. 1969; Hans Leussink (parteilos) 22. 10. 1969-15. 3. 1972; Klaus von Dohnanyi (SPD) 15. 3. 1972-15. 12. 1972; Horst Ehmke (SPD) 15. 12. 1972-16. 5. 1974; Hans Matthöfer (SPD) 16. 5. 1974-16. 2. 1978; Volker Hauff (SPD) 16. 2. 1978-5. 11. 1980; Andreas von Bülow (SPD) 5. 11. 1980-4. 10. 1982; Heinz Riesenhuber (CDU) 4. 10. 1982-21. 1. 1993; Matthias Wissmann (CDU) 21. 1. 1993-13. 5. 1993; Paul Krüger (CDU) 13. 5. 1993-17. 11. 1994; Jürgen Rüttgers (CDU) 17. 11. 1994-26. 10. 1998; Edelgard Bulmahn (SPD) 27. 10. 1998-18. 10. 2005; Annette Schavan 18. 10. 2005.
15 Wolfgang Cartellieri (1959-1966); Hans von Heppe (1966-1971); Hildegard Hamm-Brücher (1969-1972); Hans-Hilger Haunschild (1971-1987); Gebhard Ziller (1987-1996); Fritz Schaumann (1988-1998); Helmut Stahl (1996-1998); Uwe Thomas (1998-2004); Wolf-Michael Catenhusen (2005).
16 So z. B. sinngemäß beim Spaziergang (XXV) mit Ben Witter, DIE ZEIT v. 13. 12. 1968, L 9/1.

Das charakterisiert den politischen Stellenwert des Ministeriums in der allgemeinen Einschätzung; deshalb wurde es von manchen Ministern auch wohl eher als ein Sprungbrett in vermeintlich bedeutendere Regierungsämter betrachtet. Dessen ungeachtet gab es unter ihnen Minister, die sich erkennbar auch für die Inhalte der Forschungsförderung interessierten, sich regelmäßig vor Ort unterrichten und von Wissenschaftlern beraten ließen, wenn eigene Kompetenz fehlte. Zu erwähnen sind in diesem Zusammenhang vor allem die Bundesminister Balke, Stoltenberg, Leussink, Matthöfer und Riesenhuber. Einen erheblichen Einfluss auf Struktur- und Personalfragen, Forschungsprogramme, internationale Kooperationen nahmen vor allem die Staatssekretäre Cartellieri und Haunschild; sie prägten das Ministerium auch nach innen stark. Cartellieri machte sich nach seiner Pensionierung 1966 einen Namen in der wissenschaftsrechtlichen Literatur durch das zweibändige Gutachten über das Verhältnis der Großforschung zum Staat, das er im Auftrag Stoltenbergs verfasste und in dem er einschneidende Reformvorschläge u. a. für die Realisierung der Bundeskompetenz zur Forschungsförderung entwickelte.[17]

Eine wesentliche Rolle bei der Inanspruchnahme dieser Kompetenz spielte in den Anfangsjahren Alexander Hocker,[18] den Franz-Josef Strauß für den Aufbau des Ministeriums gewonnen hatte und der seine Erfahrungen und Verbindungen als Stellvertretender Generalsekretär der Deutschen Forschungsgemeinschaft einbringen konnte.[19] Die Gründung der Großforschungszentren DESY und IPP, die deutsche Beteiligung an CERN und die frühe Förderung außeruniversitärer und universitärer Forschung in der eingangs erwähnten Breite tragen seine Handschrift.

Während sich die Auswahl der Beamten in den Anfangsjahren vor allem nach Qualitätskriterien richtete, wurde später häufiger politische Protektion erkennbar. Die ›Politisierung‹ des Personals nahm zu, und die Harmonie innerhalb der Beamtenschaft trübte sich spürbar ein. Es bildeten sich inoffiziell hausinterne Arbeitskreise der jeweils parteipolitisch gebundenen Beamten, die sich weniger um konzeptionelle, als um

17 Cartellieri 1967; 1969.
18 Diesen Hinweis verdanke ich Ministerialdirektor a. D. Dr. phil. Günther Lehr, ursprünglich enger Mitarbeiter von Hocker, 1961-1968 Geschäftsführer der Institut für Plasmaphysik GmbH in Garching, danach Rückkehr in das BMBF.
19 Ministerialdirigent a. D. Dr. jur. Alexander Hocker (*1913, †1996) war nach Kriegsende kurze Zeit in der Leipziger Universitätsverwaltung, dann im Niedersächsischen Kultusministerium, anschließend in der DFG tätig, bevor er 1955 in das BMAt eintrat. Er ging von dort 1962 als Vorstand zur Kernforschungsanlage Jülich des Landes Nordrhein-Westfalen e.V., wurde 1969 Generaldirektor der European Space Research Organisation (ESRO) in Paris.

karrierebezogene Fragen kümmerten. Darin unterschied sich das BMBF jedoch nicht von anderen Ressorts.

Ende der 60er Jahre trat mit dem Ausbau des Ministeriums ein Wandel in der beruflichen Qualifikation der neu eingestellten Beamten ein: der Anteil der Naturwissenschaftler im höheren Dienst stieg von 30 Prozent im Jahre 1969 auf 45 Prozent im Jahre 1974, und diese Tendenz setzte sich fort.

Nun sagen solche Zahlen für sich allein noch nicht viel aus. Mindestens ebenso wichtig sind Organisationsstruktur und Arbeitsweise. Diese aber entsprachen denen der klassischen Ministerien: hierarchisch und thematisch abgegrenzte Zuständigkeiten, Kombination von Fach- und Verwaltungsaufgaben. Hier wurden Chancen moderner Forschungsförderung, wie sie in den USA, in Großbritannien, Frankreich und Italien durch die Einziehung von Mittelinstanzen unter regelmäßigem Personalaustausch mit Wissenschaftseinrichtungen und einschlägiger Industrie bestanden, vergeben. Es gab zwischen Ministerium und Großforschungseinrichtungen gelegentlich einen Personalaustausch, der aber nur in den seltensten Fällen an den Ausgangsort zurückführte und deshalb für einen Erfahrungstransfer kaum nutzbar werden konnte.

Die einzelne Großforschungseinrichtung blieb auf Einsichtsfähigkeit, Wohlwollen und Verständnis ›ihres‹ Referenten, Referatsleiters, Unterabteilungs- und Abteilungsleiters angewiesen. Sie fuhr damit aber nicht schlecht; denn bis in die jüngste Zeit hinein wurden allen Großforschungseinrichtungen ausreichend Finanzmittel zur Verfügung gestellt. Das dennoch von den Einrichtungen häufig angestimmte Jammern gehörte zum Ritual. Knappheit trat tatsächlich nur bei den Personalstellen ein, die der BMBF über Jahre hinweg kontinuierlich kürzte und nicht durch neue Stellenbewilligungen ausglich, um Folgelasten zu vermeiden. Dadurch sind gerade in den letzten Jahren nicht wenige junge Forschertalente ungenutzt geblieben. Die mehrfach prophezeite ›Verholzung‹ der Forschung ist in manchen Einrichtungen erkennbar eingetreten.

3. Förderung = Finanzierung?

Fraglos steht die Finanzierung im Mittelpunkt einerseits der Erfordernisse der Einrichtungen und andererseits der Einflussmöglichkeiten ihrer Geldgeber. Aber Forschungsförderung erschöpft sich nicht in der Hingabe und Annahme von finanziellen Zuwendungen. Forschungsförderung im Sinne des Art. 74 Ziff. 13 GG kann auch in organisatorischen oder planerischen und kontrollierenden Maßnahmen bestehen.[20] Man

20 Maunz 1983: GG Art. 74, Rdnr. 180; v. Münch 1983: GG, Art. 74, Rdnr. 65.

rechnet dazu die Errichtung, Schließung und Aufgabenbestimmung grundrechtsfähiger Wissenschaftseinrichtungen.[21]

Das BMBF hat in seiner 50jährigen Geschichte in vielfältiger Weise von solcher Art Fördermaßnahmen Gebrauch gemacht: es hat Forschungseinrichtungen initiiert,[22] gegründet,[23] übernommen,[24] verschmolzen,[25] aufgelöst,[26] es hat sich in deren Organen – vielfach mit Dezisivstimme – beteiligt und nicht nur für eine administrative Kontrolle gesorgt, sondern auch die wissenschaftlichen Arbeiten durch Fachwissenschaftler evaluieren lassen.[27] Damit hat es zwei der aus Art. 5 Abs. 3 GG abgeleiteten Elemente der Wissenschaftsfreiheit[28] verwirklicht, nämlich die institutionelle Gewährleistung und die objektive Wertentscheidung, wonach der Staat funktionsfähige Institutionen für einen freien Wissenschaftsbetrieb zur Verfügung zu stellen hat und zu Forschungsförderung und zu Forschungsorganisation verpflichtet ist.[29]

Das BMBF hat aber auch, soweit ersichtlich, die drei anderen Wesensmerkmale der Wissenschaftsfreiheit gegenüber den Großforschungseinrichtungen respektiert, das individuelle und das institutionelle Grundrecht sowie das Teilhaberecht.[30]

Für die Aufgabenbestimmung in der staatlich geförderten Forschung galt stets die Faustregel: das wissenschaftlich-technisch Mögliche zu prognostizieren und zu erarbeiten, ist Aufgabe der Wissenschaft, das politisch Wünschenswerte davon auszuwählen, ist Aufgabe des Staa-

21 Köstlin 1989: 118 ff. m. w. Nachw.
22 Zum Beispiel DESY, IPP, AWI, MDC, UFZ.
23 Zum Beispiel FZK.
24 Zum Beispiel GBF, FZJ, GKSS, DKFZ.
25 Zum Beispiel GMD mit FhG.
26 Zum Beispiel GID.
27 Zum Beispiel durch den Wissenschaftsrat.
28 Grundlegend BVerfGE, 35, 1979: 79 ff.
29 Siehe dazu E. Meusel 1996a: 1259 ff. m.w. Nachw.
30 Das *Individualgrundrecht* garantiert jedermann, dass er in der Ausübung seiner Forschung und Lehre vor staatlichen Eingriffen geschützt ist; das *institutionelle Grundrecht* verschafft der Forschungseinrichtung das Recht auf Selbstverwaltung in allen wissenschaftsrelevanten Fragen (Selbstbestimmung des Forschungsprogramms im Rahmen des Satzungszwecks, die personelle Selbstergänzung, die wissenschaftliche Selbstkontrolle, die Selbstbewirtschaftung im Rahmen des Haushaltsplans); das *Teilhaberecht* gewährt dem einzelnen Wissenschaftler oder seiner Einrichtung keinen originären, konkreten Leistungsanspruch gegen den Staat, wohl aber einen derivativen am Vorhandenen, der unter dem Vorbehalt des Möglichen im Sinne dessen steht, was der einzelne vernünftigerweise von der Gesellschaft beanspruchen kann (BVerfGE 33, 303, 333). Siehe dazu mit eingehenden Nachweisen Meusel 1999: 134-163, 217-238.

tes. Nur Wissenschaftler können aufgrund ihrer fachlichen Einsichten Forschungsziele definieren. Klassische forschungspolitische Fragestellungen bestätigen das: es waren in erster Linie Wissenschaftler, die vor 40 Jahren auf die ›Grenzen des Wachstums‹ und die Notwendigkeit des Umweltschutzes hingewiesen und dann späterhin die großen Programme entwickelt und vorgeschlagen haben. Das im BMBF eingestellte fachwissenschaftliche Personal konnte zwar hin und wieder Interpretationshilfe leisten, aber weder in der Aufgabenstellung, noch in der Forschungsplanung, noch in der Leistungskontrolle aus eigner Einsicht Entscheidungen treffen.

Nicht zuletzt aus diesem Grunde hatte sich das Ministerium wissenschaftliche Beratungsgremien geschaffen. In der Anfangszeit waren es wenige hochrangig besetzte, später dann unübersehbar viele (zeitweise 1200 Berater), die nach Belieben eingeschaltet werden konnten und bald den Verdacht nährten, dem BMBF käme es auf Gefälligkeitsempfehlungen an.[31] Der ›Zeitgeist‹ schlich sich in so manchen Ratschlag; die Finalismus-Debatte empfahl nur noch gesellschaftsrelevante Forschung zu fördern; Grundlagenforschung galt als vernachlässigbar; die Planungseuphorie brach aus; Technologietransfer rückte in den Vordergrund; die Humanisierung der Arbeitswelt sollte vorrangiges Forschungsmotiv sein; an Prognosefähigkeit wurden hohe Erwartungen gestellt. Diese und andere Moden beschwerten zeitweise das Verhältnis zwischen Staat und Großforschung, wurden aber von einsichtsvollen Beamten des BMBF zuweilen abgemildert oder ausgeblendet.

4. Administrative Rahmenbedingungen

Wo allerdings Hilfe ausblieb und angeblich versagt werden musste, war die Anpassung der administrativen Rahmenbedingungen an die Bedürfnisse der (Groß-)Forschung. Die allgemeinen Bestimmungen des öffentlichen Dienstes galten – zunächst und auf lange Zeit – im Personalbereich, in der Haushaltsführung, beim Bauen, im Beschaffungswesen. Das war so belastend, dass bereits Cartellieri auf Flexibilisierung gedrängt hatte[32] und, als sie ausblieb, über die ›Zerwaltung der Forschung‹ öffentlich geklagt wurde.[33] Das BMBF berief sich auf das ›Besserstellungsverbot‹,[34] versuchte aber nicht wirklich ernsthaft, im Finanz- und Innenressort eine großforschungsspezifische Verbesserung durchzusetzen. Dass sie möglich – und vor allem verwaltungsrechtlich

31 Siehe dazu Meusel 1996b: 4, 11, 30, 174.
32 Cartellieri 1967 und 1969.
33 Meusel 1977: 118-137
34 Dazu Meusel 1977: 133 ff.

zulässig – gewesen wäre, zeigen jüngste, bescheiden positive Entwicklungen.

In den 70er Jahren fühlten sich die Großforschungseinrichtungen administrativ so eingeengt, dass sie sich schon deshalb zu einer Arbeitsgemeinschaft (AGF) zusammenschlossen und in ihrer Gründungssitzung vom 28.-30.1.1970 auf dem Dobel Leitlinien für das Verhältnis zwischen Staat und Großforschung entwickelten, die dem amtierenden Bundesminister Leussink vorgelegt und erläutert wurden.[35] Er reagierte zunächst spöttisch auf die von ihm so bezeichnete ›Gewerkschaft der Geschäftsführer‹, richtete dann aber fünf – von BMBF und AGF paritätisch besetzte – Arbeitskreise ein, die sich um eine Verbesserung der administrativen Rahmenbedingungen bemühen sollten. Zwar ist damals nicht viel mehr aus diesen Bemühungen herausgekommen, als das von der AGF entwickelte ›Finanzstatut‹,[36] aber es wurde doch ein besseres gegenseitiges Verständnis entwickelt, vor allem aber die Integration der Zentren zu einer inzwischen fest etablierten Wissenschaftsorganisation (seit 2001: Helmholtz-Gemeinschaft Deutscher Forschungszentren (HGF)) geduldet. Das ursprünglich etwas angespannte Verhältnis zwischen BMBF und AGF hat sich längst entkrampft. Das Ministerium hat gerade in jüngster Zeit die HGF als Wissenschaftsorganisation nachdrücklich anerkannt.

5. Fazit

Die Großforschung in Deutschland hätte ohne die Förderung durch den Bund, speziell durch das BMBF, keine Entwicklungschance gehabt. Die Bundesländer wären nicht in der Lage gewesen, diesen großen Forschungsbereich finanziell und organisatorisch abzudecken. Dass sie sich neben dem Bund als Junior-Partner beteiligt haben, war für den Interessenausgleich und die forschungspolitische Stabilisierung der Einrichtungen wichtig und nützlich.

Das BMBF hat sich in den fünfzig Jahren seines Bestehens nicht nur erfolgreich für die Finanzierung der Großforschung eingesetzt, sondern auch freiheitliche Forschungsbedingungen geschaffen. Es bleibt das Desideratum, dass auch die administrativen Rahmenbedingungen weiterentwickelt und optimiert werden.

---

35 Szöllösi-Janze, Margit: 1990.
36 Szöllösi-Janze 1990: 169 ff.

Literatur

BVerfGE: Entscheidungen des Bundesverfassungsgerichts. Tübingen: J.C.B Mohr (Paul Siebeck).

Cartellieri, W. (1967): Die Großforschung und der Staat. Gutachten über die zweckmäßige rechtliche und organisatorische Ausgestaltung der Institutionen für die Großforschung. Teil I. München: Gersbach.

Cartellieri, W. (1969): Die Großforschung und der Staat. Gutachten über die zweckmäßige rechtliche und organisatorische Ausgestaltung der Institutionen für die Großforschung. Teil II. München: Gersbach.

Köstlin, T. (1989): Die Kulturhoheit des Bundes: eine Untersuchung zum Kompetenz- und Organisationsrecht des Grundgesetzes unter Berücksichtigung der Staatspraxis in der Bundesrepublik Deutschland. Berlin: Duncker und Humblot.

Kommission für die Finanzreform (1966): Gutachten über die Finanzreform in der Bundesrepublik Deutschland. Stuttgart: Kohlhammer.

Maunz, T. (1968): Gemeinschaftsaufgaben von Bund und Ländern. S. 162-164 in: Bayrische Verwaltungsblätter (BayVBl).

Maunz, T. (1984): Gegenstände der konkurrierenden Gesetzgebung. In: T. Maunz/G. Durig (Hrsg.), Grundgesetz. Kommentar. München: Verlag C. H. Beck.

Meusel, E.-J. (1977): Die Zerwaltung der Forschung. Wissenschaftsrecht, Wissenschaftsverwaltung, Wissenschaftsförderung 10: 118-137.

Meusel, E.-J. (1996 a): Außeruniversitäre Forschung in der Verfassung. S. 1235-1280 in: C. Flämig/O. Kimminich/H. Krüger/E.-J. Meusel/H. H. Rupp/D. Scheven/H.J. Schuster/F. Graf Stenbock-Fermor (Hrsg.), Handbuch des Wissenschaftsrechts (HdB WissR). 2. Aufl. Heidelberg: Springer.

Meusel, E.-J. (1996b): In Sachen außeruniversitäre Forschung: Gesammelte Schriften. Hrsg. von Helmut Zeitträger. Bonn: Bouvier.

Meusel, E.-J. (1999): Außeruniversitäre Forschung im Wissenschaftsrecht, 2. überarb. und erw. Aufl. Köln: Heymann.

Mitglieder des Bundesverfassungsgerichts (Hrsg.) (1974): Entscheidungen des Bundesverfassungsgerichts. 35. Band. Tübingen: J.C.B Mohr (Paul Siebeck).

Schlegel, J. (1996): Bund-Länder-Kommission für Bildungsplanung und Forschungsförderung. S. 1689-1698 in: C. Flämig/O. Kimminich/H. Krüger/E.-J. Meusel/H. H. Rupp/D. Scheven/H. J. Schuster/F. Graf Stenbock-Fermor (Hrsg.), Handbuch des Wissenschaftsrechts (HdB WissR). 2. Aufl. Heidelberg: Springer.

Szöllösi-Janze, M. (1990): Geschichte der Arbeitsgemeinschaft der Großforschungseinrichtungen 1958-1980 (= Studien zur Geschichte der deutschen Großforschungseinrichtungen 2). Frankfurt am Main/New York: Campus.

v. Münch, I. (1983): Grundgesetz-Kommentar. Bd. 3. Art. 7 bis Art 146 Gesamtregister. 2. Aufl. München: Verlag C. H. Beck.

Wissenschaftsrat (1975): Empfehlungen des Wissenschaftsrats zu Organisation, Planung und Förderung der Forschung. Köln: Wissenschaftsrat.

Reimar Lüst
Zur Forschungspolitik des BMBF im Bereich der Raumfahrt

Nach dem Start des ersten russischen Satelliten im Jahre 1957 und des ersten amerikanischen Satelliten im Jahre 1958 begannen in der Bundesrepublik sowohl im Bereich der Wissenschaft und Industrie als auch im Rahmen der Bundesregierung Überlegungen, in welcher Weise Wissenschaftler, Ingenieure und die Industrie sich bei den Weltraumaktivitäten engagieren könnten. Von Anfang an waren es zwei Richtungen, die dabei verfolgt wurden. Auf der einen Seite stand die wissenschaftliche Forschung im Weltraum im Vordergrund, auf der anderen Seite die Pläne über die notwendigen technischen Voraussetzungen, um in den Weltraum zu gelangen, d. h. die Entwicklung der dazu nötigen Trägerraketen.

Noch zu Beginn der 60er Jahre lag die Verantwortung zur Forschungsförderung auf der Bundesebene im Innenministerium, während die Zuständigkeit für die mögliche Entwicklung von Trägerraketen vom Verkehrsministerium beansprucht wurde. Der im Januar 1961 gegründete interministerielle Ausschuss sollte die zersplitterten Ressortkompetenzen und Interessen koordinieren. Damit wurde betont, dass die Entscheidungen über die künftige Richtung des bundesdeutschen Weltraumengagements nicht allein der Wissenschaft überlassen werden sollten. Aber erst ein Jahr später erhielt das Bundesatomministerium die Federführung in Fragen der Weltraumkunde, der Weltraumforschung und -technik und auch den Vorsitz im interministeriellen Ausschuss.

Diese Vorgeschichte ist wichtig, um den Dualismus in der Raumfahrtpolitik des BMBF zu würdigen. Zwei Richtungen wurden von nun an in der Politik des Ministeriums verfolgt: die Förderung der Wissenschaft für die Weltraumforschung im weitesten Sinne und die der Raumfahrtforschung und -technik. Die politische Spitze des Ministeriums gab der Förderung der extraterrestrischen Forschung bis in die 80er Jahre Priorität. Die Förderung der Trägerraketen wurde mit Skepsis und nie mit voller Überzeugung unterstützt, wenn auch die finanziellen Aufwendungen hierfür sehr viel höher waren als die für die Forschung. Nicht offen ausgesprochener Hintergrund für diese Zurückhaltung waren die im Krieg durchgeführten Raketenentwicklungen in Peenemünde. Es waren eher außenpolitische Gründe, die für die Unterstützung dieses Bereiches sprachen. Das galt für die Mitgliedschaft in der ELDO und später auch für die Teilnahme an der ARIANE-Entwicklung.

ZUR FORSCHUNGSPOLITIK DES BMBF IM BEREICH DER RAUMFAHRT

Für die Förderung der Forschung war die Beteiligung an der ESRO maßgebend. Aber gleichzeitig erkannte man die Notwendigkeit für ein eigenes nationales Programm, das parallel zur ESRO ins Leben gerufen wurde. Hierzu war aber auch die Hilfe der Amerikaner, der NASA, notwendig, denn nur mit dieser Hilfe konnten ja wissenschaftliche Satelliten in den Weltraum gebracht werden. Vorbild waren dabei die Engländer, die es schon sehr früh geschafft hatten, einen in England entwickelten wissenschaftlichen Satelliten, Ariel I, mit Hilfe der NASA in eine Umlaufbahn zu bringen. In ähnlicher Weise wurde der erste deutsche wissenschaftliche Satellit AZUR konzipiert. Die wissenschaftlichen Experimente entwickelten und bauten Universitäts- und Max-Planck-Institute, während für die Entwicklung des Satelliten die Firma MBB der Hauptauftragnehmer war. Die Projektleitung lag in den Händen der Gesellschaft für Weltraumforschung (GfW) mit Sitz in Godesberg. Diese Entwicklung verlief sehr holperig, da die deutsche Industrie noch wenig Erfahrung hatte. Deswegen wurde die amerikanische Firma TRW in Los Angeles zur Beratung hinzugezogen. Vor allem war die Projektleitung in den Händen der GfW nicht optimal organisiert, da die Abgrenzung zwischen Ministerium und GfW nicht klar geregelt war, um es milde auszudrücken.

1972 wurde die GfW – von dem damaligen Minister Hans Leussink – aufgelöst, ihre Aufgaben führte die 1967 gegründete DFVLR fort. Eine klare Abgrenzung zum Ministerium wurde jedoch vermieden. Im Jahre 1987 löste Minister Heinz Riesenhuber den Raumfahrtbereich wieder aus der DFVLR heraus und gründete die deutsche Agentur für Raumfahrt (DARA) mit Sitz in Bonn. Begründet wurde die Auflösung mit der schizophrenen Doppelfunktion der DFVLR als Auftragnehmer und Auftraggeber von Raumfahrtaufträgen. Aber auch der DARA war kein Glück beschieden. Unter Minister Rüttgers wurde im Sommer 1997 die DARA wieder der DLR, das war der neue Name der DFVLR, einverleibt. Aber die Stimmen, die fragten, ob dies wirklich eine sachgemäße und effektive Lösung für die deutsche Raumfahrt ist, sind bis heute nicht verklungen.

Aber noch einmal zurück zu den Anfängen der Raumfahrt in der Bundesrepublik und der Zuständigkeit des BMBF in den beiden Bereichen der Förderung der Forschung sowie Entwicklung der Trägerraketen. Die politischen Entscheidungen des BMBF in der Raumfahrt wurden immer wieder von dem Spagat zwischen Washington und Paris beeinflusst. Während die Franzosen stets ihre eigenen nationalen Interessen mit den europäischen Zielrichtungen in Einklang bringen konnten, hatte das BMBF auch die Zusammenarbeit mit den USA zu berücksichtigen. Die Bundesrepublik übernahm in den 70er Jahren die Führung bei der Entwicklung des Space-Lab. In den 80er Jahren kam der größte finanzielle Beitrag für die Entwicklung der internationalen

Raumstation aus der Bundesrepublik. Aus politischen Gründen konnte sie sich daraus auch nicht zurückziehen, obwohl dies nach dem Abbruch des HERMES-Projekts durchaus sinnvoll gewesen wäre. Ohne HERMES hat Europa keinen eigenen Zugang zur Raumstation. Wie nachteilig dies ist, zeigt sich jetzt. Rückblickend können die Wissenschaftler in der Bundesrepublik dankbar sein, wie nachdrücklich und erfolgreich die extraterrestrische Forschung bis zu Beginn der 90er Jahre durch das BMBF gefördert worden ist. Dadurch haben sie im internationalen Wettbewerb eine Spitzenstellung gewonnen. Dies zeigen die Sonnensonde HELIOS und vor allem ROSAT, aber auch die zahlreichen Experimente in den europäischen Satelliten der ESRO und ESA. Ebenso sollte dabei die Forschung im Bereich der Schwerelosigkeit genannt werden.

In meiner aktiven Zeit als Wissenschaftler und später als Wissenschaftspolitiker (1961 bis Mitte der 90er Jahre) konnte ich mit vierzehn Ministern – diese Zahl ist auch ein Charakteristikum dieses Ministeriums – immer wieder Kontakt in Fragen der Weltraumaktivitäten halten und zahlreiche Gespräche führen. Als ersten möchte ich Hans Lenz nennen, in dessen Amtszeit 1963 der erste umfassende Plan für die deutschen Weltraumaktivitäten verfasst wurde, an dem ich sehr aktiv teilnehmen konnte. Unter Gerhard Stoltenberg (1965-1969) gewannen die Weltraumaktivitäten besonderes politisches Gewicht. In seiner Amtszeit fanden die ersten europäischen Ministerkonferenzen statt, die dritte in Bad Godesberg. Zum Abschluss der Konferenz lobte der englische Technologie-Minister, Anthony Wedgwood-Ben, Stoltenberg mit den Worten: In Zukunft sollte Bad Godesberg in Cap Stoltenberg umbenannt werden. Mit Stoltenberg hatte ich eine ganze Reihe von Gesprächen. Eins ist mir in besonderer Erinnerung geblieben. Ich war bei ihm in seinem Amtszimmer, um mit ihm die Probleme bei der Entwicklung des AZUR-Satelliten zu besprechen. Während des Gespräches fuhr das Schnellboot mit dem Sarg von Adenauer auf dem Weg nach Rhöndorf auf dem Rhein vorbei, nachdem am Vormittag die Trauerfeier im Kölner Dom stattgefunden hatte. Stoltenberg und ich traten auf den Balkon seines Amtszimmers, standen dort schweigend, bevor wir unser schwieriges Gespräch fortsetzten. Hans Leussink (1969-1969) und Klaus von Dohnani (1972-1973) waren im Amt, als die Weichen von der ESRO und ELDO zur ESA gestellt wurden. Besonders hervorheben möchte ich das erfolgreiche Wirken von Hans Matthöfer (1974-1978) und Heinz Riesenhuber (1982-1993).

Für die Kontinuität im Ministerium sorgten die Staatssekretäre. Den ersten Kontakt hatte ich mit Wolfgang Cartellieri, von dem ich unter anderem den Bewilligungsbescheid für das erste Forschungsvorhaben am Max-Planck-Institut persönlich überreicht bekam. Sein Nachfolger Hans von Heppe konzentrierte sich mehr auf die allgemeine Forschungsförderung. Für viele Jahre hat dann Hans-Hilger Haunschild die Weltraumpolitik nach innen und außen sehr erfolgreich vertreten. Den Abschluss für mich bildeten Gebhard Ziller und Fritz Schaumann, mit denen ich am Ende meiner aktiven Zeit noch Weltraumfragen besprechen konnte.

Auf der Arbeitsebene waren die Abteilungsleiter Max Mayer, Wolfgang Finke und Jan-Baldem Mennicken sehr engagiert in der Vertretung der Interessen der Weltraumforschung und der Weltraumaktivitäten. Alle drei mit unterschiedlichen Akzentsetzungen. Max Mayer hatte bald den Spitznamen ›Raketen-Mayer‹, der charakterisierte, wo sein Hauptinteressensgebiet lag. Wolfgang Finke war für die extraterrestrischen Wissenschaftler stets ein interessierter Gesprächspartner. Seine Stimme hatte im Council der ESA Gewicht. Das galt auch für Jan-Baldem Mennicken. Er hatte die Gabe, auch in festgefahrenen Situationen des ESA-Rats einen akzeptablen Kompromiss vorzuschlagen. Damit hatte er großen Anteil, die Ministerkonferenz der ESA im Jahre 1987 in Den Haag zum Erfolg zu führen. Auch bei der Verhandlung mit der NASA über die geplante Raumstation spielte er eine wichtige Rolle. Und schließlich möchte ich noch dankbar die umsichtige und behutsame Rolle des zuständigen Referatsleiters für die extraterrestrische Forschung, Walter Regula hervorheben.

Uwe Thomas
Drei Jahrzehnte Forschungspolitik zur Modernisierung der Volkswirtschaft

1 Wie alles begann

Im Bundesbericht Forschung 2004 heißt es zutreffend:»Wissenschaft und Forschung sind zum Motor der technologischen und damit auch der wirtschaftlichen Entwicklung geworden.« Das wird inzwischen niemand mehr bestreiten wollen. So unwahrscheinlich das heute klingen mag, vor drei Jahrzehnten war diese Auffassung durchaus umstritten und die daraus abgeleitete pragmatische Industriepolitik des Forschungsministeriums fand in der Regel nicht den Beifall des Wirtschaftsministeriums. Schon die Geschichte der Namen, Aufgaben und Zuständigkeiten des heutigen Bundesministeriums für Bildung und Forschung zeigt ein andauerndes Ringen um dessen Identität. Nach der Emanzipation vom Atomministerium trug das Ministerium zunächst den Namen ›…für wissenschaftliche Forschung‹. 1972 gab es bedauerlicherweise eine Aufspaltung in zwei Zwillingsministerien, ›…für Bildung und Wissenschaft‹ und ›…für Forschung und Technologie‹. Dadurch war es allerdings später möglich, die Zusammenlegung beider Ministerien als Gründung eines Zukunftsministeriums zu feiern.

Seit 1998 hat ein Erosionsprozess des BMBF eingesetzt. Das Bundeswirtschaftsministerium übernahm vom BMBF etwa 10 Prozent von dessen Zuständigkeiten in der Forschungspolitik und nannte sich infolgedessen, wenn auch nur vorübergehend, Bundesministerium für Wirtschaft und Technologie (bevor es zum Arbeitsministerium mutierte). Dieser Prozess kam paradoxerweise deshalb in Gang, weil inzwischen alle daran glaubten, dass Wissenschaft und Forschung Motor der technologischen und damit auch der wirtschaftlichen Entwicklung ist. Auch mit Bildung der neuen Bundesregierung setzt sich der Erosionsprozess des BMBF weiter fort und greift dieses Mal sogar noch sehr viel tiefer ein als 1998. Der enge Zusammenhang zwischen Grundlagenforschung und Innovation wird dadurch in Frage gestellt.

Das eigentliche Gebot der Stunde, nämlich ein Bundesministerium für Bildung, Forschung und Innovation zu schaffen, hat gegenwärtig keine Chance, erfüllt zu werden, weil an die Stelle einer durchdachten Strategie der Kampf um Zuständigkeiten getreten ist, innerhalb der Bundesregierung und zwischen Bund und Ländern. Das ist umso bedauerlicher, als in den nächsten Jahren voraussichtlich mehr Geld für Forschung und Innovation zur Verfügung gestellt werden soll, um den öffentlichen Beitrag des 3 Prozent-Ziels für FuE in Relation zum BIP bis 2010 zu erfüllen. Denn inzwischen hat sich auf breiter Front die Überzeugung durchgesetzt, dass Investitionen in Bildung und Forschung ganz entscheidend die wirtschaftliche Prosperität unseres Landes beeinflussen.

In den Siebziger Jahren brach sich dagegen nur ganz allmählich die Überzeugung Bahn, dass öffentlich finanzierte Wissenschaft Voraussetzung für die Modernisierung der deutschen Volkswirtschaft ist. Naturwissenschaftler und Ingenieure besetzten damals Schlüsselpositionen im BMFT (mit Ausnahme der Staatssekretäre) und fielen damit innerhalb des Beamtenapparats der Bundesregierung völlig aus dem Rahmen. Ihre schärfsten Gegner brachten sich im Wirtschaftsministerium in Stellung. Die naturwissenschaftlichen Ignoranten im BMWi beobachteten mit Misstrauen die wirtschaftswissenschaftlichen Autodidakten im BMFT. Leider war die Zeit noch nicht reif, ihren jeweiligen Sachverstand zu bündeln.

2. Das Technological Gap

Die Diskussion um die angebliche oder tatsächliche technologische Lücke zwischen Europa und den USA, die im Rahmen der OECD vorangetrieben wurde, ferner eine Japanreise des Forschungsministers Klaus von Dohnanyi mit einem enthusiastischen Bericht, demzufolge wegen der Bedeutung der Forschung das Forschungsministerium ins Bundeskanzleramt verlagert werden sollte und schließlich der Bestseller des Franzosen Servan-Schreiber ›Die amerikanische Herausforderung‹(mit einem Vorwort von Franz-Josef Strauss in der deutschen Ausgabe) lösten in der deutschen politischen Klasse eine Debatte aus, die ab 1972 dem Ministerium für Forschung und Technologie zunehmend ein neues Gesicht verlieh. Das BMFT begann, zumindest in Teilen, sich als die moderne Variante eines Industrieministeriums zu verstehen. Neue Technologien wurden unter Forschungsminister Ehmke und seinem Parlamentarischen Staatssekretär Hauff zum politischen Thema. Das damalige BMFT verstand sich als Treiber des technischen Fortschritts in Deutschland und wollte sogar das damalige Bundesministerium für Post und Fernmeldewesen für seine Zwecke einspannen. Deshalb übernahm Horst Ehmke auch gleichzeitig die Leitung dieses Ministeriums, um es zu einem (öffentlichen) Unternehmen umzugestalten, mit einer Forschung, die den berühmten Bell Labs in den USA nacheiferte. Eng damit verknüpft wurde das traditionsreiche Heinrich-Hertz-Institut zu einem modernen Forschungsinstitut für die optische Nachrichtentechnik umgestaltet.

In den Siebziger Jahren wurde, unter wechselnden Ministern, der Grundstein für nahezu alle Förderprogramme und Grundstrukturen der deutschen Wissenschaftsorganisation gelegt, die heute noch das BMBF prägen. Das ist rückblickend eine erstaunliche Erfolgsgeschichte, die bisher wenig gewürdigt worden ist. Die Frage drängt sich auf, welche Programme und Strukturen die nächsten dreißig Jahre prägen werden und ob in den nächsten Jahren ein ähnlich durchgreifender Neuanfang gewagt werden wird, welcher der sich verstärkenden Interdisziplinarität und Internationalität, sowie der wissenschaftlichen Nachwuchsförderung und der Notwendigkeit einer durchgreifenden Erneuerung des Unternehmensbestands in Deutschland Rechnung trägt. Angesichts der fortschreitenden Erosion des BMBF ist derzeit zwar eher Skepsis angesagt, aber das kann und wird sich wieder ändern.

3. KMU wurde zum Schlagwort der Erneuerung

Noch einmal zurück in die Vergangenheit. In den Sechziger Jahren bestand Forschungspolitik im wesentlichen darin, Big Science (Raumfahrt und Kerntechnik) sowie Projekte in Großforschungszentren und großen Unternehmen zu fördern. Hinzu kam, übrigens abgeleitet aus der Kerntechnik, als erstes industriepolitisches Engagement die Förderung der Datenverarbeitung. Das änderte sich in den Siebziger Jahren, allerdings nicht ohne Widerstand in den eigenen Reihen. Es dauerte einige Jahre, bis insbesondere die systematische Forschungsförderung Kleiner und Mittlerer Unternehmen (KMU) im BMFT salonfähig wurde. Das war die erste Revolution in der Forschungspolitik.

Hans Matthöfer, der neue Forschungsminister, setzte sich dafür ein. Die FhG und der VDI wurden zum Motor dieses Wandels. Neue Programme zur Förderung der Produktionstechnik, zur Anwendung der Mikroelektronik, zu Physikalischen Technologien wie der Lasertechnik, zur Materialforschung, zur Optischen Nachrichtentechnik, zu neuen Verkehrstechnologien wurden formuliert und angemessen dotiert. Das Forschungsministerium begriff sich zunehmend als ein pragmatisches Industrieministerium, welches entscheidend zur Erneuerung und Modernisierung der deutschen Volkswirtschaft beitragen muss.

Und was ganz allein der auf wenige Felder fokussierten Überzeugungskraft von Hans Matthöfer zu verdanken ist, das Ministerium begriff die Modernisierung zunehmend auch als gesellschaftliche Aufgabe, mit Programmen zur Gesundheitsforschung und zur Humanisierung des Arbeitslebens. Man kann sich heute nicht mehr vorstellen, wie sehr es damals die noch vorhandenen Traditionalisten im BMFT bekümmert hat, als auf einmal Soziologen und Gewerkschaftsvertreter in diesem Ministerium ein- und ausgingen, die bis dahin dort nichts zu suchen hatten. Das war die zweite Revolution in der Forschungspolitik: Forschung für den Menschen. Nicht als Gegensatz zur Erneuerung der

Wirtschaft, sondern in Symbiose mit ihr. Damals machte das Schlagwort von der qualitativen Tarifpolitik die Runde. Nicht allein Lohnsteigerungen, sondern Verbesserung der Arbeitsbedingungen sollten tariflich festgeschrieben werden.

Ein Zukunftsglaube hatte alle erfasst, Politik, Wirtschaft, Gewerkschaften und Gesellschaft, ein Glaube, dass bei einiger Anstrengung alles besser werden wird, ein Zukunftsglaube, der lange anhielt, der uns aber inzwischen leider weitgehend abhanden gekommen ist, weil das Schreckgespenst Globalisierung überall herumgeistert und eine lähmende Wirkung auf jeden Fortschrittsoptimismus entfaltet. Bei steigender Produktivität der Wirtschaft wird den Menschen vermittelt, dass es ihnen in Zukunft nicht besser, sondern schlechter gehen wird. Und sie verhalten sich dementsprechend.

4. Fehler und Erfolge auf dem Weg

Der Aufbau effizienter Strukturen und Programme in der Forschungsförderung war gelegentlich mit einem durchaus schmerzlichen Lernprozess verbunden. Der schnelle Ausbau der Förderung wurde begleitet von einem wachsenden Rückstand in der bürokratisch sauberen Abarbeitung der Verwendungsnachweise (im Ministeriumsjargon Verschwendungsnachweise genannt). Die Kritik des Parlaments und der Öffentlichkeit machte sich nicht in erster Linie an der Verwendung selbst, sondern am Rückstand in der Bearbeitung dieser Nachweise fest.

Kritik hagelte es auch von Seiten der Wirtschaftspolitik. Die freidemokratischen Wirtschaftsminister empfanden die Förderung von Forschungsprojekten in der Wirtschaft als eine neue Spielart des Sozialismus, die es zu bekämpfen galt. Sie nahmen konsequenterweise die Forschungsförderung in den Subventionsbereich auf und trugen später dazu bei, dass Forschungsförderung in die Beihilfeprüfung der EU einsortiert wurde. Damit wurden bürokratische Hürden errichtet, die Europa als Ganzem geschadet haben.

Die Antragsbearbeitung von Förderprojekten erschien überladen und damit auch KMU-feindlich. Ein Lernprozess setzte ein. Ein Markstein war das unter Forschungsminister Hauff konzipierte sogenannte indirekt spezifische Programm ›Anwendung der Mikroelektronik‹ Ende der Siebziger Jahre. Die Idee war, dass das Ministerium in diesem Programm nicht mehr die einzelnen Projekte einer langwierigen Begutachtung unterzieht, sondern nur in einem vereinfachten Verfahren prüfen lässt, ob der Antrag bestimmten Kriterien genügt. Das Programm war auf drei Jahre befristet und gab vor allem KMU die Möglichkeit, von den Fördermaßnahmen des BMFT zu profitieren. Begleitet wurde das Programm von regionalen Diskussionsrunden zwischen Unternehmern,

Wissenschaftlern und Beratern. Dabei spielte vor allem die von ihrem Reformpräsidenten Dr. Keller neu ausgerichtete Fraunhofer-Gesellschaft eine überaus fruchtbare Rolle. Etwa 2000 Unternehmen nutzten das Programm, um ihr Produktspektrum auf die neuen Möglichkeiten der Mikroelektronik auszurichten. Der Erfolg war überwältigend und hinterließ in der deutschen mittelständischen Investitionsgüterindustrie deutliche Spuren bei der beschleunigten Umstellung von der Mechanik auf Elektronik. Indirekt spezifische Förderung war das neue Schlagwort. Auch die große Bedeutung von Software in allen Bereichen der Wirtschaft wurde mehr und mehr erkannt.

Ein weiterer Markstein war der sogenannte Modellversuch TOU (Technologieorientierte Unternehmensgründungen), welcher Anfang der Achtziger Jahre vom neuen Forschungsminister Riesenhuber nach Vorarbeiten unter seinem Vorgänger von Bülow in Kraft gesetzt wurde. Dahinter stand die Überzeugung, dass der Erfolg der amerikanischen Industrie ganz entscheidend von jungen Unternehmen, die aus der Forschung heraus gegründet wurden, bestimmt wird. Vorbild für den TOU Modellversuch war übrigens ein Programm der amerikanischen National Science Foundation. Wachstumsfinanzierung durch Venture Capital wurde zunehmend zum Thema. Unter Vorsitz von Dr. Keller wurde ein Nachfolgeprogramm BTU (Beteiligungskapital für Technologieorientierte Unternehmens-gründungen) konzipiert und mit Hilfe der Deutschen Ausgleichsbank in überaus effizienter Weise umgesetzt. Das BTU-Programm spielte beim Aufbau einer Venture Capital Industrie in Deutschland über viele Jahre eine entscheidende Rolle.

Ein dritter Markstein war die Formulierung großer Verbundprojekte zwischen Wirtschaft und Forschung. Ein Beispiel dafür war das sogenannte zunächst äußerst umstrittene Megaprojekt, grenzüberschreitend als Projekt JESSI (Joint European Silicon Submikron Initiative) fortgeführt. Wenn Europa sich heute in der Mikroelektronik nicht mehr verstecken muss und Dresden hoffentlich nachhaltig zur Mikroelektronikhauptstadt Europas geworden ist, so ist das auf die beharrliche Förderung dieser Technologie zurückzuführen. Ein weiteres Beispiel ist die Förderung der Photovoltaik. Sie wurde möglich, weil als Folge der Ölkrise ein Zukunftsinvestitionsprogramm aufgelegt wurde und dadurch neue Mittel zur Verfügung standen. In dieser Zeit begann erstmals eine engere Kooperation zwischen dem Wirtschaftsministerium und dem Forschungsministerium.

Danach wechselten sich in schneller Folge Forschungsminister von gelegentlich zweifelhafter Kompetenz ab. Aber das Ministerium hatte bereits soviel Schwung gewonnen, dass auch dieses nicht zum Hindernis wurde.

5. Der vorübergehende scheinbare Niedergang und die gleichzeitige Neuorientierung

Mit dem Vereinigungsprozess wurde das Geld knapp und das politische Interesse an der Modernisierung der Volkswirtschaft durch Forschung und Technologie erlahmte. Aus finanziellen Gründen musste zuerst bei der Projektförderung gespart werden, weil bei der institutionellen Förderung von öffentlichen Forschungsorganisationen nur langfristig Einsparungen realisiert werden konnten. Umso erstaunlicher war es, dass trotzdem neue Themen in Angriff genommen werden konnten. Ein besonders bemerkenswerter Erfolg war die Etablierung der Biotechnologie in Deutschland. In Verbindung mit dem wachsenden Know-how der deutschen Venture Capital Industrie und der 1997 erfolgten Gründung des Neuen Marktes als Segment der Deutschen Börse AG wurde Deutschland führend bei der Gründung junger Unternehmen der Biotechnologie und hat diese Führungsposition bis heute halten können. Ein weiterer Erfolg war die frühzeitige Förderung der Nanotechnologie im Rahmen der Förderung Physikalischer Technologien. Auch hier hat Deutschland dank der wachsenden Förderung inzwischen eine starke Position.

6. Rot-grüne Widersprüche und Erfolge

Die ersten Jahre der rot-grünen Regierung waren von einem beachtlichen Ausbau der Projektförderung geprägt, die inzwischen auch methodisch konsolidiert wurde. Ausschreibungen für Verbundprojekte wurden selbstverständlich und ein systematischer Audit von Programmen wurde eingeführt. Die Forschungsförderung erhielt wieder Profil und Durchschlagskraft. Zugleich ergab sich aber durch die Abspaltung eines (kleineren) Teils der Technologieförderung eine deutliche Schwächung in Teilbereichen der Förderung. Das Bundesministerium für Wirtschaft und Technologie hatte sich neben der Luftfahrtforschung und der Energieforschung (die später zu großen Teilen ins Umweltministerium wanderte) auch die indirekt-spezifische Förderung und die Förderung junger Technologieunternehmen gesichert, ohne allzu viel neue Impulse zu setzen.

Zugleich wurde erstmals auch die institutionelle Förderung schrittweise reformiert. Dazu gehörte die Fusion von GMD und FhG unter Einschluss des Heinrich-Hertz-Instituts. Damit entstand der mit Abstand größte Forschungsverbund für Informations- und Kommunikationstechnik in Europa. Ein ganz entscheidender Schritt vorwärts war aber vor allem die Einführung von mehr Wettbewerb in dem mit

Abstand größten deutschen Forschungsverbund, der Helmholtzgemeinschaft. Dieser Prozess ist noch nicht abgeschlossen und trifft nun durch die Neuregelung der Zuständigkeiten innerhalb der Bundesregierung auf ganz erhebliche Schwierigkeiten.

Teil dieses Prozesses ist der Aufbau von international attraktiven Elitestudiengängen und die damit verbundene engere Zusammenführung von Hochschulforschung und außeruniversitärer öffentlicher Forschung. Dafür hat die bisher amtierende Ministerin Edelgard Bulmahn mit Erfolg gekämpft. An dieser Stelle zeigte sich aber auch in aller Schärfe, wie wichtig die Zusammenführung von BMBW und BMFT zum BMBF war und wie entscheidend eine Mitwirkung des Bundes in Hochschulangelegenheiten ist. Die Bedeutung eines optimalen Ressortzuschnitts und einer engen Bund-Länder-Kooperation wird gerade an diesem Beispiel besonders deutlich, denn die Nachwuchsförderung ist ein entscheidender Beitrag zu einer leistungsfähigen Forschung in Deutschland. Es mag erstaunen, wie wenig dieser Tatbestand bei der Diskussion um eine Föderalismusreform zur Kenntnis genommen worden ist.

Ein weiterer Schritt zur Reform der Forschungsförderung war die Definition von Leitprojekten. Er stützte sich auf die Erkenntnis, dass gerade an den Schnittstellen der Programme besonders interessante Lösungen der Förderung harren. Das BMBF hat es geschafft, referats- und abteilungsübergreifend Fördervorhaben zu konzipieren und umzusetzen und damit ganz neue Möglichkeiten zu eröffnen, etwa in der Kombination von Nanotechnologie und Medizintechnik oder von Energieeinsparung und Materialforschung. Noch handelt es sich um erste Ansätze, die nun durch Abspaltung einiger Technologieprogramme empfindlich gestört werden.

Hinzu kommt ein Aspekt, der inzwischen allerdings wieder deutlich unterbelichtet ist, nämlich die Nutzung neuer Technologien in der Bildung. Standen die vergangenen zehn Jahre unter der Überschrift ›Learn to Use‹ der PC und das Internet, könnten die kommenden zehn Jahre ganz entscheidend von der Überschrift ›Use to Learn‹ mit Hilfe von Informations- und Kommunikationstechnologien bestimmt werden. Hier hat das BMBF deutliche Zeichen gesetzt und auch hier könnte sich die Föderalismusreform als Hemmschuh erster Güte erweisen.

7. Ausblick

Modernisierung der Volkswirtschaft wird im kommenden Jahrzehnt davon geprägt sein, dass Grundlagenforschung und Innovation, Nachwuchsförderung und Forschungsleistung, Wettbewerb in der Forschung und Erneuerung des Unternehmensbestands, Bildung und neue Technologien als wichtige und zukunftsentscheidende Aufgaben erkannt und vorangebracht werden. Das kommende Jahrzehnt wird darüber entscheiden, ob Deutschland weiter im internationalen Konzert eine führende Rolle spielen kann. Die Früchte der Forschung für die Erneuerung in Deutschland, nicht zuletzt in Ostdeutschland mit seinem inzwischen völlig unterentwickelten Unternehmensbestand, können in der Regel nicht kurzfristig geerntet werden. Dafür braucht es meist Jahrzehnte und Versäumnisse von heute würden uns langfristig einholen. Es genügt nicht, die 3 Prozent FuE als Anteil am Sozialprodukt zu fordern, so wichtig das ist. Vielmehr kann nur die Erhöhung der Qualität der Forschungsförderung letztlich den Erfolg bringen, den Deutschland in der ständigen Modernisierung seiner Volkswirtschaft braucht. Ein falsch verstandener Föderalismus und die Zersplitterung von Zuständigkeiten in der Bundesregierung sind dafür ebenso schädlich, wie die willkürliche Trennung von Forschung und Innovation.

Teil II:
Wissenschaftspolitik

Hariolf Grupp und Barbara Breitschopf
Innovationskultur in Deutschland
Qualitäten und Quantitäten im letzten Jahrhundert

1 Innovation und Kultur

Der Begriff der Innovationskultur meint die komplexen, wenig fassbaren und weitläufigen Bedingungszusammenhänge, die Innovationen erklären können. Er umfasst im weitesten Sinne alle Bereiche, die in irgendeiner Weise Innovationen tangieren. Diese reichen von der Wirtschaft über die Politik, die Bildung bis zur Gesellschaft. Im Einzelnen können Phänomene der Innovationskultur begleitende (Finanz-)Märkte, Technologie, Forschungs- und Bildungsstrukturen und -netzwerke, Human- und Sozialkapital, Eigenschaften und Zielvorstellungen der Gesellschaft – Offenheit, Risikobereitschaft, Erfahrung, gesellschaftspolitische Werte – sowie Steuerungsinstrumente und vieles mehr betreffen. Wollte man den lateinischen Begriffs schlicht übersetzen und nicht aus dem heutigen Verständnis von »Innovation« und »Kultur« ableiten, bedeutete er nichts anderes als Erneuerungs- oder Änderungspflege und -anbau.

1.1 Innovationspolitik und Innovationssystem

Die Innovationspolitik versucht, über verschiedene Maßnahmen die Innovationskultur gezielt und partiell so zu beeinflussen, dass ein Optimum an innovationsgerichteter Aktivität entsteht. Da sich die Innovationskultur zunehmend als ein vielschichtiges und komplexes Gebilde erwies, wurde die Innovationspolitik im Laufe ihrer Geschichte vor umfassende Aufgaben gestellt. Diese Herausforderungen haben im gleichen Umfang auch die Innovationspolitik in Deutschland geprägt.

Die Kausalkette zwischen Innovationen und Wirtschaftswachstum ist heute unbestritten; sie wurde nach und nach um weitere Faktoren – beispielsweise Bildung, sozialen Frieden – erweitert. Da die Methoden und Arbeitsweisen bei der Hervorbringung von Innovationen einem stetigen Wandel unterliegen, passt sich die Forschungs- und Innovationspolitik mit ihren Maßnahmen daran an; die Innovationspolitik als wichtige Einflussgröße auf das wirtschaftliche Wachstum gewinnt dabei zusehends an Bedeutung.

Der Begriff des Innovationssystems ist enger gefasst als der der Innovationskultur und umfasst ein Netzwerk von Institutionen, das seit seiner Entstehung eine gewisse Beständigkeit aufzeigt (was für Deutschland zu zeigen sein wird). Das nationale Innovationssystem wird von Freeman (1987: 1) als »das Netzwerk von Institutionen im öffentlichen und privaten Sektor, deren Aktivitäten und Wechselwirkungen neue Technologien initiieren, einführen, modifizieren und unterbreiten« beschrieben. Des Weiteren führt Freeman aus, dass die Geschwindigkeit des technischen Wandels in den verschiedenen Ländern und die Effektivität der Unternehmen im weltwirtschaftlichen Wettbewerb nicht nur vom Ausmaß ihrer FuE und anderer technischer Aktivitäten abhingen. Sie würden auch von der Art und Weise beeinflusst, mit der die verfügbaren Ressourcen sowohl durch die Unternehmen selbst, als auch auf nationaler Ebene gemanagt und organisiert werden. Das nationale Innovationssystem kann ein Land mit einigermaßen begrenzten Ressourcen dann zu einem raschen Wachstum veranlassen, wenn geeignete Kombinationen von importierter Technologie mit lokaler Adaption und Weiterentwicklung zusammenträfen. Das nationale Innovationssystem im weiteren Sinne mit seinen Zeitraum überdauernden Eigenschaften beruht auf der jeweiligen Innovationskultur.

Der vorliegende Beitrag versucht, die Innovationskultur und deren Veränderung zu beschreiben und teilweise quantitativ zu umreißen. Der Wandel des Innovationssystems steht im Zentrum des nächsten Abschnitts. Dem folgt die Analyse der öffentlichen Innovationspolitik und des privatwirtschaftlichen Innovationsgeschehens.

1.2 Innovation und Forschungslandschaft

Die Globalisierung und der Übergang zur Wissensgesellschaft stellen zu Beginn des 21. Jahrhunderts die Volkswirtschaften und somit die Gesellschaft vor große Herausforderungen. Um sich im weltweiten Wettbewerb der Forschungsstandorte behaupten zu können, ist ein leistungsstarkes und wettbewerbsorientiertes Wissenschafts- und Forschungssystem erforderlich. Das heutige deutsche Innovationssystem lässt sich im weitesten Sinne mit den Domänen Infrastruktur, Industrie, Erziehungs- und Forschungssystem, politisches System, Rahmenbedingungen und Nachfrage skizzieren (vgl. Abbildung 1). Grundlegende geschichtliche Entwicklungen, die Sprache und Kultur eines Landes prägen die nationale Innovationskultur.[1] Eine Einflussnahme auf das Innovationssystem ist über verschiedene politische Instrumente mög-

---

[1] Im Einzelnen werden nationale Besonderheiten in der internen Organisation von Firmen, den Beziehungen zwischen Firmen, im öffentlichen Sektor, im institutionellen Aufbau des Finanzsektors sowie in der FuE-Intensität und Organisation aufgeführt (Lundvall 1992).

lich. In den Anfängen der Wissenschaftsentwicklung spielte der Hochschulsektor eine bedeutende Rolle. Kleine Laboreinrichtungen der medizinischen Fakultäten oder der Bergbauschulen zeugten früh vom Einzug der Forschung an den Universitäten. Allerdings beschränkte sich die Forschertätigkeit auf die (Geistes- und Human-)Wissenschaften und schloss Technologien (Ingenieurtätigkeiten) zunächst aus. Diese galten als den Universitäten unwürdig (vgl. Keck 1993).

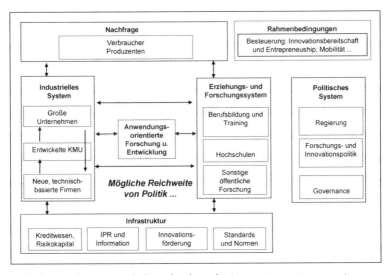

Abbildung 1: Innovationskultur: das deutsche Innovationssystem aus einer ganzheitlichen Perspektive (Quelle: Arnold und Kuhlmann 2001)

Nachdem die Bedeutung der Technik erkannt wurde, entstanden Anfang des 19. Jahrhunderts die technischen Berufsschulen und gegen Ende die ersten technischen Hochschulen. 1911 waren ungefähr 78 Prozent der damaligen Studenten an Universitäten eingeschrieben und 11 Prozent an technischen Hochschulen (vgl. Keck 1993). Zu Beginn des 20. Jahrhunderts begann der Staat Forschungseinrichtungen zu finanzieren, die sich der angewandten Forschung widmeten. In diese Zeit fiel auch die Gründung der Vorgängerin der MPG. Auch viele Stiftungen für die Forschungsförderung wurden gegründet. Parallel dazu entwickelten sich wissen(schaft)sorientierte Industrien.

1.3 Innovationskultur in Deutschland – zwei Systeme?

Im Zuge der beiden Weltkriege – mit Ausnahmen eines Zwischenhochs – verminderten sich die FuE-Anstrengungen, das Personal in Wissenschaft und Forschung sowie die Anzahl der Studenten insgesamt sank drastisch (vgl. den folgenden Abschnitt). Die Rahmenbedingungen für die Weiterentwicklung eines nationalen Innovationssystems waren insbesondere nach dem Ende des Zweiten Weltkriegs in Ost und West sehr ungleich. Es standen sich nicht nur unterschiedliche Marktformen gegenüber, sondern das Wissenschafts- und Forschungssystem hatte sich in Ostdeutschland stark an das der ehemaligen Sowjetunion, das im Westen am angelsächsischen Raum orientiert und integriert. Ein innerdeutscher Austausch zwischen Wissenschaftlern und Forschern fand meist nur auf dem Territorium von Dritten statt (vgl. Grupp et al. 2002). Neben den unterschiedlichen politischen Bedingungen divergierten auch das Hochschulsystem und die außeruniversitären Forschungseinrichtungen in ihrer vierzigjährigen Entwicklung bis zur Wiedervereinigung.[2] Forschungsschwerpunkte wurden im Osten in Abstimmung mit den Mitgliedern des Rats für gegenseitige Wirtschaftshilfe festgelegt, während die Wirtschaft im Westen ihre Schwerpunkte eigenständig und unabhängig setzen konnte. Ein Vergleich dieser Innovationssysteme in ihrer vierzigjährigen Koexistenz an Hand von Innovationsindikatoren ist sicherlich interessant. Die Wissenschaftsintensität und die FuE-Ausgaben pro Kopf der ehemaligen DDR jedenfalls sind im Vergleich zu denen der BRD mit den Grenzen von 1989 sehr gering,[3] sie besagen jedoch nichts über die Strukturen der wissenschaftlichen oder industriellen Forschung (siehe die folgenden Abschnitte).

Das heutige deutsche Forschungssystem entspricht dem westdeutschen und lässt sich kurz durch die Sektoren Wirtschaft, Hochschulen und außeruniversitären Forschungseinrichtungen charakterisieren,[4] wobei die Wirtschaft, gemessen an den FuE-Ausgaben, seit beinahe 30 Jahren durchgehend die größte Rolle spielt. Die Bundesrepublik (Länder, Bund) fördert die Forschungs- und Forschungsfördereinrichtungen (MPG, FhG, DFG, Hochschulen und Kliniken, HGF, GWL, DAAD, Akademien der Wissenschaft und weitere Bundes/Ländereinrichtungen). Privatwirtschaftliche Forschungsförderung findet ebenfalls statt.

2 Mit der Rekonstruktion der ostdeutschen Hochschulen im Zuge der Wiedervereinigung beschäftigt sich der Beitrag von Uwe Schimank und Stefan Lange in diesem Band.
3 Teilweise erklärt durch den unterschiedlichen, systembedingten Umfang der Staatstätigkeit (Grupp et al. 2002); siehe auch Abbildung 3.
4 Zu einer Evaluation der deutschen Wissenschaftslandschaft siehe den Beitrag von Wilhelm Krull und Simon Sommer in diesem Band.

1.4 Statthalter der Innovationspolitik

Die Innovations- bzw. Forschungs- und Technologiepolitik hat sich von einem zunächst konzeptionell schlanken zu einem komplexen Konstrukt herausgebildet. Nach Kriegsende stand der Wiederaufbau verbunden mit großen Investitionen in Maschinen, Anlagen und Gebäude in Deutschland im Vordergrund. Der Zusammenhang zwischen Innovationsfähigkeit einer Volkswirtschaft und dem Wirtschaftswachstum fand bereits damals Beachtung. Damit verbunden war das Bestreben, für qualifizierten wissenschaftlichen Nachwuchs zu sorgen. Diese Zielsetzung hat bis heute Bestand. Die deutsche Innovationspolitik sieht sich ständig neuen Aufgaben, Entwicklungen und Methoden gegenüber, an die sie ihre Ziele und Förderschwerpunkte ständig anzupassen hat. Dieser inhaltliche und konzeptionelle Wandel in Forschung und Wissenschaft vollzieht sich auch in den Strukturen der für Forschung, Wissenschaft und Bildung zuständigen Ministerien.

In der Nachkriegszeit galten alle Anstrengungen dem (Wieder-)Aufbau einer Wissenschafts- und Forschungslandschaft in Deutschland. Große Bedeutung wurde am Anfang der friedlichen Nutzung der Kernenergie beigemessen. Diese Fokussierung in der Forschung führte 1955 in Westdeutschland zur Bildung eines Ministeriums für Atomfragen (siehe hierzu den Beitrag von Joachim Radkau in diesem Band). Allerdings stellte sich diese Bezeichnung des Ministeriums in Bezug auf seine Aufgaben bald als zu eng dar und seit 1962 firmierte es als Ministerium für wissenschaftliche Forschung. Die Erkenntnis über die Bedeutung der Schul- und Hochschulbildung für die Wissenschaft, vor allem in Ermangelung eines naturwissenschaftlichen Nachwuchses, rückte verstärkt die Bildungs- bzw. Hochschulpolitik in den Vordergrund. Analog dazu erfolgte die Umbenennung des Ministeriums in Bundesministerium für Bildung und Wissenschaft. Da jedoch auch die Förderung der Forschung und Technikentwicklung in der Wirtschaft nicht vernachlässigt werden durfte, wurde das Bundesministerium für Forschung und Technologie gegründet (1972). Die in der Praxis notwendige und zunehmende Vernetzung von Wissenschaft und Forschung in der Wirtschaft wurde letztendlich auch 1994 auf Ressortebene durch die Fusion der beiden Ministerien zum Bundesministerium für Bildung, Wissenschaft, Forschung und Technologie vollzogen. Abbildung 2 stellt die verschiedenen Bezeichnungen des Ministeriums seit seinem Bestehen dar (vgl. auch die Einleitung zu diesem Band).

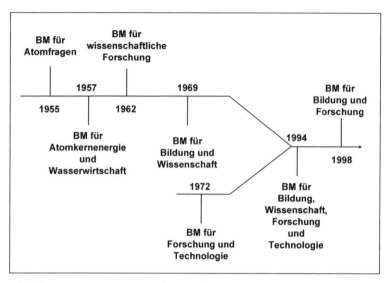

Abbildung 2: Vom Ministerium für Atomfragen zum BMBF (Quelle: BMBF 2005, Einleitung zu diesem Band, eigene Darstellung)

2 Dynamik des deutschen Innovationssystems

2.1 Wissenschaftsausgaben

Territoriale Diskontinuitäten und Währungswechsel treten bei der Betrachtung langfristiger Entwicklungslinien im deutschen Innovationssystem als problematisch ins Blickfeld (vgl. Grupp et al. 2002). Um den diffizilen Fragen der Umrechnung verschiedener Währungen aus dem Weg zu gehen, kann die Entwicklung der Wissenschaftsausgaben über einen langen Zeitraum hinweg am besten auf die Gesamtausgaben der öffentlichen Haushalte bezogen werden. Die Wissenschaftsausgaben[5] in Deutschland haben sich, durchbrochen von einigen Schocks bis zum Zweiten Weltkrieg, auf ungefähr 5 Prozent des öffentlichen Gesamthaushalts erhöht (vgl. Abbildung 3).

Nach Kriegsende wird in Westdeutschland die Wissenschaftsförderung dramatisch auf bis zu einem Anteil von 5 Prozent an allen öffentlichen Haushalten erhöht, allerdings nur bis in die 1970er Jahre (Hochschulexpansion); danach gehen die Aufwendung bis zur Vereinigung um fast einen Prozentpunkt zurück. In der ehemaligen DDR nahmen

---

[5] Die Wissenschaftsausgaben sind die FuE-Aufwendungen sowie die Aufwendungen für akademische Lehre. In den frühen Beobachtungszeiträumen lassen sich diese schlecht auftrennen.

INNOVATIONSKULTUR IN DEUTSCHLAND

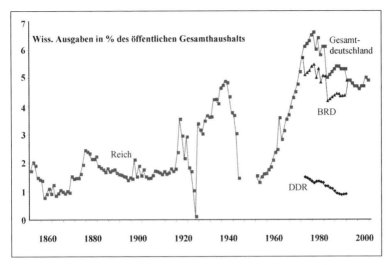

Abbildung 3: Entwicklung der Wissenschaftsausgaben bezogen auf die Gesamtausgaben der öffentlichen Haushalte (Quelle: Grupp et al. 2002. Anmerkung: Die Angaben beziehen sich auf die Summe von Reichsstellen bzw. Bundeseinrichtungen und die jeweiligen Länder)

die Wissenschaftsausgaben mit anfangs ungefähr 1,5 Prozent der öffentlichen Gesamtausgaben beständig ab. Die Vereinigung schließlich hat das Niveau in Gesamtdeutschland gegenüber Westdeutschland abgesenkt.

2.2 Öffentliche versus private FuE-Aufwendungen

In neuerer Zeit werden zum Zwecke der internationalen Vergleichbarkeit die Ausgaben für FuE in Prozent des BIP angegeben. Zur Erreichung des von der EU gesetzten 3 Prozent-Ziels sind deutliche Anstrengungen der Wirtschaft und insbesondere des Staates erforderlich. Denn die Finanzierung für FuE (2002: 2,5 Prozent des BIP) erfolgte in 2002 zu rund 68 Prozent durch die deutsche Wirtschaft, während der Staat ungefähr 31 Prozent beitrug. Dieses Verhältnis schwankte seit Bestehen der Bundesrepublik Deutschland ständig, wobei der Anteil des Staates, ursprünglich gut 50 Prozent, kontinuierlich abnahm. Der Entwicklungspfad des Verhältnisses staatlich und privat finanzierter FuE ist von mehreren Entwicklungsphasen gekennzeichnet. Laut Fier (2002) ist der erste Einbruch der Finanzierungsbereitschaft des Wirtschaftssektors auf die Rohstoffkrise zurückzuführen. In der anschließenden Phase erfolgte eine Intensivierung der FuE-Anstrengungen seitens der Wirtschaft, während der Staat mit dem Grundsatz der Subsidiarität Zurückhaltung übte. Im Zuge der deutschen Wiedervereinigung erhöhten die öffentlichen Haushalte ihre Ausgaben, aber in Relation zum BIP erfolgte ein Rückgang der staatlichen und industriellen FuE-Ausgaben. Erst zum 21. Jahrhundert hin hat die Wirtschaft wieder ihre Investitionen in FuE intensiviert, während der Staat durch jahrelange Haushaltsdefizite in seiner Aktionsfähigkeit eingeschränkt ist.

2.3 Nationale versus regionale Wissenschaftsaufwendungen

Die Finanzierung der öffentlichen Wissenschaftsausgaben erfolgte bis zur Reichsgründung ausschließlich über die Länder. Abgesehen von einigen Einbrüchen erhöhten sich die Anteile des Bundes im Laufe der Zeit (vgl. Abbildung 4). Nach der Besetzung Deutschlands am Ende des Zweiten Weltkriegs tat sich naturgemäß die Bundesregierung zunächst schwer, die alte Rolle wieder anzunehmen, zumal einige Forschungsbereiche nicht erlaubt waren (Rüstungs-, Nuklear-, Luftfahrtforschung, etc.; vgl. die Beiträge von Johannes Weyer und Joachim Radkau in diesem Band). Anfang der 1960er Jahre nahm der Bund seine Verantwortung in der Wissenschaft wieder verstärkt wahr. Aber sowohl vor als auch nach dem Zweiten Weltkrieg trugen die Länder einen Großteil der Wissenschaftsausgaben. Seit der neuerlichen Vereinigung zieht sich der Bund in geringem Umfang, aber kontinuierlich aus der Wissenschaftsförderung zurück. Da die Förderung der wissenschaftlichen Forschung

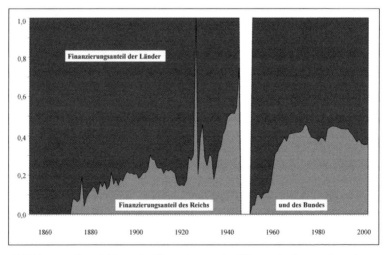

Abbildung 4: Entwicklung der Finanzierung der Wissenschaftsausgaben: das Bund-Länder-Verhältnis, anteilsmäßig (Quelle: Grupp et al. 2002)

als nationale Aufgabe angesehen wurde, war die Ausgangssituation in den 1950er Jahren auch von einer föderativen Aufgabenverteilung in Wissenschaft und Forschung gekennzeichnet. Die Finanzierung des Hochschulbereichs lag überwiegend in den Händen der Länder, während die außeruniversitäre Forschung überwiegend durch das Bundesministerium gefördert wurde.

3 Schwerpunkte der öffentlichen Innovationspolitik

3.1 Leitlinien der Innovationspolitik – ein Überblick

Hauptthemen in den ersten Jahren des Bestehens der Bundesrepublik Deutschland waren Fragen der äußeren Sicherheit und des Wiederaufbaus. Nach Kriegsende fehlte es in Deutschland nicht nur an einer Forschungsinfrastruktur, sondern insbesondere an Wissenschaftlern und Forschern. Der Wiederaufbau von Wissenschaft und Forschung stand somit im Mittelpunkt der Bemühungen. Das vorherrschende Instrument war die allgemeine Wissenschaftsförderung – meist institutionelle Förderung. Neben dem Forschungsschwerpunkt Wehrtechnik beherrschte die Kernenergie zunächst das Denken und Handeln der Forschungsförderung. Die Förderung der Kernforschung wird als das älteste Fachprogramm im Bereich FuE betrachtet (vgl. den Beitrag von Joachim Radkau in diesem Band). Zum ersten Zielbündel der Forschungs- und Technologiepolitik zählten die Wissenschaftsförderung, die Steigerung der wirtschaftlichen Wettbewerbsfähigkeit und die Förderung internationaler Kooperationen.

Das Leitmotiv für die Förderung der Wissenschaft nach der Gründung der BRD war geprägt durch die freiheitliche Tradition der Wissenschaft in der Weimarer Republik. Die wissenschaftliche Forschung erhielt vom Staat finanzielle Mittel, über deren Verwendung die Vertreter der Wissenschaft weitgehend selbst bestimmen konnten. Generelles Ziel der Förderung war es, international in der Wissenschaft wettbewerbsfähig zu werden. Die Förderprogramme konzentrierten sich auf zentrale langfristig wichtige Forschungsthemen wie die Kern-, Weltraum-, Verteidigungsforschung (vgl. auch Johannes Weyers Beitrag) und die Studienförderung. Daneben nahm die allgemeine, stark institutionell orientierte Wissenschaftsförderung einen großen Raum ein. Zur Unterstützung der Forschung sollte die tertiäre Bildung die Menschen zu einer selbstverantwortlichen, planvollen Lebensgestaltung hinführen. Die gegenseitigen Verflechtungen von technischer Entwicklung, wirtschaftlichem Wachstum, Beschäftigung, Einkommen, Sozialstrukturen, Berufswahl und Nachwuchs fanden in der Ausrichtung der Wissenschaftspolitik Berücksichtigung.

Mitte bis Ende der 1960er Jahre kam es zu einer verstärkten Ausdifferenzierung der Ziele (vgl. Abbildung 5). Die Nachholphase war weitestgehend abgeschlossen und Zukunftsaufgaben rückten ins Blickfeld. Die Förderung der wissenschaftlichen Forschung diente dem Erhalt und der Stärkung der Wettbewerbsfähigkeit, wobei die internationale Zusammenarbeit als Know-how-Quelle erkannt wurde. Ein weiterer Ausgangspunkt der Überlegungen war, dass vor allem die Lösung anstehender langfristiger Aufgaben im Bereich Ernährung, Energieversorgung, Raumordung, Umwelthygiene,[6] Verkehr und Bildungspolitik die Entwicklung der Gesellschaft und der Wirtschaft voranbringt. Wichtige thematische Schwerpunkte waren nach wie vor die Kern- und Weltraumforschung, nun aber ergänzt um die Datenverarbeitung. Der starke Anstieg der militärischen Forschung in den USA und der UdSSR, die rasche Umsetzung von Forschungsergebnissen in Marktprodukte sowie der hohe Anteil der Bevölkerung mit tertiärem Bildungsabschluss in anderen Ländern wurden kritisch beobachtet und fanden in der Förderungsausrichtung der Wissenschaft ihren Niederschlag.

Ende der 1960er Jahre und im weiteren Verlauf der 1970er Jahre tauchten vermehrt auch kritische Töne über Chancen und Risiken der Forschung auf (Nuklearunglücke, Bürgerbewegungen, Ölpreiskrisen). Die Politik erkannte die Notwendigkeit, die Diskussionen nicht im Alleingang, sondern auf internationaler Ebene fortzuführen und bestimmte Bereiche auf internationale Einrichtungen zu konzentrieren. Aufbau und Erhalt von Wohlstand, Frieden und Sicherheit standen als vorrangiges Ziel an. Sie stützte sich auf die politischen Aufgaben im Bereich Bildung und Infrastruktur im weitesten Sinne. Die thematischen Schwerpunkte blieben bestehen bzw. erweiterten sich um die Meeresforschung, das Dokumentations- und Informationswesen sowie um den Bereich neue Technologien.

Kontinuität in den Leitlinien prägte im weiteren Verlauf die Forschungspolitik. Allerdings errang der Ressourcenschutz bzw. die Ressourcenschonung für die Sicherung und Verbesserung der Lebensbedingungen auf nationaler und internationaler Ebene an Bedeutung. Die Politik führte thematisch und strukturell die Forschungsförderung beständig weiter. Allerdings kristallisierten sich in diesem Zeitraum die Biowissenschaften bzw. die Biotechnologie als ein Schlüsselbereich für Innovation und Wachstum heraus.

In den 1980er Jahren orientierte sich die Innovationspolitik an der Erweiterung des wissenschaftlichen Kenntnisstands, der Stärkung der wirtschaftlichen Leistungs- und Wettbewerbsfähigkeit, der Ressourcenschonung, der Verbesserung der Lebens- und Arbeitsbedingungen sowie der Technologiefolgenabschätzung, d. h. der Diskussion über Risiken

---

6 Vgl. den Beitrag von Peter Weingart in diesem Band.

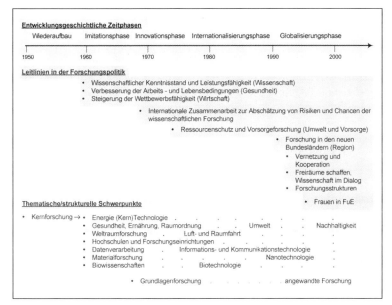

Abbildung 5: Leitlinien und explizite Aufgabenschwerpunkte der Wissenschafts-, Bildungs- und Forschungspolitik

und Chancen von Forschungsergebnissen im internationalen Rahmen (vgl. dazu Alfons Bora in diesem Band). Mitte der 1980er und Anfang der 1990er Jahre war die Sorge um den wissenschaftlichen Nachwuchs ein explizites Thema. Erstmals wurden so genannte Schlüsseltechnologien, bzw. marktorientierte oder auch strategische Technologien benannt, die als bedeutend für die wirtschaftliche und gesellschaftliche Entwicklung galten. Zu diesen Technologien zähl(t)en die Materialforschung, Bio-, Informations- und Kommunikationstechnologie.

Gegen Ende des zweiten und Anfang des dritten Jahrtausends wurden weitere Themen in die Leitlinien der Forschungsförderung aufgenommen. Bedeutung erlangte die wissenschaftliche Exzellenz, die Vernetzung der Forschung bzw. Verbesserung der Forschungsstrukturen inklusive der Stärkung der Forschung in den neuen Bundesländern, die Förderung strategischer Projekte und die Spitzentechnologie als Innovationsmotor. Die Wissenschaft für die Wirtschaft fand im Rahmen der Förderung von Technologien für neue Märkte durch Kooperationen, Gründungs- und KMU-Programmen starke Unterstützung. Des Weiteren galt es, durch Dialoge Akzeptanz und Freiräume für die Forschung in der Gesellschaft zu schaffen, die Vorsorge und Zukunft gezielt zu gestalten und die kulturelle Vitalität und Leistungsvielfalt zu stärken. Der nachhaltige Ausbau der Humanressourcen unter Förderung der Frauen in der Forschung wurde neu aufgenommen. Insgesamt steht der Mensch und seine Umwelt im Zentrum der Betrachtung. Manche in früheren Jahren Förderschwerpunkte bildende Themen haben sich zu Leitlinien der Wissenschafts- und Forschungspolitik entwickelt.

Insgesamt ist festzuhalten, dass sich die Leitlinien im Laufe der Zeit ausdifferenziert und die thematischen, strukturellen Forschungsschwerpunkte und Technologien ausgeweitet haben, wobei eine Kontinuität bei Leitlinien oder thematischen Schwerpunkten vorherrschte.

3.2 Differenzierung und Kontinuität der Förderzwecke und -bereiche

Die Ausgaben des Bundes für Wissenschaft, Forschung und Entwicklung nach Förderzweck oder -bereich zeugen von einer ähnlichen Kontinuität der Forschungspolitik analog zu den verkündeten Leitlinien. Anfangs dominierten Verteidigungsinteressen und die Kernforschung zur Sicherung der Energieversorgung die Ausgabenpolitik der Wissenschaftsförderung.[7] Die allgemeine Wissenschaftsförderung umfasste insbesondere die institutionelle Förderung (Forschungseinrichtungen, Hochschulen). Die Wehrforschung und Energieforschung – anfangs nur Kerntechnik – haben zu Gunsten neuer Technologie stark an relativer Bedeutung verloren, wurden jedoch nicht aufgegeben. Allerdings finden innerhalb der thematischen Förderbereiche Verschiebungen von Schwerpunkten statt. So standen beispielsweise um 1970 der Schienen- und Güterverkehr im Vordergrund, während um 2000 die Mobilität insgesamt als Leitthema galt. Der allgemeinen Wissenschaftsförderung wird nach wie vor ein großer Beitrag zugemessen (vgl. Anhang: Abbildung 14).

Insgesamt wird die seit 1982 zunehmende Differenzierung der Förderbereiche, aber auch die Kontinuität der Förderung statistisch deutlich: Förderbereiche werden nicht aufgegeben, nur im relativen Förderumfang reduziert und einzelne Technologien gezielt gefördert. Der Wandel vom Atomministerium zum BMBF reflektiert in diesem Sinne sowohl eine strukturelle Anpassung als auch eine inhaltlich-konzeptionelle Erweiterung der Wissenschaftspolitik des Bundes, die versucht, der zunehmenden Komplexität des Innovationssystems zu entsprechen.

---

7 Zum Zusammenhang der friedlichen Nutzung der Kernenergie und der militärischen Option siehe die Ausführungen von Joachim Radkau in diesem Band.

3.3 Nicht im Alleingang: Zusammenwirken der Ressorts

Der größte Anteil der Ausgaben des Bundes für Wissenschaft, Forschung und Entwicklung entfallen auf das BMBF, bzw. seine Vorläufer, das BMFT und BMBW. In den ersten Jahren des Bestehens der Bundesrepublik Deutschland lenkten insbesondere das BMI und marginal die Ministerien im Bereich Ernährung und Wirtschaft die Vergabe der Fördermittel der Wissenschaft. In relativ kurzer Zeit hat das BMBF seine Kompetenz in der Wissenschafts- und Forschungspolitik ausgebaut und ist nun für ungefähr 65 Prozent (2004) der Ausgaben verantwortlich (vgl. Abbildung 6). Zusammen mit den Bundesministerien für Verteidigung sowie für Wirtschaft (und Arbeit) bestreitet das BMBF nahezu alle Ausgaben für die Wissenschaftsförderung. Im Zuge der weltpolitischen Entspannung haben sich aber die Anteile des BMVg in der FuE-Förderung leicht vermindert, während die des BMWA über einen längeren Zeitraum konstant blieben.

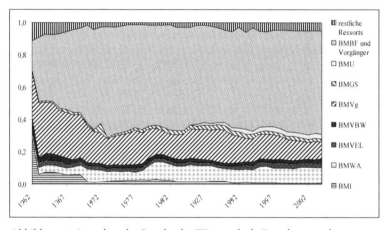

Abbildung 6: Ausgaben des Bundes für Wissenschaft, Forschung und Entwicklung nach Ressorts (Quelle: Bundesbericht Forschung, verschiedene Jahrgänge, eigene Berechnungen)

Anmerkungen: BMU: besteht erst seit 1986.
BMGS: zeitweise Ausgaben des ehemaligen BM Gesundheit und BM Familie zusammen ausgewiesen.
BMVBW: Ausgaben des ehemaligen BM Verkehr und BM Wohnungsbau zusammen ausgewiesen.
BMWA: Ausgaben des (ehemaligen) BMWi und BMA zusammen ausgewiesen.
Lesehilfe: Ausgaben der Ressorts von oben nach unten lesen.

3.4 Schalenmodell und Förderinstrumente

Die Innovationspolitik ist durch eine Ausdehnung des Aufgabenspektrums gekennzeichnet. Dies wurde in einem Schalenmodell von Bräunling und Maas (1989) beschrieben. Eine Erweiterung dieses Modell um eine fünfte Schale erfolgte durch Fier (2002). Dieses Modell zeigt die Beständigkeit in der Forschungspolitik sowie deren Schwerpunkte und Ziele auf: zu den bestehenden Schwerpunkten werden neue hinzugefügt, bei der Innovationsförderung sind immer mehr Aspekte zu beachten, die Innovationspolitik wird komplexer.

Im Kern der Politik steht die Finanzierung der Wissenschaft insbesondere der Grundlagenforschung und der Wissenstransfers durch Technologietransferstellen, Personaltransfer und guten Zugang zu Fachinformationen. Die erste zusätzliche Schale (technologiepolitisch orientiert) ist charakterisiert durch die technologischen Großprogramme mit den Schwerpunkten Kerntechnik, Luft- und Raumfahrt sowie Datenverarbeitung (später Mikroelektronik). Durch das Bestreben, den Export von technologieintensiven Waren zu stärken, waren in der zweiten Schale (handelspolitische geprägt) Querschnitts- oder Schlüsseltechnologien Gegenstand der Förderung. In der dritten Schale werden gesellschaftspolitische Ziele aufgegriffen und eine breite Palette staatlicher Programme zur Daseinsvorsorge (Arbeit, Umwelt und Gesundheit) angeboten. Ende der 1970er Jahre rückte die Förderung von Innovationen und deren Rahmenbedingungen in den Vordergrund. Gezielt wurden KMUs mittels indirekter Maßnahmen unterstützt. Die letzte Schale bildet den Staat als Vermittler von Forschungsthemen und -ergebnissen ab. Gefördert werden der Aufbau von Netzwerken und Clustern. Die regionale Bedeutung von Forschungszentren wächst.

Zur Erreichung der forschungspolitischen Ziele stehen dem Staat Instrumente verschiedener Art zur Verfügung. In der FuE-Politik der Bundesrepublik Deutschland kommen überwiegend fünf Instrumente zum Einsatz, mit denen Forschungsaktivitäten direkt oder indirekt angeregt werden sollen (nach Fier 2002: 67):

- institutionelle Förderung: Grundfinanzierung, allgemeine Finanzierung von Hochschulen, Großforschungseinrichtungen, Sonderforschungsbereichen, Forschungsinstituten.
- direkte Projektförderung: Ressortprogramme, Projektbegleitung, Teilfinanzierungen bei Forschungsinstituten und Privatwirtschaft.
- indirekte Förderung: Steuererleichterungen, Abschreibungen, Wagnisfinanzierungen, Transferförderung, FuE-Investitionszuschüsse für Privatwirtschaft und KMU.
- indirekt-spezifische Förderung: Steuererleichterungen, Zuschüsse, Sonderprogramme für Privatwirtschaft und KMU.

INNOVATIONSKULTUR IN DEUTSCHLAND

– Frühphasenförderung durch Ausfallgarantien, Refinanzierung von Lead-Investoren, Beteiligungsgesellschaften in Privatwirtschaft, insbesondere bei jungen Unternehmen.

Da die Förderschwerpunkte und -inhalte einem beständigen Wandel unterliegen, ist auch das Förderinstrumentarium ständigen Änderungen unterworfen. Laut der Darstellung von Fier (2002) zählten zu den ersten Formen der Forschungsförderung die Globalzuwendungen an Institutionen sowie die Einzelzuwendungen zur Förderung bestimmter Vorhaben. Ergänzt wurden diese so genannten institutionell gewährten Zuwendungen später durch indirekte Förderungsprogramme (1960er) und den indirekt-spezifischen Förderungen (1970er). Die Entwicklung der Förderinstrumente ist in Abbildung 7 abgebildet.

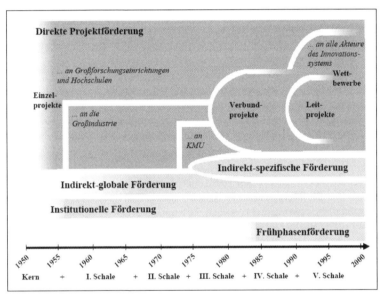

Abbildung 7: Entwicklungsphasen finanzieller Förderinstrumente (Quelle: Fier 2002)

Bemisst man die Bedeutung der Förderinstrumente nach ihrem Budget, dominieren bis heute die direkte und die institutionelle Förderung. Während die institutionelle Förderung in ihrer Ausgestaltung weitgehend stabil blieb, haben sich Zielgruppenausrichtung, Projektart und Vergabeverfahren der direkten Projektförderung stufenweise verändert (Fier 2002: 72). Von großer Konstanz sind auch die relativen Ausgaben des Bundes für die internationale Zusammenarbeit und die hochschulbezogene Förderung. Die in der Statistik ausgewiesene indirekte Förderung nimmt seit ihrer Anwendung einen eher bescheidenen Raum ein (vgl. Abbildung 8).

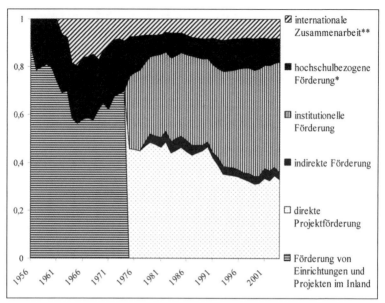

Abbildung 8: Wissenschafts-FuE-Ausgaben des Bundes nach Förderarten
(Quelle: BMBF, Bundesbericht Forschung, verschiedene Jahrgänge)

Anmerkungen: * inkl. der Studienförderung bis 1968, in den Jahren 1956-64,1966/68 ohne Ausgaben für Hochschule der Bundeswehr.
** 1962 und 1963 umfassen nur Zahlungen an internationale Organisationen (BMBF, 1965:57ff).
Lesehilfe: Förderart von oben nach unten lesen.

3.5 Erträge aus der Wissenschaftsförderung

In den meisten Wissenschaften, besonders in den Naturwissenschaften, gilt der Umfang der Primärliteratur (Originalveröffentlichungen) in den Fachzeitschriften als Maß für das Wissen und sein Wachstum. Das stärkste Anwachsen der (hochgerechneten) Publikationszahlen wird ab Mitte der 1960er und in den 1970er Jahren beobachtet. Dies stimmt mit der Beobachtung einer weltweiten Expansion des Wissenschaftssystems überein, allerdings hat die deutsche Wissenschaft hier einen Verzug von fast 20 Jahren. Dieser erklärt sich (vgl. Grupp et al. 2002) aus der besonderen Situation des Wiederaufbaus und der alliierten Vorbehalte bezüglich gewisser Forschungsgebiete bis 1955.[8] Ende der 1980er Jahre flacht die Wachstumsrate in Deutschland wie auch weltweit ab;

8 Zum Beispiel der Raketen- und der Luftfahrttechnik; siehe Johannes Weyer in diesem Band.

nach 1989 kommt es zu einem dramatischen Einbruch in der absoluten Zahl deutscher Artikel.[9] Eine Rückkehr auf das Publikationsniveau von 1987 ist erst wieder im Publikationsjahr 1993 erreicht worden, wobei wiederum heftiges Wachstum einsetzt, das antizyklisch zum weltweiten Slowdown verläuft.

Weltweit ist insgesamt ein Anstieg der Zeitschriftenliteratur zu beobachten. Wenn man in Betracht zieht, dass das Gesamtvolumen der Publikationen enorm zunahm, ist es erstaunlich, dass der Anteil deutscher Zeitschriften seit 1945 etwa mit dem weltweiten Volumen angewachsen ist. Der durchschnittliche Anteil deutscher Zeitschriften an allen Zeitschriften schwankt nur gering, der Durchschnittswert beträgt 8,9 Prozent (vgl. Grupp et al. 2002). Die Entwicklung der deutschen Zeitschriftenliteratur weist ein stärkeres Wachstum auf als die der gesamten Welt. Das Volumen ist seit 1974 um über 177 Prozent gewachsen ist. Demgegenüber beträgt die Wachstumsrate für die Zeitschriftenliteratur der gesamten Welt 126 Prozent. Folglich liegt auch die jahresdurchschnittliche Wachstumsrate der deutschen Zeitschriftenliteratur in diesem Zeitraum mit 4,2 Prozent höher als die der Weltliteratur in Höhe von 3,3 Prozent (vgl. Grupp et al. 2002).

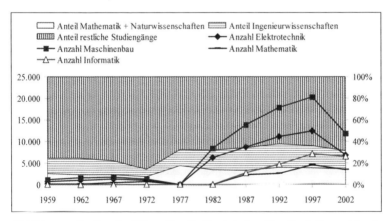

Abbildung 9: Studienabschlüsse (Quelle: Statistisches Handbuch Deutschland, verschiedene Jahrgänge, Zusammenstellung[10]

9 Hier ist zu beachten, dass die Recherchen gemeinsam für West- und Ostdeutschland durchgeführt wurden und sich in diesem Rückgang der Publikationstätigkeit im Wesentlichen der Zerfall bzw. die »Abwicklung« des ostdeutschen Wissenschaftssystems vermutet werden darf (Grupp et al. 2002).

10 1977: Erste Staatsprüfungen für das Lehramt, sowie Zusatz-, Ergänzungs- oder Erweiterungsprüfungen führen zu Mehrfachzählung: In der

Ein weiterer wichtiger ›Ertrag‹ des Wissenschaftssystems stellt die Ausbildung von Hochqualifizierten dar (Humankapital). Die Absolventenanzahlen in den Studienfächern Mathematik, Informatik, Medizin, Natur- und Ingenieurwissenschaften reflektieren das verfügbare Humankapital für Wissenschaft und Technologie. Nach Kriegsende war die Verfügbarkeit von entsprechend qualifiziertem Personal für Forschung und Wissenschaft stark beschränkt, da viele Wissenschaftler dem Krieg zum Opfer fielen, auswanderten oder sich aufgrund ihrer Vergangenheit disqualifizierten. Trotz politischer Bemühungen waren die Studentenzahlen in absoluten Größen und anteilig in diesen Studienbereichen sehr bescheiden (vgl. Abbildung 9). Eine geringfügige Verbesserung (anteilig als auch absolut) trat Ende der 1970er Jahre/Anfang der 1980er Jahre ein. Der Anteil der Ingenieur- und Naturwissenschaften wird jedoch auch heute als zu gering betrachtet und auf Grund der demographischen Entwicklung wird ein Mangel an Naturwissenschaftlern und Ingenieuren erwartet.

3.6 Zwei Innovationssysteme und ein Forschungsprofil

Die Struktur dessen, was durch Förderung der wissenschaftlichen Forschung erreicht wurde, lässt sich also an Hand des Publikationsoutputs skizzieren. Das Profil der Forschung ist, gemessen am Publikationsoutput, in Abbildung 10 für West- und Ostdeutschland dargestellt. Erstaunlicherweise entspricht der Forschungsoutput der DDR gegen Ende ihrer Existenz dem Profil der alten BRD (vgl. Grupp et al. 2002). Gemessen an den weltdurchschnittlichen Anteilen wurde auch 40 Jahre nach der Teilung in beiden Teilen Deutschlands überproportional viel in der Energie- und Nuklearforschung, in der Chemie, der Festkörperphysik und der Mikrobiologie publiziert. Schwächer als weltdurchschnittlich besetzt waren die Informationswissenschaften, die Ingenieurwissenschaften, die Umweltforschung, der Bereich der öffentlichen Gesundheit wie auch andere biomedizinische Gebiete (vgl. Abbildung 10). Dieser Strukturähnlichkeit wird der starke Rückgang der gesamtdeutschen Publikationstätigkeit nach der Vereinigung zugeschrieben. Hier waren nicht unterschiedlich spezialisierte Forschungssysteme aus Ost und West zu integrieren, sondern grundsätzlich gleich spezialisierte,[11] was zu der von vielen beklagten ›Flurbereinigung‹ in Ostdeutschland führ-

Regel erwirbt jeder Absolvent die Lehrbefähigung für zwei Fächer. Ab 1977 also erhöhte Anzahl an Prüfungen. Für 1977 lagen keine Daten über Absolventen in den einzelnen Studiengängen vor.
11 Die beiden Spezialisierungsprofile in Abbildung 10 sind hochgradig korreliert.

INNOVATIONSKULTUR IN DEUTSCHLAND

te. Diese Strukturgleichheit zeigt, dass offenbar 40 Jahre der Teilung nicht ausgereicht haben, die grundsätzlichen Spezialisierungsmuster der deutschen Forschung in beiden Staaten differenziert zu entwickeln. Im Sinne der Pfadabhängigkeit beruhen die Forschungsschwerpunkte weitgehend noch auf den (gemeinsamen) Präferenzen vor der Teilung. Die Innovationskultur in Deutschland umfasste zwei Systeme, aber nur ein Forschungsprofil.

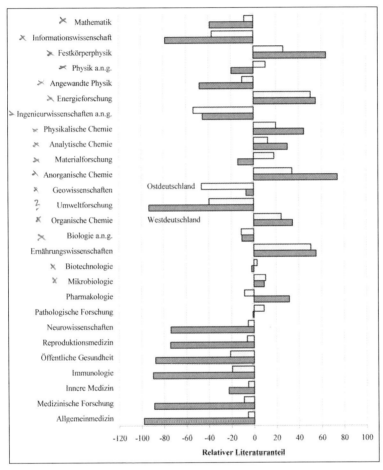

Abbildung 10: Spezialisierung von West- und Ostdeutschland in der wissenschaftlichen Aktivität: Spezialisierungsindikatoren für Publikationen aus den Jahren 1987 bis 1989.[12] (Quelle: Grupp et al. 2002, SCI)

12 Ein Indexwert von 0 besagt, dass der Anteil der Publikationen aus dem jeweiligen Landesteil genauso groß ist wie weltweit auf diesem Gebiet.

3.7 Innovationspolitik und Öffentlichkeit

Im Jahr 1965 erschien zum ersten Mal der Bundesbericht Forschung. Ziel dieses Berichts war und zur deutschen Innovationskultur gehört es, den politisch Interessierten, den Medien und den gesellschaftlichen Akteuren einen Überblick über die gesamten Maßnahmen der Bundesregierung für die Förderung von Forschung und Entwicklung zu geben. Hierbei wurde die Tätigkeit des Bundes im Zusammenhang mit den Leistungen der Länder gesehen und dargestellt. Inhaltlich umfasste der Bericht die Aufgaben und Schwerpunkte der Forschungsförderung, die FuE-Ausgaben des Bundes, der Länder und der Wirtschaft, die Forschungsstrukturen sowie anfangs auch die Vorausschätzung des Bedarfs. Für den internationalen Vergleich wurden die FuE-Ausgaben anderer, wirtschaftlich ähnlicher Länder herangezogen. Im statistischen Anhang fanden Daten über Wissenschafts- und FuE-Ausgaben, Forschungseinrichtungen, Hochschulen und Bildungsabschlüssen Eingang. Die Themenblöcke des Bundesberichts Forschung wurden nach und nach ausführlicher und umfassender dargestellt. Die in der Regel im Vier-Jahres-Rhythmus erscheinenden Berichte wurden 2004 und sollen ab 2008 mit den Berichten zur technologischen Leistungsfähigkeit »fusioniert« werden.

Dieses Berichtssystem ist jedoch mehr auf die Forschungs- und weniger die Innovationsaktivitäten ausgerichtet. In Ergänzung dazu hat das BMFT erstmals 1986 Forschungsinstitute beauftragt, zu ausgewählten Fragen im Zusammenhang mit der technologischen Wettbewerbsposition der Wirtschaft Stellung zu nehmen. Anlass war der zunehmende technologische Rückstand Deutschlands zu Japan, der in der Sorge um den Verlust der Wettbewerbsfähigkeit mündete. Dieser »erste« Bericht stützte sich auf Arbeiten des NIW[13] zu den Determinanten der internationalen Wettbewerbsfähigkeit und auf Untersuchungen des ISI[14] zur Methodik des direkten Vergleichs technischer Eigenschaften von Produkten. Im Einzelnen ging es darum, Informationen über die Entwicklung der Angebotsbedingungen, der Weltmarktanteile und der Außenhandelsresultate sowie der Einschätzung der technologischen Position Deutschlands zu erhalten. Im Laufe der Jahre entwickelte sich daraus der ›Bericht

Negative Werte verweisen auf einen unterdurchschnittlichen Publikationsanteil im weltweiten Vergleich, positive Werte auf eine überdurchschnittliche Publikationszahl. Bei der Bezeichnung der Wissenschaftsgebiete meint »a.n.g.« das restliche Teilgebiet außer den genannten (»anderswo nicht genannt«).
13 Niedersächsisches Institut für Wirtschaftsforschung.
14 Fraunhofer-Institut für System- und Innovationsforschung.

zur technologischen Leistungsfähigkeit Deutschlands‹. Neue Methoden zum Vergleich der technologischen Entwicklung wurden angewandt und neue Indikatoren aufgenommen, um die technologische Leistungsfähigkeit Deutschlands kritisch darzulegen. Analog zum zunehmenden Komplexitätsgrad des Innovationsbegriffs, hat sich die Methodik zur Bewertung der Wettbewerbsfähigkeit verfeinert und zur Verwendung von differenzierten Kennzahlen in der Berichterstattung geführt. Beruhte anfangs die Analyse auf Handelskennzahlen und Ausgaben für FuE, fanden im Laufe der Zeit Indikatoren von FuE-Personal, Innovationen, Patenten, Marken, Normen, Publikationen, (Aus-)Bildungsabschlüssen Eingang in die Berichterstattung.

Ein weiterer Bericht umreißt sicherlich einen wichtigen Teilbereich, welcher die Innovationskultur in Deutschland mit beeinflusst: der nationale Bildungsbericht. Die Bedeutung von Bildung für Innovationen und damit die Wettbewerbsfähigkeit einer Volkswirtschaft ist weithin erkannt. Auf Grund der schlechten Ergebnisse in internationalen Vergleichsuntersuchungen über das Bildungswesen und die Bildung hat 2003 die Kultusministerkonferenz beschlossen, eine Situationsanalyse zum allgemeinen Schulwesen in Deutschland in Auftrag zu geben. Die Ergebnisse wurden im so genannten ersten nationalen Bildungsbericht 2003 dargelegt. Der Bericht befasst sich mit dem Kontext des institutionellen Lernens und Lehrens in Deutschland, den Prozess- und Wirkungsqualitäten und gibt eine Auflistung der geplanten bzw. umgesetzten Maßnahmen der Bundesländer zur Verbesserung des Bildungswesens bzw. der Bildung in Deutschland.

4 Schwerpunkte der privatwirtschaftlichen Innovationstätigkeit

4.1 Forschung, Entwicklung und Erfindungstätigkeit der deutschen Wirtschaft

Die FuE-Ausgaben der Wirtschaft konzentrieren sich auf ein paar wenige Industrien: Chemische Industrie (Pharmazie), Fahrzeugbau, Maschinenbau sowie auf Büro-, DV-Geräte-, Elektrotechnik (vgl. Abbildung 11). Diese FuE-Ausgaben-Struktur spiegelt sich ebenfalls im Patentprofil und der Außenhandelsstruktur (vgl. Grupp 2004). Diese Strukturen bestanden bereits vor dem Ersten Weltkrieg (vgl. Keck 1993) und haben sich bis heute gehalten. Selbst nach Kriegsende, nach der Zerstörung der gesamten deutschen Industrie, bildeten sich die alten Strukturen wieder heraus.

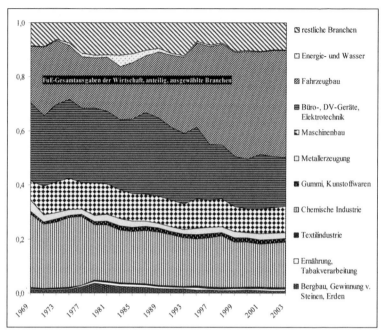

Abbildung 11: *FuE-Ausgaben der Wirtschaftsunternehmen (Quelle: Bundesforschungsbericht, verschiedene Jahrgänge)*
Lesehilfe: FuE-Ausgaben von oben nach unten lesen.

Das industrielle Forschungs- und Entwicklungsergebnis lässt sich am ehesten an Hand von Patenten charakterisieren, denn das System industrieller Schutzrechte ist auf Patentanmeldungen ausgerichtet. Statistiken über Umsätze mit innovativen Produkten sind zwar heute üblich,[15] aber nicht über genügend lange Zeiträume verfügbar. Weitere Hinweise über die Produktion FuE-intensiver Güter sind über den Außenhandel und über den Wissenstransfer zwischen Volkswirtschaften durch die Patent- und Lizenzausgaben zu erhalten. Auch die Normstatistik reflektiert die Diffusion von Neuerungen am Markt.

Nimmt man die gesamte Patenttätigkeit in Deutschland in den Blick, so muss man feststellen, dass die zeitliche Entwicklung in ihrer Dynamik von dem der wissenschaftlichen Tätigkeit und auch der FuE-Ausgaben stark abweicht. Das stärkste Wachstum auf niedrigem Niveau findet seit 1820 bis zur Gründung des Deutschen Reiches statt. Nach Einführung des reichsweiten Patentgesetzes schnellt die Zahl von An-

---

15 Das BMBF hat aus guten Gründen die früher mit der Erstellung beauftragte Institution gewechselt, so dass aus zusätzlichen Gründen rückblickende Vergleichbarkeitsprobleme auftreten.

Abbildung 12: Entwicklung der Patentanmeldungen von 1812 bis zur Gegenwart (Quelle: Grupp et al. 2002)

meldungen und Erteilungen innerhalb von wenigen Jahren nach oben und wächst weiterhin mit einer konstanten Rate an, die nun aber nicht mehr so groß ist wie vor 1870. Der Erste Weltkrieg bringt dieses fast ein Jahrhundert währende Wachstum zu Ende; die Jahresproduktion an Patenten halbiert sich in Deutschland. Ab etwa 1920 ist eine wechselvolle Entwicklung zu diagnostizieren, die jedoch im Ganzen bis zum Jahr 2000 nur zu wenig mehr als einem Nullwachstum führt. In diesem ganzen Jahrhundert beträgt die Zahl der jährlichen Patentanmeldungen in Deutschland etwa 50.000 bis 60.000. Im Bereich der »Triadeländer« (USA, Japan, Europäische Union) hat Deutschland damit eine der höchsten Patentproduktivitäten pro Beschäftigtem.

Von dieser Faustregel abweichend ist ein Wachstum in der Weimarer Republik bis zum Beginn des Dritten Reichs zu beobachten. Die in den 1930er Jahren anlaufende Rüstungsproduktion führt zu einem tiefen Einbruch. Der Zusammenbruch nach dem Zweiten Weltkrieg stellt einen historischen Einschnitt dar, der sich auch in der Patentstatistik zeigt. Das zerstörte Reichspatentamt war in den Jahren 1944 bis 1949 nicht funktionstüchtig (vgl. Abbildung 12). Im Jahr 1948 wurden über 60.000 Patentanmeldungen an den diversen Annahmestellen eingereicht, davon 13.000 nach Oktober 1948. Veröffentlichte Jahreszahlen gibt es aber nicht.[16] Ein weiterer Boom wurde mit dem Stichjahr 1957

---

16 Für das Jahr 1950 ist bekannt, dass über 50.000 Anmeldungen aus diesem Jahr stammten und ferner über 75.000 Anmeldungen aus früheren

ausgelöst, als die Arbeitslosigkeit erstmals unter 4 Prozent absank. Der ›Sputnik-Schock‹, der Baubeginn des ersten deutschen Kernkraftwerks sowie das inoffiziell entworfene Atomprogramm rückten den technischen Fortschritt als Motor des Wirtschaftswachstums in das Bewusstsein breiter Kreise;[17] das Patentamt geriet wegen der steigenden Zahl von Patentvorgängen in Handlungsnöte. Mit der Ölpreiskrise 1973 setzte für die Jahre danach eine tiefe Rezession ein, die erst in der Mitte der 1990er Jahre überwunden wurde.[18]

4.2 Verbreitung von deutschen Innovationen in einer offenen Welt

Die Diffusion von Innovationen schließt begrifflich sowohl die Verbreitung neuen Wissens als auch die Nachahmung von woanders bereits durchgeführten Neuerungen und die Anwendung bekannter Lösungen in einem neuen Zusammenhang ein. Auch ist es heutzutage unerlässlich, Eigenschaften von Innovationen so zu beeinflussen, dass sie bezüglich Nutzung und Entsorgung ›verträglich‹ werden. In den meisten Industrieländern gibt es daher Normen (Standards), die sicherheitstechnische, umwelt- oder gesundheitsverträgliche Mindestanforderungen definieren. Normen spielen aber auch eine Rolle bei der Anpassung von Schnittstellen verschiedener Produkte, ihrer Umgebungen und ihrer Anwendungen. Auch die Herausbildung dominanter Designs bei neuen Produkten zieht Standardisierungsabsprachen nach sich oder hat sie als Voraussetzung. Letztlich hat gerade die Pfadabhängigkeit der Technik mit ihrer Normung zu tun. Das Normungssystem in Deutschland wurde kriegsbedingt (hier ist vom Ersten Weltkrieg die Rede) und gegen Widerstände der Wirtschaft eingeführt. Insgesamt sind vor allem die 1970er und die beginnenden 1980er Jahre von einem starken Anwachsen des Normenbestands gekennzeichnet[19]. Dieses Wachstum hat schließlich auch zu einer verstärkten Rücknahme von Normen geführt und die so genannte ›Normenflut‹ in den 1980er Jahren eingedämmt. Seit Ende der

Jahren registriert wurden. Auch im Jahre 1951 wurden neben den aktuellen Anmeldungen noch fast 5.000 aus früheren Jahren bearbeitet. Auf Grund dieser Angaben kann man die Anmeldungen zwischen 1944 und 1949 so abschätzen, dass sich in der Summe die richtigen Zahlen ergeben. Ob die Verteilung auf die entsprechenden Jahre exakt so war, bleibt dabei in einem gewissen Rahmen unsicher.

17 Joachim Radkau, in diesem Band.
18 Für den Zeitraum 1955-1996 und Westdeutschland.
19 Der jährliche Normenbestand besteht aus der Hinzunahme neuer Normen nach ihrer Ausgabe, vermindert um den jährlichen Rückzug der Normen. Eine Rücknahme von Normen hat quantitativ allerdings erst ab etwa 1980 Bedeutung.

INNOVATIONSKULTUR IN DEUTSCHLAND

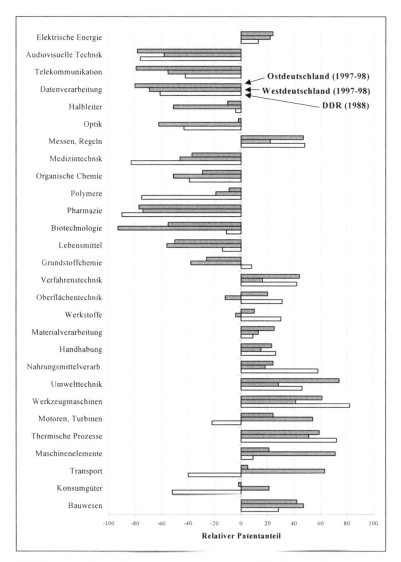

Abbildung 13: Technologische Spezialisierung der DDR (1988), der neuen Länder (1997/98) und Westdeutschlands[20] (Quelle: Grupp et al. 2002, PATDPA, PATDD, EPA)

---

20 Zur Bedeutung der Indexwerte siehe sinngemäß die Fußnote zu Abbildung 10.

1980er Jahre ist jedoch ein erneutes Anwachsen des Normenbestands zu beobachten. Der gesamtwirtschaftliche Nutzen der Normung steht außer Frage (vgl. Blind und Grupp 2000). Neben dem Suchen und Erreichen von Patentschutz im Ausland spielt die Übertragung von Wissen eine große Rolle. Patente können lizenziert, Blaupausen können gekauft, FuE im Ausland kann ›bestellt‹ und muss entgolten werden. Diese diversen Wissensübertragungen werden von der Deutschen Bundesbank in der Patent- und Lizenzbilanz dargestellt. Die Ausfuhren von Wissen entsprechen den Einnahmen in der Zahlungsbilanz und die Einfuhren den Ausgaben. Die Einfuhr von Wissen ist in den 1960er und 1970er Jahren nur moderat angestiegen, während seit 1982 ein sehr starker Anstieg zu verzeichnen ist, der eine Zunahme der Wissensglobalisierung signalisiert. Gerade zu Beginn der 1990er Jahre, in denen man eine verstärkte Globalisierung behauptet hat, stagnieren aber die deutschen Ausgaben für ausländisches Wissen auf einem hohen Niveau. Dies könnte mit der weltweiten Rezession und der vorrangigen Beschäftigung mit der Integration bzw. der ›Abwicklung‹ des Innovationssystems der DDR zu tun haben. Seit 1994 sind die Lizenzausgaben wieder stark gestiegen. In knapp 40 Jahren hat sich mehr als eine Vervierfachung im bezahlten Transfer von technischem Wissen – in realen Preisen – aus dem Ausland ergeben. Dies muss man vor dem Hintergrund diskutieren, dass gleichzeitig die nationale Erzeugung neuer Technik (ausgedrückt durch Patentanmeldungen oder den Patentbestand), abgesehen von Schwankungen, sein Niveau kaum verändert hat.

4.3 Industrielle Innovationskultur in Deutschland: zwei Systeme?

Zur Illustration der industriellen FuE-Strukturen in kapitalistischen Ländern sind Patentdaten relativ aussagekräftig. Die Patenttätigkeit aus der DDR folgt dem sozialistischen Eigentumsideal und ist nicht vergleichbar. Aber DDR-Patente nach westlichem Recht sind bereits seit 1945 registriert worden. Ein Ansteigen der Patenttätigkeit von DDR-Erfindern in Westdeutschland ist bis Anfang der 1960er Jahre erkennbar. Danach folgt eine Stagnation, mit anschließendem Rückgang bis 1977. Ein schwaches Wiederaufleben ist bis 1985 beobachtbar mit einem anschießenden erneuten Abflachen der Patenttätigkeit (vgl. Grupp et al. 2002). Die Inlandspatentanmeldungen der DDR folgen einem anderen Schutzideal und liegen auf wesentlich höherem Niveau als die Auslandsanmeldungen in Westdeutschland. Sie begannen mit einer stabilen Wachstumsphase, die von einer rückläufigen Entwicklung unterbrochen war und durch politische Maßnahmen nochmals Schwung bekam. Seit 1985 verzeichnen die Inlandsanmeldungen einen fallenden

Trend. Grupp et al. (2002) erklären dies mit einem Rückgang der FuE-Beschäftigten und der FuE-Ausgaben im Wirtschaftssektor.

Ein Spezialisierungsvergleich des Patentportfolios der DDR mit dem Westdeutschlands zeigt die besonderen Stärken der DDR auf (vgl. Grupp et al. 2002): Papier und Druck, Textil, Werkzeugmaschinen, Handhabung, optische Geräte und Messtechnik (vgl. Abbildung 13). Deutliche Schwächen offenbaren sich in den Bereichen Chemie, Elektrotechnik und Elektronik, Informationstechnik sowie Transport und Verkehr. Das Patentprofil der DDR Ende der 1980er Jahre entspricht weitgehend dem Patentprofil der 1990er Jahre in den neuen Bundesländern (vgl. Schmoch und Saß 2000) und korreliert mit dem Westdeutschlands. Grupp et al. (2002) stellen fest, dass trotz völlig unterschiedlicher ökonomischer Verhältnisse sich in der Technik in weiten Bereichen Übereinstimmungen zwischen West- und Ostdeutschland vor und nach der Vereinigung offenbaren. Es scheint, dass die vorgegebenen Strukturen des deutschen Reichs und die Abschottung vom Westen einer Ausdifferenzierung des Techniksystems im Osten unter Eigenlogik im Wege standen.

5 Stabile Innovationskultur in Deutschland

Vermag uns der Abriss zur Innovationskultur in Deutschland etwas zu Gegenwart und Zukunft zu sagen? Für die zeitgenössische Technologiepolitik bietet der historische Rückblick eine neue Perspektive: Während bei allen früheren Krisen die jeweilige Zentralgewalt keine »ruhende Säule« in der Forschung war, sondern der Wissenschaftsbetrieb von den Ländern aufrecht erhalten und wieder aufgebaut wurde, hat sich die Rolle des Bundes im Innovationsgeschehen bei der deutschen Vereinigung 1990 souverän behauptet, obwohl der Anteil der Wirtschaftsunternehmen an der Finanzierung von FuE gegenüber den Staatsorganen ungebrochen an Einfluss gewinnt.

Vor allem aber fällt auf, dass das deutsche Innovationssystem trotz mehrerer politischer Systemwechsel von einer bemerkenswerten Struktur-Persistenz ist, was seine spezifischen Stärken und was seine Reaktionsmuster auf politische und ökonomische Herausforderungen anbelangt – und dies trotz extrem unterschiedlicher Effizienz. Dies rechtfertigt es, hinter den veränderbaren politischen Systemen eine ausgesprochen resistente Innovationskultur zu vermuten. Die mentale Verfassung der Forscher, das Selbstverständnis der Unternehmen und Konsumenten sowie das gesellschaftliche Aushandeln von Prioritäten reagieren nicht ohne weiteres auf Außenanreize monetärer oder institutioneller Art, auch wenn diese lang anhalten sollten. Technologiepolitisch wird diese Innovationskultur grundsätzlich nur schwer zu verändern sein, vor allem nicht mit den bisher eingesetzten Steuerungsmechanismen. Selbst eine Einmauerung des Teilsystems in der ehemaligen DDR und seine Unterwerfung unter kommunistischen Kurs konnten wenig an den grundsätzlichen Orientierungen ändern. Diese einzigartige historische Situation kann als ungewolltes Experiment verstanden werden: die Grundmuster der wissenschaftlichen Spezialisierung verändern sich auch bei großen politischen Systemänderungen nur sehr langsam (Hinze und Grupp 1995: 65),[21] jedenfalls nicht innerhalb einer Forschergeneration (ca. 30 Jahre).

Es gab und gibt im technisch-wissenschaftlichen Bereich wohl ein spezifisch deutsches Verständnis von der Eröffnung und Verfolgung neuer Technologiepfade. Den technisch-naturwissenschaftlichen Eliten Deutschlands ist es unter jedwedem politischen System gelungen, ihr kollektives Forschungsprofil wie auch ihre Werte durchzusetzen. Diese scheint eine lang anhaltende, wenn nicht dauerhafte kulturelle Prägung zu sein.

Literatur

Arnold, E./Kuhlmann, S./van der Meulen B., 2001: Technopolis: A singular council – Evaluation of the Research Council of Norway. Oslo: Research Council of Norway.

Blind, K./Grupp, H., 2000: Gesamtwirtschaftliche Nutzung der Normung – Volkswirtschaftliche Nutzen. Der Zusammenhang zwischen Normung und technischem Wandel, ihr Einfluss auf den Außenhandel und die Gesamtwirtschaft. Berlin: Beuth.

BMBF 1965-2004: Bundesbericht Forschung, verschiedene Jahrgänge, Bonn, später Berlin.

BMBF: Die Geschichte des BMBF. Als Online-Dokument: http://www.bmbf. de/de/291.php, Stand 06/2005.

Bräunling, G./Maas, M., 1989: Nutzung der Ergebnisse aus öffentlicher Forschung und Entwicklung in der Bundesrepublik Deutschland. Luxemburg: Kommission der Europäischen Gemeinschaft.

Fier, A., 2002: Staatliche Förderung industrieller Forschung in Deutschland. ZEW Wirtschaftsanalysen, Band 62.

Freeman, C., 1987: Technology Policy and Economic Performance. London: Printer Publishers.

Freie Enzyklopädie Wikipedia: Artikel ›BMBF‹. Als Online-Dokument: http://de.wikipedia.org/wiki/BMBF, Stand 06/2005.

Grupp, H., 2004: Innovationskultur in Deutschland: Wie es zur heutigen

---

21 Zu ähnlich überraschenden Befunden kommt man neuerdings auch mit anderen Methoden.

Wettbewerbsposition gekommen ist. S. 21-34 in: M. Fritsch (Hrsg.), Marktdynamik und Innovation. Berlin: Duncker & Humblot.

Grupp, H., I./Lacasa, D./Friedrich-Nishio, M., 2002: Das deutsche Innovationssystem seit der Reichsgründung. Technik, Wirtschaft und Politik 48. Heidelberg: Physica-Verlag.

Grupp, H./Legler, H., 1987: Spitzentechnik, Gebrauchstechnik, Innovationspotential und Preise. Schriftenreihe Zukunft der Technik. Köln: Verlag TÜV Rheinland.

Hinze, S./Grupp H., 1995: Ein Rückblick auf Wissenschaft und Technik in der ehemaligen DDR: Ostdeutlands Forschungs- und Entwicklungspotential. S. 41-86 in D. Holland/S. Kuhlmann, (Hrsg.), Systemwandel und industrielle Innovation Heidelberg: Physica-Verlag.

Keck, O., 1993: The National System for Technical Innovation in Germany. In: R. Nelson (Hrsg.), National Innovation Systems. New York/Oxford: Oxford University Press.

Lundvall, B., 1992: National Systems of Innovation. Towards a Theory of Innovation and Interactive Learning, London, Pinter Publishers, 1992.

Meyer-Krahmer, F./Kuntze, U., 1992: Bestandsaufnahme der Forschungs- und Technologiepolitik. In: K. Grimmer, K. et al. (Hrsg.), Politische Techniksteuerung. Opladen: Leske + Budrich.

Schmoch, U./Saß, U. 2000: Erfassung der technologischen Leistungsfähigkeit der östlichen Bundesländer mit Hilfe von Patentindikatoren. FhG-ISI, Karlsruhe: Bericht an das BMBF.

Anhang

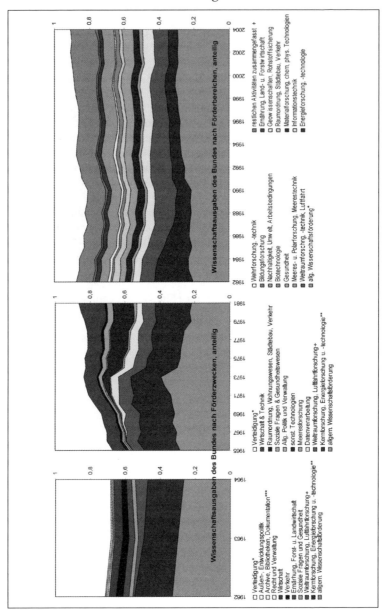

Abbildung 14: *Wissenschaftsausgaben des Bundes nach Förderzwecken und -bereichen seit 1962 (Quelle: Bundesbericht Forschung, verschiedene Jahrgänge, eigene Berechungen)*

Anmerkungen: * bis 1964 nur militärischer Bereich
 + seit 1974 auch Luftfahrtforschung
 *^ seit 1974 Energieforschung
 ** seit 1974 Förderung nach Fachbereichen

Anmerkungen: * umfasst Grundfinanzierungen, Hochschulen u. Großgeräte der Grundlagenforschung
 + Geistes/Sozialwissenschaften, Querschnittsaktivitäten, Fachinformationen, Rahmenbedingungen und

Sonstiges
Lesehilfe: bei der dritten Teilgraphik (rechts), Legende (Förderbereiche) von links nach rechts lesen

Wilhelm Krull und Simon Sommer
Die deutsche Vereinigung
und die Systemevaluation der deutschen
Wissenschaftsorganisationen

1. Einleitung: Die deutsche Vereinigung als Aufgabe für die Wissenschaftspolitik

Als im November 1989 die Mauer an der deutsch-deutschen Grenze fiel, wurde vielen Akteuren in Wissenschaft und Politik schnell klar, dass eine gewaltige Aufgabe auf die deutsche Wissenschaftspolitik zukommen würde: die Evaluation und Neustrukturierung eines ganzen, nämlich des ostdeutschen Wissenschaftssystems.[1]

Einen Plan oder gar eine wissenschaftspolitische Strategie für ein vereinigtes Deutschland gab es zu diesem Zeitpunkt allerdings nicht. Zwar konnte noch niemand absehen, dass es schließlich wirklich zu einer Vereinigung der beiden deutschen Staaten kommen würde, aber es war zugleich dringend notwendig, sich mit dem lange vernachlässigten ostdeutschen Gesellschafts- und Wissenschaftssystem näher zu befassen. Erste Versuche seitens des Wissenschaftsrats, noch im Dezember 1989 von einschlägigen westdeutschen Forschungsinstituten zuverlässige Informationen über den aktuellen Stand von Wissenschaft und Forschung in der damaligen DDR zu erhalten, waren nicht gerade von Erfolg gekrönt. Als der Wissenschaftsrat im Januar 1990 gebeten wurde, sich mit den deutsch-deutschen Wissenschaftsbeziehungen zu befassen, war bereits deutlich, dass es nicht mehr um ein bloßes Nachzeichnen der neu gewonnenen Kooperationsmöglichkeiten und deren verstärkte Förderung gehen konnte, sondern dass eine mit dieser Aufgabe betraute Arbeitsgruppe, in der konsequenterweise auch sechs Wissenschaftler aus der DDR mitwirken sollten, letztlich nur einen Sinn haben konnte, nämlich die Wiedervereinigung der beiden deutschen Staaten aus wissenschaftspolitischem Blickwinkel vorauszudenken.

Unter dem damaligen Vorsitzenden des Wissenschaftsrates, Dieter Simon, hatte diese Arbeitsgruppe bis zum Juli 1990 ein Konzept entwickelt, das unter dem Titel ›Perspektiven für Wissenschaft und Forschung auf dem Weg zur deutschen Einheit. Zwölf Empfehlungen‹ veröffentlicht wurde (Wissenschaftsrat 1990). Diese Empfehlungen waren bereits deutlich an dem Ziel orientiert, in den künftigen Ländern im östlichen Teil Deutschlands Studenten eine den modernen westeuropä-

---

1 Vgl. dazu ausführlich Krull (1992).

ischen Anforderungen entsprechende, attraktive Hochschulausbildung und jüngeren Wissenschaftlerinnen und Wissenschaftlern qualifizierte Forschungsarbeit zu ermöglichen. Damit sollte zugleich eine Abwanderung in den westlichen Teil Deutschlands und in andere Länder verhindert werden.[2] Der Wissenschaftsrat hatte damals geschätzt, dass alleine in den ersten fünf Jahren etwa 6,5 Milliarden DM bereitgestellt werden müssten, um die Ausbildungs- und Forschungskapazität in den ostdeutschen Hochschulen zu erneuern.[3]

Ein Novum in der Geschichte des Wissenschaftsrates war im Juli 1990 die Teilnahme der DDR-Minister für Forschung und Technologie, Frank Terpe (SPD), sowie für Bildung und Wissenschaft, Hans-Joachim Meyer (parteilos), an den Beratungen und vor allem die von ihnen vorgetragene Bitte an den Wissenschaftsrat, Empfehlungen für die organisatorischen und strukturellen Rahmenbedingungen einer Vereinigung der beiden deutschen Bildungs- und Forschungssysteme vorzubereiten und nicht zuletzt die Evaluation der außeruniversitären Institute verschiedener wissenschaftlicher Akademien der DDR (Akademie der Wissenschaften, Akademie der Landwirtschaftswissenschaften, Bauakademie) durchzuführen. Die notwendige Bestandsaufnahme, Bewertung und Neustrukturierung der Forschungseinrichtungen in den künftigen Bundesländern konnte freilich von vornherein nicht allein als nationale Angelegenheit betrachtet werden. Sie wurde sehr schnell zu einer Sache auch der internationalen, allerdings notgedrungen deutschsprachigen Wissenschaftlergemeinschaft. Insgesamt waren an der Neustrukturierung der außeruniversitären Forschungseinrichtungen rund 500 Sachverständige in etwa 20 Arbeitsgruppen beteiligt. Im Rahmen der Forschungsevaluation hatte der Wissenschaftsrat rund 30.000 Mitarbeiter in mehr als 130 Einrichtungen zu begutachten.

Es war fraglos eine gigantische Aufgabe, der sich der Wissenschaftsrat gestellt hatte. Nie zuvor waren so viele Arbeitsgruppen gleichzeitig unterwegs. Nie zuvor hatten sie ein so unbekanntes Terrain zu erkunden. Und schließlich: Nie zuvor – und wohl auch seitdem nicht mehr – sind Bund und Länder so direkt in eine Umsetzung von Empfehlungen des Wissenschaftsrates eingetreten. Auch der Wissenschaftsrat selbst hat sich selten so intensiv um die Umsetzung seiner Empfehlungen gekümmert wie bei den Akademie-Instituten. Es wurde eigens eine Umsetzungsdelegation eingesetzt, in der die administrativen Schritte im einzelnen ausgehandelt wurden, es gab regelmäßige Ministertreffen. Durch Umsetzungsberichte, Umsetzungsdelegationen, durch das Zu-

---

2 Vgl. zu diesem Problem und dem daraus resultierenden Zeitdruck für die Reformen der ostdeutschen Hochschullandschaft auch den Beitrag von Uwe Schimank/Stefan Lange in diesem Band.
3 Vgl. dazu Krull (1994).

sammenwirken mit der Bund-Länder-Kommission für Bildungsplanung und Forschungsförderung (BLK) und mit zahlreichen anderen Gremien hat man auch selbst mit großer Intensität darauf geachtet, dass die Empfehlungen in entsprechende institutionelle Strukturen und Finanzierungen überführt wurden. Zu einer vergleichbar umfassenden und strategischen Neuausrichtung der *Hochschullandschaft* in den neuen Bundesländern kam es freilich nicht – und das nicht zuletzt aufgrund der Partikularinteressen und des erheblichen Widerstandes der westdeutschen Bundesländer, die fraglos um ihren eigenen hochschulpolitischen Besitzstand fürchteten. Aus heutiger Perspektive muss man diese Tatsache als verpasste Chance werten, und eine strategische, zukunftsorientierte Ausrichtung der gesamtdeutschen Hochschullandschaft liegt angesichts des aktuellen Kompetenzstreits zwischen Bund und Ländern in weiterer Ferne denn je.

2. Die deutsche Vereinigung als Impulsgeber für die Systemevaluation

Insgesamt gesehen hat die Neustrukturierung der ostdeutschen Forschungslandschaft jedoch erhebliche Rückwirkungen und eine nicht zu unterschätzende Impulswirkung auf das westdeutsche – und damit auf das gesamtdeutsche – Wissenschaftssystem gehabt.

Anfang der 1990er Jahre wurden forschungsfeldbezogene Evaluationen der Umweltforschung und der Materialwissenschaften in Westdeutschland durchgeführt, die in ausführlichen Stellungnahmen mündeten (Wissenschaftsrat 1994; 1996). Diese waren die ersten Querschnittsstudien zu großen Forschungsfeldern, die über die Grenzen der verschiedenen öffentlich finanzierten Forschungseinrichtungen hinweg bewertet wurden. Die besondere Bedeutung dieser Stellungnahmen lag jedoch in ihrer Struktur: sie gingen über die Bewertung der Qualität hinaus und gaben dezidierte Empfehlungen zu strukturellen Aspekten, sowohl in Bezug auf die verschiedenen Wissenschaftsorganisationen als auch auf die Finanzierung und den Transfer der Forschungsergebnisse. In ihrer Analyse des ›institutionellen Gefüges‹[4] weisen diese Stellungnahmen des Wissenschaftsrates bereits deutlich auf die Systemevaluationen wenige Jahre später hin.

In etwa gleichzeitig – im April 1994 – bat die BLK den Wissenschafts-

---

4 Der Wissenschaftsrat unterteilte zum Beispiel das ›institutionelle Gefüge‹ der deutschen Materialwissenschaften in Universitäten, Max-Planck-Gesellschaft, Fraunhofer-Gesellschaft, Großforschungseinrichtungen (Helmholtz-Zentren), Wissenschaftsgemeinschaft Blaue Liste und Bundes- und Landeseinrichtungen sowie wirtschaftsnahe Institute.

rat, sämtliche Einrichtungen der Blauen Liste, beginnend mit dem Jahr 1995, zu evaluieren. Zwar wurden die Einrichtungen der Blauen Liste bereits seit 1979 (nur zwei Jahre nach dem Inkrafttreten der ›Ausführungsvereinbarung Forschungseinrichtungen‹ und damit der Gründung der Blauen Liste) durch den Wissenschaftsrat evaluiert, eine systematische Betrachtung aller Einrichtungen wurde jedoch nicht zuletzt nötig durch die Veränderung in Größe und Struktur der Blauen Liste durch die deutsche Vereinigung (vgl. im folgenden: Wissenschaftsrat 2001: 9-14).

Artikel 38 des Einigungsvertrags sah eine Einpassung von Wissenschaft und Forschung im Beitrittsgebiet in die föderale Forschungsstruktur der Bundesrepublik Deutschland vor. Nach der bereits erwähnten Evaluation der Akademie-Institute durch den Wissenschaftsrat waren Institutsneugründungen in den neuen Bundesländern erfolgt. Dadurch wuchs die Blaue Liste von 47 Einrichtungen im Jahre 1989 auf 81 Einrichtungen im Jahre 1992. Durch ihren Charakter als Zusammenschluss selbstständiger außeruniversitärer Forschungseinrichtungen war die Blaue Liste für die Aufnahme der ostdeutschen Einrichtungen prädestiniert: Unter den seinerzeit gegebenen zeitlichen und finanziellen Rahmenbedingungen stellte sie den Bereich der gemeinsamen Forschungsförderung von Bund und Ländern dar, in dem besonders schnell und flexibel reagiert werden konnte. In der Blauen Liste wurde dadurch die Anzahl der Einrichtungen erheblich vergrößert, ebenso die Zahl ihrer Mitarbeiter (von 5240 Personen im Jahr 1989 auf 9035 Personen nur drei Jahre später). Einen qualitativen und quantitativen Zuwachs dieser Größenordnung erfuhr keine der anderen gemeinschaftlich finanzierten außeruniversitären Wissenschaftsorganisationen. Auch in fachlicher Hinsicht veränderte sich das Forschungsprofil der Blauen Liste erheblich dadurch, dass die neu aufgenommenen Einrichtungen in Ostdeutschland in der überwiegenden Zahl natur-, technik-, agrar-, lebens- und raumwissenschaftliche Forschung betreiben.

Nachdem die neue gesamtdeutsche Forschungslandschaft Gestalt angenommen hatte, leiteten Bund und Länder Strukturüberlegungen zum Status und zur Zukunft der Blauen Liste ein. Der Wissenschaftsrat wurde gebeten, Empfehlungen zur Neuordnung der Blauen Liste abzugeben. Darauf folgte der bereits erwähnte Auftrag der BLK an den Wissenschaftsrat, ab 1995 alle Einrichtungen der Blauen Liste zu evaluieren und in jedem einzelnen Fall eine Empfehlung über die Weiterförderung oder Nichtweiterförderung durch Bund und Länder abzugeben. Neben der Sicherung der wissenschaftlichen Qualität war es das Ziel der Evaluation, die Flexibilität innerhalb der Blauen Liste dadurch zu erhöhen, dass mit negativem Ergebnis evaluierte Einrichtungen aus der gemeinsamen Förderung ausscheiden sollten, andere dagegen neu aufgenommen werden könnten.

Die Systemevaluation der großen Wissenschaftsorganisationen hatte also – wenn auch nur bezogen auf eine der großen deutschen Wissenschaftsorganisationen – begonnen, bevor sie förmlich beschlossen worden war. Letztlich wäre sie wohl nicht zustande gekommen ohne den Impuls der deutschen Vereinigung, die Evaluation und Neustrukturierung der ostdeutschen Forschungslandschaft, die darauf folgenden Querschnittsevaluationen und vor allem die begonnenen Evaluationen der Einrichtungen der Blauen Liste.

Erst über die Systemevaluation der deutschen Wissenschaftsorganisationen hat ein damals hart umkämpfter Satz aus den ›Zwölf Empfehlungen‹ vom Juli 1990 zehn Jahre später doch noch ein wissenschaftspolitisches Echo im westdeutsch geprägten Hochschul- und Forschungssystem gefunden: »Insgesamt gesehen kann es nicht einfach darum gehen, das bundesdeutsche Wissenschaftssystem auf die DDR zu übertragen. Vielmehr bietet der Prozess der Vereinigung auch der Bundesrepublik Deutschland die Chance, selbstkritisch zu prüfen, inwieweit Teile ihres Bildungs- und Forschungssystems der Neuordnung bedürfen.« (Wissenschaftsrat 1990: 6).

Am 18. Dezember 1996 beschlossen die Regierungschefs des Bundes und der Länder basierend auf einem Bericht der BLK zu den Bund-Länder-Finanzströmen im Bereich der gemeinsamen Forschungsförderung vom September 1995: »Bund und Länder streben die Evaluation aller gemeinsam geförderten Forschungseinrichtungen bei Erhalt der Ressourcen für die Forschung und mit Stellentransfermöglichkeiten zwischen den Bereichen gemeinsam finanzierter Forschungsförderung bis 1998 an.«[5] Die Regierungschefs von Bund und Ländern präzisierten ihre gemeinsamen wissenschaftspolitischen Vorstellungen im Oktober/November 1997 mit dem auf dem gleichnamigen BLK-Bericht beruhenden Beschluss »Sicherung der Qualität der Forschung« (Bund-Länder-Kommission 1998). Auf die Systemevaluationen, die ja noch nicht begonnen hatten, konnte dieser Bericht jedoch nur perspektivisch hinweisen.

Über eine Berichterstattung sollten die Systemevaluationen freilich weit hinausgehen: vorrangiges und ausdrückliches Ziel war es, die Strukturen der außeruniversitären Forschung in Deutschland international konkurrenzfähig zu gestalten und weiter zu entwickeln – sie also nicht nur zu beschreiben, sondern basierend auf den Ergebnissen auch zu verändern. Dass vor diesem Hintergrund der geplante Abschluss der Systemevaluationen bis 1998 nicht realistisch war, musste wohl schon damals allen Beteiligten klar gewesen sein. Dennoch war es

5 Beschluss der Regierungschefs von Bund und Ländern zu den Bund-Länder-Finanzströmen im Forschungsbereich vom 18. Dezember 1996, Ziffern 1.7 und 1.8.

überraschend, wie viel Zeit tatsächlich verging, bis die eigentlichen Evaluationen beginnen konnten. Die mit der Ausführung betrauten BLK-Vorsitzenden – der damalige Bundesminister für Bildung, Wissenschaft, Forschung und Technologie Jürgen Rüttgers (für die ›B-Seite‹) und Anke Brunn, Ministerin für Wissenschaft und Forschung des Landes Nordrhein-Westfalen (für die ›A-Länder‹) – hatten zuvor lange und schwierige Verhandlungen mit den Beteiligten zu führen. Von ›anfänglicher Skepsis‹ hat der Vorsitzende des Wissenschaftsrates, Karl Max Einhäupl gesprochen, und wer den vorsichtigen Sprachduktus des Wissenschaftsrats kennt, der weiß genau, was damit gemeint war.[6]

Relativ zeitnah begann nur die vom BMBF nach Beratung im Ausschuss ›Fraunhofer-Gesellschaft‹ im Januar 1998 berufene internationale Evaluierungskommission zur Systemevaluation der Fraunhofer-Gesellschaft (FhG) mit der Arbeit. Der im November des gleichen Jahres fertig gestellte Bericht wurde jedoch schon nicht mehr an die ursprünglichen Auftraggeber, sondern bereits an die neue Bundesministerin für Bildung und Forschung, Edelgard Bulmahn, und als neuen Vertreter der ›B-Länder‹, an den Bayerischen Staatsminister für Wissenschaft, Forschung und Kunst, Hans Zehetmair, übergeben. Der Arbeit und dem Bericht der internationalen Evaluierungskommission zur Systemevaluation der FhG ist der erste Abschnitt der Einzeldarstellungen in diesem Beitrag gewidmet (vgl. Evaluierungskommission FhG 1998). Eine von der BLK berufene internationale Kommission führte von März 1998 bis April 1999 eine Systemevaluation der Deutschen Forschungsgemeinschaft (DFG) und der Max-Planck-Gesellschaft (MPG) durch. Beide Wissenschaftsorganisationen hatten bereits im Vorfeld beschlossen, sich im Hinblick auf Ihre Stellung im System der föderalen Forschungsförderung einer gemeinsamen Evaluation zu unterziehen. Der Arbeit dieser Expertengruppe und ihrem im Mai 1999 vorgelegten Bericht ›Forschungsförderung in Deutschland‹ (Krull 1999) gilt die zweite Darstellung.

Der weiteren Chronologie folgt auch dieser Beitrag: mit etwas Abstand erfolgten die beiden vom Wissenschaftsrat durchgeführten System-

6 Die Autoren dieses Beitrages sind mehrfach gefragt worden, warum es nicht auch zu einer Systemevaluation des deutschen Hochschulsystems gekommen ist. Die Antwort ist ebenso einfach wie ernüchternd: Ein solches Unterfangen wäre damals an der defensiven Rolle und den Partikularinteressen der Bundesländer gescheitert – und würde es auch heute. Es ist kein Zufall, dass die Systemevaluation der deutschen Wissenschaftsorganisationen nur in denjenigen Bereichen zustande gekommen ist, in denen die Bundesregierung über wissenschaftspolitische Handlungskompetenz verfügt. Die Evaluation der Forschung in den Hochschulen ist erst in den letzten fünf bis sechs Jahren in einzelnen Bundesländern in Gang gekommen. Vergleichende Bewertungen über Ländergrenzen hinweg werden zwar gefördert, stoßen aber weiterhin auf Widerstand.

evaluationen – nämlich die im November 2000 abgeschlossene, auf die Einzelevaluationen aufbauende Systemevaluation der Einrichtungen der Blauen Liste beziehungsweise der Wissenschaftsgemeinschaft Gottfried Wilhelm Leibniz (WGL) und die Systemevaluation der Helmholtz-Gemeinschaft Deutscher Forschungszentren (HGF) (Wissenschaftsrat 2001 b).

Im Juli 2000, also noch vor Abschluss der Systemevaluationen der WGL und der HGF, hat der Wissenschaftsrat ›Thesen zur künftigen Entwicklung des Wissenschaftssystems in Deutschland‹ verabschiedet, die den Versuch unternahmen, auf den Ergebnissen und Zwischenergebnissen der Systemevaluationen aufbauend, weiterführende Empfehlungen sowohl zum deutschen Wissenschaftssystem insgesamt als auch zur Funktion der einzelnen Wissenschaftsorganisationen und der Hochschulen innerhalb des Systems zu geben. Nach Vorliegen der Berichte über die Evaluation der WGL und der HGF schließlich hat sich die BLK im Herbst 2001 mit dem Gesamtkomplex der Systemevaluation befasst, sie in einem forschungspolitischen Gespräch mit den großen Wissenschaftsorganisationen erörtert und ein Thesenpapier für die Regierungschefs des Bundes und der Länder verfasst (Bund-Länder-Kommission 2001).

Inwieweit durch die Systemevaluationen und die daraus gezogenen Konsequenzen die in den ›Zwölf Empfehlungen‹ vom Juli 1990 betonte Chance der Neuordnung des Bildungs- und Forschungssystems in Deutschland genutzt wurde, und welche schon damals empfohlenen Schritte heute dringender denn je getan werden müssen, bedarf aus heutiger Perspektive einer kritischen Betrachtung, die dieser Beitrag in seinem Schlussteil leisten möchte. Gleichzeitig haben die Autoren einige prominente, von der Systemevaluation Betroffene und an ihr Beteiligte gebeten, ihre persönliche Sicht auf die Systemevaluation und deren Folgen in einem kurzen Statement zu formulieren, sowie einige prägnante Zitate aus Dokumenten zu den Systemevaluationen ausgewählt.

3. Systemevaluationen durch internationale Kommissionen

Die ersten zwei Systemevaluationen – die der FhG sowie der DFG und der MPG – wurden von internationalen Kommissionen durchgeführt. Vor den Einzeldarstellungen lohnt sich ein kurzer Blick auf das eigentümliche Gebilde der Kommission im Bereich der wissenschaftlichen Politikberatung: Denn die Vorbereitung und Ausarbeitung wissenschaftspolitisch weit ausgreifender Konzepte und Empfehlungen wird in Deutschland nur in den seltensten Fällen einer einzelnen Person und auch kaum noch den existierenden und oft eigens dafür geschaffenen

Organen oder Gremien übertragen – nur der Wissenschaftsrat bildet wohl eine Ausnahme zu dieser Regel.

Dies hat verschiedene Gründe: Die Verwendung wissenschaftlicher Expertise in politischen Entscheidungsprozessen hat, so stellte Peter Weingart 2001 fest, vor allem im Gefolge der Diskussion um die Sicherheit der Kernenergie zu einem spürbaren »Verlust der auf verlässlichem Wissen und einstimmiger Expertise gründenden wissenschaftlichen Autorität sowie der Glaubwürdigkeit der sich auf diese Autonomie stützenden Politiker« (Weingart 2001: 127 f.) geführt. Dort, wo Wissenschaftler von vornherein oder verdeckt politisch zuordenbare Positionen beziehen, verlieren sie ihre Rolle als neutrale Instanz, sie laufen Gefahr, instrumentalisiert zu werden und nur mehr legitimatorische Funktionen auszuüben.

Die enge Verzahnung von Wissenschaft und Politik und die damit einhergehende, schleichende Entwertung wissenschaftlicher Expertise hat eine kaum noch zu überschauende Vielzahl an Beratungsgremien, Räten und eben Kommissionen hervorgebracht: In der Regel setzt die Politik, aber auch die Wissenschaft selbst auf das Zusammenwirken mehrerer Personen. Gleichgültig, ob es sich um die Begutachtung größerer Forschungsanträge, die Entwicklung von Förderperspektiven für ein neues Gebiet oder die Vorbereitung struktureller Empfehlungen für die weitere Ausgestaltung des Wissenschaftssystems – also Systemevaluationen – handelt, stets erscheint die kollektive Arbeitsform einer internationalen Kommission als am ehesten geeignet, um zu tragfähigen Lösungen zu gelangen: die Wissenschaftspolitik setzt durchweg auf das Hervorbringen kollektiver Befunde und Empfehlungen. Man vertraut offenbar eher dem unter mehreren ausgewiesenen, oftmals sehr unterschiedlich ausgerichteten Experten gefundenen Konsens als dem klaren und eindeutigen – aber eben oft auch vorhersehbaren Urteil Einzelner.

Das Zusammenwirken der Mitglieder in Kommissionen scheint nicht zuletzt deshalb so gut zu funktionieren, weil sich alle solchermaßen geschickt zurückzunehmen wissen, dass große Polarisierungen und lang andauernde Kontroversen nahezu ausgeschlossen sind. (vgl. dazu pointiert Simon 1988). In Konsequenz werden solche Polarisierungen und kontroversen Aussagen auch im Abschlussbericht mit hoher Wahrscheinlichkeit nicht zu finden sein. So erklärt sich auch, dass gerade besonders inhomogene und aus Persönlichkeiten mit dezidierten Meinungen zusammengesetzte Kommissionen oft besonders ›welche‹ Empfehlungen abgeben. Der Weg dahin ist freilich oft steinig, und die kaum zu lösende Aufgabe der Verdichtung der verschiedenen Perspektiven zu einem konsensfähigen Bericht obliegt dem Vorsitzenden und ein bis zwei meist jungen Mitarbeitern, die sich mehr oder weniger liebevoll ›Geschäftsstelle‹ oder ›Kommissionssekretariat‹ nennen dürfen.

3.1 Fraunhofer-Gesellschaft

Diese Aufgabe kam in der Kommission zur Systemevaluation der FhG zwei Stabsmitarbeitern der Zentralverwaltung zu: Alexander Imbusch, Leiter der Hauptabteilung Forschung und Kommunikation, und Lothar Behlau, zuständig für Unternehmensplanung und Marketing. In der von Vertretern der Wirtschaft dominierten Zusammensetzung der Kommission selbst spiegelte sich die Aufgabe der FhG auf dem Gebiet der angewandten Forschung wider.[7] Mitglieder der Kommission waren:
- Peter Kohlhammer, ehemaliger Sprecher des Vorstandes der Thyssen Telecom AG, als Vorsitzender,
- Hubertus Christ, Präsident des Vereins Deutscher Ingenieure (VDI) und seit 2002 Vorsitzender des Kuratoriums der Arbeitsgemeinschaft industrieller Forschungsvereinigungen ›Otto von Guericke‹ (AiF),
- Paul J. Kühn, Leiter des Instituts für Nachrichtenvermittlung und Datenverarbeitung an der Universität Stuttgart,
- F. E. Mathijsen-Gerst, ehemaliger Präsident der TNO (der mit der FhG vergleichbaren Organisation in den Niederlanden),
- Hans-Jürgen Quadbeck-Seeger, ehemaliges Vorstandsmitglied der BASF AG, Bereich Forschung und Entwicklung,
- Anthony F.J. van Raan, Leiter des Zentrums für Wissenschafts- und Technologieforschung, Universität Leiden, Niederlande,
- Klaus-Dieter Vöhringer, Vorsitzender des BDI-Ausschusses für Forschungs- und Technologiepolitik und Mitglied des Vorstandes der DaimlerChrysler AG,
- Claus Weyrich, Mitglied des Vorstandes der Siemens AG, Leiter der Zentralabteilung Technik.

Die Internationalität der Kommission beschränkte sich also auf zwei der FhG nahe stehende Vertreter aus den Niederlanden, doch möglicherweise ermöglichte gerade die homogene Zusammensetzung die effiziente und zielgerichtete Arbeit der Kommission. Ein weiterer Faktor,

---

7 In den vom Ausschuss FhG am 16. September 1997 im Auftrag an die Kommission formulierten ›Terms of Reference‹ wird die Aufgabe der FhG wie folgt umrissen: »Die Fraunhofer-Gesellschaft hat die Aufgabe, die praktische Anwendung wissenschaftlicher Erkenntnisse auf den Gebieten der angewandten Forschung durch Vertragsforschung und Dienstleitungen für private und öffentliche Auftraggeber zur Sicherung der technologischen Entwicklung, zur Sicherung der Wettbewerbsfähigkeit der deutschen Gewerblichen Wirtschaft und zur Erfüllung öffentlicher Aufgaben durchzuführen sowie anwendungsorientierte Eigenforschung zu betreiben.« (Evaluierungskommission FhG 1998: 4) Zu Geschichte und Aufgaben der FHG vgl. den Beitrag von Helmuth Trischler in diesem Band.

der zu der schnellen Arbeit der Kommission beitrug, waren die »Terms of Reference«, die der Ausschuss FhG der Kommission als Leitfragen aufgegeben hatte (Evaluierungskommission FhG 1998: 4):

(1) Welche technologieorientierten Märkte weisen weltweit und für die deutsche gewerbliche Wirtschaft die größte Wachstumsdynamik auf? Auf welchen Technologien wird diese Marktdynamik vornehmlich beruhen? Entspricht das technologische Portfolio der Fraunhofer-Gesellschaft heute der absehbaren Entwicklung?

(2) Verfügt die Fraunhofer-Gesellschaft über geeignete Verfahren, Prinzipien und Möglichkeiten, um entsprechend der dynamischen Entwicklung der Märkte für Dienstleistungen und Produkte in Deutschland und weltweit ein ausreichendes und zeitnahes Leistungsspektrum anzubieten?

(3) Verfügt die Fraunhofer-Gesellschaft über geeignete Verfahren, Prinzipien und Möglichkeiten, um ihr Leistungsangebot mit dem Angebot anderer Einrichtungen des universitären und außeruniversitären Bereichs im In- und Ausland zu vernetzen, die Synergiewirkungen erwarten lassen? Welche Anforderungen an andere deutsche Forschungseinrichtungen könnten diesen Prozess unterstützen?

(4) Stellen Umfang und gegenwärtiges Verhältnis von institutionell geförderter Eigenforschung, öffentlicher Projektforschung und Auftragsforschung für die Wirtschaft und die damit verbundenen Finanzierungsarten auch künftig sicher, dass die Fraunhofer-Gesellschaft einerseits in ausreichendem Maße Vorlaufforschung zum Erwerb von technologischem Wissen und Erfahrungen auf Spitzenniveau betreiben kann und dass sie andererseits in ausreichendem Maße gefordert ist, ihr Angebot an FuE-Leistungen an den Bedarf ihrer Kunden, insbesondere der kleinen und mittleren Unternehmen der Gewerblichen Wirtschaft, zu orientieren?

(5) Ergeben sich aus dem Vergleich der Fraunhofer-Gesellschaft mit anderen Vertragsforschungseinrichtungen des Auslands weitere Empfehlungen für Inhalt und Form des künftigen Leistungsspektrums der Fraunhofer-Gesellschaft?

Basierend auf diesen Leitfragen bescheinigte die Kommission der FhG eine »vorrangig auf die Bedürfnisse der Wirtschaft ausgerichtete Forschung von internationalem Niveau und hohem volkswirtschaftlichem Nutzen.« Wirtschaftlichkeit, Markt und Ergebnisorientierung seien das Ergebnis des konsequent eingesetzten Modells der erfolgsabhängigen Grundfinanzierung. Fachliche Flexibilität und finanzielle Stabilität der FhG beruhten »nicht zuletzt auf der großen Zahl relativ eigenständig am Markt operierender Institute.« Mit ihrer klaren Mission sei die FhG ein »unverzichtbares Element der deutschen Forschungslandschaft« (Evaluierungskommission FhG 1998: 6).

Eine Betrachtung der Technologiefelder der FhG verglichen mit den globalen Trendbeschreibungen der Delphi-Studie von 1998 ergab, dass die FhG mittelfristig die wesentlichen Innovationsfelder in umsatzstarken Märkten abdeckte. Langfristig empfahl die Kommission der FhG allerdings, sich stärker in den Kommunikationstechnologien, den Materialwissenschaften und insbesondere den Life Sciences zu engagieren. Außerdem schlug sie vor, branchenorientierte, die Institute übergreifende Strukturen zu bilden, um Kundenbeziehungen besser zu fokussieren.

Die dezentrale Struktur mit einer weitgehenden Selbstbestimmung der Institute, die erfolgsabhängige Steuerung der Grundfinanzierung und die Selbstorganisation durch Institutsverbünde wurden zwar grundsätzlich positiv eingeschätzt, wie auch die parallel dazu aufgebauten, die Institute übergreifenden Strukturen zur Abstimmung und Ausrichtung der einzelnen Angebote auf die Bedürfnisse des Marktes. Doch die begonnenen Schritte zu einer deutlicher strategiegeleiteten Führung mit einer regelmäßigen Evaluierung der Kompetenz- und Geschäftsfelder und einheitlich strukturierten Strategie- und Zukunftsplänen der Institute gingen der Kommission nicht weit genug. Sie regte daher an, das fachliche Controlling durch regelmäßige Kunden- und Mitarbeiterbefragungen zu ergänzen, internationale Experten einzubeziehen und einen strategischen Planungsprozess zur Abstimmung und Bündelung der Ressourcen zügig voranzutreiben.

Zur Vernetzung mit Hochschulen und außeruniversitären Forschungseinrichtungen konstatierte die Kommission, dass die Personalunion von Professuren und Führungspositionen in Fraunhofer-Instituten und die gegenseitige Einbindung in Lehr- und Forschungsaufgaben beiden Seiten großen Nutzen bringe: So erhielten die Fraunhofer-Institute Zugang zur Grundlagenforschung und zu jungen Wissenschaftlern, die Hochschulen andererseits Zugang zu einer wirtschaftsnahen Ausbildung. Die Vernetzung mit anderen Forschungsorganisationen sei in Folge der zu stark segmentierten deutschen Forschungslandschaft mit zum Teil unklaren Missionen der einzelnen Wissenschaftsorganisationen durch eine Verzerrung des Wettbewerbs gestört. Daher forderte die Kommission die Politik nachdrücklich auf, einen fairen Wettbewerb zwischen den Forschungsorganisationen mit stark unterschiedlichen Kostendeckungsmechanismen zu schaffen, sowie Institute mit vergleichbaren Positionen in der Wertschöpfungskette in FuE-Organisationen mit klaren Missionen und einer angemessenen, vergleichbaren finanziellen Basis zu versehen und im Einzelfall Abteilungen und Institute in andere FuE-Organisationen zu überführen.

Um weitere Rückflüsse für die Vorlaufforschung zu erzielen, forderte die Kommission verstärkte Minderheitsbeteiligungen der FhG an gewinnorientierten Unternehmen. Wesentliches Hindernis für die Wettbewerbsfähigkeit seien auch die starren Vergütungsstrukturen, daher

DIE DEUTSCHE VEREINIGUNG UND DIE SYSTEMEVALUATION

bedürfe es der flexiblen und »marktgerechten Vergütung der für den wirtschaftlichen Erfolg verantwortlichen Personen«. Die FhG könne, gerade im Vergleich zu ähnlichen Vertragsforschungseinrichtungen im Ausland, ihren Führungskräften keine wirtschaftsorientierte Vergütung anbieten, was einen gravierenden Wettbewerbsnachteil darstelle. Schließlich sollte die FhG nach dem Willen der Kommission ihre Aktionen zur Internationalisierung fortführen. Die angemessene und kontrollierte Vernetzung der FhG mit Forschungs- und Wirtschaftssystemen in den Hochtechnologieländern sei notwendig, um das dort verfügbare Wissen für die Zusammenarbeit mit deutschen Unternehmen nutzbar zu machen, um deutsche Nachwuchswissenschaftler und Ingenieure in fremden Märkten zu trainieren und deutsche Unternehmen vor Ort zu unterstützen.

Die Kommission empfahl der Politik schließlich, die beschriebenen Hemmnisse schnellstmöglich zu beseitigen, um das Potenzial der FhG zur Stärkung der Innovationsfähigkeit der deutschen Industrie besser nutzen zu können. Gleich zu Beginn ihres Berichts hatte die Kommission allerdings ausdrücklich auf die Notwendigkeit hingewiesen, »das gesamte System der öffentlich geförderten Forschung in Deutschland zu überprüfen. Die Missionen der verschiedenen Forschungseinrichtungen sowie ihr Zusammenwirken untereinander sind reformbedürftig und derzeitige Einzeloptimierungen von Teilen des Systems erscheinen volkswirtschaftlich nur bedingt nützlich.«

Die FhG nahm die Empfehlungen der Kommission positiv auf:

»Die Fraunhofer-Gesellschaft fühlt sich bestätigt und ermuntert. Der Bericht bestätigt die Leistungsfähigkeit des Fraunhofer-Modells der erfolgsabhängigen Finanzierung. Er liefert eine wichtige Unterstützung bei unseren Anliegen an die Politik, Hemmnisse zu beseitigen, die bisher einen noch größeren Erfolg verhinderten. Und er ist eine große Hilfe bei unseren strategischen Planungen für das nächste Jahrzehnt. [...] Wir haben die Evaluierung nicht als Pflichtübung betrachtet, sondern als Chance verstanden, den Sachverstand der externen Gutachter zu nutzen, um unsere eigenen Analysen und Strategiekonzepte zu optimieren. [...] Das gute Zeugnis spornt uns an, den eingeschlagenen Weg der Flexibilisierung und Vernetzung noch stringenter zu verfolgen.« (Hans-Jürgen Warnecke, ehemaliger Präsident der Fraunhofer-Gesellschaft, Pressemitteilung vom 25.2.1999)

Aus heutiger Perspektive lässt sich sagen, dass die FhG und auch ihre Zuwendungsgeber die Empfehlungen der Kommission ernst genommen und zu einem guten Teil umgesetzt haben. So zeigt die Eingliederung eines ursprünglichen Helmholtz-Zentrums, des GMD – Forschungszentrums Informationstechnik GmbH, und des aus der Blauen Liste stammenden Heinrich-Hertz-Instituts für Nachrichtentechnik in die

FhG, dass es durchaus möglich ist, die Versäulungs- und Abschottungstendenzen im deutschen Wissenschaftssystem zu durchbrechen. Auch hat die FhG ihre Anstrengungen im Bereich der Evaluation, Strategieentwicklung und internationalen Vernetzung erheblich verstärkt.

3.2 ›Forschungsförderung in Deutschland‹ – DFG und MPG

Der Titel machte es deutlich: In dem Bericht der internationalen Kommission zur Systemevaluation der DFG und der MPG ging es nicht nur um die beiden untersuchten Wissenschaftsorganisationen, sondern um ›Forschungsförderung in Deutschland‹ (vgl. im folgenden: Krull 1999).

In Abstimmung mit DFG und MPG beriefen die beiden damaligen Vorsitzenden der BLK im Oktober 1997 eine Reihe international ausgewiesener Persönlichkeiten als Mitglieder der Kommission:
- Richard Brook, Chief Executive des EPSRC und ehemaliger Direktor am Max-Planck-Institut für Materialforschung, Großbritannien, übernahm den Vorsitz,
- Jan Borgman, ehemaliger Vorsitzender der NWO und der ESTA, Niederlande,
- Gerhard Casper, Präsident der Stanford University, USA.
- Hubertus Christ, Präsident des Vereins Deutscher Ingenieure (VDI), hatte bereits in der Kommission zur Systemevaluation der FhG mitgewirkt,
- Reimut Jochimsen, inzwischen verstorbenes Mitglied des Zentralbankrats der Deutschen Bundesbank und Präsident der Landeszentralbank in Nordrhein-Westfalen,
- Jean-Marie Pierre Lehn, Nobelpreisträger für Chemie, Professor für Molekularchemie an der Universität Straßburg und am Collège de France, Paris, Frankreich,
- Helga Nowotny, Ph.D., Professor für Philosophie und Wissenschaftssoziologie an der ETH Zürich, Leiterin des ›Collegium Helveticum‹ und seit 2001 Vorsitzende des European Research Advisory Board (EURAB),
- Israel Pecht, Morton & Anne Kleiman Professor of Chemical Immunology, Weizmann Institute of Science, Rehovot, Israel. Israel Pecht kam als erster israelischer Postdoktorand 1967 mit einem Minerva-Stipendium für einen längeren Forschungsaufenthalt nach Deutschland,
- Eda Sagarra, emeritierte Professorin für Germanistik am Trinity College der Universität Dublin, von 1993-2000 Generalsekretärin der Royal Irish Academy,
- Heinrich Ursprung, ehemaliger Staatssekretär für Wissenschaft und Forschung der Schweiz und ehemaliger Präsident der ETH Zürich.

DIE DEUTSCHE VEREINIGUNG UND DIE SYSTEMEVALUATION

Für die Kommission wurde bei der VolkswagenStiftung unter der Leitung ihres Generalsekretärs ein Sekretariat eingerichtet, in dem zwei Mitarbeiter des Centrums für Hochschulentwicklung, Tilman Küchler und Ulrich Schreiterer, die Arbeit begleiteten. Auf ihrer konstituierenden Sitzung im Februar 1998 in Bonn verständigte sich die Kommission über ihren Auftrag und über Leitfragen für die Bestandsaufnahme und Bewertung der Strukturen, Grundausrichtung und Leistungsfähigkeit von DFG und MPG im Rahmen des deutschen Forschungssystems. Der Auftrag seitens der BLK hatte gelautet, ob im internationalen Vergleich
- »die MPG für ihre Institute über geeignete Prinzipien, Verfahren und Möglichkeiten für Neugründungen, Umstrukturierungen und Schließungen sowie für die Qualitätssicherung verfügt und sie erfolgreich anwendet,
- die DFG über geeignete Prinzipien, Verfahren und Instrumente verfügt, um die ihr vorgelegten Anträge angemessen zu bewerten und die richtigen Förderentscheidungen zu treffen,
- die Zusammenarbeit mit den anderen Partnern des Forschungssystems, vor allem den Hochschulen (insbesondere Nachwuchsförderung und Strukturbildung) und dem Wirtschaftsbereich (insbesondere Innovation) funktioniert.«

Die Kommission interpretierte diesen Arbeitsauftrag jedoch deutlich weiter und untersuchte, auf welche Weise MPG, DFG und Universitäten als öffentlich geförderte Einrichtungen optimal dazu beitragen können, die Zukunft der deutschen Gesellschaft und Wirtschaft durch die Produktion und Vermittlung wissenschaftlichen Wissens zu sichern. Dabei schenkte die Kommission der Grundlagenforschung besondere Aufmerksamkeit. Sie hielt es aber für notwendig, auch Rahmenbedingungen und die vielfältigen Interdependenzen der einzelnen Bereiche des deutschen Wissenschafts- und Forschungssystems in den Blick zu nehmen, weil Aufgaben und Leistungsfähigkeit von DFG und MPG davon in erheblichem Maße mitbestimmt würden (Krull 1999: 2 f.).[8] Der Vorsitzende des Wissenschaftsrats stimmte dieser weiten Auffassung einer Systemevaluation wenige Jahre später ausdrücklich zu.

»Gegenstand der Systemevaluationen waren die Einrichtungen der gemeinsamen Forschungsförderung. Insofern waren die Universitäten kaum einbezogen. Gleichwohl mussten und müssen sie bei einer Betrachtung der außeruniversitären Forschung mit in den Blick genommen werden. Die Hochschulen bilden mit ihrer Substanz und ihren Leistungen weiterhin das Kernstück des deutschen Wissenschaftssystems.« (Karl Max Einhäupl, Vorsitzender des Wissen-

8 Aus der Vielzahl der Empfehlungen kann daher im folgenden nur eine Auswahl wiedergegeben werden.

schaftsrats, in einem Brief an die Vorsitzenden der BLK, Minister Hans Zehetmair und Edelgard Bulmahn, vom 3. Mai 2001)

Der weit aufgefasste Arbeitsauftrag wurde auch in der Vorgehensweise der Kommission deutlich: DFG und MPG wurden jeweils zunächst Fragen zur schriftlichen Beantwortung vorgelegt, die einerseits auf eine Bewertung von Stärken und Schwächen des deutschen Forschungssystems und auf eine Verortung der Aufgaben und Leistungen innerhalb dieses Kontextes zielten und andererseits der spezifischen Arbeitsweise, der strategischen Handlungsfähigkeit und den Verfahren zur Qualitätssicherung beider Wissenschaftseinrichtungen galten. Auf der Grundlage dieser Materialien besuchte die Kommission im Juli 1998 die Geschäftsstelle der DFG in Bonn und die Generalverwaltung der MPG in München. Im Herbst 1998 besuchte sie verschiedene Universitäten und Max-Planck-Institute in Dresden, Göttingen und Heidelberg, um vor Ort genauere Eindrücke vom Förderhandeln der DFG und über die Arbeitsweise der MPG zu gewinnen.

Empfehlungen zu allgemeinen und übergreifenden Aspekten

Entsprechend weit greifend fielen die Empfehlungen der Kommission zu den ›Allgemeinen und übergreifenden Aspekten‹ aus: das Wissenschafts- und Forschungssystem müsse im Ganzen flexibler und durchlässiger gestaltet werden, Bedingungen für die Institutionen übergreifende Kooperation zwischen den einzelnen Bereichen des Forschungssystems verbessert und Kooperationshemmnisse abgebaut werden. Dazu gehöre vor allem der kontinuierliche Austausch zwischen außeruniversitären Forschungseinrichtungen und den Universitäten sowie die Fähigkeit und Bereitschaft zur Kooperation von öffentlich finanzierten Forschungseinrichtungen mit der Wirtschaft.

In Bezug auf die Finanzierungsmodalitäten des deutschen Wissenschaftssystems empfahl die Kommission, die jeweils unterschiedlichen Schlüssel für die gemeinsame Förderung der außeruniversitären Forschungseinrichtungen durch Bund und Länder zu überprüfen und in Richtung einer möglichst einheitlichen Struktur weiter zu entwickeln.

Die Kommission forderte nachdrücklich, dass Universitäten ihre Aufgaben und Arbeiten in weit größerem Umfange selbstverantwortlich gestalten und angemessene Verfahren der Leistungsbewertung einführen. Sie formulierte dazu – im Grunde genommen über ihren eigentlichen Auftrag hinaus – gesonderte Empfehlungen. Gleiches galt für die Qualifizierungsstrukturen im deutschen Wissenschaftssystem, in deren Zusammenhang die Kommission eine möglichst frühe wissenschaftliche Selbstständigkeit des Nachwuchses forderte. Dazu seien ein wissenschaftsadäquates Arbeitsrecht und den Aufgaben angemessene,

DIE DEUTSCHE VEREINIGUNG UND DIE SYSTEMEVALUATION

marktgerechte Vergütungsregelungen notwendig, sowie Beschäftigungsverhältnisse, die flexibel, leistungsorientiert und wissenschaftsadäquat gestaltbar sind. Jüngeren Wissenschaftlerinnen und Wissenschaftlern sollten insbesondere auch längerfristige Berufsperspektiven durch Assistenzprofessuren mit Karriereoptionen und der Möglichkeit einer unbefristeten Anstellung an einer Hochschule (›tenure track‹) eröffnet werden. Auf die Habilitation als Regelvoraussetzung für eine Berufung auf eine Professur sollte künftig verzichtet werden.

Schließlich empfahl die Kommission Bund und Ländern, verstärkt Wettbewerbselemente in der öffentlichen Forschungsförderung zu verankern und die Frage einer Neuordnung von Wettbewerb fördernden Strukturen im Rahmen der anstehenden Systemevaluation von HGF und WGL oder einer anderen Systembetrachtung ausdrücklich zu behandeln und nach geeigneten Lösungen zu suchen.

Zentrale Empfehlungen zur DFG

Die Handlungs- und Leistungsfähigkeit der DFG, betonte die Kommission in ihrem Bericht, werde auch in Zukunft für das deutsche Forschungssystem von eminenter Bedeutung sein. Dies erfordere einen Wandel im Selbstverständnis und in der ›Kultur‹ der DFG, in ihren Organisations- und Entscheidungsstrukturen und nicht zuletzt auch in ihren Haushaltsstrukturen. Dabei müsse es im Wesentlichen darum gehen, die DFG in die Lage zu versetzen, erkennbare längerfristige Entwicklungstrends in der Wissenschaft, aber auch veränderte externe Handlungsanforderungen nicht nur zu beantworten, sondern aktiv zu gestalten. Die Weiterentwicklung der DFG zu einer beweglicheren, strategisch handelnden Einrichtung der Forschungsförderung sei notwendig. Als eine solche Einrichtung müsse die DFG aber auch künftig wissenschaftlich autonom bleiben, also frei von politischen Einflussnahmen auf ihr konkretes Förderhandeln. Die Kommission hielt es für sinnvoll, dass sich die DFG im Bereich der erkenntnisorientierten Grundlagenforschung stärker für Anträge von Angehörigen außeruniversitärer Forschungseinrichtungen öffne.

Das Normalverfahren als Kernstück der DFG-Forschungsförderung solle künftig gestärkt statt zurückgefahren und dafür ein tendenziell größerer Anteil der DFG-Fördermittel vorgesehen werden. Ergänzend dazu sollte die DFG jedoch als neues, zusätzliches Förderinstrument ein Angebot wissenschaftsgesteuerter, strategisch orientierter Programme für eine befristete Förderung ausgewählter Forschungsbereiche, Arbeitsformen und Querschnittsthemen auflegen. Die Förderung einzelner Projekte sollte auch hier im Rahmen eines wettbewerblich angelegten Verfahrens ausschließlich nach Kriterien der wissenschaftlichen Qualität erfolgen. Durch die kontinuierliche Veröffentlichung ihrer

Förderdaten sollte die DFG den Wettbewerb der Universitäten in der Forschung noch stärker stimulieren. Die Kommission empfahl darüber hinaus Veränderungen im Gutachtersystem der DFG, da das System der Fachausschüsse und Fachgutachter den Mainstream der Wissenschaften begünstige und bisweilen innovative Ansätze behindere.

Weiter empfahl die Kommission eine Neuorganisation der Geschäftsstelle sowie die Einführung eines Globalbudgets und einer Verwaltungskostenpauschale. Im Interesse eines möglichst effektiven und effizienten Förderhandelns müsse die DFG in die Lage versetzt werden, über Art, Umfang und materielle Ausgestaltung ihrer Förderinstrumente und der einzelnen Programme nach transparenten und nachvollziehbaren Gesichtspunkten ohne Auflagen der staatlichen Mittelgeber selbst zu entscheiden und ein in sich stimmiges Förderinstrumentarium zu entwickeln.

Daher forderte die Kommission von Bund und Ländern, die Handlungs- und Leistungsfähigkeit der DFG durch eine ihren Aufgaben und ihrer Bedeutung für das deutsche Forschungssystem angemessene Mittelzuweisung zu gewährleisten, die mittel- bis längerfristig verlässlich kalkulierbar sein müsse. Auf unterschiedliche Anteile von Bund und Ländern für die Finanzierung einzelner Programme sei zu verzichten, vielmehr solle das Globalbudget von Bund und Ländern in etwa im Verhältnis ihrer jeweils bisher geleisteten Beiträge zu allen Förderprogrammen der DFG aufgebracht werden (57,4 : 42,6 Prozent).

Schließlich mahnte die Kommission ein angemessenes Verfahren für ein kontinuierliches Monitoring der Programmentwicklung sowie der Wirkungen des Förderhandelns an. Ein solches durch die DFG selbst voranzutreibendes System der Qualitätssicherung bilde ein notwendiges Komplement für die von der Kommission empfohlene Weiterentwicklung der DFG zu einer aktiven, stärker strategisch handelnden Einrichtung der Forschungsförderung. Deshalb solle sie ihre Programme im Hinblick auf die damit angestrebten Ziele und die tatsächlich eingetretenen Wirkungen unter Beteiligung externer Sachverständiger regelmäßig evaluieren und die Befunde dokumentieren.

>Die Systemevaluation hat die Rolle der DFG als Förderer einer selbstbestimmten, allein an der wissenschaftlichen Exzellenz orientierten Forschung gestärkt. Zugleich hat sie die Diskussion um eine weitere Öffnung der DFG für strategische Elemente des Förderhandelns aufgenommen und gebündelt und damit einen entscheidenden Impuls für erfolgreiche neue Instrumente, nicht zuletzt das Programm der DFG-Forschungszentren, gegeben.« (Ernst-Ludwig Winnacker, Präsident der Deutschen Forschungsgemeinschaft)

Zentrale Empfehlungen zur MPG

Die Kommission unterstrich in ihrem Bericht zunächst die herausragende Position der MPG im deutschen Forschungssystem und ihre auch im internationalen Vergleich in vielen Bereichen führende Rolle. Sie wies jedoch auch auf Problemfelder hin, denen sich die MPG vor dem Hintergrund der Herausforderungen an ein zukunftsfähiges Forschungssystem zu stellen habe, insbesondere die Tatsache, dass sich viele Max-Planck-Institute in ihrer Arbeit und in ihren Strukturen von anderen Teilen des deutschen Forschungssystems weitgehend abgekoppelt und sich auf ihre eigene institutionelle Entwicklung konzentriert hätten sowie die Gefahr eines strukturellen Konservatismus durch das Institutsprinzip der MPG. Schließlich bemängelte die Kommission die im internationalen Vergleich noch immer zu restriktiven Randbedingungen für ihre Arbeit.

Basierend auf dieser Analyse empfahl die Kommission die beiderseitige Öffnung von MPG und Universitäten, auch zur langfristigen Sicherung ihrer eigenen Leistungsfähigkeit. Zu empfehlen seien eine größere Zahl von Doppelberufungen und gemeinsamer Forschungsvorhaben sowie eine stärkere Beteiligung an einrichtungsübergreifenden Forschungsverbünden, gemeinsam von Universitäten und Max-Planck-Instituten getragene ›International Max Planck Research Schools‹ und schließlich eine intensivere Beteiligung von Wissenschaftlern der MPG an der universitären Lehre. Neue Institute der MPG sollten in räumlicher Nähe zu den Universitäten aufgebaut werden. Konsequenterweise solle die MPG als einen Beitrag sowohl zur Stärkung der Forschung an den Universitäten als auch zur Erschließung neuer Forschungsfelder und zur Erprobung neuer Arbeitsformen möglichst transdisziplinär angelegte Forschungsstellen in Universitäten und verstärkt zeitlich befristete, eigenverantwortlich agierende Arbeitsgruppen einrichten. Als Einrichtung für die grundlagenorientierte Spitzenforschung besitze die MPG gerade auch dank ihrer starken internationalen Orientierung ein erhebliches Potenzial für eine vorbildliche Rolle in der forschungsorientierten Ausbildung des wissenschaftlichen Nachwuchses.

Auf diesen Empfehlungskomplex konzentrierte sich der Kommentar, den uns der Präsident der MPG zukommen ließ:

»Die Max-Planck-Gesellschaft hatte seinerzeit die Systemevaluation durch eine hochrangig besetzte internationale Kommission ausdrücklich begrüßt, da wir uns davon einen wesentlichen Beitrag zur Fortentwicklung des deutschen Forschungssystems versprochen haben. Die Kommission ist diesem hohen Anspruch gerecht geworden und hat sich nicht auf eine Einzelbewertung der Max-Planck-Gesellschaft und der Deutschen Forschungsgemeinschaft beschränkt, sondern deren gesamtes Forschungsumfeld, insbesondere das Hochschulsystem, in ihre Analyse einbezogen. Dabei hat die Kommission die institutionelle Vielfalt des deutschen Forschungssystems grundsätzlich positiv bewertet, da sie eine differenzierte Aufgabenwahrnehmung und anforderungsgerechte Arbeitsteilung ermöglicht. Zu Recht hat die Kommission jedoch darauf hingewiesen, dass die schwierige Lage der Universitäten die Leistungsfähigkeit des Gesamtsystems beeinträchtigt und sich für eine nachhaltige Stärkung der Universitäten und eine verstärkte Kooperation zwischen universitärer und außeruniversitärer Forschung ausgesprochen. Mit den diesbezüglichen Empfehlungen hat die Kommission bei der Max-Planck-Gesellschaft sozusagen offene Türen eingerannt. Die Max-Planck-Gesellschaft hat daraufhin ihre schon bislang intensiven und vielfältigen Kooperationsbeziehungen mit den Hochschulen noch weiter ausgebaut, teils durch Fortführung und Ausweitung bereits bestehender Mechanismen, teils durch neu entwickelte Programme.« (Peter Gruss, Präsident der Max-Planck-Gesellschaft)

Die Kommission hielt es weiterhin für notwendig, die strategische Planung der MPG unter der Verantwortung ihres Präsidenten/Präsidiums unter Einbeziehung eines mehrheitlich extern besetzten Beratungsgremiums noch weiter zu intensivieren, und schrieb der Politik ins Buch, die Handlungs- und Leistungsfähigkeit der MPG auch künftig durch einen mittelfristig gesicherten Finanzierungsrahmen und verlässliche Mittelzuweisungen zu gewährleisten. Hierzu äußerte sich der damalige Präsident der MPG wie folgt:

»Die Max-Planck-Gesellschaft wird sich genauso wie in der Vergangenheit, aber künftig sicher noch intensiver vorausblickend damit beschäftigen müssen, wie sich bestehende Institute fortentwickeln sollen, welche neuen Forschungsfelder mit der Gründung neuer Abteilungen oder Projektgruppen erschlossen werden sollen oder aus welchen Gebieten sie sich eher zurückziehen sollte. Wer in erheblichem Umfang öffentliche Mittel einsetzt, ist verpflichtet, eine solche Vorausschau zu leisten. Wissenschaftler machen immer Pläne für ihre Forschung. Sie zu einer Forschungsstrategie der Max-Planck-Gesellschaft zu bündeln und zu koordinieren ist allein deshalb nötig, weil die verfügbaren Mittel niemals für alle noch so schönen Pläne ausreichen werden.« (Hubert Markl, ehemaliger Präsident der Max-Planck-Gesellschaft, in einem Interview mit ›Forschung und Lehre‹, Juli 1999)

DIE DEUTSCHE VEREINIGUNG UND DIE SYSTEMEVALUATION

Ein Blick auf die Umsetzung

Der Blick auf die Umsetzung der Empfehlungen kann schon angesichts der Vielzahl der Empfehlungen nur kursorisch ausfallen. So hat die MPG alsbald begonnen, sich deutlicher strategisch auszurichten und gerade im Osten Deutschlands weltweit führende Institute auf künftigen Schlüsselfeldern ins Leben gerufen. Mit dem ›Innovationsfonds der Deutschen Forschung‹ wurde ein Konzept entwickelt, das die Lücke im Technologietransfer zwischen Wissenschaft und Wirtschaft schließen soll, und die im vergangenen Jahr veröffentlichten ›Forschungsperspektiven 2005‹ betonen eine Ausrichtung der MPG auf zwölf zentrale Themen von ›morgen und übermorgen‹ (vgl. MPG 2005).
Die DFG hat sich ihrerseits mit ihrem 2002 veröffentlichten elften »Grauen Plan« (vgl. DFG 2002) deutlich strategisch ausgerichtet und als zentrale Handlungsfelder Förderung des wissenschaftlichen Nachwuchses, Internationale Zusammenarbeit, Forschung und Öffentlichkeit sowie Politikberatung benannt. Ihr Gutachtersystem hat die DFG inzwischen einschneidend verändert (Fachkollegien), die Veröffentlichung der DFG-Förderrankings hat erheblich zu Transparenz und Wettbewerb im deutschen Wissenschaftssystem beigetragen
Ein zentraler Punkt der Empfehlungen muss jedoch noch weit beherzter umgesetzt werden als bislang geschehen: Wer die europäische und internationale Wettbewerbsfähigkeit der deutschen Wissenschaft wirksam verbessern will, so zeigt die Systemevaluation der MPG, der muss bereit sein, den Weg einer engeren Zusammenarbeit bis hin zu strukturell integrierten, gemeinsam von der jeweiligen Hochschule und außeruniversitären Forschungsorganisationen getragenen Arbeitsgruppen, Forschungsstellen, Graduate Schools oder auch ganzen Instituten konsequent weiter zu gehen. Die in der Systemevaluation vielfach beklagte Versäulung konnte bereits durch eine Reihe von Maßnahmen gemildert werden: Zu nennen sind hier insbesondere die inzwischen über 30 Max Planck Research Schools, die Max-Planck-Forschungsgruppe für Optik, Information und Photonik an der Universität Erlangen-Nürnberg[9] und die Ausweitung gemeinsamer Berufungen. Eine wirksa-

---

9 Die aus drei von renommierten internationalen Wissenschaftlern geleiteten Arbeitsgruppen bestehende Max-Planck-Forschungsgruppe für Optik, Information und Photonik wurde im Januar 2004 eingerichtet und wird als Institut der Universität Erlangen-Nürnberg geführt. Das Gemeinschaftsprojekt des Freistaats Bayern und der Max-Planck-Gesellschaft ist zunächst auf fünf Jahre befristet. Ziel der Forschungsgruppe ist es, die gesamte Bandbreite der modernen Optik von der klassischen Optik bis zur Quantenkommunikation abzudecken.

me Überbrückung, gar ein nachhaltiges Zuschütten der vielerorts noch immer tiefen Gräben, steht jedoch noch aus. Ein umfassendes Miteinander von Hochschulen und außeruniversitären Forschungseinrichtungen wird nur zustande kommen, wenn für beide Seiten eine Win-Win-Situation entsteht. Es ist an der Zeit, die mit einer Bündelung der jeweiligen Potenziale verbundenen Wettbewerbschancen zu erkennen und sie noch stärker als bisher konstruktiv zu nutzen.[10]

4. Systemevaluationen durch den Wissenschaftsrat

Die Hintergründe für die Tatsache, dass die Systemevaluationen der Einrichtungen der Blauen Liste/WGL und der HGF nicht wie zuvor bei der FhG, der DFG und der MPG internationalen Kommissionen übertragen wurden, sind vielschichtig. In Bezug auf die Blaue Liste spielte ganz sicher die bereits angesprochene Evaluation aller ihrer Einrichtungen seit Mitte der 90er Jahre eine gewichtige Rolle: hier konnte der Wissenschaftsrat einen fast unerschöpflichen Datenbestand und Erfahrungsschatz nutzen und seine Systemevaluation auf diesen Informationen aufbauen – eine Aufgabe die keine noch so gut organisierte Kommission hätte leisten können. Bei der HGF lag eine etwas vertracktere Situation vor: einzelne Großforschungseinrichtungen hatten Ende der 70er und Anfang der 80er Jahre schlechte Erfahrungen mit Evaluationen durch internationale Kommissionen gemacht. Die zum Teil sehr negativ ausgefallenen Evaluationsberichte wurden – wohl aus politischen Gründen, so muss man aus heutiger Perspektive sagen – nie veröffentlicht.

Es lag daher nahe, mit den Systemevaluationen der HGF den Wissenschaftsrat zu beauftragen, war dieser ja in der Bundesrepublik Deutschland seit jeher das für die Lösung besonders kniffliger Probleme auf dem Feld der wissenschaftlichen Politikberatung zuständige ›wissenschaftliche Gewissen der Nation‹.

Wie aber ist der Wissenschaftsrat zu diesem Vertrauensvorschuss gekommen? Der 1957 gegründete Wissenschaftsrat berät die Bundesregierung und die Regierungen der Länder. Er hat die Aufgabe, Emp-

---

10 Es gilt daher, an die ersten, viel versprechenden Erfolgsbeispiele anzuknüpfen – wie etwa das von dem Max-Planck-Direktor Wolf Singer gemeinsam mit der Frankfurter Universität auf den Weg gebrachte Frankfurt Institute of Advanced Studies (FIAS) mitsamt der damit verbundenen Graduate School oder das von dem Göttinger Nobelpreisträger und Max-Planck-Direktor Erwin Neher gemeinsam mit der Universität gegründete European Neuroscience Institute (ENI), das von der DFG geförderte Neuroforschungszentrum und die im Umfeld entstandenen Max Planck Research Schools.

DIE DEUTSCHE VEREINIGUNG UND DIE SYSTEMEVALUATION

fehlungen zur inhaltlichen und strukturellen Entwicklung der Hochschulen, der Wissenschaft und der Forschung sowie des Hochschulbaus zu erarbeiten. Seine Empfehlungen sollen mit Überlegungen zu den quantitativen und finanziellen Auswirkungen und ihrer Verwirklichung verbunden sein; sie sollen den Erfordernissen des sozialen, kulturellen und wirtschaftlichen Lebens entsprechen.

Auf der gerade aus heutiger Perspektive fragil erscheinenden Grundlage eines alle fünf Jahre zu erneuernden Verwaltungsabkommens zwischen Bund und Ländern hat es der Wissenschaftsrat mittlerweile zum ältesten nationalen Politikberatungsgremium Europas gebracht. Ein erstaunliches Phänomen, das sich wohl letztlich nur aus der Verbindung von Wissenschaft und Politik im Wissenschaftsrat selbst erklären dürfte; denn dadurch ist von vornherein eine viel größere Realitätsnähe gegeben als in vielen anderen wissenschaftlichen Politikberatungsgremien. Man könnte auch sagen, der Wissenschaftsrat sei nicht zuletzt deshalb so erfolgreich gewesen, weil er wissenschaftspolitische Beratung stets pragmatisch als Kunst des Möglichen und nicht als Deklaration von Idealen betrieben hat.

Die zweifache Aufgabenstellung des Wissenschaftsrates, nämlich ein Instrument des kooperativen Föderalismus und zugleich eines der Politikberatung zu sein, spiegelt sich auch in seiner Zusammensetzung. Der Wissenschaftsrat ist kein Beratungsgremium im üblichen Sinne; hier werden nicht für einen vorgegebenen Bereich der Politik von Wissenschaftlern fundierte Handlungskonzepte ausgearbeitet, sondern die Konzepte werden von vornherein in einem offenen Meinungsaustausch mit der Politik und Vertretern ihrer Administrationen erörtert, bei Bedarf modifiziert und, wenn auch nicht immer, umgesetzt. Das enorme Gewicht des Gremiums wird auch dadurch unterstrichen, dass die Mitglieder der Wissenschaftlichen Kommission vom Bundespräsidenten berufen werden. Empfehlungen und Stellungnahmen können nur mit einer Zweidrittelmehrheit verabschiedet werden. Dies fördert die Bereitschaft zum Kompromiss. Aber Konflikte zwischen der Wissenschaftlichen Kommission und der Verwaltungskommission, zwischen Bund und Ländern, bisweilen auch zwischen einzelnen Ländern sowie unter Fachkolleginnen und -kollegen sind durchaus an der Tagesordnung, auch wenn sie in den veröffentlichten Empfehlungen und Stellungnahmen nur selten durchscheinen.

Dem Wissenschaftsrat ist verschiedentlich vorgeworfen worden, dass seine Empfehlungen einen Mangel an Originalität, an wegweisender Utopie aufwiesen. Dies erklärt sich aus der geschilderten Zusammensetzung sowohl des Wissenschaftsrates als auch seiner Arbeitsgruppen und Ausschüsse. In ihnen wird nicht zuletzt durch das Zusammenwirken von Wissenschaft, Politik und Verwaltung Realitätsnähe gefordert und Interessenausgleich betrieben. Man könnte auch sagen, dass eine Konsensbildung nur deshalb gelingt, weil am Ende alle Beteiligten bereit sind, ›ein Stück Unschuld zu opfern‹ (wie es der inzwischen verstorbene, frühere Vorsitzende Wilhelm A. Kewenig formuliert hat).

4.1. Blaue Liste/Leibniz-Gemeinschaft

Im November 2000 schloss der Wissenschaftsrat die auf die Einzelevaluationen aufbauende Systemevaluation der als überwiegend in der Wissenschaftsgemeinschaft Gottfried Wilhelm Leibniz organisierten als ›Gemeinschaftsaufgabe des Bundes und der Länder geförderten Einrichtungen der Forschung (Blaue Liste)‹ ab (Wissenschaftsrat 2001a). Die auf den Herbst-Sitzungen des Wissenschaftsrates in Leipzig verabschiedete Stellungnahme gab Antworten auf die Frage, ob diese Förderungsform, die bisherigen Strukturen und die forschungspolitische Steuerung dieser Einrichtungen weiterhin angemessen waren und wie die Qualitätssicherung erfolgen sollte.

Der Wissenschaftsrat stellte in seiner Stellungnahme fest, dass sich die gemeinsame Forschungsförderung von Bund und Ländern im Rahmen der Blauen Liste gerade in Folge der deutschen Vereinigung zu einem wichtigen Instrument der Forschungspolitik entwickelt habe. Die Einrichtungen erfüllten wichtige Aufgaben in der Forschung, im Angebot von Serviceleistungen für die Forschung, bei der wissenschaftlichen Politikberatung sowie in der Ausbildung für den akademischen und nichtakademischen Arbeitsmarkt; sie seien von überregionaler Bedeutung und gesamtstaatlichem Interesse. Bund und Länder hätten mit der Blauen Liste die Möglichkeit, besonders flexibel auf wissenschaftspolitische Entwicklungen zu reagieren.

Der Wissenschaftsrat empfahl daher grundsätzlich, die Einrichtungen der Blauen Liste nach Art. 91 b GG weiter zu fördern. Im Unterschied zu anderen außeruniversitären Institutionen seien die Einrichtungen der Blauen Liste inzwischen zweimal extern nach einem einheitlichen Verfahren und in einzelnen Fällen mit harten Konsequenzen begutachtet worden. Generelle Bedenken hinsichtlich der Qualität der wissenschaftlichen Arbeit in Einrichtungen der Blauen Liste seien also nicht länger gerechtfertigt. Viele Forschungseinrichtungen könnten gute bis sehr gute Forschungsergebnisse vorweisen, ein Teil sogar internationale Spitzenleistungen. Diese Einrichtungen verfügten durchaus über das Potenzial, eine führende Rolle in ihren jeweiligen Fachgebieten einzunehmen.

Der Wissenschaftsrat machte zudem eine Reihe von Einzelempfehlungen zur Verbesserung der Leistungsfähigkeit der Institute und hob besonders hervor, dass bei der zukünftigen wissenschaftspolitischen Steuerung Flexibilität weiterhin gewährleistet sein müsse: neue Forschungsfelder müssten aufgebaut und exzellente Einrichtungen in diese

DIE DEUTSCHE VEREINIGUNG UND DIE SYSTEMEVALUATION

Förderform aufgenommen werden. Umgekehrt müssten Einrichtungen oder Teile von Einrichtungen, die die geforderte Leistungsfähigkeit nicht mehr aufwiesen, aus der Förderung im Rahmen der Blauen Liste ausscheiden und Forschungsfelder, die nicht mehr von überregionaler Bedeutung und gesamtstaatlichem Interesse sind, abgebaut werden. Der Wissenschaftsrat legte Bund und Ländern nahe, in Zukunft personelle Kapazitäten befristet bereitzustellen, um neue, Erfolg versprechende Themen rascher aufgreifen zu können.

Generell vertrat auch der Wissenschaftsrat in seiner Stellungnahme die Auffassung, dass außeruniversitäre Forschung weiterhin in einem subsidiären Verhältnis zur Hochschulforschung stehen müsse. Es solle deshalb immer wieder neu geprüft werden, ob Aufgaben von außeruniversitären Forschungseinrichtungen an Hochschulen verlagert werden können. Darüber hinaus müsse insbesondere die Zusammenarbeit der Einrichtungen der Blauen Liste mit den Hochschulen verstärkt werden. Hochschulen seien auf Dauer nur dann attraktive Partner für außeruniversitäre Forschungseinrichtungen, wenn die Ausstattung der Hochschulen qualitativ und quantitativ die entsprechenden internationalen Standards aufweise. Die Institutionen übergreifende Kooperation zwischen den einzelnen Bereichen des Forschungssystems müsse generell verstärkt werden und sollte zur Bildung von fachspezifischen Verbünden führen.

Die Einrichtungen der Blauen Liste sollten in regelmäßigen Abständen – etwa alle fünf bis sieben Jahre – evaluiert werden. Abgesehen von Ausnahmefällen, in denen Bund und Länder ein anderes Begutachtungsverfahren einleiten, sollte die Evaluation im Rahmen des von der Wissenschaftsgemeinschaft Gottfried Wilhelm Leibniz entwickelten, eng an den Kriterien und Vorgehensweisen des Wissenschaftsrates angelehnten Verfahrens begutachtet werden. – Auch in der WGL schaut man positiv auf die Systemevaluation zurück:

> »Die Systemevaluation der Leibniz-Gemeinschaft durch den Wissenschaftsrat war etwas Besonderes. Anders als in allen anderen Fällen konnte sich der Wissenschaftsrat auf die Ergebnisse seiner eigenen Begutachtungen aller Leibniz-Institute stützen. Der Wissenschaftsrat kannte uns besser als wir uns selbst. Wir fühlten uns durch das Systemgutachten gut verstanden, fair bewertet und im eingeschlagenen Kurs bestätigt. Die Folgen der Empfehlungen zeigen sich an vielen Stellen: Der Leibniz-Senat führt seit 2002 die regelmäßigen Evaluationen der Leibniz-Institute durch (wie empfohlen), die Kooperation mit den Hochschulen wurde weiter intensiviert und die Zahl der gemeinsamen Berufungen weiter gesteigert (wie empfohlen), die Arbeit der wissenschaftlichen Beiräte hat sich professionalisiert«. (Hans-Olaf Henkel, Präsident der Wissenschaftsgemeinschaft Gottfried Wilhelm Leibniz e. V.)

Mit der Bildung eines Senats, der Einführung eines Qualitätsmanagements und der Übernahme der Verantwortung für die Evaluationen der eigenen Institute ist die WGL im Gefolge ihrer Systemevaluation tatsächlich ein gutes Stück vorwärts gekommen. Der verstärkte Kooperations- und Vernetzungsgedanke wird in dem nach einem intensiven Diskussionsprozess in den Gremien der WGL im Januar 2005 veröffentlichten Positionspapier ›Mehrwert durch Netzwerk‹ besonders deutlich (WGL 2005). Die WGL bekennt sich zur notwendigen Stärkung der deutschen Universitäten und der Zusammenarbeit mit den Hochschulen, für die Modalitäten gefunden wurden, die als beispielhaft gelten dürften. Die Intensität der Kooperation lässt sich unter anderem an den inzwischen weit über 200 gemeinsamen Berufungen ablesen. Das Positionspapier führt dazu aus: »Wenn auch eine Unterstützung aller Bereiche von Wissenschaft und Forschung in Deutschland angestrebt werden muss, so richten sich doch gegenwärtig unmittelbare Maßnahmen auf eine Stärkung der Universitäten als Zentren der Wissensgenerierung und Wissensvermittlung. Wegen der engen Bindung ihrer Einrichtungen an die Universitäten und in Ergänzung der universitären Forschung und Ausbildung wird die Leibniz-Gemeinschaft hier eine zentrale Rolle spielen. Die Leibniz-Einrichtungen werden vorbehaltlos ihre Erfahrung und Kompetenz in der Verbundorganisation für die Förderung von Spitzenuniversitäten sowie Etablierung von universitären Exzellenzclustern und Graduiertenschulen einbringen.« (WGL 2005: 22)

Trotz dieser im Rückblick sehr erfreulichen Folgen aus der Systemevaluation der WGL bleibt der Eindruck bestehen, dass sie auf halbem Weg zu einer autonomen Trägerorganisation stecken geblieben ist. Die wissenschaftspolitische Steuerung der Einrichtungen der Blauen Liste bleibt eng an die Entscheidungen von Bundes- und Landesregierungen gebunden. Über Neuaufnahmen und strukturelle Veränderungen wachen nach wie vor der Wissenschaftsrat und die BLK.

4.2 Helmholtz-Gemeinschaft

Die parallel erarbeitete Stellungnahme zur Systemevaluation der Helmholtz-Gemeinschaft Deutscher Forschungszentren (HGF) wurde vom Wissenschaftsrat im Januar 2001 verabschiedet. Damit war zu diesem Zeitpunkt auch die letzte der Evaluationen im Rahmen der Systemevaluation der großen außeruniversitären Forschungsorganisationen und der DFG abgeschlossen.

DIE DEUTSCHE VEREINIGUNG UND DIE SYSTEMEVALUATION

Historischer Abriss

Der zunächst schwierige Verlauf und das in Teilbereichen kritische Ergebnis der Systemevaluation der HGF lassen sich besser verstehen, wenn man einen Blick auf die geschichtliche Entwicklung der Großforschungseinrichtungen (GFE) in Deutschland wirft, die sich 1970 in der Arbeitsgemeinschaft der Großforschungseinrichtungen (AGF) zusammenschlossen und erst 1995 in die heutige Helmholtz-Gemeinschaft Deutscher Forschungszentren umgewandelt wurden (vgl. im folgenden: Wissenschaftsrat 2001b:11-15).

Seit ihren Anfängen in den fünfziger Jahren hatte sich das Aufgabenprofil der Großforschung deutlich gewandelt. Die ersten Großforschungseinrichtungen waren ausnahmslos kernphysikalisch ausgerichtet, um den technologischen Vorsprung westlicher Industrienationen, allen voran der USA, auf diesem Gebiet einzuholen und so weiteres Wirtschaftswachstum zu sichern.[11] Innerhalb weniger Monate erfolgte die Gründung des Kernforschungszentrums Karlsruhe (gegr. 1956, heute Forschungszentrum Karlsruhe/FZK), der Kernforschungsanlage Jülich (1956, heute Forschungszentrum Jülich/FZJ), der Gesellschaft für Kernenergieverwertung in Schiffbau und Schifffahrt (1956, heute GKSS-Forschungszentrum Geesthacht) und des Hahn-Meitner-Instituts (1957) in Berlin. Zwei weitere auf die Energieversorgung ausgerichtete Gründungen erfolgten in den 60er Jahren: Das Max-Planck-Institut für Plasmaphysik in Garching (1960) und die Gesellschaft für Strahlenforschung (1964, heute Forschungszentrum für Umwelt und Gesundheit) in Neuherberg bei München. Parallel zu den Gründungen im Energiebereich entstand ein zweiter Typ von Großforschungseinrichtung, in dem Großgeräte für die Grundlagenforschung betrieben wurden: Das Deutsche Elektronen-Synchrotron (1959) und die Gesellschaft für Schwerionenforschung (1969).

Ende der 60er und in den frühen 70er Jahren dehnte der Bund über die GFE seine Forschungsförderung weit über die Kernforschung in andere Bereiche aus. Auch strukturell erwarb der Bund weitere Kompetenzen, was 1969 mit der Ergänzung des Grundgesetzes um Artikel 91a und b zur gemeinsamen Forschungsförderung durch Bund und Länder zum Ausdruck kam.[12] Die allein vom Bund finanzierten Programme der Forschungsförderung verfolgten damit spätestens ab Beginn der 70er Jahre auch problemorientierte Ansätze im Sinne einer längerfristigen

11 Vgl. dazu den Beitrag von Joachim Radkau in diesem Band.
12 Vgl. zu den rechtlichen Grundlagen der Förderung der Großforschung durch den Bund auch den Beitrag von Ernst-Joachim Meusel in diesem Band.

225

Vorsorge für zentrale Fragen der gesellschaftlichen, ökologischen und wirtschaftlichen Entwicklung. Die zu 90 Prozent aus dem Haushalt des Bundesforschungsministeriums erfolgende institutionelle Finanzierung der Großforschungseinrichtungen räumte ihnen eine zentrale Rolle in diesen Förderprogrammen ein. Die GFE wurden damit zu einem langfristig stabilen, weitgehend vom Bund beeinflussbaren Element in der Forschungslandschaft, das seinerseits auch das Gewicht des BMBF in der Forschungspolitik stärkte. Freilich lohnte sich die Ausgliederung universitärer Einrichtungen und deren Umwandlung in GFE auch und gerade für die Länder, konnten sie doch auf diese Art und Weise ihren Wissenschaftsetat nachhaltig entlasten.

Anschauliches Beispiel der Gewichtsverlagerung in der Forschungsfinanzierung auf die Seite des Bundes ist 1969 die Gründung der Deutschen Forschungs- und Versuchsanstalt für Luft- und Raumfahrt (heute Deutsches Zentrum für Luft- und Raumfahrt, DLR) aus verschiedenen, zuvor von Landesseite finanzierten Instituten, mit der der Bund sein 1962 aufgelegtes Programm zur Weltraum- und Raumfahrtforschung institutionell fundierte.

Auch die Gründung der Gesellschaft für Mathematik und Datenverarbeitung (1968, heute Forschungszentrum Informationstechnik in der FhG) ist in diesem Zusammenhang zu nennen. Das Deutsche Krebsforschungszentrum (DKFZ) in Heidelberg ging 1976 aus einer gleichnamigen, seit 1964 von den Ländern gemeinsam finanzierten Einrichtung hervor und fundierte das Förderprogramm des BMBF ›Forschung im Dienste der Gesundheit und Ernährung‹. Die Gesellschaft für Biotechnologische Forschung (GBF) in Braunschweig entstand 1976 ebenfalls aus einer zunächst von anderer Seite – in diesem Fall der VolkswagenStiftung – finanzierten Einrichtung, bei deren Umwandlung zur Großforschungseinrichtung das zuvor auf molekularbiologische Grundlagenforschung ausgerichtete Forschungsprogramm eine Umorientierung in Richtung auf anwendungsorientierte biotechnologische Forschung erfuhr.

Die institutionelle Verankerung weiterer Programme des Bundes, die einen problemorientierten statt eines technologieorientierten Ansatzes verfolgten und z. B. die Umwelt- oder Lebenswissenschaften betrafen, erfolgte vor allem über die Umorientierung der Forschungsaktivitäten einiger der bestehenden Großforschungseinrichtungen. Damit konnte in manchen Fällen auch Nutzen aus der Situation gezogen werden, dass in den Gründungsjahren begonnene Großprojekte zum Abschluss gekommen waren und nun beträchtliche Forschungskapazitäten – wenn auch nicht immer fachlich einschlägig – für neue Aufgaben zur Verfügung standen. Diese Anpassung der Forschungsaufgaben an aktuelle Notwendigkeiten durch Umorientierung bestehender Kapazitäten und Strukturen setzt sich bis in die Gegenwart fort.

DIE DEUTSCHE VEREINIGUNG UND DIE SYSTEMEVALUATION

Nach der Vereinigung der beiden deutschen Staaten erfolgten zu Beginn der 90er Jahre Neugründungen von drei Großforschungseinrichtungen in den neuen Bundesländern, die auf Empfehlungen des Wissenschaftsrates zur umfassenden institutionellen Neugliederung der Forschungslandschaft der ehemaligen DDR zurückgingen: das Max-Delbrück-Centrum für Molekulare Medizin (1992) in Berlin, das Geoforschungszentrum Potsdam (1992) und das Umweltforschungszentrum Leipzig-Halle (1991)[13]

Empfehlungen und Umsetzung

Der Wissenschaftsrat erkannte in seiner Stellungnahme an, dass die HGF eine wichtige und eigenständige Position im deutschen Wissenschaftssystem durch den Betrieb von Großgeräten, durch Erfüllung struktureller Voraussetzungen für die Bearbeitung besonders komplexer Fragestellungen sowie durch Problemorientierung und Langfristigkeit der Aufgaben einnahm. Die Problemorientierung ihrer Arbeit erfordere jedoch eine klare Definition der im Interesse des Gemeinwohls zu bearbeitenden Gebiete, die Bund und Länder zusammen mit der Wissenschaft und gesellschaftlichen Gruppen erarbeiten müssten (vgl. dazu im folgenden: Wissenschaftsrat 2001 b).

In der Struktur und der Arbeit der HGF sah der Wissenschaftsrat eine Reihe von Defiziten, die dazu führten, dass die Leistungsfähigkeit der HGF trotz vieler hervorragender Arbeitsgruppen insgesamt nicht den zu erwartenden Stand erreiche. Neben einzelnen Schwächen in der Personalstruktur und der Qualitätssicherung lägen diese Defizite vor allem in der zu geringen Vernetzung sowohl mit anderen Teilen des Wissenschaftssystems als auch innerhalb der HGF. Zur Beseitigung dieser Defizite gab der Wissenschaftsrat folgende Empfehlungen:
- Die Kooperation mit den Hochschulen müsse verbessert werden, indem Hochschulen und Forschungszentren ihre Schwerpunkte abstimmten. Die Kooperation solle ihren Niederschlag auch in der Schaffung gemeinsamer Einrichtungen finden.
- Die Kooperation mit der Wirtschaft müsse durch einen aktiveren Technologietransfer unterstützt werden. Hierzu gehöre eine offensive Patent- und Lizenzpolitik ebenso wie ein aktives Zugehen auf kleine und mittlere Unternehmen. Ausgründungen von Unternehmen aus den Forschungszentren müssten umfassender als bisher unterstützt

---

13 Der Wissenschaftsrat hatte sich in seinen Empfehlungen allerdings gegen zu groß dimensionierte Forschungszentren im Osten Deutschlands ausgesprochen. Das Kernforschungszentrum der DDR in Rossendorf wurde daher auch kein Helmholtz-Zentrum, sondern mit neuer thematischer Ausrichtung Mitglied der WGL.

werden. Die Forschungszentren dürften auf eine angemessene Vergütung für der Wirtschaft überlassenes Wissen nicht verzichten.
- Die interne Vernetzung der HGF könne über das geplante Modell einer programmorientierten Finanzierung der HGF wirksam unterstützt werden. In diesem Verfahren setzt der Staat – auf der Basis einer Beratung durch Persönlichkeiten aus Wissenschaft und Wirtschaft – im Senat der HGF einen inhaltlichen Rahmen für die Verwendung der Finanzmittel. Diesen Rahmen hätten die HGF-Zentren durch Vorschläge für Forschungsprogramme auszufüllen. Ein Teil der Finanzierung müsse den Zentren der HGF aus Sicht des Wissenschaftsrates aber weiterhin ohne inhaltliche Bindung zur Verfügung gestellt werden. Dieses Finanzierungsverfahren werde nur dann seine Ziele erreichen, wenn es so ausgestaltet werde, dass die Finanzierung der einzelnen Zentren nicht mehr in erster Linie institutionsorientiert, sondern im Wettbewerb um Programm-Mittel erfolge. Interdisziplinarität und eine Verknüpfung und Abstimmung zwischen den Zentren und über die HGF hinaus würden dabei zu wichtigen Wettbewerbsfaktoren.
- Innerhalb der HGF müssten zentrenübergreifende, inhaltlich orientierte Strukturen geschaffen werden. Dem Präsidenten der HGF zugeordnete Forschungskoordinatoren sollten für die Ausarbeitung der Forschungsstrategie und das Controlling der Zielerreichung eine weit reichende Verantwortung erhalten. Der Wissenschaftsrat sprach sich zugleich dafür aus, die rechtliche Selbstständigkeit der Zentren zumindest vorerst beizubehalten.

In mittlerer Perspektive sah der Wissenschaftsrat in der programmorientierten Finanzierung auch eine Möglichkeit, die Versäulung im deutschen Wissenschaftssystem aufzubrechen: Indem Wissenschaftler und Einrichtungen außerhalb der HGF an der Bearbeitung der Programme beteiligt würden, solle künftig die gemeinsame Bearbeitung wissenschaftlicher Fragestellungen mit wechselnden, am Bedarf und nicht an der Zugehörigkeit zu einer Organisation ausgerichteten Kooperationen gefördert werden.

Die Systemevaluation der HGF ist die zeitlich am kürzesten zurückliegende, und die Umsetzung der Empfehlungen im Reformprozess der HGF noch immer in vollem Gange.[14]

»Die Systemevaluation hat dem Reformprozess der Helmholtz-Gemeinschaft zusätzlichen Schub gegeben. Die empfohlene programmorientierte Förderung hat Qualität und Wettbewerbsfähigkeit unserer Forschung deutlich gesteigert. Eindrucksvoll bestätigt wurde

14 Für die Bereitstellung aktueller Informationen zum Stand der Umsetzung sind die Autoren dem Geschäftsführer der HGF, Herrn Dr. Enno Aufderheide, zu besonderem Dank verpflichtet.

DIE DEUTSCHE VEREINIGUNG UND DIE SYSTEMEVALUATION

dies in der Evaluation aller 30 Forschungsprogramme durch 360 international renommierte Experten.« (Walter Kröll, Präsident der Helmholtz-Gemeinschaft Deutscher Forschungszentren) Inzwischen ist die programmorientierte Förderung implementiert. Die eingeleitete internationale Begutachtung der 30 Programme in den sechs Forschungsbereichen hat zu Verschiebungen in der Finanzierung zwischen den Programmen, aber auch zwischen den Zentren geführt. Die Außerbetriebnahme von Großgeräten gehört ebenso zu den Konsequenzen der Systemevaluation. So sollen am Ende der laufenden Planungsperiode die Forschungsreaktoren in Jülich und Geesthacht außer Betrieb gehen. In der Vernetzung mit anderen Teilen des Wissenschaftssystems geht die HGF ebenfalls neue Wege. Zu nennen sind hier vor allem die über 60 gemeinsamen ›Virtuellen Institute‹ und die Helmholtz-Hochschul-Nachwuchsgruppen. Die Nachwuchsförderung der HGF konnte dahingehend verbessert werden, dass selbstständige Nachwuchsgruppen aufgebaut wurden, von denen 38 aus dem Impuls- und Vernetzungsfonds des Präsidenten gefördert werden und weitere 55 in den Zentren aus eigenen Mitteln etabliert wurden. Die HGF hat angekündigt, diese Zahl bis 2010 nochmals zu verdoppeln. Schließlich wurden mit den Zuwendungsgebern die Abschaffung der Stellenpläne vereinbart und Personalausgabenquoten eingeführt, die auch die Höchstzahl für das unbefristet beschäftige Personal festlegen. Abschließend lässt sich festhalten, dass die Systemevaluation die HGF auf ihrem Reformwege ein gutes Stück nach vorne gebracht hat.

5. Was folgte und folgt aus der Systemevaluation?

5.1 Die Thesen des Wissenschaftsrates und der Bund-Länder-Kommission

Bereits vor Abschluss der letzten Systemevaluationen durch den Wissenschaftsrat veröffentlichte dieser im Juli 2000 zehn ›Thesen zur zukünftigen Entwicklung des Wissenschaftssystems in Deutschland‹ (Wissenschaftsrat 2000).[15] Mit der Veröffentlichung dieses problemorientierten Thesenpapiers orientierte sich der Wissenschaftsrat an Publikationen in vergleichbaren europäischen Staaten, was sich bis in die Überschriften niederschlägt.[16]

15 Auch wenn die Evaluationen der WGL und der HGF noch nicht abgeschlossen waren, so ist doch offensichtlich, dass der Wissenschaftsrat auf die Erkenntnisse aus diesen von ihm selbst durchgeführten Evaluationen zurückgreifen konnte.
16 So ist die erste These mit ›Realisierung des Potentials‹ überschrieben, was

Der Wissenschaftsrat benannte im Kern drei Aufgaben, denen sich das deutsche Wissenschaftssystem zu stellen habe: (1) Anwendungsorientierung und Praxisbezug des deutschen Wissenschaftssystems in Forschung und Lehre müssten gestärkt werden. (2) Informations- und Kommunikationstechnologien müssten weit intensiver als bisher genutzt werden. Die Wissenschaftseinrichtungen, insbesondere die Hochschulen, sollten Vorreiter beim Einsatz digitaler Medien sein. (3) Die Internationalisierung des deutschen Wissenschaftssystems müsse vorangetrieben, die Förderung von Kooperation und Austausch fortgeführt und intensiviert werden, darüber hinaus müssten Lehr- und Forschungsinhalte erheblich stärker als bisher internationalisiert werden.

Zur erfolgreichen Bewältigung dieser übergreifenden Herausforderungen, so schrieb der Wissenschaftsrat vor allem den Ländern ins Stammbuch, sei es notwendig, dass sich die Politik weitgehend aus der Detailsteuerung wissenschaftlicher Einrichtungen zurückziehe und die Fähigkeit der Wissenschaftseinrichtungen zur Selbstorganisation gestärkt werde. Überholte Steuerungsinstrumente wie die Kapazitätsverordnung sollten daher nur noch Übergangscharakter haben, längerfristig ganz abgeschafft und durch Zielvereinbarungen zwischen Staat und Hochschulen über die Zahl der bereitzustellenden Studienplätze ersetzt werden. Die Profilbildung der Wissenschaftseinrichtungen müsse intensiviert und der Wettbewerb gestärkt werden; eine Konzentration auf leistungsstarke Einrichtungen sei erforderlich. Forschungseinrichtungen sollten grundsätzlich nur noch mit begrenztem Auftrag und zunächst befristet eingerichtet werden. Der institutionelle Wettbewerb, vor allem zwischen den Wissenschaftseinrichtungen, müsse gestärkt werden. Dafür bleibe die DFG das wichtigste Instrument. Schließlich sollten Kooperationen zwischen unterschiedlichen Wissenschaftseinrichtungen erweitert und intensiviert werden.

»Von seiten der Wissenschaft zeigen die bisher vorliegenden Reaktionen, dass bei aller anfänglichen Skepsis die Anstöße zur Überprüfung der eigenen Ziele und Instrumente positiv aufgegriffen werden. [...] Insgesamt wird die Umsetzung der vielfältigen Empfehlungen der Systemevaluationen Zeit brauchen und sich in manchen Fällen als schwierig erweisen, weil es im Prozess der Umsetzung neben Gewinnern auch unvermeidlich Verlierer geben wird. Die von der Politik angestoßenen Systemevaluationen haben zu einer ›heilsamen Unruhe‹ geführt, die auf andere Weise nicht zu erzeugen gewesen wäre.« (Karl Max Einhäupl, Vorsitzender des Wissenschaftsrats, in einem Brief an die Vorsitzenden der BLK, Minister Hans Zehetmair und Edelgard Bulmahn, vom 3. Mai 2001)

an das 1993 vom Cabinet Office in Großbritannien veröffentlichte White Paper ›Realizing Our Potential‹ erinnert.

DIE DEUTSCHE VEREINIGUNG UND DIE SYSTEMEVALUATION

Die im November 2001 vorgelegten Thesen der BLK für die Regierungschefs des Bundes und der Länder (Bund-Länder-Kommission 2001) und der gleichzeitige Bericht über die Systemevaluation bildeten formal den Abschluss der Systemevaluation der deutschen Wissenschaftsorganisationen – wenngleich der Bericht lediglich von ›ersten Maßnahmen‹ sprechen konnte.

Als ›Quintessenz der Evaluationsberichte und Empfehlungen‹ nannte die BLK fünf Thesen:
(1) Das deutsche Wissenschaftssystem, in dem die Hochschulen eine zentrale Rolle einnähmen, habe sich im Grundsatz bewährt. Dennoch sei eine Steigerung der Qualität der Forschung und Effizienz der eingesetzten Mittel erforderlich.
(2) Die Forschungs- und Wissenschaftseinrichtungen müssten sich stärker profilieren.
(3) Vernetzung und Internationalisierung des deutschen Wissenschaftssystems müssten vorangetrieben werden.
(4) Wettbewerb und Kooperation innerhalb des Wissenschaftssystems müssten gestärkt werden.
(5) Das deutsche Wissenschaftssystem bedürfe der Flexibilisierung.

Aus heutiger Perspektive lautet das Fazit der BLK zur Systemevaluation der deutschen Wissenschaftsorganisationen:

»Die Systemevaluation, die auf den Bericht der BLK ›Sicherung der Qualität der Forschung‹ von 1997 zurückgeht, hat die Modernisierung des Forschungssystems kräftig in Schwung gebracht. Die Entwicklung eines modernen Systems auf der Grundlage der verschiedenen Empfehlungen ist ein Prozess, der sicherlich noch einige Jahre in Anspruch nehmen wird; er wird inzwischen von allen Akteuren – Wissenschaftseinrichtungen und Zuwendungsgebern – als ein positiver, Qualitätssteigernder Prozess angesehen. Mit der weiter zunehmenden internationalen Verflechtung und dem internationalen Wettbewerb der Forschungseinrichtungen, der Forscherinnen und Forscher wird auch ein internationaler Wettbewerb der Forschungssysteme zunehmend stattfinden. Sich hierfür zu rüsten, wird eine der wichtigsten Aufgaben der Forschungs- und Wissenschaftspolitik in den nächsten Jahren sein.« (Jürgen Schlegel, Generalsekretär der Bund-Länder-Kommission für Bildungsplanung und Forschungsförderung)

5.2 Ausblick: Herausforderungen für das deutsche Wissenschaftssystem

Die Systemevaluation der großen deutschen Wissenschaftsorganisationen hat eines deutlich gezeigt: Das deutsche Wissenschaftssystem steht vor großen, vor gewaltigen Herausforderungen. Strukturreformen zur Sicherung der Wettbewerbsfähigkeit von Hochschulen und außeruniversitären Forschungseinrichtungen sind überfällig, damit hervorragende Studierende, Nachwuchsforscher, aber auch Professorinnen und Professoren Deutschland nicht länger den Rücken kehren, damit Spitzenforschung hier zu Lande eine Zukunft hat.

Ende April 2005 hat eine Kommission ausgewiesener Experten des deutschen Hochschulwesens unter Vorsitz des Erstautors dieses Beitrags und vor dem Hintergrund der Föderalismusdiskussion sowie der Debatte um die Exzellenzinitiative ein Konzept entwickelt, das in insgesamt zwölf Empfehlungen die Verhandlungen zwischen Bund und Ländern unterstützen sollte und zugleich dazu gedacht war, Impulse zu geben für nachhaltige Verbesserungen zur Stärkung der Wettbewerbsfähigkeit des deutschen Wissenschaftssystems insgesamt, vor allem aber ihres Herzstücks: den Hochschulen (vgl. Eckpunktekommission 2005).

Im Zentrum der auch mit Blick auf die Ergebnisse der Systemevaluationen zu lesenden zwölf Empfehlungen steht die selbstständige Hochschule der Zukunft. Sie muss die Freiheit bekommen, sich im nationalen wie internationalen Wettbewerb auf ihren leistungsstarken Feldern zu profilieren und sichtbar zu positionieren. Dieser Prozess könnte – so eine zentrale Empfehlung – seitens der Politik wirksam unterstützt werden durch einen bundesweiten Wettbewerb ›Zukunftskonzepte der Hochschulen‹. Ziel muss es dabei sein, die international wahrnehmbare Profilierung der jeweiligen Hochschule durch eine Stärkung ihrer leistungsfähigsten, international herausragenden Bereiche unter Berücksichtigung ihrer Vernetzung mit Einrichtungen im In- und Ausland auf der Basis eines integrierten Gesamtkonzeptes weiter zu steigern. Inzwischen ist die Einigung auf diesen Wettbewerb zwischen Bund und Ländern erfolgt, und auch der ›Forschungspakt‹ gilt.

Die Konsequenzen, die aus der Systemevaluation gezogen werden sollten und müssen, gehen jedoch deutlich weiter: Föderalismus heißt für die Wissenschaft, dass nicht der Bund und die Länder miteinander konkurrieren, sondern vor allem die Hochschulen. Sie sind im Interesse des wissenschaftlichen Nachwuchses und ihrer internationalen Wettbewerbsfähigkeit als primäre Zentren der Forschung auszubauen. Neben einem dringend notwendigen Einstieg in die Vollkostenfinanzierung der geförderten Forschungsvorhaben erscheint dazu auch eine weitere Bündelung der öffentlich finanzierten Forschungspotenziale – selbstverständlich unter Beibehaltung klar definierter Ziele und Aufgabenprofile der außeruniversitären Trägerorganisationen – unumgänglich. Bund und Länder sollten gemeinsam konkrete Schritte unternehmen, um die bisherige Trennung universitärer und außeruniversitärer Forschung zu überwinden. Natürlich muss gelten, dass die außeruniversitären Einrichtungen auch bei neuer Bündelung der Potenziale genauso autonom und flexibel agieren können wie jetzt. Dabei wäre auch zu überlegen, die derzeit bestehenden Hemmnisse einer Potenzialbündelung, die insbesondere in den jeweiligen, einseitige Blockaden ermöglichenden Zuständigkeiten von Bund und Ländern, kapazitätsrechtlichen Randbedingungen und komplizierten Finanzierungsmodalitäten liegen, durch ein kompaktes Forschungsförderungsgesetz aufzuheben.

Ein Tabu ist in dieser Hinsicht jetzt gebrochen worden: der Blick auf die wissenschaftlichen Institute der verschiedenen Bundes und Landesministerien. Diese Ressortforschung ist oft allzu weit von den Universitäten und dem wissenschaftlichen Nachwuchs entfernt und selten in internationale Forschungszusammenhänge eingebunden. Auch und gerade diese Institute sollte man stärker an die Universitäten heranführen, soweit sie keine hoheitlichen Kontrollaufgaben wahrnehmen.

Dieses letzte Beispiel wie auch die Vorgeschichte und der Verlauf der Systemevaluation der deutschen Wissenschaftsorganisationen zeigen: Der Bund hat sich in seinem wissenschaftspolitischen Einflussbereich zu dem Prinzip des Leistungsvergleichs bekannt, der Ball liegt nun bei den Ländern: Das deutsche wissenschaftspolitische Paradoxon – *aus der Wissenschaft wird fast einstimmig eine auch finanziell stärkere Rolle des Bundes gefordert, während die Länder eben diese stärkere Rolle angeblich im Interesse der Wissenschaft mit aller Kraft verhindern* – muss aufgebrochen werden. Soll das deutsche Hochschulsystem ebenso leistungsfähig und international sichtbar werden wie die außeruniversitäre Forschung, so muss es sich bundesweit und international dem Wettbewerb stellen. Unerlässlich ist eine strategische wissenschaftspolitische Ausrichtung, die nicht an Ländergrenzen halt macht und in der Politikverflechtungsfalle stecken bleibt. Wer aus der Staatskanzlei heraus Wissenschaftspolitik macht und propagiert, dass es in Deutschland 90 gleichwertige, im internationalen Wettbewerb bestehende Hochschulen gibt, der hat die Zeichen der Zeit nicht erkannt und fügt unserem Land damit nachhaltigen Schaden zu.

Letztlich ist dies die Quintessenz der Systemevaluation der deutschen Wissenschaftsorganisationen: Potenziale bündeln, Effizienz steigern, Wettbewerb fördern, Flexibilität schaffen, Leistungsvergleich zulassen und daraus Konsequenzen ziehen. Nur auf diese Weise wird das deutsche Wissenschaftssystem den großen Herausforderungen gewachsen sein. Dem BMBF (und seinen *Nachfolgerorganisationen?*) ist für die nächsten fünfzig Jahre zu wünschen, dass es diesen eingeschlagenen Weg weiter verfolgt, ja ihn noch entschiedener weiter geht.

Literatur

Bund-Länder-Kommission (1998): Sicherung der Qualität der Forschung. Beschluss der Regierungschefs des Bundes und der Länder vom 24. Oktober/3. November 1997 und Bericht der BLK vom 2. Juni 1997 in der Fassung der von den Regierungschefs am 3. Juli 1997 eingesetzten Arbeitsgruppe. (=Materialien zur Bildungsplanung und zur Forschungsförderung, Heft 61). Bonn.

Bund-Länder-Kommission (2001): Evaluation der gemeinsamen Forschungsförderung in Deutschland. Thesen für die Regierungschefs des Bundes und der Länder. Bonn: BLK.

DFG (2002): Perspektiven der Forschung und ihrer Förderung – Aufgaben und Finanzierung 2002 bis 2006. Bonn.

Eckpunktekommission (2005): Eckpunkte eines zukunftsfähigen deutschen Wissenschaftssystems. Zwölf Empfehlungen. Hannover.

Evaluierungskommission FhG (1998): Systemevaluierung der Fraunhofer-Gesellschaft. Bericht der Evaluierungskommission. Ohne Ortsangabe.

Krull, W. (1992): Neue Strukturen für Wissenschaft und Forschung. Ein Überblick über die Tätigkeit des Wissenschaftsrates in den neuen Ländern. In: Aus Politik und Zeitgeschichte. Bd. 51/92 (11. Dezember 1992). 15-28.

Krull, W. (1994): Im Osten wie im Westen – nichts Neues? Zu den Empfehlungen des Wissenschaftsrates für die Neuordnung der Hochschulen auf dem Gebiet der ehemaligen DDR. S.205-226 in: R. Mayntz (Hrsg.), Aufbruch und Reform von oben. Ostdeutsche Universitäten im Transformationsprozess. Frankfurt am Main: Campus.

Krull, W. (Hrsg.) (1999): Forschungsförderung in Deutschland. Bericht der internationalen Kommission zur Systemevaluation der Deutschen Forschungsgemeinschaft und der Max-Planck-Gesellschaft. Hannover: Scherrer.

MPG (2005): Forschungsperspektiven 2005. München.

Simon, D. (1988): Die Kommission. In: Rechtshistorisches Journal 7. 275-280.

Weingart, P. (2001): Die Stunde der Wahrheit. Weilerswist: Velbrück Verlag.

WGL (2005): Mehrwert durch Netzwerk. Die Leibniz-Gemeinschaft 2005. Profil, Position, Partner und Perspektiven.

Wissenschaftsrat (1990): Perspektiven für Wissenschaft und Forschung auf dem Weg zur deutschen Einheit. Zwölf Empfehlungen. Köln.

Wissenschaftsrat (1994): Stellungnahme zur Umweltforschung in Deutschland, Band I und II. Köln.

Wissenschaftsrat (1996): Stellungnahme zur außeruniversitären Materialwissenschaft. Köln.

Wissenschaftsrat (2000): Thesen zur künftigen Entwicklung des Wissenschaftssystems in Deutschland. Köln.

Wissenschaftsrat (2001a): Systemevaluation der Blauen Liste – Stellungnahme des Wissenschaftsrates zum Abschluß der Bewertung der Einrichtungen der Blauen Liste. Köln.

Wissenschaftsrat (2001b): Systemevaluation der HGF – Stellungnahme des Wissenschaftsrates zur Helmholtz-Gemeinschaft Deutscher Forschungszentren. Köln.

Helmuth Trischler
Problemfall – Hoffnungsträger – Innovationsmotor

Die politische Wahrnehmung der Vertragsforschung
in Deutschland

Der Beitrag thematisiert den Wandel der forschungspolitischen Wahrnehmung der Vertragsforschung vom Umbau des deutschen Wissenschafts- und Innovationssystems nach dem Zweiten Weltkrieg bis zur jüngsten Debatte um die Steigerung der Wettbewerbsorientierung der bundesdeutschen Forschung. Im Zentrum der Debatte um die Bedeutung vertragsbasierter Forschung für den Wissenschafts- und Wirtschaftsstandort – und damit auch des Beitrags – stand und steht dabei die Fraunhofer-Gesellschaft. Die 1949 als ›Fraunhofer-Gesellschaft zur Förderung der angewandten Forschung e.V.‹ gegründete Trägerorganisation für Vertragsforschung hat sich durch einen mehrfachen Wechsel ihrer wissenschaftlichen Identität in der Wahrnehmung der forschungspolitischen Akteure allmählich vom Problemfall und Sorgenkind zum Hoffnungsträger und Innovationsmotor entwickelt.

Hinter der vordergründig linearen und ungebrochenen Erfolgsgeschichte institutionalisierter Vertragsforschung werden bei näherer Betrachtung zentrale Problemfelder und Aushandlungszonen bundesdeutscher Forschungs- und Innovationspolitik sichtbar. Deutliche Konturen gewinnen die Konzepte und Leitbilder der Forschungspolitik, der Handlungs- und Gestaltungsspielraum des BMBF und seiner Vorläuferorganisationen im komplex strukturierten Raum des Forschungs- und Innovationssystems, aber auch die Kontingenzen der historischen Entwicklung. Die Vertragsforschung dient hier als Sonde, um den Wandel der Forschungspolitik im Kontext bundesdeutscher Zeitgeschichte zu beleuchten. Mit in den Fokus geraten dabei die Diskurs-prägende Rolle des US-amerikanischen Referenzraums, die bis heute – wie in der aktuellen Diskussion um die Reform der Universitäten einmal mehr deutlich wird – sämtliche wissenschaftspolitischen Debatten durchzieht, und die Verschiebungen der forschungspolitischen Gewichte im föderativen Innovationssystem Deutschlands.

Am Ende des historischen Parforceritts, der in vier Etappen die mittlerweile mehr als ein halbes Jahrhundert umfassende Geschichte institutionalisierter Vertragsforschung durchmisst, steht die Frage, inwieweit marktorientierte Vertragsforschung als innovationspolitisches Erfolgsmodell gelten kann.

1. Der Umbau des deutschen Innovationssystems nach dem Zweiten Weltkrieg

Als die Fraunhofer-Gesellschaft am 26. März 1949 im großen Sitzungssaal des Bayerischen Wirtschaftsministeriums feierlich aus der Taufe gehoben wurde, knüpften ihre Initiatoren unterschiedliche Erwartungen an diese Gründung. Die einen, wie etwa Friedrich K. Drescher-Kaden vom Bayerischen Geologischen Landesamt, erhofften sich eine wissenschaftliche Fundierung der Erschließung der heimischen Bodenschätze, insbesondere möglicher Uranvorkommen; andere, wie Staatssekretär Hugo Geiger, versprachen sich eine wissenschaftliche Schubkraft für die Industrialisierung des wirtschaftlich rückständigen Freistaats; wieder andere, wie der Berliner TH-Professor Alfons Kraichgauer, kritisierten diesen provinziellen Kleingeist und konzipierten eine kraftvolle, überregionale Forschungseinrichtung an der Schnittlinie zwischen Wissenschaft und Wirtschaft. Der Schlingerkurs, den die neue Gesellschaft in ihren ersten beiden Jahrzehnten nahm, war also bereits in ihrer Gründungskonstellation angelegt. Ihre prekäre Existenz wurde nur oberflächlich von ihrem Selbstverständnis kaschiert, die ›dritte Säule‹ des Forschungssystems neben der Max-Planck-Gesellschaft (MPG) und der Deutschen Forschungsgemeinschaft (DFG) darzustellen.[1]

Tatsächlich aber waren diese beiden traditionsreichen Forschungsorganisationen keineswegs bereit, die Fraunhofer-Gesellschaft als sinnvolle Ergänzung des deutschen Innovationssystems willkommen zu heißen. Im Gegenteil, sie war ihnen als homo novus suspekt, und sie bekämpfen sie als Konkurrent in der Einwerbung von öffentlichen und privaten Geldern. Einen mächtigen Bundesgenossen hatten DFG und MPG dabei im Stifterverband für die Deutsche Wissenschaft. Zudem galt im kulturellen Klima des Wiederaufbaus vielen Wissenschaftlern die angewandte Forschung ohnehin als durch den Nationalsozialismus diskreditiert und der Rückzug auf die Grundlagenforschung als Königsweg, einer erneuten politischen Einflussnahme vorzubauen. Bezeichnenderweise dachte der Gründungspräsident der Fraunhofer-Gesellschaft, der Münchner Atomphysiker und TH-Rektor Walter Gerlach, selbst in diesen Kategorien. Als Vizepräsident der DFG und Vorsitzender von deren Ausschuss für angewandte Forschung galt seine Loyalität im Grunde der Hochschulforschung bzw. Grundlagenforschung, während Wissenschaftler der angewandten Forschung nicht für sich in Anspruch

---

[1] Grundlegend hierzu die Studie von Trischler/vom Bruch (1999) zur Geschichte der Fraunhofer-Gesellschaft, die im folgenden nicht mehr im einzelnen zitiert wird; daneben Bruch 1999 und Trischler 1999.

nehmen könnten, als ›Forscher‹ bezeichnet zu werden, wie er gegenüber Werner Heisenberg 1949 formulierte.[2] Gerlachs Bestreben, die Fraunhofer-Gesellschaft aufzulösen oder in die DFG zu überführen, konterten seine Kollegen im Vorstand und Senat, indem sie ihn 1951 zum Rücktritt drängten und durch Wilhelm Roelen ersetzen. Der einflussreiche Ruhrindustrielle Roelen sollte der weit verbreiteten Wahrnehmung der Gesellschaft als ›weiß-blaue Extrawurst‹ entgegentreten und ihr Profil als Dachorganisation der angewandten, wirtschaftsnahen Forschung schärfen. Doch mit der Fusion der Notgemeinschaft bzw. alten DFG und dem Heisenbergschen Forschungsrat zur neuen DFG in jenem Weichen stellenden Jahr 1951 hatten die etablierten Forschungseinrichtungen ihre Positionen vollends gefestigt und waren umso weniger bereit, Terrain abzugeben.

Zwei Handlungsfelder, auf denen die Fraunhofer-Gesellschaft Fuß fassen wollte, erwiesen sich dabei als besonders konfliktgeladen: die Verteilung der ERP-Gelder und die Vertragsforschung. Während im restlichen Europa die von den USA im Rahmen des Marshall-Plans zur Verfügung gestellten Gelder primär in den wirtschaftlichen Wiederaufbau flossen, wurde in der Bundesrepublik bis 1961 auf Betreiben des Bundeswirtschaftsministeriums ein beträchtlicher Teil der Mittel des European Recovery Program in die Forschung geleitet (Orth 2004, Krige 2006). Um ihre industrienahe Verwendung zu gewährleisten, wollte sich Erhards Ressort für die Vergabe der Gelder an Institute und Einzelwissenschaftler der Fraunhofer-Gesellschaft bedienen. Die in München ansässige Forschungsgesellschaft war in den heißen Debatten der Nachkriegszeit um die Bundeszuständigkeit für die Forschung eine willkommene Gelegenheit, ein Gegengewicht zum Bundesinnenminister aufzubauen, der sich auf die DFG und MPG stützen konnte (Stamm-Kuhlmann 1981).

Vertragforschung ist eine marktgesteuerte Form der Produktion und Kommunikation von Wissen, wobei Wissen als ein knappes Gut verstanden wird. Das durch Forschung erzeugte Wissen wird von einem öffentlichen Gut zu einem proprietären Gut, zur Ware, die auf dem Markt gehandelt werden kann. Auftraggeber und Auftragnehmer einigen sich auf einen verbindlichen Zeitrahmen, einen mehr oder minder eng gesteckten Finanzrahmen und über Vorgaben hinsichtlich der angestrebten Ergebnisse. Die vertragsbasierte Wissensproduktion wurde in den USA gegen Ende des 19. Jahrhunderts ›erfunden‹, als vor allem die chemische Industrie einen rasch wachsenden Bedarf an wissenschaftlichem Wissen entwickelte. Neben dem Aufbau eigener Forschungska-

---

2 Gerlach an Heißenberg, 12. 11. 1949, zit. nach Bachmann/Rechenberg 1989: 242-245, hier 243; zu Gerlach siehe demnächst die ausführliche Biographie von Bernd A. Rusinek (Freiburg); zu seiner Rolle in der NS-Atomforschung jüngst Karlsch 2005.

pazitäten vergaben Unternehmen Forschungsaufträge an ›consultants‹, die als unabhängige Unternehmer wissenschaftliche Beratungsaufgaben für industrielle Auftraggeber wahrnahmen und in dieser Hochphase des Erfinderunternehmertums die Innovationskultur der aufsteigenden Wirtschaftsmacht USA prägten (Hughes 1991). Systemtheoretisch gesprochen waren sie Hybride, die mit einem Bein in der Welt der Wissenschaft und mit dem anderen in der Welt der Wirtschaft standen. Freilich waren diese Welten in den USA weniger scharf voneinander getrennt als in Europa und die Grenzen fließend.

Am Vorabend des Ersten Weltkriegs löste sich dieses Innovationsmuster von seiner Bindung an einzelne Wissenschaftler und verstetigte sich in größeren Forschungseinrichtungen, darunter Arthur D. Little in Boston (1896) und das Mellon Institute of Industrial Research in Pittsburgh (1911). Die Anbindung an eine der großen Universitäten, die den Zugriff auf hoch qualifizierte Wissenschaftler ermöglichte, der personelle Transfer wissenschaftlich-technischen Wissens in die Güterproduktion und eine großzügige finanzielle Ausstattung waren die Hauptfaktoren des Erfolgs von Mellon in der Zwischenkriegszeit. Wie wichtig gerade eine solide finanzielle Basis war, zeigt der Vergleich mit Little, das als ungleich stärker den Marktgesetzen ausgesetztes Unternehmen gezwungen war, sein Tätigkeitsfeld erheblich auszubauen, um sein Überleben sichern zu können. Das 1929 gegründete Battelle Memorial Institute und die 1937 ins Leben gerufene Armour Research Foundation folgten denn auch dem Modell von Mellon, indem sie auf Stiftungen aufruhten und als Non-Profit-Organisationen nicht darauf angewiesen waren, Gewinne zu erwirtschaften (Mowery/Rosenberg 1983, Servos 1994, Lieske 2000). Bereits in dieser frühen Phase der Etablierung von Vertragsforschung zeigt sich, dass der Wettbewerb auf dem Markt der Vertragsforschung – wie auf so vielen Märkten im Zeitalter des modernen Interventionsstaates – Anbieter miteinander konfrontiert, die ungleiche Wettbewerbschancen haben (Trischler 2001 b).

In der Umbruchphase des Zweiten Weltkriegs wurde die Vertragsforschung zum institutionellen Rückgrat des vollständig umgebauten Innovationssystems der USA. Nun bedienten sich die großen Universitäten wie Stanford, Harvard und das MIT des Instruments der Vertragsforschung, um im Auftrag des Staates und im Interesse der nationalen Sicherheit große Forschungslaboratorien dauerhaft zu betreiben.[3]

Im kulturellen Klima der jungen Bundesrepublik, das von einer Ver-

---

3 Als diese langfristig ausgerichtete Form der Vertragsforschung mit dem Ende des Kalten Krieges zur Disposition stand, gerieten die amerikanischen Universitäten in eine Finanzkrise. Hier wurzelt die Debatte der letzten Jahre um einen neuen »social contract« zwischen Staat und Universität (Guston/Keniston 1994).

drängung der NS-Vergangenheit und einem Rückzug auf idealistische Konzepte von Wissenschaft geprägt war, hatte es die anwendungsorientierte Forschung generell schwer, sich zu entfalten. Die marktorientierte Vertragsforschung galt zudem als eine jener amerikanischen Ideen, die nicht zur deutschen Wissenschaftstradition passten. Als Battelle Anfang der fünfziger-Jahre seine Absicht bekannt gab, in Deutschland ein Zweiginstitut aufzubauen, fand sich die große amerikanische Vertragsforschungseinrichtung in der kontrovers geführten Debatte um die Amerikanisierung der deutschen Wissenschaft, Wirtschaft und Gesellschaft wieder. Meinungsführende Kreise der Industrie, allen voran der Vorstandsvorsitzende der Metall-Gesellschaft und Vorsitzende des Stifterverbandes für die Deutsche Wissenschaft, Richard Merton, nahmen im Verein mit den Spitzen der Forschung Battelle als Fortsetzung der intellektuellen Ausplünderung Deutschlands nach dem Zweiten Weltkrieg wahr. Merton beschwor gegenüber Ludwig Erhard »die Gefahr der Industrie- und Wissenschaftsbespitzelung« und befürchtete den Ausverkauf der deutschen Forschung.[4] Andere sahen in der Vertragsforschung à la Battelle eine Kommerzialisierung geistigen Schaffens und befürchteten gar die drohende Dominanz des amerikanischen Utilitaritätsprinzips über das deutsche Ideal der an Autonomie und Zweckfreiheit orientierten Wissenschaft.

Im Unterschied dazu versprach sich das Bundeswirtschaftsministerium von diesem Ausbau der schwach entwickelten angewandten Forschung nach amerikanischem Erfolgsrezept eine umfassende Modernisierung des nationalen Innovationssystems und einen wissenschaftlichen Schub für das Bemühen um internationale Wettbewerbsfähigkeit. Als Gralshüter des Wettbewerbsprinzips versuchte Erhards Ministerialbürokratie das Konzept der Vertragsforschung unter Verweis auf seine Erfolge in den USA auch in Deutschland zur Geltung zu bringen. Bezeichnend für die weit verbreitete Skepsis gegenüber dem als typisch ›amerikanisch‹ wahrgenommenen Weg der Orientierung am Markt ist allerdings das Resultat deutsch-amerikanischer Expertengespräche in den frühen fünfziger-Jahren, die den Rückenwind der Organization for European Economic Cooperation (OEEC) hatten. Ausgangspunkt war eine mehrmonatige Informationsreise von Joachim Pretsch, Leiter des Grundsatzreferates ›Angewandte und Industrielle Forschung‹ im Bundeswirtschaftsministerium, zu den Zentren der amerikanischen Forschung. Pretsch war besonders beeindruckt von den Vertragsforschungseinrichtungen. Von Forschung nach dem Muster von Armour, Mellon oder Battelle versprach sich das Bundeswirtschaftsministerium gerade für die mittleren und kleinen Unternehmen eine Innovationen stimulierende Wirkung. Als im Gegenzug die Direktoren amerikani-

---

4 Merton an Erhard, 7.1.1952, zit. nach Schulze 1995: 184.

scher Vertragsforschungszentren die Bundesrepublik besuchten, um die Marktchancen zu erkunden, kamen sie nach der Befragung von nicht weniger als 250 Persönlichkeiten aus Wissenschaft und Wirtschaft zu einem ambivalenten Ergebnis. Auf der einen Seite stach ihnen die Lücke ins Auge, die das ansonsten hoch differenzierte Innovationssystem im Bereich der marktorientierten Forschung aufwies. Auf der anderen Seite blieb ihnen die tief wurzelnde Skepsis ihrer Gesprächspartner nicht verborgen. Wenn ein deutscher Beobachter resümierte, die Amerikaner würden die Forschung wie eine Ware behandeln, dann brachte er jene Abwehrhaltung auf den Punkt, die Hochschulwissenschaftler und Industrielle gegen die drohende Amerikanisierung der deutschen Forschungslandschaft einte (Lieske 2000).

Der Stifterverband und die DFG verstanden sich als Speerspitze des nationalen Abwehrkampfes gegen die Amerikanisierung der Forschung. Um zu verhindern, dass Battelle in Deutschland ins Geschäft kam, verständigten sie sich darauf, bei der DFG in Bad-Godesberg eine Vermittlungsstelle für Vertragsforschung aufzubauen. Sie sollte die Unternehmen in Forschungsfragen beraten und den Kontakt zu geeigneten Forschungseinrichtungen herstellen. Diese Aufgabe sollte der Fraunhofer-Gesellschaft übertragen werden, die damit eine wichtige Aufgabe im nationalen Interesse erfüllen, zugleich aber von der DFG kontrolliert werden würde.

Die Fraunhofer-Gesellschaft dagegen betrachtete ebenso wie Ludwig Erhard und seine Ministerialbürokratie das Frankfurter Battelle-Institut eher gelassen und ließ sich auf das ihr zugedachte Begräbnis erster Klasse als Unterabteilung der DFG nicht ein. Als heftig angefeindeter Außenseiter in der deutschen Forschungslandschaft stieß sie Mitte der fünfziger-Jahre bei ihrem verzweifelten Bemühen, eine ihre institutionelle Stabilität sichernde Aufgabe zu finden, auf einen weiteren Außenseiter des deutschen Innovationssystems: das Bundesverteidigungsministerium. Vor dem Hintergrund des Nationalsozialismus wahrten die großen Forschungsorganisationen kühle Distanz zur Verteidigungsforschung. Nach der Göttinger Erklärung vom 12. April 1957, in der sich führende Atomwissenschaftler wie Walther Gerlach, Otto Hahn, Werner Heisenberg und Max von Laue gegen eine atomare Wiederbewaffnung Deutschlands ausgesprochen hatten,[5] vertiefte sich die Kluft zwischen der Scientific Community und dem Militärapparat. Das Bundesverteidigungsministerium hatte es überaus schwer, Zugang zur Wissenschaftslandschaft zu gewinnen, um seinen Forschungsbedarf abdecken zu können, dies umso mehr, als der Weg, eigene Ressortforschungsinstitute zu gründen, aus politischen Gründen kategorisch ausgeschlossen war.

5 Vgl. hierzu ausführlicher den Beitrag von Joachim Radkau in diesem Band.

Diese beiden Außenseiter gingen nun ein für beide Seiten symbiotisches Zweckbündnis ein. Die Fraunhofer-Gesellschaft betreute für das Bundesverteidigungsministerium mehrere Forschungsinstitute und vermittelte dem Ressort ›zivile‹ Forschungskontakte. Im Gegenzug verfügte die Fraunhofer-Gesellschaft nun über eine institutionelle Rückversicherung, und die hohen durchlaufenden Mittel der verteidigungsbezogenen Forschung vergrößerten ihren Spielraum, in vermehrtem Umfang zivile Forschungsinstitute aufzunehmen. Selten war ein solcher Zuwachs das Ergebnis eines gezielten Suchprozesses, an dessen Ende die Münchner Fraunhofer-Zentrale ein leistungsstarkes Institut hinzu gewann. Meist reagierte sie auf die Aufnahmewünsche von Instituten, deren Stärken in vielen Fällen gerade nicht in der wirtschaftsnahen Vertragforschung lagen.

Als ein typisches Beispiel hierfür lässt sich die Arbeitsgruppe für Physikalische Weltraumforschung anführen, die die Gesellschaft ab 1961 betreute. In diesen Jahren des ›Take-off‹ der europäischen Raumfahrt signalisierte das Bundesministerium für wissenschaftliche Forschung größtes Interesse an der Arbeitsrichtung der von Karl Rawer geleiteten Forschungsgruppe. Auch als die Fraunhofer-Gesellschaft 1968/69 Rawers Forschungsgruppe vollständig übernahm, konnte sie noch darauf hoffen, eine finanziell stabile Einrichtung zu gewinnen. In der Krise der europäischen Raumfahrt in den 70er-Jahren mutierte die 1973 zum Institut erhobene Arbeitsgruppe vom Hoffnungsträger zum Problemkind der Fraunhofer-Gesellschaft, dies umso mehr als dessen Ausrichtung an Grundfragen physikalischer Weltraumforschung mit marktorientierter Vertragsforschung nicht zu vereinbaren war.

2. Die ›Erfindung‹ des Modells der erfolgsabhängigen Vertragsforschung

Die zweite Hälfte der 60er-Jahre läutete in der bundesdeutschen Geschichte eine Periode des beschleunigten historischen Wandels ein: die ›langen siebziger Jahre‹. Sie beginnen mit den Reformen der Großen Koalition von CDU und SPD (1966-1969) und enden mit dem Wechsel von der sozialliberalen zur christlich-liberalen Regierung 1982. In dieser sozialdemokratisch geprägten Ära veränderten sich die bundesdeutsche Gesellschaft im Allgemeinen und das Innovationssystem im Speziellen mit hohem Tempo (Trischler 2001 a).

Für die Forschung markieren die Jahre 1969 und 1975 wichtige Eckpunkte des Reformprozesses. Die Verfassungsreform von 1969 sicherte im neuen Artikel 91 den kooperativen Föderalismus ab.[6] Bereits

---
6 Siehe hierzu und zu der daraus resultierenden Problemlage den Beitrag von

in den späten 60er-Jahren hatte der Bund signalisiert, dass er künftig Forschung und Technik gezielt zu fördern gedachte. Bundesforschungsminister Gerhard Stoltenberg hatte bei seinem Amtsantritt 1965 die lang- und mittelfristige Planung der Wissenschaftspolitik angekündigt. Die ersten Fachprogramme für Datenverarbeitung, Weltraumforschung und Neue Technologien und die Ausweitung der Bundesforschungsprogramme auf sozial und ökologisch relevante Themenfelder (Humanisierung des Arbeitslebens, Umweltforschung) erweiterten das politische Steuerungsinstrumentarium. Stoltenbergs Nachfolger bauten das Bundesministerium für Forschung und Technologie (BMFT) – nach der Zwischenphase des Bundesministeriums für Bildung und Wissenschaft (1969-1972) – zum forschungspolitischen Hauptakteur aus (Stucke 1993: 97-140).

Die Ölpreiskrise von 1973 beendete vollends den ›Boom‹ der Nachkriegsjahre. Die Strukturkrisen in zahlreichen Industriezweigen ließen die Schwächen der keynesianischen Globalsteuerung deutlich werden. Unter dem Eindruck der weltweiten Rezession von 1975 begannen Politik und Wirtschaft umzudenken. Den wirtschaftspolitischen Paradigmenwechsel zur strukturellen Orientierung signalisierte das Konzept der Forschungs- und Technologiepolitik als Instrument der Steuerung des wirtschaftlichen und regionalen Strukturwandels. In dieser Phase verständigten sich nach Jahrzehnten permanenter Improvisation der Bund und die Länder auf neue, institutionalisierte Formen des Interessenabgleichs in der Forschungspolitik. Die 1975 nach konfliktreichen Verhandlungen geschlossene Rahmenvereinbarung Forschungsförderung tarierte das föderative Gleichgewicht neu aus. Während sich Bund und Länder die Finanzierung von MPG und DFG paritätisch teilten, trug der Zentralstaat bei den Großforschungseinrichtungen und der Fraunhofer-Gesellschaft mit 90 Prozent der Grundfinanzierung den Löwenanteil der Aufwendungen. Die vereinbarte Zusammenarbeit wich freilich bald einem ausgeprägten Konkurrenzverhältnis. Ab Mitte der 70er-Jahre konkurrierten die Bundesländer heftig um die Ansiedlung von als zukunftsträchtig angesehenen Einrichtungen. Und auch das Forschungssystem selbst veränderte sich unter dem Druck des wirtschaftlichen und gesellschaftlichen Wandels. In einem Akt nachholender Rationalisierung kontingenter Entwicklungen fand die Wissenschaftslandschaft zu einer veränderten Arbeitsteilung. Die historische Auffächerung des Spektrums von Forschungstypen schlug sich in neu gebildeten Säulen staatlicher Forschung nieder, denen die nach dem Zweiten Weltkrieg entstandenen Aufgabenfelder der Großforschung (Arbeitsgemeinschaft

Ulrich Teichler sowie den Beitrag von Uwe Schimank und Stefan Lange, zu den rechtlichen Grundlagen einer forschungspolitischen Kompetenz des Bundes den Beitrag von Joachim Meusel in diesem Band.

der Großforschungseinrichtungen, heute Helmholtz-Gemeinschaft) und der Vertragsforschung (Fraunhofer-Gesellschaft) zugewiesen wurden (Hohn/Schimank 1990: 344-421).

Bis zum Beginn der ›langen‹ 70er-Jahre war es der Fraunhofer-Gesellschaft gelungen, sich halbwegs zu konsolidieren. Die Allianz mit dem Bundesverteidigungsministerium schützte sie vor einer drohenden Auflösung und erweiterte den Spielraum, zivile Forschungsinstitute aufzunehmen. Diese aus der Not geborene Doppelstrategie der Existenzsicherung war allerdings mit einem doppelten Stigma verbunden. Denn zum einen stand Fraunhofer in der Öffentlichkeit für geheime Militärforschung, und damit für eine Arbeitsrichtung, die im intellektuellen Klima der späten 60er-Jahre vehement abgelehnt wurde. Zum anderen machte ihr Bestand an Instituten »einen etwas zufälligen Eindruck«, wie der Wissenschaftsrat in seinen weichenstellenden ›Empfehlungen zum Ausbau der wissenschaftlichen Einrichtungen‹ (1965) festhielt. Deutlicher formulierte das Image der Fraunhofer-Gesellschaft als Lumpensammler des deutschen Forschungssystems und die weit verbreitete Kritik an der Leistungsfähigkeit ihrer Institute die Ministerialbürokratie des Bundesforschungsministeriums, die sie als ein »Refugium für Leute« wahrnahm, »die im Existenzkampf gescheitert« seien, und als ein »historisches Sammelsurium von Instituten [...], das ein Großreinemachen verlange« (Trischler/vom Bruch 1999: 83 u. 88).

Der Wissenschaftsrat, dessen Gutachten in den 60er-Jahre nachgerade Gesetzescharakter zukam, hatte jedoch nicht nur kritisiert, sondern eine konstruktive Perspektive entworfen, als er den planmäßigen Ausbau der Fraunhofer-Gesellschaft zu jener Trägerorganisation für die angewandte Forschung in Deutschland anregte, die sie laut ihrer Satzung sein wollte. Die Gesellschaft fand sich plötzlich dort wieder, wo sie hinwollte: im Zentrum der Debatte um die Neugestaltung der Forschungslandschaft. Bundesforschungsminister Hans Lenz veröffentlichte am Tag vor seinem Rücktritt in der FAZ eine Art politisches Testament, das die Notwendigkeit einer Selbstverwaltungsorganisation im Anwendungsbereich, das Versagen des Marktmechanismus als Stimulus für die Förderung von Forschung und Entwicklung und die Stärkung der Vertrags- und Gemeinschaftsforschung betonte (Lenz 1965). Tatsächlich hagelte es vor dem Hintergrund der einsetzenden Wirtschaftskrise Kritik an der Unfähigkeit der Forschungspolitik, technische Innovationen zu fördern. Es war kein Zufall, dass mit Gerhard Stoltenberg ein junger, dynamischer Politiker als Nachfolger berufen wurde, dem man zutraute, ein zukunftsweisendes Programm für die Forschungspolitik des Bundes zu erarbeiten.

Auch Stoltenberg hatte jedoch kein Konzept dafür, die organisatorische Lücke in der angewandten Forschung zu schließen. Im Grunde genommen war er nicht einmal politisch legitimiert, ein solches Konzept

PROBLEMFALL – HOFFNUNGSTRÄGER – INNOVATIONSMOTOR

zu entwickeln. Wissenschaftspolitik funktionierte in den ausgehenden 60er-Jahren immer noch auf korporatistischem Wege. Leitperspektiven entwickelte der Bundesforschungsminister nicht autonom, sondern in enger Abstimmung und im Konsens mit der Wissenschaft. Nachdem sich die großen Forschungsorganisationen unter Federführung der DFG nach einem langen und harten Ringen darauf verständigt hatten, die Fraunhofer-Gesellschaft zur Trägerorganisation für die angewandte Forschung auszubauen, hielt das Bundesforschungsministerium das Heft des Handelns in der Hand. Das Ministerium weitete in der Ära Stoltenberg seine Domäne auf Kosten anderer Ressorts erheblich aus, nicht zuletzt, indem es die Zuständigkeit für die Fraunhofer-Gesellschaft übernahm. Der Bundeswirtschaftsminister stimmte wohl oder übel dem Vorschlag zu, seinem Kollegen die alleinige Verantwortung zu übertragen. Er wollte lediglich gewahrt wissen, dass die im eigenen Einflussbereich angesiedelte industrielle Gemeinschaftsforschung in Gestalt der 1954 gegründeten Arbeitsgemeinschaft industrieller Forschungsvereinigungen (AiF) ungeschmälert erhalten blieb (Böttger 1993). Schwieriger gestaltete sich die Abstimmung mit dem Bundesverteidigungsminister, dem daran gelegen war, den Status quo möglichst unangetastet zu lassen.

Der Zuwachs des Bundes an politischem Einfluss ging zu Lasten der Länder. Bayern und Baden-Württemberg hatten die Fraunhofer-Gesellschaft seit der ersten Stunde getragen und mit erheblichem Finanzaufwand über so manche Existenzkrise gerettet. Blockiert durch die staatspolitische Debatte über die Neugewichtung des Bund-Länder-Verhältnisses im gesamten Wissenschaftsbereich musste man in Stuttgart und München zähneknirschend zusehen, wie der Bund die Zügel an sich riss. Bayern und Baden-Württemberg fühlten sich aus der Fraunhofer-Gesellschaft buchstäblich hinauskatapultiert.

Für Verbitterung sorgte vor allem der *coup d'etat* von Bundeswissenschaftsminister Hans Leussink, der Fraunhofer-Gesellschaft für die weichenstellende Phase ihres Ausbaus zu einer leistungsfähigen Trägerorganisation einen kommissarischen Vertreter seines Hauses als geschäftsführendes Vorstandsmitglied zu oktroyieren. Tatsächlich aber sollte sich die ›Gemeinsame Kommission‹ des Bundeswissenschaftsministeriums und der Fraunhofer-Gesellschaft unter der Leitung von Ministerialdirektor Max Scheidwimmer als ausgesprochen effizient arbeitendes Gremium erweisen. Sie baute die Fraunhofer-Gesellschaft in weniger als drei Jahren völlig um und ›erfand‹ mit dem Modell der erfolgsabhängigen Grundfinanzierung einen neuen Modus von Forschung und Innovationsförderung.

Grundlage des neuen Modells marktorientierter Erkenntnisproduktion war ein Planungspapier, das der industrieerfahrene Fraunhofer-Institutsleiter – und spätere Präsident – Max Syrbe und der designierte Leiter des als *think tank* der Gesellschaft neu gegründeten Fraunhofer-Instituts für Systemtechnik und Innovationsforschung Helmar Krupp, der als langjähriger Battelle-Mitarbeiter die Vertragsforschung von innen her kannte, gemeinsam mit Klaus Schroeter von der Zentrale in München erarbeitet hatten. Sie konzipierten darin die Fraunhofer-Gesellschaft als große multidisziplinäre Vertragsforschungsorganisation, die dem Staat ein flexibles Forschungspotential zur Verfügung stellen und gleichzeitig durch vertragsbasierte Forschung für die Industrie für einen Transfer von technologischem Wissen sorgen sollte. Diese Konzeption wich erheblich vom ursprünglichen Gedanken der Gemeinsamen Kommission ab, die angewandte Forschung zu konsolidieren und mit einer staatlichen Grundfinanzierung zu versehen. Innovativ war dabei erstens die Unterscheidung zwischen Eigenforschung, Vertragsforschung und Rahmenforschung, wobei letztere als mittel- und langfristige Forschungstätigkeit gegen Kostenerstattung in einem definierten Arbeitsgebiet und damit implizit ebenfalls der Vertragsforschung zugerechnet wurde. Vertragsforschung und Rahmenforschung sollten zwei Drittel der Gesamttätigkeit eines Instituts ausmachen. Die Gesellschaft würde künftig also gezwungen sein, im Mittel zwei Drittel ihres Etats am Markt selbst zu verdienen. Neu war zweitens die Art der Finanzierung, die nicht weniger als die Abkoppelung von dem üblichen Finanzgebaren der öffentlichen Hand bedeutete. Mit der Formulierung, in dem Maße wie die Fraunhofer-Gesellschaft »und mit ihr das Finanzvolumen an Vertrags- und Rahmenforschung« wachse, müsse auch die Grundfinanzierung zunehmen, lag im Grunde die später als ›Fraunhofer-Modell‹ bezeichnete erfolgsabhängige, variable Grundfinanzierung als Grobkonzept auf dem Tisch.

Es bedurfte eines erheblichen Aufwands an Argumentationsarbeit, ehe die Beamten des Bundeswissenschaftsministeriums ihre Kollegen aus dem Finanzressort von der Sinnhaftigkeit dieses neuen Modells, das so grundlegend von den ehernen Grundsätzen staatlicher Finanzpolitik abwich, überzeugen konnten. Noch größer war der Aufwand an Überzeugungsarbeit, ehe sich die Fraunhofer-Institutsleiter mit der erfolgsabhängigen Grundfinanzierung anfreunden konnten. Die Verunsicherung über die vorläufig unabsehbaren Folgen einer konsequenten Ausrichtung auf die marktorientierte Vertragsforschung war umso größer, je marktferner das jeweilige Arbeitsgebiet eines Instituts war.

Als Zwischenbilanz lässt sich festhalten: Zu Beginn der ›langen‹ 70er-Jahre, als das deutsche Innovationssystem, nicht zuletzt unter dem Druck der »amerikanischen Herausforderung« und der drohenden »technologischen Lücke« zu den USA (Bähr 1999, Trischler 2001a), grundlegend umgebaut wurde, war das Fenster des Wandels weit genug geöffnet, um innovativen Konzepten der Forschungs- und Technologiepolitik zum Durchbruch zu verhelfen. Zugespitzt lässt sich dabei das Paradoxon formulieren: Erst als Ludwig Erhard und mit ihm der Ordoliberalismus abgewirtschaftet hatten, konnte die marktorientierte Vertragsforschung in Deutschland Fuß fassen. Die Debatte um die ›amerikanische Herausforderung‹ kehrte das negative Vorzeichen um, das vor dem ›American way to do research‹ stand. Vertragsforschung wurde nun positiv wahrgenommen und als Ausweg aus der Innovationsfalle gesehen, in die sich Forschung und Industrie hineinmanövriert hatten. Im Zentrum stand dabei die Fraunhofer-Gesellschaft, die sich nun eine neue, Zukunftsfähigkeit und Wachstum ermöglichende Aufgabenstellung sichern konnte. Binnen weniger Jahre entwickelte sie sich vom viel kritisierten Lumpensammler zum Hoffnungsträger des deutschen Innovationssystems. Die konfliktreichen Auseinandersetzungen um die Einpassung marktorientierter Forschung in das durch Bundesangestelltentarif und Reichshaushaltsordnung eng geschnürte Korsett öffentlich geförderter Wissenschaft, welche die Fraunhofer-Gesellschaft im Grunde bis heute beschäftigen, zeigen freilich, wie hoch die ›Transaktionskosten‹ des Transfers amerikanischer Modelle in den bundesdeutschen Kontext waren. Die Vertragsforschung konnte nicht einfach aus den USA übernommen werden, sie musste neu »erfunden« und in die historisch gewachsene Innovationskultur Deutschlands eingepasst werden.

3. Regionale Strukturpolitik, Süd-Nord-Gefälle und Mittelstandsförderung: Diskurse und Bedingungsfaktoren von Vertragsforschung in den ›langen‹ siebziger Jahren

Die 1975 geschlossene Rahmenvereinbarung ›Forschungsförderung‹ schrieb die gestärkte Position des Bundes im Innovationssystem fest. Der Machtzuwachs des Zentralstaates zeigte sich nicht zuletzt darin, dass er nun sowohl in der Großforschung als auch in der Vertragsforschung 90 Prozent der Grundfinanzierung leistete und damit erheblich an politischem Einfluss gewann. Zeitgleich bahnte sich aber eine neuerliche Verschiebung der föderalen Kräfteverhältnisse an; man kann sogar sagen, dass die Rahmenvereinbarung die ›langen‹ 70er-Jahre in eine erste, vom Bund dominierte Hälfte und in eine zweite Hälfte trennt, in der die Länder ihre forschungspolitischen Gestaltungsmöglichkeiten enorm ausweiteten.

Im gleichen Jahr, als die Rahmenvereinbarung geschlossen wurde, publizierte der spätere Bundesforschungsminister Volker Hauff (1978 bis 1980) gemeinsam mit dem Politikwissenschaftler Fritz W. Scharpf das Konzept einer ›Technologiepolitik als Strukturpolitik‹ (Hauff/Scharpf 1975). Sie kritisierten den strukturkonservierenden Charakter der traditionellen Regionalpolitik und forderten den gezielten Einsatz neuer Förderinstrumente zur Ansiedlung forschungs- und technologieintensiver Industrien. Die volkswirtschaftliche Theorie entwickelte parallel dazu das Modell einer ›innovationsorientierten Regionalpolitik‹, das die Regionen als Lokomotiven zur Überwindung von Wachstumsschwächen der Wirtschaft nutzen wollte.

Die Planungseuphorie und mit ihr der ›kurze Sommer der konkreten Utopie‹ war zwar Mitte der 70er-Jahre bereits abgeebbt (Ruck 2000). Aber auch die neue, regionalwirtschaftlich orientierte Innovationspolitik war nicht frei von technokratischen Ordnungsvorstellungen. Die Hoffnungen, mit wissenschafts- und technologiepolitischen Steuerungsmaßnahmen den gewünschten Strukturwandel beschleunigen zu können, schossen ins Kraut. Allenthalben wurden regionale Förderprogramme aufgelegt und Gründerzentren, Technologieparks und Innovationsberatungsstellen aus dem Boden gestampft. Innovationsförderung wurde zur politischen Wunderwaffe in der regionalen Konkurrenz um Standortvorteile. Den Anfang machte Baden-Württemberg, das 1977 sein erstes Forschungs- und Technologieförderprogramm präsentierte. In rascher Folge zogen Nordrhein-Westfalen, Bayern, Niedersachen und Berlin nach (Buchholz 1990, Voelzkow 1990, Weitkamp 1992).

Zudem weitete sich der Katalog der Maßnahmen zur Förderung des Innovationsprozesses erheblich aus. Galt in der ersten Hälfte dieser langen Dekade die Großindustrie als innovationspolitischer Hoffnungsträger, so wandte sich in der zweiten Hälfte das Interesse den kleinen und mittleren Unternehmen zu. In seiner Regierungserklärung kündigte Helmut Schmidt 1976 dann auch ein ›Forschungs- und technologiepolitisches Gesamtkonzept der Bundesregierung für kleine und mittlere Unternehmen‹ an, das 1978 in ein Gesamtprogramm für den industriellen Mittelstand mündete. Der Maßnahmenkatalog beinhaltete steuerliche Hilfen für investive Ausgaben im Forschungsbereich, Kapital- und Kredithilfen für die Umsetzung technischer Innovationen und Zuschüsse an Unternehmen für externe Forschungs- und Entwicklungsaufträge. Je nach Sichtweise konnte man diese Ausweitung des Instrumentariums staatlicher Forschungs- und Technologiepolitik als unkontrollierte Wucherung betrachten oder als wirkungsvolle Verstärkung des Innovationsnetzes (Böttger 1993: 379, Dienel 1995).

Zu zentralen Knotenpunkten dieses Netzes entwickelten sich die Institute der Fraunhofer-Gesellschaft. In den Ländern galten sie aufgrund ihrer wirtschaftsnahen Ausrichtung als hochattraktive Partner, die nicht nur den Großteil ihrer Einnahmen selbst erwirtschafteten, sondern bei denen auch der Bund von der restlichen Grundfinanzierung mit 90 Prozent den Löwenanteil übernahm. Zum Ende der ›langen‹ 70er-Jahre stand jedes neu zu gründende Institut in der Konkurrenz der Bundesländer. Die zeitgenössische Debatte um ein sich verschärfendes Süd-Nord-Gefälle in der Wissenschaft und Wirtschaft verschärfte diese

Konkurrenz und setzte die Fraunhofer-Gesellschaft bei jeder Neugründung unter Druck, dieses Gefälle auszugleichen.

Bayern erkannte frühzeitig die Gefahr, dass sich die Länder in eine Überbietungsdynamik hineinmanövrieren würden. Im Ausschuss Fraunhofer-Gesellschaft, den die Ministerien des Bundes und der Sitzländer von Fraunhofer-Instituten 1977 im Anschluss an die Rahmenvereinbarung Forschungsförderung zur Abstimmung ihres Vorgehens eingerichtet hatten, blockierte der Freistaat alle Versuche, das Prinzip der Einstimmigkeit bei Beschlüssen mit finanziellen Folgewirkungen auszuhebeln. Besondere Gefahr ging aus bayerischer Sicht vom Instrument der Sonderfinanzierungen aus, mit denen einzelne Bundesländer die Errichtung neuer Fraunhofer-Institute innerhalb ihrer Landesgrenzen erreichen wollten. Während beispielsweise Nordrhein-Westfalen rasch die Chance nutzte, sich durch das Angebot von finanziellen Zusatzleistungen gute Karten zu verschaffen, versuchte Bayern, die Solidaritätsfront der Länder aufrechtzuerhalten. Kaum hatte man sich auf der Ebene der Amtschefs der beteiligten Bundes- und Länderministerien Ende der 70er-Jahre nochmals darauf verständigen können, Sonderfinanzierungen nur in den zwei ›Ausnahmefällen‹ zuzulassen, wo die Gründung neuer Institute bereits im Gange war, begann die Dynamik der ›regionalen Strukturpolitik‹ die Entscheidungsträger zu überrollen. Nun war auch Bayern immer weniger bereit, zugunsten des ideellen Prinzips des Föderalismus auf die Nutzung innovationspolitischer Instrumente zu verzichten und damit handfeste Eigeninteressen zu gefährden (Deutinger 1999; Trischler 2004 a).

Wie groß diese Dynamik war und wie sehr dem Bundesforschungsminister dabei das Heft des Handelns von den Ländern aus der Hand genommen wurde, zeigt besonders plastisch das Beispiel der Mikroelektronik. Die Gründung des Fraunhofer-Instituts für Mikroelektronische Schaltungen und Systeme in Nordrhein-Westfalen wurde für die Fraunhofer-Gesellschaft zu einem langwierigen ›Drama in drei Akten‹, ja zu einem Trauma fremdbestimmter Entscheidungsfindung, bei dem strukturpolitische Überlegungen über forschungspolitische Erwägungen obsiegten. Denn anstelle des Standorts Aachen, den die Fraunhofer-Zentrale vor allem wegen der Anbindung des Instituts an die RWTH Aachen klar favorisierte, setzte die Landesregierung letztlich Duisburg durch. Sie versprach sich davon nicht weniger als die Initialzündung für den Umbau des Ruhrgebiets von einer monoindustriell geprägten Problemzone zu einem international konkurrenzfähigen Standort für Hochtechnologien. Baden-Württemberg konterte und initiierte eine Gegengründung in Stuttgart, die mit einem attraktiven Gegenangebot Duisburg den designierten Institutsleiter ausspannte. Dieses Spiel wiederholte sich mehrfach. Am Ende standen die Gründung weiterer Institute für Mikroelektronik in Hannover und Erlangen, eine düpierte

Fraunhofer-Gesellschaft, die erst im vierten Anlauf ihr Duisburger Institut besetzen konnte, und ein nicht minder düpiertes Bundesforschungsministerium, das ebenfalls eindeutig für den Standort Aachen votiert hatte (Gall 2001, Trischler 2004b).
Ein Vergleich der Innovationspolitik von Baden-Württemberg, Nordrhein-Westfalen und Bayern zeigt freilich bemerkenswerte Parallelen. Christdemokratische, sozialdemokratische und christlich-soziale Konzepte unterschieden sich in dieser Phase nur wenig voneinander. Hinter dieser Uniformität stand vor allem die Attraktivität des Konzepts der Forschungspolitik als regionaler Strukturpolitik, die vom Leitbild des Silicon Valley geprägt wurde. Im Mikrokosmos der Institutsgründungen in Duisburg, Stuttgart und Erlangen spiegelt sich der forschungspolitische Makrokosmos der achtziger Jahre wider: die Konkurrenz der technologiepolitisch führenden Bundesländer, die auch als besonders ausgeprägte, über die jeweils ab Ende der 70er-Jahre regierenden Ministerpräsidenten Lothar Späth, Johannes Rau und Franz Josef Strauß auch persönlich vermittelten Rivalität von Baden-Württemberg, Nordrhein-Westfalen und Bayern spürbar wurde (Deutinger 2001: 33).

4. Spielräume und ›Grenzen des Wachstums‹ marktorientierter Forschung

Die Attraktivität der Fraunhofer-Gesellschaft für die Bundesländer beruhte nicht zuletzt auf dem Konzept, ihr Potential an Forschungs- und Entwicklungsleistungen an die kleinen und mittleren Unternehmen (KMU) zu adressieren. Dieses Konzept entsprach einem technologiepolitischen Paradigmenwechsel, der den industriellen Mittelstand begünstigte. Waren die staatlichen Forschungsprogramme der 60er-Jahre (Kernenergie, Luft- und Raumfahrt) auf die Großindustrie zugeschnitten, so passten die Programme der 70er-Jahre (Medizintechnik, Optik, Messtechnik) weit besser zu den Tätigkeitsfeldern des Mittelstands.

Die Fraunhofer-Gesellschaft kann dabei für sich reklamieren, die politisch-gesellschaftliche Konjunktur des industriellen Mittelstandes besonders früh erkannt und für ihre Zwecke genutzt zu haben. Bei einem Besuch von BMFT-Staatssekretär Hans-Hilger Haunschild in der Münchner Zentrale im November 1974 lancierte Präsident Heinz Keller die Idee, sich in die Förderung der mittelständischen Industrie einzuschalten. Im BMFT war man nur allzu bereit, auf diesen Vorschlag einzugehen, ergaben doch Analysen die Unausgewogenheit der eigenen Fördermaßnahmen; 75 Prozent der Zuwendungen waren 1973 an 15 und 93 Prozent an 50 Empfänger, fast ausschließlich Großunternehmen, gegangen. Um den Jahreswechsel wurde in München mit Hochdruck an einem Verfahrensvorschlag gearbeitet. Im BMFT wusste man um die politische Brisanz des Vorstoßes, drang man doch in die Zuständigkeit des Bundeswirtschaftsressorts und der ihm eng verbundenen AiF ein.

Tatsächlich betonte das Bundeswirtschaftsministerium die Gefahr einer Wettbewerbsverzerrung, die Kellers Vorschlag eines eigenen Fraunhofer-Haushaltstitels für die direkte Projektförderung der kleinen und mittleren Unternehmen beinhalte. Der Fraunhofer-Vorstand bemühte sich nun umso mehr, sich mit dem Bundesverband der deutschen Industrie und vor allem der AiF abzustimmen. Durch das im Juli 1976 anlaufende Fraunhofer-Programm konnten die Fraunhofer-Institute dann den mittelständischen Unternehmen nicht nur ihre Leistungen anbieten, sondern auch eine Förderung von 40 bis 60 Prozent der Projektkosten durch den Staat.

Nicht nur das Bundeswirtschaftsministerium und die AiF, auch Battelle und einige Beratungsfirmen wetterten heftig über diese Art von Wettkampf mit ungleichen Waffen. Die von der Fraunhofer-Gesellschaft selbst immer wieder erhobene Forderung nach Chancengleichheit am Markt schlug in diesem Falle auf sie zurück. Was sich im Vergleich zu den Universitäten und Großforschungseinrichtungen als Nachteil erwies – der unterschiedliche Anteil der Grundfinanzierung am Gesamtbudget –, gereichte der Fraunhofer-Gesellschaft gegenüber der nicht staatlich geförderten Vertragsforschung zum Vorteil. Ohnedies hatte sich das Bundesforschungsministerium von der zu Beginn der 70er-Jahre verkündeten Absicht, allseits kostendeckende Preise einführen zu wollen, längst verabschiedet. Der Vertragsforschungsmarkt war und ist wie jeder Markt, auf dem der Staat als Anbieter und Nachfrager massiv auftritt, ein gebundener Markt.

Das KMU-Programm des Jahres 1976 mündete in das 1978 aufgelegte Gesamtprogramm des Bundes für den industriellen Mittelstand ein. Die Fraunhofer-Gesellschaft erschloss sich dadurch ein wichtiges Marktsegment. Über die Hälfte der Projekte wurde mit Unternehmen durchgeführt, die erstmals an Fraunhofer herantraten. Mehr als zwei Drittel der abgeschlossenen Aufträge wurden innerhalb eines halben Jahres in den Unternehmen als Produkt- oder Prozessinnovationen verwirklicht. Das Programm brachte der Gesellschaft zudem einen großen Zugewinn an forschungspolitischem Prestige. Die eindrucksvolle Förderbilanz war in einer Zeit, in der Mittelstand und Technologietransfer Synonyma für Zukunftsfähigkeit waren, ein öffentlichkeitswirksamer Nachweis für den hohen gesellschaftlichen Nutzen der Vertragsforschung von Fraunhofer. Noch ging die Gleichung: Forschung = technische Innovation = arbeitsmarktwirksame Produktion scheinbar lückenlos auf, und die Vertragsforschung wuchs denn auch bei weitem rascher als alle anderen Teile der Forschungslandschaft.

Die Fraunhofer-Gesellschaft versuchte, das Wachstum ihrer Institute durch ein Bündel von Leistungsindikatoren zu steuern, zu denen die

Zahl der Gastwissenschaftler, Diplomanden und Doktoranden ebenso gehörte wie der Wechsel von Mitarbeitern in die Hochschulen und Wirtschaft, Lizenzverträge, Preise und Unternehmensgründungen. In der Praxis aber setzte sich mehr und mehr der Anteil der Wirtschaftserträge an den Gesamtaufwendungen eines Instituts – in der Fraunhofer-Sprache als das ›Rho-Industrie‹ bezeichnet« – als dominantes Steuerungskriterium durch. Wenn der ab 1983 amtierende Präsident Max Syrbe intern die Vertragsforschung für die Wirtschaft freimütig als »die wichtigste Einflussgröße für die Zukunftsentwicklung der FhG« bestimmte, so brachte er den wachsenden politischen Druck zum Ausdruck, die Wirtschaftsrelevanz nachhaltig zu erhöhen.[7]

Zu Beginn der ›kurzen‹ 80er-Jahre konnte die Fraunhofer-Gesellschaft noch hoffen, durch eine weitere Steigerung der Eigenfinanzierungsquote gute Argumente für eine Erhöhung der Grundfinanzierung zu gewinnen. Und noch 1986 bescheinigten ihr Bund und Länder gemeinsam gerade für den Bereich der Vertragsforschung eine insgesamt positive Leistungsbilanz. Die Höhe der Wirtschaftserträge von rund 26 Prozent wurde für ausreichend gehalten, und die Münchner Gesellschaft in ihrem langfristigen Ziel einer Steigerung auf 30 Prozent ermutigt. De facto jedoch konnten die Zuwendungsgeber trotz der Aufbietung aller Kräfte bereits nicht mehr mit der Dynamik des Wachstums Schritt halten. Noch einmal ließ sich das Bundesforschungsministerium eine Steigerung um fast 10 Prozent abringen, verbunden mit der Forderung nach einer deutlichen Konsolidierung ab 1988/89.

Doch der Regelkreislauf des Fraunhofer-Modells, demzufolge die Grundfinanzierung direkt an das Ergebnis der Vertragsforschung gekoppelt war, funktionierte nicht mehr störungsfrei. Hauptstörfaktor war der Bundesforschungsminister, dessen Haushalt durch die hohen Aufwendungen für die Grundlagenforschung und die nationalen und internationalen Großprojekte der Raumfahrt erheblich belastet war.[8] In dieser kritischen Phase bot Forschungsminister Heinz Riesenhuber der Fraunhofer-Gesellschaft einen Ausweg an, sich aus der Falle zu befreien, in die sie durch die Dynamik ihres Wachstums hineingeraten war: die signifikante, in klaren Zahlen nachweisbare Erhöhung des Industrieanteils an den Erträgen. Nur mit diesem schlagkräftigen Argument könne er beim Bundesfinanzminister noch Wachstumsraten durchsetzen, die über den in der mittelfristigen Finanzplanung des Bundes vorgesehenen zwei bis drei Prozent lagen.

Diese Vorgabe machte all die schönen, auf Differenzierung und Ba-

---

[7] Trischler/vom Bruch 1999: 181; zum Folgenden ebd.: 203-211.
[8] Zu den Ursachen der Finanzknappheit des Bundesforschungsministeriums bedingt durch die Raumfahrtprogramme siehe auch ausführlich den Beitrag von Johannes Weyer in diesem Band.

lance setzenden Führungskonzepte der Fraunhofer-Gesellschaft zu Makulatur. Der Fraunhofer-Vorstand gab den Druck aus Bonn an die Institute weiter. Präsident Syrbe konfrontierte die Institutsdirektoren bei jeder sich bietenden Gelegenheit mit dem neuen Leitziel der Steigerung der Wirtschaftserträge. 1988 stellte er die Faustregel auf, der Haushalt der zivilen Vertragsforschungsinstitute solle sich zu je 40 Prozent aus Wirtschafts- und Projekterträgen und zu 20 Prozent aus Grundfinanzierungsmittel speisen.

Syrbe ist daher als der Präsident in die Annalen der Gesellschaft eingegangen, der die Wirtschaftsrelevanz mit aller Macht durchgesetzt hat. Der Blick von außen nach innen zeigt freilich, dass diese Interpretation die Komplexität des historischen Prozesses nicht adäquat erfasst. Denn als Riesenhuber, unzufrieden mit dem Tempo der Steigerung der Wirtschaftserträge, zu Beginn der 90er-Jahre nochmals die Daumenschrauben anzog, überdrehte er die Schraube und provozierte eine Gegenreaktion. Syrbe wurde nun zum entschiedenen Kämpfer für das Fraunhofer-Modell in seiner ursprünglichen drittelparitätischen Form. Der Forschungsminister und der Fraunhofer-Präsident gerieten über die Frage der ›wahren‹ Auslegung des Fraunhofer-Modells aneinander. Das gewachsene Einvernehmen zwischen dem Bundesforschungsminister und ›seiner‹ Fraunhofer-Gesellschaft, die er stets der Großforschung – das Problemkind seines Hauses – als leuchtendes Vorbild entgegenhielt, welche innovationspolitischen Erfolge die Orientierung an der Nachfrage von Politik und Wirtschaft bringen konnte, wurde für einige Zeit von einem heftigen atmosphärischen Tief überschattet. Was vordergründig als persönliches Zerwürfnis erscheint, war im Grunde ein ›Glaubensstreit‹ um die ›wahre‹ Lehre des Fraunhofer-Modells. Betrachten wir diesen instruktiven Konflikt, der durch eine Verknappung der Ressourcen ausgelöst wurde, bei dem es aber letztlich um die künftige Positionierung der Vertragsforschung im nationalen Innovationssystem ging, etwas genauer.

Im Leistungsbereich Vertragsforschung war Fraunhofer innerhalb eines Jahrfünfts (1984 bis 1989) um 107 Prozent gewachsen, der Leitparameter Wirtschaftserträge gar um 136 Prozent, die Grundfinanzierung dagegen ›nur‹ um 59 Prozent. Der Spielraum für Eigenforschung, den die Institute benötigten, um für ihre Partner in Wirtschaft und Gesellschaft attraktiv zu bleiben, wurde immer kleiner.

Selbst die Optimisten in der FhG rechneten nicht damit, dass der Bund in den 90er-Jahren in der Lage sein würde, dem Trend zur relativen Schrumpfung der Grundfinanzierung entgegenzusteuern. Realistisch war die Annahme, der Anstieg der Grundfinanzierung würde künftig nur noch die Teuerungsrate ausgleichen. Der Ausweg der 80er-Jahre, die Deckungslücke durch die Erhöhung der Preise in der Vertragsforschung zu schließen, wurde in einem verschärften Wettbewerb als nicht mehr gangbar angesehen. Und doch war die Fraunhofer-Gesellschaft optimistisch, die passenden Konzepte zur Bewältigung der anstehenden Herausforderungen parat zu haben: Ausdehnung auf neue Geschäftsfelder, Flexibilisierung des Personaleinsatzes, Deregulierung der Bewirtschaftungsgrundsätze, Optimierung des Projektmanagements, Rationalisierung der Verwaltung, Intensivierung der Kooperation mit der Industrie, Kompetenzsteigerung durch institutsübergreifende Forschungsverbünde und ein ganzes Bündel weiterer Einzelmaßnahmen standen im Pflichtenheft der Gesellschaft für die 90er-Jahre.

Die Fraunhofer-Führung wusste um die Brisanz der Abhängigkeit vom Staat, denn weit mehr als zwei Drittel ihrer Mittel stammten aus öffentlichen Kassen. Sie war jedoch nicht gewillt, aus der Ressourcenverknappung des Staates auf ein Ende des Wachstums zu schließen. Sie orientierte sich zunächst immer noch am Markt, und dort standen die Signale, trotz der sich am Konjunkturhimmel der Weltwirtschaft zusammenbrauenden Gewitterwolken, für ihre Institute immer noch auf Expansion.

Die Frage, ob in dieser Situation eine auf Konsolidierung statt Wachstum setzende Strategie der Zukunftssicherung adäquater gewesen wäre, wurde mit dem Fall der Mauer obsolet. Der Zusammenbruch der DDR schuf Handlungszwänge, die niemand vorgesehen hatte. Hatte man sich soeben noch am Markt orientieren wollen, so galt es nun, sich an der Politik auszurichten. Der Primat des Politischen bestimmte die frühen 90er-Jahre.[9]

Syrbe als Individualakteur und die Fraunhofer-Gesellschaft als Kollektivakteur brachte das rasche und kraftvolle Engagement beim Umbau der ostdeutschen Forschungslandschaft höchstes Lob ein. Mit Ausnahme des einen oder anderen westlichen Bundeslandes, das befürchtete, durch den Aufbau von auf Zukunftstechnologien ausgerichteten Insti-

9 In der Tat engagierte sich die Fraunhofer-Gesellschaft früher und kraftvoller als die anderen großen Forschungsorganisationen in den Neuen Bundesländern. Im Februar 1990, noch unter der Regierung Modrow, schlossen Fraunhofer-Präsident Syrbe und DDR-Wissenschaftsminister Peter Klaus Budig eine Kooperationsvereinbarung mit einem ganzen Bündel von Einzelmaßnahmen. Mitte des Jahres 1990, noch bevor der Wissenschaftsrat das Mandat zur Begutachtung der außeruniversitären Forschung der DDR annahm (siehe zur Evaluation der außeruniversitären Wissenschaftslandschaft in den neuen Bundesländern auch den Beitrag von Wilhelm Krull und Simon Sommer), schloss die Fraunhofer-Gesellschaft ihre eigene Begutachtung des Forschungspotentials der DDR ab und legte ein Konzept zur Übernahme eines guten Dutzends von Forschungsinstituten vor, darunter neun Einrichtungen der Akademie der Wissenschaften; ausführlich dazu Trischler/vom Bruch 1999: 196-203, und allg. Mayntz 1994, Kocka/Mayntz 1998.

tuten in den neuen Bundesländern auf den ›alten‹ Technologien sitzen zu bleiben, waren sich Wirtschaft und Politik darin einig, dass sich die Fraunhofer-Gesellschaft vorbildlich verhalten hatte. Die Fraunhofer-Gesellschaft hoffte, neben immaterieller Anerkennung auch materielles Kapital aus der Wiedervereinigung schlagen zu können. Vorderhand jedoch drückte die finanzielle Last des Aufbaus Ost auf die öffentlichen Haushalte. Auch Riesenhuber sah sich zu Einsparungen gezwungen, und er sparte dort, wo ein Kürzen am ehesten möglich war: in der Projektförderung. In der Fraunhofer-Gesellschaft sank die Projektförderung zwischen 1991 und 1992 um 27 Prozent und im folgenden Jahr nochmals um 6 Prozent. Riesenhuber kündigte zudem an, Projekte künftig nur noch mit 75 Prozent zu fördern.

Die Fraunhofer-Gesellschaft sah sich durch das Zurückfahren der Wachstumsraten der Grundfinanzierung gegen Ende der 80er Jahre in ihrer Expansion akut gefährdet. Da das BMFT immer wieder auf den Finanzminister als den wahren Urheber des Bremsmanövers verwies, beschloss Syrbe, bei Finanzminister Theo Waigel persönlich vorstellig zu werden. Im dritten Anlauf gelang es ihm und seinem Senatsvorsitzenden Werner Niefer, einen Termin in Bonn zu bekommen. Theo Waigel wollte die Außergewöhnlichkeit dieser ›Audienz‹ gewürdigt wissen: Zum ersten Mal empfange ein Bundesfinanzminister den Vorstand einer Forschungseinrichtung. Syrbe hatte sich bestens präpariert. Mit eindrucksvollem Zahlenmaterial wollte er Waigel davon überzeugen, dass seine Gesellschaft für 1991 eine Steigerung der Grundfinanzierung um 16 Prozent benötige. Syrbe und Niefer hegten die Hoffnung, ihre Mission sei erfolgreich gewesen. Waigel hatte sie mit der Bemerkung entlassen, er erwarte, dass Riesenhuber die Angelegenheit auf Kabinettebene vorantreibe.

Als der Fraunhofer-Vorstand wenig später mit Riesenhuber über die anstehende Gesamtbewertung des Fraunhofer-Modells in den letzten fünf Jahren sprach, musste er sich jedoch ganz andere Töne anhören. Riesenhuber sprach von der Notwendigkeit des Maßhaltens in der Grundfinanzierung und forderte einmal mehr, den Prozentsatz der Wirtschaftserträge nachhaltig zu steigern. Und als sich Syrbe und Riesenhuber kurz darauf zu ihrer alljährlichen Erörterung von Grundsatzfragen trafen, hatte sich die Konfliktlage neuerlich verschärft. Aus Fraunhofer Sicht waren der Einbruch in der direkten Projektförderung und die angekündigte Reduzierung des Fördersatzes auf 75 Prozent eine inakzeptable Schlechterstellung gegenüber den übrigen Forschungseinrichtungen. Riesenhuber wiederum zeigte sich enttäuscht über das Niveau der Wirtschaftserträge, das immer noch unter der 30 Prozent-Marke lag.

Nach der Besprechung tat Riesenhuber etwas ganz und gar Unübliches. Er schrieb das offizielle Besprechungsprotokoll seines Hauses komplett um. Ihm lag daran, gerade auch gegenüber den eigenen Mitarbeitern die Fraunhofer-Gesellschaft in der gesamtdeutschen Innovationslandschaft neu zu verorten. Nun sollten verbindliche Regeln festgelegt werden. Die erste Regel lautete, in den alten Bundesländern keine weiteren Institute mehr zu gründen, die zweite, die Wirtschaftserträge auf kurzfristig 33 Prozent und mittelfristig 40 Prozent zu erhöhen. Riesenhuber verpflichtete seine Fachbeamten auf eine rigorose Überprüfung der Einzelinstitute. Vor allem die in der Vertragsforschung mit der Wirtschaft leistungsschwächeren Institute sollten unter die Lupe genommen, wobei als *ultima ratio* eine drastischen Verkleinerung oder gar Schließung drohte. Bei seinem Auftritt vor den versammelten Institutsleitern vom September 1992 impfte er den Entscheidungsträgern der Gesellschaft die Notwendigkeit ein, die Wirtschaftserträge bis 1995 auf mindestens ein Drittel im Durchschnitt aller Institute zu steigern.

Zu diesem Zeitpunkt hatte Riesenhuber bereits Hans-Jürgen Warnecke als den Hoffnungsträger seiner Politik auserkoren, noch vor der anstehenden Wahl eines neuen Präsidenten durch den Senat der Gesellschaft. Der erfahrene, national und international hoch angesehene Forschungsmanager, der das Fraunhofer-Institut für Produktionstechnik und Automatisierung (IPA) zum größten und wirtschaftsstärksten Institut ausgebaut hatte, sollte die anvisierte Zielsetzung des Ministers durchsetzen. Warnecke tat Riesenhuber den Gefallen, von sich aus das ihm bekannte Ziel anzusprechen und als machbar einzustufen: Steigerung der Wirtschaftserträge auf 34 Prozent insgesamt und 40 Prozent für die marktorientierten Institute bis zum Jahr 1995. Riesenhuber reagierte geradezu enthusiastisch und entwickelte weitergehende Visionen für das Sorgenkind seines Hauses: die Großforschung. Mit dem Erfolg der Fraunhofer-Gesellschaft hätte er endlich einen überzeugenden Beweis für die Realisierbarkeit einer nachhaltigen Erhöhung der Industrieerträge in der Hand, den er den Großforschungseinrichtungen demonstrativ vor Augen halten könnte.

Als Riesenhuber Anfang November 1992 vor die Presse trat, um der Öffentlichkeit die Ergebnisse der Überprüfung des Fraunhofer-Modells und Warnecke als designierten Nachfolger Syrbes zu präsentieren, zelebrierte er die wieder gewonnene Harmonie. Er hob die Fraunhofer-Gesellschaft als »Produzent von Produktivität«, als »Flaggschiff der Forschungspolitik der letzten Jahre« und als leistungsstarken Transmissionsriemen zwischen Wissenschaft und Wirtschaft in den forschungspolitischen Himmel. Der neue Präsident – so lautete die Botschaft an die Öffentlichkeit – stehe für das einvernehmliche Ziel einer stärkeren Wirtschaftsorientierung (Trischler/vom Bruch 1999: 210).

Warnecke war gegenüber dem Zuwendungsgeber im Wort und mit ihm steht die Fraunhofer-Gesellschaft auch heute noch in der Pflicht. Am Ende eines heftigen Konflikts wurde der Schulterschluss mit dem

Bundesforschungsminister als dem bei weitem wichtigsten Bezugspartner der Fraunhofer-Gesellschaft im politischen Raum erneuert. Dieser Schulterschluss hat seinen Preis: die Verbindlichkeit des exakt messbaren Leistungsindikators Wirtschaftsertrag. Das ›Rho-Industrie‹, der Quotient aus Gesamtaufwand und Industrieerträgen, ist spätestens seit 1992 zum dominanten Steuerungskriterium der Fraunhofer-Gesellschaft im Außen- und im Innenraum geworden. Es wäre überzogen zu behaupten, die Positionierung eines Instituts bestimme allein die Höhe der Wirtschaftserträge. Sekundärkriterien wie Größe, Ansehen in der Scientific Community, internationale Präsenz, Preise und Ehrungen spielen nach wie vor eine Rolle, aber eine zweitrangige. Primärkriterium ist der Platz des Instituts im Ranking der Wirtschaftserträge.

5. Vertragsforschung und Informationstechnik

Heinz Riesenhuber hatte nur noch wenig Gelegenheit, in seiner Eigenschaft als verantwortlicher Bundesminister Hans-Jürgen Warnecke bei der Umsetzung dieser Vorgaben zu begleiten. Im Januar 1993 wurde er als Bundesforschungsminister abgelöst. Umso mehr Freude hatten seine zahlreichen Nachfolger und dann vor allem Edelgard Bulmahn an ›ihrer‹ Fraunhofer-Gesellschaft. Als die Gesellschaft am 26. März 1999 im Ehrensaal des Deutschen Museums ihren fünfzigsten Geburtstag feierte, betonte die Bundesforschungsministerin einmal mehr deren beispiellose Erfolgsgeschichte und erhob sie zum »Erfolgsmodell für angewandte Forschung, für exzellente Forschung« schlechthin (Fraunhofer-Gesellschaft 1999: 58-59). Als Referenz konnte sie dabei auch auf den kurz zuvor erschienenen Bericht zur Systemevaluation der Fraunhofer-Gesellschaft verweisen, der einen Ausbau ihrer Aktivitäten in der Informations- und Kommunikationstechnologie empfahl.[10]

Zu diesem Zeitpunkt liefen im Bundesforschungsministerium bereits die Vorbereitungen für einen der größten, aber auch umstrittensten Coups in der Geschichte der bundesdeutschen Wissenschaftspolitik: die Übernahme der Großforschungseinrichtung Gesellschaft für Mathe-

10 Unter der Führung von Warnecke gelang es der Fraunhofer-Gesellschaft gar bis zu ihrem Jubiläumsjahr, die 1992 gesetzte Zielmarge mit 37 Prozent an Wirtschaftserträgen zu übertreffen. Und als der passionierte Segler und Schiffmotorenexperte 2002 die Kommandobrücke der Fraunhofer-Gesellschaft verließ und das Steuer an Hans-Jörg Bullinger übergab, verhagelte ihm die Übernahme der GMD-Institute die schöne Bilanz. Die Wirtschaftserträge sanken von ihrem Höchststand von 39 Prozent (2001) auf 30 Prozent ab (Fraunhofer-Gesellschaft 2004: 26) – Zur Systemevaluation s. den Beitrag von Wilhelm Krull und Simon Sommer in diesem Band.

matik und Datenverarbeitung (GMD) durch die Fraunhofer-Gesellschaft. Die Eingeweihten wussten, dass der von der Ministerin in ihrer Münchner Jubiläumsrede geäußerte Wunsch, die Fraunhofer-Gesellschaft solle sich künftig noch stärker im Bereich der Informations- und Kommunikationstechnologien engagieren, de facto bereits ein in der Umsetzung befindliches Leitvorhaben ihrer Innovationspolitik war.

Seit den späten 70er-Jahren war in Bonn vereinzelt die Fusion der einen oder anderen Großforschungseinrichtung mit der Fraunhofer-Gesellschaft debattiert worden, am konkretesten, wenn auch am Ende ergebnislos, für die Gesellschaft für Kernenergieverwertung in Schiffbau und Schifffahrt (GKSS) in Geesthacht (Szöllösi-Janze 1990: 329-330). Das BMBF hoffte nun mit der Fusion von GMD und Fraunhofer-Gesellschaft, zwei Problemfelder im deutschen Innovationssystem zu beseitigen und in eine Stärke umzuwandeln. Die GMD war 1968 mit dem Ziel gegründet worden, Siemens als ›national champion‹ und den anderen Großunternehmen in der Informations- und Computertechnik eine komplementäre Großforschungseinrichtung an die Seite zu stellen (Wiegand 1994, Gall 1999). Der Politikwissenschaftler Hans-Willy Hohn hat in mehreren Studien überzeugend nachgewiesen, dass die GMD mit ihrer doppelten Ausrichtung auf Grundlagenforschung und wissenschaftliche Großvorhaben auf einem Technologiefeld, das in besonders hohem Maße durch kurze Innovationszyklen geprägt ist, institutionell und konzeptionell inadäquat aufgestellt war. Ihre mit einem hohen Forschungsaufwand erzielten Innovationen wie etwa der parallele Großrechner ›Suprenum‹ kamen meist zu spät auf den Markt, um Erfolg zu haben. Mit der GMD steuerte der Bund »einen Schlingerkurs, der fast permanente Neu- und Umstrukturierungen ihrer Institute zur Folge hatte und bei dem sich Phasen des Rückzugs in die Grundlagenforschung mit erneuten programmatischen Re-Orientierungen der Gesellschaft auf die angewandte Informationstechnik ständig abwechselten« (Hohn 2005: 23; Hohn 1998 und 1999).

Allerdings war die GMD in einzelnen Bereichen der informationstechnischen Grundlagenforschung international durchaus führend, und genau hier lagen die Probleme der Fraunhofer-Gesellschaft aus der Sicht des Bundes, drohte doch diese durch eine zu sehr forcierte Marktorientierung ihr wissenschaftliches Kapital und damit die Voraussetzung für weitere Erfolge in der Kooperation mit der Industrie zu verlieren. Als der Bund gegen Ende der 90er-Jahre begann, die Großforschungseinrichtungen im Rahmen der Helmholtz-Gemeinschaft auf die programmorientierte Forschungsförderung umzustellen, schien der Zeitpunkt günstiger denn je, durch eine Fusion von GMD und Fraunhofer-Gesellschaft Synergien im Innovationssystem freizusetzen. Da innerhalb der Helmholtz-Gemeinschaft kein spezifisches Programm für die Informationstechnik vorgesehen war, konnte die GMD mittelfristig allenfalls als Serviceeinrichtung für andere Helmholtz-Zentren eine – überaus labile – Existenzgrundlage finden. In dieser offenen Situation war der forschungspolitische Handlungsdruck hoch. Der Bund konnte darauf hoffen, ein solch einschneidendes Reformvorhaben, das üblicherweise im föderativen, politisch eng verflochtenen Innovationssystem ein hohes Risiko des Scheiterns in sich barg, erfolgreich über die Bühne zu bringen. Es gelang dem Bundesforschungsministerium mit Staatssekretär Uwe Thomas als treibende Kraft, sich in vertraulichen Verhandlungen mit Berlin, Hessen und Nordrhein-Westfalen als Sitzländer der GMD und den Vorstandsvorsitzenden bzw. Präsidenten der beiden betroffenen Einrichtungen zügig auf sein Fusionsmodell zu verständigen. Das Modell sah vor, die Fraunhofer-Gesellschaft organisatorisch umzubauen und in Unternehmensbereiche zu gliedern. Die GMD-Institute sollten in den Bereich Information/Kommunikation integriert werden, der vom bisherigen Vorstandsvorsitzenden der GMD, Dennis Tsichritzis, als künftigem Vizepräsidenten der Fraunhofer-Gesellschaft geleitet werden würde. Um den GMD-Instituten den Übertritt in das harte Geschäft der Einwerbung von industriellen Projekten zu erleichtern, sollte das Fraunhofer-Modell geändert werden. Anstelle der einheitlichen Finanzierungsquote von 40 Prozent Grundförderung und 60 Prozent Eigenfinanzierung konnten die GMD-Institute, und mittelfristig darüber hinaus auch alle anderen Fraunhofer-Institute, je nach ihrem Anteil an Grundlagenforschung mit bis zu 70 Prozent institutioneller Förderung bedacht werden.

Als Bundesforschungsministerin Bulmahn im September 1999 das Fusionsmodell ihres Hauses der Öffentlichkeit präsentierte, löste sie einen Sturm der Entrüstung aus, der das Ministerium, die beiden betroffenen Einrichtungen und darüber hinaus die gesamte deutsche Forschungslandschaft in Atem hielt. Was so zügig und scheinbar reibungsfrei begonnen hatte, erwies sich als langwieriger und überaus konfliktgeladener Prozess. Als bislang einmaliger Vorgang in der Geschichte der Forschungspolitik in Deutschland bedurfte es gar der Moderation durch einen renommierten Informatiker und die Unternehmensberatung Arthur D. Litte, um von deren neutraler Warte aus annehmbare Lösungsvorschläge zu erarbeiten. Erst Mitte des Jahres 2001 war die »Integration der GMD« juristisch unter Dach und Fach und konnte »nunmehr auch inhaltlich« vollzogen werden, wie Hans-Jürgen Warnecke im Jahresbericht der Fraunhofer-Gesellschaft resümierte.[11] Und er hatte Recht in seiner Wortwahl, denn letzten Endes handelte es sich nicht um jene ursprünglich vom Bundesforschungsministerium anvisierte Fusion, sondern um die Eingliederung der GMD in die Fraunhofer-Gesellschaft, ohne dass

---

11 Fraunhofer-Gesellschaft 2002: 15; siehe im Detail die ausführliche Darstellung von Hohn 2005.

deren Organisationsstrukturen substanziell verändert worden wären. Die ›Fraunhofer-Gruppe Informations- und Kommunikationstechnik‹, in der die GMD-Institute aufgingen, war kein institutioneller Pfadwechsel, sondern führte die bereits Mitte der 80er-Jahre entwickelte Strategie fort, in institutsübergreifenden Forschungsverbünden Ressourcen und Kompetenzen zu bündeln sowie Synergien freizusetzen (Trischler/vom Bruch 1999: 347-350, Gall 2001). Der Vorschlag der Moderatoren, den Anteil der GMD-Institute an der Grundfinanzierung, der 40 Prozent überstieg, in Projektmittel umzuwandeln und in ein Fraunhofer-Forschungsprogramm zum Thema ›Leben und Arbeiten in einer vernetzten Welt‹ zu integrieren, zu dem der Bund für eine Laufzeit von fünf Jahren Mittel in etwa gleicher Höhe aus seinen Erlösen bei der Versteigerung der UMTS-Lizenzen bereit stellte, fand die Zustimmung der Fraunhofer-Gesellschaft. Sie höhlte dadurch nicht etwa das Fraunhofer-Modell aus, sondern stabilisierte es als ihr konstitutives Alleinstellungsmerkmal im deutschen Innovationssystem.

Konflikte sind besonders instruktiv, um Akteurskonstellationen, Handlungsmotive und Interessenlagen analysieren und erklären zu können, auch und gerade in der Forschungspolitik. Im Falle der Integration der GMD in die Fraunhofer-Gesellschaft standen dabei zwei Konfliktfelder im Vordergrund. Erstens ging es um das Fraunhofer-Modell als für den gesamten Binnenraum der Gesellschaft verbindliches Fundamentalprinzip der Ressourcenverteilung. In der Auseinandersetzung mit Bundesforschungsminister Riesenhuber in den späten 80er- und frühen 90er-Jahren hatte die Gesellschaft das Modell in einem langwierigen Konflikt neu justieren müssen, mit hohen Kosten für die Institute, die sich einem verschärften Wettbewerbsdruck ausgesetzt sahen. Letztlich aber sahen die Institute das Modell als einzig faire, weil Chancengleichheit im Binnenwettbewerb um die Zuweisung der Grundfinanzierungsmittel garantierende Lösung eines strukturellen Verteilungskonflikts an. Zudem machten sie die Erfahrung, dass dieses Modell auch in turbulenten Phasen wie den 90er-Jahren Stabilität und Wachstum ermöglichte. Dieses Modell galt es unter allen Umständen zu verteidigen, wiederum gegen Versuche des Bundes, es gravierend zu verändern, nun allerdings mit vertauschten Rollen. Während Riesenhuber es in Richtung einer Verschärfung der Marktorientierung verschoben hatte, versuchte Bulmahn ein Jahrzehnt später, das Modell zu differenzieren, um Freiräume für vermehrte Grundlagenforschung zu eröffnen.

Zweitens ging es um jenes Prinzip, das das deutsche Innovationssystem seit dessen Herausbildung im späten 19. Jahrhundert im internationalen Vergleich kennzeichnet: die Autonomie der universitären und außeruniversitären Forschung als kulturelles Gut, das es gegenüber staatlichen Interventionsversuchen zu verteidigen galt. Diese Grundkonstellation bestimmte auch das Akteurshandeln im Falle der GMD.

Das Schreckensszenario für die Repräsentanten der Fraunhofer-Gesellschaft war die ›GMD-isierung‹ ihrer Einrichtung. Der perhorreszierte Begriff stand dabei für ein ständiges Hineinreden des Staates in die Forschung auf allen Ebenen der Entscheidungsfindung bis hinein in die wissenschaftlichen Konzepte; er stand für die Wahrnehmung eines interventionistischen Bundesforschungsministeriums, das der GMD und so manch anderer Großforschungseinrichtung eine gedeihliche wissenschaftliche Entwicklung erheblich erschwerte. Sekundiert wurde die Fraunhofer-Gesellschaft dabei von den anderen großen Forschungseinrichtungen, die im Vorgehen des Bulmahn-Ressorts einen Verstoß gegen die ehernen Regeln des auf dem Konsens zwischen Wissenschaft und Politik beruhenden forschungspolitischen Handelns sahen. Der Vorsitzende des Wissenschaftsrats, Winfried Schulze, brachte diese Bedenken auf den Punkt, als er die intendierte Verschmelzung von GMD und Fraunhofer-Gesellschaft inhaltlich zwar begrüßte, seine Durchführung als politische ›Coup-Aktion‹ aber kritisierte, und einer seiner Kollegen in der Allianz der Vorsitzenden der großen Forschungsorganisationen titulierte Staatssekretär Thomas gar als »Rambo der Forschungspolitik« (Ronzheimer 2000: 18-19; vgl. Hohn 2005: 43).

Überlagert wurde die Frontstellung der institutionalisierten Forschung gegen Angriffe auf ihre Autonomie durch den föderalen Konflikt. Wie schon beim Umbau der Fraunhofer-Gesellschaft zur Säule für die Vertragsforschung befürchteten die Länder, dass der Bund seine Position in der Vertragsforschung auf ihre Kosten stärken würde und opponierten daher im interministeriellen Koordinationsgremium ›Ausschuss Fraunhofer-Gesellschaft‹ gegen das Fusionsmodell des Bundes. Sie stabilisierten damit die Verhandlungsposition der Fraunhofer-Gesellschaft und darüber hinaus einmal mehr den hohen Grad an Autonomie und Vetomacht der institutionalisierten Forschung.

Als Ergebnis dieses ›Fusionsprozesses‹ verfügt die Fraunhofer-Gesellschaft heute über einen Forschungsverbund für Informations- und Kommunikationstechnik, der sich mit 17 Instituten, rund 3.000 Mitarbeitern und einem Jahresbudget von mehr als 176 Millionen Euro zum größten Forschungsverbund Europas auf diesem Technologiefeld entwickelt hat.[12] Den Synergieeffekten durch die Bündelung von Kompetenzen und Ressourcen in strategischen Allianzen innerhalb der Fraunhofer-Gesellschaft steht dabei die Lücke gegenüber, die sich im Bereich der informationstechnischen Grundlagenforschung aufgetan hat. Inwieweit diese durch die Max-Planck-Gesellschaft geschlossen werden kann, die ein zweites Institut im Bereich der Informatik auf den Weg zu bringen versucht, bleibt abzuwarten (Hohn 2005: 57-58).

12 http://www.fraunhofer.de/fhg/profile/alliances/Informations-_und_Kommunikationstechnik.jsp (14.10.2005).

6. Vertragsforschung als innovationspolitisches Erfolgsmodell? Ein Fazit

Spätestens seit dem Beginn des neuen Jahrtausends ist die Stärkung des Wettbewerbselementes im Wissenschaftssystem zu einem der Hauptziele staatlicher Forschungs-, Technologie- und Innovationspolitik geworden. Stets gilt dabei die Fraunhofer-Gesellschaft als Vorbild dafür, welche Innovationserfolge die Orientierung der Forschung am Markt erbringen kann. In der Tat besteht das Geheimnis des Erfolgs der Fraunhofer-Gesellschaft darin, dass ihre Institute nicht nach den großen integrativen Aufgaben suchen, sondern sich in enger Kooperation mit ihren Auftraggebern an den Bedürfnissen von Wirtschaft, Politik und Gesellschaft ausrichten. Die Steuerungs- und Korrektivfunktion des Marktes kommt mithin auch in dem üblicherweise als marktfern geltenden Bereich der Wissenschaft zum Tragen.

Eine kritische Betrachtung aus historischer Sicht, die an dem glänzenden Lack der forschungspolitischen Wahrnehmung der Fraunhofer-Gesellschaft als Erfolgsgarant und Innovationsmotor kratzt, legt jedoch eine Reihe von Problemstellen frei. Sie sind teils Fraunhofer-spezifisch und kontingent, teils sind sie struktureller Natur und damit generalisierbar. Vier dieser Problemfelder marktgesteuerter Vertragsforschung seien abschließend kurz skizziert (ausführlich Trischler/vom Bruch 1999: 400-403; Trischler 1999: 127-132):

Erstens oszilliert Vertragsforschung zwischen zwei Zielen, die schwer zu vereinbaren sind: der Erarbeitung neuer wissenschaftlicher Erkenntnisse und technologischer Innovationen von grundlegender Bedeutung einerseits und der Lösung handfester technischer Probleme in einem hinsichtlich Dauer, Ergebnis und Kostenrahmen klar definierten Vertragsrahmen andererseits. Dass in der Fraunhofer-Gesellschaft ersteres mit letzterem verklammert ist, gibt diesem funktionalen Spagat eine besondere Brisanz. Je mehr Anteile seiner Arbeitskapazität ein Institut für die Auftragsforschung verwendet, desto geringer wird der Freiraum für Kreativität und Innovativität, die in mittel- und langfristiger Perspektive unabdingbar sind, um am Markt ein attraktiver Anbieter von Leistungen zu bleiben. Hohe Erfolgsraten in der Auftragsforschung bergen die Gefahr in sich, ein Institut wissenschaftlich auszutrocknen. Vertragsforschung durch die enge Fahrrinne zwischen der Scylla unterdurchschnittlicher Wirtschaftserlöse und der Charybdis, an wissenschaftlicher Attraktivität zu verlieren, hindurchzusteuern, ist die hohe Kunst. Die Geschichte der Vertragsforschung in Deutschland präsentiert sich als ständige forschungspolitische Herausforderung, den ›richtigen‹ Kurs zu finden.

Zweitens ist ihre Planungskompetenz ein Spezifikum, das die Fraunhofer-Gesellschaft seit den frühen 1970er-Jahren auszeichnet. Als marktorientierte Einrichtung hat sie es sich zur Grundlage gemacht, ihre ›Umwelt‹ genau zu beobachten, um flexibel reagieren und ihre Forschungsaktivitäten an der aktuellen und künftigen Nachfrage orientierten zu können. Planung bedeutete immer auch, den eigenen Mitarbeitern und der Öffentlichkeit zu verdeutlichen, dass die Fraunhofer-Gesellschaft mehr ist und zu leisten vermag als die Summe ihrer Einzeleinrichtungen. Ein Gutteil der Planungsaktivitäten gilt daher dem Bemühen, zwischen den weitgehend autonom agierenden Instituten Brücken zu schlagen. Brücken zu bauen, kostet jedoch Zeit und Geld, und es lässt sich kaum voraussagen, welche Brücken sich später als notwendig erweisen und welche ungenutzt in der Landschaft stehen bleiben werden und damit Ressourcen absorbieren, die andernorts fehlen.

Drittens hat die Fraunhofer-Gesellschaft eine bemerkenswerte Fähigkeit an den Tag gelegt, sich dem in Tempo und Intensität zunehmenden wissenschaftlich-technischen Wandel anzupassen. Sie hat nicht nur eine Fülle von neuen Instituten gegründet. Sie hat auch eine ganze Reihe von Einrichtungen geschlossen oder in ihrer Arbeitsrichtung neu justiert. Diese Anpassungsfähigkeit wird jedoch dadurch infrage gestellt, dass die Bundesländer die Fraunhofer-Institute als Zugpferde regionaler Innovationspolitik entdeckt haben. Die Kehrseite dieser Medaille ist das Beharren der rivalisierenden Länder auf dem Fortbestand ›ihrer‹ Institute. Weit mehr als Neugründungen werden Schließungen als Eingriffe in das historisch gewachsene Gleichgewicht angesehen, die nur um den Preis von Kompensationsleistungen akzeptiert werden. Die Rückbindung von Forschung an lokale und regionale politische Interessen ist ein strukturelles Moment des deutschen Innovationssystems, das auch für die Max-Planck-Gesellschaft, die Helmholtz-Zentren und andere Forschungseinrichtungen gilt. Es wirkt sich aber besonders intensiv in der Vertragforschung aus, da sich auf diese im besonderen Maße die Hoffnung auf eine technologiegetriebene Bewältigung des wirtschaftlichen Strukturwandels richtet.

Viertens zeigt sich der Forschungsmarkt in historischer Perspektive als ein regulierter Markt, der in hohem Maße von staatlichen Interventionen geprägt wird. Die Anbieter von Forschungsleistungen verfügen über eine unterschiedliche Ausstattung mit staatlichem Kapital und damit über unterschiedliche Voraussetzungen, am Markt erfolgreich zu agieren. Trotz vielfacher Bekundung des politischen Willens ist es in Deutschland bislang nicht annähernd gelungen, über die institutionellen Barrieren des Innovationssystems hinweg für Chancengleichheit im Wettbewerb zu sorgen. Größer noch sind die Disparitäten auf dem europaweiten Forschungsmarkt. Die 1989 aus der Taufe gehobene European Association of Contract Research Organisations (EACRO) ist nicht von ungefähr bis heute ein heterogener Verband geblieben, dessen Versuche zu einer Harmonisierung der Wettbewerbsbedingungen meist bereits an den konfligierenden Interessenlagen seiner Mitglieder gescheitert sind.

Einmal mehr zeigt sich, dass die regulierende Kraft des Marktes dort an Ihre Grenzen stößt, wo der Wettbewerb von gleichsam ›systemfremden‹ Handlungsrationalitäten und Steuerungskonzepten überlagert wird, und diese finden sich gerade in der staatlich finanzierten Forschung allenthalben.

Für das Segment öffentlicher Forschung, dessen Hauptaufgabe die Entwicklung und Durchsetzung von technischen Innovationen am Markt ist, hat die erfolgsabhängige Vertragsforschung ihre hohe Leistungsfähigkeit zweifelsohne unter Beweis stellen können. Das Modell der wettbewerbsstimulierenden Anreizfinanzierung ist jedoch bei weitem nicht auf alle Teile des Innovationssystems übertragbar – und schon gar nicht auf die Gesamtheit staatlich finanzierter Wissenschaft im engeren Sinne. Auch letztere agiert in all ihren Varianten in einem Spannungsfeld, das zwischen den beiden Polen Geist und Geld aufgespannt ist. Sie würde jedoch ihre Existenz und ihre Legitimation gegenüber der sie tragenden Gesellschaft aufs Spiel setzen, würde sie im Vertrauen auf die Steuerungskraft des – noch dazu in hohem Maße regulierten – Wettbewerbs die alleinige Nähe zum Geldpol suchen.

Literatur

Bachmann, H.-R./Rechenberg, H. (Hrsg.) (1989): Walther Gerlach (1889-1979) Eine Auswahl aus seinen Schriften und Briefen. Berlin etc.: Springer.
Bähr, J. (1995): Die ›amerikanische Herausforderung‹. Anfänge der Technologiepolitik in der Bundesrepublik Deutschland. Archiv für Sozialgeschichte 35: 115-130.
Böttger, J. (1993): Forschung für den Mittelstand. Die Geschichte der Arbeitsgemeinschaft industrieller Forschungsvereinigungen ›Otto von Guericke‹ e.V. (AiF) im wirtschaftspolitischen Kontext. Köln: Deutscher Wirtschaftsdienst.
Bruch, R. vom (1999): Vom ›Lumpensammler‹ zur ›dritten Säule‹. Zur Förderung angewandte Forschung in der Fraunhofer-Gesellschaft. S.184-199 in: R. vom Bruch/E. Henning (Hrsg.), Wissenschaftsfördernde Institutionen im Deutschland des 20. Jahrhunderts. Berlin: Archiv der MPG.
Buchholz, K.-J. (1990): Regionalisierte Forschungs- und Technologiepolitik – dargestellt am Beispiel Niedersachsens seit dem ersten Kabinett Albrecht. Münster: Lit.
Deutinger, S. (1999): Stile regionaler Forschungspolitik. Die Bundesländer zwischen Kooperation und Konkurrenz. S. 266-285 in: G.A: Ritter/M. Szöllösi-Janze/H.Trischler (Hrsg.), Antworten auf die amerikanische He-

rausforderung. Forschung in der Bundesrepublik und der DDR in den ›langen‹ siebziger Jahren. Frankfurt am Main und New York: Campus.

Deutinger, S. (2001): Vom Agrarland zum High-Tech-Staat. Zur Geschichte des Forschungsstandorts Bayern 1945-1980. München: Oldenbourg.

Dienel, H.-L. (1995): Techniktüftler? Forschung und Technik in der mittelständischen Industrie. S. 171-184 in: P. Frieß/P. Steiner (Hrsg.), Forschung und Technik in Deutschland nach 1945. München: Deutscher Kunstverlag.

Fraunhofer-Gesellschaft (1999): Reden und Ansprachen. Gründungsfestakt der Fraunhofer-Gesellschaft. München: Fraunhofer-Gesellschaft.

Fraunhofer-Gesellschaft (2002): Jahresbericht 2001. München: Fraunhofer-Gesellschaft.

Fraunhofer-Gesellschaft (2004): Jahresbericht 2003. München: Fraunhofer-Gesellschaft.

Gall, A. (1999): Von ›IBM‹ zu ›Silicon Valley‹. Leitbilder der Forschungspolitik zur Mikroelektronik in den siebziger und achtziger Jahren. S. 135-155 in: G. A. Ritter/M. Szöllösi-Janze/H. Trischler (Hrsg.), Antworten auf die amerikanische Herausforderung. Forschung in der Bundesrepublik und der DDR in den ›langen siebziger Jahren‹. Frankfurt am Main und New York: Campus.

Gall, A. (2001): Bundesliga-Spielregeln in der Wissenschaftspolitik. Föderalismus und die Forschungspolitik zur Mikroelektronik. S. 147-164 in: J. Abele/G. Barkleit/T. Hänseroth (Hrsg.), Innovationskulturen und Fortschrittserwartungen im geteilten Deutschland. Köln etc.: Böhlau.

Guston, D./Keniston, K. (1994) (Hrsg.): The Fragile Contract. University, Science and Federal Government. Cambridge, Mass. und London: MIT Press.

Hauff, V./Scharpf, F. W. (1975): Modernisierung der Volkswirtschaft. Technologiepolitik als Strukturpolitik. Frankfurt am Main und Köln: Europäische Verlags-Anstalt.

Hohn, H.-W./Schimank, U. (1990): Konflikte und Gleichgewichte im Forschungssystem. Akteurskonstellationen und Entwicklungspfade in der staatlich finanzierten außeruniversitären Forschung. Frankfurt am Main und New York: Campus.

Hohn, H.-W. (1998): Kognitive Strukturen und Steuerungsprobleme der Forschung. Kernphysik und Informatik im Vergleich. Frankfurt am Main und New York: Campus.

Hohn, H.-W. (1999): Big Science als angewandte Grundlagenforschung. Probleme der informationstechnischen Großforschung im Innovationssystem der ›langen‹ siebziger Jahre. S. 50-80 in: G.A. Ritter/M. Szöllösi-Janze/H. Trischler (Hrsg.), Antworten auf die amerikanische Herausforderung. Forschung in der Bundesrepublik und der DDR in den ›langen siebziger Jahren‹. Frankfurt am Main und New York: Campus.

Hohn, H.-W. (2005): Forschungspolitische Reformen im kooperativen Staat. Der Fall der
Informationstechnik. Speyer: FÖV (Discussion-Paper 21).

Hughes, T. (1991): Die Erfindung Amerikas. Der technologische Aufstieg der USA seit 1870. München. Beck.

Karlsch, R. (2005): Hitlers Bombe. Die geheime Geschichte der deutschen Kernwaffenversuche. München: DVA.

Kocka, J./Mayntz, R. (1998) (Hrsg.): Wissenschaft und Wiedervereinigung. Disziplinen im Umbruch. Berlin: Akademie-Verlag.

Krige, J. (2006): American hegemony and the postwar reconstruction of science in Europe. Cambridge, Mass. und London: MIT Press.

Lenz, H. (1965): Die Aufgaben des Forschungsministeriums. FAZ vom 21.9.1965.

Lieske, J. (2000): Forschung als Geschäft. Forschung als Geschäft. Die Entwicklung von Auftragsforschung in den USA und Deutschland. Frankfurt am Main und New York: Campus.

Mayntz, R. (1994): Deutsche Forschung im Einigungsprozeß. Die Transformation der Akademie der Wissenschaften der DDR 1989 bis 1992. Frankfurt am Main und New York: Campus.

Mowery D./Rosenberg, N. (1983): The Relationship Between Intrafirm and Contractual Forms of Industrial Research in American Manufacturing 1900-1940. Explorations in Economic History 20: 351-374.

Orth, K. (2004): Das Förderprofil der Deutschen Forschungsgemeinschaft 1949 bis 1969. Berichte zur Wissenschaftsgeschichte 27: 261-283.

Ritter, G. A./Szöllösi-Janze, M./Trischler, H. (1999) (Hrsg.): Antworten auf die amerikanische Herausforderung. Forschung in der Bundesrepublik und der DDR in den ›langen‹ siebziger Jahren. Frankfurt am Main und New York: Campus.

Ronzheimer, M. (2000): Coup stößt auf Kritik. DUZ Heft 7, 7.4.2000: 18-19.

Ruck, M. (2000): Ein kurzer Sommer der konkreten Utopie. Zur westdeutschen Planungsgeschichte der langen 60er Jahre. S. 362-401 in: A. Schildt u. a. (Hrsg.), Dynamische Zeiten. Die 60er Jahre in den beiden deutschen Gesellschaften. Hamburg: Christians.

Schulze, W. (1995): Der Stifterverband für die Deutsche Wissenschaft 1920-1995. Berlin: Akademie Verlag.

Servos, J. W. (1994): Changing Partners. The Mellon Institute, Private Industry, and the Federal Patron. Technology and Culture 35: 221-257.

Stamm-Kuhlmann, T. (1991): Zwischen Staat und Selbstverwaltung. Die deutsche Forschung im Wiederaufbau 1945-1965. Köln: Verlag Wissenschaft und Politik.

Stucke, A. (1993): Institutionalisierung der Forschungspolitik. Entstehung, Entwicklung und Steuerungsprobleme des Bundesforschungsministeriums. Frankfurt am Main und New York: Campus.

Szöllösi-Janze, M. (1990): Geschichte der Arbeitsgemeinschaft der Großforschungseinrichtungen 1958-1980. Frankfurt am Main und New York: Campus.

Trischler, H. (1999): 50 Jahre Fraunhofer-Gesellschaft, in: Naturwissenschaftliche Rundschau 52/4: 127-132.

Trischler, H. (2001a): Das bundesdeutsche Innovationssystem in den »langen 70er Jahren«: Antworten auf die »amerikanische Herausforderung«. S. 47-70 in: J. Abele/G. Barkleit/T. Hänseroth (Hrsg.), Innovationskulturen und Fortschrittserwartungen im geteilten Deutschland. Köln etc.: Böhlau.

Trischler, H. (2001b): Markt und Wettbewerb als Steuerungsmechanismen der Wissensproduktion: Vertragsbasierte Forschung in den USA und in Deutschland. S. 77-95 in: M. Dörries/L. Daston/M. Hagner (Hrsg.), Wissenschaft zwischen Geld und Geist. Berlin: MPI für Wissenschaftsgeschichte.

Trischler, H. (2004a): Nationales Innovationssystem und regionale Innovationspolitik. Forschung in Bayern im westdeutschen Vergleich 1945 bis 1980. S. 117-194 in: T. Schlemmer/H. Woller. (Hrsg.), Bayern im Bund, Bd. 3. München: Oldenbourg, 2004.

Trischler, H. (2004b): Mikroelektronik im Ruhrgebiet. Ein Drama in drei Akten. S. 313-331 in: M. Rasch./D. Bleidick (Hrsg.), Technikgeschichte im Ruhrgebiet. Technikgeschichte für das Ruhrgebiet. Duisburg: Klartext.

Trischler, H./Bruch, R. vom (1999): Forschung für den Markt. Geschichte der Fraunhofer-Gesellschaft. München: Beck.

Voelzkow, H. (1990): Mehr Technik in die Region. Neue Ansätze zur regionalen Technikförderung in Nordrhein-Westfalen, Wiesbaden: DUV.

Weitkamp, R. (1992): Forschungs- und Technologiepolitik der Bundesländer Nordrhein-Westfalen und Baden-Württemberg 1980-1988. Eine Vergleichende Bestandsaufnahme. Münster: Lit.

Wiegand, J. (1994): Informatik und Großforschung. Geschichte der Gesellschaft für Mathematik und Datenverarbeitung. Frankfurt am Main und New York: Campus.

Wissenschaftsrat (1965): Empfehlungen des Wissenschaftsrates zum Ausbau der wissenschaftlichen Einrichtungen. Teil III: Forschungseinrichtungen außerhalb der Hochschulen, Akademien der Wissenschaften, Museen und wissenschaftliche Sammlungen, Bd. 2. Tübingen: Mohr.

# Peter Weingart
Vom Umweltschutz zur Nachhaltigkeit
Förderung der Umweltforschung im Spannungsfeld zwischen Wissenschaftsentwicklung und Politik

1. Die Entdeckung der ›Umwelt‹

Sowohl der Begriff der ›Umwelt‹ als auch der Umweltschutz als politisches Aufgabengebiet sind heute derart selbstverständlich geworden, dass man sich kaum noch an jene Zeit zu erinnern vermag, in der beides nicht der Fall war. Der Umweltschutz war aber schon lange Zeit als Politikfeld etabliert, bevor er als solcher bezeichnet wurde. Die Geschichte des Umweltschutzes in Deutschland ist deshalb zu einem guten Teil die Geschichte der Refokussierung eines Politikfeldes durch die Bündelung unterschiedlicher Aktivitäten unter einem neuen Begriff. Der ursprüngliche Anlass zu dieser Refokussierung, die im Übrigen nicht auf Deutschland beschränkt war, sondern in allen westlichen Industrienationen in der einen oder anderen Weise vorgenommen wurde, waren Warnungen aus der Wissenschaft vor den möglicherweise irreparablen Schäden durch den Raubbau an den Ressourcen. Der Umweltschutz in seiner modernen Form wurde aufgrund dessen ein Politikfeld, in dem die Wissenschaft eine hervorgehobene Rolle spielte. Man kann sogar noch weitergehen: Die Entdeckung der Umwelt als Gegenstand politischer Regulierung geht zwar auf Anstöße aus der Wissenschaft zurück, und insofern handelt es sich um einen Bereich verwissenschaftlichter Politik. Zugleich ist aber die Entwicklung der Umweltpolitik gar nicht ohne die breite gesellschaftliche Politisierung des Gegenstands erklärbar, die mit der Debatte um die Nuklearenergie begann und in die Gründung einer politischen Partei mündete. Die weltweite Reflexion auf die Umwelt, die seither Bestandteil der nationalen und internationalen Politiken geworden ist, hat ihren Ursprung in der wissenschaftlichen Beobachtung des Umgangs mit den natürlichen Ressourcen und deren daraus resultierender Neubewertung. Die ›Umwelt‹ ist damit ein exemplarischer Gegenstandsbereich, über den Wissenschaft und Politik – diskursiv und regulativ – interagieren. Das ist nicht zuletzt an den politischen Rahmenprogrammen ablesbar, die von der Bundesregierung zur Umweltpolitik und vom BMBF speziell zur Förderung der Umweltforschung formuliert werden. In ihnen spiegelt sich der wechselseitige Einfluss politischer Willensbildung und wissenschaftlicher ›Paradigmen‹ wider. Die Forschungsförderung des BMBF im Bereich der Umweltforschung setzt die Programme zwar in großen Linien um, vollzieht sich aber auf der Projektebene ›kleinteiliger‹.

Im folgenden wird die Abfolge der umweltwissenschaftlichen ›Paradigmen‹ aus der Perspektive der Förderprogramme des BMBF als die Resultante eines Wechselspiels beschrieben. Das Forschungsministerium hat zwar in der Formulierung der Umweltpolitik des Bundes eine eher untergeordnete Rolle, aber die Entwicklung der Wissenschaft hat eine maßgebliche orientierende Wirkung auf die Politik. Bemerkenswert an dieser Entwicklung ist zum einen die Ausdifferenzierung der Umweltpolitik, die sich unter anderem in der Schaffung von Organisationen niederschlägt. Diese liegen an der Schnittstelle zwischen Wissenschaft und Politik, leisten eine Vermittlung beider Bereiche und erfüllen die sich für die politische Verwaltung, für ihre eigene Struktur, ergebenden neuartigen Koordinationsaufgaben. Zum anderen ist die Ausdifferenzierung der Umweltforschung beachtenswert, die zu einer allmählichen Generalisierung des Umweltschutzkonzepts im Konzept der Nachhaltigkeit führt, das in seiner Allgemeinheit viele Politikbereiche miteinander verbindet und deshalb eine politische Konjunktur erlebt. Mit dem Konzept der Nachhaltigkeit wird das Ziel des Umweltschutzes, das zunächst auf die sogenannten ›materialen Bereiche‹ Boden, Wasser und Luft gerichtet war und an traditionelle regulative Bereiche der Politik anschloss, geographisch auf den gesamten Erdball und regulativ auf praktisch alle Handlungsbereiche ausgedehnt. Es fragt sich schließlich, ob dies als ein Erfolg gewertet werden kann oder als eine Trivialisierung betrachtet werden muss, die, obwohl Ergebnis des Erfolgs, diesen dadurch wieder zunichte macht, dass der Umweltschutz als besonderes Politikziel unkenntlich wird.

Die Umweltpolitik und die dazugehörige Umweltforschung sind also ein Feld, auf dem sich die Verwissenschaftlichung der Politik auf der einen und die Politisierung der Wissenschaft auf der anderen Seite prägnant beobachten lassen. Das Forschungsministerium nimmt dabei eine strategische Stellung ein. Durch die Aufnahme der umweltrelevanten Kommunikationen der Wissenschaft und die dadurch ausgelösten Handlungszwänge ist es der Hauptakteur in der Verwissenschaftlichung der Politik. Indem es die Forschung in Gestalt von Programmen fördert, die nicht zuletzt am Beratungsbedarf der Politik orientiert sind, leistet es die Politisierung der Wissenschaft. In diesem Rahmen steht die folgende Darstellung der Entwicklung der Förderung der Umweltforschung des Ministeriums.

2. Die Entwicklung zum Umweltprogramm der Bundesregierung und dem ersten Umweltforschungsprogramm

Als ursprünglicher Ausgangspunkt der neuen Aufmerksamkeit für den Umweltschutz wird der Bestseller der amerikanischen Ornithologin Rachel Carson, *Der stumme Frühling*, (dt. 1962) gesehen, der die Auswirkungen des DDT auf die Vogelwelt thematisierte und Ausdruck einer in den 60er Jahren sich vollziehenden Verwissenschaftlichung des Naturschutzes war. Die Wissenschaft nahm in dieser Phase die Rolle des Warners ein. Die Dringlichkeit der Warnungen hatte schließlich den Erfolg, dass die Politik den Umweltschutz wahrnahm. Ab 1968 war das Thema der bedrohlichen Umweltverschmutzungen auf die internationale Tagesordnung gelangt. Der Europarat verkündete im selben Jahr eine Wasser Charta und eine Charta zur Reinhaltung der Luft und erklärte 1970 zum europäischen Naturschutzjahr. Ebenfalls 1968 veranstaltete die UNESCO ein internationales Symposium ›Man and Biosphere‹, auf dem unter anderem eindringlich vor den langfristigen Folgen der Veränderungen des Weltklimas und der Verschmutzung der Meere gewarnt wurde. 1970 folgte ein internationales Symposium der American Association for the Advancement of Science ›Global Effects of Environmental Pollution‹. Den entscheidenden politischen Einfluss hatte jedoch die UN-Umweltkonferenz, die am 5.-16. Juni 1972 in Stockholm stattfand. Die internationale Dimension dieser Konferenz – 120 Nationen und 200 internationale Organisationen nahmen an ihr teil – zwang die einzelstaatlichen Regierungen dazu, ihre Interessen zu klären, um sich angesichts der zu erwartenden Weichenstellungen für die künftige Verteilung von ökonomischen Markt- und Machtchancen zu positionieren. Die notwendigen Vorbereitungen zu dieser Konferenz waren der entscheidende Anlass für die Bundesregierung, den neuen Politikfokus ›Umweltschutz‹ in ein Regierungsprogramm umzusetzen.

Im Juli 1970 wurde ein Kabinettsausschuss für Umweltfragen eingesetzt, in dem praktisch alle Ressorts vertreten waren und der den Auftrag hatte, zunächst ein Sofortprogramm für den Umweltschutz, und nach dessen Formulierung den Entwurf eines Umweltprogramms zu erstellen. Die Federführung lag beim Innenministerium und war formal mit dessen Zuständigkeit für Wasserwirtschaft, Luftreinhaltung, Lärmbekämpfung und Abfallbeseitigung begründet. Politisch stand die koalitionspolitische Überlegung dahinter, die Stellung des Innenministers Genscher zu stärken, der auch als der eigentliche Initiator des Programms gilt.

Das Sofortprogramm hatte vorrangig legitimatorische Funktion und fasste lediglich ohnehin geplante oder bereits laufende Projekte unter dem Etikett ›Umweltschutz‹ zusammen. Die Aufteilung des Programms

VOM UMWELTSCHUTZ ZUR NACHHALTIGKEIT

in Teilaufgaben entsprach den Ressortzuständigkeiten. Dem BMBW (später BMFT) war der Bereich ›Neue Technologien für den Umweltschutz‹ vorbehalten.

Das Umweltproblem stellte insofern eine besondere Herausforderung für die Politik dar, als die Struktur der Ressorts und die sich aus ihr ergebende Problemwahrnehmung gegenüber den Aufgaben eines modernen Umweltschutzes aus der Perspektive der Wissenschaft unangemessen erschienen. Auf der anderen Seite sind Ressortzuständigkeiten mit den Interessen der Verwaltung verbunden, sie werden in den Einfluss der Minister im Kabinett übersetzt und entsprechend verteidigt. Die Arbeit am Umweltprogramm führte zwar zu einer interministeriellen Diskussion über die Abgrenzungen, aber (noch) nicht zu weitergehenden Umstrukturierungen. Stattdessen wurden ›sektorale‹ Projektgruppen für die einzelnen Bereiche des Umweltschutzes eingerichtet, die thematisch der Ressortaufteilung folgten. Hier war das BMBW mit der Federführung von zwei Projektgruppen vertreten: ›Saubere Technologien und Produkte‹ (Umweltfreundliche Technik) und ›Strahlenbelastung und Strahlenschutz‹ (Umweltradioaktivität und Strahlenbelastung).[1] In der ersten war die Zielsetzung die Förderung der Entwicklung sauberer Technologien und Produkte, in der letzteren die Begrenzung der Umweltbelastung durch Radioaktivität auf das geringstmögliche Maß. Forschungspolitisch schloss das Programm damit, wie auch in den übrigen Projektgruppen, an vorhandene Linien an.

Der von allen Projektgruppen erstellte Materialienband enthielt den von wissenschaftlichen Beratern und den Ressorts zusammengetragenen Wissensstand, was dem unmittelbaren Bedürfnis der Verwaltung entsprach, konkrete Gesetze zu formulieren und Verordnungen umzusetzen. Darüber hinaus wurden jedoch durchaus auch Forschungsdefizite identifiziert und forschungspolitische Maßnahmen vorgeschlagen. Damit erhielten die Projektgruppen die Funktion wissenschaftspolitischer Programmkommissionen und das von ihnen zusammengestellte Umweltprogramm der Bundesregierung den Status eines Forschungsprogramms, das über die spezifischen Zuständigkeiten des BMBW hinausging.

Neben dem interministeriellen Lenkungsausschuss unter Vorsitz des Staatssekretärs im BMI war eine weitere ›horizontale‹ Kommission unter Leitung von Georg Picht eingesetzt worden, die ein Gutachten zur ›Organisation der wissenschaftlichen Beratung‹ zum Umweltschutz‹ vorlegen sollte. Dabei sollten »alle bestehenden Bundeseinrichtungen auf ihre Eignung zum Ausbau geprüft und eventuell auch neue Einrichtungen vorgeschlagen werden«.[2] Picht verstand die Kommission als au-

---

1 Die Bezeichnungen in Klammern sind später eingeführt worden.
2 Brief des Staatssekretärs Hartkopf an Picht vom 23.12.1970.

tonom und wissenschaftsorientiert, die von der Analyse der ›objektiven Problemstrukturen‹ ausgehe, während die Politiker die gegebenen politischen und Rechtsstrukturen voraussetzten.[3] Dementsprechend kam die Kommission zu der Überzeugung, dass »eine Transformation unserer politischen Strukturen« erforderlich sei, um diese »mit der Struktur unseres ökologischen Systems in Einklang« zu bringen.[4] Dennoch schlug die Kommission in ihrem im Juli 1971 vorgelegten Gutachten nicht die Bildung eines neuen Ressorts für Umweltschutz vor, sondern konzentrierte sich auf die effizientere Vermittlung zwischen wissenschaftlicher Beratung und politischem Entscheiden. Die Forschungskapazitäten in den Bundesanstalten und Großforschungseinrichtungen sowie in den Universitäten und der Industrie wurden für ausreichend erachtet, aber ihre Koordination sollte verbessert werden. Es wurde unter anderem die Bildung einer Umweltkommission vorgeschlagen, die Partner der Exekutive sein und von sich aus Handlungsoptionen für die Lösung von Umweltfragen auf der Grundlage von Forschungsergebnissen entwickeln sollte. Außerdem schlug die Kommission die Einrichtung einer ›Arbeitsgruppe zur Realistischen Gesamtanalyse des Umweltschutzes‹ (ARGUS) vor, d. h. eines unabhängigen Forschungsinstituts, das auf interdisziplinäre Forschung zu Umweltproblemen fokussiert sein sollte. Während die Umweltkommission in abgewandelter Form in Gestalt des Rats der Sachverständigen für Umweltfragen (SRU) als wissenschaftlicher Beirat im BMI realisiert wurde, blieben ARGUS und eine Reihe anderer Vorschläge ohne Widerhall. 1974 wurde stattdessen das Umweltbundesamt (UBA) als selbständige Bundesoberbehörde im Geschäftsbereich des BMI gegründet, das in Pichts Augen ein ›pervertiertes ARGUS‹ war.

Mit der Bildung des Umweltbundesamts war der erste Schritt in Richtung einer festeren Institutionalisierung des Umweltschutzes und der Umweltforschung unter diesen Bezeichnungen vollzogen. Heute versteht sich das UBA als eine stark forschungsorientierte Behörde, die den geplanten Funktionen des ARGUS wahrscheinlich nicht so fern ist, wie Picht dies sah.[5] In Verbindung mit dem SRU kann es durchaus als die organisatorische Basis für die Verwissenschaftlichung der Politik mit der Orientierung auf den Umweltschutz gesehen werden, die sich die Politik selbst geschaffen hat. Vorläufige Endpunkte dieser Entwicklung waren die Gründung des Bundesministeriums für Umwelt, Naturschutz und Reaktorsicherheit sowie die Einrichtung des Wissenschaftlichen Beirats der Bundesregierung Globale Umweltveränderungen unter der gemein-

3 Brief von G. Picht an H. H. Rupp v. 16. 4. 1971.
4 Zit. In Küppers/Lundgreen/Weingart 1979: 258.
5 Interview im Rahmen der BBAW Arbeitsgruppe ›Politikberatung‹ mit Lehmann.

samen Federführung von BMU und BMBF im April 1992. Fortan erhielt die Umweltforschung Unterstützung durch die Förderprogramme des BMFT. Obgleich das BMU über das Umweltbundesamt Forschungen zu Umweltfragen fördert und auch die Ministerien, BMV, BMWi, BML, BMZ und BMI an entsprechenden Forschungen beteiligt sind, ist das BMBF die größte Fördereinrichtung für die Umweltforschung.

3. Etablierung der interdisziplinären Umweltforschung und ihre Förderung durch das BMBF

Die Entwicklung der Umweltforschung und zumal ihrer Förderung folgt zum einen den politischen Konjunkturen der Wahrnehmung und Organisation des Umweltschutzes als regulativer Politik. Zum anderen reagiert sie aber auf die seitens der Wissenschaft wahrgenommenen Bedrohungen der Umwelt und der dadurch eröffneten bzw. erzwungenen Handlungsoptionen. Die politischen Wahrnehmungs- und Handlungskonjunkturen werden in der Literatur in Phasen eingeteilt, die entweder an die Regierungszeiten der im Amt befindlichen Koalitionen gebunden sind (1969-1982: sozial-liberale; 1982-1998: konservativ-liberale; 1998-2005: rot-grüne Umweltpolitik), oder durch genauere Charakterisierungen bezeichnet werden (Malunat 1994; Günther/Krebs 2003: 8). Vor allem in der Frühzeit des Umweltschutzes in den 70er Jahren folgte die Förderung der Umweltforschung durch das BMBF der Fortentwicklung des Ordnungsrechts zum Schutz der Umwelt. Im Vordergrund standen die Luftreinhaltung und der Gewässerschutz. Der Bodenschutz kam als Schwerpunkt der Umweltpolitik in den 80er Jahren hinzu. Die entsprechende Forschung richtete sich auf die Neu- oder Weiterentwicklung von Umwelttechnik in diesen Bereichen (z.B. Filter zur Abgasreinigung, Klär- und Trinkwasseraufbereitungsanlagen) und hatte den Nebeneffekt, dass die deutsche Umwelttechnik einen beachtlichen Weltmarktanteil erringen konnte (BMBF 1997: 19).

Eine in mehrfacher Weise maßgebliche Wende fand im Übergang von der ›depressiven Phase‹ zur ›Phase der Politisierung‹ (Malunat) Ende der 70er und Anfang der 80er Jahre statt. Während zunächst die Umweltpolitik aufgrund des wirtschaftlichen Abschwungs, der Ölkrise und der Entgegensetzung von Ökologie und Ökonomie ins Stocken geraten war, gewann zu Beginn der 80er Jahre die Politisierung eine solche Dynamik, dass Umweltpolitik nunmehr Gegenstand des öffentlichen Diskurses wurde. 1980 erfolgte mit Gründung der Partei ›Die Grünen‹ eine Konzentration der verstreuten Bürgerinitiativen und alternativen politischen Gruppierungen. Ihr primäres Ziel war der Widerstand gegen die Atomenergie. Darüber hinaus bildeten jedoch weiter gefasste ökologische Zielsetzungen die programmatische Basis der Bewegung. Die etablierten Parteien waren nunmehr aufgrund des Bewusstseinswandels der Öffentlichkeit und des einhergehenden veränderten Wählerverhaltens gezwungen, die Umweltbewegung ernst zu nehmen. 1982 waren die Grünen in sechs Landtagen vertreten, anstatt, wie vorausgesagt, nach kurzer Zeit wieder zu verschwinden (Müller 1986: 128). In diesem Kontext entstand in den Parteien die Bereitschaft zu einer offensiveren Umweltpolitik. 1978 wurde dem UBA vom zuständigen Innenministerium der Auftrag erteilt, ein Ökologieprogramm zu entwerfen, »das den technisch-medialen Umweltschutz auf eine breitere, die ökologischen Vernetzungen und die Belastungsgrenzen des Naturhaushalts stärker berücksichtigende Grundlage stellen und sich am Vorsorgeprinzip orientieren sollte« (Malunat 1994: 6).

Die achtziger Jahre waren durch eine Reihe dramatischer Entwicklungen im Umweltbereich gekennzeichnet, die einen nachhaltigen Einfluss auf die Umweltpolitik in Deutschland haben sollten. Dabei spielte die Wissenschaft eine besondere Rolle, die im Zusammenhang mit dem hochgradig politisierten Umweltdiskurs gesehen werden muss. Alarmierende Berichte über das Waldsterben, kulminierten 1981 in der These des Göttinger Bodenforschers Bernhard Ulrich, dass die ersten Wälder in fünf Jahren sterben würden. Erst eineinhalb Jahrzehnte später wurden Zweifel an den wissenschaftlichen Diagnosen der Ursachen und an der Seriosität der Medienkampagnen laut (Keil 2004). Zunächst einmal mobilisierte die Vorstellung des Waldsterbens jedoch die Öffentlichkeit für den Umweltschutz, sie zwang die Regierung zum Handeln. Die Novellierung der Regulierungen der Emission von Luftschadstoffen und Maßnahmen gegen den ›sauren Regen‹ (u. a. TA-Luft), der für die Schäden verantwortlich gemacht wurde, waren die greifbaren Ergebnisse. Das damalige BMFT reagierte mit einem großen Programm ›Waldschadensforschung‹. Die Erforschung der Ursachen der großflächigen Schädigungen des Baumbestands ist bis heute nicht abgeschlossen.

Während die Prognose des Waldsterbens sich im Nachhinein zumindest zum Teil als Hype herausstellte, war ein anderes Ereignis sehr real. Im April 1986 ereignete sich das Reaktorunglück in Tschernobyl, der schwerste Unfall dieser Art bislang. Er bewirkte die neuerliche Stärkung der Anti-AKW Bewegung, die jetzt den sofortigen Ausstieg aus der Kernkraft forderte. Tschernobyl wurde zum Synonym des öffentlichen Expertenstreits und der Politisierung der wissenschaftlichen Politikberatung. Die Bundesregierung gewann die Handlungsinitiative wieder, indem sie im Juni 1986 das Bundesministerium für Umwelt, Naturschutz und Reaktorsicherheit (BMU) einrichtete. Dem BMU wurde das Umweltbundesamt nachgeordnet und der Sachverständigenrat für Umweltfragen (SRU) zur Seite gestellt. Die Schwerpunkte des Regulierungshandelns seitens des BMU lagen – in Reaktion auf Tschernobyl – auf Reaktorsicherheit und dem Strahlenschutz. Die

Politik hatte damit durch eine weitergehende organisatorische Absicherung des Umweltschutzes auf öffentliche Proteste reagiert. Selbst wenn diese Maßnahmen zunächst eine legitimatorische Funktion hatten, war damit dennoch die organisatorische Basis des Umweltschutzes in der Verwaltung und in der Regierung weiter gestärkt. Politisierung der Wissenschaft und Verwissenschaftlichung der Politik gingen Hand in Hand und bedingten einander.

Die entsprechenden, vom BMBF geförderten Forschungsschwerpunkte richteten sich auf die Stilllegung, den Rückbau und die Entsorgung kerntechnischer Versuchsanlagen.

Neben die Entwicklung von Umwelttechnik, die die frühe Umweltforschungspolitik kennzeichnete, trat Anfang der 80er Jahre die Ursachenforschung, für die die Waldschadensforschung exemplarisch war. Dabei ging es zunächst noch um die Erforschung der Ursachen bereits eingetretener Schäden und der möglichen Wirkungen geplanter Eingriffe in die Umwelt. Das dadurch produzierte Wissen bildete die Grundlage für Regulierungshandeln in vielen Politikbereichen und hat zu einer beispielhaften Verbesserung der Umweltqualität vor allem im Bereich der Luftreinhaltung geführt.

Obgleich die Vorstellung eines umfassenden Ökosystems bis an den Beginn des Jahrhunderts zurückreicht wurde sie erst Anfang der 80er Jahre zu einem Schwerpunkt – Ökosystemforschung – der Forschungsförderung. Damit ging die Förderpolitik über die Konzentration auf die Umweltmedien – Wasser, Boden, Luft – hinaus und richtete sich auf eine integrierte Perspektive, in der komplexe Ursache-Wirkungsketten im systemaren Maßstab Gegenstand der Forschung wurden. Die Bedeutung dieser Erweiterung der wissenschaftlichen Perspektive für die Politik sollte sich bald erweisen. Bereits 1974 hatten die amerikanischen Chemiker Sherwood Rowland und Mario Molina ihre These publiziert, dass durch die vielseitig verwendeten Chemikalien aus der Gruppe der Fluorchlorkohlenwasserstoffe (FCKW) die Ozonschicht der Atmosphäre abgebaut wird. Die Diskussion über ein Produktionsverbot für FCKW, die in den USA schon 1977 zu einem Verbot für die Verwendung als Treibgas geführt hatte, resultierte 1982 in der Aufnahme internationaler Verhandlungen zum Schutz der Ozonschicht. 1987 wurde von 24 Staaten das Montrealer Abkommen unterzeichnet, in dem die Vertragsstaaten sich zu einer Halbierung der FCKW-Produktion bis 1999 verpflichteten. In der Folge wurde das Montrealer Abkommen von über 160 Staaten unterzeichnet und gilt als beispielhaft für internationale Vereinbarungen zum Schutz der Umwelt (hier der Atmosphäre). Es ist aber auch ein Beispiel dafür, dass wissenschaftliche Forschungsergebnisse die Agenda der Politik maßgeblich bestimmt haben (Grundmann 1999). Derselbe Sachverhalt gilt für einen verwandten Forschungsbereich, die Klimaforschung.

PETER WEINGART

4. Die Förderung der Klimaforschung

Die Orientierung der Forschung und letztlich auch der Politik am Konzept des Ökosystems war, wenn schon nicht Realität, so doch Programm der Umweltpolitik Anfang bis Mitte der 80er Jahre. Programmatisch bedeutete es, »die Ziele einer zukunftsorientierten Umweltpolitik einzubetten in das Zielsystem der gesamten Politik (z. B. der Wirtschaftspolitik [...]) und im Falle konkurrierender Ziele eine Güterabwägung vorzunehmen« (Deutscher Bundestag 1984: 127). Im Bundesbericht Forschung von 1984 konstatierte das BMFT eine weitere Veränderung im Umweltschutzdiskurs: »Ausgehend von akuten Umweltproblemen wie der Luftverunreinigung durch Schadstoffe als wesentliche Mitursache für die Waldschäden, der Verschmutzung von Gewässern oder dem Verbleib giftiger Chemikalien hat sich die Umweltdiskussion zu einer grundsätzlichen gesellschaftspolitischen Diskussion über die Zukunft entwickelt« (Deutscher Bundestag 1984: 126). Zumindest auf der politisch programmatischen Ebene – »auf längere Sicht und gesamtwirtschaftlich gesehen« – wurden Umweltschutz und Ökonomie nicht mehr länger als Gegensätze gesehen (ebd.). Diese Perspektive erhielt möglicherweise deshalb ein größeres Gewicht, weil angesichts der nicht mehr bestreitbaren Realität des Ozonlochs und angesichts der Vision drohender Klimaveränderungen dauerhafte, irreversible Schäden globalen Ausmaßes denkbar wurden.

Obgleich das Treibhausphänomen, d. h. die Aufheizung der Atmosphäre durch den Anstieg des Anteils von CO_2 und anderer Gase, theoretisch seit der Jahrhundertwende bekannt war, erschien der mögliche Einfluss des Menschen lange Zeit zu gering. Diese Sorglosigkeit begann sich unter dem Eindruck der fortschreitenden Forschungsentwicklung zu wandeln. Da sowohl der Mechanismus der Klimaerwärmung als auch die Menge der in die Atmosphäre eingebrachten Gase bekannt waren, hatten Wissenschaftler schon in den 1940er Jahren auf eine möglicherweise zu erwartende Erwärmung der Atmosphäre, den sogenannten Treibhauseffekt, hingewiesen. Der hauptsächliche Grund dafür, dass die Klimaforschung dennoch lange Zeit von der Politik unbemerkt blieb, war der Umstand, dass die beobachteten natürlichen Klimaschwankungen nicht erkennen ließen, ob und gegebenenfalls in welchem Umfang menschliche Einflüsse für sie verantwortlich sind. Anthropogene Schwankungen waren (und sind) schwer vom allgemeinen ›Rauschen‹ der natürlichen Schwankungen zu isolieren. Folglich lassen sich, anders als in den meisten anderen Umweltbereichen, nur schwer Verursacher identifizieren und damit Verantwortlichkeiten zuschreiben. Eine Regulierbarkeit des Klimas lag außerhalb der Reichweite der Politik und damit auch außerhalb ihres Interesses. Das änderte sich allmählich in dem Maß, in dem die Klimaforschung zunehmend präzisere Beobachtungsresultate und somit Möglichkeiten der Verursacherzuschreibung lieferte. Ein Blick auf die Artikel des *Spiegel* zeigt, dass der Klimawandel seit 1977 und vergleichsweise intensiver ab 1980 auch Gegenstand der Medienberichterstattung war (Weingart/Engels/ Pansegrau 2002: 32 ff., 166). Dennoch blieb der anthropogene Klimawandel bis 1986 ein Gegenstand der *Forschungs*politik, nicht aber der *Umwelt*politik. Die Politik beschränkte sich auf Abwarten und die Sicherung wissenschaftlicher Beobachtung.

Ende der 70er Jahre waren die ersten Aktivitäten zur internationalen Förderung der Klimaforschung angelaufen, so insbesondere die Veranstaltung der ersten Weltklimakonferenz 1979, sodass 1982 auch die Bundesregierung ein Rahmenprogramm für die Klimaforschung verabschiedete. Es führte insgesamt neun Ressorts einschließlich des BMFT zur Kooperation in Abstimmung mit der Deutschen Forschungsgemeinschaft zusammen.[6] Ein Schwerpunkt der Klimaforschung wurde die Förderung der Entwicklung von Klimamodellen, an erster Stelle am Max-Planck-Institut für Meteorologie und dem Deutschen Klimarechenzentrum (DKRZ) in Hamburg.[7] Die Ausgaben des Bundes für Klimaforschung stiegen in kurzer Zeit: von 3,6 Mio. DM 1982 auf 26 Mio. DM 1986 und 122 Mio. DM 1991. 1994 wurden Aufwendungen von 220 Mio. DM für die Klima- und Atmosphärenforschung ausgewiesen (Deutscher Bundestag 1984: 133; 1988: 143; 1996: 75). Das DKRZ konnte sich mit der Unterstützung aus Mitteln des BMBF sowie weiterer Geldgeber zu einem der führenden Klimamodellzentren entwickeln.

Die erheblichen Steigerungen der F&E Aufwendungen des Ministeriums für die Klimaforschung verdanken sich sehr wahrscheinlich dem politischen Stimmungsumschwung, der 1986 durch einen Aufruf des ›Arbeitskreis Energie‹ der Deutschen Physikalischen Gesellschaft ausgelöst wurde, in dem dieser vor einer ›drohenden Klimakatastrophe‹ warnte. Ein prognostizierter Temperaturanstieg um 9 Grad und ein dadurch bedingter Anstieg des Meeresspiegels um fünf bis zehn Meter innerhalb mehrerer hundert Jahre sollten den Charakter der Katastrophe veranschaulichen und die für die Politik gebotene Dringlichkeit unterstreichen, umgehend zu handeln (Frankfurter Rundschau 19. 9. 1986). Ein greifbares Ergebnis dieses Aufrufs und Indiz der plötzlich gewachsenen Aufmerksamkeit seitens der Politik für den anthropogenen Klimawandel war die Einsetzung der Enquête-Kommission ›Vorsorge zum Schutz der Erdatmosphäre‹ im November 1987.

6 Innerhalb des BMFT waren die Bereiche Weltraumforschung, Meeresforschung, Antarktisforschung und ökologische Forschung beteiligt.
7 Zur Rolle der Klimamodellierungszentren im internationalen Vergleich vgl. Borchers/Krueck 1999.

Die Enquête-Kommission veröffentlichte in den vier Jahren ihres Bestehens drei umfangreiche Berichte, deren Tenor die Anerkennung des Klimawandels als eines ernst zu nehmenden Risikos war. Die Berichte zeichneten sich durch fundierte und vorsichtige Analysen aus, die auf einer Vielzahl von Einzelstudien (150) sowie 15 Anhörungen ausländischer Wissenschaftler, Regierungsvertreter und Verbandsfunktionäre beruhten und wissenschaftliche Autorität für sich beanspruchen konnten. Sie bescherten der Arbeit der Kommission den ungewöhnlichen Erfolg, über die Parteigrenzen hinweg einen Konsens über die wissenschaftlichen Befunde errungen und eine ›Fraktion des Klimaschutzes‹ im Bundestag geschaffen zu haben. Am Ende ihrer Tätigkeit stand die Empfehlung einer 25-30prozentigen Reduktion der CO_2 Emissionen bis 2005, die vom Bundestag verabschiedet und von der Regierung beschlossen wurde. Die Bundesrepublik nahm damit eine internationale Führungsrolle im Klimaschutz ein (Weingart/Engels/Pansegrau 2002: 56; Huber 1997).

Die erste Enquête-Kommission zum Klimawandel stand noch im Zeichen eines Forschungsstands, der keine eindeutigen Beweise des anthropogenen Klimawandels zu liefern vermochte, aufgrund des wahrgenommenen Risikos jedoch ›vorsorgliche Maßnahmen‹ nahe legte. Diese Einschätzung wurde noch durch die Berichte des 1988 gegründeten Intergovernmental Panel on Climate Change (IPCC) gestützt, dessen Empfehlungen noch weiter gingen als die der Kommission. Auch international hatte sich die Stimmung in Richtung vorsorglicher Maßnahmen verschoben, obgleich der anthropogene Anteil am Klimawandel nach wie vor unbewiesen war. 1992 fand die Konferenz von Rio statt, auf der die Klimarahmenkonvention sowie die Biodiversitätskonvention (s. u.) verabschiedet wurden. Die Bedeutung, die der Konferenz von Rio seitens der deutschen Regierung beigemessen wurde, dokumentiert sich nicht zuletzt darin, dass Bundeskanzler Helmut Kohl selbst in Rio auftrat. Die Konferenz bildete den Höhepunkt nationaler und internationaler Aufmerksamkeit für den Klimaschutz. Allerdings hatte sich die Konferenz nicht auf quantitative Reduktionsziele festgelegt, sondern nur auf das Ziel, die Treibhausgas-Konzentrationen zu stabilisieren. Das Vorbild der deutschen Selbstverpflichtung war nicht übernommen worden. In der Folgezeit sollte sich zeigen, dass das Ziel der 25-prozentigen Reduktion auch von Deutschland nicht erreicht werden konnte, wodurch die Regierung in Legitimationsprobleme geriet, die schließlich auch die Förderung der Klimaforschung erreichten. Während die Weiterentwicklung der Klimamodelle (Modelle der Klimasubsysteme und ihrer Kopplung) zur Verbesserung der Prognosen globaler Klimaentwicklung und der Ursachenforschung geboten war, verlagerte das BMFT einen Teil seiner Förderaktivitäten auf die Klimafolgenforschung. Mit der Klimafolgenforschung wurde die ursprüngliche naturwissenschaftliche Begrenzung der Klimaforschung aufgegeben zugunsten einer umfassend interdisziplinären Kooperation zwischen natur-, wirtschafts-, gesellschafts- und geisteswissenschaftlichen Disziplinen. Damit folgte die Förderungspolitik der Einsicht, dass Klimawandel sich »auf Natur und Gesellschaft als Ganzes« auswirkt und infolgedessen die komplexen Verursachungs- und Rückkopplungseffekte zwischen menschlichem Handeln und natürlicher Umwelt in den Blick genommen werden müssen (Deutscher Bundestag 1993: 180; s. a. S. 177). Markante Meilensteine dieser Verschiebung der Prioritäten innerhalb der Klimaforschung war die 1991 auf Initiative des BMFT erfolgte Gründung des ›Potsdam-Instituts für Klimafolgenforschung‹ (PIK, als Einrichtung der Blauen Liste), mit der die Klimaforschung institutionell weiter gestärkt wurde, und die Einrichtung 1992 des Wissenschaftlichen Beirats der Bundesregierung Globale Umweltveränderungen (WBGU), der direkt der Bundesregierung zugeordnet ist und alternierend von dem BMU und dem BMBF betreut wird.

5. Globale Umweltveränderungen: Die Rolle des WBGU zwischen Umweltministerium und BMBF

Der WBGU demonstriert schon durch seine Zusammensetzung (bis zu zwölf Mitglieder) die zunehmend interdisziplinäre Perspektive der Umweltforschung. In der Klimaforschung hatte sich die Verbindung natur- und sozialwissenschaftlicher Sichtweisen und Methoden als notwendig erwiesen, sollten die komplexen Interdependenzen zwischen menschlicher Verursachung, effektiven Klimaveränderungen, und deren Rückwirkungen auf menschliches Verhalten aufgeklärt werden. Auch die Übersetzung dieses Wissens in geeignete und wirksame Maßnahmen zur Bewältigung der Klimafolgen ist ohne Rückgriff auf sozialwissenschaftliche Expertise nicht denkbar. Die Einbeziehung des Menschen als Handelnder in die Ökosystemkonzeption war spätestens Anfang der neunziger Jahre mit dem UNESCO-Programm ›Man and Biosphere‹ zum Prinzip erhoben, dem gemäß natur-, ingenieur-, sozial- und geisteswissenschaftliche Disziplinen zusammenarbeiten sollen, auch wenn dies vielfach noch Programm ist.

Der WBGU repräsentiert diese Interdisziplinarität, insofern neben den Naturwissenschaftlern auch Ökonomen, Psychologen und Soziologen Mitglieder waren bzw. sind. In dieser interdisziplinären Zusammensetzung entwickelte der Beirat das sogenannte ›Syndrom-Konzept‹, das eine integrierte Sicht auf Probleme des globalen Wandels wie z. B. Klimawandel, Wasserverbrauch, Desertifizierung und Bodendegradation einnimmt. Das Syndrom-Konzept soll die Möglichkeit bieten, Szenarien der menschlichen Entwicklung innerhalb begrenzter ›Korridore‹ zu entwerfen. Die Überschreitung der Grenzen dieser Korridore hätte eine Überstrapazierung der natürlichen, sozialen und wirtschaftlichen Systeme zur Folge. Syndrome bzw. funktionale Muster »sind unerwünschte charakteristische Konstellationen von natürlichen und zivilisatorischen Trends und ihren Wechselwirkungen, die sich geographisch explizit in vielen Regionen dieser Welt identifizieren lassen. Die Grundthese des Beirats ist, dass sich die komplexe globale Umwelt- und Entwicklungsproblematik auf eine überschaubare Anzahl von Umweltdegradationsmustern zurückführen lässt« (WBGU 1996: 116).

Die Aufgabe des WBGU ist es, unter dem Blickwinkel globaler Umweltveränderungen die neuesten Ergebnisse der Forschung zu rezipieren und auszuwerten. Neben den daraus folgenden umweltpolitischen Handlungsempfehlungen, die der WBGU an die Bundesregierung gibt, enthalten seine Jahresgutachten auch Einschätzungen der Forschungslage und Empfehlungen zur Forschungsförderung. Das Jahresgutachten 1996 war gar unmittelbar der Bewertung der deutschen Forschung mit Blick auf den globalen Wandel gewidmet und wird in seiner Wirkung als bahnbrechend in dem Sinn eingeschätzt, dass es wichtige Anstöße für die Biodiversitätsforschung gegeben hat (WBGU 1996). Ähnliches gilt für das Jahresgutachten 1999 (WBGU 2000). Durch die Aufnahme neuer Entwicklungen wie in diesem Fall der von der Forschung eingenommenen Perspektive auf die Biosphäre, trug der WBGU dazu bei, dass diese neben die des Klimas getreten ist und zu einem weiteren Bezugspunkt der Politik wurde. (Die UN hat 1995 ihren ersten Bericht zur Lage der globalen Biosphäre herausgegeben). Der Beirat konstatierte die ›tiefe Unkenntnis‹, die noch über die Biosphäre bestehe und schlug eine spezielle ›Forschungsstrategie für die Biosphäre‹ vor. Als Eckpunkte dieser Strategie forderte er unter anderem: »1) Priorität muss die Forschung zur Wissensbasis für die Umsetzung der biologischen Imperative und Leitplanken haben; 2) zusätzlich muss es Forschung zu konkreten Methoden und Instrumenten geben; 3) ist angesichts des Wissens- und Theoriedefizits eine breite Grundlagenforschung notwendig, die sowohl biologisch-ökologische als auch sozioökonomische Elemente enthalten muss« (WBGU 2000).[8] Die Bundesregierung wies in ihrer (weitgehend zustimmenden) Stellungnahme zum Gutachten darauf hin, dass sie die Förderaktivitäten zur Erforschung der Biodiversität in den vergangenen Jahren erheblich verstärkt habe. Tatsächlich förderte sie vorrangig im Rahmen der Programme ›Forschung für die Umwelt‹ und ›Biotechnologie 2000‹ speziell auf die Erforschung der Biodiversität ausgerichtete Projektaktivitäten mit jährlich 30 Mio. DM (Deutscher Bundestag 2001: XI).

---

8 http://www.wbgu.de/wbgu_jg1999_ultra.pdf, Stand 10/2005.

Der WBGU hat wahrscheinlich nicht unwesentlich dazu beigetragen, dass neben der globalen Perspektive auch die interdisziplinäre Verbindung von natur- und sozialwissenschaftlichen Ansätzen eine größere Akzeptanz in der Politik findet. Ausgehend von seinem Syndromkonzept hat der Beirat zu Recht nicht nur die Ursachen der Probleme globaler Umweltveränderungen in den sozialen und politischen Strukturen menschlicher Gesellschaften gesehen, sondern auch deren Lösungen in den erforderlichen Veränderungen dieser Strukturen. In ihrer Reaktion auf das Sondergutachten des WBGU ›Über Kyoto hinausdenken – Klimaschutzstrategien für das 21. Jahrhundert‹ 2003 kündigte Bundesforschungsministerin Bulmahn an, dass durch »interdisziplinäre und innovative Konzepte in Forschung und Entwicklung« möglichst schnell Wege zu einem nachhaltigen Klimaschutz gefunden werden müssten und »die Forschung dabei verstärkt auch Strategien für Wirtschaft und Gesellschaft liefern solle«[9].

Es gibt Stimmen im BMBF, die den WBGU nicht nur als eine Stimme der Wissenschaft sehen, sondern durchaus als ein Politikberatungsgremium, das dem BMU programmatisch näher steht, als dem BMBF. Abgesehen von dem sehr erfolgreichen Jahresbericht von 1996 wird seine Wirkung als begrenzt betrachtet. Das Verhältnis zum Rat von Sachverständigen für Umweltfragen hat auch Überlegungen zu einer Neustrukturierung der Beratung in diesem Bereich nahe gelegt, die jedoch bislang nicht realisiert worden ist. Tatsächlich verweist das Nebeneinander von SRU und WBGU auch auf den Umstand, dass selbst in dem neuen Politikfeld des Umweltschutzes die situativen Eigendynamiken politischer Entscheidungen zur Vervielfältigung organisatorischer Strukturen führen können, die unter Umständen sogar miteinander konkurrieren.

6. Biodiversität und das Konzept der Nachhaltigkeit

Der Grund dafür, dass der Klimawandel für ein Jahrzehnt eine derartig hohe Aufmerksamkeit erhielt, liegt sicher vor allem in den Bedrohungsszenarien, die mit ihm in Verbindung gebracht wurden. Nach wie vor wird jeder neue Hurrican und jeder Tornado von der Frage begleitet, ob deren Intensität nicht eine Folge des Klimawandels sei. Dabei ist ein anderes ›Paradigma‹ der Umweltpolitik und der Umweltforschung etwas im Schatten der öffentlichen Wahrnehmung geblieben. Tatsächlich wurde jedoch ebenfalls 1992 auf der UN-Konferenz für Umwelt und Entwicklung in Rio ein weiteres wichtiges internationales Abkommen verabschiedet und 1993 nach Unterzeichnung durch 176 Staaten in Kraft gesetzt: das Übereinkommen über die biologische Vielfalt (Con-

---

9 http://www.uni-protokolle.de/nachrichten/id/26176/, Stand 10/2005.

vention on Biological Diversity). Begriff und Konzeption der Biodiversität stammten von dem amerikanischen Biologen Edmund O. Wilson, der damit ein weiteres Bedrohungsszenario in die Welt gesetzt hatte, nämlich das einer durch Zersiedlung und Raubbau an den Ressourcen zunehmenden Zerstörung der Artenvielfalt in Flora und Fauna und damit einer langfristigen Gefährdung ökologischer Gleichgewichte sowie schließlich der Lebensgrundlagen des Menschen selbst. Dieses Szenario war zwar kaum weniger bedrohlich, als das des Klimawandels, aber seine Konturen waren wohl weniger scharf, so dass es weder die gleiche Nähe zur Politik noch die gleiche Medienaufmerksamkeit erreichte wie der Klimawandel.

Das BMFT hatte schon 1990 eine Bestandsaufnahme des Forschungsstands in Auftrag gegeben und auf dessen Grundlage das Förderkonzept ›Biotop- und Artenschutz‹ entwickelt, das den Biotopschutz als Voraussetzung des Artenschutzes verstand und deshalb ergebnisorientiert auf die Verbesserung des Naturschutzes angelegt war. Diese Maßnahme konnte das Ministerium als einen vorgezogenen Beitrag zur Konvention von Rio ausflaggen (Deutscher Bundestag 1993: 167). Durch die Wiedervereinigung eröffnete sich dem Biotop- und Artenschutz ein bis dahin in Westdeutschland nicht verfügbares Anwendungsfeld in den »ungestörten Naturräumen in Brandenburg und Mecklenburg-Vorpommern«, in denen »angepasste Naturschutzstrategien« möglich waren. Die Forschungsförderung richtete daher einen Schwerpunkt auf Arbeiten über die sich vollziehende Änderung der Landnutzung ein (Deutscher Bundestag 1996: 174).

Ein Kerngedanke des Biodiversitätsabkommens ist neben der Erhaltung und Wiederherstellung von Pflanzen- und Tierarten die *nachhaltige Nutzung* der Komponenten der biologischen Vielfalt. Dabei richtet sich das Interesse auf die Nutzung der genetischen Ressourcen, die vor allem in den Ländern der Südhalbkugel anzutreffen sind und diesen einen fairen Anteil an den aus ihnen erwirtschafteten Profiten sichern soll. Die Biodiversitätskonvention wird deshalb oft auch als das Schlüsseldokument zur nachhaltigen Entwicklung gesehen. Das Nachhaltigkeitskonzept sollte in der Folge das zentrale ›Leitmotiv‹ für die Forschungsförderung werden, wobei die Umweltforschung nunmehr nur als ein Förderschwerpunkt unter diesem Konzept gesehen wurde, »bei dem die Realisierungschancen für dieses Leitmotiv besonders gut aufgezeigt werden können« (BMBF 2000: 156).

Das Konzept der ›nachhaltigen Entwicklung‹ wurde bereits im Brundtland Report der UN von 1987 formuliert als »Entwicklung, die den Bedürfnissen heutiger Generationen Rechnung trägt, ohne die Möglichkeiten zukünftiger Generationen, ihren eigenen Bedürfnissen Rechnung zu tragen, zu behindern« (zit. in Zilleßen 1998: 3). Wahrscheinlich gerade wegen seiner Allgemeinheit und der Anwendbarkeit auf alle Handlungsbereiche sowie seiner unabweisbaren ethischen Autorität hat das Konzept in den Folgejahren eine erhebliche politische Virulenz erlangt. Die Kehrseite dessen ist jedoch, dass die aus ihm resultierenden Schwierigkeiten von der Politik relativ leicht zu kaschieren sind. Zilleßen ist zuzustimmen, wenn er schreibt: »Ein so allgemein definiertes Ziel wird sich gewiß breitester Zustimmung erfreuen: die Probleme und Konflikte werden erst dann sichtbar, wenn das Ziel konkretisiert und operationalisiert, d. h. wenn die Frage beantwortet werden soll: ›Was bedeutet das und was folgt daraus? ‹« (Zilleßen 1998: 3). Der SRU hat in seinem Umweltgutachten von 1996 einige der tiefgreifenden gesellschaftlichen Veränderungen benannt, die mit der Ausdeutung und Umsetzung des Nachhaltigkeitsgebots für Gesellschaft und Wirtschaft impliziert sind. Unter anderem ginge es um eine »Integration des Umweltschutzes in sämtliche gesellschaftliche Handlungsbereiche mit einer Weiterentwicklung der Öffentlichkeitsbeteiligung über die augenblickliche institutionelle Verankerung von Partizipation hinaus...«, d. h. um die institutionelle Stärkung neuer Beteiligungsformen wie Mediation, Runde Tische, Diskursverfahren und Kooperationsverfahren im Verwaltungshandeln (SRU 1996, zit. in Zilleßen 1998: 5). Es ist gut vorstellbar, dass solcherart Reformen zumindest nicht von den politischen Parteien, deren Machtansprüche sie einschränken würden, befördert werden. Zwar ist unübersehbar, dass partizipative Verfahren außerhalb der traditionellen parlamentarischen Mechanismen in den letzten Jahren an Bedeutung gewonnen haben und damit günstigere Bedingungen im Sinne der Realisierung der Nachhaltigkeitsidee entstanden sind. Zugleich ist aber auch festzustellen, dass die in Partizipationsverfahren gesetzten Hoffnungen bei weitem nicht erfüllt sind und auch nicht erfüllt werden können (vgl. Abels/Bora 2004; Brown/Lentsch/Weingart 2005).

Mit dem Leitmotiv »weltweites nachhaltiges Wachstum« wurde nach Auffassung des Ministeriums ein Politikansatz gewählt, der die »ökonomische und die globale Perspektive der Nachhaltigkeit in der Forschungsförderung berücksichtigt« (ebd.). Damit war ein weiterer ›logischer‹ Schritt in Richtung auf die Vermeidung möglicher Belastungen im Herstellungsprozess sowie auf ein ressourcenschonendes Design von Produkten gemeint. Im übrigen entsprach die Hinwendung zu anwendungsorientierter Forschung in der Umweltforschung der stärker ökonomischen und praktischen Orientierung der Forschungsförderung insgesamt, die schon seit Beginn der 90er Jahre eingesetzt hatte.

Das BMBF tat das, was Administrationen gemeinhin mit neuen Konzeptionen machen, die zu Leitlinien der Politik werden sollen: es fasste bestehende Förderbereiche der Umweltforschung in einem neuen Förderbereich F ›Forschung für Nachhaltigkeit‹ zusammen. Damit wurde drei Jahrzehnte nach Formulierung des ersten Umweltforschungsprogramms abermals eine übergreifende Kategorie übernommen, unter der bisher parallel oder isoliert geförderte Forschungsaktivitäten in ein integratives Konzept zusammengefasst werden.

In den folgenden Dokumenten zur Orientierung der Politik am Prinzip der Nachhaltigkeit wird erkennbar, wie sich das neue Konzept zunächst programmatisch, dann aber auch operativ auswirkt. Aus der Perspektive des BMBF ist Nachhaltigkeit ein Motor für Innovation, »weil es von allen Akteuren Um- und Neuorientierung einfordert«. Daraus wird die Folgerung gezogen, dass »Systemwissen« an Bedeutung gewinnt, ebenso wie die Fähigkeit zur Beteiligung an der Formulierung und Umsetzung von Nachhaltigkeitszielen. Dies wiederum legt es nahe, das Bildungssystem in die Nachhaltigkeitspolitik mit einzubeziehen (BMBF 2004: 242 f.). Hier entpuppt sich der Nachhaltigkeitstopos als Teil der ›Selbstgovernance-Rhetorik‹. Mit der inneren Logik dieses Denkens transzendiert die Nachhaltigkeitsstrategie ihr ursprüngliches Feld und bezieht sich nicht länger »auf Umweltthemen, sondern begreift Nachhaltigkeit als neue (Forschungs-) Perspektive zur Sicherung und Schaffung intra- und intergenerationeller Gerechtigkeit«. Damit steht plötzlich, vermittelt über die Themen der Globalisierung, der durch sie erzeugten Krise des Arbeitsmarkts, der Migration und der Ausgrenzungserfahrungen, die gesellschaftliche Integration als solche auf der Tagesordnung der Forschungsförderung. Seit 2002 fördert das BMBF einen deutschlandweiten Forschungsverbund, der ganz verschiedene gesellschaftliche Ebenen mit dem Ziel analysiert, »politisches Handeln in Richtung sozialer Integration wissenschaftlich zu fundieren« (BMBF 2004: 243).

Während auf der Ebene der politischen Programmatik die Zielsetzungen immer umfassender werden und die Nachhaltigkeit auch als Dach für die Initiative ›Wissenschaft im Dialog‹ und die Feiern des Einstein-Jahrs 2005 herhalten muss, erfährt die Forschungsförderung eine Prioritätenverlagerung in Richtung eines neuen Pragmatismus (Die Bundesregierung 2005: 42).

Das Regierungsprogramm ›Forschung für die Umwelt‹, das die Bundesregierung unter Helmut Kohl 1997 verabschiedet und das ungeachtet des Regierungswechsels bis 2004 die Förderpolitik des Ministeriums unverändert bestimmt hat – Zeichen der relativen Distanz der Umwelt*forschung* zur Tages- und Parteipolitik? – ließ bereits eine Verschiebung der Förderprioritäten in Richtung der anwendungsorientierten Forschung »für eine regional und global nachhaltige Entwicklung von Landschaften und Umweltsystemen, [...] produktions- und produktintegrierte(n) Umweltschutz sowie Maßnahmen zu Gunsten einer Verringerung umweltschutzbedingter Kostenbelastungen« erkennen (BMBF 2000: 156). Inzwischen hat sich die Tendenz des Ministeriums, sich aus der Grundlagenforschung zurückzuziehen, noch verstärkt. Die Grundlagenfragen in Bereichen wie der Klimaforschung, die in den 1990er Jahren noch die politische und mediale Diskussion beschäftigt haben, scheinen im Prinzip beantwortet zu sein. Jetzt geht es demzufolge – und unter dem Druck leerer öffentlicher Kassen – vorrangig um die Frage, was konkret getan werden kann.

7. Schluss

Mit dem Konzept der Nachhaltigkeit ist die Umweltschutzpolitik in eine neue Phase getreten. Die Allgemeinheit des Konzepts macht es anschlussfähig für eine Vielzahl von Politiken, und zugleich ist es unbestreitbar. Der alte Gegensatz zwischen Schutz und Erhalt der Natur auf der einen und ökonomischem Wachstum auf der anderen Seite wird in dem Konzept aufgehoben. Durch die neue Rahmung des Problems werden einerseits innovative Lösungen angestoßen, die sonst nicht ins Visier gekommen wären. Andererseits birgt die ubiquitäre Verwendbarkeit des Konzepts die Gefahr der Trivialisierung und Unverbindlichkeit. Die Entwicklung der Umweltschutzpolitik und der sie flankierenden Förderung der Umweltforschung ist zweifellos eine Erfolgsgeschichte in dem Sinn, dass die frühen Warnungen der Wissenschaft in der Gesellschaft und in der Politik Gehör gefunden und zu einer breiten Institutionalisierung als Politikfeld im Regierungsapparat und als Forschungsfeld geführt haben. Zugleich ist auch unübersehbar, dass einzelne Themen des Umweltschutzes mehr Aufmerksamkeit in Öffentlichkeit und Politik auf sich gezogen haben, als andere. Die Gründe dafür liegen unter anderem im Grad der Politisierung. Der Klimawandel hat wesentlich mehr öffentliche Resonanz erzeugt, als die Bedrohung der Biodiversität. Ob dies am Typ des Bedrohungsszenarios liegt, oder an der Zugänglichkeit der zugrunde liegenden wissenschaftlichen Informationen, lässt sich nicht mit Sicherheit sagen. Forschungspolitik braucht, wie jede andere Politik auch, öffentliche Aufmerksamkeit und Unterstützung, nur ist sie in ihren Inhalten vergleichsweise entfernter von den Interessen des größten Teils der Bevölkerung. Das gilt sicher auch für die Förderung der Umweltforschung. Im Verlauf der letzten dreieinhalb Jahrzehnte hat dieser Zweig der Forschungspolitik jedoch wie kaum ein anderer da von profitiert, dass der Schutz der Umwelt in all seinen Ausprägungen ein dominanter gesellschaftlicher Wert geworden ist. Die Leistung des Ministeriums ist in diesem Zusammenhang darin zu sehen, kontinuierlicher Förderer einer Forschung zu sein, die der Erkenntnis dieses Werts gedient hat und dient.

Literatur

Abels, G./Bora, A. (2004): Demokratische Technikbewertung. Bielefeld: transcript.
BMBF (1997): Forschung für die Umwelt. Programm der Bundesregierung. Bonn.
BMBF (2000): Bundesbericht Forschung, Bonn.
BMBF (2004): Bundesbericht Forschung, Bonn.
Borchers, J./Krück, C. P. (1999): Climate Models in Europe. Bielefeld: Ms.
Brown, M./Lentsch, J./Weingart, P. (2005): Politikberatung und Parlament. Leverkusen: Budrich Verlag.
Deutscher Bundestag (1984): Bundesbericht Forschung. 10. Wahlperiode, Drucksache 10/1543.
Deutscher Bundestag (1988): Bundesbericht Forschung. 11. Wahlperiode, Drucksache 11/2049.
Deutscher Bundestag (1993): Bundesbericht Forschung. 12. Wahlperiode, Drucksache 12/5550.
Deutscher Bundestag (1996): Bundesbericht Forschung. 13. Wahlperiode, Drucksache 13/4554.
Deutscher Bundestag (2001): Bericht der Bundesregierung zu, Jahresgutachten 1999 des Wissenschaftlichen Beirates der Bundesregierung Globale Umweltveränderungen (WBGU): »Welt im Wandel – Erhaltung und nachhaltige Nutzung der Biosphäre«, 14. Wahlperiode, Drucksache 14/6706.
Die Bundesregierung (2005): Wegweiser Nachhaltigkeit 2005 – Bilanz und Perspektiven, Berlin.
Grundmann, R. (1999): Transnationale Umweltpolitik zum Schutz der Ozonschicht. USA und Deutschland im Vergleich. Frankfurt am Main: Campus.
Günther, E./Krebs, M. (2003): Aufgaben- und Organisationsstruktur der Umweltpolitik in der Bundesrepublik Deutschland, Dresdner Beiträge zur Lehre der Betrieblichen Umweltökonomie, 04/2003.
Huber, M. (1997): Leadership and unification: Climate change policies in Germany. S. 65-85 in: U. Collier/R.E. Löfstedt (Hrsg.): Cases in Climate Change Policy: Political Reality in the European Union, London: Earthscan.
Keil, G. (2004): Chronik einer Panik. Die Zeit Wissen, http://www.zeit.de/2004/51/N-Waldsterben.
Küppers, G./Lundgreen, P./Weingart, P. (1979): Umweltprogramm und Umweltforschung, S. 239-286 in: W. van den Daele/W. Krohn/P. Weingart (Hrsg.): Geplante Forschung, Frankfurt am Main: Suhrkamp.
Malunat, B. M. (1994): Die Umweltpolitik der Bundesrepublik Deutschland, Aus Politik und Zeitgeschichte, 26/27: 3-12.
Müller, E. (1986): Innenwelt der Umweltpolitik. Sozial-liberale Umweltpolitik – (Ohn)macht durch Organisation? Opladen: Westdeutscher Verlag.

Weingart, P./Engels, A./Pansegrau, P., 2002: Von der Hypothese zur Katastrophe. Der anthropogene Klimawandel im Diskurs zwischen Wissenschaft, Politik und Massenmedien. Opladen: Leske und Budrich.

Wissenschaftlicher Beirat der Bundesregierung Globale Umweltveränderungen (WBGU) (1996): Welt im Wandel: Herausforderungen für die deutsche Wissenschaft. Berlin: Springer.

Wissenschaftlicher Beirat der Bundesregierung Globale Umweltveränderungen (WBGU) (2000): Welt im Wandel: Erhaltung und nachhaltige Nutzung der Biosphäre. Berlin: Springer.

Wissenschaftlicher Beirat der Bundesregierung Globale Umweltveränderungen (WBGU) (1999): 1Jahresgutachten 1999. Zusammenfassung für Entscheidungsträger. http://www.wbgu.de/wbgu_jg1999_ultra.pdf.

Zilleßen, H. (1998): Von der Umweltpolitik zur Politik der Nachhaltigkeit. Das Konzept der nachhaltigen Entwicklung als Modernisierungsansatz. Aus Politik und Zeitgeschichte, 50: 3-10.

Dieter Simon
Rollenspiel:
Die Wiedervereinigung der Wissenschaft

Bei den Verhandlungen politischer Akteure über die künftige Gestaltung des Gemeinwesens vernimmt der Bürger mit großer Regelmäßigkeit die Nachricht, zuerst gehe es um ›die Sache‹, später werde dann über Personen geredet. Die wenigsten dürften bereit sein, derlei Meldungen ernst zu nehmen, aber die meisten bewerten den Vorgang nachsichtig positiv – als Versuch der Politik, durch vorgetäuschtes Wohlverhalten gute Laune beim Wähler zu erzeugen. Das Gegenteil von Nachsicht wäre freilich angezeigt. Denn jeder sollte wissen, dass man ›die Sache‹ von den Personen nicht nur nicht wirklich trennen kann, sondern auch nicht trennen sollte. Schließlich blicken wir nach wie vor zuerst und zuletzt auf ›die Verantwortlichen‹, spenden ihnen Beifall, Kränze und Gedenksteine oder verachten sie, beschimpfen sie, wählen sie ab usw. – alles völlig unverständlich, wenn die propagierte Vorstellung sich durchgesetzt hätte, es käme zunächst auf die ›Umstände‹, die ›Pläne‹, die ›Programme‹, die ›Kräfte‹, die ›Mächte‹ etc. an und erst dann (wenn überhaupt) auf die Tat und die Täter. Zwar lassen sich für diese Vorstellung sogar massive Geschichtsphilosopheme mobilisieren. Aber der Mensch orientiert sich eben doch lieber an seinen Erinnerungen als an den Theorien anderer.

Erinnerungen sind allerdings fragile, reparaturanfällige Konstrukte, die immer konkurrieren müssen mit Berichten und Akten als den Zeugen des Vergessens der Zeitgenossen.

Wer also waren die Akteure der ›Wieder‹vereinigung der Wissenschaft – ein ›Wieder‹, an das von der ersten Stunde an keiner glaubte, und nicht einmal vorgegeben hat zu glauben?

Riesenhuber taucht auf, der elegante und beredte Minister im Ministerium für Forschung und Technologie. Er hörte gerne zu und predigte anschließend seine Widersacher mit sonorem Timbre in den Boden. Möllemann, der unglücklich furchtlose Draufgänger als Chef des Ministeriums für Bildung und Wissenschaft. Die ertragreichen Folgen seines ruhelosen Ehrgeizes warten noch auf den schuldigen Respekt für ihren Urheber. Die Staatssekretäre dieser Minister: Fritz Schaumann, verbindlich und strategisch, seine Sensibilität unter rauem Gewand und eingeübter Distanz verbergend und Gebhard Ziller, schlachtenerprobt, so gütig wie listig – beide, handfeste Männer, gewohnt, die Zügel zu halten und die Spuren legen zu müssen, damit ihre Minister einen klaren Weg finden und nicht mehr von ihm abkommen. Auf der anderen Seite: Frank Terpe der manchmal zu arglose Patriot, und Rainer Ortleb, nicht

ROLLENSPIEL: DIE WIEDERVEREINIGUNG DER WISSENSCHAFT

immer durchsetzungsstark und gelegentlich glücklos. Das waren die politischen Architekten, die zusammen mit dem Wissenschaftsrat die Vereinigung der beiden wissenschaftlichen Teile Deutschlands planten und auf den Weg brachten.

Das Konzept war am Ende einfach. In vielen Gesprächen und angestrengten Erwägungen hatte man das Ziel formuliert. Das Wissenschaftssystem des Westens war als die ›Leitkultur‹ anzusehen, die Wissenschaftskultur des Ostens sollte, so schonend wie es die Umstände zulassen würden, ›eingepasst‹ werden, um ein gemeinsames Agieren in der Zukunft zu ermöglichen und zu garantieren. Von Überfall, Eroberung und Vereinnahmung war nicht die Rede. Es war ein gesamtstaatlicher, nationaler Entwurf, voller Vertrauen in die Wissenschaft und verantwortungsbewusst, völlig unähnlich den egoistischen, föderalen mixed pickles der Gegenwart.

Außerdem war dem Vorsitzenden des Wissenschaftsrates (Dieter Simon) eine beruhigende Zusage gemacht worden: nach der Vereinigung sollte das jetzt neue, aber nicht erneuerte Ganze, die Wissenschaft (der geographische Ausdruck ›Wissenschaftslandschaft‹ begann eben seinen Siegeszug) einer strikten Revision und Reform unterworfen werden.

Warum dies? Es war klar, dass die ›Einpassung‹ Opfer fordern würde, Opfer des Ostens, die verlangt werden mussten, weil ihre Substrate der Sicherung oder der Mängelverwaltung der Vergangenheit gedient hatten. Opfer des Ostens auch im Hinblick auf die bevorstehende Verschmelzung. Sie würden sich leichthin verlangen lassen, wenn man auf die gemeinsame, auch für den Westen dann opferreiche Reform verweisen konnte, die sich alsbald anschließen würde.

Außerdem: die wissenschaftlichen Akteure aus der Geschäftsstelle des Wissenschaftsrates – vornweg Wilhelm Krull, der scharfsinnige, weitsichtige und souveräne Vordenker und Hans Jürgen Block, der unermüdliche, präzise und furchtlose Pragmatiker, ohne die der Vorsitzende eine leere und argumentlose Hülle geblieben wäre – waren der richtigen Ansicht, dass dem westdeutschen Wissenschaftssystem wesentlich mehr fehlte als es wusste und glaubte und als der begeisterte Osten ahnte. Dass das glänzende Dach auf allerlei morschen Balken ruhte und dass hinter vielen Tapeten tiefe Löcher gähnten. Dass also, wie man romantisch zu sagen pflegt, die ›historische Chance‹ genutzt werden solle, ja, wegen Unwiederbringlichkeit, genutzt werden müsse, um dem insuffizienten und von Versteinerung bedrohten gesamtdeutschen Wissenschaftsorganismus neues Feuer einzuhauchen.

Nach diesem Plan begann das Rollenspiel und die Akteure taten, was vorgesehen und ihnen von Natur aus gegeben war, um der unterschätzten Aufgabe gerecht zu werden.

Die ›Einpassung‹ sollte der von Minister Riesenhuber ausgegebenen Maxime folgen: ›Die Wissenschaft evaluiert, die Politik setzt um‹.

DIETER SIMON

Der Vorsitzende des Wissenschaftsrates und – in misslungener Terminologie – sein ›Stellvertreter‹ Horst Kern, ein unerschrockener und unerschreckbarer Zellbiologe und Mediziner aus Marburg, Vorsitzender der Wissenschaftlichen Kommission – beide (im Wortsinne!) unermüdlich beraten und mit Stichworten versorgt von dem Konstanzer Philosophen Jürgen Mittelstraß – sandten eine Armada von Wissenschaftlern und Experten aus dem Westen auf Evaluationstour in den Osten. Bald liebevoll, bald spöttisch – gelegentlich auch gehässig – als ›die drei Musketiere‹ apostrophiert, bemühten sie sich um alle Brennpunkte, feuerten an, bremsten, fertigten Berichte, lasen andere und sammelten weitere, um daraus Rechenschaftslegungen zu produzieren. Drohten die Dinge ins Stocken zu geraten, waren alsbald die Dioskuren Schaumann und Ziller zur Stelle, um sie in Bewegung zu halten.

Zwar hatte man, um der allseits geschätzten ›Objektivität‹ willen, auch einige deutschsprachige Ausländer und eine nicht unbeträchtliche Zahl von Wissenschaftlern aus dem Osten den Reisenden mitgegeben. Aber diese Verzierungen brachen, bis auf wenige Ausnahmen, alsbald wieder ab. Den Ausländern war die gratifikationsarme Sache zu anstrengend. Außerdem sahen sie bald, dass dies eine interne Angelegenheit der Deutschen war, bei der die internationale Wissenschaft nur von geringem Nutzen sein würde. Den ostdeutschen Wissenschaftlern waren die unvertrauten Evaluationsexerzitien fremd und nicht gerade sympathisch und die von allen Seiten erwartete Solidarität mit den Evaluierten brachte sie in schwere psychische Dilemmata. Die eine Seite sprach von Kumpanen, die andere von Verrätern. Das haben nur sehr wenige ausgehalten.

Die Jahre 1990 und 1991 waren die goldenen Zeiten dieser Kampagne. Die Wissenschaftler evaluierten und die Politiker setzten um. Die Ministerien mit ihren Stäben waren der Wissenschaft gegenüber aufgeschlossen wie nie zuvor. Sie hörten zu, diskutierten, suchten Wege, entwarfen die Zukunft und finanzierten. Die Wissenschaftler waren an ihrem Nächstenwissenschaftler so interessiert wie nie zuvor. Neugierde überwog, Anerkennung und gemeinsame Hoffnungen standen noch vor Missgunst und Wettbewerb. Hilfsbereitschaft und Sympathie saßen an der Tafel, ihre ständigen Begleiter Arroganz und Ignoranz mussten sich einstweilen mit dem Katzentisch abfinden.

Dass die Sonne Flecken hatte – wer erwartete es nicht oder wollte es begründet bestreiten? Es gab Missgriffe und peinliche Auftritte, unter denen die abwegigen Wüstenvisionen des damaligen Präsidenten der Max Planck Gesellschaft Hans Zacher noch als unüberlegte Taktlosigkeit oder freundschaftlicher Versprecher gelten durften. Rachefeldzüge ehemals entwichener und jetzt ›heimkehrender‹ DDR-Bürger konnten nicht immer unterbunden werden. Theoretisch und praktisch eher unterlegene Urteiler aus dem

Westen fällten Urteile, die die kommunistische Propaganda als vorurteilslose Beschreibung erscheinen ließen. Den Evaluatoren fielen giftige Ratgeber, Einflüsterer und Denunziatoren aus den künftigen Bundesländern zu wie reife Äpfel im Oktober.

All das gab es und vieles andere mehr – und es war nicht einmal schlecht, dass es dies gab. Denn es belehrte die Akteure, dass nicht irgendein unfassliches Wunder geschehen war und man jetzt unter engelsgleichen Individuen schwebte, sondern dass Menschen entschlossen gehandelt hatten und dass jetzt die betroffenen Erdlinge mit jahrtausendealten Mitteln um ihre Gegenwart, ihre Vergangenheit und ihre Zukunft kämpften. Weshalb die Jahre 1990 und 1991 ohne Zweifel ein Ruhmesblatt in der Geschichte der so selten glücklichen und effektiven Zusammenarbeit von Wissenschaft, Politik und Verwaltung gewesen sind.

1992 war es damit vorbei. Der Zenit der gemeinsamen Hoffnungen und Handlungen war überschritten. Die Talfahrt begann. Zuerst zeichnete sich ab, dass die diffusen Ahnungen von den immensen Kosten dieses Prozesses reale Ahnungslosigkeiten gewesen waren. Man würde rechnen müssen statt zu planen.

Dann entdeckte man, dass böse Fehler gemacht worden waren. Es würde Reparaturmaßnahmen geben müssen statt weiterer Neubauten. Endlich bemerkte man, dass man sich wechselseitig doch nicht so liebte, wie es im Honigmond den Anschein gehabt hatte. An die Stelle der Umarmungen würden Verhandlungen treten müssen. Von einer Gesamtbewertung und Revision des neuen Ganzen und ganz Neuen wurde nicht mehr gesprochen. 1992 nicht und danach auch nicht. Die Umstellung war schmerzlich, aber sie verlief im Großen und Ganzen reibungslos. Manches ließ sich relativ schnell berichtigen, wie die Erfindung des Wissenschaftlerintegrationsprogramms zeigt, erfunden, um die Fehleinschätzung der Aufnahmefähigkeit und -bereitschaft der ostdeutschen Universitäten zu korrigieren. Manches kam defizitär und latent moribund zur Welt, wie die an die Stelle einer geisteswissenschaftlichen Großorganisation getretenen, geisteswissenschaftlichen Zentren. Anderes ist bis heute nicht oder völlig ungenügend kompensiert, wie die Verdrängung des ostdeutschen, universitären Mittelbaus zugunsten des westdeutschen Karrieremusters eines auf Professorale strebenden Assistenten.

Blickt man nach 15 Jahren auf das erzielte Ergebnis, darf man trotz allem zum Selbstlob greifen. Die Anstrengungen des Verstandes und der Seele, die von den Beteiligten erbracht wurden, haben sich gelohnt, weil, wenn schon kein überwältigend strahlendes, so doch ein brauchbares und entwicklungsfähiges Ergebnis zustande kam. In der Kunst des Möglichen wurde das Unmögliche versucht und das Mögliche erreicht.

Gebhard Ziller
Der Weg zur gesamtdeutschen Forschungslandschaft

In meiner Amtszeit als Staatssekretär des Bundesministeriums für Forschung und Technologie (BMFT) – später Bundesministerium für Bildung und Forschung (BMBF) – waren zahlreiche große Projekte zu bearbeiten und politisch wichtige Vorhaben zu gestalten, die ›leitungsrelevant‹ gewesen sind. So bedeutend diese Themen auch waren, im Rückblick halte ich die Aufgaben, die sich mit der Vereinigung Deutschlands auch für den Forschungsbereich gestellt haben, für so einzigartig, dass ich die damit zusammenhängenden Vorgänge noch einmal kurz skizzieren möchte.

1. Die Vorgeschichte

Die Wissenschaftler aus beiden Teilen Deutschlands stießen bei ihrem Wunsch nach grenzüberschreitenden Kontakten auf erhebliche Schwierigkeiten von Seiten der DDR; Gespräche und gemeinsames Forschen waren nur in wenigen Ausnahmefällen möglich. Der Versuch, diese Probleme durch ein Abkommen der beiden Regierungen zu lösen, führte – wie übrigens auch im Verhältnis zur Sowjetunion – zu zähen und langwierigen Verhandlungen, die vor allem dadurch erschwert wurden, dass die westdeutsche Seite darauf bestanden hatte, auch Wissenschaftler aus Westberlin in den Vertrag einzubeziehen. Dies begegnete jedoch politischem Widerstand, da nach der Doktrin des Ostens ›Bonn‹ nicht für Westberlin handeln durfte. Das größte Hemmnis war die von uns geforderte Einbeziehung der Professoren aus Bundes-Instituten, wie der Bundesanstalt für Materialprüfung oder dem Robert Koch-Institut, weil solche Einrichtungen auf Berliner Territorium aus östlicher Sicht nicht erlaubt waren. Schließlich hat sich die Sowjetunion nach teilweise dramatisch verlaufenen Verhandlungen Mitte der achtziger Jahre zu einem Entgegenkommen bereit erklärt. Zuletzt konnte auch noch die Frage der Berliner ›Bundesprofessoren‹ durch einen wohl nur für Diplomaten verständlichen, kuriosen Kunstgriff gelöst werden: Man vereinbarte, bei ihnen in den amtlichen Dokumenten auf die Nennung ihres Instituts zu verzichten und statt der dienstlichen Anschrift lediglich das Postfach anzugeben.[1] Als das Abkommen über wissenschaftlich-technische Zusammenarbeit mit der Sowjetunion unterzeichnet war, konnte

---

[1] Genaueres bei Döll 1988.

DER WEG ZUR GESAMTDEUTSCHEN FORSCHUNGSLANDSCHAFT

ich schließlich auch die Verhandlungen mit der DDR abschließen. Mit der Unterzeichnung der Vereinbarung durch die Minister am 8. September 1987 war dann endlich der Grundstein für deutsch-deutsche wissenschaftliche Zusammenarbeit gelegt, die in der Folgezeit auch ganz erfreulich angelaufen ist. (Es versteht sich, dass unsere Projektlisten stets auch Vorhaben aus Westberlin enthielten.)

2. Der Fall der Mauer und der Einigungsvertrag

Nach der Öffnung der innerdeutschen Grenze wurde schnell deutlich, dass sich für den Bereich von Wissenschaft und Forschung völlig neue Möglichkeiten eröffnen, aber auch gewaltige Probleme stellen würden. Bei den westdeutschen Wissenschaftsorganisationen und Forschungseinrichtungen war die Bereitschaft groß, mit Forschern aus der DDR zusammenzuarbeiten. Eine nicht zu unterschätzende Schwierigkeit war, dass im Westen über Arbeitsschwerpunkte und Qualifikation der Kollegen im Osten nur wenig bekannt war, wenn man von den wenigen ›Reisekadern‹ einmal absieht. In dieser Situation war die Deutsche Akademie der Naturforscher Leopoldina in Halle/Saale eine wichtige Informationsquelle. Diese älteste deutsche Akademie hatte es auch zu DDR-Zeiten verstanden, sich nicht politisch gängeln zu lassen und vom Staat weitestgehend unabhängig zu bleiben. Ihrem Präsidenten, Professor Dr. Benno Parthier, hatten wir in jenen Tagen viele wertvolle Hinweise und Ratschläge zu verdanken.

Auf politischer Ebene fanden im ersten Halbjahr 1990 zahlreiche Gespräche zwischen BMFT und MFT (DDR) statt, bei denen es zunächst darum ging, Möglichkeiten für intensivere wissenschaftliche Zusammenarbeit auszuloten. Wir waren damals bereit, unter weitgehendem Verzicht auf die sonst üblichen Prüfungen schnell und großzügig auch finanziell zu helfen. Die Situation kulminierte jedoch, als die beiden Regierungen im Juli 1990 beschlossen, rasche Verhandlungen über einen Einigungsvertrag aufzunehmen. Jedes Ressort sollte mit seinem korrespondierenden DDR-Ministerium in wenigen Wochen eine Formulierung zur Lösung der vereinigungsbedingten Probleme seines Geschäftsbereichs vorlegen. Mein Verhandlungspartner war der Parlamentarische Staatssekretär beim MFT, Dr. Ernst-Hinrich Weber. Die für uns wichtigste Frage war das künftige Schicksal der Akademie der Wissenschaften der DDR (AdW), ihrer zahlreichen Institute und ihrer etwa 24.000 Beschäftigten. In vielen vorausgegangenen Besprechungen mit den Wissenschaftsorganisationen, den Ländern und natürlich auch mit den Repräsentanten der DDR[2] hatte sich Zustimmung zu meinem

2 Siehe zu Einzelheiten auch Mayntz 1994

Vorschlag ergeben, über das Schicksal der Akademie im engeren Sinne als Gelehrtensozietät landesrechtlich entscheiden zu lassen. Schwieriger war es, die Vertreter der Wissenschaftsorganisationen und der Länder auch dafür zu gewinnen, dass die Institutsgemeinschaft der AdW vom Wissenschaftsrat evaluiert und die positiv begutachteten Teile entweder in die Hochschulen eingegliedert oder als Institute nach westdeutschem Modell weitergeführt werden sollten. Die in der Retrospektive immer wieder gestellte Frage, ob man nicht hätte die Chance nutzen sollen, etwas völlig Neues zu entwerfen oder doch wenigstens Strukturen weiterzuentwickeln, haben wir damals natürlich auch diskutiert. Schließlich wurde dieser Gedanke aber verworfen, weil ein solches Vorhaben in der kurzen zur Verfügung stehenden Zeit kaum hätte gelingen können. Ausschlaggebend war jedoch der Wunsch der Ostdeutschen, gleiche Chancen und Möglichkeiten wie im Westen zu erhalten.

Bei unseren Verhandlungen über den späteren Artikel 38 des Einigungsvertrags (EV) wurde relativ rasch eine Regelung zur Gelehrtensozietät der AdW gefunden. Auch darüber, dass der Wissenschaftsrat seine Begutachtung der Forschungseinrichtungen der drei Akademien der DDR mit dem Ziel der »Einpassung [...] in die gemeinsame Forschungsstruktur der Bundesrepublik Deutschland« (Art. 38 EV) bis Ende 1991 abgeschlossen haben soll – angesichts der Vielzahl von zu evaluierenden Instituten und des zuvor üblichen Arbeitsrhythmus dieses Gremiums eine extrem kurze Frist – waren wir bald einig. Schwierig waren die Festlegungen im Vertrag, dass die Institute grundsätzlich bis zum 31. Dezember 1991 fortbestehen, dass ihre Übergangsfinanzierung bis dahin vom Bund und den neuen Ländern gesichert wird und dass die Arbeitsverhältnisse ebenfalls bis 31. Dezember befristet mit den Sitzländern fortgesetzt werden. Insbesondere die letztere Bestimmung war bei den anderen Bundesressorts und den Ländern nicht leicht durchzusetzen. Es handelte sich schließlich um eine ›Warteschleife‹ von 15 Monaten bei vollem Gehalt, die gegenüber den übrigen Mitarbeitern des öffentlichen Dienstes der DDR – auch gegenüber den Hochschulen und der nicht unter Art. 38 EV fallenden Ressortforschung – eine deutliche Besserstellung bedeutete. Dieses Moratorium war aber notwendig, wenn die Evaluation durch den Wissenschaftsrat einen Sinn haben sollte. Das durch den Einigungsvertrag verfügte Ende der Arbeitsverhältnisse war auch Gegenstand einer Verfassungsbeschwerde; das Bundesverfassungsgericht hat die Regelung jedoch im Wesentlichen bestätigt. Die weiteren Bestimmungen des Art. 38 EV betreffen die Ausdehnung der für das alte Bundesgebiet geltenden Vorschriften, Programme und Förderinstrumente auf das ›Beitrittsgebiet‹.

Am 31. August 1990 konnte der Einigungsvertrag in Berlin unterzeichnet werden. Dieser Termin war nur zu erreichen, weil in den Wochen zuvor ungezählte Beamte der Bundesressorts unter äußerstem

Zeitdruck mit großem Elan und höchster Einsatzbereitschaft daran gegangen waren, die Verhandlungen vorzubereiten, das gesamte Bundesrecht daraufhin zu überprüfen, ob durch die Vereinigung Änderungen erforderlich werden, und neue Rechtstexte zu entwerfen. Dieser großartigen Leistung des deutschen öffentlichen Dienstes kann man nur Respekt entgegenbringen.[3]

Am Tag der Vertragsunterzeichnung ist eher zufällig der Weg auch dafür geebnet worden, dass das BMFT später seine Berliner Außenstelle in der Hannoverschen Straße einrichten konnte. Ich fragte den Ständigen Vertreter der Bundesrepublik bei der DDR, Staatssekretär Dr. Franz Bertele, was denn nach dem Beitritt mit dem Gebäude der Ständigen Vertretung geschehen solle. Er sagte mir, das Bundeskanzleramt (dem er formal zugeordnet war) und das Auswärtige Amt (dem er angehörte) würden das Haus nicht beanspruchen. Daraufhin bekundete ich höchstes Interesse des BMFT. Kurze Zeit später konnten wir uns dieses Haus in Berlin-Mitte sichern. Es war in sehr gutem Zustand, bestens ausgestattet, und es hatte vor allem eine voll funktionsfähige Infrastruktur, insbesondere West-Telefon und -Fax, aber auch DDR-Telefon, was noch über längere Zeit von großem Nutzen sein sollte. Hinzu kam der zeithistorische Aspekt, dass in der Vergangenheit zahlreiche Zufluchtsuchende aus der DDR über den Weg in dieses Gebäude ihre Ausreise erzwingen konnten.

3. Die Evaluation durch den Wissenschaftsrat

Bereits im Juli 1990, also noch vor der offiziellen Unterzeichnung des Einigungsvertrags, ging der Wissenschaftsrat an die Arbeit. Zur Begutachtung der außeruniversitären Forschung richtete er einen Evaluationsausschuss ein, dem Arbeitsgruppen zuarbeiteten, in denen mehrere hundert deutsche und ausländische Sachverständige mitwirkten. Der im September angelaufene Evaluationsprozess für so viele wissenschaftliche Einrichtungen war in seiner Art exzeptionell und einmalig.[4] Er war für Gutachter und Begutachtete gleichermaßen schwierig: Die einen empfanden ihre Rolle, immer häufiger auch negative Urteile fällen zu müssen, zunehmend als problematisch, die anderen sahen dem Ergebnis mit Sorge für ihre persönliche Zukunft entgegen und hatten nicht selten auch Zweifel an der Objektivität der Gutachter. Die Gutachter selbst diskutierten immer wieder die Frage, ob sie sich nicht ungewollt zum

---

3 Siehe dazu auch Schäuble 1991.
4 Siehe hierzu auch den Beitrag von Wilhelm Krull und Simon Sommer in diesem Band. Die »Innensicht« des Wissenschaftsrates beschreibt Neuweiler 2002.

›Vollstrecker‹ staatlicher Wünsche oder zum ›Feigenblatt‹ für radikale Einsparungen machten. Ich hatte deshalb die Wissenschaftliche Kommission des Wissenschaftsrates am 23. Januar 1991 zu einem Abendessen in die Berliner Außenstelle des BMFT eingeladen, um bei dieser Gelegenheit solche Fragen informell zu erörtern. Zentrale Frage war, ob das Ministerium irgendwelche Vorgaben oder Erwartungen hinsichtlich der Ergebnisse, vor allem zur Zahl der positiv Evaluierten habe. Ich verneinte dies und erklärte, die Wissenschaftler sollten nach ihren Kriterien vorgehen und nach bestem Wissen Empfehlungen aussprechen, der Staat werde dann alles daran setzen, diese auch umzusetzen. Daraufhin war die Erleichterung fast mit Händen zu greifen. Zuhause in Bonn führte diese Zusage allerdings intern zu einer erheblichen Meinungsverschiedenheit mit Minister Dr. Heinz Riesenhuber, der die Sorge hatte, es könnten unlösbare finanzielle Schwierigkeiten auf das Haus zukommen.

4. Die Empfehlungen und die Umsetzung

Bei der Evaluierung wollte der Wissenschaftsrat generell der Hochschulforschung künftig wieder den Vorrang geben und das regionale Ungleichgewicht bei der außeruniversitären Forschung abbauen. Für die einzelnen Institute der AdW wurden bis Juli 1991 – also rechtzeitig vor Ablauf der Frist in Art. 38 EV – grundlegend neue Strukturen vorgeschlagen. Teils wurde die völlige Auflösung, teils die Aufgliederung in verschiedene Teile, teils die Integration in eine andere Einrichtung und teils die Umgründung in eine andere Form empfohlen. Es sollten drei Großforschungszentren, 27 Institute der Blauen Liste, zwei Max-Planck-Institute, 17 Einrichtungen der Fraunhofer-Gesellschaft und neun Bundes- oder Landesforschungseinrichtungen neu entstehen.[5] Alle Leitungspositionen sollten extern ausgeschrieben werden; bei den Wissenschaftlern sollte ein Anteil von etwa 10 Prozent aus dem Westen kommen. Für über 50 Prozent der Mitarbeiter wurde die Übernahme empfohlen. Der BMFT hatte sich jetzt auch öffentlich für eine zügige und möglichst vollständige Umsetzung der Empfehlungen des Wissenschaftsrates ausgesprochen; gleiches gilt in der Folge für die Länder und für die Wissenschaftsorganisationen (einzig die Max-Planck-Gesellschaft war etwas zurückhaltend). So konnte noch im Laufe des Jahres 1991 der weitaus größte Teil der Neugründungen unter wesentlicher Beteiligung des BMFT auf den Weg gebracht werden.

5 Zu den Einzelheiten siehe Wissenschaftsrat 1992 und zusammenfassend Mayntz 1994.

Die Regelungen des Art. 38 EV brachten aber auch erhebliche administrative Probleme mit sich: Mit dem 3. Oktober 1990 war die AdW rechtlich nicht mehr existent; sie konnte daher nicht mehr Dienstherr der Institute und ihrer Mitarbeiter sein. Die neuen Länder sahen sich dazu noch nicht in der Lage, obwohl sie nach Art. 38 EV jetzt zuständig waren. Deshalb wurde von ihnen die ›Koordinierungs- und Abwicklungsstelle für die Institute und Einrichtungen der ehemaligen AdW der DDR (KAI-AdW)‹ geschaffen. Geschäftsführer wurde Hartmut Grübel, damals Ministerialrat im BMFT. Die KAI hatte neben den eigentlichen administrativen Aufgaben, wie Personalmaßnahmen, Verwaltung des Gelds (knapp 1 Mrd. DM) aus der Übergangsfinanzierung nach Art. 38 EV, Erschließung von Arbeitsbeschaffungsmaßnahmen (ABM), Wahrnehmung von Arbeitsgerichtsprozessen, Verkauf nicht forschender Einrichtungen (z. B. Ferienheime), Erhaltung von Infrastruktur wie Heizung und Strom für die neu zu gründenden Institute, bald auch wichtige Aufgaben bei der Umsetzung der Empfehlungen des Wissenschaftsrates zu übernehmen. Sie war bei der Lösung fast aller Probleme beteiligt, wobei das ebenso kreative wie sensible Management von Hartmut Grübel maßgeblich zum Erfolg beigetragen hat.[6]

Bei der vom Wissenschaftsrat vorgeschlagenen Überführung von Wissenschaftlern aus den drei Akademien der DDR in die Hochschulen stellte sich schnell heraus, dass diese allenfalls mit einer Zwischenfinanzierung möglich sein würde. Im Rahmen des Hochschulerneuerungsprogramms für die neuen Länder (HEP) vom Juli 1991 konnte durch ein ›Wissenschaftlerintegrationsprogramm – WIP‹ bis zu 2000 Mitarbeitern für die Dauer von zunächst zwei, später bis zu fünf Jahren finanzielle Förderung gewährt werden. Auch dieses Programm wurde von KAI-AdW kreativ und flexibel administriert. Dennoch war ihm mangels ausreichender Übernahmebereitschaft der Hochschulen am Ende kein durchgreifender Erfolg beschieden.

5. Fazit

Zusammengefasst bleibt festzuhalten, dass es dank einer beispiellosen Kraftanstrengung und der vertrauensvollen Zusammenarbeit aller Beteiligten gelungen ist, die Empfehlungen des Wissenschaftsrates im Wesentlichen umzusetzen. In der Rückschau zeigt sich auch, dass diese Empfehlungen eine große ›Treffsicherheit‹ bewiesen haben und dass keine nennenswerten Fehler gemacht worden sind.

Im Bereich der außeruniversitären Forschung konnten die mit der Vereinigung Deutschlands aufgeworfenen Probleme schnell und ins-

---

6 Sehr eindrucksvoll dazu: KAI 1995.

gesamt auch gut gelöst werden. Die deutsche Wissenschaft ist auf der Basis der Empfehlungen des Wissenschaftsrates vielfältiger und reicher geworden, und ihre Substanz hat viele neue Impulse erhalten. Allen anfänglichen Zweifeln und mancher Kritik zum Trotz kann man heute feststellen, dass sich zumindest die außeruniversitäre Forschungslandschaft im Osten Deutschlands inzwischen unstreitig als höchst lebendig und voll konkurrenzfähig erweist.

Literatur

Döll, B. (1988): Die Einbeziehung Berlins in die Abkommen über wissenschaftlich-technische Zusammenarbeit der Bundesrepublik Deutschland mit osteuropäischen Staaten und der DDR. In: Festschrift für Ignaz Seidl-Hohenveldern. Köln: Carl Heymanns Verlag.

KAI (Koordinierungs- und Aufbauinitiative für die Forschung in den Neuen Bundesländern e.V. in Liquidation) (1995): Entwicklung einer Abwicklung. Berlin: Akademie-Verlag.

Mayntz, R. (1994): Deutsche Forschung im Einigungsprozeß. Die Transformation der Akademie der Wissenschaften der DDR 1989 bis 1992. Frankfurt am Main/New York: Campus.

Neuweiler, G. (2002): Experiment geglückt. In: 10 Jahre danach. Zur Entwicklung der Hochschulen und Forschungseinrichtungen in den neuen Ländern und Berlin. Essen: Stifterverand für die Deutsche Wissenschaft.

Schäuble, W. (1991): Der Vertrag: wie ich über die deutsche Einheit verhandelte. Stuttgart: Deutsche Verlagsanstalt.

Wissenschaftsrat (1992): Stellungnahmen zu den außeruniversitären Forschungseinrichtungen in den neuen Ländern und in Berlin. Köln: Wissenschaftsrat.

Andreas Stucke
Brauchen wir ein Forschungsministerium des Bundes?[1]

1. Langlebigkeit einer Organisation: kein Erfolgskriterium

Aus der Organisationssoziologie wissen wir, daß von der Lebensdauer einer Einrichtung nicht automatisch auf ihren – wie auch immer gemessenen – Erfolg geschlossen werden kann. So gibt es Einrichtungen, die, weil sie in einem bestimmten Sinne erfolgreich sind, nicht weitergeführt werden und andere Einrichtungen, die, gerade weil sie nicht erfolgreich sind, weiterbestehen.[2] Dieses gilt in besonderer Weise für politische Einrichtungen, auch Ministerien, deren Entstehung und Organisationsstruktur sich zudem selten ausschließlich objektiven Bedarfen und sachlichen Erwägungen verdanken. Das heißt umgekehrt nicht, daß Langlebigkeit von Einrichtungen und Erfolg völlig unabhängig voneinander wären. Das, was ›Erfolg‹ genannt werden kann, muß aber genauer bestimmt und zu anderen Faktoren für die Fortexistenz von Einrichtungen in das Verhältnis gesetzt werden. Dabei ist zwischen Erfolg in eigener Sache bei der Erringung neuer Zuständigkeiten und Erfolg bei der Wahrnehmung bestimmter Funktionen und Aufgaben zu unterscheiden.

2. Erfolgreicher Domänengewinn

Das Forschungsministerium des Bundes ist in seinen wechselnden Gestalten – vom 1955 gegründeten Bundesministerium für Atomfragen (BMAt) bis zum heutigen Bundesministerium für Bildung und Forschung (BMBF) – in eigener Sache lange Zeit ein erfolgreicher Akteur gewesen.[3] Die Gründung eines solchen Ministeriums ›lag zwar in der Luft‹ – Forschung und Entwicklung wurden in der Nachkriegszeit international zu wichtigen Politikbereichen – und wurde von wichtigen Akteuren mit unterschiedlichen Motiven betrieben bzw. unterstützt (Bundeskanzleramt, DFG, MPG, Unternehmen). Dennoch war die Ausgangssituation

---

1 Ich danke Uwe Schimank und Friedrich Tegelbekkers für wertvolle Hinweise.
2 Vgl. Seibel 1994.
3 Wenn nicht anders vermerkt, beziehen sich die historischen Darstellungen auf Stucke 1993 sowie – vor allem für die Frühzeit der Forschungspolitik in der Bundesrepublik – Stamm 1981.

nicht günstig. Forschungspolitisch war die Bundsrepublik bis zur Erlangung der teilweisen Souveränität 1955 nur eingeschränkt handlungsfähig gewesen, nach innen war der Primat der Länder bei der Förderung von Wissenschaft und Forschung verfassungsrechtlich festgeschrieben worden. Daß sich dieser Primat faktisch nicht durchhalten ließ, hing wesentlich mit dem wachsenden Ressourcenbedarf der Wissenschaft, artikuliert durch die großen Wissenschaftsorganisationen (MPG/DFG), bei gleichzeitiger Finanzknappheit der Länder zusammen. Beides sorgte dafür, daß ein starker forschungspolitischer Akteur auf Bundesebene wenn nicht willkommen, so doch akzeptiert wurde und – einmal etabliert – seine Domänen schrittweise erweitern konnte. Dieser Erfolg läßt sich programmatisch und finanziell belegen: Zwischen 1955 und 1970 erweiterte das BMAt (das dann auch sehr schnell seinen Namen änderte) sein portfolio um die großen Programmbereiche Luft- und Raumfahrt, Datenverarbeitung, Technologische FuE sowie Bildungsplanung/Hochschulen.[4] Finanziell wuchs der Anteil, den das Bundesforschungsministerium an den Wissenschaftsausgaben aller Bundesministerien hatte, rasant: von 18 Prozent im Jahre 1962 auf rund 48 Prozent im Jahr 1967. Heute (2004) beträgt er 64 Prozent. Damit wurde in Deutschland ein Maß an forschungspolitischer Konzentration auf Bundesebene erreicht, das international singulär ist. Auch im Verhältnis zu den Ländern konnte der Bund seine starke Stellung durch die Verfassungsreform von 1969 festigen. Die neu geschaffenen Artikel 91 a und b GG sowie die folgenden Rahmen- und Ausführungsvereinbarungen sorgten dafür, daß die Rolle des Bundes als Mitfinanzier und Mitgestalter von Wissenschaft und Forschung geregelt und bestätigt wurde. Auch wenn sich portfolio, Organisation und Name des Forschungsministeriums in den letzten 30 Jahren noch mehrfach verändern sollten, die 1969 erreichte Festschreibung von forschungspolitischen Aufgaben des Bundes sollte bis 2005 im Kern Bestand haben. Erst durch die Diskussionen und Entscheidungen um eine Föderalismusreform in Deutschland 2005 wurden die forschungspolitischen Kompetenzen des Bundes ernsthaft in Frage gestellt. In diesem Sinne ist die Frage, welche Rolle die Bundesforschungspolitik in den letzten fünfzig Jahren spielte und welche Erfolge sie dabei aufzuweisen hat, keineswegs nur akademisch. Sie läßt sich im Kern zuspitzen: Brauchen wir überhaupt ein Forschungsministerium des Bundes? Es gibt hierauf eine Reihe von vordergründigen politischen Antworten, die insbesondere in der aktuellen Debatte zwischen Bund und Ländern immer wieder aktiviert werden. Man erhält aber möglicherweise eine profundere und differenziertere Antwort, wenn man zunächst einmal

---

4 Zur Bedeutung der Raumfahrtpolitik für ein eigenständiges Forschungsministerium des Bundes vgl. den Beitrag von Johannes Weyer in diesem Band.

rekapituliert, welche Rollen das Forschungsministerium des Bundes in den letzten fünfzig Jahren spielte und welche Handlungsinstrumente es dabei mit welchem Erfolg eingesetzt hat. Auf diesem Hintergrund kann man schließlich fragen, ob diese Weise der Organisation von Forschungspolitik auf Bundesebene weiterhin notwendig und wünschenswert ist und welche Alternativen existieren.

3. Begrenzte Steuerungsmöglichkeiten

Die Frage, ob und wenn ja, was die Institutionalisierung der Forschungspolitik auf Bundesebene der Wissenschaft gebracht hat, ist nicht leicht zu beantworten. Dabei gilt es, überzogene bzw. naive politische Steuerungserwartungen zu relativieren. Versteht man unter (forschungs-)politischer Steuerung den Versuch eines Akteurs (BMBF), ein Handlungsfeld (das Wissenschaftssystem) zielgerichtet zu beeinflussen, so ist evident, daß sich ein solcher Versuch an den Interessen und Intentionen anderer Akteure reibt. In der Forschungspolitik waren und sind es (a) auf der vertikalen politischen Ebene die Bundesländer mit ihren eigenen Fachministerien, (b) auf der horizontalen politischen Ebene andere Bundesressorts, die im Rahmen der sogenannten ›Ressortforschung‹ als Konkurrenten auftreten und (c) auf der gesellschaftlichen Ebene die Wissenschaftsorganisationen (DFG, MPG usw.), die die Handlungsfähigkeit des forschungspolitischen Akteurs auf Bundesebene einschränken. Auf diese Weise kann es zu Entscheidungen und Effekten kommen, die oftmals weder beabsichtigt noch vorhergesehen wurden und deshalb auch dem Forschungsministerium nicht voll zugerechnet werden können.

Wie die Geschichte des BMBF zeigt, hat das Ministerium wissenschaftspolitisch zu verschiedenen Zeiten unterschiedliche Rollen gespielt. Entsprechend divergiert auch das Selbstverständnis. Die folgenden Rollen lassen sich erkennen, wobei sich die Absicht des Ministeriums, wissenschaftspolitisch zu steuern, im Lauf der Zeit deutlicher ausprägte:

– In der Frühzeit des (Atom-)Ministeriums nahm dieses eher die Rolle eines Mäzens der Forschung wahr, als Hochschulen, außeruniversitäre Forschungseinrichtungen und forschende Unternehmen großzügig und weitgehend unkonditioniert Ressourcen aus dem Atomforschungsprogramm erhielten.
– Diese Rolle wandelte sich in der 60er Jahren – durch restriktivere Haushaltslagen, formale Vergabeverfahren aber auch durch einen sichtbaren politischen Gestaltungswillen – zu der eines institutionalisierten Teilfinanziers der Forschung. Diese Rolle, die nach wie vor zu den wesentlichen gehört, beschreibt vor allem das Verhältnis zu den

großen Wissenschaftsorganisationen aber auch zu den Hochschulen, die finanziell signifikant von Bundesmitteln profitiert haben und noch profitieren.
- Die Wahrnehmung dieser Rolle half und hilft aber auch, die außeruniversitäre Grundlagenforschung, die in Deutschland traditionell stark ist, zu festigen und zu schützen. Insbesondere die verläßliche Beteiligung an der Globalfinanzierung der Max-Planck-Gesellschaft trug dazu bei, die forschungspolitische Autonomie dieser Einrichtung zu bewahren und sie vor der Abhängigkeit von anderen Ressorts, die sehr viel zweckgerichteter Forschungsmittel bereitstellen, zu schützen. Damit erfüllt das BMBF auch eine wichtige Protektionsrolle.[5]
- Da das BMBF als Teilfinanzier der Forschung Kontakt zu nahezu allen wichtigen forschungspolitischen Akteuren unterhält, liegt es nahe, daß es auch Koordinationsfunktionen übernimmt. Dieses geschieht zum einen durch Abstimmungsprozesse mit den Akteuren des Forschungssystems, zum anderen durch interministerielle Koordinierung, etwa im Rahmen der Ressortforschung des Bundes. In beiden Fällen trifft die Koordinierungsfunktion allerdings dort auf Grenzen ihrer Wirksamkeit, wo aus Abstimmungen Zustimmungen werden sollen. Ein Forum für strategische Forschungsplanung kann, wird und will das BMBF nicht werden.
- Nationale Koordinierung wird dabei zunehmend auch wichtig für die Gestaltung der internationalen Wissenschaftsbeziehungen, vor allem der Entwicklung eines europäischen Forschungsraumes. Dabei geht es keineswegs nur mehr um Schwerpunktsetzungen der europäischen Forschungsrahmenprogramme, sondern vermehrt auch um ›institution-building‹, etwa wenn über die Etablierung einer europäischen Fördereinrichtung für die Grundlagenforschung (›European Research Council‹) oder ein europäisches Hochtechnologieinstitut nachgedacht wird. Das BMBF wird an dieser Stelle stärker und wirkungsvoller als bislang internationale Vertretungsfunktionen wahrnehmen müssen, wenn die Interessen Deutschlands in Zukunft gewahrt werden sollen.
- Schließlich hat das Forschungsministerium des Bundes immer schon eine Rolle als Katalysator für Forschungsprogramme und technologische Entwicklungen, aber auch für institutionelle Innovationen gehabt. Ohne die aktive und nachhaltige Förderpolitik des Bundes in der Weltraumforschung, Datenverarbeitung oder auf dem Feld neuer Technologien (Mikrosystemtechnik, Nanotechnologien usw.) wäre das große wissenschaftliche Potential auf diesen Gebieten in Deutschland nicht realisiert worden.[6] Ebenso hätte der Bologna-Prozeß mit

5 Vgl. Hohn/Schimank 1990.
6 Was nicht bedeutet, daß damit eine aktive Programmsteuerung verbunden

neuen Hochschulstrukturen, wie den Bachelor-/Masterabschlüssen, ohne das BMBF nicht die bekannte Dynamik entfaltet.

Das BMBF hat also im Laufe seiner Geschichte eine Vielzahl von Rollen wahrgenommen, die auf tatsächliche Leistungen für das Wissenschaftssystem verweisen, und dabei erfolgreich verschiedene Handlungsinstrumente eingesetzt. Das erfolgreichste Instrument war sicherlich die Errichtung neuer Forschungseinrichtungen und die Zusicherung einer anteiligen (in der Regel hälftigen) Basisfinanzierung. Das Wachstum der außeruniversitären Forschung in den 60er und 70er Jahren ist unmittelbar dieser Politik des BMBF geschuldet. Seit Abschluß der Wachstumsphase im deutschen Wissenschaftssystem Mitte der 70er Jahre und allfälligen fiskalischen Restriktionen, ist dieses Instrument jedoch kaum noch einsetzbar. Da Recht, also Steuerung über Anweisungen bzw. Ge- und Verbote für das Forschungsministerium weitgehend entfällt (mit Ausnahme weniger, expliziter Forschungsverbote, zum Beispiel in der Stammzellenforschung), bleibt dem BMBF im wesentlichen die Möglichkeit, über Geld, also durch selektive finanzielle Anreize, zu steuern, um strukturbildend in das Wissenschaftssystem einzugreifen. Das geschieht in der Regel durch Projektförderung – das BMBF ist nach wie vor der zweitgrößte öffentliche Drittmittelgeber für die Hochschulen nach der DFG. Einem solchen Versuch der Steuerung über selektive finanzielle Anreize verdankt auch die jüngst gestartete Exzellenzinitiative des Bundes und der Länder ihre Entstehung. Gleichzeitig macht sie die begrenzten inhaltlichen Gestaltungsspielräume des BMBF bei dieser Initiative deutlich.[7] Denn war die Absicht des BMBF ursprünglich, mit erheblichen zusätzlichen Mitteln einen hauptsächlich vom Bundesministerium administrierten Wettbewerb um international wahrgenommene Eliteuniversitäten in Deutschland auszuloben, so führte der Widerstand der Länder, der zudem durch die allgemeine Föderalismusdiskussion der Jahre 2004/2005 Nahrung erhielt, letztlich dazu, daß das Ziel, einige wenige Universitäten als Spitzen-Universitäten zu identifizieren, fallengelassen werden mußte. Statt dessen wurden verschiedene Förderlinien aufgelegt, von denen zwei (Exzellenzcluster/Nachwuchsförderung) an bewährte Förderinstrumente der DFG anschlossen und demzufolge von der DFG administriert werden. Die dritte Förderlinie (›Zukunftskonzepte‹ für Universitäten) wurde so verändert, daß sie ebenfalls als Projektförderung einzelner profilbildender Handlungsschwerpunkte an

gewesen wäre. Für die Raumfahrtpolitik ist der Einschätzung Johannes Weyers (vgl. Beitrag in diesem Band) zuzustimmen, daß das Forschungsministerium in diesem Politikfeld die ›Instrumentalisierung für andere Zwecke‹ nie habe verhindern können. Vgl. auch Weyer 1993.

7 Vgl. ausführlich in diesem Band Uwe Schimank und Stefan Lange, deren Bewertungen ich mich anschließe.

Universitäten umgesetzt werden kann. Sie wird vom Wissenschaftsrat administriert, wobei die Förderempfehlungen von DFG und Wissenschaftsrat ausschließlich wissenschaftsgeleitet und ohne jede staatliche Mitwirkung erfolgen. Wenn man zusätzlich berücksichtigt, daß der Bund in den nächsten 5 Jahren 75 Prozent der insgesamt 1,9 Mrd. Euro und die Sitzländer lediglich 25 Prozent aufbringen, wird deutlich, daß die Befürchtung, der Bund werde entsprechend seines Finanzierungsanteils zielgerichtet strukturbildend in das Hochschulsystem eingreifen, kaum realistisch ist. Wenn es letztlich aber nur darum geht, daß auf Bundesebene zusätzliches Geld bereitgestellt wird, brauchen wir dann wirklich ein Forschungsministerium – oder könnte man künftig die Bundesmittel im Rahmen einer Finanzreform nicht nach einem bestimmten Schlüssel den Ländern – zweckgebunden – überlassen, wobei notwendige Koordinierungsaufgaben von den Ländern selbst wahrgenommen werden? Prüfen wir einige der Argumente.

4. Brauchen wir ein Forschungsministerium?

Ein Argument, das bisweilen gegen eine Selbstkoordinierung der Länder in der Wissenschaftspolitik eingewandt wird, hebt darauf ab, daß sich ohne den Bund eine gesamtstaatliche Vernunft und Rationalität der Wissenschaftspolitik nicht einstellen kann. Gezeichnet wird ein Bild von 16 Staaten, darunter einige kleinere ›Duodezfürstentümer‹, die Wissenschaftspolitik ausschließlich orientiert an eigenen Interessen betreiben und jeglichen gesamtstaatlichen Blick vermissen lassen. Befürchtet werden Entscheidungen über Schließungen/Nichtschließungen bzw. Zusammenlegungen von Standorten und Fakultäten, die oftmals selbst ohne Einbeziehung der Situation im benachbarten Bundesland bundesweit zu Überkapazitäten bzw. Unterversorgungen führen können, etwa wenn bestimmte kleine Fächer völlig von der Landkarte verschwinden. Ein solches Argument klingt allerdings nur solange plausibel, wie unterstellt wird, daß das Forschungsministerium des Bundes die gesamtstaatliche Rationalität der Wissenschaftspolitik verbürgt. Betrachtet man hingegen das BMBF als einen eigeninteressierten Akteur, der immer auch danach strebt, seinen Handlungsradius zu erweitern, ist er neben den 16 Länderfachministerien zunächst nur ein weiterer 17. Akteur mit einer spezifischen – gesamtstaatlichen – ›Brille‹. Diese ›Brille‹ läßt ihn anders sehen, aber nicht notwendigerweise genauer. Dieser Aspekt wird wichtig für die Frage, ob Bundesprogramme in den Ländern, bei einzelnen Einrichtungen, überhaupt richtig ›ankommen‹ und dort die gewünschten Wirkungen entfalten. Es spricht jedenfalls vieles dafür, daß die Angemessenheit von Fördermaßnahmen dezentral in den Ländern häufig besser beurteilt werden kann. Warum also nicht die Bundesförderung der Wissenschaft durch eine horizontale Selbstkoordinierung der Länder ersetzen?

Ein zweites, plausibleres Argument setzt dagegen, daß Wissenschaft und Forschung auf der politischen Agenda in den Ländern leicht ganz nach hinten rücken könnten, wenn künftig der Anreiz fehlt, angebotene Bundesmittel für die Forschung in den Ländern anteilig gegenzufinanzieren. Ob im Rahmen der früheren Gemeinschaftsaufgabe Hochschulbau oder bei den Hochschulsonderprogrammen des Bundes, vermutlich wären die Milliardenbeträge, die die Länder in der Vergangenheit für Investitionen in Wissenschaft und Forschung aufgebracht haben, zumindest nicht in dieser Höhe ausgefallen, wenn nicht der Anreiz einer mindestens 50prozentigen Bundesbeteiligung bestanden hätte. Das Forschungsministerium des Bundes, das diese Programme initiiert und verantwortet, hat also faktisch die Durchsetzungschancen für Wissenschaftsinvestitionen in den Ländern erheblich verstärkt. Da im Zuge der Föderalismusreform die Gemeinschaftsaufgabe Hochschulbau abgeschafft und die Möglichkeit zu Hochschulsonderprogrammen des Bundes verfassungsrechtlich eingeschränkt wurde, werden die Wissenschaftsministerien der Länder möglicherweise einen weitaus schwierigeren Stand haben, ihre Kabinettskollegen und vor allem ihre Landesfinanzminister von Investitionen in Wissenschaft und Forschung zu überzeugen.

Aber unabhängig davon, ob man eine Selbstkoordinierung der Länder in der Hochschulpolitik für erfolgversprechend hält: Ist das Forschungsministerium nicht in jedem Fall entbehrlich, wenn diese in der Vergangenheit wichtigen Aufgaben künftig als Folge der Föderalismusreform entfallen sollten? Mindestens zwei Argumente sprechen dagegen. Das Forschungsministerium bleibt weiterhin Garant der in Deutschland starken außeruniversitären Forschung. Es hat diese Forschung in den letzten Jahren nicht nur mit steigenden Mitteln ausgestattet, es sichert ihr und den beteiligten Einrichtungen ein hohes Maß an Stetigkeit, Verläßlichkeit und Autonomie der Forschung, die international einmalig ist. Deutschland hat nicht zuletzt deshalb einen Spitzenplatz in der Grundlagenforschung. Die Kehrseite, daß die Wege zu technologischen Anwendungen häufig zu lang sind, Synergiepotentiale aus der Zusammenarbeit zwischen Forschungseinrichtungen, Hochschulen und Industrie nicht adaquat genutzt werden können und so die Marktfähigkeit von Produkten einen zu geringen Stellenwert hat, ist aber auch dem BMBF bekannt.[8] Daß die Verlagerung von einzelnen anwendungsnahen Technologiebereichen z. B. Verkehr und Raumfahrt vom Forschungs- in das Wirtschaftsministerium, wie nach der Bildung der Bundesregierung 2005 geschehen, ein Königsweg ist, dieses zu ändern, muß bezweifelt werden.

8 BMBF 2005.

Ein weiteres Argument für ein selbständiges Forschungsministerium ist dessen zunehmend wichtige internationale Vertretungsrolle. Diese Vertretung geht längst über eine symbolische Repräsentanz Deutschlands bei Treffen der EU-Forschungsminister oder die Koordinierung von marginalen Änderungsvorschlägen für das europäische Forschungsrahmenprogramm hinaus. Es gibt vielmehr Anzeichen dafür, daß im Rahmen der Umsetzung der Lissabon-Strategie für mehr Forschung und Entwicklung auf EU-Ebene in naher Zukunft Politiken mit erheblichen Konsequenzen auch für die nationalen Wissenschaftssysteme eingeleitet werden. Insbesondere gibt es Anzeichen dafür, daß das Subsidiaritätsprinzip der europäischen Forschungsförderung zugunsten einer aktiven EU-Forschungspolitik, die nationale Förderprogramme verdrängen oder überformen kann, aufgeweicht wird. Das Forschungsministerium wäre der geborene Akteur, diese Entwicklungen mit zu beobachten, vor allem aber sich mit Ländern und Wissenschaftsorganisationen zu koordinieren und die deutsche Position in den Gremien der EU durchsetzungsstark zu vertreten. Hier wächst dem BMBF eine Aufgabe zu, auf die es, wie viele nationale wissenschaftspolitische Akteure, noch nicht hinreichend vorbereitet scheint.

Obwohl auch andere Formen der Organisation der Forschungspolitik auf Bundesebene immer denkbar und möglich erscheinen – z. B die Errichtung eines Innovations- bzw. Infrastrukturministeriums durch Fusionierung mit Teilen des Wirtschafts- oder Verkehrsministeriums oder die Berufung eines ›chief scientific adviser‹, wie in Großbritannien – hat sich das eigenständige Forschungsministerium in der Bundesrepublik bewährt. Ein Akteur auf Bundesebene, der primär für Wissenschaft und Forschung (und nicht gleichzeitig direkt für Infrastruktur und Wirtschaftswachstum) zuständig ist, hat für das Wissenschaftssystem deutliche Vorteile. Er ist insbesondere als Gesprächspartner der Wissenschaftsorganisationen besser geeignet, da er keine unmittelbaren Verwertungsinteressen mit seiner Förderpolitik verknüpft und den Wissenschaftsorganisationen die Freiräume zubilligt, die notwendig sind, um neue Forschungsfelder zu bearbeiten. Auf diese Weise entsteht Vertrauen, das als wichtige Ressource das Verhältnis von Wissenschaft und Politik in der Bundesrepublik lange Zeit geprägt hat. Sollten die im Zuge der Föderalismusreform aufgetretenen ›Irritationen‹ im Bund-Länder-Verhältnis zu einer Krise des kooperativen Föderalismus in der Wissenschaftspolitik und damit zu Handlungsblockaden bei der Förderung von Wissenschaft und Forschung in Deutschland führen, könnte auch dieses Vertrauensverhältnis zwischen Politik und Wissenschaft Schaden nehmen. Wichtig wäre deshalb, daß sich Bund und Länder verbindlich über ihre künftigen Rollen in der Wissenschaftspolitik verständigen und diese auf eine handlungsfähige, für die Wissenschaft verläßliche politische und administrative Arbeitsgrundlage stellen.

Literatur

BMBF (2005): Zur technologischen Leistungsfähigkeit Deutschlands 2005. Berlin: BMBF.

Hohn, H.-W./Schimank, U. (1990): Konflikte und Gleichgewichte im Forschungssystem. Akteurkonstellationen und Entwicklungspfade in der staatlich finanzierten außeruniversitären Forschung. Frankfurt am Main/New York: Campus.

Seibel, W. (1994): Funktionaler Dilettantismus. Erfolgreich scheiternde Organisationen im ›Dritten Sektor‹ zwischen Markt und Staat. Baden-Baden: Nomos.

Stamm, T. (1981): Zwischen Staat und Selbstverwaltung. Die deutsche Forschungspolitik im Wiederaufbau 1945-1965. Köln: Verlag Wissenschaft und Politik.

Stucke, A. (1993): Institutionalisierung der Forschungspolitik. Entstehung, Entwicklung und Steuerungsprobleme des Bundesforschungsministeriums. Frankfurt am Main/New York: Campus.

Weyer, J. (1993): Akteurstrategien und strukturelle Eigendynamiken. Raumfahrt in Westdeutschland 1945-1965. Göttingen: Otto Schwarz.

Teil III:
Bildungspolitik

Uwe Schimank und Stefan Lange
Hochschulpolitik in der Bund-Länder-Konkurrenz*

Von der Zeit des Nationalsozialismus abgesehen, war und ist der Hochschulsektor in Deutschland seit dem 19. Jahrhundert in der institutionellen Trägerschaft der Länder. Der Zentralstaat – ob im Kaiserreich, in der Weimarer Republik oder in der Bundesrepublik – hat in diesem Politikfeld, wie generell in der Kulturpolitik, nur sekundäre Befugnisse. Er hat allerdings durchaus immer wieder ein Interesse daran gehabt, in bestimmten Hinsichten hochschulpolitisch tätig zu werden. Mehr noch: In der Bundesrepublik war dieses Interesse seit den 1950er Jahren immer stärker geworden. Es ist nicht zu viel gesagt, von einer ausgeprägten und sich tendenziell verschärfenden Konkurrenz der Länder und des Bundes in der Hochschulpolitik zu sprechen. Die Regierung des Bundes wollte dieses Politikfeld, das für die Zukunft der ›Wissensgesellschaft‹ (Stehr 1994) zentrale Bedeutung besitzt, bislang nicht den Ländern allein überlassen, sondern reklamierte eine gesamtstaatliche Verantwortung.

In Ermangelung entsprechender verfassungsrechtlicher Befugnisse hat der Bund neben seiner erst 1969 erworbenen Möglichkeit zur ›Regelung der allgemeinen Grundsätze des Hochschulwesens‹ immer wieder finanzielle Mittel benutzt, um an der politischen Gestaltung des Hochschulsektors mitzuwirken. Er hat den Ländern oder, mit deren Billigung, auch direkt den Hochschulen Gelder gewährt, sofern deren Einsatz die Gestaltungsabsichten des Bundes unmittelbar befördert hat oder zumindest mittelbar ein ›Tauschgeschäft‹ der Art zustande gekommen ist, dass die Geldempfänger als vereinbarte Gegenleistung Gestaltungsabsichten des Bundes nachgekommen sind. Das ist, zugespitzt formuliert, die Grundkonstellation der Hochschulpolitik in der föderalistischen Staatsorganisation der Bundesrepublik: konstitutionell verbürgte Gestaltungsbefugnisse und institutionelle Trägerschaft auf Seiten der Länder, finanzielle Gestaltungsmöglichkeiten auf Seiten des Bundes – und auf beiden Seiten immer wieder divergente Gestaltungsinteressen.

Eine sehr ähnliche Ausgangslage hat in der staatlich finanzierten außeruniversitären Forschung in einer sich über mehrere Jahrzehnte hinziehenden Strukturdynamik dazu geführt, dass der Bund sich schrittweise

* Wir danken verschiedenen, hier zur Wahrung ihrer Anonymität nicht namentlich genannten Personen aus dem BMBF und dessen Umfeld für hilfreiche Hinweise und Kommentare.

und irreversibel forschungspolitische Kompetenzen angeeignet hat, die er anfangs nicht besaß (Hohn/Schimank 1990).[1] Das Muster der Dynamik hat sich, bei allen den konkreten historischen Geschehnissen innewohnenden Kontingenzen, letztlich zwingend entfaltet: In einem expandierenden Politikfeld sind die Länder in eine unausweichliche finanzielle Abhängigkeit vom Bund geraten, der im Gegenzug formelle Befugnisse verlangt und bekommen hat. Gibt es eine vergleichbare Zwangsläufigkeit auch in der Hochschulpolitik?

Dieser Frage wollen wir im vorliegenden Beitrag nachgehen. Wir versetzen uns dabei – als analytische Beobachter, nicht parteiergreifend – in die Position des Bundes und fragen danach, ob und wie es die Bundespolitik geschafft hat, hochschulpolitisch gestaltend mitzuwirken.[2] Der zentrale bundespolitische Akteur dabei war sehr schnell das für Forschung und bald auch für Bildung zuständige Bundesministerium, also das heutige BMBF.[3]

Im begrenzten Rahmen dieses Beitrags ist es nicht möglich, die komplizierten Verläufe der hochschulpolitischen Auseinandersetzungen zwischen Bund und Ländern detailliert über mehr als fünf Jahrzehnte nachzuzeichnen.[4] Wir verzichten deshalb bewusst darauf, die Viel-

1 Vgl. zu den rechtlichen Grundlagen der Forschungsförderung am Beispiel der Großforschung auch den Beitrag von Ernst-Joachim Meusel in diesem Band.

2 Dabei spielt es für eine sozialwissenschaftliche Rekonstruktion keine Rolle, ob es den Akteuren im BMBF und seinen Vorgängerorganisationen immer bewusst und zielgerichtet um eine Expansion der eigenen Domäne in die angestammten hochschulpolitischen Gestaltungsspielräume der Länder hinein gegangen ist. Uns ist durchaus bewusst, dass das politische Selbstverständnis des BMBF und seines Personals auf der Rolle des uneigennützigen Förderers von Bildung und Forschung im Sinne des Gemeinwohls aufruht (siehe hierzu mit Blick auf das BMFT auch Mayntz 1994a: 107/108). Wir gehen jedoch analytisch davon aus, dass alle individuellen und erst recht alle korporativen Akteure, wie etwa Ministerien, neben ihren jeweiligen substantiellen Interessen immer auch bestimmte reflexive Interessen verfolgen müssen, also solche, die sich auf die generellen Bedingungen der Möglichkeit der Realisierung spezifischer substantieller Interessen beziehen (Schimank 1991: 507-509). Zu diesen »basic self-interests« (Scharpf 1997: 64) gehört das Interesse an Domänenerweiterung.

3 Vgl. zur Entstehung des Forschungsministeriums die Beiträge von Joachim Radkau und Johannes Weyer, zum Wechsel der Ressortzuschnitte die Einleitung und zur Geschichte des Bundesbildungsministeriums den Beitrag von Ulrich Teichler in diesem Band.

4 Dabei setzen wir den inhaltlichen Schwerpunkt unserer Ausführungen auf die Fragen der Forschung und Lehre an den Hochschulen sowie Strukturfragen der Hochschulorganisation. Auf die eher sozialpolitischen

schichtigkeit aller relevanten Vorgänge einzufangen, um statt dessen an einigen Beispielen das abstrakte Muster der Konstellationsdynamik stilisieren zu können. Dabei gehen wir in zwei Schritten vor. In einem ersten Schritt zeigen wir, wie der Bund bis Mitte der 1970er Jahre in die Hochschulpolitik eingestiegen ist und welche Fortwirkungen insbesondere die dabei erworbenen formellen Kompetenzen bis heute gezeitigt haben. Wie sich zeigen wird, sind die errungenen Gestaltungsmöglichkeiten aus Sicht des Bundes unbefriedigend geblieben. Deshalb beleuchten wir in einem zweiten Schritt, welche weiteren Bemühungen von Bundesseite seitdem unternommen worden sind, um sich ein stärkeres Gewicht in der deutschen Hochschulpolitik zu verschaffen. Einen unmittelbaren Durchbruch in Richtung seiner Gestaltungsambitionen hat der Bund – dieses Ergebnis sei vorweggenommen – indessen bis heute nicht geschafft. Seine mittelbaren Gestaltungsmöglichkeiten über die Projekt- und Programmförderung sollten jedoch nicht unterschätzt werden. Ob diese Spielräume allerdings über das Jahr 2006 Bestand haben werden, lässt sich nach den Vereinbarungen der Großen Koalition zur Neuordnung der bundesstaatlichen Kompetenzverteilung noch nicht prognostizieren.

1. Dotationswirtschaft, Hochschulbau und Hochschulrahmengesetz: Die Genese der Bund-Länder-Konkurrenz seit den 1960er Jahren

Am 14.12.1962 wurde im Zuge der Regierungsumbildung, die durch die ›Spiegel-Affäre‹ erforderlich geworden war, das Bundesministerium für wissenschaftliche Forschung (BMwF) gegründet (Stucke 1993: 62-64). Im Organisationsplan dieses Ministeriums gab es eine Abteilung für ›Allgemeine Wissenschaftsförderung‹, in der u. a. ein Referat für ›Hochschulen und wissenschaftliche Akademien‹ zuständig war. Das Bundesministerium für Bildung und Wissenschaft (BMBW) verfügte dann 1971 bereits über eine Abteilung ›Bildungsplanung/Hochschulen‹ mit einer für die Hochschulen zuständigen Unterabteilung, die sich in neun Referate weiter untergliederte. Diesem hier anhand von Organisationseinheiten verdeutlichten Bedeutungswachstum der Hochschulpolitik auf Bundesebene lassen sich entsprechende Finanzzahlen an die Seite stellen. Die Ausgaben des Bundes für die Hochschulen steigerten sich von 34 Mio. DM im Jahr 1958 auf 554 Mio. DM 1967, so dass der Bund in diesem Zeitraum knapp 2,2 Mrd. DM für den Hochschulaus-

---

Problemkreise der Hochschulpolitik – vor allem die Ausbildungsförderung – gehen wir nicht ein. Vgl. zu letzterem ausführlich Nullmeier/Pritzlaff/Wiesner (2003: 105-192) sowie Ulrich Teichler in diesem Band.

bau bereit stellte (von Heppe 1969: 75); und in den Folgejahren nahmen die Summen noch zu. Wie ist es dazu gekommen, dass der Bund und dann speziell das zunächst nur für die Forschung zuständige Ministerium hochschulpolitische Zuständigkeiten erhielt?

1.1 Die ›gesetzesfreie‹ Dotationswirtschaft als Einfallstor für den Bund

Zunächst einmal gilt es zu betonen, dass dies keine unfreiwillige Domänenerweiterung darstellte, wie sie ja Ministerien gelegentlich auch widerfahren kann, wenn ihnen unliebsame Aufgaben überantwortet werden. Der Bund – und hierbei handelte das für Forschung zuständige Ministerium durchaus im Einklang mit anderen Bundesakteuren – wollte sich in der Forschungspolitik schon sehr früh Kompetenzen erwerben und nutzte bald zielstrebig beinahe jede sich bietende Gelegenheit dazu.[5] Ab Mitte der 1960er Jahre kamen dann auch bildungspolitische Aufgaben und entsprechende Interessen hinzu, die sich nicht nur, aber vor allem auf die Hochschulen bezogen.

Nur kurz sei vermerkt, dass der Bund seine prinzipiell grundgesetzlich gewährte Befugnis, ein umfassendes Forschungsförderungsgesetz zu erlassen (GG Art. 74 (13)), nie genutzt hat[6] – siehe hierzu die lapidare Bemerkung in Bundesbericht Forschung I (1965: 31): »Der Bund hat bisher ein pragmatisches Vorgehen dem Erlaß eines Forschungsförderungsgesetzes vorgezogen.« Angesichts vielfältiger ›issue linkages‹ (McGinnis 1986) zwischen Bund und Ländern wollte es sich der Bund ganz offensichtlich in diesem Politikfeld, das eben nur eines unter anderen und für die Bundespolitik insgesamt keineswegs das wichtigste ist, nicht mit den Ländern verderben.[7]

In der Forschungspolitik ging es bundespolitischen Akteuren in diesem Zeitraum vor allem um eine unspezifische Förderung der Forschung durch Bereitstellung von Ressourcen. Die den Ländern dafür verfügbaren Finanzmittel erschienen als unzureichend, um den Forschungsbedarf einer hochentwickelten Industriegesellschaft zu befriedigen (Kipp 1956:

---

5 Zum Folgenden siehe ausführlich Hohn/Schimank (1990: 344-386) und Stucke (1993: 35-77).
6 Vgl. hierzu auch Ernst-Joachim Meusel in diesem Band.
7 Aber auch die potentiellen Adressaten eines solchen Gesetzes, vor allem die Selbstverwaltungsorganisationen in der außeruniversitären Forschung, stehen einem Forschungsförderungsgesetz bis heute ablehnend gegenüber, da sie »für sich selbst eine forschungspolitische Selbstregulation reklamierten, in die der Staat in keiner Weise steuernd eingreifen sollte.« (Stucke 1993: 60)

555-561). Es waren zunächst bestimmte Technologiebereiche, in denen besonderer Forschungsbedarf gesehen wurde, der den Wissenschaftlern durch gezielte Kanalisierung der Forschung mittels finanzieller Anreize nahe gebracht werden sollte, wobei keine detailliertere politische Steuerung hinsichtlich der Inhalte der Forschungsprogramme beabsichtigt war. Dies galt als erstes für die Atomforschung (Radkau 1983, Hohn 1998: 92-130), dann für die Weltraumforschung (Weyer 1993) und schließlich noch für weitere ›Zukunftstechnologien‹ wie die Datenverarbeitung (Hohn 1998: 259-304). Schon Mitte der 1950er Jahre wurde man auf Bundesebene gewahr, dass die Förderung der Atomforschung nicht den Ländern überlassen werden durfte. Daraufhin wurde am 21. 10. 1955 – mit dem grundgesetzlich zugestandenen Verweis auf gesamtstaatliche Belange – das Bundesministerium für Atomfragen (BMAt) gegründet, das dann seinerseits in Kooperation mit dem Sitzland Baden-Württemberg 1956 das erste Kernforschungszentrum in Karlsruhe gründete. Die nordrhein-westfälische Konkurrenzgründung, das Jülicher Kernforschungszentrum, geriet schnell in eine Finanzkrise, wodurch sich sein Ausbau lange verzögerte – ein Beweis dafür, das selbst ein großes Bundesland sich an der Kernforschung ›verhob‹, was den Domänenanspruch des Bundes festigte.

Die komplexen forschungspolitischen Konstellationen des BMAt und der Länder mit der einschlägigen Industrie und den relevanten wissenschaftlichen Disziplinen können hier nicht weiter betrachtet werden.[8] Klar ist jedenfalls, dass diese Gelegenheitsstrukturen des Bund/Länder-Verhältnisses die Hochschulen weitgehend umgingen. Die prinzipiell gegebene Möglichkeit, Projektmittel an einzelne Forscher wie etwa Universitätsprofessoren vergeben zu können,[9] war aus Bundessicht unbefriedigend, um die Forschung generell und speziell die Atom- und Weltraumforschung zu fördern. Solche Förderungen gab

8 Siehe dazu auch die Beiträge von Joachim Radkau und Johannes Weyer in diesem Band.
9 Die Befugnis dazu war nie umstritten. Schon in den parlamentarischen Debatten über den entsprechenden Artikel des Grundgesetzes betonte ein Abgeordneter, der Bund könne »jedem Zweck nach seinem Ermessen geldliche Förderung geben« (zitiert bei von Heppe 1969: 70). Allerdings muss man schon hier ›differenzieren‹: »Soweit es sich um konkrete Forschungsvorhaben handelt, ist der Bund sicherlich ebenso wie jeder andere – etwa die Industrie berechtigt, die Forschungskapazität der Hochschulen in Anspruch zu nehmen. Die allgemeine, nicht auf bestimmte Vorhaben beschränkte [...] Förderung ganzer Wissenschaftszweige wie zum Beispiel der Weltraumforschung ist nach der gegenwärtigen Rechtslage ohne Erlaß eines Gesetzes nach Art. 74 Nr. 13 nicht ganz unproblematisch, soweit es sich um die Förderung von Hochschuleinrichtungen handelt« (von Heppe 1969: 72).

es zwar; doch die neu gegründeten außeruniversitären Einrichtungen – die späteren Großforschungseinrichtungen – waren eindeutig die besseren Ansprechpartner des Bundes, weil dort ›kritische Massen‹ an Forschungspotential zusammenkamen. Das gleiche Kalkül unterlag der früh einsetzenden Förderung der Max-Planck-Gesellschaft (MPG) durch den Bund.

Allerdings kooperierten insbesondere die Großforschungseinrichtungen schnell und teilweise eng mit bestimmten Hochschulen – das Jülicher Zentrum beispielsweise von Anfang an mit den Universitäten Köln und Bonn sowie mit der RWTH Aachen. Längerfristig konnte daraus eine indirekte rechtlich fixierte Mitgestaltung fachlicher Strukturen der Forschung an den Hochschulen durch den Bund erwachsen – über seine Mitwirkung an der Programmplanung der betreffenden Großforschungseinrichtungen. Insbesondere die an einigen Orten institutionalisierten gemeinsamen Berufungen, durch die Institutsleiter von Großforschungseinrichtungen zugleich ordentliche Professoren an den kooperierenden Universitäten werden, sowie gemeinsam getragene Graduiertenkollegs u. ä. sorgen zunehmend dafür, dass sich Forschungslinien der Großforschung in die entsprechenden Fächer der Hochschulen hinein verlängern. Der Wissenschaftsrat (WR) hat in der Folgezeit immer wieder darauf gedrängt, dass derartige Forschungskooperationen zwischen Großforschungseinrichtungen und Universitäten anzustreben und zu intensivieren seien (WR 1988: 72-75; 1991), und auch von der Rektorenkonferenz und der Arbeitsgemeinschaft der Großforschungseinrichtungen kamen entsprechende gemeinsame Willensbekundungen (AGF/WRK 1980).[10] Einerseits kann man festhalten, dass der Ausbau derartiger Kooperationen dafür sorgt, dass der Bund die Forschung an Hochschulen mit zu gestalten vermag; andererseits verweist die Häufigkeit entsprechender Appelle darauf, dass trotz viel gerühmter Ausnahmen solche Kooperationen selbst dort, wo sie sachlich nahe lagen, längst nicht immer realisiert wurden. Inzwischen hat die Vernetzungspolitik des Bundesministeriums Früchte getragen: Im Jahr 2004 wurden bereits 88 Prozent der Direktoren von Großforschungseinrichtungen der Helmholtz Gemeinschaft (HGF) und 77 Prozent der Direktoren der Fraunhofer Gesellschaft (FhG) gemeinsam mit Hochschulen berufen (BMBF 2004: 17).

Ähnlich früh wie in die Großforschung und die Mitfinanzierung der MPG ließ der Bund sich in die Förderung der Deutschen Forschungs-

---

10 Dahinter stand schon früh die wahrgenommene »Gefahr, daß nicht nur einzelne Wissenschaftler, sondern ganze Forschungszweige aus den Hochschulen ausgegliedert werden« (von Heppe 1969: 71). So hätte der Bund gewissermaßen Forschungskapazitäten der Hochschulen seinem direkten Einflussbereich einverleibt.

gemeinschaft (DFG) einbeziehen – der wichtigsten Drittmittelquelle der Hochschulforschung. Schon 1955 stammten 61 Prozent der Finanzmittel der DFG vom Bund; wenige Jahre später überstiegen die Mittel des Bundes im DFG-Haushalt die der Länder um das Sechsfache, so dass er weit stärker in die Finanzierung der DFG involviert war als heute (Stucke 1993: 41/42). Indirekt beteiligte sich also der Bund – anfangs über das Bundesinnenministerium – schon früh an der Förderung der Hochschulforschung. Doch die institutionelle Mitfinanzierung der DFG eröffnet bis heute keine Möglichkeiten eines steuernden Durchgriffs auf die Forschung an den Hochschulen, was allerdings auch weder vom Bund noch von den Ländern gewollt wird. Prinzipiell neutralisieren die Peer-review-Verfahren und die dezidert nicht-programmförmige Forschungsförderung in den Normalverfahren der DFG mögliche mit der Finanzierung von Forschungsprojekten verbundene Steuerungseffekte. Die Repräsentanz von einem Bundesvertreter mit 16 Stimmanteilen und sechzehn Ländervertretern (gegenüber 39 DFG-Senatoren und zwei Vertretern des Stifterverbandes) im Hauptausschuss der DFG dient primär der Wahrung eines gewissen Länderproporzes.[11] Diese politische Steuerungsabstinenz gilt sogar für die Ende der 1960er Jahre als neues Förderinstrument der DFG geschaffenen Sonderforschungsbereiche. Im Bundesbericht Forschung III (1969: 58) hieß es noch: »Für den Bund ist von besonderer Bedeutung, ob diejenigen Forschungsthemen, die er unter Berücksichtigung der gesamtstaatlichen Entwicklung für besonders förderungsbedürftig hält, in Sonderforschungsbereichen wahrgenommen werden können. Wenn dies gelingt, kann die oftmals gefürchtete Entwicklung, daß für die Bearbeitung dieser Themen statt an den wissenschaftlichen Hochschulen Forschungskapazitäten außerhalb der Hochschulen aufgebaut werden müßten, wesentlich begrenzt und auf Ausnahmefälle beschränkt bleiben.« Mit dieser Argumentation wird den Ländern und insbesondere den Hochschulen unverblümt ein Tauschgeschäft vorgeschlagen: Bundeseinfluss auf die Hochschulforschung anstelle eines weiteren Ausbaus insbesondere der Großforschung. Faktisch ist jedoch der Einfluss sowohl des Bundes als auch der Länder auf die Einrichtung von Sonderforschungsbereichen sehr beschränkt geblieben. Das ob und wie ihrer Entstehung und Ausgestaltung ist primär eine Angelegenheit der wissenschaftlichen Gemeinschaft geblieben. Ob dies

11 Das heißt nicht, dass es nicht auch schon zu politisch motivierten Förderentscheidungen gekommen ist, bei denen – wie im Falle der Förderung des ersten SFB in einem der neuen Länder – der Bund den wissenschaftlichen Vertretern im Hauptausschuss eine positive Förderentscheidung ›nahegelegt‹ hat. Aber dies ist die Ausnahme, die, wie unsere Ausführungen zum Planungsausschuss im WR noch zeigen werden, eher die Regel des weitgehend sachbezogenen Entscheidens in diesen Gremien bestätigt.

im Zuge der fortschreitenden Ergänzung des Normalverfahrens durch die Förderung ganzer Strukturkomplexe – neben den klassischen SFB die Graduiertenkollegs, Forschungszentren und ortsverteilten Forscherverbünde (TransRegio) bis hin zu den neuen Exzellenzclustern – auch so bleibt, muss man abwarten.

Dass der Bund überhaupt Mitte der 1950er Jahre auf diesen verschiedenen Wegen beginnen konnte, sich wissenschaftspolitisch Einfluss zu verschaffen, lag nicht nur, aber doch in starkem Maße an einem ihn finanziell gegenüber den Ländern begünstigenden historischen Zufall (Stucke 1993: 53/54). Für Zwecke der Rüstungsfinanzierung im Rahmen einer nicht zustande gekommenen Europäischen Verteidigungsgemeinschaft (EVG) hatte der Bund über mehrere Jahre eine große Geldsumme angespart, die dann für andere Zwecke ausgegeben werden musste und konnte. Beim Abbau dieses sogenannten ›Juliusturms‹ ließen die Länder sich nicht lange überreden, zuzugreifen, als der Bund diese Finanzmittel ab 1956 – temporär, wie man anfangs glaubte – der DFG und der MPG zur Verfügung stellte. Doch diese Gelder erzeugten schnell Abhängigkeiten, die sich in den 1960er Jahren als »Problematik der gesetzesfreien Fondsverwaltung« (Krüger 1996: 178) manifestierten. Hätte der Bund den Geldhahn für die DFG zugedreht, was rechtlich von einem Tag auf den anderen möglich gewesen wäre, wären schnell große Teile der Forschung an den Universitäten zusammengebrochen. Faktisch war also die ›Kulturhoheit‹ der Länder in dieser Dimension der Hochschulpolitik schon damals zusammengebrochen: »Dieses Dotationssystem hat die Länder korrumpiert und ihre Finanzverantwortung untergraben [...]. Kein Landesfinanzminister konnte es wagen, ihm angebotene Bundesmittel auszuschlagen und an sie geknüpfte Auflagen nicht zu erfüllen. Er hätte sich dem Vorwurf ausgesetzt, zuzusehen, wie die Bundesmittel in die anderen Länder flossen.« (Barbarino 1973: 20)

Die Länder hingen also seitdem wissenschaftspolitisch am Geldhahn des Bundes, denn ein sie finanziell wieder auf eigene Füße stellender vertikaler Finanzausgleich blieb aus. Doch welche ›Auflagen‹ waren mit dieser Lage eigentlich verknüpft? Der direkte und nicht bloß als individuelle Projektförderung stattfindende Zugriff des Bundes auf die Forschung an den Universitäten und erst recht auf die Universitäten als Bildungseinrichtungen blieb jedenfalls aus. Durch die Erfahrungen mit dem ›Juliusturm‹ gewarnt, wollten die Länder in den 1960er Jahren klare Verhältnisse wahren: Ihren Vorstellungen zufolge sollte der Bund dauerhaft die Hälfte der durch die Förderung von DFG und MPG verursachten Kosten übernehmen, wodurch die Länder Finanzmittel für den Hochschulausbau freischaufeln wollten. Dass der Bund sich also de facto in die Forschungspolitik ›eingekauft‹ hatte, wollten die Länder dann zumindest dazu nutzen, dass ihnen dies in der Bildungspolitik nicht noch einmal widerfuhr. Als dann Mitte der 1960er Jahre der massive Ausbau des Hochschulsystems einsetzte, der etwa zehn Jahre anhielt (Schimank 1995: 62-66), wurde jedoch sehr schnell klar, dass – wie schon bei der Atom- und Weltraumforschung – die Finanzkraft der Länder überfordert war. Der Bund und damit zunächst das am 22.10.1969 aus dem BMwF hervorgegangene BMBW kam vor allem über die Gemeinschaftsaufgabe Hochschulbau (GG Art. 91 a (1) 1), wie sie 1969 – nach langwierigen Konflikten zwischen Bund und Ländern im Anschluss an das Gutachten der Troeger-Kommision – neu ins Grundgesetz eingefügt wurde, ins Spiel (Krüger 1996: 181-183; Thieme 2004: 172-175).[12]

1.2 Die Gemeinschaftsaufgabe Hochschulbau

Bei der Gemeinschaftsaufgabe Hochschulbau handelte es sich also um eine Legalisierung der bis dato verfassungsrechtlich heiklen Fondswirtschaft des Bundes zugunsten von Infrastrukturmaßnahmen im Hochschulbereich. Es war die Zeit der Großen Koalition zwischen CDU/CSU und SPD und eine Zeit, in der parteiübergreifend politische Planung als legitimes rechtsstaatliches und auch in einer sozialen Marktwirtschaft konformes Mittel prospektiver Gesellschaftsgestaltung begriffen wurde. Die Regierungsparteien setzten gegen Ende der 1960er Jahre im Bund-Länder-Verhältnis wie in anderen Politikfeldern auf ›Systempolitik‹ anstelle der hergebrachten dezentral-pluralistischen ›Prozesspolitik‹ (Lehmbruch 1999: 47). Da durfte es auch in der Hochschulpolitik keine unkodifizierte und inkrementelle ›Förderungskonkurrenz‹ mehr geben. Die vor allem mit der Gemeinschaftsaufgabe Hochschulbau institutionalisierte Rahmenplanung des Bundes und der Länder war ein solcher dem Zeitgeist entsprechender Beitrag zur ›Systempolitik‹ des ›kooperativen Föderalismus‹, der die Kohärenz aller staatlichen Maßnahmen auf diesem Politikfeld sichern sollte. Der Bund beteiligt sich seitdem in einem vom WR durchgeführten Verfahren nach dem Hochschulbauförderungsgesetz (HBFG) an 50 Prozent der investiven Ausgaben für die Hochschulen und wirkt dabei »hinsichtlich sachlicher Gestaltung« (Klein 1972: 291) mit, entscheidet also darüber mit, welche Vorhaben gefördert werden.[13]

Formell gilt, dass der Bund über die Geschäftsführung des Planungs-

---

12 Siehe auch die Darstellungen in Bundesbericht Forschung I (1965: 34/35) und Bundesbericht Forschung II (1967: 58-61), die noch die Zusammenarbeit auf Grundlage eines Verwaltungsabkommens schildern.
13 Freilich betrug der faktische Bundesanteil am Hochschulbau der Länder auch zu Hochzeiten der Fondswirtschaft bereits 46 Prozent (Block 1982: 221).

ausschusses und einen Stimmanteil von 50 Prozent im Planungsausschuss und 25 Prozent in der Vollversammlung des WR gegenüber den Ländern in einer dominanten Position ist und mit der einfachen Ländermehrheit im Planungsausschuss bindende Entscheidungen treffen kann (das Quorum liegt bei 75 Prozent). Die Länder hingegen müssen ihre Bauvorhaben erst vom WR prüfen lassen, dessen Empfehlungen hinsichtlich des notwendigen Gesamtbudgets für den Hochschulbau und der Priorität der jeweiligen einzelnen Vorhaben wiederum die Verhandlungsgrundlage für den Planungsausschuss bilden.[14] Über die absolute Höhe des vom Bund bereitgestellten Budgetanteils für den Rahmenplan entscheidet die Bundesregierung letztlich autonom und setzt den Bauwünschen der Länder damit je nach Haushaltslage mehr oder weniger enge Grenzen. Zudem müssen die Länder alle Folgekosten, die sich aus dem Hochschulbau sowie den Großgeräte- und Klinikinvestitionen ergeben (i.d.R. Instandhaltungs-, Betriebs- und Personalkosten), in voller Höhe aus eigener Tasche finanzieren, was insbesondere die kleinen und finanzschwachen Länder immer wieder vor große Probleme stellt. Über diese »Angebotsdiktatur« (Schmittner 1973: 238, Gramm 1993: 211) ist der Bund seitdem an der Hochschulstrukturpolitik der Länder beteiligt, die sowohl eine regionale als auch eine fachliche Komponente hat: Welche Hochschulstandorte werden etabliert und ausgebaut, und welche fachlichen Prioritäten werden gesetzt? Weil Investitionen in Gebäude und Ausstattung mit Personalentscheidungen auf der Professorenebene einher gehen bzw. diese auch präjudizieren können, kann man zunächst einmal davon ausgehen, dass die Gemeinschaftsaufgabe Hochschulbau dem Bund eine Gelegenheitsstruktur für hochschulpolitische Akzentsetzungen eröffnet hat – insbesondere in den infrastrukturintensiven Fächern der Natur- und Ingenieurwissenschaften sowie in der Medizin: »Hochschulbau ist Hochschulpolitik.« (Feuchte 1972: 220) Denn: »Durch die mit starken Lenkungsmitteln verknüpften Investitionen kann der Bund mit geringem Einsatz viel Ländergeld binden.« (Feuchte 1972: 218) Besonders augenfällig waren derartige Gelegenheiten natürlich in der Phase der Neugründungen von Universitäten.

In den ersten Jahren nach Etablierung der Gemeinschaftsaufgabe Hochschulbau gab es erhebliche Befürchtungen von Länderseite, der Bund könne nun ein starkes Gestaltungsbestreben ausleben. In der Tat gab es anfangs einige Versuche, etwa die Umsetzung der – noch anzusprechenden – vom Bund favorisierten Gesamthochschulidee über die Hochschulbauförderung zu forcieren. Auch gab es Planungen für ein ›Bundeshochschulinstitut‹, das dem BMBW eine Informationsbasis

14 Natürlich bleibt es den Ländern unbenommen, ohne Prüfung durch den WR, also ohne Bundeszuschuss zu bauen, wenn sie dies für richtig halten. Faktisch kann und will aber kein Land auf den Bundesanteil verzichten.

sichern sollte, um eine bundesweite bedarfsgerechte Hochschulplanung betreiben zu können und »die Länderplanungen in eine von ihm erwünschte Richtung zu lenken.« (Lachmann 1975: 62) Doch die wenigen frühen Beispiele für Divergenzen zwischen Bund und Ländern zeigten, dass Konflikte »meist durch Kompromisse, die den Ländern entgegenkamen, vermieden« wurden (Lachmann 1975: 57).[15]
Letztlich wurden die meisten Entscheidungen im Planungsausschuss einvernehmlich getroffen (Schmittner 1973: 232). Denn erstens erhöht die formale Machtposition des Bundes im Verhandlungssystem der Rahmenplanung den Druck auf die Länder, vorab eine gemeinsame Position zu finden, um hier eine divide et impera-Strategie des Bundes zu vermeiden. Zweitens bestimmen die Länder durch ihr »Anmeldungsmonopol« (Schmittner 1973: 232, Hervorheb. weggel.) beim WR, welche Vorhaben überhaupt zum Gegenstand der Hochschulbauförderung werden können. Drittens ist die Durchführung des beschlossenen Rahmenplans wiederum allein Ländersache, und viertens gibt der Modus der Mittelzuweisung nach dem Gießkannenprinzip dem Bund wenig Möglichkeiten zur gezielten Steuerung bzw. zur »Abstrafung« oder »Belohnung« einzelner Länder (Block 1982: 224, Gramm 1993: 211). Allerdings hat es im Vorfeld der Planungsausschusssitzungen immer wieder Versuche von Koppelgeschäften gegeben. So versuchte die SPD-geführte Bundesregierung in den 1970er Jahren bei den Anmeldungen Baden-Württembergs den Neubau von Einrichtungen, die gemäß HRG dann als Gesamthochschultypen hätten errichtet werden müssen, gegen den Ausbau bestehender Einrichtungen auszuspielen (Schmittner 1973: 235/236). Auch der gezielte Einsatz von Finanzierungsvorbehalten bei längeren Bauphasen gehörte ins strategische Repertoire des Bundesministeriums. Dem BMFT unter der Führung des CDU-Ministers Jürgen Rüttgers wurde vorgeworfen, die Höhe des vom Bund für den Hochschulbau bereitgestellten Budgets von der Zustimmung der Länder zu seinen (von den SPD-geführten Ländern abgelehnten) BAföG-Plänen abhängig gemacht zu haben (MWFK Pressemitteilung 10/96). Der Bund hat also durchaus die Möglichkeit, durch gezieltes ›issue linkage‹ wenn nicht zu steuern, so doch zumindest Drohkulissen aufzubauen, um Fügsamkeit zu erzeugen.

1.3 Die Fallstricke der Hochschulrahmengesetzgebung

Neben den bisher geschilderten Strategien des ›Sich-Einkaufens‹ gab es einen zweiten Strang von Bund/Länder-Abhängigkeiten, über den sich der Bund institutionalisierte hochschulpolitische Kompetenzen

---

15 Siehe die beiden bei Feuchte (1972: 214/215) geschilderten Fälle.

erwerben konnte. Sie schlugen sich 1969 in einer Grundgesetzänderung nieder, die dem Bund den Erlass von Rahmenvorschriften über die »allgemeinen Grundsätze des Hochschulwesens« (Art. 75 (1) 1a GG) zusprechen. Für diesen Domänengewinn des Bundes war zum einen – wie schon bei den Gemeinschaftsaufgaben – der kurzfristige Konsens der Großen Koalition über eine gesamtstaatliche ›Systempolitik‹ maßgeblich. Zum anderen bildeten »die in der Mitte der 60er Jahre verstärkt einsetzenden hochschulpolitischen Auseinandersetzungen« den Nährboden für eine Bundeskompetenz in der Hochschulgesetzgebung (Krüger 1996: 168), weil sie dafür sorgten, dass man nicht länger den bis dahin ausreichenden »ungeschriebenen, gemeindeutschen Grundsätzen« (Walter 1999: 1) vertrauen konnte, wie sie in Form von korporativen Satzungen für eine relativ geordnete deutsche Hochschullandschaft gesorgt hatten.[16] Nicht erst der Studentenprotest, auch die aufbrechenden Konflikte zwischen den politischen Parteien und den von ihnen regierten Ländern über Ausbau und Neugestaltung des Hochschulwesens kamen auf diese Weise dem Bund zugute: »Verfassungspolitisch bietet die Hochschulgesetzgebung dieser Jahre ein anschauliches Lehrstück für ein Dilemma der Länder im Bundesstaat: Sobald sie ihre legislativen Zuständigkeiten umfassend nutzen, sobald sie sich also eigenstaatlich gebärden, provozieren sie den Ruf nach dem Einheitlichkeit wahrenden, die Landesgesetzgebung beschränkenden Bundesgesetzgeber. Landeshoheit gefährdet sich im Bundesstaat durch ihren Gebrauch selbst.« (Walter 1999: 1/2, Hervorheb. weggel.). Weil unter diesen Umständen die Einigungsfähigkeit der Länder im Rahmen der Kultusministerkonferenz (KMK) unübersehbar überfordert war, konnte nur noch der Bund die nach damaliger Sicht erforderliche Einheitlichkeit der grundlegenden Strukturen des Hochschulsystems durch eigene Rahmenrechtsetzung garantieren – ein klarer Fall gemäß GG Art. 72 (2) und 75 (1) 1a.

Allerdings signalisiert die Wortwahl der Verfassung, dass es sich um eine im Vergleich zu anderen Legislativrechten sehr vage und gegenüber den Gestaltungsrechten der Länder sekundäre Rahmenkompetenz des Bundes handelt. Sie ist einerseits »auf den Erlaß von ›Grundsätzen‹ begrenzt, die ihrerseits wieder durch den Zusatz ›allgemeine‹ eingeschränkt sind«; der Bund darf nicht »bis ins Detail gehende, unmittelbar vollzugsfähige Normen« erlassen, sondern muss den Ländern weite Ausfüllungsspielräume gewähren (Krüger 1996: 169/170). Andererseits kann der Bund durch seine Rahmenkompetenz »die Grundstruktur des gesamten Hochschulbereichs festlegen« und muss sich »dabei nicht an dem histo-

---

16 Diese relativ »einheitliche deutsche Universitätstradition« ging nicht zuletzt auf »das Übergewicht Preußens« zurück, das noch in der Weimarer Republik Träger von über der Hälfte der deutschen Universitäten war (von Heppe 1969: 64).

risch vorgefundenen System und seinen Typen orientieren, sondern kann völlig grundsätzlich reformieren und neue Typen einführen.« (Lüthje 1973: 549) Diese Paradoxie ist immer wieder Gegenstand der Rechtsprechung des Bundesverfassungsgerichts (BVerfG) geworden. Zwar ist der Bund mit der Rahmengesetzgebung befugt, den Hochschulen Vorgaben hinsichtlich ihrer Organisations-, Entscheidungs- und Personalstrukturen sowie hinsichtlich der Regelungen des Hochschulzugangs und der Studiengänge und Prüfungen zu machen und damit prinzipiell steuernd auf viele Komponenten des Strukturkontextes einzuwirken, in dem Lehre und Forschung stattfindet – doch die zu gewährleistenden Gestaltungsspielräume der Länder können diesen Steuerungszugriff vielfach brechen und manchmal geradezu neutralisieren.

Die Einführung der ›Gruppenuniversität‹ war eine der prägendsten, Mitte der 1970er Jahre den Ländern vom Bund auferlegten Rahmenvorgaben.[17] Aber schon diese Neuregelung der Entscheidungsstrukturen der hochschulischen Selbstverwaltung wurde durch das bereits im Vorfeld mit Blick auf das Niedersächsische Vorschaltgesetz von Professoren angerufene BVerfG so korrigiert, dass die Professorenmehrheit in allen unmittelbar Lehre und Forschung betreffenden Entscheidungsfragen gewahrt blieb. Gleichgültig, was man in der Sache für adäquat hält: Die Tatsache, dass der Bund in einem seiner wichtigsten hochschulpolitischen Vorhaben verfassungsrechtlich zur Räson gebracht werden konnte, wirkte nach.

Insgesamt beurteilt hat die Rahmengesetzgebung des Bundes zwar einerseits zunächst für eine gewisse Vereinheitlichung des Hochschulwesens gesorgt, die insbesondere nach den Wirren am Ende der 1960er und Anfang der 1970er Jahre von vielen als wichtig eingestuft wurde. Andererseits aber – und das ist die untrennbar damit verbundene und zunehmend das Bild beherrschende Kehrseite der Medaille – hat die Rahmengesetzgebung auch bald, ähnlich wie die horizontale Selbstkoordination der Länder über die KMK, für eine Erstarrung festgeschriebener Strukturen gesorgt, die sich als Reformblockade bemerkbar gemacht hat. Der quasi-trägerschaftliche Steuerungsanspruch des Bundes, durch das HRG – insbesondere mit den Vorgaben zur integrierten Gesamthochschule – ebenso verbindliche wie vereinheitlichende Strukturen in den Hochschulen aller Länder einzuführen, wurde größtenteils durch die folgende Landesgesetzgebung wieder verwässert oder auf die lange Bank geschoben.[18] Die gemeinsame Rahmenplanung im Bildungs-

---

17 Vgl. auch die detaillierten Ausführungen zum 1976er HRG bei Ulrich Teichler in diesem Band.
18 Dies ist der Gesamttenor der rechtswissenschaftlichen Gegenüberstellung von HRG und nachfolgend erlassenen Landeshochschulgesetzen in der zweiten Hälfte der 1970er Jahre bei Avenarius (1979).

bereich war bereits kurz nach Aufbrechen der Großen Koalition »ein Opfer der neuen Polarisierung im Parteiensystem« geworden (Lehmbruch 1999: 55). In der HRG-Novelle von 1985 hat die unionsgeführte Bundesregierung Länder und Professoren letztlich wieder in ihre alten Rechte gesetzt, die tradierten Hochschultypen wieder eingeführt und andere, teilweise ungeliebte Vorgaben von der Präsidialstruktur über die Hochschulgesamtplanung bis zur Curriculum- und Studienreform aus dem Rahmengesetz entfernt. Auch das deregulierende 1985er HRG stieß auf Widerstand bei den Ländern und auch bei der Westdeutschen Rektorenkonferenz (WRK). Während letztere ihre ablehnende Haltung bald aufgab und zu ›unengagierter Hinnahme‹ überging, haben sich viele sozialdemokratisch regierte Länder zunächst schlicht geweigert, ihre Landeshochschulgesetze dem neuen Rahmen anzupassen (Schiedermair 1996: 50). Bis Mitte der 1990er Jahre, als das BMFT sich unter Minister Jürgen Rüttgers anschickte, das HRG erneut und tiefgreifend zu novellieren, herrschte dann erst einmal Ruhe an der hochschulpolitischen Front, wenngleich sich bei den Ländern, unabhängig von der politischen Couleur ihrer Regierungen, immer mehr das Leitmotiv »jeder für sich allein – und alle ohne den Bund« ausbreitete (Finetti 1997). Der zeitgeistige Impuls des kooperativen Föderalismus und der ›Systempolitik‹ qua Rahmenplanung war lange verflogen, und die Länder setzten in den 1980er Jahren stärker auf eine eigenständige Standortpolitik, die explizit Bildung, Forschung und Technologieentwicklung mit einschloss. Ein neuer Zeitgeist des ›wettbewerblichen Föderalismus‹ begann zu wehen,[19] der nur kurzfristig von der unverhofften deutschen Wiedervereinigung überlagert wurde.

2. Vom Promotor für Hochschulreformen bis zur Föderalismusreform: Die Bund-Länder-Konkurrenz zwischen Pfadabhängigkeit, Blockade und Aufbruch

Aus heutiger Sicht blieb das bis Mitte der 1970er Jahre vom Bund Erreichte, was die eigene Mitwirkung an der deutschen Hochschulpolitik anbetrifft, unbefriedigend. Mehr noch: Da die Länder, wie dargestellt, die Impulse zur Hochschulreform, die von der Rahmengesetzgebung des Bundes ausgehen sollten, größtenteils neutralisieren oder zumindest stark verzögern konnten, staute sich der Reformdruck in vielen Hinsichten nur noch weiter auf. Das vom Ende der 1980er Jahre stammende drastische Diktum des damaligen Vorsitzenden des Wissenschaftsrates, Dieter Simon, die deutschen Hochschulen seien »im Kern verrottet«, stand nicht allein; und neben der attestierten Unfähigkeit der Hochschu-

---

19 Vgl. die Diskussion zusammenfassend Scharpf (2005: 8).

len zur Selbstreform, die staatliches Eingreifen erfordere, wurden von vielen Beobachtern auch die Bundesländer als je für sich und erst recht in der KMK untätig bleibende staatliche Träger der Hochschulen scharf angegriffen. Jürgen Mittelstraß (1993: 64) sprach von einem »Kartell des Aushaltens (des gegenwärtigen Zustandes) und des Heraushaltens (des zu seiner Veränderung wirklich Notwendigen)«, und Letzteres bezog sich implizit auch darauf, dass vom damaligen BMBW und BMFT ausgehende Reformimpulse ignoriert und abgeblockt wurden. Gerade weil das HRG offensichtlich mit Blick auf die höchstrichterliche Auslegung und die Durchführungsblockaden mancher Länder keine nachhaltigen Gestaltungsresultate des Bundes zeitigte, stellte sich auf Bundesebene immer drängender die Frage, welche Möglichkeiten es noch gibt, effektiv hochschulpolitisch tätig zu werden. Als dann in der zweiten Hälfte der 1990er Jahre in Sachen Studiengangsreformen der Bologna-Prozess in Fahrt kam und ein ›europäischer Hochschulraum‹ avisiert wurde, erschien die ›Kleinstaaterei‹ des deutschen Föderalismus erst recht als probleminadäquat, und der Ruf nach dem Bund wurde immer lauter.

Tatsächlich jedoch haben es die Länder bis heute geschafft, den Bund weitgehend auf diejenigen Gestaltungsmittel zu beschränken, die er sich bis Mitte der 1970er Jahre angeeignet hatte, und möglicherweise haben nicht einmal diese Institutionen und Instrumente Bestand. Bevor wir darauf eingehen, wie der Bund zunächst versucht hat, die Föderalismusreform als ein wissenschaftspolitisches Tauschgeschäft mit den Ländern zu nutzen, wollen wir noch an zwei anderen Episoden kurz verdeutlichen, dass sich der Bund zwar auch mit finanziellen Mitteln nicht mehr entscheidend weiter in die Hochschulpolitik ›einkaufen‹ konnte, aber ab Mitte der 1980er Jahre durchaus wieder strukturbildend in der deutschen Hochschullandschaft wirkte. Und auch die jüngsten Auseinandersetzungen um das HRG verdienen eine eingehende Betrachtung.

2.1 Die Programmförderung der 1990er Jahre: Schleichender Einstieg in eine institutionelle Mitträgerschaft des Bundes?

Die erste Episode handelt von einem möglicherweise in der zweiten Hälfte der 1980er Jahre versuchten Einstieg des Bundes in die institutionelle Mitträgerschaft der Hochschulen. Dabei ging es natürlich nicht darum, dass der Bund die gesamte und alleinige Trägerschaft des deutschen Hochschulsystems von den Ländern hätte übernehmen können oder wollen.[20] Auch eine flächendeckende Mitträgerschaft, wie sie seit der

---

20 Bereits die Gründung der beiden Bundeswehruniversitäten in Hamburg und München (1973) hatte gezeigt, wie eng der Verfassungsrahmen für allein vom Bund getragene Hochschulen war (Reuter-Boysen 1995).

Gemeinschaftsaufgabe Forschungsförderung bei den außeruniversitären Forschungseinrichtungen der MPG, der FhG, der heutigen Helmholtz Gesellschaft (HGF) und den Instituten der Wissenschaftsgemeinschaft Leibniz (WGL – ehemals ›Blaue Liste‹-Institute) bestand, stand nicht vor Augen. Freilich war genau die Gemeinschaftsaufgabe Forschungsförderung das Vorbild, das auf Länderseite manche Befürchtungen weckte. Konnte der Bund nicht dasselbe Spiel noch einmal erfolgreich spielen, also nun auch die Hochschulen zum einen durch Programme zur Stärkung von Infrastruktur und Personaldecke sowie zum anderen durch direkt an Hochschulforscher vergebene Finanzmittel in Form von Projektförderung in eine so starke Abhängigkeit treiben, dass sie und die Länder sich schließlich nolens volens auf eine auf Dauer gestellte institutionelle Finanzierung zumindest bestimmter Einheiten von Hochschulen – Lehrstühle, Institute, innerhochschulische oder hochschulübergreifende Forschungsverbünde – würden einlassen müssen?

Gewisse Anzeichen wurden damals von manchen Akteuren – insbesondere auf der Länderebene – so gedeutet. Hier waren hinsichtlich der Forschung zunächst die großen Förderprogramme des damaligen BMFT im Blick, deren Anteil an der Finanzierung der Forschung bestimmter Fächer an den deutschen Hochschulen immer mehr zunahm. Aber auch hinsichtlich der Lehre standen die Länder vor einem Dilemma, das sie letztlich nur mit Bundesmitteln lösen konnten: Der 1977 auch auf Druck der Bundesregierung unter Helmut Schmidt ergangene Öffnungsbeschluss der KMK hatte den »Studentenberg« keineswegs »untertunnelt«, sondern weiter anschwellen lassen (Schiedermair 1996: 58). Auch der 1989 insbesondere in den SPD-geführten Bundesländern nur zähneknirschend eingeführte NC in den am stärksten belasteten Fächern konnte den Landeshaushalten auf die Schnelle keine Luft verschaffen. Abhilfe versprachen zwei vom damaligen Bundesbildungsminister Jürgen Möllemann (FDP) angeregte ›Hochschulsonderprogramme‹ (HSP I und II), die in den Jahren 1989 und 1990 vom BMBW und den Ländern gemeinsam aufgelegt und 1991 noch um das Hochschulentwicklungsprogramm für die neuen Länder und Berlin (HEP) ergänzt wurden. Die Mittel von HSP I und II – über zehn Jahre verteilt ca. sieben Mrd. DM – dienten vor allem dazu, an den Hochschulen zusätzliches Personal einzustellen, die Sach- und Raumausstattung zu verbessern, den wissenschaftlichen Nachwuchs zu fördern und die Fachhochschu-

Nur diese gleichsam analog zur Ressortforschung institutionalisierten Ressort-Universitäten des Verteidigungsministeriums waren möglich und dabei stark begründungsbedürftig. Letztlich darf der Bund an ihnen nur Studenten für den eigenen Personalbedarf ausbilden und muss die Rechtsaufsicht über die Hochschule dem jeweiligen Sitzland überlassen (Thieme 2004: 116).

len zu stärken. Der Bundesanteil von 60 Prozent an diesen Programmen bestand – wie in den 1950er und 1960er Jahren – aus befristeten Zuweisungen. Auch hier hatten die Kultusminister der Länder zunächst erhebliche Bedenken, die nur durch die schiere Haushaltsnot ihrer Kollegen aus dem Finanzressort überwunden wurden. Die Länderfinanzminister drängten ihre für die Hochschulen zuständigen Kollegen dazu, sich zusätzliches Geld beim Bund zu besorgen.

Wie existentiell wichtig auch immer diese und andere Bundesmittel inzwischen waren: Aus Ländersicht blieben es Zuweisungen, die keine Trägerschaft und die damit implizierten Rechte beinhalteten; und eine Betitelung als ›Sonderprogramm‹ verwies nachdrücklich darauf, dass es sich gleichsam um ein Notopfer des Bundes handelte, das keine auf Dauer gestellte Mitfinanzierung begründen sollte. Für den Bund wiederum war es frustrierend mit anzusehen, dass einige Länder ihre bisherige Grundfinanzierung der Hochschulen aus Landesmitteln nun um die Beträge kürzten, die sie durch den Bundeszuschuss zusätzlich erhielten, um damit ihre maroden Haushalte zu sanieren, ohne dass das Bundesministerium hier einschreiten konnte (Schiedermair 1996: 74). Auch die mit dem HSP II vom Bund angestrebten Nachwuchsförderungsmaßnahmen wurden letztlich in den besonders finanzschwachen Ländern kaum umgesetzt. Allerdings gab es auch umgekehrte Beispiele: Insbesondere das 1996 von Bund und Ländern beschlossene HSP III – das neben der Fortführung der bisherigen Maßnahmen vor allem die Einführung von Multimedia und die Internationalisierung der Hochschulen fördern sollte – wurde von einigen Ländern aus eigenen Mitteln aufgestockt.[21] Aber auch hier drängte sich wieder die Frage auf: Was passiert mit den neuen international ausgerichteten Studiengängen, EU-Büros, Multimedia-Räumen und dem dort eingestellten Personal nach fünf Jahren, wenn das Sonderprogramm ausläuft? Anstelle einer Institutionalisierung des Bundeszuschusses ist man zu einer Kettenprogramm-›Lösung‹ gekommen, freilich mit von Programm zu Programm abnehmendem Finanzvolumen. So wurde am 16.12.99 in der Bund-Länder-Kommission für Bildungsplanung und Forschungsförderung (BLK) als Nachfolger für HSP III das Hochschul- und Wissenschaftsprogramm (HWP) mit einem Volumen von nur noch 457 Mio. Euro (davon 287,5 Mio. Euro vom Bund) beschlossen. Eine wirklich hinreichende Weiterausstattung der durch die HSP-Mittel geschaffenen Studiengänge und Infrastrukturen war mit den HWP-Mitteln allein nicht möglich (Haerdle 2001: 17). Nichtsdestotrotz haben Bund und Länder nach einer Zwischenevaluierung in 2002 beschlossen, das HWP bis 2006 fortzuführen.

21 HSP III hatte einschließlich eines eigenständigen Hochschulbibliotheksprogramms ein Gesamtvolumen von knapp 3,9 Mrd. DM mit einem Bundesanteil von 57,67 Prozent (BLK 2001: 3).

Die Hochschulsonderprogramme hatten letztlich eine Sogwirkung auf die Länder entfaltet: Fiel der Bundeszuschuss weg, mussten sie die durch die Programme begründeten Stellen, Studiengänge, Service- und Verwaltungseinrichtungen entweder alleine weiterfinanzieren, eine in Richtung institutioneller Trägerschaft gehende dauerhafte Mitfinanzierung durch den Bund suchen oder aber die neu entstandenen Stellen und Strukturen wieder einstampfen. Die BLK sah in dieser inkrementellen und mit hoher Erwartungsunsicherheit für die Hochschulen behafteten Fortschreibung der Fördermittel durchaus positive Effekte: »In nicht unerheblichem Umfang haben die Länder durch den Einsatz zusätzlicher Haushaltsmittel Entwicklungen verstetigt, die ohne den Finanzierungsbeitrag des Bundes gar nicht oder erst später hätten in Angriff genommen werden können.« (BLK 2001: 22) Etwas dramatischer ausgedrückt bedeutet das: Der Bund konnte zwar über die Programmförderung nicht direkt steuern, da er kaum Einfluss auf die Durchführung der Programme und damit auf die Verwendung seines Geldes hatte. Er konnte aber über seinen Einfluss auf die Programmformulierung im Rahmen der BLK inhaltliche Prioritäten und Schwerpunkte für die künftigen Strukturen des Hochschulwesens setzen, die es ihm ermöglichten, über seine Gestaltungsmöglichkeiten in der Rahmenplanung zum Hochschulbau oder die mögliche, aber verfassungsrechtlich immer wieder prekäre Dekretierung von Strukturen qua Rahmengesetz hinauszugehen. Der Bund prägte durch seinen Anteil an der Programmförderung innovative Strukturen im deutschen Hochschulsystem mit, die es a) ohne seine Beteiligung so von der Länderseite aus nicht gegeben hätte und die b) für die Länder Pfadabhängigkeiten erzeugten, die jenseits jeder ›Notopfer‹-Rhetorik einen fortlaufenden Bundeseinfluss auf Agenda-Setting, Programmformulierung und letzten Endes auch auf die Strukturbildung in der deutschen Hochschullandschaft bedeuteten.

Denjenigen, die eine Aushöhlung der alleinigen Trägerschaft der Hochschulen durch die Länder befürchteten, war neben der wachsenden finanziellen Abhängigkeit der Länder vom Bund noch etwas anderes mindestens genauso ein Dorn im Auge. Bei einigen Maßnahmen der Projektförderung verschwamm perspektivisch die klare Trennung von projektförmiger und institutioneller Finanzierung. Dies wurde als erstes bei den vier Genzentren in Köln, Heidelberg, München und Berlin bemerkt,[22] wo die zeitlich befristeten Projektmittel für die jeweiligen Universitäten von Seiten des Bundes so massiv waren, dass über diese Anschubfinanzierung gewissermaßen die Forschungslinie der Zentren dauerhaft maßgeblich mit bestimmt werden konnte. Alle Zentren zusammen erhielten zwischen 1982 und 1995 etwa 275 Mio. DM vom Bund (Bundesbericht Forschung 1996: 213). Ähnliche Aktivitäten des

---

22 Siehe generell zu den Genzentren Hack/Hack (1985).

Bundes gab es z. B. auch im Bereich der Forschungen über Künstliche Intelligenz. Der baden-württembergische Wissenschaftsminister Klaus von Trotha (1992: 11) resümierte schon bald:»Die Länder paßten wie z. B. bei der Einrichtung der Genzentren ihre inner- und außeruniversitären Forschungsstrukturen der Forschungsförderung des Bundes im Vertrauen auf seine längerfristigen Hilfen an. Die Ablösungsfolgen dieser befristeten Bundesförderung wurden dabei oftmals nicht ausreichend bedacht.« Vielleicht kümmerten sich die Länder einfach deshalb nicht um die ›Ablösungsfolgen‹, weil sie lange Zeit davon ausgingen, dass es – wie auch bei den Hochschulsonderprogrammen – keine wirkliche Ablösung geben würde. Dahinter hätte dann sicher weniger die optimistische Erwartung gestanden, dass man das benötigte Geld irgendwie – und sei es über einen vertikalen Finanzausgleich – vom Bund überlassen bekommen würde, ohne ihm zukünftige Mitgestaltungsrechte einräumen zu müssen, als vielmehr die pessimistische Sicht, man könne die institutionelle Mitfinanzierung und Mitträgerschaft des Bundes zumindest für Teile der Hochschulforschung ohnehin nicht mehr verhindern und müsse dem eigenen Land dann wenigstens ein möglichst großes Stück des zu verteilenden Kuchens sichern.

Manche Stimmen forderten ganz offen, dass der Bund in die institutionelle Trägerschaft der Hochschulen einsteigen solle.[23] So verglich 1992 die damalige bildungspolitische Sprecherin der SPD-Opposition im Bundestag, Doris Odenthal, die Situation des Bundes gegenüber den Hochschulen mit der Beziehung eines Vaters zu seinem Kind aus einer geschiedenen Ehe: Eine»Unterhaltsverpflichtung ohne Besuchsrecht« gehe nicht an, wer in großem Umfang und dauerhaft zahle, müsse auch mitreden dürfen. Auch Jürgen Lüthje, Präsident der Universität Hamburg, sah die Notwendigkeit einer institutionellen Mitfinanzierung der Hochschulen durch den Bund – es sei denn, die Länder würden z. B. bei der Mitfinanzierung der MPG oder WGL so nachhaltig durch den Bund entlastet, dass sie dann genügend Geld für ihre Hochschulen aufbringen könnten.[24] Letztere Lösung wäre vermutlich von Länderseite präferiert worden, wäre es damals zum Schwur gekommen. Doch dieses Politikfenster schloss sich schnell nach der deutschen Wiedervereinigung, noch bevor es ernsthaft aufgestoßen worden war. Der Bund musste in allen Ressorts in der Größenordnung ungeahnte Finanzmittel für Ostdeutschland aufbringen, und das Tandem aus BMFT und BMBW

---

23 Rechtlich ist dies auf Basis der grundgesetzlich geregelten Gemeinschaftsaufgaben ohne Verfassungsänderung nicht möglich (Krüger 1996: 182).
24 Beide Stellungnahmen wurden auf der Konferenz des Wissenschaftsforums der Sozialdemokratie ›Stagnation oder Zukunftsorientierung? Zur Lage von Wissenschaft und Forschung in der Bundesrepublik Deutschland‹ am 16. 10. 1992 in Bonn abgegeben.

speziell für ostdeutsche Universitäten und Forschungseinrichtungen. Damit entfiel die Geschäftsgrundlage für die Fortführung einer Strategie des ›Sich-Einkaufens‹ in die Rolle eines Trägers zumindest einzelner Organisationseinheiten im Hochschulsystem. Das koinzidentielle historische Ereignis der deutschen Wiedervereinigung vereitelte also ein sich zumindest andeutendes und in der Sache ganz auf der bereits in der außeruniversitären Forschung erprobten Linie liegendes Weiterfahren der bis dahin praktizierten Domänenexpansion des Bundes.

2.2 Die Transformation des DDR-Hochschulsystems: Institutionentransfer und Ressourcenverknappung statt Reformaufbruch

Allerdings bot die Wiedervereinigung dem Bund auch eine neue Chance, die schon mit der Hochschulrahmengesetzgebung eingenommene Rolle des Promotors für Hochschulreformen wieder aufzugreifen und sich so nachhaltig hochschulpolitisch zu betätigen. Die Inszenierung einer grundlegenden Hochschulreform in Ostdeutschland, die Modellcharakter für Westdeutschland hätte haben können, wäre zumindest theoretisch denkbar gewesen. Schließlich gab es dort zunächst noch keine Länder und unmittelbar nach der Wende auch keine selbstbewusste Professorenschaft, die BMBW und BMFT hätten ausbremsen können.

Was sich in der Theorie gut anhört, war dann aber praktisch nicht realisierbar: Der Zeitdruck, ein funktionsfähiges Hochschulsystem aufzubauen – d. h. vor allem: die guten Hochschullehrer vor Ort zu halten und den Exodus der ostdeutschen Studenten einzudämmen – war viel zu hoch, als dass man kurzfristig grundlegend neue und unerprobte Strukturen hätte schaffen können. Insofern waren BMBW und BMFT nach anfänglich beinahe völliger Zurückhaltung zwar als Rat- und Geldgeber in den Neuaufbau der ostdeutschen Hochschullandschaft involviert, aber wiederum ohne dadurch formell oder faktisch eigene hochschulpolitische Kompetenzen ausbauen zu können und zu wollen (Mayntz 1994a: 69, 75). Einen grundlegenden Plan für eine Neustrukturierung des Hochschulsystems gab es auf Bundesebene weder für die Alt-BRD noch für das damalige ›Beitrittsgebiet‹.[25] Gleiches lässt sich von den Ländern sagen, die über die KMK auch keine gestaltende Rolle in der Vereinigung der beiden deutschen Hochschulsysteme spielen konnten. Allerdings gab es fruchtbare bilaterale Länder-Partnerschaf-

---

25 Dies war keine bildungs- und forschungspolitische Besonderheit, sondern galt für alle Politikfelder in der heißen Phase der Wiedervereinigung zwischen 1990 und 1992. Siehe hierzu Mayntz (1994a: 17) sowie Robischon et al. (1995).

ten in der Hochschulpolitik, die qua Wissens- und Personentransfer die Integration der ostdeutschen Hochschulen in das westdeutsche System entscheidend vorantrieben. Ab 1991 wurden dann in Ostdeutschland die fünf neuen Landesministerien die Herren des Verfahrens, denn die Transformation des Hochschulsystems reduzierte sich zunehmend auf eine Transformation der Personalstruktur: Zum einen galt es, politisch belastetes Personal zu entfernen, zum anderen musste angesichts knapper Ressourcen in den ostdeutschen Landeshaushalten die Dozenten/Studenten-Relation überall an die (unzureichenden) westdeutschen Standards angeglichen werden.»Anpassung durch Abbau« (Mayntz 1994 b: 288) wurde schnell zum beherrschenden Leitmotiv der Transformation. Insbesondere das BMBW war in dieser Anfangsphase der Transformation hauptsächlich mit Hilfsmaßnahmen (insbesondere Bibliotheksmittel) für die Angleichung der Infrastruktur der DDR-Hochschulen an Westniveau beschäftigt und kooperierte diesbezüglich eng mit der KMK (Kreyenberg 1994: 195/196).

Zwar war das BMBW auch an der Vorbereitung des teilweise die Hochschulen betreffenden Art. 37 des Einigungsvertrags beteiligt, aber in den entsprechenden Absätzen ging es ausschließlich um die Anerkennung von Studienleistungen und Abschlüssen.»Hinweise für einen Umbau des Hochschulwesens der DDR ergeben sich daraus nicht.« (Mayntz 1994b: 290) Durch ihre Hochschulerneuerungsgesetze konnten die neuen Länder wichtige, traditionell in der akademischen Selbstverwaltung gefällte Entscheidungen – vor allem Berufungsentscheidungen – eine Zeit lang an sich ziehen (Mayntz 1994b: 295). Die Bundesmittel aus dem HEP gaben ihnen zusätzliche Möglichkeiten, durch die Schaffung neuer Studiengänge, Berufungen und anderen Stellenbesetzungen ihre neu errungene Kulturhoheit zu festigen und damit letztlich auch das Bund/Länder-Verhältnis der Alt-BRD in hochschulpolitischen Fragen zu replizieren.

Mittelbaren Gestaltungseinfluss konnte der Bund allenfalls über jene ehemaligen Akademie-Institute gewinnen, die auf Empfehlung des WR in Blaue-Liste-Institute umgewandelt worden waren und nun als An-Institute mit den Universitäten integriert wurden, aber formal weiter der außeruniversitären Forschung zugehörten. Deren Forschungsprofil konnte dann – wie bei den Großforschungseinrichtungen Westdeutschlands – durch gemeinsame Berufungen und Kooperationen auch in die Hochschulen hinein ausstrahlen. Allerdings gab es im BMFT schon 1992 wegen der hohen finanziellen Belastung des Bundes Überlegungen, einen Teil der in Ostdeutschland in ›Blaue Liste‹-Institute überführten Forschungseinrichtungen doch bald vollständig an die Hochschulen zu verlagern, womit sie dann von den Sitzländern allein hätten getragen werden müssen. Wichtig war bei diesen Überlegungen allerdings, institutionelle Konstruktionen zu finden,»die auch eine gewisse Bundesfinanzierung in den Hochschulen ermöglichen sollten«, wobei man etwa an »Forschungskollegs« dachte (Ronzheimer 1992: 22).

Neben der Mitfinanzierung von ›Gründungsprofessuren‹ im Rahmen des HEP engagierte sich der Bund im erstmaligen und vom WR implementierten Einsatz der Leistungsevaluierung in Deutschlands Forschungslandschaft: der Evaluierung der ehemaligen Akademieinstitute.[26] Aber auch hier triumphierten in zahlreichen Fällen die leeren Kassen der Finanzminister über die Qualitätsurteile der Evaluierungskommission: Es kam durchaus vor, dass ostdeutsches Forschungspersonal, das sowohl die politische Überprüfung als auch die Leistungsevaluation überstanden hatte, dennoch ›abgewickelt‹ wurde, weil die ehemaligen Akademie-Institute ebenso wie die Hochschulen – gemessen an westdeutschen Standards – schlicht überbesetzt waren (Mayntz 1994a: 65/66, HoF Wittenberg 2003).

Im gesamtdeutschen Kontext entfaltete die Wiedervereinigung mit Blick auf die Hochschulpolitik ab 1991 eine Dynamik, die eine ganz neue Erfahrung für die Länder darstellte. Statt wie gewohnt zu versuchen, über die goldenen Zügel des Hochschulbauzuschusses sowie der Projekt- und Programmförderung Einfluss zu gewinnen, zog sich der Bund sukzessive an allen Fronten aus der Hochschulfinanzierung zurück. Die Länder forderten den Bund nun immer drängender auf, seinen eingegangenen finanziellen Verpflichtungen in angemessener Höhe nachzukommen – sowohl im Hochschulbau als auch in der Projektförderung der Hochschulforschung. So zeichnete die nordrhein-westfälische Wissenschaftsministerin Anke Brunn (1992a) in einer Regierungserklärung das Bild einer für die Länder prekären Entwicklung: »In den vergangenen 20 Jahren stiegen die unmittelbar hochschulbezogenen Ausgaben des Bundes (bezogen auf die alte Bundesrepublik) unter Einschluß der Mittel aus den Sonderprogrammen von einer Milliarde DM auf 1,5 Milliarden DM. Die entsprechenden Zahlen für die Länder lauten: 6 Milliarden DM und 26 Milliarden DM. Ich glaube, diese Zahlen sprechen für sich. Diese Entwicklung muß dringend korrigiert werden.« In einem 1993 erstellten ›Eckwertepapier‹ für eine Arbeitsgruppe der BLK wurden die Kosten eines Katalogs dringend erforderlicher hochschulpolitischer Maßnahmen »in der Größenordnung von 3-4 Mrd. DM jährlich« veranschlagt – doch dann hieß es: »Angesichts der vom Bund übernommenen Lasten zur Finanzierung der deutschen Einheit und der daraus resultierenden erheblichen Einschränkung seiner finanziellen Leistungsfähigkeit können vom Bund zusätzliche Ressourcen für gemeinsam finanzierte Programme in den Bereichen Bildung und Forschung nicht in Aussicht gestellt werden.« (BLK 1993: 28) Der

---

26 Vgl. zur Evaluation der deutschen Wissenschaftsorganisationen auch den Beitrag von Wilhelm Krull und Simon Sommer in diesem Band.

Bund konnte also sein finanzielles Engagement in der Hochschulpolitik nicht nur nicht steigern – er musste es signifikant zurückfahren. Das wiederum veranlasste einige Ländervertreter zu der Forderung: »Die Projektförderung des Bundes muß transparenter werden. Sie muß zu Programmplänen zusammengefaßt werden, die vor ihrer Verabschiedung mit den Ländern erörtert […] werden.« (Brunn 1992 b: 14) Unverblümt gesagt, sollten also diejenigen hochschulpolitischen Gestaltungsspielräume, über die BMFT und BMBW überhaupt autonom verfügten, weiter zugunsten der Länder eingeschränkt werden.

2.3 Erneuter Kampf um das HRG

Gegen Mitte der 1990er Jahre war allen politisch Verantwortlichen in Bund und Ländern klar geworden, dass die Hochschulsonderprogramme allein die viel beschworene ›Krise der Universität‹ (Stölting/Schimank 2001) nicht mildern würden, sondern nur dort löschen konnten, wo es gerade am heftigsten brannte. Getreu der bereits zitierten Devise ›jeder für sich allein – und alle ohne den Bund‹ hatten die Länder inzwischen selbst wieder angefangen, an neuen Landeshochschulgesetzen zu basteln und ihren Hochschulen zukunftsfähige Strukturen zu verpassen. Das rief bald auch wieder den Bund auf den Plan, der neuen Mut zu jener Form von Hochschulpolitik fasste, die ihm nicht kraft seiner Haushaltslage, sondern qua Rahmengesetzgebungskompetenz zu Gebote stand. Im Spätherbst 1994 wurden unter der Führung von Jürgen Rüttgers (CDU) das BMBW und das BMFT zu einem ›Zukunftsministerium‹ integriert. Der neue Ehrgeiz schlug sich auch in dem Willen zu einer neuen Hochschulrahmengesetzgebung nieder, deren Vorbereitung von Rüttgers 1996 eingeleitet wurde und die zu einem guten Teil die von einzelnen Ländern bereits eingeleitete Entwicklung wieder einholen sollte. Rüttgers' ursprüngliche Intention war dabei, das frühere Gezerre um das HRG zu vermeiden und die Länder mit ins Boot der Gesetzesvorbereitung zu holen. Zu diesem Zweck wurde unter Federführung von Rüttgers und dem rheinland-pfälzischen Wissenschaftsminister Jürgen Zöllner eine Bund/Länder-Verhandlungskommission gebildet, die auch tatsächlich am 18. 8. 1997 mit einer vermeintlich einvernehmlichen Lösung vor die Presse trat. Bund und Länder hatten bis dato Konsens in folgenden Punkten hergestellt, die später auch so in das 1998er HRGÄndG eingegangen sind. Die HRG-Novelle sollte u. a.:
- durch Streichung der bisherigen Organisationsparagraphen die Hochschulautonomie stärken,
- den Einstieg in eine leistungsorientierte Mittelvergabe vom Staat an die Hochschulen und innerhalb der Hochschulen ermöglichen,
- die Evaluation von Forschung und Lehre einführen sowie
- mit Blick auf die Europäisierung die erst 1985 abgeschafften Kurzzeit-

studiengänge (jetzt ›B.A.‹) und darauf aufbauende, wissenschaftlich vertiefende Studiengänge (›Master‹) als mögliche Studienabschlüsse in das HRG aufnehmen.

Neben diesen Konsenspunkten blieb jedoch die zentrale Forderung der SPD-geführten Länder nach einem generellen Verbot von Studiengebühren durch das HRG aus dem Kompromiss ausgeklammert (Reith 1997: 11/12). Weitere Forderungen, die aber im Gegensatz zur Frage der Studiengebühren verhandelbar waren, bestanden vor allem in einer Veränderung der Personalstruktur der Hochschulen durch die Einführung einer Junior-Professur und einer leistungsabhängigen Besoldung der Professoren. Es kam schließlich zum Zerwürfnis in der Kommission. Nachdem die SPD-geführten Länder ein von Rüttgers vorgeschlagenes Gebühren-Moratorium durch eine Bund-Länder-Vereinbarung bis 2003 abgelehnt hatten und das Vermittlungsverfahren gescheitert war, erklärte der Bundesminister die HRG-Novelle kurzerhand zum nichtzustimmungspflichtigen Gesetz und setzte das formale Gesetzgebungsverfahren im Bundestag in Gang. Dieser Schachzug führte nun allerdings auch bei seinen Parteifreunden in den konservativen Landesregierungen zu Verärgerung – getreu der Devise: Wehret den Anfängen! Wieder einmal war der Versuch einer gesamtstaatlichen Regelung der Hochschulreform in das Fahrwasser eines handfesten verfassungspolitischen Konflikts geraten.

Der politische »Hau-Ruck-Stil« (Griff 1998: 11), den mancher Beobachter dem Bundesminister Rüttgers im Umgang mit den Ländern attestierte, sollte auch die Handlungsweisen seiner Amtsnachfolgerin Edelgard Bulmahn (SPD) prägen. Das BMBF versuchte sich nach dem Regierungswechsel zu Rot-Grün, wie nicht anders zu erwarten war, an einer erneuten HRG-Novelle, die das gerade in Kraft getretene HRGÄndG durch die strittigen Punkte Studiengebührenverbot und die Einführung eines neuen Qualifikationswegs zur Professur – der Juniorprofessur – sowie den weniger strittigen Punkt der leistungsorientierten Professorenbesoldung ergänzen sollte. Zugleich erging eine Mahnung an die Länder, den durch die Streichung der Organisationsparagraphen im 1998er HRG eröffneten Spielraum nun nicht wieder ihrerseits zu regulieren, sondern den Hochschulen Autonomie zur weitgehenden Selbststeuerung zu gewähren:[27] »[Die] deutschen Hochschulen [sollen] unmittelbar miteinander in Wettbewerb stehen, nicht aber die Hochschulsysteme einzelner Länder.« (Bulmahn 2004: 6)

27 Die Ermahnung hat freilich nicht gefruchtet. Von einer ›großen Liberalisierungswelle‹ kann jedenfalls mit Blick auf die seit 1998 stattgefundenen Novellen der Landeshochschulgesetze nicht die Rede sein (Sandberger 2002). Im Gegenteil haben die Landesgesetzgeber »den Universitäten dann ein umso strikteres Korsett verpasst« (Geis 2005: 7).

Neben seinen Vorhaben in der Rahmengesetzgebung betonte das BMBF ab 1998 die »Notwendigkeit, deutsche Wissenschaftspolitik auch international wirksam zu vertreten«, was nach Meinung der Ministerin die gesamtstaatliche Verantwortung für die Forschung und Lehre an den Hochschulen ausdrücklich mit einschließt, »damit deutsche Hochschulen [...] internationales Renommé erreichen, das mit Spitzenuniversitäten wie ETH Zürich oder Oxford vergleichbar ist.« (Bulmahn 2005 a, BMBF 2004) Hochschulpolitik wurde nun entsprechend – in Anspielung auf die Politik der Hochschulsonderprgramme unter der Regierung Kohl – auch nicht als bundespolitische »Sonderaufgabe, sondern [als] eine Daueraufgabe« definiert (BMBF 1999: 14). Getreu dieser Maxime stellte das BMBF den Ländern zunächst eine großzügige Finanzierung der Maßnahmen zur Verwirklichung der ins Auge gefassten neuerlichen Reform des HRG in Aussicht: So wurde die prospektive Ausschreibung von Junior-Professuren den diesbezüglich willigen Ländern dadurch schmackhaft gemacht, dass das BMBF in einem eigens geschaffenen ›Juniorprofessuren-Programm‹ pro Stelle pauschal eine Sachmittelausstattung von 60.000 Euro bereitstellte. Diese goldenen Zügel richteten jedoch in der Sache wenig aus, weil einige unionsgeführte Länder insbesondere in dem Ansinnen des BMBF, auf die Auswahl des Hochschullehrernachwuchses der Länder durch Bundesgesetz Einfluss zu nehmen und noch dazu die Habilitation »auf kaltem Wege abzuschaffen« (Thieme 2004: 476), eine Verletzung ihrer Eigenstaatlichkeit sahen. Es kam nun die gleiche Dynamik in Gang wie schon bei der HRG-Novelle von Rüttgers, nur dass diesmal mit dem BVerfG ein zusätzlicher Spieler in die Arena gerufen wurde. Die unionsgeführten Länder Bayern, Thüringen und Sachsen erhoben Verfassungsklage, und noch während des laufenden Verfahrens brachte das BMBF die nächste HRG-Novelle – mit dem ebenfalls umstrittenen Studiengebührenverbot – in Umlauf, was vorhersehbar eine weitere Klage provozierte.

Im Endeffekt war dieser Konfrontationskurs mit den Ländern ein Desaster. In beiden Fällen unterlag der Bund vor dem BVerfG, und diese Niederlagen schwächten sowohl die Stellung des BMBF bei den Bund-Länder-Verhandlungen zur Exzellenzinitiative als auch die Verhandlungsposition des Bundes insgesamt in der Föderalismuskommission.[28] Darüber hinaus fühlten sich einige Länder nun erst recht ermutigt, die Vorhaben des BMBF in jeder denkbaren Weise zu torpedieren: So klagte Hessen gegen die Einrichtung eines Bologna-Kompetenznetzwerks, das mit 4,4 Mio. Euro Projektmitteln aus dem BMBF von der HRK koordiniert wird,[29] und die Neuauflage des Anfang 2005 ausgelaufenen An-

---

28 Das Erforderlichkeitsgebot für ein Rahmengesetz des Bundes nach Art. 72 (2) GG wurde vom BVerfG nun sehr eng definiert (Scharpf 2005: 11 f).
29 »Die vier Millionen sind zwar kein bedeutender Betrag. Aber eine Pro-

reizprogramms zur Finanzierung der Grundausstattung der Juniorprofessuren liegt in der BLK vorerst auf Eis (DUZ Magazin 7/2005: 6).

2.4 Föderalismusreform und Exzellenzinitiative: Blockaden, Misserfolge und schwierige Kompromisse[30]

Internationalisierung und Europäisierung bilden die Fixsterne, vor denen der Bund seine Mitzuständigkeit für die Hochschulpolitik seit 1998 erneut forcierte, und zu diesem Zweck trieb er auch den 1999 eingeleiteten Bologna-Prozess zur Schaffung eines europäischen Hochschulraums mit vergleichbaren Studienabschlüssen (B.A./Master, Diploma-Supplement) und Studiengangsstrukturen (Modularisierung/ ECTS-Leistungspunktesystem) auf europäischer Ebene entscheidend mit voran. Der Bologna-Prozess ist heute zwar nicht von der Sache her umstritten, aber – wie die Verfassungsklage Hessens zeigt – im Hinblick auf die Kompetenz des BMBF durch die HRK als Mittlerorganisation mit Bundesmitteln an ausgewählten Hochschulen Beratungsstellen einzurichten und damit eine indirekte Strukturpolitik zu betreiben, ein erneuter Zankapfel zwischen Bund und Ländern.

Ebenfalls unter dem Leitmotiv der Internationalisierung hat das BMBF im Januar 2004 unter dem Aufruf ›Brain Up! Deutschland sucht seine Spitzenuniversitäten‹ seinen Eliteuniversitäten-Wettbewerb gestartet, der rasch in das Fahrwasser bzw. – wie einige teilnehmende Beobachter meinten – in die »Geiselhaft« (Winnacker 2005: 2) der Verhandlungen der ›Kommission zur Modernisierung der bundesstaatlichen Ordnung‹ (im folgenden: Föderalismuskommission) geriet. Die ursprüngliche Intention des BMBF sowohl in der Eliteuniversitäten-Initiative als auch in der Föderalismuskommission zielte darauf, einen unmittelbaren Gestaltungszugriff des Bundes auf die Spitzenleistungen in Forschung und Lehre zu bekommen und als Gesamtstaat im internationalen Wettbewerb sichtbarer zu werden. Zu diesem Zweck wollte das BMBF zum einen im ›Brain Up‹-Wettbewerb bis zu fünf Hochschulen ermitteln, die sich durch direkte Fördergelder des Bundes von bis zu 50 Mio. Euro jährlich zwischen 2006 und 2010 zu international anerkannten Eliteuniversitäten – den sogenannten ›Leuchttürmen‹ der deutschen Wissenschaft – entwickeln sollten.

Gleichzeitig vertrat das BMBF in der Föderalismuskommission den Standpunkt, bei der Entflechtung der Mischfinanzierung der Gemeinschaftsaufgaben nach Art 91 a und 91 b GG den Ländern in ihrem

---

vokation.« – so Hessens Ministerpräsident Roland Koch (zitiert in: SZ v. 23. 12. 2004).

30 Vgl. hierzu auch den Beitrag von Klaus Landfried in diesem Band.

Ansinnen, im Hochschulbau künftig alleine entscheiden zu wollen, entgegenzukommen. Investitionsvorhaben von überregionaler Bedeutung sollten gleichwohl nach wie vor im WR beraten und gemeinsam finanziert werden. Für die Überleitung aller anderen Posten des Hochschulbaus hatten die Verhandlungsführer der Kommission schon ein Szenario bis 2019 ausgehandelt (Baum 2005). Als Kompensation für seinen angebotenen Rückzug aus dem Hochschulbau forderte der Bund die vollständige »Finanzierung und institutionelle Verantwortung der überregionalen Forschungsorganisationen Helmholtz-Gemeinschaft, Fraunhofer Gesellschaft, Max-Planck-Gesellschaft und Deutsche Forschungsgemeinschaft.« (Bulmahn 2004: 8) Verbunden mit dem finanziellen Zugriff auf die fünf besten deutschen Hochschulen hätte der Bund damit tatsächlich die Creme der deutschen Wissenschaft in seine Domäne überführt.

Den Ländern musste es naturgemäß missfallen, nach den Vorstellungen der Ministerin dann mit der Finanzierung und institutionellen Verantwortung des mittelmäßigen Rests (für den der Euphemismus von Forschung und Lehre ›in der Breite‹ erfunden wurde) abgespeist zu werden. Dies erst recht, nachdem mit den Namen HU Berlin, RWTH Aachen und LMU München bereits drei Favoriten des BMBF vorab ausgerufen worden waren (Bulmahn 2004: 7) und die Mehrheit der Ministerpräsidenten sicher sein konnte, bei diesem Wettbewerb unter gar keinen Umständen in den Genuss des Bundesgeldes zu kommen. Zugleich gab es auch im Bundestag – hier vor allem bei ostdeutschen Abgeordneten – und auf Seiten der Trägerorganisationen und Interessenverbände der deutschen Wissenschaft erbitterten Widerstand gegen das ins Auge gefasste Hochschulbau-Tauschgeschäft (Graw/Peter 2004). Insbesondere die HRK (2004) prognostizierte nüchtern: »Gäbe der Bund seine Zuständigkeit für den Hochschulbau auf, wäre dessen Ende absehbar«.

Am 17.12.2004 standen sich in der Föderalismuskommission zwei Positionen unversöhnlich gegenüber, an denen die gesamte Bundesstaatsreform zunächst scheiterte:
- Der Bund hatte seinen Anspruch auf Vollfinanzierung und alleinige finanzielle Verantwortung in der außeruniversitären Forschung auf HGF und FhG reduziert. Mit Blick auf seine Verantwortung für den Hochschulbereich hielt der Bund an seinem Recht zur Rahmengesetzgebung zumindest im Bereich des Hochschulzugangs und der Studienabschlüsse fest; den Anspruch, auch die Qualitätssicherung gesamtstaatlich regulieren zu wollen, hatte er zwischenzeitlich aufgegeben.
- Neben dem Recht zu einer rudimentären Rahmengesetzgebung wollte der Bund auf jeden Fall sein Initiierungs- und Finanzierungsrecht bei Projekten und Förderprogrammen im Hochschulbereich gesichert sehen.

- Die Länder hätten sich wohl mit ihrem Ausstieg aus HGF und FhG abgefunden, reklamierten aber die alleinige Zuständigkeit für die Bildung »vom Kindergarten bis zur Hochschule« für sich (Baum 2005).

Im Fahrwasser des Föderalismusstreits drohte zunächst auch die Eliteuniversitäten-Initiative des BMBF Schiffbruch zu erleiden: Unter Führung des hessischen Ministerpräsidenten Roland Koch formierte sich eine breite Abwehrfront gegen das Anliegen der Bundesministerin, ausgewählte Universitäten direkt zu fördern und damit in den Gestaltungsraum der Länder einzugreifen. Aber auch die Hochschulen selbst standen der Elite-Idee ablehnend bis skeptisch gegenüber. Die HRK (2004) befürchtete bei zeitgleich ohnehin (gemessen am Bedarf) stagnierenden Ausgaben des Bundes für Hochschulbau und Projektförderung eine reine Umverteilungspolitik von der Finanzierung in der ›Breite‹ zur Finanzierung einiger weniger ›Spitzeneinrichtungen‹. Auch die pauschale Vergabe des Elite-Siegels an komplette Hochschulen wurde als inadäquat betrachtet: »In diesem Wettbewerb müssen die wissenschaftlichen Leistungen von Fächern und individuellen Wissenschaftlern ausschlaggebend sein, nicht jedoch Qualitätsurteile über ganze Hochschulen.« (HRK 2004) Diese Position sollte sich auch in der Verhandlungskommission von Bund und Ländern im Rahmen der BLK durchsetzen, die zunächst das Eliteuniversitäten-Angebot des Bundes thematisch zur ›Exzellenzinitiative‹ transformierte. Der erste Kommissionsentwurf umfasste dabei drei Förderlinien. Gegenstände der Förderung sollten sein:
- Universitäten, die aufgrund der Spitzenleistung ihrer profilbildenden Fachbereiche das Kriterium der Exzellenz erfüllen;
- die regionale Verknüpfung universitärer und außeruniversitärer Forschung (einschließlich der FH- und Industrieforschung) zu Exzellenzclustern;
- eine verbesserte Nachwuchsförderung durch die Einrichtung von Graduiertenschulen (BLK Pressemitteilung 07/2004).

Während die Exzellenzcluster und Graduiertenschulen bis zur letztendlichen und für viele Beobachter geradezu überraschenden Einigung der Ministerpräsidenten mit dem Bundeskanzler am 23.6.2005 je für sich wenig Konfliktpotential bargen, war die Verbindung zwischen den drei Förderlinien, die Frage der quantitativen Streuung der Förderung insgesamt und die Ausgestaltung der Förderung der auszuwählenden Spitzenuniversitäten lange strittig. Dass es nach dem vorläufigen Scheitern der Föderalismuskommission auf diesem Feld nun doch eine Einigung gegeben hat, mag an mehreren Faktoren gelegen haben, über die wir hier nur kurz spekulieren können. Zum einen wurden die Einigungsappelle der zur ›Allianz für die Wissenschaft‹ zusammengeschlossenen Forschungsträger und Interessenverbände immer verzweifelter, denn mit der Einigung bei der Exzellenzinitiative war auch der ›Pakt für Forschung und Innovation‹ verknüpft, mit dem das BMBF den außeruniversitären Forschungseinrichtungen eine Steigerung ihrer Haushalte um jährlich 3 Prozent bis zum Jahr 2010 anbot. Zum anderen brauchte die Regierung Schröder nach den Schlappen in den verfassungsrechtlichen Auseinandersetzungen rund um das HRG mal wieder ein Erfolgserlebnis, um den Innovationspakt im Rahmen der Agenda 2010 nicht untergehen zu lassen. Und schließlich wollten selbst die besonders um ihre Eigenstaatlichkeit fürchtenden Länder das bereits im BMBF-Haushalt vorgesehene Geld noch abrufen, bevor es in die Dispositionsmasse des Bundesfinanzministers zurückgefallen wäre.

Im Endeffekt zeigte sich wieder die typische Interaktionsdynamik: Der Bund wollte sich institutionellen Einfluss auf die besten deutschen Hochschulen ›kaufen‹, die Länder wollten das Geld – aber ohne einen quasi-trägerschaftlichen Einfluss des Bundes auf einzelne Hochschulen. Das Ergebnis: Es werden, anders als es das BMBF vorsah, nicht eine Handvoll von ›Elitehochschulen‹ direkt gefördert, sondern zahlreiche zunächst auf fünf Jahre befristete Projekte[31] an tendenziell vielen Universitäten:[32] 40 Graduiertenschulen, 30 ›Exzellenzcluster‹ und 10 ›Zukunftskonzepte‹, wobei letzteres voraussetzt, dass die betreffende Universität neben ihrer Exzellenzstrategie in der Ausschreibung mindestens auch mit einem erfolgreichen Cluster und einer Graduiertenschule punkten kann. Von den insgesamt 1,9 Mrd. Euro, die für die Exzellenzinitiative bereitgestellt werden, begleicht der Bund 75 Prozent der Kosten, die jeweiligen Sitzländer zahlen die restlichen 25 Prozent (Bund-Länder-Vereinbarung v. 23.6.05). Alle drei Förderlinien beziehen sich »ausschließlich auf die Förderung der Forschung; Fragen der Lehre« – so hatten die Länderchefs gegenüber dem BMBF deutlich gemacht – »sind zwar genauso wichtig, sind aber nicht Gegenstand dieses Programms.« (BLK-Pressemitteilung 15/2005) Aus Sicht des Bundes wurden die ehrgeizigen Ziele, die man sich im Januar 2004 gesteckt hatte, nicht erreicht. Auch in der Exzellenzinitiative wird der Bund, wie gehabt, ganz explizit aus der institutionellen Förderung der Hochschulen heraus gehalten und bleibt auf Projektförderung beschränkt.

Die nach den vorgezogenen Bundestagswahlen von CDU, CSU und SPD am 11.11.2005 im Koalitionsvertrag vereinbarten und am 30.6.

---

31 Die BLK-Pressemitteilung 19/2005 v. 16.6.05 betonte noch einmal unmittelbar vor der entscheidenden Ministerpräsidentenkonferenz mit dem Bundeskanzler, dass die modifizierte Tischvorlage »klarstellt, dass alle drei Förderlinien projektbezogen ausgerichtet sein sollen«.
32 Die hohe Streuung der Fördermittel insbesondere bei den 40 Graduiertenschulen und 30 Exzellenzclustern soll im Ergebnis verhindern helfen, dass ein Bundesland bei der Exzellenzinitiative möglicherweise völlig leer ausgeht.

2006 vom Deutschen Bundestag beschlossenen Grundgesetzänderungen zur Föderalismusreform lassen es fraglich erscheinen, ob die hier skizzierte Konstellationsdynamik einer versuchten Domänenausweitung des Bundes in der künftigen deutschen Hochschulpolitik eine Fortsetzung finden wird. Durch das Inkrafttreten der Änderungen entfällt die Hochschulrahmengesetzgebungskompetenz des Bundes ebenso wie die inhaltliche Beteiligung des Bundes am Hochschulbau. Die Regelung des Hochschulzugangs und der Abschlüsse bleibt zwar Bundesrecht, die Länder können dieses Recht aber durch eigene »Abweichungsgesetzgebung« (Art. 72, Abs. 3 GG neu) unterlaufen. Vorhaben der Projektförderung des Bundes bedürfen künftig der Zustimmung aller sechzehn Bundesländer. Der Bund ist damit nicht nur wie in den 1950er Jahren in die Rolle eines Finanziers ohne formale Mitgestaltungsrechte in der Hochschulstrukturpolitik gedrängt, sondern auch seiner bisherigen Autonomie bei der Schwerpunktwahl und Finanzierung in der länderübergreifenden Projektförderung beraubt. Das BMBF ist nun in allen Hochschulfragen machtloser als je zuvor in seiner fünfzigjährigen Geschichte. Ob diese Konstellation angesichts der Herausforderungen der Europäisierung, des globalen Standortwettbewerbs auf dem Bildungs- und Forschungssektor sowie der großen Unterschiede in der finanziellen Leistungsfähigkeit der einzelnen Bundesländer günstige Voraussetzungen für die Attraktivität und Leistungsfähigkeit des deutschen Hochschulsystems schafft, ist fraglich.

3. Schlussbetrachtung

Die hier nachgezeichnete hochschulpolitische Strukturdynamik lässt sich analytisch zugespitzt auf folgende Formel bringen: Es gelang dem Bund nur sehr begrenzt, seine finanziellen Einflussmöglichkeiten so zu nutzen, dass er sich nennenswerte rechtlich fixierte Kompetenzen der Mitgestaltung des deutschen Hochschulsystems erwarb. Und dort, wo er sie erhalten hat – am exponiertesten in der Hochschulrahmengesetzgebung – war er im ›game about rules‹ (Ostrom/Garner/Walker 1994), d. h. der von den Ländern erzwungenen verfassungsrechtlichen Überprüfung der Reichweite und Regelungstiefe seiner Kompetenz, stets der Verlierer. Insofern reproduzierte sich im wesentlichen die Ausgangskonstellation des Bund/Länder-Verhältnisses – anders als es in der staatlich finanzierten außeruniversitären Forschung gewesen ist, wo der schleichende Kompetenzzuwachs des Bundes in deutlich geringerem Maße von den Ländern als Bedrohung ihrer ›geborenen Landesrechte‹ aufgefasst wurde.

Man sollte freilich die prinzipiell gegebenen Steuerungschancen, die mit projekt- und programmförmiger Förderung verbunden sind und die der Bund von Anfang an hatte, auch nicht unterschätzen. In gewisser Hinsicht ist diese Art von Förderung flexibler handhabbar als eine institutionelle Finanzierung und kann gerade dadurch oftmals als ›Zünglein an der Waage‹ wirken, um Forschungsvorhaben oder auch die Lehre in bestimmte Richtungen zu lenken. Wer sich als institutioneller Träger betätigt, besitzt zwar zweifellos bestimmte Entscheidungs- oder Mitentscheidungsrechte – etwa hinsichtlich Zielen, Organisationsstrukturen oder Leitungspersonal. Doch er ist zugleich auch selbst festgelegt, während Projekt- und Programmförderung sozial, zeitlich und sachlich disponibel ist. Wer wie lange wofür Fördermittel erhält, kann immer wieder neu entschieden werden, während institutionelle Mitträgerschaft schwerfällige Konsensbildungsprozesse mit den anderen Trägern beinhaltet, die – wie die Erfahrungen in der außeruniversitären Forschung zeigen – zum ›Geleitzugprinzip‹ führen: Das (finanz-)schwächste Glied bestimmt die Wachstumsdynamik der gesamten institutionellen Konstellation (Hohn/Schimank 1990). Zugleich bedeutet die stärkere Festgelegtheit der institutionellen Finanzierung auch, dass sich deren Steuerungswirkung selbst dann, wenn sie das Gros der verfügbaren Mittel ausmacht, im Zeitverlauf bei den Empfängern verflüchtigt. Der Nutznießer bemerkt sie gewissermaßen gar nicht mehr, während er gebannt die nervösen Fluktuationen der befristet vergebenen Mittel verfolgt.

Es könnte also durchaus sein, dass die Steuerungswirkung dessen, was der Bund vor allem an Forschung, aber mittelbar auch an Lehre durch Projektmittel und seinen Zuschuss in den Sonderprogrammen förderte, größer war als die Steuerungswirkung der institutionellen Finanzierung durch die Länder. In einer kybernetischen Analogie wäre die institutionelle Finanzierung dann die Energie, die Projekt- und Programmmittel wirkten hingegen als diese Energie lenkender Regler. Es ist also durchaus nicht gesagt, dass der Königsweg zur hochschulpolitischen Gestaltungsmacht über den Einstieg in die institutionelle Trägerschaft führt. Wie gezeigt wurde, erzeugten selbst die in der Durchführungsphase vom Bund nicht steuerbaren Zuschüsse in den HSP für die Länder Pfadabhängigkeiten, die sie anschließend zumindest teilweise selbst in ihre institutionelle Förderung einbauen mussten.

Was dem bundespolitischen Einfluss in jedem Falle schadete, war die unverhohlene Anmeldung quasi-trägerschaftlicher Ansprüche, wie sie das BMBW zur Zeit des 1976er HRG und das BMBF während der 2002er HRG-Novelle und im Vorfeld der Exzellenzinitiative vorgetragen haben. Gerade die verbalen Ankündigungen einer offenen Kompetenzausweitung lösten bei den Ländern nur Abwehrreflexe aus, die mit der Hoheit über ihre Hochschulen eine ihrer letzten Domänen de jure gegenüber einem bundesstaatlichen Zugriff verteidigten, der über den stetigen Zufluss bundesstaatlicher Projektmittel und Zuschüsse längst erfolgt war. Über die mutmaßlichen Wirkungen der von der Großen Koalition am 30. 6. 2006 beschlossenen Grundgesetzänderungen, die den Hochschul- und Forschungsbereich betreffen, lässt sich gegenwärtig nur spekulieren. Sie werden voraussichtlich ein völlig neues Kapitel der in diesem Beitrag skizzierten Hochschulpolitik in der Bund/Länder-Konkurrenz aufschlagen.

Literatur

AGF/WRK (1980): Zur Zusammenarbeit zwischen Hochschulen und Großforschungseinrichtungen. In: AGF-Dokumentation 1/1983, Dokumente zur Großforschung. Bonn-Bad Godesberg: AGF: 45-49.

Avenarius, H. (1979): Hochschulen und Reformgesetzgebung. Zur Anpassung der Länderhochschulgesetze an das Hochschulrahmengesetz. Berlin: Duncker & Humblot.

Barbarino, O. (1973): Zur Revision des Grundgesetzes: Planerische und finanzielle Aspekte des Bund-Länder-Verhältnisses unter besonderer Berücksichtigung der Gemeinschaftsaufgaben. DÖV 1/2: 19-23.

Baum, K.-H. (2005): An der Hochschulpolitik schieden sich die politischen Geister. Ausdruck aus dem Internet-Angebot der Zeitschrift ›Das Parlament‹. Quelle: www.bundestag.de/cgibin/druck.pl?N=parlament.

BLK (1993): ›Eckwertepapier‹ für die Bund-Länder-Arbeitsgruppe zur Vorbereitung des vorgesehenen bildungspolitischen Spitzengesprächs. Bonn: BLK (unv. Ms.).

BLK (2001): Gemeinsames Hochschulprogramm III. Abschlussbericht zum Gemeinsamen Hochschulsonderprogramm III des Bundes und der Länder, Materialien zur Bildungsplanung und Forschungsförderung Heft 95. Bonn: BLK.

BLK Pressemitteilung (07/2004): Deutschlands Hochschulen sollen Weltspitze werden.

BLK Pressemitteilung (15/2005): Gemeinsame Erklärung von Herrn Staatsminister Dr. Goppel und Frau Bundesministerin Bulmahn anlässlich der 124. BLK-Sitzung am 6. 4. 2005.

BLK Pressemitteilung (19/2005): BLK verabschiedet neuen Vereinbarungstext zur Exzellenzinitiative als Vorlage für die Beratungen der MPK mit dem Bundeskanzler am 23. 6. 05.

Block, H.-J. (1982): Hochschulplanung und Hochschulausbau in der Bundesrepublik Deutschland. Zur überregionalen Planung einer expansiven Bildungspolitik in einem föderativen Staat. WissR 15: 201-228.

BMBF (1999): Mut zur Veränderung. Deutschland braucht moderne Hochschulen. Vorschläge für eine Reform. Bonn/Berlin: BMBF.

BMBF (2004): Ideen, die gewinnen. Halbzeitbilanz des Bundesministeriums für Bildung und Forschung in der 15. Legislaturperiode. Bonn/Berlin: BMBF.

Brunn, A. (1992a): Regierungserklärung zur Lage der Hochschulen vor dem Landtag Nordrhein-Westfalen am 15. Oktober 1992. Düsseldorf: Landesregierung Nordrhein-Westfalen.
Brunn, A. (1992b): Rede anläßlich der Fachkonferenz ›Stagnation oder Zukunftsorientierung – Forschungspolitik im vereinigten Deutschland‹, 16. Oktober 1992. Düsseldorf: MWF (unv. Ms.).
Bulmahn, E. (2004): Rede der Bundesministerin anlässlich des Humboldt-Forums zum Thema ›Bildung und Forschung 2010 – die Chancen der Föderalismusreform nutzen‹ am 20. 1. 2004 in der Humboldt-Universität zu Berlin. Quelle: www.bmbf.de/pub/mr-20040120.pdf.
Bulmahn, E. (2005): Rede der Bundesministerin zum Thema ›Vorsprung durch Innovation. Perspektiven für Deutschland‹ anlässlich der Festveranstaltung zum Leibniztag 2005 am 25. 6. 2005 in Berlin. Quelle: www.bmbf.de/pub/mr-20050625.pdf.
Bundesbericht Forschung (1965). Bonn-Bad Godesberg: BMwF.
Bundesbericht Forschung (1967). Bonn-Bad Godesberg: BMwF.
Bundesbericht Forschung (1969). Bonn-Bad Godesberg: BMBW.
Bundesbericht Forschung (1996). Bonn/Berlin: BMBF.
Bund-Länder-Vereinbarung gemäß Artikel 91b des Grundgesetzes (Forschungsförderung) über die Exzellenzinitiative des Bundes und der Länder zur Förderung von Wissenschaft und Forschung an deutschen Hochschulen vom 23.6.2005.
Feuchte, P. (1972): Hochschulbau als Gemeinschaftsaufgabe. Die Verwaltung 5: 199-222.
Finetti, M. (1997): Jeder für sich – und alle ohne den Bund. DUZ, 1/2, 1997: 14-15.
Geis, M.-E. (2005): Das Selbstbestimmungsrecht der Universitäten. WissR 37: 1-25.
Gramm, C. (1993): Bewährungsprobe für die Gemeinschaftsaufgabe Hochschulbau. WissR 26: 198-219.
Graw, A./Joachim, P. (2004): Bildung soll Ländersache werden. Die Welt v. 16. 12. 2004.
Griff, I. (1998): Der Durchbruch blieb aus. DUZ 15/16: 10-12.
Hack, L./Hack, I. (1985): ›Kritische Massen‹. Zum akademisch-industriellen Komplex im Bereich der Mikrobiologie/Gentechnologie. Technik und Gesellschaft 3: 132-158.
Haerdle, B. (2001): Tolerable Verluste. DUZ, 1/2, 2001: 17.
Hohn, H.-W. (1998): Kognitive Strukturen und Steuerungsprobleme der Forschung. Kernphysik und Informatik im Vergleich, Frankfurt am Main/New York: Campus.
Hohn, H.-W./Schimank, U. (1990): Konflikte und Gleichgewichte im Forschungssystem. Akteurkonstellationen und Entwicklungspfade in der staatlich finanzierten außeruniversitären Forschung. Frankfurt am Main/New York: Campus.
HoF Wittenberg (2003): Die Ost-Berliner Wissenschaft im vereinigten Ber-

lin. Expertise im Auftrag der Berliner Senatsverwaltung für Wissenschaft, Forschung und Kultur, Wittenberg: Ms.

HRK (2004): Zur aktuellen hochschulpolitischen Diskussion. Erklärung des 98. Senats der Hochschulrektorenkonferenz. Bonn: HRK.

Kipp, H. (1956): Zum Problem der Förderung der Wissenschaften durch den Bund. DÖV 9: 555-563.

Klein, F. (1972): Die Regelung der Gemeinschaftsaufgaben von Bund und Ländern im Grundgesetz. Eine kritische Würdigung. Der Staat 11: 289-312.

Kreyenberg, P. (1994): Die Rolle der Kultusministerkonferenz im Zuge des Einigungsprozesses. S. 191-204 in: R. Mayntz (Hrsg.), Aufbruch und Reform von oben. Ostdeutsche Universitäten im Transformationsprozess. Frankfurt am Main/New York: Campus.

Krüger, H. (1996): Hochschule in der bundesstaatlichen Verfassungsordnung. S. 157-187 in: C. Flämig et al. (Hrsg.), Handbuch des Wissenschaftsrechts, 2. Aufl. Berlin et al.: Springer.

Lachmann, G. (1975): Die Gemeinschaftsaufgabe Hochschulbau. Eine Untersuchung zur gesamtstaatlichen Planung im föderalistischen System. Der Staat 14: 49-68.

Lehmbruch, G. (1999): Die große Koalition und die Institutionalisierung der Verhandlungsdemokratie. S. 41-61 in: M. Kaase/G. Schmid (Hrsg.), Eine lernende Demokratie. 50 Jahre Bundesrepublik Deutschland, WZB-Jahrbuch 1999. Berlin: Edition Sigma.

Lüthje, J. (1973): Die Gesetzgebungskompetenz des Bundes im Hochschulwesen. DÖV 26: 545-554.

Mayntz, R. (1994a): Deutsche Forschung im Einigungsprozeß. Die Transformation der Akademie der Wissenschaften der DDR 1989 bis 1992. Frankfurt am Main/New York: Campus.

Mayntz, R. (1994b): Die Erneuerung der ostdeutschen Universitäten zwischen Selbstreform und externer Intervention. S. 283-312 in: R. Mayntz (Hrsg.), Aufbruch und Reform von oben. Ostdeutsche Universitäten im Transformationsprozeß. Frankfurt am Main/New York: Campus.

McGinnis, M. D. (1986): Issue Linkage and the Evolution of International Cooperation. Journal of Conflict Resolution 30: 141-170.

Mittelstraß, J. (1993): Aufriß des Themas. S. 63-70 in: Stifterverband (Hrsg.), Wozu Universitäten – Universitäten wohin? Die Universität auf dem Weg zu einem neuen Selbstverständnis. Essen: Stifterverband.

MWFK Brandenburg Pressemitteilung 10/96: Wissenschaftsstaatssekretär Prof. Buttler zu BAFöG-Plänen der Bundesregierung, Quelle: www.brandenburg.de/~mwfkneu/minister/presse_alt/html/pr96.010. html.

Nullmeier, F./Pritzlaff, T./Wiesner, A. (2003): Mikro-Policy-Analyse. Ethnographische Politikforschung am Beispiel Hochschulpolitik. Frankfurt am Main/New York: Campus.

Ostrom, E./Garner, R./Walker, J. (1994): Rules, Games, and Common-Pool Resources. Ann Arbor, MI: University of Michigan Press.

Radkau, J. (1983): Aufstieg und Krise der deutschen Atomwirtschaft 1945-1975. Verdrängte Alternativen in der Kerntechnik und der Ursprung der nuklearen Kontroverse. Reinbek bei Hamburg: Rowohlt.

Reith, K.-H. (1997): Keine Zeit für Ideologie. DUZ 1/2, 1997: 10-13.

Reuter-Boysen, C. (1995): Vorreiter für die Hochschulreform? Planung, Gründung und Entwicklung der Universität der Bundeswehr München. Baden-Baden: Nomos.

Robischon, T. et al. (1995): Die politische Logik der deutschen Vereinigung und der Institutionentransfer. Eine Untersuchung am Beispiel von Gesundheitswesen, Forschungssystem und Telekommunikation. PVS 36: 423-459.

Ronzheimer, M. (1992): HRK-Forderung: Blaue-Liste-Institute in die Hochschulen. DUZ, 7, 1992: 22.

Sandberger, G. (2002): Organisationsreform und Autonomie-Bewertungen der Reform in den Ländern. WissR 35: 125-150.

Scharpf, F. W. (1997): Games Real Actors Play. Actor-Centered Institutionalism in Policy Research. Boulder, CO.: Westview Press.

Scharpf, F. W. (2005): Recht und Politik in der Reform des deutschen Föderalismus. MPIfG Working Paper 05/6. Köln: MPIfG.

Schiedermair, H. (1996): Deutsches Hochschulwesen der Gegenwart – Eine Bestandsaufnahme. S. 37-119 in: C. Flämig et al. (Hrsg.), Handbuch des Wissenschaftsrechts, 2. Aufl. Berlin et al.: Springer.

Schimank, U. (1991): Politische Steuerung in der Organisationsgesellschaft – am Beispiel der Forschungspolitik. S: 505-516 in: W. Zapf (Hrsg.), Die Modernisierung moderner Gesellschaften. Verhandlungen des 25. Deutschen Soziologentages in Frankfurt am Main 1990. Frankfurt am Main/New York: Campus.

Schimank, U. (1995): Hochschulforschung im Schatten der Lehre. Frankfurt am Main/New York: Campus.

Schmittner, K. (1973): Zur Position der Bundesexekutive im System der Gemeinschaftsaufgabe Hochschulbau. WissR 6: 227-243.

Stehr, N. (1994): Arbeit, Eigentum und Wissen. Zur Theorie von Wissensgesellschaften. Frankfurt am Main: Suhrkamp.

Stölting, E./Schimank, U. (Hrsg.) (2001): Die Krise der Universitäten. Leviathan Sonderheft 20, Wiesbaden: Westdeutscher Verlag.

Stucke, A. (1993): Institutionalisierung der Forschungspolitik. Entstehung, Entwicklung und Steuerungsprobleme des Bundesforschungsministeriums. Frankfurt am Main/New York: Campus.

SZ v. 23.12.2004.

Thieme, W. (2004): Deutsches Hochschulrecht. 3. Aufl. Köln/Berlin/München: Heymanns.

Walter, H. (1999): Kommentar § 1. In: K. Heilbronner/M.-E. Geis (Hrsg.), Kommentar zum Hochschulrahmengesetz (HRG). 32. Lieferung, Heidelberg, 2004: C. F. Müller.

von Heppe, H. (1969): Die Stellung des Bundes in der Hochschulpolitik.

S: 61-80 in: M. Kaser et al. (Hrsg.), Festschrift für Wilhelm Felgentraeger zum 70. Geburtstag. Göttingen: Schwartz.
von Trotha, K. (1992): Leitlinien und Struktur der Forschungspolitik. Stuttgart: MWF Baden-Württemberg.
Weyer, J. (1993): Akteurstrategien und strukturelle Eigendynamiken. Raumfahrt in Westdeutschland 1945-1965. Göttingen: Schwartz.
Winnacker, E.-L. (2005): Die Exzellenzinitiative: Hoffnung auf den großen Wurf. Forschung 2, 2005: 2-3.
WR (1988): Empfehlungen des Wissenschaftsrates zu den Perspektiven der Hochschulen in den 90er Jahren. Köln: Wissenschaftsrat.

Ulrich Teichler
Hochschulsystem – Studium – Arbeitsmarkt
Die lehr- und studienbezogene Hochschulpolitik
des Bundesministeriums

1. Die besondere deutsche Situation der Bund-Länder-Verantwortlichkeiten

In der Mehrheit der ökonomisch fortgeschrittenen Länder der Welt hat die nationale Regierung die staatliche Aufsichts- und Koordinationsfunktion über das Hochschulwesen. Dabei gibt es auch Länder mit föderaler Struktur, in denen die Hochschule als nationale staatliche Aufgabe gesehen wird; so in Australien und Österreich. Die Bundesrepublik Deutschland ist jedoch keineswegs das einzige Land, in dem die zentralen staatlichen Aufgaben gegenüber den Hochschulen nationalen Untergliederungen zugeordnet sind: so in den Vereinigten Staaten von Amerika, in Kanada, in Großbritannien und in der Schweiz; ähnliches gilt für die Schwellenländer Brasilien und Mexiko (siehe Brown/Cazalis/Jasmin 1992).Unter den Mitgliedländern der Europäischen Union daneben nur in Großbritannien die Koordination des Hochschulsystems überwiegend dezentral.

Im Vergleich zu anderen Ländern mit dezentraler Koordination lassen sich in der Bundesrepublik Deutschland zwei Besonderheiten beobachten. Erstens ist die Verteilung der Koordinations- und Förderungsaufgaben besonders komplex und darüber mehrmals großen Veränderungen unterlegen (siehe Teichler 1992).

Hier soll der Versuch unternommen wird, die lehr- und studienbezogene Hochschulpolitik des für Bildungsfragen zuständigen Bundesministeriums nachzuzeichnen (siehe dazu insbesondere Peisert/Framhein 1990; Oehler 1989, 2000; Teichler 1990; Kehm 1999; Turner 2001). Dabei ist zu bedenken, dass
- ein für Forschungsfragen zuständiges Ministerium bereits seit 1955 existierte, das nur von 1969 bis 1972 und wieder seit 1994 in das für Bildung und Wissenschaft zuständige Ministerium integriert ist,
- eine gewisse lehr- und studienbezogene Hochschulkompetenz bereits vor 1969 bestand, die primär beim Bundesministerium des Inneren ressortierte,
- weitere Ministerien für Teilaspekte von Lehre und Studium an Hochschulen zuständig sind: Das Auswärtige Amt im Bereich von studentischer und Wissenschaftler-Mobilität und internationaler Hochschulkooperation, das für Entwicklungshilfe zuständige Minis-

terium in der Förderung von Hochschulaktivitäten anderer Länder, das Innenministerium im Bereich Rechtsstellung und Besoldung der Personals der Hochschulen und in der Qualifizierung für den öffentlichen Dienst sowie weitere Ministerien in der Qualifizierung für ausgewählte Berufe mit staatlichen Aufsichtsfunktionen (z. B. im Bereich des Gesundheits-, des Rechtswesens und der Armee).

Als zweite deutsche Besonderheit ist zu nennen, dass das zuständige Bundesministerium in lehr- und studienbezogenen Fragen vielfältige Möglichkeiten zur Mitfinanzierung, Mitplanung und -gestaltung und der Mitregulierung hat, aber kaum zur eigenständige Gestaltung. Letzteres gilt nur für internationale Hochschulbeziehungen, aber diese sind so eng mit der Gesamtkonstellation des Hochschulsystems verbunden, dass eine Abstimmung von Bund und Ländern unabdingbar ist.

2. Vor 1969: Vom dezentralen Wiederaufbau zu systemweiten Initiativen

Nach dem Zweiten Weltkrieg stand zur Debatte, ob grundlegende Reformen angesichts der weitgehenden Anpassung der Hochschulen an die Nazi-Herrschaft und verschiedener technologischer und gesellschaftlicher Wandlungstendenzen erforderlich seien. Bald setzte sich jedoch die Überzeugung durch, die deutsche Universität sei ›im Kern gesund‹. Die vor 1933 geltenden Grundsätze sollten wieder in Kraft gesetzt werden; auszubauen sei lediglich der Schutz vor politischer Intervention (siehe Goldschmidt 1991).

So standen jahrelang Bemühungen um den ›Wiederaufbau‹ in Grundsätzen und Organisation, der Beseitigung der baulichen Zerstörungen und der Einstellung von qualifizierten Wissenschaftlern im Vordergrund. Die Freiheit der Wissenschaft wurde im Grundgesetz verankert; tatsächlich erreichten Professoren in den zwei folgenden Jahrzehnten wohl ein Ausmaß an wissenschaftlicher Freiheit und Einfluss auf die Gestaltung der Hochschulen wie nie zuvor und danach.

Die staatliche Hochschulaufsicht wurde bei den Ländern verankert, wodurch die Hochschulen als ein Bereich der kulturellen Vielfalt innerhalb Deutschlands gekennzeichnet sind. Übergreifende Koordination lag zunächst weitgehend in der Hand der 1949 etablierten Ständigen Konferenz der Kultusminister der Länder in der Bundesrepublik Deutschland (KMK), die dafür zu sorgen hatte, dass in ausgewählten Fragen auch gemeinsame Elemente der Hochschulen und eine ›Einheitlichkeit der Lebensverhältnisse‹ zum Tragen kommen. Daneben wurde die Etablierung und die laufende Finanzierung der Westdeutschen Rektorenkonferenz (WRK) – nach der deutschen Einigung Hochschulrektorenkonferenz (HRK) – vom Staat unterstützt, um die eigene Interessenvertretung der Hochschulen zu stärken.

Tatsächlich war das bundesdeutsche Hochschulsystem in den ersten beiden Nachkriegsjahrzehnten – durch gemeinsame Traditionen und koordinatorische Tätigkeit von KMK und anderen Institutionen – weitgehend einheitlich: in den Zugangsvoraussetzungen und Zulassungspraktiken, der ungefähren Dauer der Studienangebote, den Hochschulabschlüssen und vielen anderen Aspekten. Aber schon in den fünfziger Jahren wurde vielfach ein verstärkte Abstimmung zwischen den staatlichen Instanzen untereinander und zwischen Staat und Hochschule sowie größerer gemeinsamer finanzieller Aufwand gefordert, um eine leistungsfähige Forschung insbesondere im naturwissenschaftlich-technischen Bereich und ein qualifiziertes Studienangebot für eine wachsende Zahl von Studierenden zu sichern.

Bereits 1957 wurde ein System der finanziellen Förderung von Studierenden aus sozial bedürftigen Elternhäusern etabliert – die Studienförderung nach dem so genannten ›Honnefer Modell‹, das dem Innenministerium zugeordnet war. Auch ist der Bund seit 1957 an der Planung des Hochschulwesens dadurch beteiligt, dass durch ein Verwaltungsabkommen zwischen Bund und Ländern der Wissenschaftsrat als das wichtigste Planungs- und Beratungsgremium zu Fragen von Hochschule und Wissenschaft etabliert wurde. 1968 heißt es dazu in einer bekannten Übersichtspublikation: »Daß Bund und Länder zusammen mit einem Kreis von Wissenschaftlern und Männern des öffentlichen Lebens zu handeln bereit waren, entsprach einem weit verbreiteten Wunsch, die zentrale Instanz und die föderalen Institutionen an eine gemeinsame Verantwortung für den gesamten Wissenschaftsbereich zu binden« (Hess 1968: 27). An der Regulierung des Hochschulsystems wirkte der Bund vor 1969 allerdings nur in Teilbereichen mit, wie z. B. der Personalstruktur und Besoldung.

Der Übergang von der ersten Phase der Hochschulentwicklung, die Peisert/Framheim (1990) als ›dezentralen Wiederaufbau‹ bezeichneten, zur zweiten Phase der ›systemweiten Initiativen‹ wurde um 1960 erkennbar: Der Wissenschaftsrat legte den ersten ›Strukturplan‹ für die quantitative, strukturelle und bauliche Entwicklung des Hochschulwesens vor. Tatsächlich stieg in den 60er Jahren die Zahl der Hochschulen um etwa ein Viertel und der Studierenden um drei Viertel; die Stellen für das wissenschaftliche Personal wurden sogar verdreifacht (BMBW 1978: 36). Mittel für den Hochschulbau wuchsen, die Studienförderung wurde Regelsystem, und Studiengebühren wurden abgeschafft. Der Bund stellte zunehmend Mittel bereit und tat sich als Befürworter von Expansion und Strukturverbesserung hervor.

Bereits vor 1969 wurde in der lehr- und studienbezogenen Hochschulpolitik des Bundes (und auch der Länder) ein Dreiklang ›Expansion – soziale Öffnung – Stärkung kürzerer Studiengänge‹ sichtbar:

- Die Universitäten sollten mehr Jugendliche aufnehmen können und den qualifizierten Bewerbern keinerlei Barrieren entgegenstellen. Dies sollte – wie damals oft formuliert wurde – zum Wirtschaftswachstum beitragen, ›Chancengleichheit‹ verwirklichen und ›Bildung als Bürgerrecht‹ sichern. Neben dem Ausbau bestehender sollten neue Hochschulen so etabliert werden, dass die Versorgung mit Studienplätzen regional möglichst gleichmäßig erfolgt.
- Hochschulausbau und Studienförderung sollten helfen, die Unterschiede des Zugangs zum Studium nach der sozio-biographischen Herkunft zu verringern. Kumulativ formuliert ging es darum, die Studierchancen des ›katholische Arbeitermädchens vom Lande‹ zu verbessern.
- Schon in den sechziger Jahren setzte sich die Vorstellung durch, der Ausbau sei nur leistbar, wenn bestehende Institutionen, die nicht als Hochschulen galten, aufgewertet würden und die Mehrheit der Studierenden kurze Studiengänge durchliefen. Dies prägte viele Pläne des Wissenschaftsrats und den Beschluss der Ministerpräsidenten der Länder im Jahre 1968, Fachhochschulen zu etablieren.

In den Jahren 1967 und 1968 veränderten die studentischen Proteste die hochschulpolitische Szenerie. Kritik an mangelnder gesellschaftlicher Relevanz von Forschung, Lehre und Studium oder deren Ausrichtung an ›Kapitalinteressen‹ sowie an der ›Ordinarien-Universität‹ richtete sich zwar primär an die Inhalte der Wissenschaft, warf aber auch die Frage auf, wie Entscheidungen im Hochschulsystem fallen und wer sie fällt. In den Ländern wurden – oft auch mit Hilfe neuer Gesetze – markante organisatorische Veränderungen vorgenommen, u. a. in Richtung einer stärkeren Beteiligung der Studierenden, der wissenschaftlichen und der sonstigen Bediensteten an den inner-universitären Entscheidungen. Da diese Reformen kontrovers waren und die Unterschiede zwischen den Ländern vergrößerten, verstärkte sich der Ruf nach bundesweiter Regulierung.

Der Deutsche Bundestag hatte bereits im Jahre 1964 die Bundesregierung aufgefordert, neben dem Forschungsbericht auch einen Bericht zur Ausbildungsförderung und Bildungsplanung zu erstellen. Der 1967 vorgelegte Bericht – damals in Form getrennter Teilberichte des Bundes (seitens des Innenministeriums) und der einzelnen Länder – machte den Begriff ›Bildungsplanung‹ politisch salonfähig und bereitete den Weg, dass Bildungsplanung als Gemeinschaftsaufgabe von Bund und Ländern 1969 Eingang in das Grundgesetz fand (siehe Hüfner u. a., 1986: 85).

3. 1969 bis 1972:
Die Blütezeit des kooperativen Kulturföderalismus

Ende der sechziger Jahre spielten die früher kontroversen hochschulpolitischen Einschätzungen der wichtigen politischen Parteien und gesellschaftlichen Gruppen kaum mehr eine Rolle. Ein Konsens hatte sich entwickelt, dass erhebliche Anstrengungen erforderlich seien, um mit einer wachsenden Studierendenquote zu Wirtschaftswachstum und Abbau ungleicher Bildungs- und Sozialchancen beizutragen (siehe Hüfner u. a. 1986; Oehler 2000). Die von Ende 1966 bis Herbst 1969 bestehende ›Große Koalition‹ von CDU/CSU und SPD auf Bundesebene konnte, obwohl sie in ihrer Regierungserklärung Bildungsfragen überhaupt nicht erwähnte, erreichen, dass die formale Zuständigkeit des Bundes ausgebaut wurde, an der Gestaltung des Bildungssystems mitzuwirken.

Nach Kontroversen zwischen Bund und Ländern kam schließlich die Einigung zustande, im Rahmen einer gesamtstaatlichen Finanzreform »den Bund an solchen Aufgaben der Länder zu beteiligen, die für die Allgemeinheit von Bedeutung sind und bei denen die Mitwirkung des Bundes für die Entwicklung gleicher Lebensverhältnisse notwendig ist. Diese Aufgaben wurden als ›Gemeinschaftsaufgaben‹ bezeichnet« (Peisert/Framhein 1990: 6). Im Frühsommer 1969 wurde in Artikel 91 des Grundgesetzes verankert, dass

– die Rahmenplanung für den Ausbau und Neubau der Hochschulen gemeinsam von Bund und Ländern wahrgenommen wird; diese wurde im gleichen Jahr durch ein Hochschulbauförderungsgesetz präzisiert;
– der Bund die Möglichkeit erhält, bei Aufgaben der Bildungsplanung und Forschungsförderung von überregionaler Bedeutung mitzuwirken.

Gleichzeitig erhielt der Bund – durch Veränderung des Artikels 75 – im Rahmen der so genannten ›konkurrierenden Gesetzgebung‹ das Recht,
– Rahmenvorschriften über allgemeine Grundsätze des Hochschulwesens zu erlassen.

Damit wurde nicht nur die mitfinanzierende, planende und -gestaltende Rolle des Bundes gestärkt, sondern er erhielt auch eine mitregulierende Aufgabe. Der Jahresbericht des BMBW (1970: 6) formulierte: »Mit diesen Rechtsgrundlagen hat der Bund die Möglichkeit, seiner Mitverantwortung in der Bildungs- und Wissenschaftspolitik wirksamer als bisher in Planung und Durchführung gerecht zu werden.« Das Prinzip des reinen Kulturföderalismus wurde durch das des ›kooperativer Kulturföderalismus‹ (Peisert/Framhein 1990: 6) ersetzt.

Die im Herbst 1969 gebildete SPD/FDP-Bundesregierung räumte in

der Regierungserklärung der Bildungs- und Wissenschaftspolitik eine hohes Gewicht ein: Sie wolle sich nicht mit Mitförderung begnügen, sondern weit reichende Reformen vorantreiben:
- »Schwere Störungen des gesamten Bildungssystems ergeben sich daraus, daß es bisher nicht gelungen ist, die vier Hauptbereiche unseres Bildungswesens – Schule, Hochschule, Berufsausbildung und Erwachsenenbildung – nach einer durchsichtigen und rationalen Konzeption zu koordinieren. Solange aber ein Gesamtplan fehlt, ist es nicht möglich, Menschen und Mittel so einzusetzen, dass ein optimaler Effekt erzielt wird.«
- »Zu den neuen Aufgaben der Bundesregierung gehört es, ein Hochschulrahmengesetz vorzulegen. Ein solches Gesetz wird auch die Lage der bisherigen Fachhochschulen im Rahmen eines Gesamthochschulsystems zu berücksichtigen haben. Fragen der Personalstruktur stehen zunächst im Mittelpunkt. Für die Hochschulen und staatliche Forschungsförderungseinrichtungen müssen wirksame Vorschläge für die Überwindung überalterter hierarchischer Formen vorgelegt werden.«
- »Bildung, Ausbildung und Forschung müssen als ein Gesamtsystem begriffen werden, das gleichzeitig das Bürgerrecht auf Bildung sowie den Bedarf der Gesellschaft an möglichst hochqualifizierten Fachkräften und an Forschungsergebnissen berücksichtigt« (zitiert nach Hüfner u. a. 1986: 56).

Mit Erlass vom 18. November 1969 wurde das Bundesministerium für Bildung und Wissenschaft (BMBW) etabliert. Es erhielt neben den Aufgaben des früheren Ministeriums für ›wissenschaftliche Forschung‹ auch die bisher vom Innenministerium wahrgenommenen und die durch Grundgesetzänderung dazu gewonnenen Aufgaben. Prof. Dr.-Ing. Hans Leussink, der erste Minister für Bildung und Wissenschaft, zeigte allerdings vor allem Interesse an Fragen der Forschungsförderung. Sehr bald folgte ihm Dr. Klaus von Dohnanyi, der Akzente in der Hochschulpolitik setzte.

Der Bund trug durch Finanzierung und sonstige Schritte der Mobilisierung zu einer deutlichen Erhöhung hochschulbezogener Ausgaben bei:
- Die gesamten Bildungsausgaben des Bundes, die zu über 80 Prozent dem Hochschulbereich zukamen, stiegen von 1969 bis 1973 von 0,9 Mrd. DM auf 3,3 Mrd. DM; in den vier Jahren davor hatte nur ein Anstieg von etwa 0,5 Mrd. DM auf 0,9 Mrd. DM erfolgt (ibw 1973: 85 f.).
- Gleichzeitig stiegen die Ausgaben von Bund und Ländern für die Ausbildungsförderung von fast 200 Mio. DM. auf ca. 1,3 Mrd. DM (ibw 1973: 132).
- Die öffentlichen Ausgaben für Hochschulen stiegen insgesamt von

0,87 Prozent des Bruttosozialprodukts (BSP) auf 1,15 Prozent (in den vier Jahren davor nur von 0,77 auf 0,87 Prozent).

Bund und Länder stimmten 1970 in den Empfehlungen des Wissenschaftsrats überein, dass die Studienanfängerquote von etwa 15 Prozent im Jahre 1970 auf 25 Prozent im Jahre 1980 steigen sollte. Dies sollte durch mehr kürzere Studiengänge, höhere Erfolgsquoten, Ausbau der bestehenden Hochschulen auf bis zu 20.000 Studierende und Etablierung von 30 neuen Hochschulen (als Gesamthochschulen) planerisch bewältigt werden. Insgesamt sollten die öffentlichen Bildungsausgaben von 4-5 auf 8 Prozent des BSP anwachsen.

Seit 1971 nahmen hochschulpolitische Kontroversen zwischen der Bundesregierung und einigen Länderregierungen sowie zwischen den sozialliberalen Parteien und der CDU/CSU zu. Das BMBW begann, Rückhalt für seine hohen Ziele des Hochschulausbaus, seine Absicht der Zusammenführung von Hochschulen zu Gesamthochschulen sowie seine Vorstellungen zur Veränderung der Hochschulorganisation und Personalstruktur an Hochschulen zu verlieren. Der spätere Staatssekretär Dr. Peter Glotz hob hervor, dass noch im Jahre 1971 der spätere Bundespräsident Karl Carstens die Grundgesetzänderungen als zu sehr von einem mühsamen Kompromiss gekennzeichnet kritisiert hatte, der die notwendigen Entscheidungen des Staates in der Bildungs- und Hochschulpolitik behindere. Aber »schon 1972 erhielt die Bildungsplanung durch einen Beschluss der Ministerpräsidenten der Länder einen schweren Schlag; sie wurde auf die ›Festlegung grundsätzlicher Leitlinien (Rahmenplanung)‹, die nur ›ausnahmsweise‹ eine Einzelplanung erlauben sollte, beschränkt« (ibw 1976: 76f.).

Mit Mühe kam einmalig und danach nie wieder eine Einigung zwischen Bund und Ländern über einen Bildungsgesamtplan zustande, der 1973 endgültig verabschiedet wurde – weitere Versuche in den 70er und zu Beginn der 80er Jahre scheiterten. Ende 1982 plädierte die Bundesbildungsministerin Wilms nur noch dafür, die 1970 etablierte Bund Länder-Kommission für Bildungsplanung und Forschungsförderung (BLK) solle »als Gesprächsforum für wesentliche bildungs- und forschungspolitische Fragen erhalten bleiben« (ibw 82: 216).

Warnungen vor einem ›akademischen Proletariat‹ erregten schon ab 1970 Aufmerksamkeit (Schlaffke 1970). Auch die Ausbauziele der Hochschulen begannen 1972 zu bröckeln – also bevor mit dem ›Ölschock‹ von 1973 der Optimismus im Hinblick auf Wirtschaftswachstum und auf wachsenden Hochschulabsolventenbedarf einen Dämpfer quer über alle hochschulpolitischen Gruppierungen erhielt. Die 1970 vom BMBW eröffnete Diskussion über ein Hochschulrahmengesetz kam erst Ende 1975 zu einem Kompromiss.

Allerdings entwickelte das BMBW durch die Förderung von Modellversuchen ein neues Instrumentarium der Gestaltung. 1972 beschlossen

Bund und Länder eine ›Rahmenvereinbarung zur koordinierten Vorbereitung, Durchführung und wissenschaftlichen Begleitung von Modellversuchen im Bildungsbereich‹, deren Federführung dann bei der BLK lag. Wenn sich die Bundesregierung mit einer Landesregierung einigte, ein Reformvorhaben an einer oder mehreren Hochschulen zu fördern, war in der Regel die Zustimmung durch die BLK sicher. Damit war ein Weg zur sichtbaren Einflussnahme eröffnet, den der Bund anfangs für die Förderung von Gesamthochschulen und Studienreformen nutzte (siehe BMBW 1982). Mit – im Vergleich zu Hochschulbau, Studien- und Forschungsförderung – geringfügigen 215 Mio. DM seitens des Bundes für 183 Modellversuche im Hochschulbereich innerhalb von 12 Jahren konnten interessante Reformkonzepte erprobt und implementiert werden (ibw 1984: 97f.). So schrieb Staatssekretär Eckart Kuhlwein 1982: »Wirklichkeit bei der Bildungsplanung ist für uns aber auch die Praxis der Modellversuche, ein Aktivposten, durch den vieles in Bewegung gebracht werden konnte. Länderübergreifend kann in diesen Versuchen Innovation beraten und nach den jeweiligen Ergebnissen aufgenommen werden. Hier ist wenigstens die gute Chance, Provinzialismus bei Innovationen im Bildungsbereich zu vermeiden« (ibw 82: 43).

Auch begann das BMBW, Forschung zu Hochschulfragen in einem Maße zu fördern, dass die systematische Informationsbasis für hochschulpolitische Entscheidungen deutlich anstieg. Zwar scheiterte der Versuch, ein Bundeshochschulinstitut einzurichten, am Einspruch der Länder, aber der Bund förderte Projekte in verschiedenen Institutionen (siehe Goldschmidt/Teichler/Webler 1984; Weishaupt/Steinert/Baumann 1991) und beteiligte sich Ende der siebziger Jahre gemeinsam mit den Ländern an der Hochschul-Informations-System GmbH.

Somit war vor Ende der vorzeitig im Jahre 1972 abgeschlossenen Legislaturperiode deutlich, dass das BMBW keine großen Pläne entwickeln und realisieren konnte. Es war auf mühsame Prozesse von Beratung und Verhandlung angewiesen, bei der Geld, Verhandlungsgeschick und möglicherweise überlegenes Know-how als Grundlage von Planungs- und Reformkonzeptionen eine Rolle spielen konnte.

4. 1973 bis 1990: Moderater mitwirkender Einfluss

1972 wurde das Bundesministerium für Bildung und Wissenschaft vom Forschungsministerium getrennt. Das BMBW (1974: 4) schrieb dazu: »Damit steht erstmals seit Gründung der Bundesrepublik Deutschland ein Bundesministerium als kompetenter Partner den auf dem Gebiet von Erziehung und Bildung überwiegend zuständigen Landesministerien gegenüber«. Gleichzeitig ging die Grundsatz- und Koordinationszuständigkeit für die berufliche Bildung, die zuvor auf die für Arbeit, Wirtschaft und Jugend zuständigen Ministerien verteilt war, auf das BMBW über, und in diesem Bereich hat der Bund die primäre Zuständigkeit.

Bereits in dem Bildungsgesamtplan von 1973 war die 1970 formulierte Zielzahl des Hochschulausbaus von 25 Prozent Studienanfängern im Jahre 1980 auf 20-22 Prozent (und 22-24 Prozent im Jahre 1985) abgesenkt worden, obwohl es kein Rückgang der Hochschulexpansion in Sicht war. Der Anteil der öffentlichen Bildungsausgaben am BSP, der von etwa 3,5 Prozent 1965 auf etwas über 5 Prozent im Jahre 1973 gestiegen war, sollte weiterhin, aber moderater wachsen: Bis 1985 auf 7,7 Prozent (ibw 1973: 79-86).

Aufschlussreich ist die Entwicklung der hochschulbezogenen Ausgaben:
– Die Ausgaben des Bundes für die Hochschulen allgemein (dabei insbesondere für den Hochschulbau) fielen von über 1,4 Mrd. DM im Jahre 1973 auf etwa 1 Mrd. DM zu Beginn der achtziger Jahre oder etwas mehr und stieg zuletzt wieder bis auf 1,3 Mrd. DM im Jahre 1990 – allerdings bei Preissteigerungen von insgesamt über 50 Prozent.
– Bei der Ausbildungsförderung für alle Bildungsbereiche hatten die Aufwendungen des Bundes 1973 über 1,1 Mrd. DM betragen. Zunächst gab es weiter einen deutlichen Anstieg auf etwa 2 Mrd. DM (1975) und über 2,5 Mrd. DM (1980) und danach einen Rückgang auf 1,6 Mrd. DM (1985) bzw. auf 1,7 Mrd. DM im Jahre 1990.
– Bei der gemeinsamen Forschungsförderung dagegen gab in diesem Zeitraum weitaus mehr als eine Verdoppelung des nominalen Betrags und damit eine etwas höhere Steigerung als die des Bundeshaushalts insgesamt.

Dass Hochschulausbau und -reform politisch an Gewicht verloren, wurde auch mit der Besetzung des Ministeriums im Herbst 1973 signalisiert: Der neue Bundesminister Helmut Rohde setzte Prioritäten in der beruflichen Bildung. Die Mühen, die der Bund in den folgenden Jahren bei planerischen und gestalterischen Akzentsetzungen hatte, formulierte im Jahre 1976 der damalige Staatssekretär Dr. Peter Glotz wie folgt: »Die politische Konfrontation zwischen sozialliberaler Koalition und CDU/CSU einerseits und die Abgrenzungsstrategie der Bürokratien der Länder andererseits feiern zwielichtige Erfolge. Es sind Erfolge gegen die Bildungsplanung.« (ibw 1976:77; siehe auch BMBW 1976)

In der Legislaturperiode von 1972 bis 1976 hatte der Hochschulausbau einen hohen Stellenwert in der Politik des BMBW, wobei allerdings die Zielzahlen und die tatsächlich bereit gestellten Mittel mehrmals nach unten korrigiert wurden. Deutlich waren die Spuren der Bundespolitik im Ausbau der Studienförderung. In mühsamen Verhandlungsprozessen gelang ein Kompromiss in der Formulierung des HRG. Schließlich hat in dieser Amtszeit der Bund durch die Förderung von

Modellversuchen im Hochschulbereich stärker auf die studienbezogene Gestaltung der Hochschulen – zumindest örtlich – eingewirkt als je zuvor und danach.

Das BMBW hatte bereits 1970 erste Entwürfe eines Hochschulrahmengesetzes zur Diskussion gestellt und im Jahre 1971 dem Bundestag einen Gesetzesentwurf vorgelegt. Nach kontroversen Diskussionen gab es im Herbst 1973 eine veränderte Vorlage. Auf vielerlei Änderungsforderungen des Bundesrats verabschiedete der Bundestag das HRG im Dezember 1974. Im Februar 1975 verlangte der Bundesrat die Einberufung eines Vermittlungsausschusses. Der schließlich ausgehandelte Einigungsvorschlag wurde im Dezember 1975 von Bundestag und Bundesrat verabschiedet. Das HRG trat im Januar 1976 in Kraft. Bei der Vorlage des Gesetzesentwurfs betonte das BMBW, dass
- die Chance des Hochschulzugangs für Berufserfahrene ohne Abitur verbessert werde,
- eine Studienreform die Studierenden stärker auf berufliche Aufgabenfelder vorbereiten solle,
- die Etablierung integrierter Gesamthochschulen anzustreben sei,
- verschiedene Regelungen Chancen zur Verkürzung des Studiums und zur besseren Nutzung der Hochschulen böten,
- die Hochschulen das Recht der Selbstverwaltung hätten, aber der Staat mit den Hochschulen gemeinsame Ziele »in Eckwerten« zu formulieren habe und die Hochschulen stärker als in der Vergangenheit eine »öffentliche Rechenschaftspflicht« hätten,
- es eine Mitbestimmung der verschiedenen in der Hochschule vertretenen Gruppen bei allen Entscheidungen geben solle: »Keine Gruppe darf die Mehrheit in einem Gremium haben«,
- eine Neuordnung der Personalstruktur erfolge, die »nicht mehr an formalen Berechtigungen orientiert« sei und »bisherige Abhängigkeitsverhältnisse, insbesondere für den wissenschaftlichen Nachwuchs« aufhebe (ibw 1973: 113-118).

Die nachfolgende Entwicklung bis Ende der 80er Jahre kennzeichnen Peisert/Framhein (1990: 8) wie folgt: »Mit dem Hochschulrahmengesetz von 1976 fand die aktive Phase der öffentlichen Reformdiskussion einen gewissen Abschluss. Weitgreifende Reformkonzepte wurden in der Folgezeit wieder teilweise zurückgenommen (z. B. die globale Umwandlung des tertiären Bereichs in ein System von Gesamthochschulen). Gleichzeitig ging die Zeit des forcierten Ausbaus der Hochschulen – bei immer weiter steigenden Studentenzahlen – aufgrund der verschlechterten staatlichen Finanzlage seit Mitte der 70er Jahre ihrem Ende zu.«

Von 1976 bis 1982 hatten Fragen der demographischen Entwicklung sowie der Beziehungen von Bildungs- und Beschäftigungssystem einen hohen Stellenwert. Im so genannten ›Wissenschaftskabinett‹ stimmte das Bundesministerium für Bildung und Wissenschaft seine Bildungs-

und Hochschulpolitik im Frühjahr 1976 mit anderen Bundesministerien ab (siehe ibw 1976: 91-95). Hier wurden die Grundlagen für die in der Regierungserklärung des Bundeskanzlers vom Dezember 1976 und in verschiedenen Beschlüssen im Jahre 1977, bei denen Bund und Länder mitwirkten, weiter präzisierten Politik gelegt:
- den geburtenstarken Jahrgängen gleiche Bildungschancen durch eine weiteren Ausbau und durch eine ›Öffnung‹ des Bildungssysteme in Form von temporär besonderer Belastung der Schulen, Hochschulen und beruflichen Ausbildung zu sichern,
- grundlegende bildungspolitische Kontroversen über den Charakter von Schul-, Hochschul- und beruflicher Bildung zeitweilig hinten anzustellen, um die besondere Belastung zu bewältigen,
- den Ausbau kurzer Studiengänge zu fördern und dem Bedarf des Beschäftigungssystems in Hochschulplanung und Studiengangentwicklung einen höheren Stellenwert einzuräumen,
- die Beratung für Schüler und Studierende auszubauen.

Die ›Öffnung der Hochschulen‹ war das gewichtigste Thema in den Amtsperioden der Bundesminister Dr. Jürgen Schmude (1977-1981) und Björn Engholm (1981-1982), beides Vertreter der SPD in einer sozialliberalen Koalition. Dabei sprach sich das BMBW für eine ›Öffnung‹ aller Bildungsangebote aus trotz der damals steigenden Sorge in der öffentlichen Diskussion, dass die wachsende Zahl der Hochschulabsolventen auf größere Schwierigkeiten stoße, eine ihrer Qualifikation entsprechende Berufstätigkeit zu finden. Staatssekretär Prof. Reimut Jochimsen schrieb dazu: »Mangelnde Qualifikation ist für den einzelnen, aber auch wirtschafts- und sozialpolitisch nach allen vorliegenden Erfahrungen ein ungleich schwerwiegenderes Problem als eine sog. ›Überqualifikation‹. [...] Einvernehmen scheint mittlerweile wenigstens darüber hergestellt, daß - zu welchen Ergebnissen auch immer Bedarfsschätzungen im einzelnen führen - das Risiko der Arbeitslosigkeit für die Höher- und Hochqualifizierten auch in Zukunft geringer sein dürfte als für anders Qualifizierte. [...] Die Verbindung von Bildung und Arbeitswelt ist nicht primär eine Frage der Quantität, sondern der Qualität« (ibw 1976: 159 f.).

Beim Übergang zu einer Koalition von CDU/CSU und FDP kündigte die neue christdemokratische Bundesministerin Dr. Dorothee Wilms 1983 an, dass sie den Schwerpunkt ihrer Arbeit in der beruflichen Bildung setzen werde und dass ein Umdenken bei der Studienförderung anstünde: »Die nun zehnjährigen Erfahrungen mit dem BAföG sind grundsätzlich nicht nur positiver Art. Vielmehr zwingen sie uns zu der Erkenntnis, daß wir die Struktur des BAföG gerade unter gesellschafts- und ordnungspolitischen Aspekten neu durchdenken müssen« (ibw 1982: 187). BAföG wurde von einem Teilstipendiensystem zu einem reinen Darlehenssystem umgestellt, und die Förderungsmöglichkeiten wurden eingeschränkt. Die hochschulbezogenen Ausgaben des Bundes blieben bis 1987 nominell ungefähr konstant, wobei einerseits die Ausgaben für die Forschungsförderung um etwa ein Fünftel stiegen und andererseits die allgemeinen Hochschulausgaben – einschließlich Hochschulbau – um etwa ein Zehntel und die Förderung durch BAföG um etwa ein Drittel sanken (BMBW 1987).

In der über vierjährigen Amtszeit der Ministerin Wilms wurden zwei Akzente gesetzt (siehe BMBW 1986).

– Erstens wurde großer Wert auf eine Strukturveränderung des Hochschulsystems gelegt. Mit der Novelle von 1985 wurde das 1976 im HRG verankerte, aber schon seit 1977 von fast allen wichtigen Instanzen verworfene und praktisch nicht mehr verfolgte Planungsziel (siehe Cerych u. a. 1981), alle Hochschulen zu Gesamthochschulen zusammenzufassen, offiziell gestrichen. Strukturpolitisch wichtiger war, dass das BMBW mit dem Schlagwort ›Differenzierung und Wettbewerb‹ vorschlug, es solle verstärkt – durch staatliche Förderung und Regulierung sowie in den Strategien der Hochschulen – darauf Wert gelegt werden, Unterschiede in Qualität und Profil der einzelnen Hochschulen herauszubilden (Wilms 1984; BMBW 1986).

– Zweitens war dem BMBW daran gelegen, mit Maßnahmen der Mitförderung, Mitgestaltung und Mitregulierung einen veränderten gesellschaftspolitischen Rahmen zu setzen: Mehr Dispositionsmöglichkeiten der einzelnen Hochschulen in Wettbewerb, ein Rückbau der ›Gruppenuniversität‹, eine stärkere Prägung der individuellen Studienentscheidungen vom Gedanken der individuellen Bildungsinvestition, eine engere Zusammenarbeit von Hochschule und Wirtschaft sowie verschiedene Schritte zur Förderung einer Bildungs- und Wissenschaftselite.

Das Ministerium plädierte in dieser Zeit für einen neuen ›Ordnungsrahmen‹: »Der Eigengesetzlichkeit der Wissenschaft entspricht am ehesten ein differenziertes Hochschulsystem. Die Hochschulen wie auch die einzelnen Fachbereiche sollen und müssen die Möglichkeit haben, eigenes Profil zu entwickeln. Eine andere Hochschulpolitik, etwa mit dem Ziel der größtmöglichen Gleichförmigkeit, blockiert Originalität und Kreativität und verhindert damit die Entwicklung von Spitzenleistungen« (Wilm 1983: 12). In einer Bilanz der Amtszeit wurde hervorgehoben, der Bund habe dazu beigetragen, das HRG zu reformieren, die Förderung des wissenschaftlichen Nachwuchses zu verbessern und mehr Gelder für die Forschung an Hochschulen bereitzustellen. Zugleich seien die Hochschulen »offen gehalten« und die Ausbildungsförderung »konsolidiert« worden (ibw 1987: 1-12).

Für die darauf folgende Amtszeit von Frühjahr 1987 bis Anfang 1991 stellte Minister Jürgen Möllemann (FDP) bei seinem Ausscheiden aus dem Amt selbstbewusst fest, es sei in dieser Zeit gelungen, Bildung und

Wissenschaft »einen angesehenen Rang in der politischen Prioritätenskala« und auch in der Öffentlichkeit zu verschaffen. Dies habe sich u. a. in erheblich gestiegenen Etatansätzen niedergeschlagen (ibw 1991: 1). In dieser Amtsperiode lag die Steigerung des Bildungsetats wieder über der des gesamten Bundesetats.

Auch gelang es dem Bund, eine gemeinsame Bund-Länder-Förderung zur Bewältigung der Hochschulexpansion zu beschließen, die nicht an den Hochschulbau geknüpft war: 1989 wurde ein erstes Hochschulsonderprogramm (HSP) von ca. 2 Mrd. DM über sieben Jahre beschlossen, durch das die Hochschulen relativ flexible Mittel für die Erhöhung von Ausbildungskapazitäten in besonders belasteten Studiengängen erhielten. 1990 wurde – wiederum auf Initiative des BMBW – ein zweites HSP beschlossen, das über zehn Jahre 4 Mrd. DM (davon 60 Prozent vom Bund) »zur Sicherung des wissenschaftlichen Nachwuchses und der Leistungsfähigkeit von Hochschule und Forschung« vorsah (ibw 1990: 138-141).

Darüber hinaus war der Bund in vieler Hinsicht daran aktiv beteiligt, dass in der zweiten Hälfte der 80er Jahre die Stellung der Fachhochschulen deutlich gestärkt wurde. In der HRG-Novelle von 1985 wurde die Forschungsfunktion der Fachhochschulen nicht mehr eingeschränkt gegenüber den Universitäten formuliert. Die Unterscheidung zwischen ›wissenschaftlichen Hochschulen‹ und Fachhochschulen verschwand aus dem offiziellen Vokabular, und die Stellung der Fachhochschulen wurde in der Selbstvertretung der Hochschulen wie im Zugang zur Förderung für internationale Mobilität und Kooperation gestärkt. Die Bundesregierung setzte sich dafür ein, dass – wie 1989 realisiert – die Regelstudienzeit an Fachhochschulen von sechs Semestern plus eventuellen Praxis- und Prüfungsphasen auf acht Semester einschließlich solcher Phasen erhöht wurde (siehe dazu BMBW 1988; 1990: 10-12).

Auch Bundesminister Möllemann sprach sich wiederholt für eine Stärkung von Wettbewerb und Differenzierung im Hochschulwesen und für eine stärkere Kooperation von Hochschule und Wirtschaft aus (siehe zum Beispiel ibw 1988: 155-157). Jedoch waren dies nur einzelne Akzente in einem breiten Spektrum hochschulpolitischer Forderungen.

5. Bilanz der ersten zwei Jahrzehnte

5.1 *Quantitative Hochschulpolitik*

Das BMBW konnte an der quantitativ-strukturellen Entwicklung des Hochschulwesens vor allem über drei Gremien mitwirken: In der BLK wurden die Schul- und Hochschulentwicklung miteinander abgestimmt, im Wissenschaftsrat die langfristige quantitative Hochschulentwicklung präzisiert und im Planungsausschuss für den Hochschulbau (in

Zusammenarbeit mit dem Wissenschaftsrat) jeweils für vier Jahre im Voraus konkrete Ausbaupläne – auch für die einzelnen Hochschulen – festgelegt. Auch die Studienförderung wurde als indirektes Instrument des Hochschulausbaus gesehen. Darüber hinaus verhandelte das BMBW mit den Länderministerien über Fragen der Hochschulzulassung, über die Entwicklung von Hochschularten und über Prinzipien der Studienreform.

In der Öffentlichkeit eindeutig sichtbar sind nicht die Linien der Bundespolitik, sondern die Kompromisse, die in den Beschlüssen der Planungsgremien zum Tragen kommen. Durchgängig bestand über zwei Jahrzehnte Übereinstimmung, das Hochschulsystem sei weitgehend in Abstimmung mit der zu erwartenden Studienplatznachfrage auszubauen, wie dies auch vom Bundesverfassungsgericht in verschiedenen Urteilen zum Numerus clausus von 1972 bis 1976 als Verfassungsauftrag interpretiert wurde (Bahro 1981).

Bund und Länder einigten sich immer wieder auf ›Prognosen‹, die einerseits Trends der Bevölkerungsentwicklung und des Bildungsverhaltens beobachteten und extrapolierten, und andererseits auf Zielzahlen zu Übergangsquoten vom Abitur zum Studium, zur Wahl kurzer Studiengänge, zu Studiendauer und Studienabbruch, selbst wenn diese nicht der Trendextrapolation entsprachen (siehe Teichler 1983; Oehler 1989). Von 1973 an wurden dabei die Zielzahlen innerhalb der nächsten zwei Jahrzehnte mehrfach nach unten korrigiert bzw. im Zeithorizont gestreckt. Darüber hinaus wurden verschiedene restriktive Planungsparameter und -maßnahmen eingeführt:
- Wie bereits erwähnt, wurden die Planungsziele für die Wahl von kurzen Studiengängen und die Studiendauer ›optimistischer‹ gesetzt als die Entwicklungstrends.
- Ausgewiesen wurden nicht mehr künftige Zahlen von Studierenden, sondern von ›Studienplätzen‹.
- Festgelegt wurde, unter welchen Umständen Zulassungsbegrenzungen akzeptabel und wie diese zu administrieren sind.
- Mit Hilfe von Kapazitätsverordnungen verpflichteten die Länder die einzelnen Hochschulen, unter den jeweils bestehenden ressourciellen Bedingungen möglichst viele Studierende aufzunehmen.
- Für die Hochschulfinanzierung wurden Studierende in der ›Regelzeit‹ des Studiums entscheidend und somit ›Studienzeitverlängerer‹ herausgerechnet.
- 1977 wurde beschlossen, für die ›geburtenstarken Jahrgänge‹ die Kapazität der Hochschulen temporär durch ›Überlast‹ zu erhöhen.

Obwohl der Bund nur Mitwirkungs- und Mitfinanzierungsrechte in diesen Bereichen hatte, hat er – so lässt sich aus Stellungnahmen des BMBW, Berichten von Insidern und wissenschaftlichen Analysen (siehe insbesondere Oehler 1989, 2000) – vier Akzente gesetzt:

- Expansion: Das BMBW sprach sich kontinuierlich dafür aus, möglichst allen talentierten Jugendlichen den Weg zu einem Studium zu erleichtern und allen qualifizierten Studienbewerbern den Zugang zu ermöglichen, und setzte sich in Verhandlungen zumeist für hohe Zielwerte ein. Betont wurde immer wieder, dass der Andrang zu den Hochschulen steigen werde und dass eine hohe Qualifikation vieler Absolventen in Zukunft wirtschaftspolitisch noch wichtiger werde (z. B. ibw 1987: 76 f.; BMBW 1990).
- Kurze Studiengänge: Der Bund plädierte kontinuierlich für den Ausbau kurzer Studiengänge.
- Effizenz der Mittelnutzung: Der Bund verwies immer wieder darauf, dass die Ziele der Öffnung der Hochschulen und einer zukunftsweisenden Qualifizierung der Studierenden am besten verwirklicht werden könnten, wenn darüber hinaus Studienzeitverlängerung und Studienabbruch gesenkt und auch sonst die Ressourcen der Hochschulen effektiv genutzt würden.
- Unregelmäßige Finanzierungsbereitschaft: Das BMBW sah sich jedoch immer wieder – vom Finanzministerium und Kabinettsbeschlüssen veranlasst – zur Vorlage von Einsparungsplänen und damit zur Korrektur von Planungszielen nach unten gezwungen – so zum Beispiel deutlich in den Jahren 1975 und 1981, aber auch zu anderen Zeitpunkten.

Die Zahl der Studierenden stieg von ca. 525 Tausend im Jahre 1970, über ca. 835 Tausend (1975), ca. 1,030 Mio. (1980), 1,035 Mio. (1985) auf 1,580 Mio. im Jahre 1990; sie verdreifachte sich in zwei Jahrzehnten. Die Kapazität der Hochschulen in Form von Studienplätzen, wie sie seit 1971 berechnet werden, sollte nach anfänglichen Plänen von 470 Tausend im Jahre 1971 auf 850 Tausend im Jahre 1980 erhöht werden. Tatsächlich wurden 1980 ca. 730 Tausend erreicht und im Jahre 1990 800 Tausend überschritten. Damit stieg die Studierenden-Studienplatz-Relation von ca. 120 Prozent im Jahre 1971 auf fast 200 Prozent im Jahre 1990.

Die Finanzministerkonferenz und die Kultusministerkonferenz bilanzierten die quantitative Entwicklung von 1977, dem Jahr des ›Öffnungs‹-Beschlusses, bis 1990 wie folgt: Anstieg der Studienanfänger um 72,8 Prozent, der laufenden Mittel nominal um 70,5 Prozent und preisbereinigt um 17,7 Prozent, der flächenbezogenen Studienplätze um 10,5 Prozent und des wissenschaftlichen Personals um 6 Prozent. Der Anteil der Hochschulausgaben am Bruttosozialprodukt war trotz fast verdoppelter Studentenzahl von 1,17 Prozent leicht auf 1,12 Prozent gesunken (BMBW 1992: 8 f.).

5.2 Strukturelle und curriculare Hochschulpolitik

Das BMBW interpretierte seine mitfinanzierenden und mitplanenden Aufgaben als Mandat, strukturell und curricular gestaltende Akzente zu setzen. So betonte Bundesminister von Dohnanyi im Herbst 1973, das Bundesverfassungsgericht habe bei den so genannten ›Mitbestimmungs‹- und ›Numerus clausus‹-Urteilen den Bund mit Nachdruck auf seine Pflicht aufmerksam gemacht, »unter Ausnutzung der ihm gegebenen Möglichkeiten das Notwendige zu tun« (ibw 1973: 114).

Zur Entwicklung von Hochschultypen formulierte das BMBW bei der Vorlage des HRG-Entwurfs vom Herbst 1973: »Gesamthochschulen sollen ein Angebot von abgestuften und aufeinanderbezogenen, durchlässigen und integrierten Studiengängen gewährleisten und so den unterschiedlichen Neigungen und Begabungen entsprechen. Diesem Ziel wird nach Auffassung der Bundesregierung am ehesten der organisatorische Zusammenschluß von Hochschulen unterschiedlicher Aufgabenstellung gerecht (›integrierte Gesamthochschulen‹)«. Als im Jahre 1977 verschiedene einflussreiche Instanzen von diesem Modell abrückten, plädierte auch das BMBW nicht mehr für die diesbezüglichen Planungsziele des HRG, unterstützte jedoch weiterhin die entstandenen Gesamthochschulen beim Hochschulbau und bei Modellversuchen. Erst mit dem Regierungswechsel im Jahre 1982 rückte das BMBW ganz von diesem Modell intra-universitären Differenzierung ab und verwarf auch den Vorschlag des Wissenschaftsrats Mitte der achtziger Jahre, Kurzstudiengänge an Universitäten einzuführen.

Von 1983 bis 1987 wurde vor allem empfohlen, Differenzen zwischen den einzelnen Hochschulen zu fördern. In den nachfolgenden Jahren bemühte sich das BMBW vor allem um die Stärkung von Fachhochschulen; es unterstützte nicht nur deren Ausbau, sondern auch deren stärkeres Heranrücken an die Universitäten (BMBW 1990: 10-12):
– Aufgabe der terminologischen Gegenüberstellung von ›wissenschaftlichen Hochschulen‹ und Fachhochschulen,
– Einführung einer Regelstudienzeit von acht Semestern, Schaffung von mehr Stellen für wissenschaftliche Mitarbeiter, Stärkung der angewandten Forschung und Entwicklung sowie Erhöhung des Anteils höher dotierter Professuren an Fachhochschulen,
– Erhöhung der Durchlässigkeit vom FH-Diplom zur Promotion und Bemühungen um internationale Anerkennung der FH-Abschlüsse.

Das BMBW zeigte sich auch daran interessiert, an der im HRG vorgesehenen Koordination der Studienreform aktiv mitzuwirken. Die Länder regelten jedoch durch Staatsvertrag, dass die KMK die Federführung für die 1978 eingerichteten ›überregionalen‹ Studienreformkommissionen erhielt; dem BMBW wurden nur bescheidene Mitberatungsrechte zugewiesen. Das Bundesministerium bekräftigte seine Mitwirkungsabsicht durch Vorlage von detaillierten ›Orientierungspunkten‹ zur Studienreform. Danach fordere das HRG mit der Formulierung, dass Studien auf ein »berufliches Tätigkeitsfeld vorbereiten« sollen, nicht, die Studienangebote quantitativ oder qualitativ eng auf die Entwicklungen des Beschäftigungssystems zuzuschneiden, sondern »Praxisbezug des Studiums« solle als »didaktisches Konzept für die Vermittlung wissenschaftlicher Qualifikation« an Bedeutung gewinnen, wobei dies offenkundig für alle Hochschularten gelten sollte. Dies sei vor allem durch die Lehrinhalte selbst zu fördern: »Durch Auswahl und Darstellung der Lehrinhalte sind die Studenten an die realen Probleme ihres späteren beruflichen Tätigkeitsfeldes sowie an die Anwendungsmöglichkeiten und Begründungszusammenhänge wissenschaftlicher Lehrinhalte heranzuführen« (BMBW 1978: 16 f.). Ergänzend könnten besondere Veranstaltungsformen und Praxisphasen hinzutreten.

Mit diesen Vorschlägen antwortete das BMBW auf die damals verbreitete Diskussion, wie sich die Beziehungen von Hochschule und Beruf angesichts des im Zuge der Hochschulexpansion rapide ansteigenden Anteils der Erwerbstätigen mit Hochschulabschluss und angesichts eines Arbeitsmarkts verändern, dessen Bedarf nicht eindeutig ist. Es förderte zahlreiche Studien zu Absolventenbedarf, Entwicklung von Bildungs- und Beschäftigungssystem und anderen Qualifikationsfragen. In zahlreichen Erklärungen – so in Reden von Bundesminister Jürgen Schmude zu Hochschule und Gesellschaft (ibw 1979: 253-257) und vom damaligen Staatssekretär Björn Engholm zur Praxisorientierung des Studiums (ibw 1980: 52 f.) sowie im 1981 vorgelegten Arbeitsprogramm von Bundesminister Engholm – wurde eine Expansion der Hochschulen auch über den erkennbaren Bedarf des Beschäftigungssystems hinaus befürwortet, um langfristige Vorsorge zu treffen, die Risiken einer Unterversorgung an Hochqualifizierten zu mindern und die Individuen besser zu einer aktiven Rolle bei der Beschäftigungssuche wie bei der Gestaltung der Berufstätigkeit zu befähigen. Die Hochschulen hätten sich darauf einzustellen, dass die Studienfächer immer weniger eindeutig auf ganz bestimmte Berufsbereiche zuführten.

Das BMBW mahnte vor allem die Universitäten immer wieder, ihr Verständnis von wissenschaftlicher und beruflicher Orientierung zu ändern. Besonders stark wurde die berufvorbereitende Funktion der Universitäten 1992 hervorgekehrt: »Die Universitäten haben sich trotz weitreichender Bemühungen um die Studienreform bisher noch nicht auf ihre Rolle als überwiegend berufsorientierte Ausbildungsstätten für nicht forschungsbezogene Berufe für einen erheblichen Anteil der Altersjahrgänge einstellen können. [...] Kern einer realistischen Reform für das Studium an den Universitäten muß eine Umorientierung des Studiums auf die Qualifikation für den Beruf in einer vorgegebenen und vertretbaren Studienzeit sein. [...] Den Hochschulen muß klar sein, daß tiefergreifende Einschnitte erforderlich sind, um die Ziele der Verbesserung der Lehre zu erreichen. Es ist keine Frage, daß die Hochschulen schweren Schaden erleiden werden, wenn sie sich dieser Aufgabe entziehen sollten« (BMBW 1992: 13-16).

5.3 Studienförderung

Bei den sogenannten ›Gemeinschaftsaufgaben‹ konnte der Bund in der Studienförderung möglicherweise am stärksten Akzente setzen – nicht zuletzt, weil er dort nicht nur die Hälfte der Kosten trägt, sondern 65 Prozent. Das ›Bundesgesetz über individuelle Förderung der Ausbildung (Bundesausbildungsförderungsgesetz – BAföG)‹ trat im Herbst 1971 in Kraft. Der Bund stellte für Studierende an Hochschulen über 0,6 Mrd. DM im Jahre 1976, fast 1 Mrd. DM im Jahre 1980 und ca. 1,3 Mrd. DM im Jahre 1982 – im letzten Jahr der sozialliberalen Bundesregierung – zur Verfügung. Danach sanken die Bundesausgaben auf ca. 1.2 Mrd. DM im Jahre 1986 und schließlich auf 1.1 Mrd. DM im Jahre 1998.

Die Studienförderung im Rahmen von BAföG bestand anfangs zum Teil aus einem Stipendium und Darlehen und wurde 1983 auf reine Darlehensförderung umgestellt (siehe ibw 1984: 90f.) Im Jahre 1973 erreichte die Förderung mit 46 Prozent aller Studierenden einen Höchststand; damals betrug der durchschnittliche Förderungsbetrag etwa 340 DM (siehe ibw 1977: 65-70); sie lag 1982 etwas unter 40 Prozent bei einem durchschnittlichen Förderungsbetrag von etwa 500 DM. In den ersten Jahren der Umstellung auf ein Darlehen und gleichzeitiger Veränderung der sonstigen Förderungsbedingungen sanken diese Werte im Jahre 1986 auf unter 30 Prozent bzw. etwa 550 DM und fielen weiter auf 18 Prozent bzw. etwa 620 DM im Jahre 1998.

Weitere Akzente der Studienförderung waren:
- die Graduiertenförderung, d. h. die Unterstützung von Personen, die über einen ersten Hochschulabschluss hinaus studieren. Diese wurde Anfang der siebziger Jahre aufgebaut und Mitte der siebziger Jahre auf ein reines Darlehensmodell umgestellt.
- die Begabtenförderung, die lange Tradition hat, jedoch in den Jahren 1983 bis 1987 vom BMBW stärker als zuvor unterstrichen wurde, und
- die Förderung der internationalen Mobilität der Studierenden, die im Laufe der Zeit anwuchs und zunehmend auch integraler Bestandteil der BAföG-Förderung wurde.

Diese Akzenze der Förderung erreichten jedoch in der öffentlichen hochschulpolitischen Debatte kein so großes Gewicht, dass an dieser Stelle eine detaillierte Behandlung angebracht wäre.

5.4 Weitere Konzeptionen und regulierende Mitwirkung

Das BMBW nahm die Hochschulplanung und die Rahmengesetzgebung auch zum Anlass, über den bisher aufgezeigten Rahmen hinaus mitzugestalten. Das geschah zum Beispiel im Rahmen der Mitfinanzierung von Modellversuchen, Hochschulsonderprogrammen oder – nach der Vereinigung – das Hochschulerneuerungsprogramms. Auch versuchte es, über Analysen, Stellungnahmen und öffentliche Diskussionen die Entwicklung der Hochschulen zu prägen.

Ende der sechziger Jahre und zu Beginn der siebziger Jahre waren die Entscheidungsstrukturen an Hochschulen sowie die Personalstruktur ein zentrales Thema. Hier setzte sich das BMBW für gesetzliche Regelungen ein, die später häufig pejorativ als ›Gruppenuniversität‹ bezeichnet wurden: dass wissenschaftlicher Nachwuchs, sonstige Bedienste und Studierende als Gruppen in Entscheidungsgremien vertreten sind und keine der Gruppen eine Mehrheit für sich hat. Ebenso befürwortete das Ministerium Veränderungen in der Personalstruktur mit dem Ziel, eine lange Abhängigkeit des wissenschaftlichen Nachwuchses von den Professoren aufzuheben. Ähnliche Positionen wurden auch von verschiedenen Länderregierungen vertreten. Ab 1983 war das BMBW dagegen Initiator der Änderung des HRG zugunsten der Stärkung der Position von Professoren.

Über alle Jahrzehnte seines Wirkens griff das Bundesministerium wiederholt die Frage auf, wie die Zulassungsmodalitäten zum Hochschulstudium verändert werden könnten. Immer wieder förderte es Analysen über die Wirkungen des NC, diesbezügliche Orientierungen und Verhaltensweisen der Schüler und Studierenden sowie Hochschulzugang und -zulassung in anderen Ländern. In vielen Fällen plädierte es für eine stärkere Rolle von Tests und anderen besonderen Zulassungsverfahren.

Ein Dauerthema des BMBW war – mit wechselnden Akzenten – die Situation des ›wissenschaftlichen Nachwuchses‹. In den frühen siebziger Jahren wurde dies mit der Einführung einer Graduiertenförderung und einer Assistenzprofessur aufgenommen, die in den achtziger Jahren wieder abgeschafft wurde. Bundesministerin Wilms erklärte die Förderung des wissenschaftlichen Nachwuchses zu einem Schwerpunkt ihrer Politik und verwies am Ende ihrer Amtszeit auf eine Fülle von Förderungsprogrammen, insbesondere Begabtenprogramme für Graduierte und Post-Doktoranden, Neuregelungen von Zeitverträgen sowie die Förderung von wissenschaftlicher Tätigkeit im Ausland (ibw 1987: 8f.). Der Bund war 1989 aktiv an der Entscheidung beteiligt, Graduiertenkollegs als eine besondere deutsche Form der systematischen Förderung und

Betreuung von Promotionen einzuführen. 2000 setzte sich die Kette der Initiativen mit der Initiative fort, Junior-Professuren einzuführen und die Habilitation als Regelqualifikation für die Professur abzubauen.

Seit Beginn der achtziger Jahre gehört die Situation der Frauen in Hochschule und Wissenschaft zu den Themen, bei denen das BMBW wiederholt auf Probleme hinwies und Initiativen für den Abbau der geringeren Beteiligung von Frauen unternahm. Dazu gehören Programme zur Förderung des Interesses von Studienbewerberinnen und Studentinnen an Studienfächern, in denen Frauen in geringer Zahl vertreten sind, sowie Initiativen zur Verbesserung der beruflichen Situation von Wissenschaftlerinnen und zur Förderung von Frauen bei wissenschaftlichen Stellenbesetzungen.

Schließlich gingen vom BMBW immer wieder Impulse zu einer Förderung von internationaler Kooperation und Mobilität aus. Dazu gehören die schrittweise größere Öffnung des BAföG für ein Auslandsstudium und der Ausbau der Förderung der Mobilität von Studenten und Wissenschaftlern. In den achtziger Jahren rückte die zunehmende europäische Verflechtung stärker in den Vordergrund – unter anderem in der Frage, wie die deutschen Hochschulabschlüsse im Ausland anerkannt werden. In den neunziger Jahren schließlich wurde ›Internationalisierung‹ zu einem Schlüsselbegriff der Hochschulpolitik.

6. 1990 bis 1994: Die Vereinigung als hochschulpolitischer Schwerpunkt

Die deutsche Vereinigung rückte für die Legislaturperiode vom Herbst 1990 bis Herbst 1994 in den Mittelpunkt der Hochschulpolitik des Bundes. Im Januar 1991 wurde mit Professor Dr. Rainer Ortleb ein Bundesminister ernannt, der den Schwerpunkt der Hochschulpolitik im ›Aufbau Ost‹ symbolisierte. Im Februar 1994 folgte ihm Prof. Dr.-Ing. Karl-Hans Laermann für die restlichen Monate der Legislatur-Periode bis zum Herbst 1994.

Das Bildungsbudget des Bundes, das von 1980 bis 1985 nominell fast stagniert hatte und in den folgenden fünf Jahren um insgesamt etwa 15 Prozent angewachsen war, stieg von 8,2 Mrd. DM im Jahre 1990 auf 10,6 Mrd. DM bzw. 11,3 Mrd. DM in den beiden folgenden Jahren. Danach blieb es bis 1998 auf etwa 11 Mrd. DM. Von 1990 bis 1993 erhöhte der Bund die Ausgaben für den Hochschulbau etwa um 50 Prozent und die allgemeine Forschungsförderung etwa um 15 Prozent (ibw 1994: 8f.). Auch die BAföG-Förderung stieg um mehr als ein Drittel.

Das Ziel der Umwandlungen der Hochschullandschaft in den neuen Bundesländern war nach Bundesminister Ortleb die ›Gleichheit der Bildungsverhältnisse‹. Die sichtbarsten Reformen von Hochschule und

Wissenschaft in den neuen Bundesländern (siehe auch Mayntz 1994) betrafen vier Bereiche:
- Umstrukturierung und Verkleinerung des Bereichs der außeruniversitären Forschungsinstitute; hier waren von den Institutionen auf Bundesebene vor allem der Wissenschaftsrat und das BMFT beteiligt.
- Die Umstrukturierung der Hochschullandschaft, bei der es unter anderem um Ausbau der Studienplätze, Modernisierung der Infrastruktur, Umstrukturierung der Fächer und Etablierung von Fachhochschulen ging, lag primär in der Hand der Regierungen der neuen Länder, die Strukturkommissionen zur Beratung der Reformen einsetzten. Die westlichen Länder und der Bund waren jedoch an den Entscheidungen zum Hochschulausbau maßgeblich beteiligt.
- Bei der ›fachlichen und personellen Erneuerung der ideologisch besonders belasteten Fächer‹ übernahm das BMBW eine große fördernde Funktion. Im Mai 1991 verständigten sich Bund und Länder auf ein ›Erneuerungsprogramm‹, bei dem der Bund (75 Prozent) und die Neuen Länder (25 Prozent) insgesamt fast 1,8 Mrd. DM über fünf Jahre für den Neuaufbau der Rechtswissenschaften, Wirtschaftswissenschaften, der Lehrerbildung und verschiedener Fächer der Geistes-, Kultur- und Sozialwissenschaften an Universitäten und der Wirtschaftswissenschaften sowie der Sozialpädagogik an Fachhochschulen zur Verfügung stellten.»Ortleb bedauerte, daß die alten Länder sich nicht an dem Erneuerungsprogramm beteiligen, wie dies der Bund bis zuletzt angestrebt hat. Er forderte die alten Länder jedoch auf, die Ausführung des Erneuerungsprogramms durch großzügige Abordnungen und Beurlaubungen von wissenschaftlichem Personal und besonders durch die bereitwillige Aufnahme von Nachwuchswissenschaftlern aus den neuen Ländern zu unterstützen« (ibw 1991: 73-76).
- Die personelle Erneuerung an den Hochschulen, deren Realisierung in der Hand der Regierungen der neuen Länder lag.

In der Legislaturperiode wurde ein allmählicher Prozess der Angleichung der Hochschulsituation eingeleitet, die an einigen Indikatoren belegt werden kann. Die Studienanfängerquote stieg im alten Bundesgebiet von 26 Prozent im Jahre 1990 auf 32 Prozent im Jahre 1995, in den neuen Ländern dagegen von 15 Prozent auf 26 Prozent. Die Zahl der Studierenden je Wissenschaftler-Stelle blieb im Westen bei 16, während sie in den neuen Ländern von 4 auf 7 stieg. Jedenfalls war am Ende der Legislaturperiode abzusehen, dass der Angleichungsprozess sich weitaus länger hinziehen würde und dass deshalb im Hochschulbau und anderen Bereich die neuen Länder weiter mit Präferenz rechnen könnten. Im ministeriellen Jahresbericht 1994 – bereits unter der Ägide des nachfolgenden Ministers – wurde der ›Aufbau der neuen Bundesländer‹ nur noch als einer von fünf Schwerpunkten genannt (BMBF 1995: III).

7. 1994-2005: Internationalisierung und Modernisierung als Anlass

Als im November 1994 das BMBW mit dem BMFT wieder zusammengelegt, das Bundesministerium für Bildung, Wissenschaft, Forschung und Technologie (BMBF) gegründet und Dr. Jürgen Rüttgers (CDU) Minister wurde, ging das Wort vom ›Zukunftsminister‹ durch die Presse. Bereits wenige Monate später hieß es: »Auf der Grundlage des von der Bundesregierung Anfang September 1993 verabschiedeten Berichts zur Zukunftssicherung des Standorts Deutschland wurden erhebliche Fortschritte sowohl bei der zukunftsgerichteten Gestaltung des Bildungs- und Ausbildungswesens als auch bei der Verbesserung des Forschungs- und Innovationsstandortes Deutschland erzielt« (BMBF 1995: 4). Das Ministerium konnte somit Bemühungen um neue hochschulpolitische Leitlinien aufnehmen, die bereits 1993 vorangetrieben worden (siehe BMBW 1994), aber nicht in den Mittelpunkt der Aufmerksamkeit gerückt waren.

In der damals wachsenden Popularität des Terminus Hochschul- und Wissenschafts-›Standort‹ vereinigten sich vier politische Postulate:
- Forschung sowie Lehre und Studium sollten stärker an technologischer und wirtschaftlicher Nützlichkeit orientiert werden: So durch den Ausbau der Forschungs- und Studienbereiche, die eng mit technologischem und wirtschaftlichem Fortschritt verbunden sind, sowie durch eine stärkere Betonung des Transfers von Wissen zur Nutzung in Berufstätigkeit und Entwicklung.
- Die deutsche Forschungs- und Studienentwicklung sollte sich an Lösungen orientieren, die sich im internationalen Vergleich als modern oder erfolgreich identifizieren lassen. So wurde die Tatsache, dass die Studienanfängerquoten und Hochschulabsolventenquoten in Deutschland deutlich unter dem Durchschnitt der ökonomisch fortschrittlichen Länder liegen, in der deutschen hochschulpolitischen Diskussion seit 1994 mehrheitlich als ein Manko interpretiert, dem entgegenzuwirken sei (siehe Teichler 1999). Auch wurde gefragt, ob andere Strukturen von Studiengängen, eine stärkere vertikale Differenzierung des Hochschulwesens sowie eine stärker strategie- und technologie-orientierte Forschungspolitik in anderen Ländern sich als so erfolgreich erwiesen, dass Deutschland nachziehen müsse.
- Internationale Kooperation und Mobilität sollte im deutschen Hochschul- und Wissenschaftssystem erheblich verstärkt werden.
- Die organisatorische Gestaltung und die Mechanismen der Beratung und Entscheidung sollten innerhalb der Hochschulen und Forschungsinstitute sowie zwischen ihnen und den Akteuren von Staat und Gesellschaft so umgestaltet werden, dass die strategische Hand-

lungsfähigkeit von Hochschul- und Wissenschaftsorganisationen – die Fitness zum Handeln – erheblich wächst.

Tatsächlich waren die Wirkungen des Bundesministeriums auf die Entwicklung des Hochschulwesens durch verschiedene Faktoren eingeschränkt. Die Zusammenführung der beiden Ministerien erwies sich als organisatorischer Kraftakt, der nach Einschätzung vieler Beobachter für einige Zeit die Handlungsfähigkeit des neuen Ministeriums schwächte. Der Minister setzte eher Akzente in der Forschungspolitik als in anderen Bereichen des Ressorts, und es gelang ihm nicht, die Etatmittel zu erhöhen. Die Ausgaben für die Studienförderung wurden zugunsten der Forschungsförderung gekürzt. Beim Auslaufen des ersten Hochschulsonderprogramms gab das BMBF im April 1995 zunächst gestalterisches Terrain lediglich mit dem Argument auf, die Länder sollten »sich auf ihre verfassungsrechtlichen Pflichten im Hochschulbereich besinnen«. 1997 wurde jedoch ein HSP III beschlossen, das auch den Hochschulen der neuen Länder offen stand.

Zwei gestalterische Akzente waren jedoch von großer Bedeutung. Erstens wurde ›Internationalisierung‹ ein Schwerpunkt der Hochschulpolitik des Bundes (siehe Hahn 2004). Eine verstärkte Aufmerksamkeit für diesen Themenbereich hatte sich bereits seit Ende der achtziger Jahre abgezeichnet. Seit 1996 ergaben sich jedoch gleichzeitig mehrere deutliche Akzentverschiebungen: Von deutscher Seite wurde die Bildungspolitik der Europäischen Union nicht mehr primär skeptisch-zurückhaltend aufgenommen, sondern aktiv zu gestalten gesucht. Die Förderung für studentische und Wissenschaftler-Mobilität wurde erhöht. Verschiedene Maßnahmen wurden ergriffen bzw. vorgeschlagen, um eine Forschungstätigkeit und ein Studium in Deutschland für Ausländer attraktiv zu machen.

Im zeitlichen Kontext zu Konsultationen zwischen europäischen und asiatischen Staats- und Regierungschefs legten die Bundesaußen- und Wissenschaftsminister im Mai 1996 gemeinsam eine Erklärung vor: ›Studienstandort Deutschland attraktiver machen‹. Die Begründung war primär wirtschaftspolitisch:»Deutschland ist als Exportweltmeister auf partnerschaftliche Beziehungen und Kontakte auch im außereuropäischen Ausland angewiesen, um in Wissenschaft und Wirtschaft international wettbewerbsfähig zu bleiben. Im Vergleich zu anderen Bildungsstandorten hat Deutschland jedoch an Attraktivität eingebüßt. Das gilt besonders für Studenten aus der wirtschaftlich boomenden asiatisch-pazifischen Region. [...] Deutschland hat ein hohes Interesse an der Ausbildung qualifizierter ausländischer Studenten an deutschen Hochschulen. Maßnahmen zur Verbesserung des Studienstandortes sind eine Zukunftsinvestition für unsere künftige wissenschaftliche und wirtschaftliche Zusammenarbeit mit anderen Teilen der Welt. Gesprächspartner und Entscheidungsträger im Ausland, die mit Deutschland bereits aus der eigenen Studienzeit vertraut sind, sind Türöffner […]« (PM 24. 6. 1996: 1 f.). Dies war das Startsignal für eine stärkere ›Import‹-Orientierung in der Förderung von studentischer und Wissenschaftler-Mobilität (siehe DAAD 1997). Darüber hinaus plädierte das BMBF seit Ende 1996 für die Einführung gestufter Studiengänge und -abschlüsse in Anlehnung an eine Bachelor-Master-Struktur, um das Studium in Deutschland international attraktiver zu machen. Tatsächlich wurden 1998 gestufte Studiengänge als eine ›Kann‹-Lösung in das HRG aufgenommen. Deutschland empfahl im Mai 1998 in der ›Sorbonne-Erklärung‹ mit drei anderen Ländern die Einführung einer solchen Struktur und war damit Vorreiter der ›Bologna-Erklärung‹ von 1999, die in ganz Europa Maßnahmen zur Einführung der Bachelor-Master-Struktur auslöste (siehe Reichert/Tauch 2005).

Zweitens gelang es dem Bundesminister, sich mit den zuständigen Landesministern seiner Partei weitgehend über ›Eckpunkte einer Hochschulreform‹ zu einigen. Als Maximen wurden genannt:»Mehr Wettbewerb zwischen den Hochschulen ermöglichen«,»eine stärkere Leistungsorientierung einführen«,»eine stärkere Differenzierung bei der Zulassung in den ersten Studienjahren erreichen«,»den Hochschulen mehr Handlungsfreiheit geben« und »international wettbewerbsfähiger« werden (PM 4. 12. 1996; siehe auch Rüttgers 1997). Rüttgers nannte lediglich als Ausnahme, dass er weiterhin gegen eine Einführung von Studiengebühren sei: »Die Hochschulen müssen weiterhin für alle offen bleiben« (PM 21. 3. 1997).

Tatsächlich einigten sich Bund und Länder auf eine Novellierung des HRG mit drei Akzenten: Die Möglichkeit zur Einführung von Bachelor-Master-Studiengängen, die Streichung der meisten Rahmenregelungen zur Organisation und Verwaltung der Hochschulen und damit das Akzeptieren grundlegend verschiedener Lösungen, sowie ausgewählte neue Regelungen zu leistungsorientierter Hochschulfinanzierung, Evaluation und Gestaltung des Studiums (siehe BMBF 1998: 5-11).

Vom Herbst 1998 bis Herbst 2005 war die Bundesministerin Edelgard Buhlman (SPD) innerhalb einer Koalition von SPD und ›Grünen‹ länger im Amt als je zuvor ein Amtsträger im Bildungsbereich. Die Bundesministerin für Bildung und Forschung (die 1994 gewählte Bezeichnung wurde gekürzt) erklärte zu Beginn, dass die Bundesregierung wieder mehr in Bildung und Wissenschaft investieren werde, und nannte fünf »Leitmotive« ihres Programms: »Chancengleichheit« (»unabhängig vom Geldbeutel« und zwischen Männern und Frauen), »Kreativität durch Eigenverantwortung« (der Bildungs- und Wissenschaftseinrichtungen), »Forschung für die Menschen«, »weltweites nachhaltiges Wachstum« (als Ziel der Forschungspolitik) und »Beschleunigung des Strukturwandels« (als Ziel des Technologietransfers) (PM 2. 12. 1998).

Das BMBF verwirklichte in den drei Hauptlinien der finanziellen För-

derung zum Teil deutliche Verbesserungen: Ingesamt hob das Ministerium hervor, dass die Bundesmittel für Bildung von Forschung von 1998 bis 2005 um 38 Prozent erhöht worden seien (PM 13.7.2005).
- Beim Hochschulausbau wurden sie von etwa 0,9 Mrd. Euro im Jahre 1998 zunächst auf 1,1 Mrd. Euro gesteigert und dann auf 0,9 Mrd. Euro im Jahre 2004 gesenkt. Kein Ersatz wurde für die auslaufenden Hochschulsonderprogramme geschaffen.
- Bei der Studienförderung beabsichtigte das BMBF zunächst die Einführung eines Ausbildungsgeldes für alle Studierenden, wobei Kindergeld und Freibeträge für deren Eltern entfielen, darüber hinaus höhere Stipendien für Studierende aus bedürftigen Familien und schließlich den Ausbau der Darlehen für Studierende (PM 9.3.1999). Als dies innerhalb der Bundesregierung keine Zustimmung fand, beschloss der Bundestag Anfang 2001 einen Ausbau der BAföG-Förderung – u.a. mit höheren Fördersätzen, besseren Nutzungsmöglichkeiten bei einem Studium im Ausland und einer Begrenzung der gesamten Darlehensbelastung auf 20.000 Euro (PM 16.2.2001). Dabei wurden die Leistungen des Bundes für BaFöG um etwa eine Mrd. DM erhöht. Die Zahl der geförderten Studierenden stieg von 1998 bis 2003 um fast die Hälfte.
- Die hochschulbezogene Forschungsförderung des Bundes über die DFG stieg innerhalb der genannten sieben Jahre um etwa 20 Prozent. Daneben richtete das BMBF eine Fülle von besonderen Programmen der Forschungsförderung ein, die zum Teil den Hochschulen zugute kamen (siehe BMBF 2004).

Das BMBF führte in vielerlei Hinsicht die vorher begonnenen Schritte zur Internationalisierung der Hochschulen, zur Unterstützung des Aufbaus einer Bachelor-Master-Struktur der Studiengänge und zur Erhöhung der Dispositionsspielräume der Hochschulen fort. Unter anderem wurde in der HRG-Novellierung im Jahre 2002 die Bachelor-Master-Struktur als Regelstruktur verankert. Auch wurden 2004 die Möglichkeiten für die einzelnen Hochschulen erweitert, die Studierenden abweichend von den generellen NC-Verfahren auszuwählen.

Daneben ergriff das BMBF von 1998 bis 2005 planerische und regulierende Initiativen zur Neugestaltung der Hochschulen (siehe auch BMBF 2003). Drei davon galten als besonders weit reichend und waren von großen Kontroversen begleitet:
- Im Herbst 2000 legte das BMBF ein Konzept zur leistungsorientierten Besoldung von Professorinnen und Professoren vor. Auf zwei Besoldungsstufen sollten die dienstzeitbezogenen Steigerungen abgeschafft und durch Höhervergütungen für Leistungen in Lehre, Studienbetreuung und Forschung sowie durch Funktionszulagen ersetzt werden. Ende 2001 wurde eine entsprechende Novellierung des HRG und ein Professorenbesoldungsreformgesetz verabschiedet.

- Das Ministerium schlug vor, jüngere Wissenschaftler dadurch früher selbständig lehren und forschen zu lassen, dass eine Juniorprofessur eingeführt und die Habilitation abgeschafft wird (PM 21. 9. 2000). Im Jahre 2001 beschloss das BMBF, die Einrichtung der ersten 3.000 Juniorprofessuren mit insgesamt 360 Mio. DM zu unterstützen (PM 9. 11. 2001). Einige Länder erzwangen durch ein erfolgreiches Normenkontrollverfahren beim Bundesverfassungsgericht im Jahre 2004, dass die Juniorprofessur keine verpflichtende Lösung ist. Die Habilitation wird nicht mehr im Gesetz erwähnt, ist aber auch nicht als eine Option der Qualifizierung ausgeschlossen. Daneben wurden die Regelungen für die befristete Beschäftigung des wissenschaftlichen Nachwuchses so geändert, dass die Laufzeit der Verträge an den einzelnen Hochschulen länger sein kann als zuvor, Laufzeiten früherer Verträge bei einem Wechsel der Hochschule aber angerechnet werden.
- Zu Beginn des Jahres 2004 wurde mit wechselnden Termini ›Elite-Universitäten‹, ›Spitzenuniversitäten‹ und schließlich ›Exzellenzinitiative‹ eine Förderung einzelner herausragender Universitäten angestrebt. Nach dem ursprünglichen Plan des BMBF ›Brains Up! Deutschland sucht seine Spitzenuniversitäten‹ sollten 10 ausgewählte Universitäten über fünf Jahre jährlich 50 Mio. DM erhalten (PM 26. 1. 2004). Nach längeren Kontroversen über den Charakter der Förderung und die Rolle des Bundes wurde das Programm zunächst vertagt und im Jahre 2005 dahingehend abgeändert, dass neben die institutionelle Förderung eine Förderung von Forschungsprogrammen sowie Graduiertenprogrammen tritt und dass an den Verfahren neben dem Bund die Länder, der Wissenschaftsrat und die Deutsche Forschungsgemeinschaft beteiligt sind.

Darüber hinaus hatten verschiedene Länder gefordert, beim HRG die Regelung zu streichen, dass für ein erstes Studium keine Studiengebühren erhoben werden dürfen. Auf Vorschlag des BMBF hielt der Bundestag im Jahre 2002 bei einer HRG-Novellierung an der Gebührenfreiheit für das Erststudium fest. Das Bundesverfassungsgericht entschied Ende 2004, dass die Frage, ob Gebühren erhoben werden können oder nicht, nicht Gegenstand der Einheitlichkeit der Lebensverhältnisse sei, sondern den Ländern überlassen werden müsse.

Als Bilanz der sieben Jahre von 1998 bis 2005 lässt sich feststellen, dass das BMBF am stärksten im Aufbau neuer Forschungsprogramme aktiv war. Dem Hochschulausbau wurde trotz steigender Studienanfängerzahlen kein besonderes Gewicht eingeräumt. Das BMBF baute nicht nur die Studienförderung aus, sondern setzte mit dem Vorantreiben der leistungsbezogenen Professorenbesoldung, der Einführung und Förderung von Junior-Professuren sowie mit der Förderung von ›Spitzenuniversitäten‹ deutliche strukturpolitische und regulative Akzente. Dies geschah unter Inkaufnahme einer deutlichen Verschärfung von Kontroversen zwischen Parteien, zwischen Bund und Ländern und innerhalb der Hochschulen. Das schuf Erfolge, aber zumindest auch Vertagungen, Verunsicherungen sowie nachträgliche Korrekturen. Das Bundesverfassungsgericht interpretierte in diesem Kontext den Spielraum für die Einheitlichkeit der Lebensverhältnisse restriktiver als je zuvor, und die Länder plädierten im Rahmen der Föderalismus-Kommission für eine weitgehende Monopolisierung der bildungspolitischen Gestaltungsrechte durch die Länder. Verbreitet ist die Einschätzung, dass das weiche Instrumentarium der bundesweiten Hochschulförderung, -planung und -regulierung dauerhaft kein hohes Maß konfrontativer Problemlösung verträgt und dass die Hochschulpolitik der Bundesministerin Buhlman daher langfristig eher Bemühungen um eine Funktionsentflechtung gestärkt haben dürfte.

8. Abschließende Überlegungen

In Deutschland ressortiert die staatliche Förderung und Koordination des Hochschulwesens primär bei den Ländern; sie soll nach der Verfassung demnach primär am Prinzip der kulturellen Vielfalt orientiert sein. Dennoch verstehen sich die Hochschulen und ihre Angehörigen als Beteiligte an einem deutschen Hochschulsystem, und dies prägt auch den öffentlichen hochschulpolitischen Diskurs. Eine länderübergreifende Koordination in Fragen von Studienberechtigung und Hochschulzulassung, in der Struktur des wissenschaftlichen Personals, in der Vorbereitung auf staatlich regulierte Berufe und in den internationalen Beziehungen wurde immer für notwendig gehalten und lag zunächst entweder in der Hand der Länderregierungen oder – primär oder ergänzend – bei den Bundesministerien, bei denen andere Aufgaben im Mittelpunkt stehen als die der Koordination von Bildung und Wissenschaft. Auch wuchs der Bund seit Mitte der fünfziger Jahre, als die gesellschaftliche Bedeutung von Hochschul- und Wissenschaftspolitik stieg, zunehmend in die Rolle eines Mitförderers und -planers hinein.

Die schnelle Expansion der Hochschulen sowie Zeichen eines fortschreitenden Einheitlichkeitsverlusts des Hochschulsystems lösten im Jahre 1969 Entscheidungen aus, durch eine Verfassungsänderung dem Bund stärkere Mitförderungs- und Mitplanungsaufgaben zuzuweisen, seine Möglichkeiten der Mitregulierung auszubauen und ein Bundesministerium für Bildung und Wissenschaft einzurichten.

Durch die dabei aufgebauten Förderungsschwerpunkte hatte das Bundesministerium große Mitgestaltungsmöglichkeiten in drei Bereichen: Im Ausbau des Hochschulsystems und dabei auch beim Aufbau neuer Hochschulen, in der finanziellen Förderung von Studierenden aus Elternhäusern mit geringem Einkommen und in der Forschungsförderung an Hochschulen. Hier konnte der Bund Akzente setzen, wenn er in Verhandlungen mit den Ländern erfolgreich war. Abzusehen war allerdings, dass der Bund an Einfluss verlieren könnte, wenn der Ausbau keine Priorität mehr hätte.

Hochschulausbau und quantitative Hochschulplanung nahm das Bundesministerium zum Anlass, immer wieder Konzeptionen zu präzisieren, Aktivitäten vorzuschlagen und Regelungen auf den Weg zu bringen: Zu Strukturen des Hochschulsystems und inhaltlichen Akzenten der Studiengänge. Modellvorschläge wechselten je nach Zeitgeist und politischer Coleur: Gesamthochschulen, Stärkung von Fachhochschulen, Förderung von Elite-Sektoren, Bachelor- und Master-Studiengänge, aber einheitlich blieb der Grundimpetus, darauf einzuwirken, dass die Hochschulen im Alltag nicht einer Drift erliegen, die Studienanforderungen infolge wachsender Wissensbestände beliebig zu erhöhen und die Studienangebote fast durchgängig als Vorbereitung auf wissenschaftliche Berufstätigkeiten oder höhere Ränge akademischer Professionen zu gestalten: Aufrufe zu differenzierten Zielsetzungen der Hochschulen, Ausbau kurzer Studiengänge, Begrenzung der Studiendauer, praxisorientierter Studiengestaltung sowie verstärkter Orientierung der Studiengänge an Berufsbereichen jenseits von Wissenschaft und akademischer Elite waren kontinuierliche Markenzeichen der Hochschulpolitik des Bundesministeriums.

Das Bundesministerium war darüber hinaus in vielen Themenbereichen mit der Absicht aktiv, hochschulpolitische Akzente mitwirkend zu setzen: So die Organisation der Hochschulen und die Entscheidungsstrukturen, Modalitäten der Hochschulzulassung, der Stellenwert des Qualifikationsbedarfs für die Hochschulplanung, die Situation von Frauen in Hochschule und Wissenschaft, die Situation des wissenschaftlichen Nachwuchses, Kooperation von Hochschule und Gesellschaft sowie Qualitätsbewertung und -sicherung.

Solche hochschulpolitischen Linien zu verfolgen, war für das Bundesministerium immer schwierig, weil
- ein hoher Stellenwert der Hochschulpolitik in der Gesamtpolitik des Bundes nicht leicht zu erreichen war: Er war am ehesten von 1969-1972, 1987-1992 und nach 1998 gegeben;
- gegenüber den politischen Parteiprogrammatiken auf Bund- und Länderebene das Bundesministerium immer Wege zwischen der Pflege besonderer Akzente und Suche nach allseits tragfähigen Lösungen zu finden hatte, wobei die meist nur mitfördernde und mitwirkende Aufgabenstellung ersteres im Prinzip erschwerte;
- es eine institutionalisierte Dauerrivalität zwischen Bund und Ländern gibt, bei der nicht nur die Länder in den meisten Fragen rechtlich ›am stärkeren Hebel‹ sitzen, sondern obendrein in vielen Fällen die

Mitwirkung des Bundes an bundesweiten Aktivitäten durch eine gemeinsame Aktion der Länder eingeschränkt werden kann (wie das z. B. bei Fragen der Studienreform der Fall war);
- es sich beim Hochschulsystem um den gesellschaftlichen Bereich handelt, der durch Konzepte von Hochschulautonomie und wissenschaftlicher Freiheit sowie insgesamt durch seine Aufgabe, bestehende Vorstellungen und Regeln kritisch zu hinterfragen und zur Innovation beizutragen, besonders schwer von außen zu lenken ist.

Andererseits bildete sich ein hochschulpolitischer Zeitgeist – im Laufe der Jahre wechselnd in der Kritik an der ›Ordinarienuniversität‹ und der Förderung von Gesamthochschulen, der ›Öffnung der Hochschulen‹, der Angleichung in den östlichen Bundesländern, der leistungsorientierten Finanzierung, Evaluation, der Betonung von mehr Autonomie und Management und schließlich der Exzellenz-Förderung – heraus, der dem Bund Anlass zu konsens-basierten Reformimpulsen bot. Die Geschichte der studienbezogenen Hochschulpolitik des Bundesministeriums über die klar gesetzten Kernfunktionen hinaus lässt sich als eine Geschichte vieler Initiativen und einer gemischten Erfolgsbilanz beschreiben. Ihre Wirkungen sind obendrein schwer zu beschreiben, weil dann, wenn es sichtbare Veränderungen gab, diese oft nicht bestimmten Akteuren und Initiativen zugeschrieben werden können.

Der Bund hatte immer wieder versucht, seine anwaltliche Aufgabe nicht nur bei seinen drei großen Förderungslinien, sondern auch bei der Beachtung des Gebots der ›Einheitlichkeit der Lebensverhältnisse‹ hervorzukehren. Tatsächlich erwies sich das Bundesministerium als dauerhafter Förderer von Analysen und Impulsgeber für Reflexionen und Konzepte wie für Aktivitäten zur Neugestaltung der Beziehungen von Hochschule und Gesellschaft in Deutschland. Es mag kontrovers bleiben, was das Bundesministerium erreicht oder nicht erreicht hat und wo seine politischen Linien positiv oder negativ zu bewerten sind, aber das Ministerium hat sich infolge seiner formal begrenzten Macht erfolgreich in eine Rolle hineinbewegt, in der es – über die Alltagsprozesse von Entwicklungen und Politiken der kleinen Schritte hinaus – die Systemlogik des Hochschulwesens bedenkt und größere Linien der Gestaltung sucht.

Literatur

Bahro, H. (1981): Das Hochschulzulassungsrecht in der Bundesrepublik Deutschland: Kommentar. Köln: Heymanns.

Brown, D./Cazalis, P./Jasmin, G. (Hrsg.) (1992): Higher Education in Federal Systems. Kingston: Queen's University, Institute of Intergovernmental Relations.

Bundesministerium für Bildung und Forschung (2000): Grund- und Strukturdaten 1999/2000. Bonn: BMBF.
Bundesministerium für Bildung und Forschung (2003): An unseren Hochschulen bewegt sich etwas. Bonn: BMBF.
Bundesministerium für Bildung und Forschung (2004): Ideen, die gewinnen. Mit Innovationen stark im internationalen Wettbewerb. Bonn: BMBF.
Bundesminister für Bildung und Wissenschaft (1970): Jahresbericht 1969. Bonn: BMBW.
Bundesminister für Bildung und Wissenschaft (1974): Jahresbericht 1973. Bonn: BMBW.
Bundesminister für Bildung und Wissenschaft (1975): Grund- und Strukturdaten. Ausgabe 1975. Bonn: BMBW.
Bundesminister für Bildung und Wissenschaft (1976): Bildungspolitische Zwischenbilanz. Bonn: BMBW.
Bundesminister für Bildung und Wissenschaft (1978): Hochschulausbildung. 22 Orientierungspunkte. Bonn: BMBW.
Bundesminister für Bildung und Wissenschaft (1982): Neue Wege in Bildung und Ausbildung: 21 Beispiele. Bonn: BMBW.
Bundesminister für Bildung und Wissenschaft (1984): Bericht der Expertenkommission zur Untersuchung der Auswirkungen des Hochschulrahmengesetzes (HRG). Bonn: BMBW.
Bundesminister für Bildung und Wissenschaft (1986): Hochschulpolitische Zielsetzungen der Bundesregierung. Bonn: BMBW.
Bundesminister für Bildung und Wissenschaft (1987): Grund- und Strukturdaten 1987/88. Bonn: BMBW.
Bundesminister für Bildung und Wissenschaft (1988): Fachhochschul-Brevier 88. Bonn: BMBW.
Bundesminister für Bildung und Wissenschaft (1990): Hochschulpolitische Zielsetzungen der Bundesregierung. Bonn: BMBW.
Bundesminister für Bildung und Wissenschaft (1992): Zur Situation der Hochschulen in der Bundesrepublik Deutschland. Bonn: BMBW.
Bundesminister für Bildung und Wissenschaft (1994): Jahresbericht 1993. Bonn: BMBW.
Bundesministerium für Bildung, Wissenschaft, Forschung und Technologie: Jahresbericht 1994. Bonn: BMBF 1995.
Bundesministerium für Bildung, Wissenschaft, Forschung und Technologie (1998): HRG. Hochschulrahmengesetz. Bonn: BMBF.
Cerych, L./Neusel, A./Teichler, U./Winkler, H. (1981): Gesamthochschule – Erfahrungen, Hemmnisse, Zielwandel. Frankfurt am Main/New York: Campus.
Deutscher Akademischer Austauschdienst (1997): Studien- und Wissenschaftsstandort Deutschland. Bonn: DAAD.
Goldschmidt, D./Teichler, U./Webler, W.-D. (Hrsg.) (1984): Forschungsgegenstand Hochschule. Frankfurt am Main/New York: Campus.
Goldschmidt, D. (1989): Hochschulpolitik. S. 354-389, in: W. Benz (Hrsg.),

Die Geschichte der Bundesrepublik Deutschland. Bd. 1. Frankfurt am Main: Fischer.

Hahn, K. (2004): Germany. S. 51-79, in: J. Huisman/M. van der Wende (Hrsg.), On Cooperation and Competition. Bonn: Lemmens.

Hess, G. (1968): Die deutsche Universität 1930-1970. Bad Godesberg: Inter Nationes.

Hüfner, K./Nauman, J./Köhler, H./Pfeffer, G. (1986): Hochschulkonjunktur und Flaute: Bildungspolitik in der Bundesrepublik Deutschland 1967-1989. Stuttgart: Klett-Cotta.

Kehm, B.M. (1999): Higher Education in Germany. Bucarest: UNESCO-CEPES.

Mayntz, R. (Hrsg.) (1994): Aufbruch und Reform von oben. Ostdeutsche Universitäten im Transformationsprozeß. Frankfurt am Main/New York: Campus.

Oehler, C. (1989): Hochschulentwicklung in der Bundesrepublik Deutschland seit 1945. Frankfurt am Main/New York: Campus.

Oehler, C. (2000): Staatliche Hochschulplanung in Deutschland. Neuwied/Kriftel: Luchterhand.

Peisert, H./Framhein, G. (1990): Das Hochschulsystem in Deutschland. Bonn: BMBW.

Reichert, S./Tauch, C. (2005): Trends IV: European Universities Implementing Bologna. Brussels: European University Association.

Rüttgers, J. (1997): Hochschulen für das 21. Jahrhundert. Bonn: BMBF.

Schlaffke, W. (1970): Akademisches Proletariat. Berichte des Deutschen Industrieinstituts zu bildungs- und gesellschaftspolitischen Fragen, Bd. 2, H. 1. Köln: Deutsches Industrie Institut.

Teichler, U. (Hrsg.) (1990): Das Hochschulwesen in der Bundesrepublik Deutschland. Weinheim: Deutscher Studien Verlag.

Teichler, U. (1992): Higher Education in Federal Systems: Germany. S. 141-168, in: D. Brown/P. Cazalis/G. Jasmin (Hrsg): Higher Education in Federal Systems. Kingston: Queen's University, Institute of Intergovernmental Relations.

Teichler, U. (1999): Studieren bald 50 Prozent eines Geburtsjahrgang? Das Hochschulwesen 47: 116-119.

Teichler, U. (2002): Hochschulbildung. S. 349-370 in: R. Tippelt (Hrsg.), Handbuch Bildungsforschung. Opladen: Leske + Budrich.

Thieme, W. (1986): Deutsches Hochschulrecht. 2. Aufl., Köln: Heymanns.

Turner, G. (2001): Hochschulen zwischen Vorstellung und Wirklichkeit. Berlin: Duncker & Humblot.

Weishaupt, H./Steinert, B./Baumert, J. (1991): Bildungsforschung in der Bundesrepublik Deutschland. Bonn: BMBF.

Wilms, D. (1983): Wettbewerb statt Bürokratie. Leitlinien für eine neue Hochschulpolitik aus der Sicht des Bundes. Bonn: BMBW.

Literaturverweise: ibw = Informationen Bildung Wissenschaft, PM = Pressemitteilung (des BMBF).

Klaus Klemm
Der Bund als ›Player‹ im Feld der Schulentwicklung
Entwicklung, Wege und Instrumente

Wer sich für die Entwicklung der Schulen in Deutschland und für die Kräfte, die diese Entwicklung bewegen, interessiert, kommt nicht umhin, sich mit der ›Kulturhoheit der Länder‹ zu befassen. Die mit diesem Begriff umschriebene Zuständigkeit der Bundesländer für alle Fragen der Kulturpolitik und -verwaltung, die vom Bundesverfassungsgericht als »Kernstück der Eigenstaatlichkeit der Länder« bezeichnet wurde (BverfGE 6,309, 346/347), ist nicht eine Besonderheit der Bundesrepublik Deutschland, sie ist vielmehr eng verbunden mit der Herausbildung eines deutschen Nationalstaates im 19. Jahrhundert.

Schon in der ersten Verfassung des Deutschen Reiches aus dem Jahr 1871 taucht das Gebiet der Kulturpolitik unter den ›Angelegenheiten‹, die der Beaufsichtigung seitens des Reiches und der Gesetzgebung auf Reichsebene unterliegen, nicht auf. In Artikel 4 der Reichsverfassung, der diese ›Angelegenheiten‹ beschreibt, sind Kulturfragen (und das heißt auch: Schulfragen) nicht einmal am Rande vertreten. Kulturelle Angelegenheiten lagen im Kaiserreich in der Zuständigkeit der Reichsländer (Boldt 1987: 456-480).

Auch wenn dies in der Weimarer Republik nicht grundsätzlich anders war, räumt die Weimarer Verfassung dem Zentralstaat, dem Reich, größere Einwirkungsmöglichkeiten im Feld der Schulpolitik ein. Der vierte Abschnitt der Weimarer Verfassung von 1919 – ›Bildung und Schule‹ überschrieben – greift in seinen Artikeln 142 bis 150 in Bereiche ein, die die bisher bestehende Kulturhoheit der Länder tangieren. So wird eine für das Reich einheitliche Lehrerbildung vorgeschrieben, die staatliche Schulaufsicht wird verankert, ebenso die allgemeine Schulpflicht. Insbesondere die Schulstruktur mit der gemeinsamen Grundschule wird in der Reichsverfassung festgelegt und private Vorschulen werden aufgehoben (Boldt 1987: 516-519). Trotz dieser Verfassungsbestimmungen, die der kulturellen und schulischen Entwicklung einen Rahmen setzen, bleiben auch in der Weimarer Republik die Reichsländer die eigentlichen Träger der Kultur- und Schulpolitik.

Nach der Zentralisierung, die in der Zeit der nationalsozialistischen Herrschaft in Deutschland im Kultur- und Bildungsbereich durchgesetzt worden war, knüpfte die Bundesrepublik Deutschland – anders als die DDR – wieder an der föderalen Tradition Deutschlands an. Artikel 20 des Grundgesetzes formuliert im ersten Absatz: »Die Bundesrepublik

Deutschland ist ein demokratischer und sozialer Bundesstaat.« Aus dem Prinzip der Bundesstaatlichkeit wird abgeleitet, dass die Aufgaben des Staates zwischen dem Bund und den Ländern aufgeteilt sind und dass beide ihre Aufgaben grundsätzlich eigenständig wahrnehmen und hierfür mit entsprechenden Finanzmitteln ausgestattet werden. Der föderalen Grundnorm folgend gilt: »Die Ausübung der staatlichen Befugnisse und die Erfüllung der staatlichen Aufgaben ist Sache der Länder, soweit dieses Grundgesetz keine anderen Regelungen trifft oder zulässt.« (Artikel 30) Die Regelungen, die das Grundgesetz bezüglich einer kulturellen Bundeszuständigkeit zugunsten einer zentralstaatlichen Kompetenz trifft, sind überschaubar; dies gilt noch einmal besonders für das Feld der Schule. Über Gesetzgebungskompetenzen verfügt der Zentralstaat im Bereich des Schulrechts nicht, sieht man einmal davon ab, dass sich das Bundesausbildungsförderungsgesetz auch auf die Förderung einer schulischen Ausbildung beziehen und dass der Bund Rahmenvorschriften für die Besoldung der öffentlichen Bediensteten, also auch der Lehrerinnen und Lehrer, erlassen kann. Darüber hinaus eröffnet das Grundgesetz mit Artikel 91 b dem Bund die Möglichkeit, bei der Bildungsplanung, also auch bei der Schulplanung, mitzuwirken (Jarass/Pieroth 1992).

Wie gering die Rolle des Bundes insbesondere im Bereich der Schulpolitik ist, wird nicht zuletzt durch einen Blick auf das deutsche Bildungsbudget deutlich. Von den 103 Milliarden Euro, die in Deutschland im Jahr 2002 aus öffentlichen Haushalten für Bildung verausgabt wurden, flossen 17,2 Milliarden, also 16,7 Prozent, aus dem Bundeshaushalt. Die übrigen Mittel entstammten den Länderhaushalten (63,1 Prozent) und den kommunalen Haushalten (20,2 Prozent). Betrachtet man allein die öffentlichen Ausgaben, die für Schulen aufgebracht wurden, so stammten von den insgesamt verausgabten 56,5 Milliarden Euro nur 0,1 Milliarden aus dem Bundeshaushalt. Zusätzlich dazu erbringt der Bund von insgesamt 2,3 Milliarden Euro, die 2002 für die Schülerförderung verausgabt wurden, 0,5 Milliarden Euro.[1]

Trotz dieser äußerst eingeschränkten Zuständigkeit des Bundes in Fragen der Kultur- und damit auch der Schulpolitik würde man das deutsche Schulsystem und seine Entwicklung nur sehr unvollständig beschreiben, wenn man die Rolle des Bundes dabei nicht in den Blick nähme. Denn der Bund ist – allen Kompetenzbeschränkungen zum Trotz – ein nicht zu unterschätzender ›Player‹ im Feld der Schulentwicklung. Diese These soll im folgenden entfaltet und belegt werden. Dazu wird der vorliegende Beitrag in zwei Abschnitte untergliedert. In einem ersten historisch angelegten Teil soll gezeigt werden, dass der Bund in all den Jahren seit Gründung der Bundesrepublik im Feld der Schulentwicklung

[1] Vgl. zu diesen Daten: Statistisches Bundesamt – www.destatis.de – 2005.

eine eigenständige Rolle gespielt, dass er diese Rolle aber im Verlauf der Geschichte der Bundesrepublik unterschiedlich stark ausgefüllt hat. In einem daran anschließenden zweiten systematisierend angelegten Teil geht es darum, grundsätzlicher darzustellen, auf welchen Wegen und mit welchen Instrumenten der Bund und das zuständige Ministerium Einfluss auf die Schulpolitik genommen haben und weiterhin werden nehmen können.

1. Zur Einflussnahme des Bundes im Verlauf der Geschichte der Bundesrepublik

Unbeschadet der in den Fragen von Kultur und Bildung eher marginalen Kompetenz des Bundes finden wir für die Bundesrepublik während der Jahre von 1949 bis in die Gegenwart hinein Variationen der Gewichtverteilung zwischen dem Bund und den Ländern. Im Verlauf der bundesrepublikanischen Geschichte treffen wir eine Phase der gemäßigten Ausweitung dieses Handlungsspielraums: nämlich von Mitte der sechziger bis zum Ende der siebziger Jahre und eine neuere Phase des Zurückdrängens der Bundesmitwirkung – spätestens nach 2002 im Kontext der Bemühungen um die Reform des Föderalismus. Interessant an diesem leichten ›Auf und Ab‹ ist es, dass die beiden gegenläufigen Entwicklungen als Reaktionen auf vergleichbare Krisen gewertet werden können. Dies soll im folgenden gezeigt werden.

1.1 Die Jahre der Erstarkung des Bundes

In den westlichen Besatzungszonen war die Schulpolitik vor Gründung der Bundesrepublik einerseits durch die je regionalen Traditionen der entstehenden Länder, andererseits durch die Einflussnahme der jeweiligen Besatzungsmacht geprägt. Dies führte dazu, dass die Schullandschaft der neu entstandenen Bundesrepublik durch eine deutliche Uneinheitlichkeit und durch eine Tendenz der zunehmenden Auseinanderentwicklung geprägt war. Innerhalb des westdeutschen Schulsystems, das im Kern nach dem Muster der Schule in der Weimarer Republik restauriert worden war, hatten die länderspezifischen Sonderentwicklungen zu einem – so nahm es die Öffentlichkeit wahr – ›Schulchaos‹ geführt, zu einem Zustand, der sich u. a. in der Zahl und der Bezeichnung der Schultypen, in den unterschiedlichen Regelungen zum Schuljahrsbeginn, in den Ferienordnungen, in Fragen der Schulgeld- und Lernmittelfreiheit, im Bereich der Lehrpläne und in der Anerkennung von Schulabschlüssen ausdrückte.

Die in der Öffentlichkeit im wachsenden Maße artikulierte Unzufriedenheit mit diesem ›Chaos‹ provozierte Reaktionen der Länder, aber auch des Bundes. Die Ministerpräsidenten der Länder sahen es in einer Erklärung vom Februar 1954 als ein »gemeinsames dringendes politisches Anliegen« an, »in der äußeren Organisation des Schul- und Erziehungswesens eine weitgehende Vereinfachung und eine Vereinheitlichung zwischen den Ländern herbeizuführen« (Bohnenkamp et al. 1966: 1003). Die Länder reagierten darauf mit dem Anfang 1955 geschlossenen ›Abkommen zwischen den Ländern der Bundesrepublik zur Vereinheitlichung auf dem Gebiet des Schulwesens‹ (›Düsseldorfer Abkommen‹).[2] Vorher schon hatte 1953 der Bundesinnenminister im Benehmen mit den Ländern – nicht zuletzt vom Bundestag gedrängt – den ›Deutschen Ausschuss für das Erziehungs- und Bildungswesen‹ berufen, ein Beratungsgremium auf Bundesebene, das den Auftrag hatte, die Entwicklung des Bildungswesens in Deutschland durch seinen Rat und seine Empfehlungen zu befördern. In der Reihe der ›Ratschläge‹ dieses Gremiums ist der ›Rahmenplan zur Umgestaltung und Vereinheitlichung des allgemein bildenden öffentlichen Schulwesens‹, vorgelegt 1959, fraglos der bedeutsamste.[3]

Dieser ›Rahmenplan‹, so formulieren es Herrlitz et al., markiert einen »Wendepunkt der Bildungspolitik und Schulentwicklung der Nachkriegszeit: wenige Jahre später – 1965 – beginnt der etwa 10 Jahre dauernde Versuch, von der Bundesebene aus eine umfassende Strukturreform des Schulwesens voranzutreiben« (1993: 203). Initiiert, zumindest beschleunigt wurde die in den sechziger Jahren einsetzende ›Wende‹ der Schulpolitik durch ökonomische, bürgerrechtliche und international vergleichende Argumente.

1963 veröffentlichte die Kultusministerkonferenz ihre ›Bedarfsfeststellung 1961–1970‹, in der sie – bei Fortschreibung der damals beobachteten Trends – voraussagte, dass 1970 ein Lehrermangel in Höhe von 50.000 Lehrern und Lehrerinnen eintreten würde (Kultusministerkonferenz 1963). Das entsprach etwa einem vollständigen Abiturientenjahrgang der frühen sechziger Jahre. Auf dieser ›Bedarfsfeststellung‹ aufbauend veröffentlichte Georg Picht (übrigens, was heute kaum einer mehr weiß: ein Mitglied des ›Deutschen Ausschusses‹) ein Jahr später seinen ›Warnruf‹: In einer Artikelserie in der Wochenzeitschrift ›Christ und Welt‹ vom Frühjahr 1964, die er im gleichen Jahr unter dem Titel ›Die deutsche Bildungskatastrophe‹ als Buch veröffentlichte, zeichnet er ein düsteres Bild. Die Bundesrepublik, auch damals schon eine der stärksten Exportnationen, werde, so Picht »wirtschaftlich und politisch nur noch eine untergeordnete Rolle spielen« (Picht 1964: 26), wenn

---

2 Vgl. dazu den Text des Abkommens bei Bohnenkamp et al. 1966: S. 104-108.

3 Der ›Rahmenplan‹ ist dokumentiert bei Bohnenkamp et al. 1966: 59-115.

sie ihre Bildungsanstrengungen nicht dramatisch steigere. Insbesondere verwies er dabei – ganz auf den Spuren der bereits erwähnten ›Bedarfsfeststellung‹ der KMK – auf die Notwendigkeit, die Zahl der Abiturienten zu steigern, oder konkreter: zu verdoppeln. Davon, dass dies gelänge, hänge – noch einmal Picht – »die Konkurrenzfähigkeit der Wirtschaft, die Höhe des Sozialprodukts und die politische Stellung« des Landes ab (Picht 1964: 28).

Diese ökonomische Argumentation traf sich mit einem weiteren Begründungsstrang, der die ungleiche Verteilung von Bildungschancen in Deutschland in den Mittelpunkt rückte. Ralf Dahrendorfs Arbeit aus dem Jahre 1965 – ›Bildung ist Bürgerrecht‹ – steht für diesen Teil der öffentlichen Bildungsdebatte (Dahrendorf 1965). Er verwies auf das hohe Maß an Ungleichheit, das das deutsche Schulsystem von Generation zu Generation zu reproduzieren helfe. So wie Pichts ›Bildungskatastrophe‹ zum Schlachtruf der damaligen Debatten wurde, so machte die Kunstfigur vom ›katholischen Arbeitermädchen vom Lande‹ in diesen Jahren Karriere: Diese Figur bündelte die vier damals diskutierten Dimensionen der Ungleichheit der Bildungschancen, die der Konfession, der Schicht, des Geschlechts und der Region. Eine besondere Wirksamkeit erhielten die unbestreitbaren Belege vielfacher Ungleichheit dadurch, dass sie den eher ökonomisch argumentierenden Debattenteilnehmern den Weg der Problemlösung wiesen: In der großen Zahl der Benachteiligten wurde ihnen das Reservoir gezeigt, in dem geschöpft werden müsse, wenn mehr hoch Qualifizierte gebildet und ausgebildet werden sollten.

Das innerdeutsche Konstatieren einer ›Bildungskatastrophe‹ mit den Verweisen auf Mangel und Ungleichheit zugleich wurde in den späten sechziger und frühen siebziger Jahren zusätzlich international munitioniert. Der 1957 erfolgte Start des ersten sowjetischen Satelliten löste in der gesamten westlichen Welt einen (Sputnik-)Schock aus, der überall im Westen die Länder zu größeren Anstrengungen in Bildung und Wissenschaft trieb. In der Bundesrepublik Deutschland wurde dieser Schock noch dadurch verstärkt, dass dem Land auch international mangelnde Modernität bescheinigt wurde. 1971 begutachtete ein international zusammengesetztes Expertenteam im Rahmen eines OECD-Länderexamens – schon damals war die OECD Auftraggeber! – das westdeutsche Bildungssystem. Ihr Urteil fiel vernichtend aus. In ihrem Bericht – der Titel der 1973 in deutscher Sprache erschienenen Ausgabe lautete: ›Bildungswesen: Mangelhaft‹ – formulierten die fünf namhaften OECD-Experten: »Die wirtschaftlichen, gesellschaftlichen und politischen Gegebenheiten in der BRD haben sich seit den zwanziger Jahren grundlegend gewandelt. Das Bildungswesen wurde jedoch nach der Hitlerzeit so wieder aufgebaut, wie es vorher gewesen war, und ist in den meisten wichtigen Merkmalen bis heute so geblieben. Eine verstärkte Anpassung des Bildungswesens an die neuen gesellschaftlichen und politischen Gegebenheiten in der BRD ist eine der großen Aufgaben der 70er Jahre.« (OECD 1973: 113)

Wie eine Bestätigung des von den OECD-Experten konstatierten Modernitätsrückstandes mussten daher die 1973 publizierten Ergebnisse einer international vergleichenden Leistungsstudie wirken (vgl. dazu van Ackeren 2002). Die ›First International Science Study‹ (FISS), eine ›Vorläuferin‹ von TIMSS,[4] belegte im Bereich der naturwissenschaftlichen Kompetenzen ein bedenkliches ›Abrutschen‹: Während die älteren deutschen Schülerinnen und Schüler (aus den Abschlussklassen der Sekundarschulen) in einem Feld von 14 Ländern – darunter Australien, England, Finnland, Schweden und die USA – noch nach Neuseeland den zweiten Rang erreichten, lagen die 14jährigen ›nur‹ noch im oberen Mittelfeld auf Rang 5 – hinter Japan (damals schon auf dem Spitzenplatz), Ungarn, Australien und Neuseeland. Die 10jährigen dagegen fanden sich damals schon auf dem drittletzten Rang: Japan, Schweden, Finnland, die Niederlande und andere rangierten – zum Teil mit deutlichem Abstand – vor den Schülerinnen und Schülern aus der Bundesrepublik. Am 20. 9. 1973 kommentierte Hajo Matthiesen in der ›Zeit‹ diese Befunde unter dem offensichtlich zeitlosen Titel ›Im internationalen Vergleich schneidet das Bildungswesen der Bundesrepublik miserabel ab: Die deutschen Schüler auf dem letzten Platz‹.

Die Zusammenschau der eher ökonomischen, der bürgerrechtlichen und der international vergleichenden Blickweisen auf das deutsche Bildungssystem der sechziger und frühen siebziger Jahre führt zu einem set von Klagen: über einen Mangel an Akademikern oder genereller: an hoch Qualifizierten, über ungleich verteilte Bildungschancen, über ein zu geringes Leistungsniveau der westdeutschen Schülerinnen und Schüler und – nicht zuletzt – über zu geringe Bildungsausgaben.

Im Verlauf der hier beschriebenen Jahre, deutlich schon vor den alarmierenden OECD-Botschaften, unternahm Hildegard Hamm-Brücher (später, von 1969 bis 1972, Staatssekretärin im Bundesministerium für Bildung und Wissenschaft) eine ›Besichtigung‹ der deutschen Bildungslandschaft. Unter der Kapitelüberschrift ›Bilanz einer Bildungsreise – Mit elf Provinzen ist kein Staat zu machen‹ schrieb sie damals: »Wer fühlt sich eigentlich zuständig für die alarmierenden Berichte der Wirtschaft oder der Bundeswehr über den miserablen Stand der Allgemeinbildung? Eine Bildungsoffensive, wie sie in aller Welt vor sich geht, kann man nicht, um im Bild zu bleiben, mit elf völlig verschieden ausgerüsteten Armeen führen, die noch nicht einmal ein gemeinsames Oberkommando, geschweige denn einen gemeinsamen Generalstab haben.« (1965: 123)

In dieser Lage sah sich der Bund mehr und mehr in der Verantwortung. Seit Mitte der sechziger Jahre konnte er dann auch an bildungs-

---

[4] Third International Mathematics and Science Study.

politischem Einfluss gewinnen. Ausdruck seines Bedeutungszuwachses waren eine ganze Reihe von Aktivitäten: 1965 beriefen Bundesregierung und Länderregierungen gemeinsam den ›Deutschen Bildungsrat‹ als Nachfolgegremium des ›Deutschen Ausschusses‹. Sein 1970 vorgelegter ›Strukturplan für das Bildungswesen‹ (Deutscher Bildungsrat 1970) prägte für viele Jahre die bildungspolitischen Debatten und zahlreiche Einzelentwicklungen in Deutschland. 1969 wurde mit dem Regierungsantritt von Willy Brandt das aus dem ›Bundesministerium für Atomfragen‹ hervorgegangene ›Bundesministerium für Wissenschaftliche Forschung‹ umbenannt in das ›Bundesministerium für Bildung und Wissenschaft‹. Vorher schon, im Frühjahr 1969, also noch in der Regierungszeit der ›Großen Koalition‹, wurde im Rahmen einer Grundgesetzänderung der Artikel 91 b in das Grundgesetz eingefügt. Von nun an hatten Bund und Ländern die Möglichkeit, »auf Grund von Vereinbarungen bei der Bildungsplanung und bei der Förderung von Einrichtungen und Vorhaben der wissenschaftlichen Forschung von überregionaler Bedeutung« zusammenzuwirken. Auf der Grundlage dieses Artikels schlossen 1970 der Bundeskanzler und die Regierungschefs der Länder ein Verwaltungsabkommen über die gemeinsame Errichtung einer ›Bund-Länder-Kommission für Bildungsplanung‹ (BLK); 1971 kam eine zwischen Bund und Ländern geschlossene ›Rahmenvereinbarung zur koordinierten Vorbereitung, Durchführung und wissenschaftlichen Begleitung von Modellversuchen im Bildungswesen‹ hinzu, 1975 schließlich wurde die gemeinsame Forschungsförderung vereinbart. Bereits 1973, drei Jahre nach Errichtung der BLK, leitete die Kommission den Regierungschefs von Bund und Ländern den ersten – und bis heute letzten – Bildungsgesamtplan zu.

Die gestiegene Bedeutung, die der Bund in Bildungsfragen in den Jahren zwischen 1965 und 1975 erlangte und die zu einer kooperativen Ausrichtung des deutschen Föderalismus führte, fand in der Mitte dieser Jahre einen beeindruckenden Niederschlag in der ersten Regierungserklärung Willy Brandts vom 28. Oktober 1969. Zur Bildungspolitik formulierte er damals: »Schwere Störungen des gesamten Bildungssystems ergeben sich daraus, dass es bisher nicht gelungen ist, die vier Hauptbereiche unseres Bildungswesens – Schule, Hochschule, Berufsausbildung und Erwachsenenbildung – nach einer durchsichtigen und rationalen Konzeption zu koordinieren. Solange aber ein Gesamtplan fehlt, ist es nicht möglich, Menschen und Mittel so einzusetzen, dass ein optimaler Effekt erzielt wird. Die Bundesregierung hat aufgrund des Art. 91b des Grundgesetzes eine klare verfassungsrechtliche Grundlage für eine Bildungsplanung gemeinsam mit den Ländern erhalten [...] Die Bundesregierung wird in den Grenzen ihrer Möglichkeiten zu einem Gesamtbildungsplan beitragen. Das Ziel ist die Erziehung eines kritischen, urteilsfähigen Bürgers, der imstande ist, durch einen permanenten Lernprozess die Bedingungen seiner sozialen Existenz zu erkennen und sich ihnen entsprechend zu verhalten. Die Schule der Nation ist die Schule.« (www.bwbs.de/Beitraege/69 – 2005)

Von diesen viel zitierten Sätzen aus der Regierungserklärung ließ sich der Bund bei seinen Aktionen im Feld der Bildungs- und insbesondere der Schulpolitik leiten.[5] Allerdings: Schon beim Start dieser neuen Adjustierung der schulpolitischen Machtbalance zwischen den Ländern und dem Bund war das Ende dieser Bemühungen nahe. 1975 wurde das auf jeweils fünf Jahre ausgelegte Mandat des Deutschen Bildungsrates nicht um weitere fünf Jahre verlängert, er musste seine Arbeit einstellen. Auch der erste Ansatz einer gesamtstaatlichen Bildungsplanung, an der sich Länder und Bund beteiligten, kam nach Veröffentlichung des ersten Bildungsgesamtplanes (BLK: 1974) über Fortschreibungsentwürfe nicht hinaus. 1982 beschloss die Bund-Länder-Kommission, die Beratungen über die Fortschreibung auszusetzen. Dabei ist es bis heute geblieben. (vgl. dazu Klemm 1986, Klemm et al. 1990: 11)

In die Schlussphase der Jahre, in der sich die Gewichte in der Bildungspolitik von den Ländern fort und stärker hin zum Bund zu verlagern schienen, gehört schließlich der ›Bericht der Bundesregierung über die strukturellen Probleme des föderativen Bildungssystems‹, den der Bundeskanzler 1978 dem Deutschen Bundestag zuleitete (Deutscher Bundestag 1978). In der letzten Passage dieses Textes, der in der Regel unter der Überschrift ›Mängelbericht‹ behandelt wird, heißt es in Ziffer 372 knapp: »Das Grundproblem, sowohl die erforderliche Einheitlichkeit in bestimmten Grundfragen des Bildungswesens zu sichern als auch die parlamentarische Legitimation wesentlicher bildungspolitischer Entscheidungen zu stärken, kann nach der geltenden Kompetenzverteilung nicht befriedigend gelöst werden.« (Deutscher Bundestag 1978: 62 f.) Die dahinter stehende Absicht, die Bundeskompetenzen zu stärken, wurde – wie kaum anders zu erwarten – durch die KMK im Rahmen ihrer 187. Plenarsitzung deutlich zurückgewiesen. In der Stellungnahme der Ministerpräsidenten der Länder, die sich im gleichen Jahr dem Beschluss der Kultusminister anschlossen, heißt es am Schluss noch deutlicher:»Die Länder Baden-Württemberg, Bayern, Rheinland-Pfalz, Saarland und Schleswig-Holstein erklären, dass sie keinen Schlussfolgerungen aus dem Bericht der Bundesregierung zustimmen, die eine Zentralisierung von Bildungszuständigkeiten im Wege einer Grundgesetzänderung zum Inhalt haben.« (Bundesminister für Bildung und Wissenschaft 1980: 54)

---

5 Vgl. zu den strukturellen Schwierigkeiten der Hochschulpolitik im Spannungsfeld zwischen Bund und Ländern den Beitrag von Uwe Schimank und Stefan Lange sowie zu den substantiellen Ergebnissen der Hochschulpolitik des Bundes den Beitrag von Ulrich Teichler in diesem Band.

1.2 Jahre der Stagnation: Schulpolitisch tritt die Bundesebene kaum in Erscheinung

Die Jahre, in denen unter dem Eindruck der ›Bildungskatastrophe‹, des ›Bildungsnotstandes‹, der ›Krise‹ Politiker aller Parteien und aller Länder bereit zu sein schienen, den Bund stärker in die Schulpolitik einzubeziehen, waren verstrichen. In der Folgezeit verliert der Bund in diesem Politikfeld wieder: nicht an Zuständigkeiten, aber an tatsächlichem Einfluss. Es kann hier nicht der Ort sein, die Phase der bildungspolitischen Stagnation, die Mitte der siebziger Jahre einsetzte und in der – im Feld der Schulpolitik – der Bund kaum sichtbar auftrat, detaillierter zu beschreiben. Lediglich an einem Beispiel soll deutlich gemacht werden, wie stark sich die Bundesebene in schulpolitischen Fragen an den Rand hat drängen lassen.

Als der Bundestag auf Antrag der Fraktion der SPD und der Fraktion ›Die Grünen‹ 1987 einvernehmlich die Einsetzung einer Enquete-Kommission ›Zukünftige Bildungspolitik – Bildung 2000‹ beschloss, war dem eine grundsätzliche Debatte darüber vorausgegangen, zu welchen Fragen der Bildungspolitik sich diese Bundestagskommission überhaupt – durch das Grundgesetz gedeckt – äußern dürfe. In der Beratung des Einsetzungsantrags der beiden genannten Fraktionen erklärte der Abgeordnete Dawecke für die CDU/CSU-Fraktion am 17. 9. 1987: »Sie gehen in ihrem Antrag sehr weit, was die Gesetzgebungskompetenz des Bundes und der Länder in diesem Bereich angeht. Nach dem Selbstverständnis des Bundestages gibt es für viele Fragen, die Sie anschneiden, keine Kompetenz des Hauses. Wir müssen uns also im Ausschuss darüber verständigen, was wir tatsächlich klären wollen, klären sollten, was wir klären dürfen und wo wir möglicherweise die Schwerpunkte anders setzen können. Wir haben deshalb auch vorgeschlagen, dass wir den Rechtsausschuss zusätzlich zu den anderen Ausschüssen, die Sie genannt haben, um Prüfung bitten, was denn tatsächlich unser Kompetenzbereich ist.« (Deutscher Bundestag 1990:362) Unter Rückgriff auf die im Grundgesetz geregelte Kompetenzverteilung formulierte dann der Einsetzungsbeschluss vom 9. 12. 1987 einen ausgesprochen eng gesetzten Untersuchungsauftrag. In ihm heißt es: »Die Enquete-Kommission wird ihre Arbeit auf die im Grundgesetz verankerte Zuständigkeiten des Bundes beschränken. Dazu gehören insbesondere im Bildungsbereich [...]« (Deutscher Bundestag 1990: 15 f.). Aufgeführt werden dann die auswärtigen Kulturbeziehungen und die Auslandsschulen, die berufliche und die überbetriebliche Berufsausbildung inklusive berufliche Weiterbildung, Ausbildungsbeihilfen, allgemeine Grundsätze des Hochschulwesens, Aus- und Neubau von Hochschulen, Vereinbarungen mit den Ländern zur Bildungsplanung und Forschungsförderung sowie die Übertragung von Kompetenzen an die Europäische Gemeinschaft. Im Schlussbericht der Enquete-Kommission, der 1990 vorgelegt wurde, zeigt sich, dass sich die Kommission mit ihren Empfehlungen innerhalb dieser eng gesetzten Grenzen bewegt hat: Der gesamte Bereich der allgemein bildenden Schulen wird sorgfältig gemieden – zwanzig Jahre, nachdem der Bundeskanzler Willy Brandt in seiner Regierungserklärung vor dem Deutschen Bundestag angekündigt hatte, dass die Bundesregierung zu einem ›Gesamtbildungsplan‹ beizutragen gedenke.

Die Tendenz, den Bund aus dem Feld schulpolitischen Agierens heraus zu drängen, wurde 1994 weiter bestärkt: Nach der damals vorgenommenen Grundgesetzänderung darf der Bund im Rahmen der konkurrierenden Gesetzgebung nur dann tätig werden, wenn »die Herstellung gleichwertiger Lebensverhältnisse im Bundesgebiet oder die Wahrung der Rechts- oder Wirtschaftseinheit im gesamtstaatlichen Interesse eine bundesgesetzliche Regelung erforderlich macht« (Art. 75 Abs. 1 GG). Die in den Jahren danach erfolgte Rechtsprechung des Bundesverfassungsgerichts hat diesen Artikel – zu Lasten der Bundeszuständigkeit – sehr restriktiv ausgelegt (vgl. dazu Füssel 2005: 108 f.).

1.3 Nach der Stagnation: Der Bund wird zurückgedrängt

Die bloße Tatsache, dass über das große Feld vorschulischer und schulischer Bildung Ende der achtziger und Anfang der neunziger Jahre auf Bundesebene nicht beraten wurde, konnte aber nicht verdecken, dass es gerade in diesem Bereich einen erheblichen Beratungsbedarf gab. Wie anders wäre es zu erklären, dass eine Reihe von Bundesländern in diesen Jahren Beratungsgremien beriefen – mit dem Auftrag, sich zur Schulentwicklung in (um einige der Länder zu nennen) Bremen, Hamburg oder Nordrhein-Westfalen zu äußern. Am bekanntesten wurde aus der Reihe der daraus hervorgegangenen Kommissionsberichte der 1995 unter dem Titel ›Zukunft der Bildung – Schule der Zukunft‹ vorgelegte Bericht aus Nordrhein-Westfalen. Peter M. Roeder hat die Regionalisierung der Bildungsberatung treffend unter der Überschrift ›Der föderalisierte Bildungsrat‹ beschrieben (Roeder 1997).

Bei dieser Föderalisierung des Beratens und bei der Zurückhaltung des Zentralstaates blieb es aber nicht. Als Deutschland seit Mitte der neunziger Jahre zunächst durch die TIMS-Mittelstufen- und Oberstufenstudien und dann noch stärker durch die PISA-Untersuchungen der OECD damit konfrontiert wurde, dass seine Schülerinnen und Schüler in den zentralen Kompetenzbereichen Mathematik, Naturwissenschaften und Leseverständnis im internationalen Vergleich mit den der OECD angeschlossenen Staaten allenfalls im Mittelfeld rangierten, entwickelte sich neuerlich eine bundesweite Diskussion um Deutschlands Bildungswesen. Zu Recht verweist Kremer darauf, dass schon die erste TIMS-Studie »in der Bundesrepublik Deutschland so etwas wie einen ›Sputnik-Schock‹ auslöste« (Kremer 2003: 177). Ohne dass es der Mehrheit der Diskutanten bewusst gewesen wäre, wiederholten sich dann auch in den Debatten kurz vor und nach der Jahrhundertwende die thematischen Schwerpunkte aus den sechziger Jahren: Wieder wurde das zu geringe Leistungsniveau der Schülerinnen und Schüler beklagt, neuerlich wurde das hohe Ausmaß sozialer Selektivität deutscher Schulen als nicht hinnehmbarer Skandal angeprangert, noch einmal wurde die Unterfinanzierung des Bildungssystem skandaliert, auch dieses Mal wurde die Gefährdung des Industriestandorts der Exportnation Deutschland an die Wand gemalt. Allenthalben erscholl der Ruf nach einschneidenden Maßnahmen.

Zunächst schien die politische Reaktion nach dem gleichen Muster wie in den sechziger Jahren zu verlaufen. Die frisch gewählte Bundesregierung unter Gerhard Schröder sah sich in ihrer gesamtstaatlichen Verantwortung herausgefordert. Auf Initiative von Edelgard Bulmahn, der neu ins Amt gekommenen Bundesministerin für Bildung und Forschung, wurde mit dem ›Forum Bildung‹ 1999 ein Gremium der Politikberatung zu Bildungsfragen auf Bundesebene durch den Bund und die Länder einvernehmlich eingesetzt. Unter dem gemeinsamen Vorsitz der Bundesministerin und des damaligen bayerischen Wissenschaftsministers Hans Zehetmair berieten in den Jahren von 1999 bis 2001 insgesamt achtzehn Vertreterinnen und Vertreter der Sozialpartner, der Wissenschaft, der Kirchen, der Auszubildenden und Studierenden zu dem weiten Feld des Bildungswesens. Die 2001 veröffentlichten zwölf Empfehlungen deckten – durch zahlreiche Expertisen unterfüttert – die zentralen Bereiche von Bildung und Ausbildung ab (Arbeitsstab Forum Bildung 2002). Wie sehr Bildungsfragen wieder auch zu einem zentralstaatlichen Thema geworden waren, geht nicht nur daraus hervor, dass die Bundesministerin für Bildung und Forschung und der bayerische Wissenschaftsminister dem Forum gemeinsam vorsaßen, sondern auch daraus, dass der Bundespräsident Johannes Rau sowohl auf dem Ersten Kongress des Forum Bildung (2000) als auch auf dem Abschlusskongress (2002) sprach. Aber trotz der Aufwertung, die darin zum Ausdruck kam, hielt die Gemeinsamkeit von Bund und Ländern nicht lange vor.

Spätestens 2002 brach die Kontroverse um die Kompetenzverteilung zwischen Bund und Ländern erneut auf. In einem Artikel in der ›Zeit‹ (Schröder 2002) – überschrieben mit »Ein Gesetz für alle Schulen« – formuliert der wahlkämpfende Bundeskanzler Gerhard Schröder angesichts der innerdeutschen Ländervergleiche der PISA 2000-Studie: »Wie kleinmütig kommt angesichts dieser Ergebnisse doch der Streit einiger Ministerpräsidenten daher, wer warum im oberen oder unteren Drittel der Zweiten Liga platziert ist [...] Sie übersehen dabei das

Wesentliche, denn wir müssen uns ernsthafte Gedanken machen, ob sich der deutsche Bildungsföderalismus nicht selbst zu Grabe getragen hat. Die Kultusministerkonferenz hat sich ihr Zeugnis abgeholt: Ihre Gesamtleistungen sind schlecht, Versetzung ausgeschlossen.« Und weiter: »Wir brauchen ein nationales Rahmengesetz für die Schule«. Diese ›Breitseite‹ gegen die Länder und ihre Schulpolitik und dieses Rütteln an der Gewichtverteilung zwischen Bund und Ländern markiert einen Wendepunkt, von dem an die Länder – die CDU-regierten offen, die SPD-regierten nicht weniger entschieden – nicht bereit waren, dem Bund auch nur eine Handbreit in Zuständigkeitsfragen nachzugeben. Zwar hat das Bundesministerium mit der von ihm in Auftrag gegebenen Expertise ›Zur Entwicklung nationaler Bildungsstandards‹ (Klieme et al. 2003) einen in seiner Bedeutung kaum zu überschätzenden Anstoß gegeben, die Verabschiedung von Bildungsstandards und die Gründung eines ›Instituts zur Qualitätsentwicklung im Bildungswesen‹ (IQB) mit dem Auftrag, die Einhaltung der Bildungsstandards in den Ländern zu überprüfen, betrieben die Bundesländer jedoch in eigener Regie – ohne Bundesbeteiligung. Ähnlich erging es dem Bund mit seinem Investitionsprogramm ›Zukunft Bildung und Betreuung‹ (IZBB), mit dem er für die Jahre zwischen 2003 und 2007 insgesamt vier Milliarden Euro für den Auf- und Ausbau von Ganztagsschulen zur Verfügung stellte. Er erreichte zwar damit, dass in den Ländern, die anders als etwa Rheinland-Pfalz bisher bei der Ausweitung von Ganztagsschulangeboten weitgehend untätig waren, Bewegung in die Ganztagsschulentwicklung kam, einen gestaltenden Einfluss auf diese Entwicklung konnte der Bund aber nicht nehmen.

Wenn der Zentralstaat mit seinem nach der Mitte der neunziger Jahre wieder verstärkt vorgetragenen schulpolitischen Initiativen etwas erreicht hat, dann dies: Unter dem Druck des erneut ausgerufenen deutschen ›Bildungsnotstandes‹ und in der Sorge, die deutsche Öffentlichkeit könne die Geduld mit dem Bildungsföderalismus verlieren, handelten die Kultusminister und -ministerinnen jeder für sich und alle gemeinsam so zielstrebig, schnell und koordiniert wie lange nicht. Wahrscheinlich ist es nicht verwegen festzustellen, dass die Kulturhoheit der Länder – anders als zwischen 1965 und 1975 – aus der erneut wahrgenommenen Krise des Schulsystems eher gestärkt hervorgehen wird.

1.4 Zwei vergleichbare Krisen – zwei konträre Reaktionsmuster

Die Durchmusterung der Entwicklung der etwa fünfzig Jahre von der Einberufung des ›Deutschen Ausschusses‹ (1953) bis heute, die hier skizzenhaft nachgezeichnet wurde, macht darauf aufmerksam, dass es in der westdeutschen Bundesrepublik und dann im vereinigten Deutschland – zumindest was die öffentliche Wahrnehmung angeht – zwei vergleichbare Krisen gab. In den sechziger und frühen siebziger Jahren ebenso wie in der zweiten Hälfte der neunziger Jahre und danach muss Deutschland sich fragen, ob seine Schulen und sein Bildungssystem insgesamt das Bildungs- und Ausbildungsniveau hervorbringen, welches das Land benötigt, um international konkurrenzfähig zu bleiben. Es muss sich weiter fragen, ob und wie das hohe Maß der Kopplung von sozialer Herkunft und Erfolg im Bildungssystem, eine Kopplung, die nirgendwo sonst in der industrialisierten Welt so eng ist, mit der demokratischen Grundordnung dieses Landes vereinbar ist.

In den beiden hier herausgestellten Phasen reagiert das Land jedoch nach unterschiedlichen Mustern: Während in den sechziger und siebziger Jahren die Kompetenzverteilung in Bildungsfragen durch Ergänzungen des Grundgesetzes und durch alltägliches Handeln der Länder und des Bundes vorsichtig zu Gunsten einer Kompetenzstärkung des Bundes neu adjustiert wurde, beharren die Länder in der Bildungskrise um die Jahrhundertwende nicht nur auf ihren Kompetenzen, sondern versuchen auch, verloren gegangenes Terrain zurück zu gewinnen – darauf deuten zumindest die Auseinandersetzungen rund um die ›Kommission zur Modernisierung der bundesstaatlichen Ordnung‹ hin. Ob darin seitens der Länder ein ›Lernen‹ aus der Geschichte zu sehen ist, ob die Länder möglicherweise so reagieren, weil – in ihrer Sicht – der Bund ihnen in den sechziger und siebziger Jahre lauter ungeliebte Projekte ›eingebrockt‹ hat, ist hier nicht entscheidbar.

2. Wege und Instrumente der Mitgestaltung durch den Bund

Wenn man die hier skizzierte Entwicklung von den fünfziger Jahren bis in die Gegenwart überblickt, zeigt sich: Unbeschadet der zwar schwankenden, aber insgesamt eher geringen Kompetenz des Bundes in Fragen der Schulentwicklung verfügt der Bund über beachtliche Möglichkeiten der Mitgestaltung – und zwar über drei wirksame Kanäle: über das Organisieren von Beratung (z. B. bei der Installierung des Deutschen Ausschusses in den fünfziger Jahren), über die Beteiligung an Planung (z. B. im Rahmen der Erstellung des Bildungsgesamtplanes in den frühen siebziger Jahren) und über die (Ko)Finanzierung von Einzelvorhaben (z. B. im Rahmen der Ausweitung der Ganztagsschulangebote zu Beginn des 21. Jahrhunderts). Diese drei systematisch unterscheidbaren Wege der Einflussnahme sind Gegenstand der nun folgenden Ausführungen.

DER BUND ALS ›PLAYER‹ IM FELD DER SCHULENTWICKLUNG

2.1 Mitwirkung durch das Organisieren von Beratung

Die Entwicklung von Bildung und Ausbildung ist in der Bundesrepublik Deutschland nahezu von Anbeginn an auf Beratung durch Experten angewiesen gewesen. Der tradierte Weg, auf dem derartiger Rat gewonnen wurde und wird, ist der des Einholens von Gutachten. Über die Vergabe von Aufträgen für Gutachten, derer sich der Bund ebenso wie die Länder auch im Bildungsbereich bedienen, deutlich hinausgehend, hat der Zentralstaat durch seine Mitwirkung bei der Installierung von Beratungsgremien und zum Teil auch durch seine Mitarbeit in derartigen Gremien Einfluss auf den Diskurs über die Schulen und darüber auch auf deren Entwicklung zu nehmen versucht. Herausgehobene Beispiele dafür sind der ›Deutsche Ausschuss für das Erziehungs- und Bildungswesen‹, der ›Deutsche Bildungsrat‹ und das ›Forum Bildung‹.

Der ›Deutsche Ausschuss für das Erziehungs- und Bildungswesen‹ – 1953 kamen der Bundesinnenminister und die Kultusminister der Länder überein, einen ›Deutschen Ausschuss für das Erziehungs- und Bildungswesen‹ einzusetzen und auch zu gleichen Teilen zu finanzieren. In dem vom Innenminister und vom Präsidenten der KMK gemeinsam unterzeichneten Berufungsschreiben an die auf fünf Jahre berufenen zwanzig Mitglieder dieses Ausschusses heißt es: Der Ausschuss soll ein »von jeder behördlichen Einflussnahme unabhängiger Kreis von Persönlichkeiten sein, die ihr Interesse, ihre Kenntnisse und Erfahrungen ehrenamtlich zur Verfügung stellen, um von einem lediglich auf das Wohl der Gesamtheit gerichteten Standpunkt die Entwicklung des deutschen Erziehungs- und Bildungswesens zu beobachten und durch Rat und Empfehlung zu fördern.« Und etwas weiter: »Dem Ausschuss bleibt es überlassen, sein Arbeitsprogramm selbst zu bestimmen und seinen Vorsitzenden zu wählen.« (Bohnenkamp et al. 1966: 965) Er sollte dabei, so formulierte es der damalige Bundesinnenminister Robert Lehr in der konstituierenden Sitzung des Ausschusses, auf »das gesamte Bildungswesen, also auch auf Stellung und Aufgaben der wissenschaftlichen und Kunsthochschulen und den Bereich der Erwachsenbildung« blicken (Bohnenkamp et al. 1966: 969) Dazu gab der in der konstituierenden Sitzung ebenfalls anwesende Bundespräsident Theodor Heuss den Ausschussmitgliedern den Rat: »Wird eigentlich dieser Ausschuss die ganz neue große Bundeslokomotive sein, der die Strecke freigegeben ist zur stürmischen Fahrt in die Länderbereiche, oder ist er ein Güterzug mit interessanten Problemen, der auf einem Abstellgleis platziert wird, wo er weiter niemanden stört? Sie werden sich, glaube ich, weder die eine noch die andere Rolle gefallen lassen. Und Sie tun gut daran, diese ganze Zuständigkeitsproblematik in Ihrem Bewusstsein erst gar nicht zu pflegen.« (Bohnenkamp et al. 1966: 975)

Als der Ausschuss 1965 seine Arbeit beendete, hatten seine Mitglieder – im Lauf der Jahre arbeiteten in Folge des Wechsels von ausscheidenden und neu berufenen Mitgliedern 35 Persönlichkeiten, darunter sieben Frauen, mit – in insgesamt neun Folgen 29 Gutachten und Empfehlungen vorgelegt.[6] Diese Gutachten und Empfehlungen bezogen sich auf ein breites thematisches Spektrum: auf den vorschulischen Bereich, auf den der Schule und der Lehrerbildung, auf den der Erwachsenbildung und auf Einzelfragen – so etwa 1960 mit der ›Erklärung aus Anlass der antisemitischen Ausschreitungen‹.

Zu den über den Tag hinaus wirksamen Empfehlungen des ›Deutschen Ausschusses‹ gehören unstrittig sein ›Rahmenplan zur Umgestaltung und Vereinheitlichung des allgemein bildenden Schulwesens‹ von 1959 (Bohnenkamp 1966, Schorb 1960) und seine ›Empfehlung zum Aufbau der Hauptschule‹ (Bohnenkamp 1966). Gerade diese beiden Empfehlungen belegen einerseits, dass Ludwig von Friedeburgs Feststellung zutreffend ist: »Die Grundüberlegungen«, so schreibt er, »waren im internationalen Maßstab eher antiquiert, wirkten aber unter den damaligen Verhältnissen in der Bundesrepublik nahezu revolutionär.« (1989: 327 f.) Andererseits zeigt aber die Wirkungsgeschichte dieser Empfehlungen auch, »dass dieses Gremium einige langfristig wirksame Anstöße für Veränderungen in verschiedenen Teilbereichen des Bildungswesens gegeben hat.« (Leschinsky 2003: 168) Dabei denkt Leschinsky insbesondere an die Entwicklung von Förder- bzw. Orientierungsstufen, an die der gymnasialen Oberstufe und – nicht zuletzt – an die Umwandlung der Volksschuloberstufe in die selbständige Hauptschule mit ihrer zeitlichen Ausdehnung auf ein neuntes Schulbesuchsjahr und der fachlichen Erweiterung insbesondere durch das Gebiet der Arbeitslehre.

Der ›Deutsche Bildungsrat‹ – Am 15.7.1965 wurde der ›Deutsche Bildungsrat‹ als Nachfolger des ›Deutschen Ausschusses‹ in Bonn durch ein Verwaltungsabkommen zwischen der Bundesregierung und den Regierungen der damaligen Bundesländer begründet (Spies 1995 a). Seine in Artikel 2 dieses Abkommens festgeschriebenen Aufgaben bestanden im Entwurf von ›Bedarfs- und Entwicklungsplänen für das deutsche Bildungswesen‹, in der Erarbeitung von ›Vorschlägen für seine Struktur‹, in der Berechnung des notwendigen ›Finanzbedarfs‹ sowie in der Konzipierung von ›Empfehlungen für eine langfristige Planung auf den verschiedenen Stufen des Bildungswesens‹. Der Bildungsrat wurde als ein ›Zweikammersystem‹ eingerichtet, bestehend aus einer Bildungs- und einer Regierungskommission. Beschickt wurde die Bildungskommission

---

[6] Sie alle wurden von Bohnenkamp et al. 1966 in einem Band veröffentlicht.

des Bildungsrates durch 18 Mitglieder, die der Bundespräsident auf Vorschlag der Ministerpräsidentenkonferenz (14) und der Bundesregierung (4) berief. Der Bildungskommission war es freigestellt, zur Erfüllung ihrer Aufgaben ständige und nichtständige Ausschüsse zu bilden. Die Regierungskommission setzte sich aus den elf Kultusministern oder ihren Beauftragten zusammen, aus vier von der Bundesregierung benannten Mitgliedern und aus weiteren drei Mitgliedern, die die Ministerpräsidenten auf Vorschlag der kommunalen Spitzenverbände beriefen. Zur Erfüllung seiner Aufgaben stand dem Bildungsrat eine Geschäftsstelle, die vom Bund und von den Ländern gemeinsam finanziert wurde, zur Verfügung. Sowohl durch die Modalitäten der Berufung der Mitglieder von Bildungs- und Regierungskommission als auch durch die Art der Finanzierung des Bildungsrates übte der Bund einen gewichtigen Einfluss aus, einen Einfluss, der auch die Konzipierung des künftigen Schulwesens betraf.

In der alltäglichen Arbeit kam der Bildungskommission die eigentliche Beratungsaufgabe zu. Ihre Vorschläge wurden – bevor sie den Charakter von Empfehlungen erhielten – mit der Regierungskommission erörtert. Durch die Kopplung von fachlicher Vorbereitung in der Bildungskommission, die sich in ihren verschiedenen Unterausschüssen der Mitwirkung von Wissenschaftlern und Wissenschaftlerinnen als Sachverständige bediente, und gemeinsamer Erörterung mit der Regierungskommission sollte erreicht werden, dass der Aspekt der praktischen Realisierbarkeit bereits in einem frühen Beratungsstadium in die Überlegungen Eingang fand. Zur Sicherung der Zusammenarbeit der beiden Kommissionen wurde in dem Abkommen zur Errichtung des Bildungsrates festgelegt, dass die Bildungskommission ihre Pläne, Vorschläge und Empfehlungen erst nach Beratungen mit der Regierungskommission vorlegen kann.

Wenn man – wie unlängst Hans-Georg Herrlitz aus Anlass der Erinnerung an die vierzig Jahre zurück liegende Einsetzung des Bildungsrates (Herrlitz 2005) – im Rückblick auf die Arbeit dieses Beratungsgremiums schaut, so ist es gerade aus der zeitlichen Distanz heraus beeindruckend, von welcher Aktualität einige der Empfehlungen des Bildungsrates bis heute sind. In den Jahren von 1965 bis 1975 hat dieses von Bund und Ländern kooperativ getragene Gremium Empfehlungen vorgelegt, von denen Herrlitz heute schreibt: »Damals hatten wir die Chance, uns wie diejenigen Länder, die heute als erfolgreiche Bildungsstaaten gelten, auf den langen Weg einer nationalen Reformanstrengung zu begeben und unsere ökonomische Stärke für langfristig wirksame Investitionen in die Erneuerung unseres Schulwesens zu nutzen. Wir haben die Chance von 1965 nicht genutzt, genauer: wir haben sie seit 1973 leichtsinnig vertan und beklagen heute das selbst verschuldete ›PISA-Elend‹.« (Herrlitz 2005: 136) Viele der Themen, die der Deutsche Bildungsrat zum

Gegenstand von Empfehlungen machte, sind bis heute und in diesen Jahren nach der ersten PISA-Studie wieder auf der Tagesordnung der Schulpolitik.

Dies gilt für die frühe Empfehlung ›Zur Einrichtung von Schulversuchen mit Ganztagsschulen‹ (1968), von denen der Bildungsrat – unter Verweis auf ausländische Erfahrungen – erwartete, dass »Ganztagsschulen helfen würden, soziale Verhaltensweisen einzuüben« und »Bildungsschranken und Sprachbarrieren zu überwinden«. Dies trifft gleichermaßen für die 1969 vorgelegte Empfehlung zur ›Einrichtung von Schulversuchen mit Gesamtschulen‹ zu, in denen der Bildungsrat ein geeignetes Instrument zur Ausschöpfung von Begabungsreserven und zum Abbau von Chancenungleichheit sah.[7] Auch mit seiner Empfehlung ›Zur Einrichtung eines Modellprogramms für Curriculum-Entwicklung im Elementarbereich‹, mit denen der Bildungsrat »ein Programm für die Verbesserung der Lernangebote und der Lernprozesse im Elementarbereich« (Deutscher Bildungsrat 1973 a: 9) dem quantitativen Ausbau des Elementarbereichs an die Seite stellen wollte, erweisen sich seine Empfehlungen auch heute noch als ausgesprochen aktuell. Dies gilt noch einmal und ganz besonders für die Bildungsrats-Empfehlung ›Zur Reform von Organisation und Verwaltung im Bildungswesen, Teil I: Verstärkte Selbständigkeit der Schule und Partizipation der Lehrer, Schüler und Eltern‹ aus dem Jahre 1973 (Deutscher Bildungsrat 1973 b). In dieser Empfehlung greift der Bildungsrat ein Thema auf, bei dem es in Deutschland bis weit in die neunziger Jahre Stagnation gegeben hat und das erst neuerdings – jetzt aber vordringlich und bundesweit – über größere Autonomieprogramme in das Zentrum der Schulentwicklung gerückt wird.

So bedeutsam und vielfach weitsichtig einzelne Empfehlungen des Deutschen Bildungsrates auch waren, so wurde doch der in der Mitte seiner insgesamt zehnjährigen Tätigkeit – 1970 – von ihm vorgelegte ›Strukturplan für das Bildungswesen‹ zum eigentlichen Kristallisationspunkt der Arbeit des Bildungsrates (Deutscher Bildungsrat 1970). Dieser Strukturplan umfasst – unter Ausklammerung des Hochschulbereichs – alle Stufen des Bildungswesens: vom Elementar- über den Primar- und Sekundarbereich bis hin zur Weiterbildung. Er schlägt den Ausbau der vorschulischen Erziehung für die Drei- und Vierjährigen, die Einschulung der Fünfjährigen, die Einführung eines verpflichtenden zehnten Schuljahres, das Angebot eines qualifizierenden mittleren Schulabschlusses, ein differenziertes Fächerangebot in der Oberstufe und einen verstärkten Zugang zum Hochschulbereich über berufliche Bildungsgänge vor[8] – und dies alles im Konsens, also auch ohne Minderheitsvoten. In diesem Dokument, in seiner umfassenden Sicht des Bildungssystems,

---

7 Vgl. zu diesem Schulversuchsprogramm insbesondere Raschert 1974.
8 Vgl. zu den Hürden zwischen diesen unterschiedlichen Stufen des Bildungs-

spiegelt sich das Bemühen, den individuellen Bildungsweg des einzelnen als kontinuierlichen Prozess zu begreifen, für den die Gesellschaft ein abgestimmtes System von Lernmöglichkeiten bereitzustellen habe (vgl. dazu auch Klemm et al. 1985: 17 ff.).
Es kann hier nicht der Ort sein, die Stärken und Schwächen der Empfehlungen des Bildungsrates zu analysieren. Auch geht es hier nicht darum, die Gründe zu untersuchen, die dazu geführt haben, dass das ihn begründende Verwaltungsabkommen 1975 nicht verlängert wurde. Im Zusammenhang dieses Beitrages ist etwas anderes wichtig: Im Bildungsrat hatten sich die Länder und der Bund gemeinsam ein Beratungsgremium geschaffen, das – trotz der Kulturhoheit der Länder – tief greifende Vorschläge zur Veränderung auch des Schulwesens unterbreiten konnte und durfte. Dass diese Vorschläge dann für lange Zeit den öffentlichen Diskurs über die Schulentwicklung mit geprägt haben und dass mancher aus heutiger Sicht wehmütig auf die seither vertanen Jahre blickt, sei nur am Rande erwähnt.

Das ›Forum Bildung‹ – Nach 1975, dem Jahr, in dem der ›Deutsche Bildungsrat‹ seine Arbeit einstellen musste, gab es für ein Viertel Jahrhundert auf der zentralstaatlichen Ebene kein Beratungsgremium mehr, das sich nicht nur einem Einzelthema, sondern dem Bildungsbereich insgesamt oder doch größeren Teilen dieses Systems gewidmet hätte – sieht man von der Enquete-Kommission mit ihrem, was den Bereich schulischer Bildung angeht, ›Denkverbot‹ ab. Umfassende Beratung zu Fragen schulischer Bildung hatte sich in diesen Jahren – wie schon erwähnt – als regionalisierte Beratung in die Länder ›geflüchtet‹.
Erst 1999 wurde mit der Einberufung des ›Forum Bildung‹ der Versuch unternommen, an die Tradition des ›Deutschen Ausschusses‹ und des ›Deutschen Bildungsrates‹ anzuknüpfen. In diesem Gremium, das unter dem gleichberechtigten Vorsitz der Bundesbildungsministerin und des bayerischen Wissenschaftsministers tagte, haben Bildungs- und Wissenschaftsminister/innen, Vertreter der Sozialpartner, der Kirchen, der Auszubildenden und Studierenden sowie Wissenschaftler – insgesamt 18 Persönlichkeiten – Empfehlungen erarbeitet. Als diese Empfehlungen, bei deren Erarbeitung sich das Forum Bildung auf zahlreiche zusätzliche Expertisen stützen konnte, 2001 der Öffentlichkeit vorgelegt wurden, schrieben die beiden Vorsitzenden in ihrem gemeinsamen Vorwort: Im Forum Bildung als dem Bündnis für Bildung wurden »Empfehlungen zur Bildungsreform erarbeitet, um die Qualität und Zukunftsfähigkeit der Bildung in Deutschland sicherzustellen. Dabei haben wir über die Zuständigkeitsgrenzen von Bund und Ländern und

und Ausbildungssystems auch den Beitrag von Wolf-Dietrich Greinert in diesem Band.

über die Zugehörigkeit zu Parteien und Verbänden hinweg eine neue Kultur der Zusammenarbeit entwickelt.« (Arbeitsstab Forum Bildung 2002: 5) Die zwölf Empfehlungen, die das Ergebnis der zweijährigen Beratungen bündeln, orientieren sich weder an Bildungsstufen noch an Bildungseinrichtungen, sondern behandeln überwiegend quer zu den Einrichtungen und Stufen des Bildungssystems liegende Themenbereiche. Über seine Empfehlungen hinaus hält das ›Forum Bildung‹ – so wird es in der Präambel zu den Empfehlungen formuliert – »eine regelmäßige Berichterstattung über Bildung in Deutschland für dringend erforderlich. Eine solche Berichterstattung sollte von den Ländern und dem Bund abgestimmt und gemeinsam für den jeweiligen Verantwortungsbereich gegebenenfalls durch die BLK in Auftrag gegeben werden.« (Arbeitsstab Forum Bildung 2002: 18)

Zur Einschätzung der Empfehlungen schreiben Baumert et al.: Sie sind »ein Tableau der wichtigsten alten und neuen Themen des politischen Reformdiskurses, ohne dem Anspruch zu folgen, eine Gesamtperspektive für die Entwicklung des Bildungssystems entwerfen zu wollen. Alle zwölf – meist plausible und politisch konsensfähige – Empfehlungen lassen in der Regel offen, inwieweit die anvisierten Maßnahmen technisch überhaupt realisierbar oder deren vermutete Wirkung empirisch belegbar sind. Nicht zuletzt deshalb ist die politische Bedeutung gering geblieben [...]« (Baumert et al. 2003: 142). Auszunehmen von dieser – was die Wirkung angeht – eher skeptischen Einschätzung ist allerdings der in der Präambel zu den Empfehlungen gegebene Rat zur Installierung einer regelmäßigen Bildungsberichterstattung: Bund und Länder haben sich inzwischen darauf geeinigt, beginnend mit dem Jahr 2006 der Öffentlichkeit regelmäßig einen ›Bildungsbericht‹ vorzulegen, in dem alle Bereiche des Bildungssystems berücksichtigt werden sollen.

Beratungsgremien im Vergleich – Vergleicht man die drei hier vorgestellten Beratungsgremien, so findet sich Verbindendes und Trennendes: Sie verbindet alle drei, dass sie von Bund und Ländern gemeinsam eingesetzt und getragen wurden, so dass sich ihre Beratungen – unter Überschreitung grundgesetzlich vorgegebener Kompetenzgrenzen – auf die Gesamtheit der Bildungseinrichtungen richten konnten. Unterschieden sind sie durch das Muster, nach denen die Mitglieder dieser drei Gremien zusammengesetzt wurden: Während der ›Deutsche Ausschuss‹ ein sachkundiges Gremium von Honoratioren versammelt, stellt der ›Deutsche Bildungsrat‹ mit seinem ›Zweikammersystem‹ (bestehend aus der Bildungs- und der Regierungskommission) den Versuch dar, bereits in die Beratungsphase Fragen der Realisierbarkeit einzubeziehen. Das ›Forum Bildung‹ schließlich bündelt in der Art seiner Zusammensetzung die unterschiedlichen gesellschaftlichen Interessen, klammert dabei aber – um seiner Konsensfähigkeit willen – den Aspekt der Realisierbarkeit weitgehend aus: Über Fragen der Bildungsfinanzierung z. B. wurde im ›Forum Bildung‹ nicht beraten.

2.2 Mitwirkung durch die Beteiligung im Bereich der Schulplanung

Auf der Basis der im Frühjahr 1969 – also noch in den letzten Monaten der damaligen ›Großen Koalition‹ – beschlossenen Änderung des Grundgesetzes erhielt die Bundesregierung mit Artikels 91b GG die Möglichkeit, mit den Ländern ›auf Grund von Vereinbarungen bei der Bildungsplanung und bei der Förderung von Einrichtungen der wissenschaftlichen Forschung von überregionaler Bedeutung zusammenzuwirken‹.[9] Auf dieser Grundlage wurde 1970 zwischen dem Bundeskanzler und den Regierungschefs der Länder ein Verwaltungsabkommen über die Errichtung einer gemeinsamen Kommission für Bildungsplanung abgeschlossen. Nach Artikel 1 dieses Abkommens ist die ›Bund-Länder-Kommission für Bildungsplanung‹ (BLK)[10] in der derzeit gültigen Fassung das »ständige Gesprächsforum für alle Bund und Länder berührenden Fragen des Bildungswesens und der Forschungsförderung«. Die BLK setzte sich ursprünglich zusammen aus sieben Vertretern der Bundesregierung (mit elf einheitlich abzugebenden Stimmen) und je einem Vertreter der elf Landesregierungen mit je einer Stimme. Nach der Vereinigung Deutschlands wurde die Stimmenzahl von Bund und Ländern um je fünf Stimmen erhöht, so dass nun einerseits alle 16 Länder vertreten sind und andererseits das Gleichgewicht zwischen dem Bund und den Ländern gewahrt bleibt. Beschlüsse kann die BLK nur mit einer qualifizierten Mehrheit von 25 Stimmen fassen. Überstimmte Mitglieder haben die Möglichkeit, Sondervoten abzugeben. Beschlüsse der BLK und – gegebenenfalls – Sondervoten werden den 17 Regierungschefs der Länder und des Bundes, von denen jeder eine Stimme hat, zur Beratung und Beschlussfassung zugeleitet. Die Regierungschefs ihrerseits können aber ebenfalls nur mit einer Mehrheit von mindestens 13 Stimmen Beschlüsse fassen. Dabei gegebenenfalls überstimmte Mitglieder sind an die so zustande gekommenen Beschlüsse nicht gebunden. Dieses komplizierte Regelwerk ›schützt‹ die Länder innerhalb ihrer Zuständigkeitsbereiche vor Einwirkungen des Bundes. Artikel 11 des Verwaltungsabkommens zur Errichtung der BLK regelt, dass die persönlichen und sächlichen Ausgaben der Geschäftsstelle der BLK

---

9 Vgl. zu den folgenden Ausführungen die knappe Darstellung von Spies 1995 b.
10 Später – 1975 – wurde ›und Forschungsförderung‹ dem Namen hinzugefügt.

vom Bund getragen werden – mit Ausnahme der von den Ländern zu tragenden persönlichen Ausgaben für Landesbedienstete, sofern diese in der Geschäftsstelle mitarbeiten.

Die Aufgaben der BLK bestehen – so sieht es das Verwaltungsabkommen vor – im Bereich der Bildungsplanung in der Vorbereitung eines langfristigen Rahmenplans für eine abgestimmte Entwicklung des gesamten Bildungswesens, in der darauf bezogenen Entwicklung von mittelfristigen Stufenplänen, die der Verwirklichung der Rahmenplanung dienen sollten, im Aussprechen von Empfehlungen zur Koordinierung vollzugsreifer Teilpläne, in der Entwicklung von Prioritätenprogrammen, in der Ermittlung des aus der Rahmenplanung abzuleitenden Finanzbedarfs, in der fortlaufenden Überprüfung und Fortschreibung der Planung und in der Förderung des internationalen Erfahrungsaustauschs in der Bildungsplanung.[11] Dieser Aufgabenstellung ist die BLK in den siebziger Jahren durch den 1973 vorgelegten Bildungsgesamtplan nachgekommen (Bund-Länder-Kommission 1974). Aber schon dieser erste und einzige Bildungsgesamtplan enthielt Sondervoten zur Orientierungsstufe, zur Gesamtschule und zur Lehrerbildung. Die sich darin bereits anbahnende Konfrontation unterschiedlicher bildungspolitischer Zielsetzungen der parteipolitischen Lager (nicht des Bundes mit den Ländern) war ein Vorbote der künftigen Entwicklung: Der Versuch, den bis 1985 reichenden Bildungsgesamtplan für die Jahre bis 1995 fortzuschreiben, scheiterte nach jahrelangen Bemühungen 1982 endgültig. Seither arbeitet die BLK im Bereich der Bildungsplanung (und damit der Schulplanung) nicht mehr an umfassenden Rahmenplänen, sondern leistet für gesamtstaatliche Bildungsplanung, wenn sie denn jemand vollziehen würde, Zuarbeit – etwa durch die regelmäßige Bildungsfinanzberichterstattung (vgl. zuletzt: Bund-Länder-Kommission 2004).

2.3 Mitwirkung durch (Ko)Finanzierung

Neben seinen Mitwirkungsmöglichkeiten in den Feldern der Beratung und des Planens verfügt der Bund über das Instrument der Finanzierung bzw. der Kofinanzierung von Bildung. Dieses Instrument beschränkt sich nicht nur auf die bereits beschriebene Beteiligung des Bundes bei der Finanzierung der Beratungsgremien und Planungsinstitutionen, sondern es ist umfassender angelegt: Der Bund tritt als Auftraggeber von Gutachten zu Schulfragen auf, zuletzt etwa mit der von ihm initiierten und ausgesprochen einflussreichen Expertise ›Zur Entwicklung nationaler Bildungsstandards‹ (Klieme et al. 2003). Der Bund beteiligt

11 Vgl. zu diesem Aufgabenkatalog Artikel 2 des Verwaltungsabkommens.

sich direkt an der Finanzierung von Vorhaben und Maßnahmen im Bildungsbereich, so etwa bei der Förderung von Ganztagsschulen oder aber bereits seit vielen Jahren im Rahmen des ›Bundesgesetzes über individuelle Förderung der Ausbildung (BAföG)‹ auch an der Finanzierung der Schülerförderung. Ausweislich des ›Budgets für Bildung, Forschung und Wissenschaft‹ hat der Bund 2002 insgesamt für Schülerförderung eine halbe Milliarde Euro verausgabt.[12] Schließlich tritt der Bund als Mitfinanzier von Modellversuchen im Bildungswesen auf. Begründet durch die 1971 getroffene ›Rahmenvereinbarung zur koordinierten Vorbereitung, Durchführung und wissenschaftlichen Begleitung von Modellversuchen im Bildungswesen‹ hat der Bund, so berichtet Leschinsky (2003: 166), in den dreißig Jahren von 1971 bis 2001 etwa 2.600 Modellversuche im Bildungswesen mit getragen. Diese Modellversuche, so sieht es die genannte Rahmenvereinbarung in § 2 vor,»sollen so ausgerichtet sein, dass sie wichtige Entscheidungshilfen für die Entwicklung des Bildungswesens geben.« Weiter legt die Rahmenvereinbarung fest, dass die erforderlichen Mittel für geförderte Modellversuche je hälftig vom Bund und dem beteiligten Land bzw. den beteiligten Ländern aufgebracht werden. Zu den derzeit besonders wichtigen Förderschwerpunkten gehören Vorhaben zur Steigerung der Effizienz des mathematisch-naturwissenschaftlichen Unterrichts, der Einbeziehung von Medien, Informations- und Kommunikationstechnologien in Lehr- und Lernprozessen und die Kooperation der Lernorte in der Berufsbildung. Hinsichtlich der Bedeutung, die dem Bund durch seine hälftige Mitfinanzierung dieser Förderprogramme zukommt, verweist Leschinsky auf einen problematischen Aspekt:»Bei der Mischfinanzierung glimmt ein weiterer Konfliktherd, weil manche Länder sich durch den Bund erpresst fühlen, obwohl sie auf seine finanziellen Zuschüsse Wert legen.« (2003: 166)

3. Einflussmöglichkeiten des Bundes trotz begrenzter Zuständigkeiten

Der historisch angelegte Überblick zur Mitwirkung des Bundes im Feld der Schulpolitik wie auch der Versuch einer systematisierenden Darstellung seiner Wege und Instrumente der Mitgestaltung machen deutlich: Der Zentralstaat war gegenüber den Ländern zu keiner Zeit aufgrund der ihm durch das Grundgesetz zugebilligten Kompetenzen einflussreich. Wenn er gleichwohl nachhaltig hat Einfluss nehmen können, so geschah dies immer dann, wenn er in Phasen einer öffentlichen Krisenwahrnehmung die Schuldebatte durch das Einholen fachkundiger

---

12 Vgl. Statistisches Bundesamt – www.destatis.de – 2005.

Beratung stimuliert hat und ihr dadurch gelegentlich eine Richtung hat geben können. Auch zukünftig wird der Bund sich beschränken müssen auf eine Rolle als Ideen- und manchmal auch als Geldgeber. Wenn er dabei geschickt operiert, kann er gelegentlich zum Antreiber im Rahmen der Ausfüllung seines Parts im kooperativen Föderalismus werden, nicht aber zum Gesetzgeber und auch kaum zum Administrator. Das mag man gut heißen oder nicht: So legt es das Grundgesetz fest und so ist die Balance in dieser Bundesrepublik. Die Geschichte der föderal konstruierten Republik gibt keinen Hinweis darauf, dass es künftig zu mehr als zu kleineren Verschiebungen innerhalb der Balance zwischen dem Bund und den Ländern kommen könnte.

Literatur

van Ackeren, I. (2002): Von FIMS und FISS bis TIMSS und PISA. Die Deutsche Schule 2/2005: 157-175.

Arbeitsstab Forum Bildung (Hrsg.) (2002): Empfehlungen und Einzelergebnisse des Forum Bildung. Bonn: o. V.

Baumert, J./Cortina, K.-S./Leschinsky, A. (2003): Grundlegende Entwicklungen und Strukturprobleme im allgemein bildenden Schulwesen. S. 52-147 in: K. S. Cortina/J. Baumert/A. Leschinsky/K. U. Mayer/L. Trommer (Hrsg.), Das Bildungswesen in der Bundesrepublik Deutschland – Strukturen und Entwicklungen im Überblick. Reinbek: Rowohlt.

Bohnenkamp, H./Dirks, W./Knab, D. (Hrsg.) (1966): Empfehlungen und Gutachten des Deutschen Ausschusses für das Erziehungs- und Bildungswesen 1952-1965. Gesamtausgabe. Stuttgart: Klett.

Boldt, H. (Hrsg.) (1987): Reich und Länder – Texte zur deutschen Verfassungsgeschichte im 19. und 20. Jahrhundert. München: dtv.

Brandt, W. (1969): Erklärung der Bundesregierung vom 28. Oktober 1969. www.bwbs.de/Beiträge 1969.

Bundesminister für Bildung und Wissenschaft (Hrsg.) (1980): Zum Thema: Bildungsföderalismus. Bonn: o. V.

Bund-Länder-Kommission für Bildungsplanung (1974): Bildungsgesamtplan. 2 Bände. Stuttgart: Klett.

Bund-Länder-Kommission für Bildungsplanung (2004): BLK – Bildungsfinanzbericht 2002/03. Bonn: o. V.

Dahrendorf, R. (1956): Bildung ist Bürgerrecht. Bramsche/Osnabrück: Nannen-Verlag.

von Friedeburg, L. (1989): Bildungsreform in Deutschland. Geschichte und gesellschaftlicher Widerspruch. Frankfurt am Main: Suhrkamp.

Deutscher Bildungsrat (Hrsg.) (1968): Einrichtung von Schulversuchen mit Ganztagsschulen. Bonn: o. V.

Deutscher Bildungsrat (Hrsg.) (1969): Einrichtung von Schulversuchen mit Gesamtschulen. Bonn: o. V.

Deutscher Bildungsrat (Hrsg.) (1970): Strukturplan für das Bildungswesen. Stuttgart: Klett.
Deutscher Bildungsrat (Hrsg.) (1973 a): Zur Einrichtung eines Modellprogramms für Curriculum-Entwicklung im Elementarbereich. Bonn: o. V.
Deutscher Bildungsrat (Hrsg.) (1973 b): Zur Reform von Organisation und Verwaltung im Bildungswesen. Teil 1: Verstärkte Selbständigkeit der Schule und Partizipation der Lehrer, Schüler, und Eltern. Bonn: o. V.
Deutscher Bundestag (Hrsg.) (1978): Bericht der Bundesregierung über die strukturellen Probleme des föderativen Bildungssystems. Bonn: o. V. (Bundestagsdrucksache 8/1551 vom 23.2.1978).
Deutscher Bundestag (Hrsg.) (1990): Zukünftige Bildungspolitik – Bildung 2000. Zwischenbericht der Enquete-Kommission des Deutschen Bundestages. Bonn: o. V.
Hamm-Brücher, H. (1965): Auf Kosten unserer Kinder. Bramsche/Osnabrück: Nannen-Verlag.
Herrlitz. H.-G./Hopf, W./Titze, H. (1993): Deutsche Schulgeschichte von 1800 bis zur Gegenwart. Weinheim: Juventa.
Herrlitz, H.-G. (2005): Vor vierzig Jahren – Eine Erinnerung an den ›Deutschen Bildungsrat‹ und die Aktualität seiner ›Empfehlungen‹. Die Deutsche Schule 2/2005:135-139.
Jarass, H. D./Pieroth, B. (1992): GG – Grundgesetz für die Bundesrepublik Deutschland. München: Beck.
Klemm, K./Rolff, H.-G./Tillmann, K.-J. (1985): Bildung für das Jahr 2000. Reinbek: Rowohlt.
Klemm, K. (1986): Was 1985 hätte sein sollen – Zielwerte des Bildungsgesamtplans von 1973 im Vergleich zur realen Schulentwicklung. S. 50-69 in: H.-G. Rolff/K. Klemm/K.-J. Tillmann (Hrsg.), Jahrbuch der Schulentwicklung 4. Weinheim: Juventa.
Klemm, K. et al. (1990): Bildungsgesamtplan 90 – Ein Rahmen für Reformen. Weinheim: Juventa.
Klieme, E. et al. (2003): Zur Entwicklung nationaler Bildungsstandards. Bonn 2003: o. V.
Kremer, A. (2003): Motive, Verlaufsdynamik und Ergebnisse der Bildungsreform. S. 165-182 in: Bernhard, A. (Hrsg.), Kritische Erziehungswissenschaft und Bildungsreform. Hohengehren: Schneider.
Kultusministerkonferenz (1963): Bedarfsfeststellung 1961-1970. Bonn: o. V
Leschinsky, A. (2003): Der institutionelle Rahmen des Bildungswesens. S. 148-213 in: K. S. Cortina/J Baumert/A. Leschinsky/K. U. Mayer/L. Trommer (Hrsg.), Das Bildungswesen in der Bundesrepublik Deutschland – Strukturen und Entwicklungen im Überblick. Reinbek: Rowohlt.
OECD (1973): Bildungswesen: mangelhaft. BRD-Bildungspolitik im OECD-Länderexamen. Frankfurt am Main: Diesterweg.
Picht, G. (1964): Die deutsche Bildungskatastrophe. Olten: Walter Verlag.
Raschert, J. (1974): Gesamtschule: ein gesellschaftliches Experiment. Stuttgart: Klett.

Roeder, P.-M. (1997): Der föderalisierte Bildungsrat. Zeitschrift für Pädagogik 2/1997: 131-148.
Schorb, A.O. (1960): Für und wider den Rahmenplan. Stuttgart: Klett.
Schröder, G. (2002): Ein Gesetz für alle Schulen. Die Zeit 27/2002.
Spies, W.E. (1995a): Deutscher Bildungsrat. S. 459-462 in: M. Baethge/K. Nevermann (Hrsg.), Enzyklopädie Erziehungswissenschaft. Band 5. Stuttgart: Klett.
Spies, W. E. (1995 b): Bund-Länder-Kommission für Bildungsplanung. S. 450-453 in: M. Baethge/K. Nevermann (Hrsg.), Enzyklopädie Erziehungswissenschaft. Band 5. Stuttgart: Klett.

Wolf-Dietrich Greinert
Berufsbildungspolitik zwischen Bundes- und Länderinteressen
Eine historische Studie zur Klärung eines aktuellen Konfliktes

Der eigentliche Kern der Berufsausbildung in der Bundesrepublik, das sogenannte ›Duale System‹, ist international betrachtet ein Unikat. Bemerkenswert schon seine Entstehungsgeschichte: es ist alles andere als ein bewußt auf spezifische Qualifikationsanforderungen hin geplantes Ausbildungsmodell, es ist vielmehr ein auf der Basis politischer, sozioökonomischer und berufspädagogischer Traditionen langsam gewachsenes soziales Handlungssystem. Dabei weisen seine beiden institutionellen ›Säulen‹ – die Betriebsausbildung und die Berufsschule – eher heterogene Herkunftsvoraussetzungen auf und bewahrten sich daher lange Zeit eine relativ eigenständige Position. Das produktive Zusammenwirken der beiden Lernorte, verbreitet als die eigentliche Grundlage der systemischen Qualität des dual organisierten Lernens bezeichnet, war keine selbstverständliche Mitgift des Dualen Systems, im Gegenteil, es kann sowohl unter historischer wie aktueller Perspektive eher als problematisch bezeichnet werden.

Das Duale System der Berufsausbildung als das nach wie vor »erfolgreiche ›Zusammenspiel‹ reflektierter Arbeitserfahrung in beruflichen Arbeitszusammenhängen und einer darauf bezogenen systematischen Vertiefung und Verallgemeinerung des beruflichen Arbeitsprozeßwissens in der Berufsschule« zu charakterisieren, wie noch unlängst im Deutschen Bundestag anläßlich der ersten Lesung des neuen ›Berufsbildungsgesetzes‹ geschehen, ist daher eher als nostalgische Fehleinschätzung zu bewerten. Zumal heute die Abstimmungsfrage zwischen den beiden Lernorten nicht mehr als das vorrangige Problem bezeichnet werden kann. Ihre zweifellos lange Geschichte ist ab einem bestimmten Datum in die Geschichte der grundsätzlichen Abstimmung von Bundes- und Länderinteressen in der beruflichen Bildung übergegangen. Diesen Prozeß zu analysieren und als Fazit die notwendigen bildungspolitischen Folgerungen aufzuzeigen – auf deren Chancen einer politischen Durchsetzung indes nicht eingegangen wird – dies ist das Thema des folgenden Beitrags.

1. Die Entstehung der Lernortkonstellation in der Gründungsphase dualer Berufsausbildung

Die Entstehungs- bzw. Protophase der dualen Berufsausbildung fällt nahezu genau mit der Epoche des zweiten Deutschen Kaiserreiches zusammen, ist also zwischen 1871 und dem Ende des Zweiten Weltkrieges anzusiedeln. Die spezifische Organisationsform des neuen Qualifizierungssystems wurde indes nicht von den Qualifizierungsbedürfnissen einer Gesellschaft bestimmt, die sich in der Phase der Hochindustrialisierung befand, sie ist vielmehr Begleiterscheinung einer spezifischen politischen Reaktion auf soziale und ökonomische Erosionsprozesse einer klassengespaltenen Industriegesellschaft, als die sich der von Bismarck geschaffene deutsche Nationalstaat spätestens seit der ›Gründerkrise‹ und dem Beginn der ›Großen Depression‹ in der politischen Realität darstellte (vgl. Sauer 1970; Wehler 1970).

Die weitgehende Wiederherstellung der traditionellen, im Hochmittelalter entstandenen Form der ständischen Handwerkererziehung, die dann später sozusagen zum Leitbild der nicht-akademischen Berufsausbildung in Deutschland wurde (vgl. Stütz 1969), war eher ein Nebenprodukt der sogenannten ›Mittelstandspolitik‹ des Deutschen Kaiserreiches. In ihrem Zusammenhang ging es darum, die Reste des alten Mittelstandes – Handwerk, Kleinhandel und Kleinbauerntum – vor dem weiteren Absinken ins Proletariat zu bewahren. Durch wirtschaftliche Abschottung vom kapitalistischen Wettbewerb und Wiederherstellung alter ständischer Privilegien sollten die verbliebenen mittelständischen Existenzen als ›Bollwerk gegen die Sozialdemokratie‹ gestärkt und in die ›Phalanx der staatstragenden Kräfte‹ einbezogen werden. Zwei zentrale Privilegien, die vor allem dem Handwerk im Zuge dieses sozialpolitischen Manövers vom Gesetzgeber wieder zugestanden wurden, waren die weitgehende Wiederherstellung seiner alten Organisationsform und die Stabilisierung seiner jahrhundertealten Form der Nachwuchserziehung, der Lehre.

Konkret hieß das, daß die Reichstagsmehrheit aus Konservativen, Zentrum und Teilen der Nationalliberalen zwischen 1878 und 1897 – und dann noch einmal 1908 – neben einigen Novellen zum Schutze des Detailhandels eine Reihe von Gewerberechtsnovellen durchsetzte, die die Forderungen der mittelständischen Interessengruppen zwar nicht voll erfüllten, jedoch eine deutliche Bevorrechtigung von Handwerk und Detailhandel auf Kosten Dritter – vor allem der Konsumenten – legalisierten. Die wichtigste Novelle, das sogenannte ›Handwerkerschutzgesetz‹ von 1897, ermöglichte zur Wahrnehmung der gemeinsamen Interessen der selbständigen Handwerker die Einrichtung von Handwerkskammern als Körperschaften des öffentlichen Rechts und schuf – nicht zuletzt zur inneren Wettbewerbsbegrenzung – das Institut der ›fakultativen Zwangsinnung‹ (vgl. Rinneberg 1985). Der ›große Befähigungsnachweis‹, der die Führung eines Handwerksbetriebes vom Meisterstatus abhängig macht, wurde zwar 1890 vom Reichstag beschlossen, scheiterte jedoch dann am Einspruch des Bundesrates. Als nicht ganz adäquater Ersatz sozusagen, wurde 1908 der sogenannte ›kleine Befähigungsnachweis‹ Gesetz, der das Recht der Lehrlingsausbildung an den Meistertitel bindet (vgl. Coelsch 1910).

Neben der Wiederherstellung des Prinzips der ›Selbstverwaltung‹ des Handwerks regelte die Gewerberechtsnovelle von 1897 das gewerbliche Lehrlingswesen grundsätzlich neu: sie enthielt in den §§ 126 bis 128 ›allgemeine‹ und in den §§ 129 bis 132 ›besondere‹, d. h. nur auf die Lehrlingserziehung im Handwerk bezogene Vorschriften und Bestimmungen, die eine langanhaltende Bevorrechtigung des Handwerks gegenüber der Industrie in der gewerblichen Berufsausbildung zementierten. Als entscheidend kann gelten, daß der Gesetzgeber Kontrolle und Verwaltung des handwerklichen Lehrlingswesens einschließlich des wichtigen Prüfungsrechts den Handwerkskammern bzw. den Innungen überantwortete. Diese ›korporatistische‹ Lösung bildet bis heute ein zentrales Element in der Verfassung des Dualen Systems der Berufsausbildung (vgl. Böttger 1898).

Während die Wiederbelebung der Organisationsrechte des Handwerks und seiner traditionellen Nachwuchserziehung als eine konservativ-klerikale Variante von Mittelstandspolitik bezeichnet werden kann, ist der Versuch, den zweiten Lernort dualer Berufsausbildung – die Fortbildungsschule – zu institutionalisieren, als liberale Variante von Mittelstandspolitik einzuordnen. ›Fortbildungsschulen‹ existierten in Deutschland seit dem 18. Jahrhundert, sowohl als allgemeine Erziehungsanstalten für die schulentlassene Jugend (sogenannte ›Sonntagsschulen‹) als auch als gewerbliche, insbesondere der Handwerkerausbildung dienende, Einrichtungen. Es waren indes keine erfolgreichen, meist privat unterhaltene Schulen, und ihr Bestand unterlag permanenter Gefährdung (vgl. Thyssen 1954). Eine größere Dynamik entwickelte die Fortbildungsschulpolitik in den deutschen Ländern erst im letzten Drittel des 19. Jahrhunderts, als infolge des rapiden Bevölkerungswachstums und der Verstädterung, besonders in den industriellen Ballungszonen die Lücke in der sekundären Sozialisation – der fehlende Erziehungseinfluß des Staates zwischen Schulentlassung und Militärdienst – für die bürgerliche Gesellschaft zu einem nicht mehr ignorierbaren Massenproblem zu werden schien. Allerdings schlug der erste staatlich verantwortete Versuch, über eine allgemeine, dem Programm der Volksschule angepaßte, Fortbildungsschule erzieherischen, und das heißt doch eher politischen Einfluß, auf die kleinbürgerlichen und proletarischen Jugendlichen auszuüben, ganz und gar fehl (vgl. Greinert 1975 a: 21 ff.).

Die etwa 1890 einsetzende kritische Auseinandersetzung mit diesem Versuch normativer Indoktrination und Disziplinierung, der sich allzu offen als ein weiteres Instrument des Klassenkampfes zu erkennen gab, gipfelte um 1900 in dem Vorschlag des Münchener Stadtschulrates Georg Kerschensteiner, diese Schule in eine konsequent an der Berufsausbildung bzw. am künftigen Beruf des Jugendlichen orientierte Einrichtung umzuwandeln und damit auf das eher pädagogische Programm einer durch ›Berufsbildung‹ unterstützten Mittelstandspolitik festzulegen. Die Idee Kerschensteiners, über eine staatlich geregelte Berufsausbildung die Jugendlichen aus den unterbürgerlichen Schichten für den bürgerlichen Nationalstaat zu gewinnen, markiert nicht nur den Weg in Richtung einer ›Berufsschule‹ mit öffentlichem Bildungsauftrag, unter internationaler Perspektive handelt es sich dabei um eine der weltweit am meisten beachteten schulischen Reformperspektiven im 20. Jahrhundert (vgl. Kerschensteiner 1901).

Zwischen 1895 und 1914 gelang es den Schulreformern um Woldemar Pache (aus Sachsen) und Georg Kerschensteiner sowie der staatlichen Bürokratie in Preußen, Bayern, Baden, Württemberg und in anderen Ländern – nahezu durchwegs alle Exponenten des bürgerlichen Liberalismus – die Zahl der beruflich orientierten Fortbildungsschulen beträchtlich auszuweiten bzw. zu vereinheitlichen und als Pflichtschulen zur Ergänzung der neugeordneten Handwerksausbildung durchzusetzen (vgl. Harney 1980). Die enge Anbindung dieser Schule an ein ständisches Berufsverständnis – wie es im Windschatten konservativer Gesellschaftspolitik im Kaiserreich gedeihen konnte – und die Verpflichtung auf eine integrativ orientierte ›Staatsbürgererziehung‹ relativierten allerdings diesen liberalen Modernisierungsakt in Bezug auf die Berufsausbildung beträchtlich (vgl. Geißler u. a. 1992). Das »Rollenmuster aus mittelständischer Berufsidentität und staatstreuer Grundeinstellung« (Harney), das Liberale und Regierungen spätestens seit den 90er Jahren als verbindliches Erziehungsmodell für die Klientel der beruflich orientierten Pflichtfortbildungsschule favorisiert hatten, enthielt aber auch ein unbezweifelbar fortschrittliches Element: das Versprechen der Vermittlung einer dauerhaften Erwerbschance, d. h. einer sozialen und pädagogischen Dimension, die dann diese Schule letztlich doch noch zum zweiten Pfeiler des Dualen Systems werden ließ (vgl. Bruchhäuser/Lipsmeier 1985).

Die kurze Darstellung der Grundlegung des Dualen Systems der Berufsausbildung in Deutschland läßt zwei Organisationsprinzipien erkennen, die bis heute die zentralen Grundelemente unseres Ausbildungssystems bilden: (1) die strikt korporatistische Verfassungsstruktur, die Interessenverbänden der Unternehmerschaft – eben den Kammern – die zentralen Verwaltungs- und Kontrollfunktionen in der zeitlich und inhaltlich dominierenden betrieblichen Ausbildung zuweist, und (2) der traditionelle deutsche Bildungsföderalismus, der die rechtliche und verwaltungsmäßige Zuständigkeit für die Fortbildungsschule ganz selbstverständlich bei den Ländern sieht. Die betriebliche Berufsausbildung ressortiert dagegen als Gegenstand des Gewerbe- (bzw. Wirtschafts-) rechts seit der Gründung des Norddeutschen Bundes beim Zentralstaat, ab 1871 also beim Reich. Letzte Zweifel an dieser Auffassung beseitigte eine Entscheidung des Reichsarbeitsgerichtes vom 14. März 1928, nach der der Lehrvertrag »als unter den Begriff des Arbeitsvertrages [...] fallend anzusehen ist.« Dieses Urteil legitimierte endgültig eine längst gängige Praxis, nach der die Lehrlinge unter die Tarif-Vertrags-Ordnung vom 23. Dezember 1918 fielen. Laut einer einschlägigen Aufstellung des ›Reichsarbeitsblattes‹ enthielten 1923 schon drei Viertel der abgeschlossenen Tarifverträge entsprechende Lehrlingsparagraphen (vgl. Stratmann/Schlösser 1990: 37 f.).

Aus dieser Kombination zweier vergangenheitsorientierter Steuerungselemente für ein neues Berufsausbildungsmodell – dessen föderalistische Seite uns im folgenden genauer beschäftigen wird – ergaben sich in der Gründungsphase des Dualen Systems noch keine erkennbaren Schwierigkeiten. Das Lernen an den beiden Lernorten wurde weiter bestimmt von der Tradition ihrer jeweiligen Vorläuferinstitutionen, d. h. die Ausbildung in den Handwerksbetrieben orientierte sich inhaltlich und methodisch am Bezugsrahmen ihrer überlieferten Berufe mit ihrer unsystematischen, nicht-kodifizierten Qualifikationspraxis. Für die Fortbildungsschule gab nicht so sehr die technisch-fachliche Dimension dieser Berufe das zentrale Lernziel vor, sondern eher ihre sozialintegrative Funktion, wie es der klassische (preußische) Lehrplan vom Jahre 1911 mit seinem zentralen Fach ›Berufs- und Bürgerkunde‹ präzise veranschaulicht (vgl. Greinert 1975 a: 89 ff.).

Den einzigen Berührungspunkt zwischen den beiden Lernorten bildeten die §§ 120 und 127 der Gewerbeordnung, nach denen der Pflichtbesuch der Fortbildungsschule mittels Ortsstatut, d. h. auf Beschluß der örtlichen Magistrate, angeordnet werden konnte, eine Regelung, auf die vor allem Preußen zurückgreifen mußte, weil das politische Patt zwischen Landtag und Herrenhaus die Verabschiedung eines Schulgesetzes über Jahrzehnte hinweg verhinderte.

2. Problematisches Nebeneinander der Lernorte in der Konsolidierungsphase

Die zweite Entwicklungsphase dualer Berufsausbildung in Deutschland wird bestimmt von dem Versuch, dem vorindustriell geprägten, noch weitgehend uneinheitlichen Ausbildungssektor mit seinem eher beziehungslosen Nebeneinander von betrieblichem und schulischem Lernen, modernere und klarere Strukturen zu verleihen. Erstaunlicherweise wahrten die entsprechenden ausbildungspolitischen Bemühungen dabei über drei sehr unterschiedliche politische Epochen hinweg in etwa eine einheitliche Zielrichtung, was letztlich zu einer bemerkenswerten Konsolidierung der dualen Ausbildung, zu einem echten ›System‹ führte. Die zu analysierende Entwicklungsepoche beginnt in der Weimarer Republik (vgl. Muth 1985), wird unter spezifischer ideologischer Ausrichtung fortgeführt in der Zeit des Nationalsozialismus (vgl. Wolsing 1977) und findet nach dem Zusammenbruch von 1945 in der Bundesrepublik ihre – quasi ideologisch gereinigte – Fortsetzung (vgl. Stratmann/Schlösser 1990), während die Deutsche Demokratische Republik mit dem Einbau der Berufsausbildung in ihre planwirtschaftliche Gesamtstruktur stärkere Veränderungen am überlieferten System vornahm (vgl. Biermann 1990).

Unter systemtheoretischer Perspektive lassen sich in dieser politisch bewegten Entwicklungsepoche drei ausbildungspolitische Handlungsstränge unterscheiden, die jeweils eine ganz bestimmte Funktion im Zuge der Systemkonsolidierung erfüllten:

(1) Der Versuch der Industrie, ein eigenes modernes, an rationalen Kriterien orientiertes Berufsausbildungsmodell gemäß ihren spezifischen Interessen unter Anerkennung des vorgegebenen ordnungspolitischen Rahmens aufzubauen (qualifikationspolitische Funktion).

(2) Der Versuch von staatlicher Bürokratie, Berufsschullehrern und Sozialpartnern, eine explizit entpolitisierte Berufsschule zu schaffen, die sich einerseits als ›niedere Fachschule‹ an den Qualifikationsinteressen ›der Wirtschaft‹ orientieren, andererseits jedoch als öffentliche Pflichtschule eine Brücke zum allgemeinen Bildungswesen herstellen sollte (bildungspolitische Funktion).

(3) Der Versuch vor allem gewerkschaftlich orientierter Kräfte, als gesellschaftliche Interessenvertreter der Arbeitnehmerschaft politischen und praktischen Einfluß auf die betriebliche Berufsausbildung über ein spezifisches ›Berufsbildungsgesetz‹ zu erlangen (sozialpolitische Funktion).

Diese unterschiedlichen gesellschaftlichen Ansprüche an die Berufsausbildung sind der Grund dafür, daß sich die in der Gründungsphase angelegte gespaltene rechtliche Zuständigkeit für die beiden Lernorte durch den Versuch, mehr oder weniger perfektionierte Instrumente ihrer Steuerung zu entwickeln, erheblich vertiefte.

2.1 Probleme der Lernortkonsolidierung in der Weimarer Republik

Die – gegenüber der ersten Epoche veränderten – Problemlagen, die als Auslöser und Triebkräfte der aufgezählten politischen Handlungskomplexe gelten können, lassen sich wie folgt charakterisieren: die veränderten Qualifikationsinteressen der Industrie, der Wegfall der vorrangig politischen Legitimationsbasis der Fortbildungsschule und die einseitige Privilegierung der Unternehmerschaft in bezug auf die Berufsausbildung durch die Gewerbegesetzgebung.

Schon in der letzten Konjunkturphase vor dem Ersten Weltkrieg (ca. 1895 bis 1913) veränderten sich infolge beschleunigten Wachstums die Qualifikationsanforderungen der Industrie. Besonders in den Pionierbetrieben des Maschinenbaues und der Elektroindustrie erzwangen die neuen Größenordnungen neue Produktionsmethoden, deren Muster in den Vereinigten Staaten entwickelt worden waren (vgl. Hanf 1987: 157 ff.). Dieser als ›Taylorismus‹ bekannte Rationalisierungsschub erforderte in der deutschen Industrie einen neuen Typ von Arbeiter, der – anders als die bis dahin eingesetzten ›Künstler-Handwerker‹ – gewillt war, sich den Anforderungen bzw. den Zwängen der neuen Produktionsmethoden zu unterwerfen.

Das neue Ausbildungsmodell, das die Industrie in diesem Zusammenhang etwa ab Mitte der 20er Jahre entwickelte, war daher stark von den Ideen der ›Wissenschaftlichen Betriebsführung‹ – wie F. W. Taylor sein rationelles System der Arbeitsorganisation benannt wissen wollte – beeinflußt und umfaßte im wesentlichen drei neue Dimensionen: eine institutionelle mit Lehrwerkstatt und Werkschule, eine methodische mit psychologischen Eignungstests, standardisierten Lehrgängen und Lehrmitteln sowie eine berufssystematische mit den sogenannten ›Ordnungsmitteln‹ Berufsbild, Ausbildungsplan und Prüfungsanforderungen (vgl. Greinert 1998: 65 ff.). Für die Entwicklung und Verbreitung dieses neuen Berufsbildungsmodells wurden spezielle Institutionen – wie der ›Deutsche Ausschuß für Technisches Schulwesen‹ (DATSCH), der ›Arbeitsausschuß für Berufsausbildung‹ (AfB) oder das ›Deutsche Institut für technische Arbeitsschulung‹ (DINTA) – gegründet, deren Nachfolgeeinrichtungen sich bis in die Gegenwart verfolgen lassen.

Gegenüber der traditionellen Handwerksausbildung bedeutete dies eine bis dahin unbekannte Systematisierung und Perfektionierung der Berufsausbildung, eine Entwicklung, die die Vormachtstellung des Handwerks in diesem Bereich spätestens mit der Durchbrechung seines Prüfungsmonopols in der gewerblichen Ausbildung im Jahre 1936 beseitigte. Der im Zuge dieser Entwicklung entstandene ›Facharbeiter‹ war ein neuer Qualifikationstyp, ja eine neue ›Sozialfigur‹, die seit den

30er Jahren die Leitfigur in der deutschen Berufsausbildung vorgab (vgl. Ebert 1984).

Der zweite Lernort des neuen Ausbildungsmodells, die Fortbildungsschule, entwickelte sich im Gegensatz zur (industriellen) Betriebsausbildung in der Weimarer Zeit nur langsam und unstetig (vgl. Schütte 1992). Im Schatten des ideologisch stark aufgeladenen ›Kampfes um die Schule‹ fand sie nicht nur keinen Anschluß an das allgemeine Bildungswesen, sie geriet – für ihren Bestand weit gefährlicher – als Instrument zur Regulierung des Arbeitsmarktes und der Aufrechterhaltung der Arbeitsmoral jugendlicher Erwerbsloser vor allem während der sogenannten Stabilisierungskrise (1923-1926) und der Weltwirtschaftskrise (1930-1933) geradezu ins schulpolitische Abseits. Über alle Interessengruppen hinweg war man sich zwar einig, daß die ›neue Berufsschule‹ – so die nun gebräuchliche Bezeichnung für die Fortbildungsschule – in erster Linie der Förderung der Berufstüchtigkeit verpflichtet sein solle, die periodisch anwachsende Zahl jugendlicher Erwerbsloser im berufsschulpflichtigen Alter zwang indes die Bürokratie, die Schule vorzugsweise als soziales Auffangbecken zu nutzen, womit ihr eigentliches pädagogisch-didaktisches Programm jegliche Realisierungschance zu verlieren drohte.

Dabei fehlte es nicht am politischen Willen, für das überkommene, in den Ländern des Reiches sehr unterschiedlich entwickelte Fortbildungsschulwesen eine möglichst umfassende und tragfähige rechtliche Regelung zu erreichen. So hatte der Gesetzgeber im Artikel 145,2 der Weimarer Verfassung »mit unmittelbar verpflichtender Rechtswirkung« eine allgemeine Fortbildungsschulpflicht bis zum vollendeten 18. Lebensjahr angeordnet (vgl. Landé 1929; Kümmel 1980: 90). Die Reichsschulkonferenz verabschiedete daraufhin neben zahlreichen Leitsätzen zur Reform und Förderung der beruflichen Schulen auch einen ›Vorschlag für den Entwurf eines Reichsgesetzes über die Berufsschulpflicht‹, den die Konferenz dem Reichsministerium des Inneren zur weiteren Behandlung überwies (vgl. Die Reichschulkonferenz 1921: 714 ff.). Das Innenministerium erarbeitete innerhalb kurzer Zeit auf der Grundlage dieses Vorschlages einen Rahmenentwurf, den es den Ländern zur Begutachtung übersandte. Die Länder jedoch – Preußen voran – blockten die zügige Behandlung dieses für die weitere Fortbildungsschulentwicklung zentralen Gesetzesvorhabens aus finanziellen Erwägungen erst einmal ab.

Sie wogen dabei die klare Forderung des Artikels 145 der Verfassung, umgehend eine generelle Fortbildungsschulpflicht einzuführen, gegen einen rein fiskalischen Tatbestand ab: der § 53 des Landessteuergesetzes vom 30. März 1920 bestimmte nämlich, daß alle kostenverursachenden Verträge, Gesetze oder Verwaltungsmaßnahmen des Reiches von diesem auch zu finanzieren seien. Um nun die Möglichkeit der Beteiligung des Reichs an den Kosten der Durchführung der Berufsschulpflicht nicht aus der Hand zu geben, waren die Finanzminister darauf bedacht, ihr finanzielles Faustpfand zu sichern, d. h. die restlose Durchführung der Fortbildungs-/Berufsschulpflicht in ihren Ländern zu verhindern (vgl. Greinert 1975 a: 105 f.). Wie schon im Kaiserreich, so stellte folglich auch in der Weimarer Zeit eine Bestimmung der Reichsgewerbeordnung, der § 120, die einzige reichseinheitliche Rechtsgrundlage für das Berufsschulwesen dar. Die dort formulierte ortsstatutarische Bestimmung ermächtigte – wie schon vor 1918 – die Gemeinden, für berufstätige Jugendliche den Fortbildungsschulbesuch verpflichtend zu machen, ohne jedoch Ort, Dauer und tageszeitliche Plazierung des Unterrichts näher zu bestimmen. Die meisten Länder versuchten zwar trotz der beschriebenen finanziellen Rücksichten ihrem Fortbildungs- bzw. Berufsschulwesen ein festeres Fundament zu geben, wegen der offenen finanziellen Beteiligung des Reiches regelten sie indes nur Einzelfragen wie z. B. Preußen im ›Gewerbe- und Handelslehrer- Diensteinkommensgesetz‹ (1921/22) oder im ›Gesetz, betr. die Erweiterung der Berufs- (Fortbildungs-) Schulpflicht‹ vom 31. Juli 1923 (vgl. Kümmel 1980: 97 ff.).

Auch der erste Anlauf zur Durchsetzung eines eigenständigen Berufsbildungsrechts schlug in der Weimarer Zeit fehl. Nachdem im November 1918 die Gewerkschaften von den Arbeitgebern als Tarifpartner anerkannt worden waren, forderten sie ganz folgerichtig auch Mitwirkungsrechte bei der Ausbildung des beruflichen Nachwuchses. Nach einleitenden Vorarbeiten verabschiedete der sozialpolitische Ausschuß der ›Zentralarbeitsgemeinschaft der industriellen und gewerblichen Arbeitgeber und Arbeitnehmer Deutschlands‹ am 11. Februar 1921 Leitsätze für die ›reichseinheitliche Regelung des Lehrlingswesens‹. Nach diesen Vorgaben sollte das Preußische Ministerium für Handel und Gewerbe einen Gesetzentwurf erstellen, der die allgemeine Grundlage jeglicher Berufsausbildung im Betrieb und in der Schule bilden sollte. Der bereits 1923 vorgelegte Referentenentwurf eines ›Berufsausbildungsgesetzes‹ führte jedoch erst im Jahre 1927 zu einem offiziellen Gesetzesvorschlag der Reichsregierung (vgl. Pätzold 1982: 55 ff.).

Dieser erste Versuch, Berufsausbildung als öffentliche Aufgabe gesetzlich zu verankern, rief sofort den einhelligen Widerstand von Handwerk und Industrie hervor, die den politischen Basiskompromiß von 1918 längst nicht mehr wahrhaben wollten, ihre Abwehrkämpfe verzögerten die parlamentarische Behandlung des Gesetzentwurfs bis ins Jahr 1929, in dem er dann im Beratungsgestrüpp des Reichstages endgültig hängen blieb (vgl. Greinert 1998: 85 ff.).

2.2 Der zentralistische Zugriff auf Betriebsausbildung und Berufsschule während des ›Dritten Reiches‹

Auch die Nationalsozialisten schafften es nicht, einen der mehrfach in den 30er und 40er Jahren produzierten Gesetzentwürfe rechtskräftig werden zu lassen (vgl. Pätzold 1982). Dabei ging es im Grunde stets um eine Einigung über spezifische Regelungen, die sich schon bei dem Gesetzentwurf der 20er Jahre als eminent umstritten erwiesen hatten – Geltungsumfang des Gesetzes, Beteiligung der Arbeitnehmerorganisationen an der Durchführung, Zuordnung der direkten Geschäftsführungs- und Kontrollaufgaben, Beteiligung der Berufsschullehrer an den Prüfungen oder aber die Bestimmung der qualitativen Anforderungen an die Ausbildungsbetriebe. Die Auseinandersetzungen gewannen aber nun massiv an Schärfe durch den Dauerstreit um die Vorherrschaft in der Berufsausbildung zwischen Deutscher Arbeitsfront (DAF) – der Nachfolgeinstitution der verbotenen Gewerkschaften – und Reichswirtschaftsministerium, das im Bunde mit den nicht aufgelösten Kammern stand (vgl. Seubert 1977).

Trotz dieser Reibungsverluste kann die Berufsausbildung im ›Dritten Reich‹ – vor allem die industrielle – als ein Bereich ›perfektionierter Planung‹ bezeichnet werden (Abel 1963: 56). Dabei erstreckte sich der Versuch der Perfektionierung besonders auf die folgenden Dimensionen bzw. Elemente der Berufsausbildung: (1) auf die an wirtschaftlichen und politischen Kriterien orientierte Berufs- und Nachwuchslenkung, (2) auf die ordnungsrechtliche und inhaltliche Gestaltung der industriellen Berufsausbildung, (3) auf den institutionellen Ausbau der industriellen Lehrlingsausbildung – die Lehrwerkstatt als »Sinnbild und Kennzeichen nationalsozialistischer Berufserziehung« – und (4) auf die Bestrebungen zur Ordnung des öffentlichen Berufsschulwesens (vgl. Kipp 1987).

Da wir uns in unserem Beitrag vorzugsweise mit dem föderalistischen Strukturelement unseres Ausbildungswesens befassen, beschränken wir uns auf die Behandlung des letzten Punktes. Nach dem Ende der Weimarer Republik, mit der von den Nationalsozialisten herbeigeführten Zentralisierung der Schulverwaltungen der Länder in einem ›Reichsministerium für Wissenschaft, Erziehung und Volksbildung‹ im Jahre 1934 war die Voraussetzung für eine Vereinheitlichung des Anfang der 30er Jahre noch völlig zersplitterten Berufsschulwesens in Deutschland gegeben – allerdings auch für den Versuch seiner ideologischen Steuerung im Sinne der nationalsozialistischen Weltanschauungslehre (vgl. Seubert 1977, Wolsing 1977).

Das Optimum, ein umfassendes ›Reichsberufsschulgesetz‹ – von der gleichgeschalteten Berufsschullehrerschaft eifrig gefordert – fand zwar, wie das sogenannte ›Berufsausbildungsgesetz‹, keine Verwirklichung, dafür regelte die nationalsozialistische Verwaltung aber schrittweise entscheidende Fragen des Berufsschulwesens: im Jahre 1937 wurden die länderspezifisch unterschiedlichen Benennungen der beruflichen Schulen einheitlich geregelt sowie Trägerschaft, Finanzierung und inhaltliche Ausgestaltung des Berufsschulunterrichts, 1938 wurde die in den 20er Jahren vergeblich angestrebte reichseinheitliche Berufsschulpflicht eingeführt, 1940 durch Erlaß der zeitliche Umfang des Berufsschulunterrichts einheitlich festgelegt und die Beschulungspflicht der Städte und Landkreise. Ab 1937 ging die zentrale Bürokratie auch daran, erstmals eine Lösung für das Hauptproblem dualer Berufsausbildung zu entwickeln, d. h. eine formale Koordinierung des Lernens an den beiden Lernorten Betrieb und Schule zu versuchen.

Kennzeichen der in diesem Zusammenhang entwickelten ›Reichslehrpläne‹ ist die verbindliche ›inhaltliche und zeitliche Parallelität von betrieblicher und schulischer Ausbildung‹. Diese radikale Gleichschaltung von Berufspraxis (Betrieb) und Berufstheorie (Schule) ließ es notwendig erscheinen, die bis dahin übliche Stoffauflistung in den Lehrplänen zugunsten einer näheren Umschreibung von Tätigkeitsabläufen zu überwinden, eine interessante Vorwegnahme moderner curricularer Verfahren. Orientierungspunkt für die so veränderten Lehrpläne bildeten die sogenannten Ordnungsmittel für die betriebliche Berufsausbildung (Berufsbild, Ausbildungsrahmenplan, Prüfungsanforderungen). Diese Art von ›DIN-Pädagogik‹ (Monsheimer 1970: 73) wurde aber bald wieder aufgegeben, da zum einen die Fachklassenbildung in den Schulen noch nicht sehr weit vorangeschritten war, zum anderen dieses Prinzip in der immer noch quantitativ vorherrschenden kleinbetrieblichen Handwerksausbildung kaum realisierbar erschien. Immerhin verbindet sich mit dem von den Nationalsozialisten gegründeten ›Reichsinstitut für die Berufsausbildung in Handel und Gewerbe‹, das als Nachfolger des Deutschen Ausschusses für Technisches Schulwesen, dem legendären DATSCH, und als ein Vorläufer des Bundesinstituts für Berufsbildung in die Berufsbildungsgeschichte eingegangen ist, die erste Idee eines für Betrieb und Schule gemeinsamen Curriculum-Institutes.

Zusammenfassend läßt sich das vom nationalsozialistischen Erziehungsministerium entworfene Reichsberufsschulrecht, dessen flächendeckende Durchsetzung der Krieg verhinderte, folgendermaßen umreißen: »Dreijährige Berufsschulpflicht mit acht Wochenstunden Unterricht, Beschulungspflicht der Schulträger, reichseinheitliche Lehrpläne, engste Anlehnung der Berufsschule an die betriebliche Ausbildung, Schulträgerschaft im wesentlichen durch die Stadt- oder Landkreise, Berufsschulbeiräte aus Wirtschaftsvertretern zur Beratung der einzelnen Berufsschulen, Berufsschullehrer als reichsunmittelbare Beamte« (Grüner 1986: 651). Damit war schulrechtlich das Modell der klassischen Pflicht-Berufsschule fixiert, wie es dann nach 1945 – unter veränderten politischen Verhältnissen – flächendeckend im Westteil Deutschlands umgesetzt wurde.

Eine inhaltliche Abstimmung des Lernens an den beiden Lernorten war indes auch dem zentralistischen Zugriff des totalen Staates mißlungen; immerhin war durchgesetzt worden, daß sich der Berufsschulunterricht strikt nach den Ausbildungsplänen der zeitlich dominierenden Betriebsausbildung zu richten hatte. Damit war auch der Versuch gescheitert, der Berufsschule ein eigenständiges didaktisches Profil zu geben. Noch Anfang der dreißiger Jahre war in einer Ausbildungsstätte für Gewerbelehrer, dem Berufspädagogischen Institut in Frankfurt am Main, ein Didaktikkonzept entwickelt worden, das sich in bezug auf den Fachunterricht der Berufsschule eher an lerntheoretischen und unterrichtsmethodischen Prinzipien orientierte. Dieses Lehrplan- und Unterrichtskonzept, die sogenannte ›Frankfurter Methodik‹, mit der erstmals ein geschlossenes, eigenständig-berufsschultypisches Lernmodell vorgelegt wurde, ist von der nationalsozialistischen Schulbürokratie als ihren Intentionen zuwiderlaufend unterdrückt worden, seine Schöpfer wurden aus dem Amt gejagt, das Institut wurde geschlossen (vgl. Pukas 1988: 429 ff.). Erst nach 1945 konnte die Frankfurter Methodik an den gewerblichen Berufsschulen zweier Bundesländer – Nordrhein-Westfalen und Hessen – bescheidene Erfolge verbuchen.

2.3 Die pädagogische und juristische Fixierung des ›Dualen Systems‹

In den Jahren zwischen 1945 und 1970 verdichteten sich – nach dem Abklingen der wirtschaftlichen Notlage der unmittelbaren Nachkriegszeit – die unterschiedlichen Bemühungen zur ›Neubefestigung der traditionellen Ausbildungsstrukturen‹ (Pätzold) zu einem politischen Handlungsstrang, der dann 1969 im ›Berufsbildungsgesetz‹ kulminierte, dem immer noch fehlenden ›Schlußstein‹ des ›Dualen Systems‹ der Berufsausbildung.

Am schnellsten und erfolgreichsten bei der Neuordnung erwies sich wieder einmal das Handwerk, dem es 1953 gelang, unter Betonung seiner volkswirtschaftlichen Bedeutung in der Phase des Wiederaufbaus und seiner Leistungsfähigkeit in der gewerblichen Nachwuchserziehung ein ›Gesetz zur Ordnung des Handwerks‹ (HWO) gegen die Vorbehalte der Besatzungsmacht, der Sozialdemokratie und der Gewerkschaften durchzusetzen. Damit wurde erneut, nachdem zunächst mit der Einführung der Gewerbefreiheit durch die Westalliierten Handwerksorganisation und handwerkliche Lehrlingserziehung gefährdet erschienen, die Eigenständigkeit des Handwerks und die rechtliche Sonderstellung seiner Berufs›erziehung‹ bestätigt (vgl. Abel 1963: 64). Die Handwerkskammern fungierten im Gesetz weiterhin als zentrale Regelungsinstanz der Handwerkslehre, bei nur geringen Mitwirkungsmöglichkeiten von Arbeitnehmern und Berufsschullehrern (vgl. Pätzold 1991/I: 42-52).

Da für den Bereich der Berufsausbildung in Industrie und Handel nur unzureichende Bestimmungen in der Gewerbeordnung und im Handelsgesetzbuch vorgesehen waren, gestaltete sich ihre ›Neubefestigung‹ nach 1945 etwas komplizierter. Maßnahmen zur Bewahrung der traditionellen Einheitlichkeit in der Selbstverwaltung der industriellen und kaufmännischen Berufsausbildung wurden zwar schon 1946 von der britischen Besatzungsmacht bzw. von ihrem ›Zentralrat für Wirtschaft‹ vorgenommen und 1948 auf das ›Vereinigte Wirtschaftsgebiet‹ – die sogenannte Bi-Zone – übertragen, bis zur gesetzlichen Absicherung dieser Aktivitäten dauerte es allerdings bis zum Jahre 1956. Für die Anerkennung, Änderung oder Streichung von Lehr- und Anlernberufen, die Genehmigung von Berufsbildern, Ausbildungseinrichtungen und -plänen wurden jedoch indes schon bald von den intakten Kammern Institutionen gegründet, die dann im Jahre 1953 durch den Beitritt des Bundesverbandes der Deutschen Industrie (BDI) und der Bundesvereinigung der Deutschen Arbeitgeberverbände (BDA) zur ›Arbeitsstelle für Betriebliche Berufsausbildung‹ (ABB) mutierten. Die ABB setzte bis zur Gründung des ›Bundesinstituts für Berufsbildungsforschung‹ (BBF) die berufsordnenden Arbeiten des ›Deutschen Ausschusses für Technisches Schulwesen‹ und des ›Reichsinstituts für die Berufsausbildung in Handel und Gewerbe‹ fort, doch erst mit dem ›Gesetz zur vorläufigen Regelung des Rechts der Industrie- und Handelskammern‹ im Jahre 1956 war eine rechtlich einwandfreie Basis für die ›Förderung und Durchführung der kaufmännischen und gewerblichen Berufsausbildung‹ durch die Industrie- und Handelskammern erreicht (vgl. Pätzold 1991/I: 7 ff.).

»1945 war ein Einschnitt, aber kein Bruch in der Entwicklung des beruflichen Schulwesens« (Grüner 1983/I: 9). Die zentralen rechtlichen Bestimmungen der NS-Zeit, das Reichsschulpflichtgesetz vom 6. Juli 1938 und der Erlaß über die ›Reichseinheitliche(n) Benennungen im Berufs- und Fachschulwesen‹ galten bis zur Verabschiedung eigener Schulpflichtgesetze durch die neuen Bundesländer bzw. bis zur Festlegung der ›Gruppenbezeichnungen im beruflichen Schulwesen‹ durch die Ständige Konferenz der Kultusminister (KMK) im Januar 1968.

Überblickt man die Epoche von 1945 bis 1970, so kann man feststellen, daß zwar ein gewaltiger quantitativer Ausbau der Pflicht-Berufsschule stattfindet, daß ihre innere Ausgestaltung – also auch ihr curriculares Verhältnis zur Betriebslehre – aber kaum größere Aktivitäten auf sich lenken konnte. Auf der qualitativen Ebene dominierte in dieser Zeit eindeutig die bildungspolitische Auseinandersetzung über den weiteren Ausbau des ›beruflichen Schulwesens‹, deren Stichworte ›Zweiter bzw. beruflicher Bildungsweg‹ mit den Institutionen Berufsaufbauschule und

Berufskolleg sowie Ausbau von ›Berufsgrundschuljahr‹ und ›Berufsfachschulen‹ lauteten (vgl. Grüner 1983/I: 3-32).

In die offiziellen bildungspolitischen Reformdebatten und -pläne wurde das berufliche Schulwesen erst in den 60er Jahren einbezogen, für die breitere Fach-Öffentlichkeit erstmals auch wahrnehmbar in den ›Empfehlungen und Gutachten‹ des Deutschen Ausschusses für das Erziehungs- und Bildungswesen. Während in dem 1959 vorgelegten ›Rahmenplan‹ das berufliche ›Ausbildungs- und Schulwesen‹ noch völlig ausgespart blieb, fand sich in der Folge 7/8 der Gutachten und Empfehlungen vom Juli 1964 eine ausführliche Analyse der historischen Entwicklung und der aktuellen Organisation des bundesrepublikanischen Berufsbildungssektors, die im wesentlichen von dem Darmstädter Ordinarius für Berufspädagogik, Heinrich Abel, erstellt worden ist (vgl. Deutscher Ausschuß 1964: 51-130).

In den abschließenden Empfehlungen wird nicht nur der Plan eines eigenständigen beruflichen Bildungsweges entwickelt, dieser Text definiert auch erstmals die deutsche Berufsausbildung als ›Duales System‹, d. h. als ›Ausbildung in Betrieb und Berufsschule‹. Das folgende Zitat skizziert allerdings ein noch eher zu realisierendes Programm als eine vorfindliche Realität:»In der dualen Ausbildung«, so heißt es da,»tragen Betrieb und Berufsschule eine gemeinsame Verantwortung. Ihr Beitrag ist verschieden, aber er begründet gleichgewichtige Pflichten und Rechte. Um die Gemeinsamkeit der Verantwortung zu bestärken und sichtbar zu machen, veranstalten beide Partner zum Abschluß der beruflichen Ausbildung am Ende der obligatorischen Berufsschulzeit eine gemeinsame Prüfung und erteilen das Abschlußzeugnis gemeinsam.« (Deutscher Ausschuß 1964: 132)

Zum Zeitpunkt dieser pädagogischen Fixierung des Dualen Systems der Berufsausbildung hatten auch die Bemühungen zu ihrer abschließenden gesetzlichen Absicherung in der Bundesrepublik ihren ersten Höhepunkt erreicht. Es waren wiederum die Gewerkschaften, die 1959 die politische Initiative ergriffen, und durch den DGB den Entwurf für ein Berufsbildungsgesetz der Bundesregierung und dem Bundestag zur weiteren Behandlung zuleiten ließen. Angestoßen durch diese Vorlage, ersuchte das Parlament die Bundesregierung, bis zum 1. Februar 1963 dem Bundestag einen Entwurf für ein Berufsbildungsgesetz vorzulegen. Am 7. Februar 1964 – also mit einjährigem Verzug – ließ die Regierung durch ihren Wirtschaftsminister vor dem Parlament erklären, daß ein umfassender Entwurf ›angesichts der unerhörten Schwierigkeiten der Materie‹ noch nicht möglich sei. Der Bundestag nahm diese Erklärung ohne Debatte zur Kenntnis – die Gewerkschaften sprachen vom ›schwarzen Freitag‹ der Berufsbildungsgeschichte!

Am 30. August 1966 legte die SPD-Fraktion, der Vertröstungen der Bundesregierung überdrüssig, einen eigenen Entwurf für ein Berufsbildungsgesetz vor, der einen konkurrierenden Entwurf der Regierungsparteien nach sich zog. Aus Teilen dieser beiden Entwürfe – inzwischen waren CDU/CSU und SPD eine ›Große Koalition‹ eingegangen – formulierte der Ausschuß für Arbeit einen nach öffentlicher Anhörung von den Regierungsfraktionen gemeinsam getragenen ›Entwurf eines Berufsbildungsgesetzes‹, der am 4. Juni 1969 dem Bundestag zum Beschluß vorgelegt wurde. Nach seiner Verabschiedung am 12. Juni stimmte der Bundesrat am 10. Juli dem Gesetz zu, das dann am 14. August 1969, nach fast auf den Tag genau fünfzigjährigen politischen Auseinandersetzungen, als ›Berufsbildungsgesetz‹ (BBiG) verkündet wurde und am 1. September in Kraft trat (vgl. Greinert 1998: 85 ff.).

3. Das Berufsbildungsgesetz von 1969 und seine Folgen

Wer geglaubt hatte, durch das neue Gesetz wäre das Duale System mit seinen beiden Lernorten dem von Abel skizzierten pädagogischen Ideal etwas näher gerückt worden, sah sich enttäuscht. Im Gegenteil: unter peinlich genauer Auslegung des in der Bundesrepublik wiederhergestellten (Kultur-) Föderalismus wurden Betriebsausbildung und Berufsschule im BBiG rechtlich konsequent voneinander getrennt, indem die überkommenen Traditionsbestände nun quasi zur gesetzlichen Norm erhoben wurden. Das Berufsbildungsgesetz regelte ausschließlich den betrieblichen Teil der Berufsausbildung; der ›Partner‹ im Dualen System, die Berufsschule, durfte aus verfassungsrechtlichen Gründen nur beiläufige Erwähnung finden, wie z. B. im § 6,4 – der Ausbildende hat den Auszubildenden ›dazu anzuhalten‹, die Berufsschule zu besuchen. Der den Gegenstand der Abschlußprüfung definierende § 35 relativierte die in der Berufsschule erbrachten Lernleistungen insofern, als er bestimmte, daß der Berufsschulunterricht für die Berufsabschlußprüfung nur insoweit von Bedeutung sei, als er sich auf den ›für die Berufsausbildung wesentlichen Lehrstoff‹ bezieht. Die seit 1904 von Seiten der Fortbildungs- bzw. Berufsschule immer wieder gestellte Forderung, ihr Abschlußzeugnis in der Kammerprüfung als theoretischen Teil der Gesellen- bzw. Fachkräfteprüfung anzuerkennen – in der Dualausbildung in Österreich beispielsweise eine selbstverständliche Praxis –, sah sich damit ins rechtspolitische Abseits verwiesen.

Diese rigorose gesetzliche Festschreibung der gespaltenen Zuständigkeit von Bund und Ländern für das berufliche Bildungswesen findet seine Ergänzung in der Bestätigung seiner korporatistischen Verfassungsstruktur. Die zentralen Verwaltungs- und Kontrollfunktionen für die zeitlich und inhaltlich dominierende Betriebsausbildung verblieben bei den nun als ›zuständige Stellen‹ aufgewerteten Kammern, die politische Steuerung des Systems teilten sich – im Einvernehmen mit dem Staat, und das heißt dem Bund – die beiden Sozialpartner; Repräsentanten des beruflichen Schulwesens waren auf marginale Einflußmöglichkeiten verwiesen.

Das Gesetz war nach seinem Inkrafttreten sofort heftig umstritten und in der Folgezeit mehrmals Gegenstand mehr oder weniger grundlegender Novellierungsversuche (vgl. Greinert 1998: 95 ff.). Kritik und Ablehnung nahmen dabei vor allem an der bestätigten neo-korporatistischen Grundverfassung Anstoß, d. h. konkret an dem Tatbestand, daß sowohl im Entscheidungsprozeß der Ausschußarbeit als auch in bezug auf die materiellen Regelungen im Gesetz eine ›negative Koordination‹ – ein nahezu ungebremstes Durchschlagen pluralistischer Entscheidungsmodi und partikularer Interessen – festzustellen war (vgl. Offe 1975: 51 ff.). Das BBiG – so der Kern der Kritik – lehne sich zu stark an die von Arbeitgeberverbänden und Gewerkschaften vorgetragenen Vorstellungen an und lasse dem Gesetzgeber nur sehr unzureichende Möglichkeiten für künftig notwendige Gestaltungsspielräume.

Diese bot das BBiG jedoch durchaus, wie sich sehr schnell herausstellen sollte: die wirklich zentrale Bedeutung dieses Gesetzes bestand eigentlich darin, daß der Bund nun zu einer aktiven Berufsbildungspolitik gezwungen wurde. So wurde ganz folgerichtig das bereits 1970 vorgelegte Programm der Bundesregierung zur Reform der betrieblichen Berufsausbildung in den 70er Jahren weitgehend abgearbeitet: der Aufbau einer institutionalisierten Berufsbildungsforschung durch die Einrichtung eines Bundesinstitutes für Berufsbildungsforschung, die flächendeckende Einführung überbetrieblicher Ausbildungsstätten zur qualitativen Verbesserung der praktischen Ausbildung in den Mittel- und Kleinbetrieben, die Durchführung eines umfangreichen Modellversuchsprogramms zur Optimierung der Ziele, Inhalte, Methoden und Organisationsformen der Ausbildung, die Modernisierung der Ausbildungsstandards, insbesondere die Neuordnung der Ausbildungsberufe oder die Durchsetzung eines verpflichtenden Qualifikationsprogramms für betriebliche Ausbilder (vgl. dazu Greinert 1998: 99 ff.). Eine wahrhaft beeindruckende Leistung.

Das Erstaunlichste war indes, daß das Berufsbildungsgesetz von 1969 dem Dualen System einen quantitativen Zuwachs von einem Ausmaß verschaffte, den Anfang der 70er Jahre niemand diesem angeblich so antiquierten Ausbildungsmodell zugetraut hatte. Das harsche Urteil der OECD, daß das deutsche Berufsausbildungssystem,»so hervorragend es früher gewesen sein mag, den Anforderungen einer modernen Industriegesellschaft nicht mehr gewachsen ist«, konnte schon einige Jahre später als glattes Fehlurteil ad acta gelegt werden (vgl. OECD 1973).

Der Versuch, die Interessen von Bund und Ländern in Sachen Berufsausbildung unter Beachtung der neuen gesetzlichen Regelungen aufeinander abzustimmen, verlief dagegen weit weniger erfolgreich.

BERUFSBILDUNGSPOLITIK ZWISCHEN BUNDES- UND LÄNDERINTERESSEN

Als zentrale Felder für politische Interessenkonflikte erwiesen sich in den folgenden Jahren immer wieder: (1) die Abstimmung des Lernprogramms für die beiden Lernorte Betrieb und Schule, (2) die Einbeziehung des Berufsschulzeugnisses in die Kammerprüfung, (3) die Anrechnung von vollschulischer Berufsausbildung und (4) die Verteilung der zentralen Kompetenzen in der Berufsbildung als eine Schlüsselfrage.

Als bis dahin nicht gelöstes Problem stand die inhaltliche Abstimmung der beiden Lernorte als erstes wieder auf dem Programm. Die offiziellen Beratungen hierzu zwischen den Beauftragten der Bundesminister für Arbeit und Sozialordnung, Wirtschaft und Finanzen, Bildung und Wissenschaft sowie der Kultusminister bzw. -senatoren der Länder führten am 30. Mai 1972 zur Unterzeichnung des ›Gemeinsamen Ergebnisprotokolls betr. das Verfahren bei der Abstimmung von Ausbildungsordnungen und Rahmenplänen im Bereich der beruflichen Bildung zwischen der Bundesregierung und den Kultusministern (-senatoren) der Länder‹.

Das Neue an dieser Verwaltungsvereinbarung bestand vor allem darin,»daß trotz und unbeschadet der gegebenen rechtlich unterschiedlichen Zuständigkeiten für die betriebliche und schulische Berufsausbildung Einvernehmen zwischen Bund und Ländern erzielt wurde über Prinzipien und einzurichtende Gremien, die eine Koordination berufsbildungspolitischer Entscheidungen und die Abstimmung der Pläne für die betriebliche und schulische Berufsausbildung ermöglichen« (Benner/Püttmann 1992: 12). Nach 20jährigem Bestehen dieser Regelung (1992) waren abgestimmte Ausbildungs- und Rahmenpläne für 253 Berufe entwickelt worden, in denen 96 Prozent der Auszubildenden qualifiziert wurden. Auf den ersten Blick vermittelt also das Jubiläumsjahr einen vollen Erfolg dieses »im Zuge des kooperativen Föderalismus« getroffenen Abkommens (vgl. Benner/Püttmann 1992: 12).

Doch mit der Umsetzung des Gemeinsamen Ergebnisprotokolls durften gleichwohl die Kompetenzen von Bund und Ländern nicht berührt werden, d. h. die herrschende Verfassungsinterpretation der getrennten Ordnungskompetenzen für die betriebliche und schulische Berufsausbildung ließ lediglich eine inhaltlich-formale Abstimmung der Lernprogramme zu. Die Entwicklung eines umfassenden Gesamtcurriculums für beide Lernorte – wie z. B. trotz Kulturautonomie der Kantone in der Schweiz üblich – erlaubt das Gemeinsame Ergebnisprotokoll nicht. In der Praxis bedeutet dies: eine Abstimmung der Ausbildung von Betrieb und Schule ›vor Ort‹ ist zwar nicht verboten, jedoch auch nicht ausdrücklich gefordert, was zur Folge hat, daß sie in der Regel unterbleibt. Damit bleibt aber auch die ›Lernortkooperation‹ in der deutschen Variante des ›Dualen Systems‹ weiterhin ein ungelöstes Problem.

Die Schuld dafür trifft indes kaum den Bund: im Rahmen der Verhandlungen über das Gemeinsame Ergebnisprotokoll wurde auch die Frage erörtert, ob nicht ein gemeinsames Curriculum-Institut die Abstimmungsprobleme zwischen Bund und Ländern lösen könnte.

Konkret stellte sich dann diese Frage als das Bundesinstitut für Berufsbildungsforschung 1976 in das Bundesinstitut für Berufsbildung (BIBB) umgewandelt wurde und ihm u. a. die gesetzliche Aufgabe zufiel, Ausbildungsordnungen zu entwickeln. In diesem Zusammenhang machte der Bund den Ländern das Angebot, das BIBB in dieser Funktion als Bund-Länder-Institut einzurichten. Nach langen Verhandlungen lehnten die Länder diese historische Chance, über die verfassungsmäßig gesetzten Grenzen hinweg einen Kooperationsversuch in Richtung Gesamt-Curriculum in der dualen Ausbildung zu starten, ab.

Eine weit engere und kompliziertere Zusammenarbeit in Sachen Berufsbildung zwischen Bund und Ländern ergab sich aus dem bis dahin anspruchsvollsten Versuch einer qualitativen Veränderung des Dualen Systems, nämlich ein sogenanntes ›Berufsgrundbildungsjahr‹ (BGJ) in der Bundesrepublik verbindlich und flächendeckend einzuführen (vgl. Greinert 1984). In seinem 1970 vorgelegten ›Strukturplan für das Bildungswesen‹ hatte der Deutsche Bildungsrat einen derartigen Reformschritt als notwendig und sinnvoll vorgeschlagen, für dessen Realisierung der § 29 BBiG die rechtlichen Voraussetzungen geschaffen hatte. Das erste Jahr der Berufsausbildung sollte nach den Vorstellungen des Bildungsrates generell ›als ein von der Produktion getrenntes Bildungsjahr‹ gestaltet werden, eine möglichst umfassende berufliche Grundausbildung auf ›Berufsfeldbreite‹ – d. h. in verwandten Ausbildungsberufen – vermitteln und zugleich die allgemeinen Fächer der Sekundarstufe 1 fortführen. Das Berufsgrundbildungsjahr sollte in öffentlichen wie privaten Bildungsinstitutionen (Betrieben!) angesiedelt werden können, die pädagogische Verantwortung sollte indes auch bei privater Trägerschaft bei den Schulverwaltungen liegen.

Die besondere Schwierigkeit bei der Einführung des BGJ bestand darin, daß für eine Schule nun zwei verschiedene Verordnungsgeber zuständig wurden: die Trägerschaft und der allgemeine Teil des Lehrplans fielen unter die Kompetenz der Länder, für die berufsqualifizierenden Anteile des Curriculums war der Bund zuständig. Bundesregierung und Kultusministerkonferenz schufen mit den sogenannten ›Anrechnungsverordnungen‹ und einer sogenannten ›Rahmenvereinbarung‹ ab dem Jahre 1972 die notwendigen Voraussetzungen für die Implementation der neuen Schule und für die verbindliche Anrechnung ihres Besuchs auf die nachfolgende betriebliche Ausbildung, so daß die ersten Bundesländer noch im gleichen Jahr das BGJ als ›Grundstufe‹ der Pflichtberufsschule installieren konnten (vgl. Greinert/Jungk 1982: 9 ff.).

Die Gewerkschaften favorisierten seit den 60er Jahren vor allem das schulische BGJ, da es bei flächendeckender Einführung einige negative Eigenheiten des Dualen Systems zu korrigieren versprach: einmal das stark regional, berufsstrukturell und zeitlich variierende Angebot an betrieblichen Ausbildungsplätzen, zum anderen die von gesellschaftspolitischen Rücksichten nicht beschränkte Rekrutierungspraxis von Auszubildenden durch die privaten Betriebe, und nicht zuletzt die schlechte Qualität der Ausbildung in den Kleinbetrieben. Als erklärter Gegner des schulischen BGJ erwiesen sich von Anfang an die Unternehmer und ihre gesellschaftlichen Interessenvertreter, die in dieser Einrichtung den ersten Schritt zur Verstaatlichung der deutschen Berufsausbildung erkennen wollten. Entsprechend massiv gestalteten sich daher ihre Abwehrstrategien und -maßnahmen: Klagen gegen die Anrechnungsverordnungen und Versuche, diese direkt zu unterlaufen, die verbreitete rechtswidrige Ablehnung von BGJ-Absolventen für eine weitere Ausbildung bis hin zu der Forderung, die BGJ-Reform überhaupt zurückzunehmen, dies in einem berühmt-berüchtigten ›Erpresser-Brief‹ von fünf Unternehmerverbänden an die Bundesregierung bzw. den Kanzler (vgl. Greinert 1975b: 205). Im Bundesministerium für Wirtschaft stand man dem BGJs aus verschiedenen Gründen von Anfang an skeptisch gegenüber, und so gab 1978 die Bundesregierung dem starken Druck der Arbeitgeber nach und schränkte die BGJ-Anrechnungsverordnung gewerbliche Wirtschaft in entscheidenden Punkten ein, was nun aber die Gewerkschaften – vor allem IG Metall und ÖTV – dazu veranlaßte, sich vom ›berufspädagogischen Reformprojekt Nr. 1‹ abzuwenden und sich in der Folgezeit seiner Demontage zu widmen (vgl. dazu Greinert 1984: 98 ff. und 181 ff.).

Die Einführung des Berufsgrundbildungsjahres ist einerseits an der mangelnden Bereitschaft des Bundes gescheitert, die Länder in diesem Vorhaben tatkräftig zu unterstützen, vor allem aber ist diese zukunftsorientierte Reform des Dualen Systems verhindert worden von einer fatalen Interessenallianz der Sozialpartner, die ihre im BBiG zementierte Machtposition nicht geschmälert sehen wollten. Das Bündnis kam bezeichnenderweise erst zustande, als die Gewerkschaften nicht mehr darauf hoffen konnten, daß die damalige Sozialliberale Koalition das Berufsbildungsgesetz von 1969 im Sinne gewerkschaftlicher Forderungen novellieren würde (vgl. Greinert 1998: 95 ff.). Inwieweit durch diese Verfestigung des Bündnisses der Sozialpartner auch das föderalistische Grundmuster der beruflichen Bildung berührt wurde, das zeigte sich schon bei einer weiteren Reformidee des Deutschen Bildungsrates, nämlich bei seinem Versuch, die Sekundarstufe II im Hinblick auf die Realisierung materialer Chancengleichheit neu zu ordnen, was nichts anderes bedeutete, als die unterschiedliche Privilegierung allgemeiner und beruflicher Ausbildungsgänge in dieser Schulstufe wenn nicht zu beseitigen, so doch deutlich zu vermindern.

Als spezifische Hürde für ein derartiges Vorhaben thematisiert der Strukturplan für das Bildungswesen von 1970 die traditionelle ›duale‹

Form der Berufsausbildung in der Bundesrepublik, speziell die Dominanz der fachpraktischen Ausbildung in den privaten Betrieben und deren Regulierung durch die Kammern. Dabei ging der Bildungsrat realistischerweise von der Annahme aus, daß der keinen schulischen Rechtsnormen unterliegende Bereich der Berufsausbildung nur gegen den Willen mächtiger Interessengruppen dem öffentlichen Bildungsrecht unterstellt werden könnte, daß es im übrigen aber auch gar nicht wünschenswert sei, das ›bewährte duale Ausbildungsmodell‹ einfach zu verschulen. Daher konnte und wollte der Bildungsrat im Strukturplan auch keine volle Integration für die ganze Sekundarstufe II in naher Zukunft empfehlen (vgl. Deutscher Bildungsrat 1970: 168).

Im Sekundarstufenkonzept von 1974 entwickelte der Bildungsrat dann überraschenderweise eine völlig neue Form der institutionellen Koordination aller ›Lernorte‹ in der Sekundarstufe II, durch die das schwierige Problem der Einbeziehung des ›Dualen Systems‹ einer Lösung zugeführt werden sollte. Nach Meinung des Bildungsrates sollte nach diesem Modell die Sekundarstufe II nicht mehr nach Bildungsinstitutionen sondern nach Bildungsgängen strukturiert werden. Um alle Bildungsgänge nach einem gemeinsamen organisatorischen und didaktischen Konzept gestalten zu können, schlug der Bildungsrat ein ›Lernortverbundsystem‹ vor, »das als ein Institut der Kooperation der vier Lernorte zu begründen ist« (Deutscher Bildungsrat 1974: 20). Dabei wurden als Lernorte Schule, Lehrwerkstatt, Betrieb und das neu zu schaffende ›Studio‹ genannt. Die Institution, in der die vier Lernorte zu einer ›kooperativen Organisation‹ zusammengefaßt sind, sollte als ›Kolleg‹ bestimmt werden.

Das Kolleg ist nach Definition des Bildungsrates kein Lernort, sondern eine die Lernorte übergreifende Institution, die die einzelnen Lernprogramme – bei relativer curricularer Autonomie der einzelnen Lernorte – ›nach staatlichen Vorgaben‹ aufeinander abzustimmen hat (Deutscher Bildungsrat 1975: 88). Da das Kolleg als Instanz der gemeinsamen Verantwortung aller Lernort-Träger im eigentlichen Sinne keine staatliche Schule ist, können in diese Konstruktion nach Meinung des Bildungsrates auch die nicht-schulischen Lernorte, also vor allem der Betrieb, mit einbezogen werden.

Wenn der Bildungsrat wirklich geglaubt haben sollte, mit dieser Konstruktion einen realistischen Ansatzpunkt für die schwierige Integration der betrieblichen Berufsausbildung in die Bildungsgänge der Sekundarstufe II gefunden zu haben, so mußte er bald darauf beim Scheitern des ehrgeizigen Kollegstufenversuchs in Nordrhein-Westfalen – aus dessen Umfeld diese Idee vermutlich stammte – erkennen, daß es sich bei der Einbeziehung des Dualen Systems in die Sekundarstufe II um ein hochgradig politisches, aber kein pädagogisches Problem handelte. Wie umfassend und flexibel das ›Berufskolleg‹ in Nordrhein-Westfalen nach der Neuordnung von 1997 auch sein mag, zwei entscheidende Ziele des ursprünglichen Reformprogramms wurden mit ihm nicht erreicht, nämlich die Einbeziehung der gymnasialen Oberstufe in den Verbund und die Ermöglichung einer Doppelqualifizierung im Zusammenhang mit den Ausbildungsberufen, die nach Berufsbildungsgesetz und Handwerksordnung geregelt sind (vgl. Greinert 2003: 134 ff.).

4. Das neue Berufsbildungsgesetz von 2005 als Katalysator einer zukunftsfähigen Systemtransformation?

Fünfunddreißig Jahre nach Inkrafttreten des BBiG sind die in der Berufsbildungsreform der 60er/70er Jahre verfolgten Strategien und Projekte großenteils als untauglich erkannt oder als Rationalisierungsmaßnahmen abgehakt worden, die systemspezifischen Probleme haben sich indes weiter verschärft. Es genügt, ein gedrängtes Krisenszenario des Berufsbildungswesens der Bundesrepublik zu entwerfen, um aufzeigen zu können, welche weitgehenden Reformeingriffe Bundesregierung und Bundestag in der nun durchgeführten Novellierung des Berufsbildungsgesetzes von 1969 in Anbetracht der offensichtlichen Erosionserscheinungen bzw. der aktuellen Fehlfunktionen unseres Berufsausbildungssystems eigentlich hätten abverlangt werden müssen.

(1) Die sogenannte ›Krise‹ des Dualen Systems, die sowohl Politik wie Öffentlichkeit seit einigen Jahren beschäftigt, wird in erster Linie als Mangel an betrieblichen Ausbildungsplätzen wahrgenommen bzw. als kontinuierlicher Abbau betrieblicher Ausbildungskapazität. Aktuell bilden gerade noch 23 Prozent der Betriebe in der Bundesrepublik aus. Die eigentliche Ursache für diesen Rückzug bilden weniger konjunkturelle als globale ökonomische Entwicklungstrends, die seit den 90er Jahren eine deutliche Zuspitzung erfahren haben. Es handelt sich dabei hauptsächlich um den Wandel von Managementstrukturen und betrieblicher Arbeitsgestaltung unter den Zwängen globaler Konkurrenz, um den Übergang von einer Produktions- zu einer Dienstleistungsökonomie und um den Strukturwandel von Produktion, Dienstleistung und Verwaltung durch das Vordringen der neuen Informations- und Kommunikationstechnologien (vgl. Baethge 2003).

(2) Der Rückgang an betrieblichen Ausbildungsplätzen hat gravierende Folgen für die Mehrzahl der Schulabgänger, die sich traditionellerweise um eine Ausbildung im Dualen System bewerben. Als zentrale Fehlfunktion kann ein scharfer Verdrängungswettbewerb bei der Besetzung von Ausbildungsstellen festgestellt werden, bei dem die Ausbildungsstellen je nach Qualität und Arbeitsmarktchancen der Rangordnung allgemeiner Schulabschlüsse entsprechend zur Verteilung kommen. Ein erheblicher Teil der Bewerber mit niedrig eingestuften

Schulabschlüssen wird dabei in sogenannten ›Warteschleifen‹ – d. h. Maßnahmen der Länder und der Agentur für Arbeit zur ›Berufsvorbereitung‹ – abgedrängt und blockiert als ›Altbewerber‹ aus früheren Entlaßjahren hohe Anteile der Ausbildungskapazität.

(3) Dieser fatale Mechanismus schiebt Ausbildungsbeginn und Berufseintritt immer weiter hinaus. Das durchschnittliche Eintrittsalter in die duale Berufsausbildung beträgt inzwischen statistisch über 19 Jahre. 59 Prozent aller Ausbildungsverträge wurden 2002 mit jungen Erwachsenen abgeschlossen, die vorher bereits andere Ausbildungsgänge in der Sekundarstufe II durchlaufen hatten. Im Vergleich zu unseren Nachbarstaaten – z. B. Österreich – beginnt die Berufsausbildung in der Bundesrepublik im Schnitt drei Jahre zu spät; nach OECD-Standard (ISCO) eigentlich als postsekundäre Erziehung, die normalerweise zur Weiterbildung zählt (Berechnungen nach Berufsbildungsbericht 2003 von Friedemann Stooß). Diese offensichtliche Fehlsteuerung hat nicht nur negative Auswirkungen auf die Sozialkassen, sie verschleiert auch den wahren Umfang der Jugendarbeitslosigkeit, die sich bekanntlich im Kontext dualer Ausbildungssysteme im internationalen Vergleich stets als besonders niedrig erweist. Unter Berücksichtigung der skizzierten ›Verspätung‹ ist sie in Wirklichkeit doppelt so hoch wie dies die offiziellen Zahlen glauben machen wollen.

(4) Die Bilanz der Ausbildungsanfänger im beruflichen Bereich stellte sich im Jahre 2004 folgendermaßen dar:

Duales System	
1. Betriebliche Ausbildungsverträge	518.928
2. Außerbetriebliche Ausbildungsverträge	54.052
Summe Duales System	572.980

Vollschulische Ausbildungsgänge	
1. Berufsfachschule in Berufen nach BBiG/HWO	17.033
2. Berufsfachschule vollqualifizierend außerhalb BBiG/HWO	118.202
3. SchülerInnen in Schulen des Gesundheitswesens (1.J.)	46.847
4. Berufsgrundbildungsjahr (Vollzeit)	48.079
5. Berufsfachschule grundbildend (l.J.)	194.966
6. Berufsvorbereitungsjahr an beruflichen Schulen	80.559
7. Berufsvorbereitende Maßnahmen der BA	164.227
8. SchülerInnen in der Fachoberschule (Klasse 11)	57.494
Summe schulische Ausbildung	727.337

(Quelle: Berufsbildungsbericht 2006, S. 100)

Diese Zahlen zeigen, welche Marktstellung schulische Berufsausbildung in der Bundesrepublik bereits eingenommen hat. Das Problem ist hier, daß die schulische Berufsausbildung in der öffentlichen Meinung gegenüber der Ausbildung im Dualen System deutlich abgewertet und von den Arbeitgeberverbänden sowie von den Gewerkschaften aus interessenpolitischen Gründen ganz offen diskriminiert wird.

(5) Entsprechend verlagert hat sich auch die Finanzierung der beruflichen Erstausbildung. Für diesem Bereich mußte die öffentliche Hand (Bund, Länder und BA) im Jahre 2003 bereits 12,3 Mrd. Euro aufwenden, womit sie den Finanzierungsanteil der privaten Betriebe fast erreicht hat. Diese Verschiebung hat jedoch nicht eine Vermehrung der Mitbestimmungsrechte beispielsweise der Länder in der beruflichen Bildung zur Folge gehabt. Vor allem verfügen diese bislang über keinen Einfluß auf ein zentrales Element des Dualen Systems, nämlich die Entwicklung neuer und die Modernisierung bestehender Ausbildungsberufe, müssen sich jedoch in den Berufsschulen mit deren ausbildungspolitischen Folgen auseinandersetzen.

(6) Dieser zweite Lernort des Dualen Systems sieht seine Arbeit nicht nur durch eine permanente Unterfinanzierung beeinträchtigt, sein konkreter Ausbildungsbeitrag zum erfolgreichen Lernen im Dualen System wird vom Gesetzgeber bislang mit beispielloser Mißachtung beantwortet. Die Zeugnisse der Berufsschule finden bei den Berufsabschlußprüfungen der Kammern aus verfassungsrechtlichen Gründen keine Beachtung. Aus gleichen Gründen wird eine gesetzliche Verpflichtung von Betrieben und Berufsschulen zur Koordinierung ihrer Ausbildung unter der Perspektive eines beruflichen Gesamtcurriculums verweigert, was den von den Protagonisten dualer Ausbildung stets hochgelobten ›Lernortverbund‹, die didaktische Integration von Theorie und Praxis, als schlichte Fiktion entlarvt.

(7) Die rechtliche Zuordnung der beruflichen Bildung einerseits zur ›Wirtschaft‹, andererseits zur ›Bildung‹ hat in Deutschland nicht nur den traditionellen Graben zwischen ›Berufsbildung‹ und ›Allgemeinbildung‹ zementiert (vgl. Greinert 2003), sie beeinträchtigt heute massiv den Anschluß der Bundesrepublik an die Entwicklung eines wissensbasierten dynamischen Wirtschaftsraums, wie ihn die europäischen Gremien seit der Erklärung von Lissabon anstreben. Die deutliche Außenseiterposition des ›deutschen Systems‹ in der europäischen Berufsausbildungslandschaft ergibt sich unmittelbar aus seiner grundlegenden, international einmaligen, im Zeitalter des Industrialismus so erfolgreichen Verfassung, deren Kern seine korporatistische und föderalistisch organisierte Steuerung ist.

(8) Den Beleg für diese Einschätzung bilden einige nüchterne Zahlen, die das Zurückliegen des deutschen Bildungssystems im Bemühen um die Schaffung einer ›Wissensgesellschaft‹ zeigen: die Studienan-

fängerquote liegt in der Bundesrepublik lediglich bei 36 Prozent einer Jahrgangskohorte, während sie im OECD-Mittel 51 Prozent beträgt. Die deutsche Studienerfolgsquote dümpelt bei mageren 19 Prozent; der Durchschnitt in den OECD-Staaten beläuft sich dagegen auf 32 Prozent. Die Abiturientenquote in der Bundesrepublik stagniert seit Jahren; sie betrug 1994 34,5 Prozent, im Jahre 2003 38,9 Prozent eines Schulentlaßjahrgangs. Eine der wesentlichen, bislang kaum registrierten Ursachen für diesen geringen Zuwachs und das deutliche Zurückliegen im internationalen Vergleich ist m. E. die Abschottung des beruflichen Bildungssektors vom allgemeinbildenden, insbesondere vom Bereich der ›höheren‹ Bildung in Gymnasien und Hochschulen. Ohne Ausschöpfung der Begabungsreserven in den beruflichen Bildungseinrichtungen, das zeigt die Situation in unseren Nachbarstaaten Frankreich, Österreich und der Schweiz, wird in der Bundesrepublik keine weitere Bildungsexpansion mehr stattfinden.

In Erwartung der noch für die 15. Legislaturperiode von der Bundesregierung angekündigten grundlegenden Novellierung des BBiG von 1969 hatten sich die Kultusministerien der Bundesländer schon frühzeitig formiert und mit einem Beschluß ihrer ständigen Konferenz (KMK) vom 4.12.2003 ihre Forderungen bezüglich der Gesetzesnovellierung artikuliert. Ihrer gewachsenen Stellung auf dem Ausbildungsmarkt entsprechend ging es bei den Forderungen vor allem um:
- die uneingeschränkte Zulassung von Absolventen einschlägiger vollzeitschulischer Bildungsgänge zur (Kammer-)Abschlussprüfung in anerkannten Ausbildungsberufen;
- die volle Anrechnung einschlägiger beruflicher Qualifizierung in Vollzeitschulen auf die Ausbildungszeit in anerkannten Ausbildungsberufen;
- die Einbeziehung der berufsschulischen Leistungsfeststellung oder materiell gleichwertiger länderspezifischer Regelungen in das Gesamtergebnis der Abschlußprüfung der Kammern;
- die volle Stimmberechtigung von Lehrkräften an berufsbildenden Schulen in den Berufsbildungsausschüssen der Kammern;
- die angemessene Vergütung der Lehrkräfte für ihre Tätigkeit bei Kammerprüfungen und
- die Einbeziehung der Bundesländer in den Entwicklungsprozeß von Vorgaben für Neuordnungsverfahren und in das bislang im wesentlichen auf die Sozialpartner beschränkte Konsensprinzip bei der Entwicklung von Ausbildungsordnungen.

Überprüft man, was von diesem Forderungskatalog im inzwischen in Kraft getretenen Berufsbildungsgesetz von 2005 in einschlägige Bestimmungen umgesetzt worden ist, so müssen sich die Länder – deren Zustimmung das Gesetz im Bundesrat immerhin benötigte – enttäuscht zeigen. Nahezu alle Forderungen wurden mit Hinweis auf die herrschende Verfassungsinterpretation der getrennten Ordnungskompetenz für die betriebliche und schulische Berufsausbildung von der Bundesregierung zurückgewiesen oder aber im Gesetz durch unverbindliche Bestimmungen relativiert – beispielsweise die verpflichtende Lernortkooperation (§ 2,2), die Mitwirkung der Kultusseite bei der Entwicklung von Ausbildungsberufen (§ 4,5) oder die Berücksichtigung des Berufsschulzeugnisses bei den Kammerprüfungen (§ 39,3).

Die qualifikations- und bildungspolitisch entscheidende Frage, wie künftig die bislang eher unverbindliche Beziehung zwischen dual organisierter und (voll)schulischer Berufsausbildung geregelt sein soll, wird im Gesetz aufgrund der verfassungsmäßig gegebenen Situation mit zwei Anrechnungs- bzw. Zulassungsparagraphen beantwortet, die zum einen die nur mühsam durchgesetzte Regelung im Rahmen des alten BBiG aufheben, zum anderen die jetzt fixierte schlechtere Lösung auch noch zeitlich begrenzen.

Der ›Anrechnungsparagraph‹ (§ 7) im neuen BBiG bestimmt folgendes:

»(1) Die Landesregierungen können nach Anhörung des Landesausschusses für Berufsbildung durch Rechtsverordnung bestimmen, daß der Besuch eines Bildungsganges berufsbildender Schulen oder die Berufsausbildung in einer sonstigen Einrichtung ganz oder teilweise auf die Ausbildungszeit angerechnet wird. [...] Die Rechtsverordnung kann vorsehen, daß die Anrechnung eines gemeinsamen Antrags der Auszubildenden und Ausbildenden bedarf.

(2) Die Anrechnung nach Absatz 1 bedarf des gemeinsamen Antrags der Auszubildenden und Ausbildenden. Der Antrag ist an die zuständige Stelle zu richten. Er kann sich auf Teile des höchstzulässigen Anrechnungszeitraums beschränken.«

Hinter dieser merkwürdigen Doppelung abweichender Anerkennungsregeln verbirgt sich eine sogenannte Befristungsbestimmung. Die Absätze 1 und 2 sind so gestaltet, daß sie ein gestuftes Inkrafttreten der in ihnen enthaltenen Regelungen ermöglichen. Nach den Bestimmungen des Artikels 8 bleiben die bislang geltenden Anrechnungsverordnungen für das Berufsgrundbildungsjahr und die Berufsfachschulen bis zum Juli 2006 in Kraft. Ab 1. April 2005, dem Zeitpunkt des Inkrafttretens des neuen Gesetzes, können die Länder – unter Beachtung von Geltungsbereich und -dauer der noch gültigen Anrechnungsverordnungen – eigene Anrechnungsverordnungen in Kraft setzen, die bis zum 31. Juli 2009 den Bestimmungen von § 7, Abs.1 folgen. Am 1. August 2009 tritt dann § 7, Abs. 2 in Kraft, d. h. über die Anrechnung schulischer Ausbildungsleistungen entscheiden dann vorzugsweise die Betriebe und die Kammern.

Der am meisten umstrittene § 43, Abs.2 des Gesetzentwurfs, der von

Arbeitgebern und Gewerkschaften gleichermaßen als systemgefährdend abgelehnt wurde, erhielt in seiner endgültigen Fassung folgende Form:

»(2) Zur Abschlußprüfung ist ferner zuzulassen, wer in einer berufsbildenden Schule oder einer sonstigen Berufsbildungseinrichtung ausgebildet worden ist, wenn dieser Bildungsgang der Berufsausbildung in einem anerkannten Ausbildungsberuf entspricht. Ein Bildungsgang entspricht der Berufsausbildung in einem anerkannnten Ausbildungsberuf, wenn er

(1) nach Inhalt, Anforderung und zeitlichem Umfang der jeweiligen Ausbildungsordnung gleichwertig ist,

(2) systematisch, insbesondere im Rahmen einer sachlichen und zeitlichen Gliederung durchgeführt wird, und

(3) durch Lernortkooperation einen angemessenen Anteil an praktischer Ausbildung gewährleistet.

Die Landesregierungen werden ermächtigt, im Benehmen mit dem Landesausschuß für Berufsbildung durch Rechtsverordnung zu bestimmen, welche Bildungsgänge die Voraussetzungen der Sätze 1 und 2 erfüllen. Die Ermächtigung kann durch Rechtsverordnung auf oberste Landesbehörden weiter übertragen werden.«

Diese gegenüber dem Gesetzentwurf wesentlich präzisierte Bestimmung zeigt nun mit wünschenswerter Deutlichkeit die zentrale Absicht des Gesetzgebers, nämlich daß das »Ziel der Gesetzesänderung nicht die Etablierung eines neuen schulischen Berufsbildungssystems ist, sondern die Heranführung des bestehenden schulischen Berufsbildungssystems an das Berufsbildungssystem nach Berufsbildungsgesetz und Handwerksordnung« (Änderungsantrag, Drucksache 15/4752: 9). Um die länderspezifischen Rechtsakte auch verläßlich kontrollieren zu können, werden sie ›an das Benehmen‹ mit den Landesausschüssen für Berufsbildung geknüpft, wo Arbeitgeber und Gewerkschaften die Mehrheit der stimmberechtigten Mitglieder stellen.

Artikel 8 des Gesetzes garantiert dann endgültig die Rückkehr zu den alten Verhältnissen: er bestimmt, daß § 43 Abs. 2, Satz 3 und 4 – also die Ermächtigung der Länder zu bestimmen, welche schulischen Bildungsgänge die Voraussetzung für die Zulassung zur Kammerprüfung erfüllen – zum 1. August 2011 – also ein Jahr früher als die Bundesregierung in ihrem Entwurf vorgesehen hatte – außer Kraft gesetzt werden. Ab diesem Zeitpunkt bestimmen also wieder allein die Kammern über die Zulassung. Diese Verrenkungen hätte man sich weitgehend ersparen können, denn im § 43 des BBiG von 1969 hatte der Gesetzgeber die Gleichstellung von Abschlußzeugnissen beruflicher Schulen mit denen der Kammern vorgesehen, wenn »die in der Berufsausbildung und in der Prüfung nachzuweisenden Kenntnisse und Fertigkeiten gleichwertig sind.« Das Bundesinstitut hat in den 70er und 80er Jahren eine ganze

Reihe derartiger ›Gleichwertigkeiten‹ gutachtlich festgestellt und die Länder aufgefordert, mehr derartige Anträge zu stellen, da offensichtlich genügend geeignete Schulen vorhanden seien. Doch die Länderkabinette – zunächst nur in den Unionsländern und beeinflußt von den Wirtschaftsministern – sahen darin bereits ›einen Angriff auf das Duale System‹ und verzichteten.

So werden spätestens hier Motivation und Funktion des novellierten Berufsbildungsgesetzes ganz deutlich: § 7 und § 43 Abs. 2 zielen in ihrer gewundenen Endfassung ausschließlich auf die Beseitigung oder zumindest die Verringerung der im Augenblick das Duale System der Berufsausbildung so schwer diskriminierenden ›Warteschleifen‹ – d. h. auf die Maßnahmen der Länder und der Agentur für Arbeit zur »Berufsvorbereitung«. Dabei wird der ›Schwarze Peter‹ in der Aushandlung von Kompromissen mit den Sozialpartnern den Landesregierungen zugeschoben, was bedeutet, daß es in den einzelnen Bundesländern sehr unterschiedliche ›Lösungen‹ geben wird. Die schwer einzuschätzende Wirkung dieser Paragraphen besteht allerdings darin, ob die Länder angesichts dieser Terminierung der Anerkennungsregelungen vollschulischer Berufsausbildung und angesichts der Ebbe in ihren Haushalten den Bereich beruflicher Vollzeitschulen in den nächsten Jahren trotz noch steigender Nachfrage überhaupt weiter ausbauen werden.

Das neue, ab 1. April 2005 gültige, Berufsbildungsgesetz läßt sich kaum als ein ›Reformgesetz‹ bezeichnen, obwohl eine ganze Reihe neuer ausbildungspraktischer bzw. -technischer Bestimmungen die unmittelbare Durchführung der Berufsausbildung zu verbessern versprechen. Das Gesetz bietet nur sehr begrenzt neue Antworten auf die ›alten Probleme‹ der dualen Ausbildung, beispielsweise zur Lernortkooperation oder zur Berücksichtigung der Berufsschulleistungen in den Kammerprüfungen. Vor allem aber ignoriert das Gesetz den unbestreitbaren Tatbestand, daß der dual organisierten Berufsausbildung inzwischen in der schulischen Vollausbildung ein ernstzunehmender Konkurrent erwachsen ist, den man nicht einfach mittels einiger Sperr-Paragraphen ins Abseits drängen kann. Die vorgesehenen Befristungsregelungen, die Verankerung der Betriebsausbildung als verbindliche Norm auch für die schulische Berufsqualifizierung im § 43,2 sowie die Ausschaltung der Länder im Zulassungsverfahren zur Kammerprüfung ab 2011 gehen im Grunde von der Erwartung aus, daß sich nach dem Abflauen der hohen Ausbildungsplatz-Nachfrage jenseits des Jahres 2007 die alte heile Bildungswelt des Industrialismus in Deutschland mit ihrer charakteristischen Trennung von Allgemein- und Berufsbildung wieder herstellen wird.

Nichts ist unwahrscheinlicher: die heute schon erkennbaren qualifikatorischen und bildungspolitischen Entwicklungstrends, vor allem aber die vorhersehbare weitere Erosion des Dualen Systems, werden den

Bund und die Länder schon bald dazu zwingen, sich auf ein offen-flexibles, zukunftsfähiges und europataugliches gemeinsam verantwortetes Berufsausbildungsmodell zu einigen. Bislang üben sich vor allem noch die Länder im Spiel ›Alles oder Nichts‹. Schon in der Verfassungsreformkommission von 1995 traten sie mit der Forderung auf, auch die betriebliche Berufsausbildung in ihre Regelungskompetenz zu verlagern. In der 2004 gescheiterten Föderalismuskommission wurde dieser von nahezu allen Experten als Worst-Case-Lösung beurteilte Vorschlag erneuert.

Wer wirklich wissen will, wie das Modell einer gemeinsam von Bund und Ländern verantworteten Berufsausbildung im Zeitalter der Globalisierung aussehen könnte, der möge sich die Entwicklung des beruflichen Bildungswesens in den Nachbarländern der Republik vor Augen führen, die gleichfalls über eine ›duale‹ Systemvariante verfügen: Österreich und die Schweiz.

In Österreich und in der Schweiz bestehen dual organisierte Berufsausbildung und vollzeitschulische Berufsbildung unter Aufsicht des (Zentral-)Staates gleichwertig nebeneinander (vgl. Rothe 2001). Aufgrund der bis ins 19. Jahrhundert zurückreichenden Tradition der sogenannten ›Staatsgewerbeschulen‹ beträgt heute das quantitative Verhältnis von schulischer und dual organisierter Berufsausbildung in Österreich etwa 6: 4. In der Schweiz, die erst mit ihrem neuen Berufsbildungsgesetz vom 1. Januar 2004 die Weichen für eine konsequente Expansion der vollschulischen Ausbildungsvariante gestellt hat, dominiert noch – wie in Deutschland – die duale Ausbildung im Verhältnis von etwa 8: 2.

Die Entwicklung der beruflichen Sekundarstufenausbildung in Österreich während der letzten 30 Jahre gilt unter Fachleuten als ausgesprochene ›Erfolgsstory‹, und daher lassen sich deren Vorteile – vor allem im Hinblick auf die beschriebene problematische deutsche Situation – klarer aufzeigen als anhand der erst in Gang gebrachten Berufsbildungsreform in der Schweiz (vgl. Greinert/Schur 2004). Das österreichische Modell läßt folgende unbestreitbare Vorteile gegenüber dem deutschen erkennen:

Berufliche Vollzeitschulen tragen nachhaltig zu einer Verminderung der konjunkturell und demographisch bedingten kapazitären Schwankungen in der beruflichen Erstausbildung bei. ›Lehrstellenmangel‹ und dessen regelmäßige öffentliche und politische Erörterung sind in Österreich kein großes Thema.

Berufliche Vollzeitschulen als allseits anerkannte Form beruflicher Qualifizierung verhindern, den für das deutsche System kennzeichnenden ›Verdrängungswettbewerb‹ und auch die Entstehung von unproduktiven ›Warteschleifen‹. Die Folge: mit 19 Jahren, einem Alter in dem deutsche Schüler ihre Berufsausbildung im Durchschnitt beginnen, haben ihre Nachbarn die Ausbildung längst abgeschlossen.

Berufliche Vollzeitschulen, die wie die österreichischen Berufsbildenden Höheren Schulen (BHS) auf direktem Wege zu einer sogenannten ›Doppelqualifikation‹ (Vollabitur und Berufsabschluß) führen, verkürzen nicht nur die in Deutschland üblichen langen Ausbildungsbiographien, sie erschließen vor allem für die traditionell bildungsfernen Schichten neue Bildungschancen und fördern somit die allseits gewünschte Bildungsexpansion.

Österreich und der Schweiz – die mit ihrem neuen Berufsbildungsgesetz eindeutig auf das österreichische Modell der beruflichen Sekundarstufenausbildung setzt – gelingt es also weitgehend durch eine spezifische Berufsbildungspolitik, die Zielvorstellung einer Gleichwertigkeit von allgemeiner und beruflicher Bildung zu verwirklichen und damit eine alte Hypothek der Klassengesellschaft abzustoßen. Die mit dem neuen Berufsbildungsgesetz der Bundesrepublik explizit verbundene Absicht,»den Trend zur Verstaatlichung der Berufsausbildung zu stoppen« (vgl. BT Drucksache 15/3980), muß daher als eine höchst problematische ›Reform‹strategie bewertet werden. Denn die Ursache für dieses Festhalten von Sozialpartnern und Parteien am status quo bilden – wie dieser Beitrag zu zeigen versucht – inzwischen geradezu versteinerte Interessenlagen, die sich in das bestimmende Verfassungselement unseres Ausbildungssystems von Anfang an eingelassen finden, nämlich in den kombinierten korporatistisch und föderalistisch bestimmten Steuerungsmodus.

Literatur

Abel, H. (1963): Das Berufsproblem im gewerblichen Ausbildungs- und Schulwesen Deutschlands (BRD). Braunschweig: Westermann.
Baethge, M. (2003): Das berufliche Bildungswesen in Deutschland am Beginn des 21. Jahrhunderts. S. 525-580 in: K. S. Cortina/J. Baumert/A. Leschinsky/K. U. Mayer/L. Trommer (Hrsg.), Das Bildungswesen in der Bundesrepublik Deutschland. Reinbek: Rowohlt.
Benner, H./Püttmann, F. (1992): 20 Jahre Gemeinsames Ergebnisprotokoll. Bonn: Bundesminister für Bildung und Wissenschaft/Ständige Konferenz der Kultusminister der Länder in der Bundesrepublik Deutschland.
Biermann, H. (1990): Berufsausbildung in der DDR. Zwischen Ausbildung und Auslese. Opladen: Leske + Budrich.
Böttger, H. (1898): Geschichte und Kritik des neuen Handwerkergesetzes vom 26. Juli 1897. Leipzig: Diederichs.
Bruchhäuser, H.-P./Lipsmeier, A. (1985): Quellen und Dokumente zur schulischen Berufsbildung 1869 – 1918. Köln/Wien: Böhlau.
Coelsch, H. (1910): Deutsche Lehrlingspolitik im Handwerk. Berlin: Guttentag.

Deutscher Ausschuß für das Erziehungs- und Bildungswesen (1964): Empfehlungen und Gutachten Folge 7/8. Stuttgart: Klett.
Deutscher Bildungsrat (1970): Empfehlungen der Bildungskommission. Strukturplan für das Bildungswesen. Stuttgart: Klett.
Deutscher Bildungsrat (1974): Empfehlungen der Bildungskommission. Zur Neuordnung der Sekundarstufe II. Konzept für eine Verbindung von allgemeinem und beruflichem Lernen. Verabschiedet am 13./14. Februar 1974 in Bonn.
Die Reichsschulkonferenz (1920, 1821): Ihre Vorgeschichte und Vorbereitung und ihre Verhandlungen. Leipzig: Quelle & Meyer.
Ebert, R. (1984): Zur Entstehung der Kategorie Facharbeiter als Problem der Erziehungswissenschaft. Bielefeld: Kleine.
Geißler, K. A./Greinert, W.-D./Heimerer, L./Schelten, A./Stratmann, K. (1992): Von der staatsbürgerlichen Erziehung zur politischen Bildung. Berlin/Bonn: Bundesinstitut für Berufsbildung.
Greinert, W.-D. (1975a): Schule als Instrument sozialer Kontrolle und Objekt privater Interessen. Hannover: Schroedel.
Greinert, W.-D. (1975b): Die Illusion der Chancengleichheit. Über das Schicksal der Reform der beruflichen Bildung. S. 200-211 in: M. Greiffenhagen/H. Scheer (Hrsg.), Die Gegenreform. Reinbek: Rowohlt.
Greinert, W.-D./Jungk, D. (1982): Berufliche Grundbildung. Erfahrungen bei der Gestaltung des Berufsgrundbildungsjahres in Niedersachsen. Frankfurt am Main/New York: Campus.
Greinert, W.-D. (1984): Das Berufsgrundbildungsjahr. Weiterentwicklung oder Ablösung des ›dualen‹ Systems der Berufsausbildung? Frankfurt am Main/New York: Campus.
Greinert, W.-D. (1998): Das ›deutsche System‹ der Berufsausbildung. Tradition, Organisation, Funktion. 3. Aufl. Baden-Baden: Nomos.
Greinert, W.-D. (2003): Realistische Bildung in Deutschland. Ihre Geschichte und ihre aktuelle Bedeutung. Baltmannsweiler: Schneider Verlag Hohengehren.
Greinert, W.-D./Schur, I. R. (2004): Zwischen Markt und Staat. Berufsbildungsreform in Deutschland und in der Schweiz. Berlin: Overall.
Grüner, G. (1983): Quellen und Dokumente zu schulischen Berufsbildung 1945 –1982, 2 Bde., Wien/Köln: Böhlau.
Grüner, G. (1986): Das berufliche Schulwesen. S. 643-653 in: G. A. Jeserich (Hrsg.), Deutsche Verwaltungsgeschichte, Bd. V: Die Bundesrepublik Deutschland. Stuttgart: Deutsche Verlagsanstalt.
Hanf, G. (1987): Berufsausbildung in Berliner Großbetrieben (1900-1929). S. 157-187 in: W.-D. Greinert/G. Hanf/H. Schmidt/K. Stratmann (Hrsg.), Berufsausbildung und Industrie. Berlin/Bonn: Bundesinstitut für Berufsbildung.
Harney, K. (1980): Die preußische Fortbildungsschule. Weinheim/Basel: Beltz.
Kerschensteiner, G. (1901): Staatsbürgerliche Erziehung der deutschen Jugend. Gekrönte Preisschrift. Erfurt: Carl Villaret.

Kipp, M. (1987): ›Perfektionierung‹ der industriellen Berufsausbildung im Dritten Reich. S. 213-266 in: W.-D. Greinert/G. Hanf/H. Schmidt/K. Stratmann (Hrsg.), Berufsausbildung und Industrie. Berlin/Bonn: Bundesinstitut für Berufsbildung.

Kümmel, K. (1980): Quellen und Dokumente zur schulischen Berufsbildung 1918-1945. Köln/Wien: Böhlau.

Landé, W. (1929): Die Schule in der Reichverfassung. Ein Kommentar. Berlin: Hobbing.

Monsheimer, O. (1970): Drei Generationen Berufsschularbeit. 2. Aufl. Weinheim: Beltz.

Muth, W. (1985): Berufsausbildung in der Weimarer Republik. Wiesbaden/Stuttgart: Steiner.

OECD, 1973: Bildungswesen: mangelhaft. BRD-Bildungspolitik im OECD-Länderexamen. Frankfurt am Main: Suhrkamp.

Offe, K. (1975): Berufsbildungsreform. Eine Fallstudie über Reformpolitik. Frankfurt am Main: Suhrkamp.

Pätzold, G. (1982): Quellen und Dokumente zur Geschichte des Berufsbildungsgesetzes 1875-1981. Köln/Wien: Böhlau.

Pätzold, G. (1991): Quellen und Dokumente zur betrieblichen Berufsausbildung 1945-1990. 2 Bde. Köln/Wien: Böhlau.

Pukas, D. (1988): Die gewerbliche Berufsschule der Fachrichtung Metalltechnik. Alsbach: Leuchtturm.

Rinneberg, K. J. (1985): Das betriebliche Ausbildungswesen in der Zeit der industriellen Umgestaltung Deutschlands. Köln/Wien: Böhlau Verlag.

Rothe, G. (2001): Die Systeme beruflicher Qualifizierung Deutschlands, Österreichs und der Schweiz im Vergleich. Villingen-Schwenningen: Neckar-Verlag.

Sauer, W. (1970): Das Problem des deutschen Nationalstaates. S. 407-436 in: H.-U. Wehler (Hrsg), Moderne deutsche Sozialgeschichte. 3. Aufl. Köln/Berlin: Kiepenheuer & Witsch.

Schütte, F. (1992): Berufserziehung zwischen Revolution und Nationalsozialismus. Weinheim: Deutscher Studien Verlag.

Seubert, R. (1977): Berufserziehung und Nationalsozialismus. Das berufspädagogische Erbe und seine Betreuer. Weinheim/Basel: Beltz.

Stooß, F. (2004): Eckdaten zur Berufsausbildung – Situation und Entwicklung. S. 84-91 in: G. Rothe (Hrsg.), Alternanz – die EU-Konzeption für die Berufsausbildung. Karlsruhe: Universitätsverlag.

Stratmann, K./Schlösser, M. (1990): Das duale System der Berufsausbildung. Eine historische Analyse seiner Reformdebatten. Frankfurt am Main: Gesellschaft zur Förderung arbeitsorientierter Forschung und Bildung.

Stütz, G. (1969): Das Handwerk als Leitbild der deutschen Berufserziehung. Göttingen: Vandenhoeck & Ruprecht.

Thyssen, S. (1954): Die Berufsschule in Idee und Gestaltung. Essen: Girardet.

Wehler, H.-U. (1970): Krisenherde des Kaiserreichs 1871-1918. Göttingen: Vandenhoeck & Ruprecht.
Wolsing, T. (1977): Untersuchungen zur Berufsausbildung im Dritten Reich. Kastellaun: Henn Verlag.

Martin Baethge
Staatliche Berufsbildungspolitik in einem korporatistischen System

Die Zuständigkeit des Bundesministeriums für Bildung und Forschung (BMBF) für die berufliche Bildung ist jünger als das Ministerium und seine Vorläufer selbst. Erst das Berufsbildungsgesetz von 1969 eröffnete die Möglichkeit für diese Zuständigkeit, die 1972 von Willy Brandt durch Organisationserlass aus dem Arbeits- und aus dem Wirtschaftsministerium ins damalige BMBW verlagert wurde. Insofern reden wir bezogen auf eine gesamtstaatliche Berufsbildungspolitik des Bundes, deren wichtigster Träger dann das BMBF werden sollte und bis heute ist, über einen Zeitraum von gut 35 Jahren.[1]

Mit dem Berufsbildungsgesetz, das den berufsbildungspolitischen Kompetenzrahmen des Bundesministeriums absteckte, entstand das erste umfassende Regelwerk für die Organisation und inhaltliche Gestaltung des betrieblichen Ausbildungswesen innerhalb des ›dualen Systems‹, das vorher knapp ein Jahrhundert in einer eigentümlichen Verbindung von Gewerbe- bzw. Industrie- und gesellschaftlicher Ordnungspolitik allenfalls rudimentär gesetzlich geordnet war (vgl. Greinert 1998, Stratmann/Schlösser 1990). Es war zusammen mit dem Arbeitsförderungsgesetz (AFG) eines der letzten bedeutenden Gesetzesvorhaben der großen Koalition aus CDU/CSU und SPD und vermutlich auch nur in einer solchen politischen Konstellation realisierbar, nachdem durch das 20. Jahrhundert hindurch ungezählte Versuche einer umfassenden rechtlichen Regelung immer wieder gescheitert waren.

Das Berufsbildungsgesetz (BbiG) schuf zwar nicht die korporatistische Governance-Struktur im Berufsbildungssystem, aber es modernisierte einen vorgegebenen traditionellen Korporatismus und passte ihn dem in der Zeit nach dem Zweiten Weltkrieg in der Bundesrepublik Deutschland geschaffenen Politik- und Sozialmodell – ob man dieses als ›Rheinischen Kapitalismus‹ (Michel Albert) oder mit Ludwig Erhard als ›soziale Marktwirtschaft‹ bezeichnen will – an.[2] Der traditionelle Kor-

---

1 Ich möchte an dieser Stelle Peter Braun und Hermann Schmidt für viele Anregungen und Gespräche danken. Von ihnen habe ich in den Jahrzehnten, die hier betrachtet werden, viel gelernt in dem gemeinsamen, nicht immer konfliktfreien Bemühen um die Verbesserung der beruflichen Bildung. Es versteht sich von selbst, dass die Hinweise, die ich ihnen verdanke, sie nicht in die Verantwortung für die Interpretationen des Artikels mit einbindet.
2 Die Anpassung an das bundesrepublikanische Politikmodell bedeutet für das BBiG auch, dass es der föderalistischen Kompetenzverteilung unter-

poratismus in der Berufsbildungspolitik war im letzten Viertel des 19. Jahrhunderts aus dem Bündnis zwischen Obigkeitsstaat im Kaiserreich, Handwerk und politischem Konservatismus teils als Mittelstandsförderung, teils als Abwehr gegen Sozialdemokratie und aufkommende Gewerkschaften entstanden und etablierte die Kontrolle der Handwerkskammern oder Innungen über die Ausbildung. Damit war ein Regulationssystem etabliert, in dem einer Institution, die auf staatlich verordneter Zwangsmitgliedschaft beruhte, tatsächlich aber sich als Interessenvertretung der Arbeitgeber verstand, öffentlich-rechtliche Befugnisse in der Berufsbildung übertragen wurde, für die sie zugleich die Infrastruktur zur Verfügung stellte.

Ohne hier im einzelnen weiter auf die historischen Ursprünge des Korporatismus einzugehen (vgl. den Beitrag von Greinert in diesem Band; Stratmann/Pätzold 1984), ist es wichtig, sich ihrer bewusst zu sein. Sie prägen mit der Beibehaltung der starken Stellung der Kammern, zu denen im 20. Jahrhundert die Industrie- und Handelskammern und die der freien Berufe hinzukamen, auch das BbiG. Dessen Modernisierung des Korporatismus liegt darin, dass die Gewerkschaften, die der alte Korporatismus ebenso wie auch die früheren Forderungen nach einem Berufsbildungsgesetz abwehren wollten, nun in das Regelungssystem einbezogen wurden. Zwar behielten die Kammern in der Durchführung der Ausbildung ihrer starke Stellung, was dem Gesetzgeber bereits bei Verabschiedung des BbiG in der politischen Diskussion nicht nur von Gewerkschaften kritisch vorgehalten wurde. Aber durch verschiedene Regelungen des BbiG ist die Macht der Kammern tendenziell relativiert: zum einen durch die Beteiligung der Gewerkschaften an den Berufsbildungsausschüssen der Kammern, zum anderen durch eine Reihe von materiellen Vorgaben im BbiG für die Durchführung der Berufsbildung und schließlich durch die tripartistische bzw. (bezogen auf die Stimmenzahl) viertelparitätische Besetzung des Hauptausschusses des Bundesinstituts für Berufsbildung aus Vertretern der Arbeitgeber, der Arbeitnehmer und des Staates (vgl. Kasten, S. 6).[3]

Durch die Neufassung des Korporatismus ist allerdings das strukturelle Machtungleichgewicht zwischen den beiden Hauptakteursgruppen in der Berufsbildung, der Arbeitgeber- und der Arbeitnehmergruppe,

---

liegt und nur den betrieblichen Teil der Ausbildung normiert, nicht auch den berufsschulischen, für den der Bund nach Verfassungslage kein Gesetz erlassen konnte. Die mit der föderalistischen Einbindung verknüpften Probleme behandelt der Beitrag von Greinert in diesem Band. Auch wenn beide Strukturmerkmale, Korporatismus und Föderalismus, in der Praxis der Berufsbildung zusammenwirken, schien uns das Gewicht jedes einzelnen schwer genug, um ihm jeweils einen eigenen Beitrag zu widmen.

3 Hier sind Bund- und Ländervertreter zusammengefasst.

nicht schon aufgehoben. Es ist in den Debatten unmittelbar nach Verabschiedung des BbiG in Wissenschaft und Politik immer wieder darauf hingewiesen worden, dass die öffentliche Verantwortung für die Berufsbildung strukturell eingeschränkt sei und dass es kaum eine Machtbalance geben könne, so lange das Grundprinzip der dualen Ausbildung, die Dominanz des betrieblichen Teils und die Verfügung der Betriebe über die Bereitstellung von Ausbildungsplätzen und -ressourcen nicht angetastet werde. So wenig dieses Argument in seiner Grundsätzlichkeit abzuweisen ist, so wenig erscheint es für eine Analyse konkreter Berufsbildungspolitik geeignet. Es markiert die Grundvoraussetzung für Politik in Marktökonomien. Der moderne pluralistische Korporatismus, den man vielleicht besser als ›Neokorporatismus‹ bezeichnen sollte,[4] ist angetreten, die Verfügungsgewalt einem Interessenausgleich zuzuführen. Die interessante Frage ist, wie die Berufsbildungspolitik des Bundesministeriums mit dieser Voraussetzung in den letzten 30 Jahren umgegangen ist.

Im Rahmen eines Artikels zum Jubiläum des BMBF kann es bei dieser Analyse weder darum gehen, das institutionelle Arrangement der staatlichen Berufsbildungspolitik in seiner großen Komplexität detailliert auszuleuchten noch eine minutiöse Historiographie der berufsbildungspolitischen Auseinandersetzungen, Entscheidungen und Interventionen zu schreiben – dazu reicht der Platz nicht. Vielmehr geht es nur darum, an wenigen relevanten politischen Entscheidungen und Kontroversen die für das korporatistische Governance-System in der Berufsbildung typische Aushandlungslogik sowie ihre Stärken und Schwächen sichtbar zu machen und zu fragen, ob mit diesem Politikkonzept die großen Fragen der Berufsbildung in Zukunft angemessen bearbeitet werden können. Die Argumentationslinie folgt drei Schritten: nach einer kurzen Darstellung der korporatistischen Governance-Struktur wird die Berufsbildungspolitik seit den 1970er Jahren entlang der wichtigen frühen Novellierungsdebatte und des politischen Umgangs mit den Herausforderungen durch die Krisen des Ausbildungsmarktes und der Qualitätsverbesserung in der Berufsbildung skizziert, um zum Abschluss eine auf die anstehenden Probleme einer Berufsbildungspolitik gerichtete Bilanz zu ziehen.

---

4 Streeck u. a. (1987: 2) sehen dieses Berufsbildungssystem von einer doppelten Variante des Neokorporatismus geprägt: zum einen durch die Delegation staatlicher Autorität an ›quasi-öffentliche‹ private Instanzen, zum anderen durch eine tripartistische (Wirtschafts-)Politik mit starken zentralistisierten Organisationen von Kapital und Arbeit.

2. Die korporatistische Governance-Struktur der Berufsbildung – ein Mehr-Ebenen-Modell

Mit dem Berufsbildungsgesetz von 1969 und dem Betriebsverfassungsgesetz von 1972, das den Betriebsräten weitgehende Kontrollrechte für die Durchführung der Berufsbildung im Betrieb zuwies, entwickelte sich eine Governance-Struktur in der Berufsbildung mit sehr spezifischen Zuständigkeiten und Rollendefinitionen für die Akteure auf den unterschiedlichen Ebenen: von der Ebene der bundesstaatlichen Regulation der Berufsbildung bis zum durchführenden Betrieb. Der einzige wichtige Akteur in der Berufsbildung, der aus diesem Governance-System heraus fiel, war die Berufsschule, da diese in der Hoheit der Länder verblieb.

Da es bei den Hauptakteursgruppen zwischen den Ebenen vielfältige personelle Verflechtungen gibt, gewinnt das System eine hohe Kompaktheit und Geschlossenheit, die ihm eine große politische Stärke verleihen, da die korporatistischen Akteure sich über die Ebenen hinweg schnell abstimmen können und auf allen Ebenen der politischen Entscheidungen und der praktischen Durchführung der Berufsbildung integriert mitsprechen und Einfluss nehmen können. Die vielfältigen personellen Verknüpfungen zwischen den Repräsentanten auf der Bundesebene und Funktionsträgern auf Unternehmensebene macht dieses Mehrebenen-System in seinen Reaktionen in doppelter Weise flexibel: Zum einen geraten Informationen über Veränderungen in den betrieblichen Arbeitsanforderungen schnell auf die Normierungsebene der Gestaltung von Ausbildungsordnungen. Zum anderen können feed-backs über die Praktikabilität von Ausbildungsnormen in die Gesetzgebungs- und Verordnungsebene auf der Bundesebene transferiert werden.

Allerdings liegen Geschlossenheit des Systems und Abgeschlossenheit gegenüber neuen Perspektiven sowie Inflexibilität von Reaktionen auf situationsspezifische Ansprüche (z. B. in Betrieben oder Regionen) dann unter Umständen dicht beieinander, wenn die Handlungskonzepte auf den verschiedenen Ebenen zu sehr einer identischen Logik folgen. Die Gefahr von Innovationsblockaden durch hermetische Geschlossenheit korporatistischer Handlungslogiken könnte über den Bereich der Berufsbildung hinaus für die Bildungspolitik insgesamt gelten, da die Hauptakteure des Berufsbildungssystems die gesellschaftlich stärksten Gruppierungen darstellen. Ob die korporatistische Geschlossenheit in der Berufsbildung Folgeprobleme für die Bildungspolitik insgesamt generiert, darauf wird im Weiteren zu achten sein.

Man kann im Anschluss an Streeck u. a. (1987) drei wesentliche Ebenen der Regulation unterscheiden: die nationale bzw. Bundesebene, die regionale und die Betriebsebene.[5]

---

[5] Die von den Autoren auch als eigenständige Kategorie thematisierte sekto-

BERUFSBILDUNGSPOLITIK IN EINEM KORPORATISTISCHEN SYSTEM

Das Korporatismus-Modell im deutschen Berufsbildungssystem

Bundesebene – Zentrales Organ korporatistischer Politikberatung und Entscheidungsvorbereitung auf Bundesebene ist der Hauptausschuss des Bundesinstituts für Berufsbildung (BiBB). Er berät die Bundesregierung in grundsätzlichen Fragen der Berufsbildung, kann eine Stellungnahme zum jährlich erscheinenden Berufsbildungsbericht abgeben und wirkt bei der Verabschiedung von Ausbildungsordnungen und dem Forschungsprogramm des Bundesinstituts mit. Die Kompetenzen wurden im 2005 novellierten BbiG um die bildungspolitisch sehr wichtige Funktion der Abgabe von Empfehlungen zur einheitlichen Auslegung dieses Gesetzes erweitert (§ 82, Abs. 1). Der Hauptausschuss ist viertel bzw. drittelparitätisch aus Vertretern der Arbeitgeber, der Gewerkschaften und der öffentlichen Hand besetzt (je 16 Beauftragte von Arbeitgebern und Gewerkschaften sowie der Länder und fünf des Bundes [mit 16 Stimmen]).[6]

Der Einfluss der großen organisierten Sozialparteien wäre unterschätzt, wenn man ihn auf der Bundesebene nur auf diese formalisierten Funktionen nach BbiG beschränkte. Als die gesellschaftlich mächtigsten Interessengruppen werden sie durch ihre Dachorganisationen in vielfältiger Weise im Vorfeld von Gesetzesinitiativen und in den parlamentarischen Anhörungen aktiv und wirken publizistisch auf die Öffentlichkeit ein.

Regionale Ebene – Auf regionaler Ebene wirken die Interessenorganisationen von Arbeitgebern und Arbeitnehmern an der Gestaltung der Berufsbildung in den Landesausschüssen für Berufsbildung und in den Berufsbildungsausschüssen der Kammern mit. Von hier können sie über die Politik des Landesministeriums oder über die Dachverbände der Kammern auch auf die nationale Ebene einwirken.

Die Landesausschüsse sind drittelparitätisch besetzt, sie sollen die Landesregierung in Berufsbildungsfragen beraten (z. B. bei der Abstimmung von betrieblichen und schulischen Ausbildungsteilen und gerade in den letzten Jahren gemeinsame Initiativen zur Stärkung des Ausbildungsmarktes).

Die Berufsbildungsausschüsse der Kammern sind drittelparitätisch besetzt (je sechs Vertreter der Arbeitgeber, der Arbeitnehmer und der Lehrer an berufsbildenden Schulen – diese allerdings nur mit beratender

---

rale bzw. Branchenebene erscheint für die hier angezielte Betrachtung weniger relevant, zumal sie eher durch Tarifvereinbarungen als durch Gesetze in der Berufsbildung reguliert ist.
6 Im novellierten Gesetz von 2005 ist das Gremium auf jeweils acht Beauftragte und fünf des Bundes verkleinert.

Stimme, sofern sich diese Beschlüsse nicht »unmittelbar auf die Organisation der schulischen Berufsbildung auswirken« § 79, Abs. 6 BbiG 2005). Die Berufsbildungsausschüsse sind in allen Angelegenheiten der beruflichen Bildung auf Kammerebene zu unterrichten, zu hören und haben die von einer Kammer zu erfassenden Regelungen für die Durchführung der Ausbildung zu beschließen. Dies trifft vor allem die Kontrolle und Beratung der Betriebe bei der Durchführung der Ausbildung. Auf der regionalen Ebene stehen vor allem Aufgaben in der Durchführung der Ausbildung an. Die Aufgaben der Berufsbildungsausschüsse wurden im neuen BbiG erheblich erweitert, insbesondere mit Bezug auf die Abschlussprüfungen und das Stimmrecht (s. o.).

Betriebliche Ebene – Nach den Regelungen des Betriebsverfassungsgesetzes von 1972 und des Mitbestimmungsgesetzes von 1976 können Betriebsräte darüber mitbestimmen, wie die Berufsbildung im Betrieb durchgeführt wird. Auch wenn sie kein formalisiertes Mitbestimmungsrecht über die Errichtung und Ausstattung betrieblicher Aus- und Weiterbildungseinrichtungen besitzen, können sie auf diese Fragen Einfluss nehmen, da in der Regel über die Wichtigkeit einer qualitativ guten Berufsausbildung zumindest in den größeren Unternehmen in der Vergangenheit hohes Einvernehmen zwischen Personalmanagement und Arbeitnehmervertretung herrschte. Darüber, Ausbildungsleistungen auch oberhalb der als Mindestanforderungen für die Betriebe fungierenden Ausbildungsformen zu erbringen, ist es bisher selten zu ernsthaften Konflikten gekommen, da das Management im Interesse eines guten Fachkräftepotentials und flexiblen Arbeitskräfteeinsatzes oft die Ausbildungsqualität fördert. Das Problem sind die oft schlecht organisierten Klein- und Mittelbetriebe.

3. Drei Jahrzehnte korporatistischer Berufsbildungspolitik – von ordnungspolitischen Debatten zu kooperativem Pragmatismus

»Wir haben uns nie im Krieg mit den Verbänden gefühlt, es gab ein gemeinsames Interesse an der Sache.« Die Bemerkung eines langjährig für die Berufsbildungspolitik des BMBF zuständigen Ministerialbeamten im Interview mit dem Verfasser wirft für den außen stehenden Beobachter die Frage auf: War die Berufsbildungspolitik im korporatistischem Modell tatsächlich so konfliktfrei, wie die Bemerkung suggeriert, und wenn sie es war, wieso konnte sie es sein?

Die Frage gewinnt ihre Berechtigung daraus, dass die ideologischen Ausgangspositionen der Tarifparteien in der Berufsbildungspolitik in den 1970er Jahren weit auseinander lagen, zum Teil sich konträr zueinander verhielten: Die Gewerkschaften setzten auf staatliche Regulation. Die Arbeitgeberseite sah die Berufsbildung im Wesentlichen als Aufgabe der Unternehmen und ihrer Selbstverwaltungskörperschaften, aus der sich der Staat so weit wie möglich heraushalten sollte; um die freie Verfügungsgewalt der Betriebe nicht einschränken zu lassen, sollten staatliche Interventionen auf ein Minimum beschränkt sein.

Die Regierungen wurden im Betrachtungszeitraum am Beginn von SPD und FDP, dann von CDU/CSU und FDP und schließlich von Rot/Grün gestellt, d. h. Regierungen mit unterschiedlichen ordnungspolitischen Konzepten.

3.1 Die Geschichte der Novellierungen des BbiG in den 1970er Jahren

Die Bemerkung des Ministerialbeamten gilt sicherlich nicht für die ganze Betrachtungsperiode, trifft aber die politischen Aushandlungsprozesse in den letzten 25 Jahren, nachdem die ordnungspolitischen Gefechte der 1970er Jahre abgeflaut waren. Den frühen ideologischen Hauptstreitpunkt gab die Rolle der Kammern in der Berufsbildung ab, um die noch vor, besonders aber nach Verabschiedung des BbiG heftige Kontroversen geführt wurden.

Die Gewerkschaften stellten sich nachdrücklich hinter die ›Grundsätze zur Neuordnung der Berufsbildung‹, die der damalige Bildungsminister Klaus von Dohnanyi unter dem Titel ›Markierungspunkte‹ im Herbst 1973 vorgelegt und die das Bundeskabinett als Orientierungslinie für die Neufassung des Berufsbildungsgesetzes verabschiedet hatte. Einer ihrer Kernpunkte war die Neufassung der Kontrolle der Durchführung der Berufsbildung, die weitgehend von den Kammern auf eine staatliche Institution (Bundesamt) verlagert werden sollte (vgl. Bundesminister für Bildung und Wissenschaft 1973). Dies wäre einer weitgehenden Entmachtung der Kammern in der Berufsbildung gleichgekommen, was der gewerkschaftlichen Forderung, den Kammern die Zuständigkeiten für die Berufsbildung ganz zu entziehen, entsprochen hätte.[7]

Die Arbeitgeberseite mobilisierte gegen diese Pläne alles an verbandlicher und publizistischer Macht, was ihr zur Verfügung stand – von Deutschen Industrie- und Handelstags (DIHT) über den Zentralverband des Deutschen Handwerks (ZDH) bis zur Bundesvereinigung Deutscher Arbeitgeberverbände (BDA) und dem Bundesverband der Deutschen Industrie (BDI). Der DIHT widersprach dem Dohnanyi-Konzept in beinahe allen Punkten und drohte auf seiner Vollversamm-

---

7 Vgl. den Brief der DGB-Spitze Heinz-Oskar Vetter/Maria Weber an den Bundeskanzler vom 22.10.1973.

lung am 25. Oktober 1973 mit offenem Rechtsbruch: Die Kammern würden sich gezwungen sehen, »bei einer Neuregelung im Sinne der Markierungspunkte von sich aus auf ihre Kompetenzen zu verzichten« (Kuratorium der Deutschen Wirtschaft für Berufsbildung 1973: 2). Besonders die Verwaltungs- und Organisationsvorstellungen der ›Markierungspunkte‹ wies der DIHT mit dem Hinweis zurück, »die Beteiligung der gesellschaftlichen Gruppen in der Berufsbildung [sei] keine Frage der Mitbestimmung« (DIHT 1973: 154). In diesem Streit taucht auch das Argument eines Lehrstellenboykotts im Falle der Umsetzung der Markierungspunkte auf. Das Argument erhielt nicht zuletzt dadurch Gewicht, dass sich 1973 ein erheblicher Rückgang der der Bundesanstalt für Arbeit gemeldeten Ausbildungsstellen zeigte, der seitens der BDA auf eine Verunsicherung der Unternehmen durch die Reformpläne für die Berufsbildung zurückgeführt wurde. Umgekehrt versprachen wenig später – Mitte Januar 1975 – die Spitzenverbände der deutschen Wirtschaft in einem Brief an den Bundeskanzler, sie würden 150.000 zusätzliche Ausbildungsplätze zur Verfügung stellen, wenn die Regierung alle Pläne für erweiterte Eingriffsmöglichkeiten des Staates in die Berufsbildung und für eine Ausbildungsplatzabgabe fallen lassen würde (vgl. Baethge 1983).

Man kann es dahin gestellt sein lassen, was das weitere Handeln von Bundesministerium und Bundesregierung bestimmte: Ob es der energische politische Gegenwind der unternehmerischen Spitzenverbände war oder die beginnende Ausbildungsmarktkrise, die sich in einem deutlichen Missverhältnis zwischen Angebot von und Nachfrage nach Ausbildungsplätzen äußerte, oder auch eigene Zweifel der Regierung an der Umsetzbarkeit und Praktikabilität der weitgesteckten Reformziele. Die Bundesregierung verabschiedete die ›Markierungspunkte‹ zwar, verfolgte sie aber nicht weiter. Mit Blick auf die Berufsbildungsreform erklärte Willy Brandt »Wir dürfen uns mit den Reformen nicht übernehmen« (zitiert nach Frankfurter Rundschau vom 13.4.1974). Klaus von Dohnanyi wurde im Mai 1974 von Helmut Rohde als Bildungsminister abgelöst, der noch im Laufe des Jahres einen neuen Entwurf zur Neufassung des BbiG erarbeitete. Der von der Bundesregierung im April verabschiedete Gesetzentwurf enthält als Kern eine Finanzierungsregelung für die Berufsbildung, die der Dohnanyi-Entwurf noch ausgespart hatte, die angesichts der sich verschärfenden Ausbildungsmarktkrise aber dringlicher wurde. Bei den Organisationsvorschlägen bleibt der Entwurf sehr viel zurückhaltender als die ›Markierungspunkte‹.

Auch dieser Gesetzesentwurf mit seiner sehr vorsichtigen Finanzierungsregelung scheiterte am Widerstand der CDU/CSU im Bundesrat, nachdem vorher sich beinahe alle betroffenen Organisationen zu Teilen oder auch insgesamt kritisch geäußert hatten – die einen (Gewerkschaften), weil er ihnen nicht mehr weit genug, die anderen (Arbeitgeberseite) weil er ihnen immer noch zu weit ging. Die Koalition versuchte Teile des gescheiterten Gesetzentwurfs wie die Finanzierungsregelung, den Berufsbildungsbericht und die Sicherstellung der Arbeit des BiBB und die Erweiterung seines Aufgabenkatalogs in einem nicht mehr zustimmungspflichtigen Gesetz zu retten, das den Titel ›Ausbildungsplatzförderungsgesetz‹ (APlFG) erhielt und im September 1976 vom Bundestag verabschiedet wurde. Gegen das Ausbildungsplatzförderungsgesetz erhob die bayerische Staatsregierung Nichtigkeitsklage wegen Nichtbeteiligung des Bundesrates vor dem Bundesverfassungsgericht, das der Klage 1980 in einem relativ nebensächlichen Punkt einer Verwaltungsregelung,[8] nicht im Kern der Finanzierungsregelung stattgab. Nachdem die Finanzierungsregelung in den vier Jahren ihrer Gültigkeit nicht zur Anwendung gekommen war, verzichtete die Regierung im fälligen Neuentwurf eines Gesetzes auf sie und beschränkte sich in dem am 23.12. 1981 vom Bundestag verabschiedeten ›Berufsbildungsförderungsgesetz‹ (BerBiFG) auf die Teile, welche den neuen Aufgabenkatalog des Bundesinstituts sicherstellen sollen. Der Bundesrat stimmte zu.

Mit dem Berufsbildungsförderungsgesetz endet die wechselvolle und in Bezug auf die Weiterentwicklung des BbiG relativ ertragsarme Geschichte seiner größeren Novellierungen. Damit traten auch für die nächsten beiden Jahrzehnte die grundsätzlichen ordnungspolitischen Auseinandersetzungen zwischen den korporatistischen Akteursgruppen und zwischen ihnen und den politischen Instanzen in den Hintergrund. Bereits ab Mitte der 1970er Jahre traten die praktischen Probleme der Ausbildungskrise in den Vordergrund und verlangten von Politik und Korporationen Lösungen. Das heißt nicht, dass nicht auch die Lösung praktischer Probleme der Berufsbildung ordnungspolitische Debatten provozieren könnten. Aber sie stehen in der Regel unter Zeitdruck und einem pragmatischen Einigungszwang.

Überblickt man die Geschichte der letzten 30 Jahre, erweisen sich für die politische Steuerung der Berufsbildung zwei strukturbedingte Problemkonstellationen als schwer zu bewältigende Herausforderungen für das Bundesministerium:
- Zum einen ist es das immer wieder in unterschiedlichen Varianten aufbrechende Ungleichgewicht zwischen Nachfrage nach und Angebot an betrieblichen Ausbildungsplätzen; das Ungleichgewicht kann auf sektorale, regionale, konjunkturelle oder auch demographische Bedingungen zurückgehen.
- Der andere Problemkomplex betrifft die inhaltliche Gestaltung der Berufsbildung im Sinne von Qualitätsverbesserung. Das Problem wurzelt sowohl in der horizontalen und vertikalen Heterogenität der beruflichen Anforderungsprofile als auch in der prinzipiellen

---

8 § 3, Absatz 6 und 8 APlFG.

Unsicherheit über ihre Entwicklung und über die Spezifik des quantitativen und qualitativen Arbeitskräftebedarfs. Dieser schwankt nach Branchen und Berufsbereichen im Niveau der Qualifikationsanforderungen, was den Konsens über einheitliche Standards erschwert.

Im folgenden konzentriere ich mich auf diese beiden politischen Handlungsfelder der beruflichen Erstausbildung, um an ihnen die Wirkungsweise des korporatistischen Aushandlungssystems sichtbar zu machen.

3.2 Stärken und Grenzen korporatistischer Krisenbewältigungspolitik – die beiden Ausbildungsmarktkrisen

Marktkrisen sind nicht per se schon Systemkrisen, können aber zu ihnen werden, wenn es nicht gelingt, die Ungleichgewichte auf ihren dauerhaften Durchschnitt zurückzuführen. Dies gilt auch für den Ausbildungsmarkt und das duale System. Neben dem ständig wirksamen strukturellen Ungleichgewicht zwischen Angebot und Nachfrage, das einmal mehr in Angebots-, ein anderes Mal mehr in Nachfrageengpässen begründet sein und relativ kurzfristig aufgelöst werden kann, lassen sich im Betrachtungszeitraum (letzten 35 Jahre) zwei lang anhaltende und in ihrer Größenordnung gravierende Krisen des Gleichgewichts von Angebot und Nachfrage nach betrieblichen Ausbildungsplätzen beobachten, die politisches Handeln auf Bundesebene erforderlich machten. Die erste Krise betrifft den Zeitraum von etwa Mitte der 1970er bis Mitte der 1980er, die zweite den Zeitraum von etwa 1992 bis in die Gegenwart hinein. Die Krisen sind unterschiedlich begründet. Die erste hat den sprunghaften Anstieg der Nachfrage nach Ausbildungsplätzen aufgrund der geburtenstarker Jahrgänge und eines Anstiegs der relativen Bildungsbeteiligung zum Ausgangspunkt; die zweite den Rückgang des Angebots an Ausbildungsplätzen bei einem deutlich niedrigeren Nachfrageniveau als 1975.

Die politischen Lösungsansätze für beide Krisen weisen in der Aktivierung des korporatistischen Potentials Gemeinsamkeiten auf. Aber die Bewältigungsstrategien zeitigen unterschiedliche Resultate in den beiden Phasen: Im ersten Zeitraum waren sie relativ erfolgreich, im zweiten greifen sie sehr viel weniger.

Die Ausbildungskrise zwischen Mitte der 1970er und Mitte der 1980er Jahre

Man kann die Bewältigung der Krise des beruflichen Ausbildungsmarktes im Zeitraum zwischen Mitte der 1970er und Mitte der 1980er Jahre als eine beeindruckende Lektion über die Leistungsfähigkeit der ›deutschen Version des Kapitalismus‹ (Streeck 1996: 33), eben jenes hochgradig korporatistischen wohlfahrtsstaatlich regulierten Systems, lesen. Den einen Kern dieses Systems bildet ein kooperatives, dual (betrieblich und verbandlich) institutionalisiertes System industrieller Beziehungen, seinen anderen ein ›ermöglichender Staat‹ (»enabling state« – ebenda: 38). Die ökonomische Struktur, die dieser Kapitalismus im Nachkriegsdeutschland geschaffen hat, kann man als eine ›Hochpreis-, Hochlohn-Qualitätsproduktion‹ auf einem relativ hohen Durchschnittsqualifikationsniveau charakterisieren, bei dem der Facharbeiter als Wahrzeichen fungiert. Das hohe Qualifikationsniveau der Arbeitskräfte gilt nicht nur Streeck als entscheidender komparativer Vorteil der deutschen Wirtschaft im Vergleich mit Ökonomien wie denen der USA und Japans (vgl. Porter 1991; Soskice 1997).

In der Krise des Ausbildungsmarktes in der Dekade zwischen 1976 und 1986 kam es aufgrund der genannten Faktoren zu einem steilen Anstieg der Ausbildungsnachfrage, die in ihrem Zenit in den Jahren 1983 bis 1985 um mehr als 50 Prozent höher lag als im Durchschnitt zwischen Anfang und Mitte der 1970er Jahre.[9] Um die erhöhte Nachfrage zu decken, gab es zwei systemkonforme Möglichkeiten: die freiwillige Ausweitung des Ausbildungsplatzangebots durch die Betriebe oder die Erhebung einer Ausbildungsplatzabgabe von allen Betrieben durch den Staat, mit deren Erlös man ein zusätzliches betriebliches oder überbetriebliches Ausbildungsangebot schaffen konnte. Das Ausbildungsplatzförderungsgesetz (APlFG) von 1976 sieht eine solche Möglichkeit vor, wenn das Ausbildungsplatzangebot landesweit nicht wenigstens um 12,5 Prozent die Nachfrage übersteigt, und mit dem Ausbildungsplatzförderungsgesetz stand der Regierung zumindest in den Jahren 1977 bis 1980, bis zum Verfassungsgerichtsurteil, auch ein Ausführungsgesetz zur Verfügung.

Gemessen an diesem Eingriffskriterium des APlFG hätte in jedem Jahr der Dekade eine Ausbildungsplatzabgabe von der Bundesregierung erhoben werden können – nicht wenige damals meinten sogar: erhoben werden ›müssen‹, denn ein Angebotsüberhang von mindestens 10 Prozent, der nötig gewesen wäre, um regional eine einigermaßen ›freie‹ Berufswahl zu sichern, wurde nie erreicht. Tatsächlich ist es nie zu einer solchen politischen Intervention gekommen. In einem historisch beispiellosen korporatistischen Kraftakt von Politik, Verbänden, Betriebsräten und Unternehmen gelang eine Ausweitung des Ausbildungs-

---

[9] Die bei den Arbeitsämtern gemeldete Nachfrage nach Ausbildungsplätzen betrug beispielsweise im Berichtsjahr 1975 375.011, im Berichtsjahr 1985 hingegen 660.065. Selbst unter Berücksichtigung eines größeren Einschaltungsgrades in Zeiten eines zu geringen Lehrstellenangebotes bedeutet dies einen Zuwachs von mehr als 50 Prozent. Vgl. ANBA 1975 ff.

platzangebots das zwar nicht angemessene Berufswahlmöglichkeiten eröffnete – und dies bleibt ein Mangel des staatlichen Interventionsverzichts –, aber doch eine quantitativ halbwegs ausgeglichene Versorgung mit betrieblichen Ausbildungsplätzen sicherstellte. Alle Ausbildungsbereiche erhöhten in der Dekade ihr Angebot (gemessen an neu abgeschlossenen Ausbildungsverträgen) erheblich. Allein die Industrie erhöhte in diesem Zeitraum ihr gewerbliches Ausbildungsplatzangebot um 36 Prozent von 111.626 Ausbildungsplätzen im Jahre 1976 auf 152.069 im Jahre 1986; die Quote im IHK-Bereich insgesamt lag bei ca. 32 Prozent, im HWK-Bereich bei 7 Prozent, bei den Freien Berufen bei 28 Prozent (vgl. BiBB-Datenbank 1999). Aus heutiger Sicht ist auch bemerkenswert, dass die Zahl der Ausbildungsplätze bei zunehmender Arbeitslosigkeit anstieg.

Die Ausweitung des Ausbildungsplatzangebots folgte keiner Logik des unmittelbaren oder selbst eines zeitlich verschobenen Fachkräftebedarfs; in vielen Großbetrieben mussten ganze Jahrgänge von ausgebildeten Facharbeitern nach Ausbildungsabschluss ans Band oder in andere Un- oder Angelerntenpositionen geschickt werden (vgl. Baethge u.a. 1988). Die Ausweitung kann als gelungenes Beispiel korporatischer Mehr-Ebenen-Politik begriffen werden, bei der die Unternehmensebene ein sehr starkes Gewicht hatte und bei der Unternehmens- und Verbandsebene ein gemeinsames Fundament an Überzeugung vom deutschen Entwicklungspfad verband.

Die Ausweitung des Ausbildungsplatzangebots folgte – das lässt sich vielen Äußerungen entnehmen – dem Interesse am Erhalt einer kooperativen betrieblichen Produktionsverfassung, deren qualifikatorisches Rückgrat Facharbeiter und Fachangestellte waren. Auf sie waren beide Seiten vereidigt, und an ihrem Erhalt beide, Management wie Betriebsräte, Arbeitgeber wie Gewerkschaften, in gleicher Weise interessiert und ließen sich die Sache etwas kosten. Die Betriebsräte setzten ihren Einfluss intensiv für die Schaffung zusätzlicher Ausbildungsplätze ein, mit Zugeständnissen in der Übernahmefrage und politischer Zurückhaltung bei der Abgabe. Das Management der ausbildenden Betriebe (und fast nur diese haben seinerzeit das zusätzliche Angebot geschaffen) gab dem politischen Druck nach und stellte Ausbildungsplätze weit über Eigenbedarf zur Verfügung, zum einen um die private Governance über die Ausbildung abzusichern, die bei staatlicher Intervention mit einer Ausbildungsabgabe unweigerlich eingeschränkt worden wäre, zum anderen um soziale Spannungen im Betrieb im Zaum zu halten und Glaubwürdigkeit in ihrem Facharbeiter-Credo zu demonstrieren. Dies ist einer der Gründe, weswegen man auch bei der Übernahmefrage große Anstrengungen machte und, wo man nicht in Facharbeiter- oder Fachangestelltenpositionen übernehmen konnte, Regelungen traf, die diese in Aussicht stellten.

BERUFSBILDUNGSPOLITIK IN EINEM KORPORATISTISCHEN SYSTEM

Die Formel ›Kuki, Miki, Koki‹ (Kunden-, Mitarbeiter-, Kollegen-Kinder), die man damals häufiger in Betrieben als Legitimation für die Bereitstellung zusätzlicher Ausbildungsplätze und als Selektionskriterium neben und jenseits formaler (Schul-)Qualifikationen hören konnte, verweist auf soziale Verpflichtungszusammenhänge im räumlichen Umfeld der Betriebe, die durchaus eine gewisse ökonomische Funktionalität hatten, in dieser aber nicht aufgingen, sondern soziales *commitment* des Managements demonstrierten.

Die Politik des ›Ermöglichungs-Staates‹ setzte auf Zurückhaltung, Domestizierung und Drohgebärden sowie in Ausnahmefällen auf substitutives Krisenmanagement (in Form von Subventionierung überbetrieblicher Ausbildungsangebote). Sie ermöglichte und stärkte die Akteure in der betrieblichen Arena bei ihrer ›konzertierten Aktion‹ zur Schaffung zusätzlicher Ausbildungsplätze, indem sie einerseits den Unternehmen mit dem Damoklesschwert der Ausbildungsplatzabgabe drohte, andererseits die Gewerkschaften und den linken Flügel der (eigenen Regierungs-)Partei (SPD) zur Mäßigung in der Lautstärke bei der Forderung nach politischer Intervention veranlasste (vgl. Baethge 1999).

In den Jahren bis 1980 konnte man ein fast ritualisiertes politisches Schauspiel beobachten. Der jeweils amtierende Bildungsminister legte den Bildungsbericht vor – mit einem gegenüber dem Eingriffskriterium des APlFG (112,5 Prozent Angebotsüberhang zur Nachfrage im Bundesdurchschnitt) stets deutlich geringeren Ausbildungsplatzangebot. Jährlich votierte der tripartistische Hauptausschuss des Bundesinstituts mit der Mehrheit von Arbeitgeber- und Öffentliche-Hand-Vertreter gegen eine Ausbildungsplatzabgabe, zumeist verbunden mit einem entgegengesetzten Minderheitsvotum der Gewerkschaftsvertreter. Und jährlich – mit Ausnahme 1981 – stieg das Ausbildungsplatzangebot im IHK-Bereich, der den Hauptteil der Ausbildungsplätze stellte, und bis 1984 auch in den anderen Ausbildungsbereichen.

Alle Beteiligten konnten politisch vorn diesem Ritual profitieren: die Arbeitgeber, weil sie staatliche Eingriffe in die betriebliche Verfügungshoheit über die Ausbildung abgewehrt hatten; die Gewerkschaften, weil sie sich und ihrem Druck die Schaffung eines halbwegs ausgeglichenen Ausbildungsmarktes gutschreiben lassen konnten, und der Kanzler (Helmut Schmidt), der die Berufbildungspolitik zur Chefsache gemacht hatte, weil er über symbolische Politik ein schwieriges Problem zufriedenstellend gelöst hatte. In den politischen Debatten der damaligen Zeit wird bei mehr oder weniger allen Beteiligten teils offen, teils hinter vorgehaltener Hand die Unsicherheit darüber deutlich, ob eine praktizierte zusätzliche Ausbildungsabgabe[10] nicht zum breakdown des du-

---

10 Sie war im BBiG und im Ausbildungsplatzförderungsgesetz von 1976 immer nur als jährlich zu entscheidende und gegebenenfalls zu erhebende

alen Systems führen könnte, weil in Erwartung der Abgabengelder für
>zusätzliche< Ausbildungsplätze die Betriebe ihr Angebot zurückfahren
würden.[11] Welches Gewicht dieses Argument für die tatsächlichen Entscheidungen hatte, ist schwer zu sagen. Entscheidend für das Gelingen
des Spiels war meines Erachtens, dass alle Beteiligten uneingeschränkt
auf die >duale Berufsbildung<, das Berufsprinzip und den Facharbeiter/
Fachangestellten als Markenzeichen des deutschen Produktions- und
Arbeitsmodells eingeschworen waren.

Das jährliche >politische Ritual<, von dem jeder der Beteiligten
wusste, dass es ein solches war, diente der gegenseitigen Bestätigung
dieses Konsenses; deswegen war es nötig. Ein nicht ganz unwichtiger
Beleg für diese These ist meines Erachtens der Sachverhalt, dass trotz
aller politischen Alltagsrhetorik zur Ausbildungsabgabe seitens der Ge-
werkschaftsspitzen die Arbeit der Tarifpartner an der Neuordnung der
industriellen Metall- und Elektroberufe, die den Kern der inhaltlichen
Modernisierung der dualen Berufsbildung in den 1980er Jahren darstellt, weiterging und 1986/87 zum erfolgreichen Abschluss gebracht
wurde (vgl. Abschnitt 3.3.).

Am Ende der Phase vermittelte das duale System mehr Jugendlichen
eine qualifizierte Berufsbildung als je zuvor; d. h. zwischen 60 und 70
Prozent eines Altersjahrgangs (vgl. Schmidt 2000).

Die aktuelle Ausbildungsmarktkrise

Völlig anders als im Jahrzehnt 1975 bis 1985 stellt sich die Situation in
der aktuellen Ausbildungskrise dar, die eindeutig angebotsverursacht ist
und sich auf einem niedrigeren Nachfrageniveau ereignet als dem der
Vergleichsdekade. Die Zahlen sprechen (zumindest seit 1992/93) eine
unmissverständliche Sprache. Auch wenn global eine Angebots-Nachfrage-Relation nach Sektoren wegen der bekannten Mängel der Berufsbildungsstatistik (Fehlen sektor- und berufsspezifischer Angebots- und
Nachfragedaten) nicht zu haben ist, zeigt der rapide Rückgang der neu
abgeschlossenen Ausbildungsverträge in allen Bereichen, insbesondere in den industriellen Berufen, wo die Ursachen zu suchen sind. Der
Abbau von Ausbildungsplätzen in allen Ausbildungsbereichen in den

Abgabe zur Deckung der Ausbildungsplatz*lücke* konzipiert. Im Übrigen
sollte der einzelbetriebliche Finanzierungsmodus nicht angetastet werden.

[11] Dies wird deutlich an einer Empfehlung des Hauptausschusses des BIBB,
der als >Bestandsschutz< der abgeschlossenen Ausbildungsverträge für den
Fall der Erhebung der Umlage je DM 1.000,- für jeden Vertrag zahlen
wollte, wodurch etwa 600 Mio. aus der auf 800 Mio geschätzten Umlage
bereits gebunden worden wären.

1990er Jahren heißt, dass anders als in früheren Zeiten Substitution von Ausbildungsplatzeinbußen etwa im IHK-Bereich durch Ausweitung der Angebote im Handwerk oder bei den ›Sonstigen‹ ausbleibt. Die Ausbildungsnachfrage steigt – nach einer vorsichtigen Berechnung[12] – zwischen 1995 und 2004 um 9 Prozent von ca. 612.000 auf 666.000, während gleichzeitig das Angebot um 4 Prozent von ca. 617.000 auf 586.370 zurückgeht, so dass rein rechnerisch eine Lücke an Ausbildungsplätzen von 12 Prozent klafft. Von dem Eingriffkriterium des APlFG (12,5 Prozent Angebotsüberhang) ist die Ausbildungsmarktsituation weit entfernt, und eine auch nur halbwegs ausgeglichene Angebots-Nachfrage-Relation weist gerade noch ein Drittel der Arbeitsagenturbezirke auf. Besonders kritisch stellt sich die Lage in den neuen Ländern dar, wo es bis heute nicht gelungen ist, ein sich selbst tragendes duales System aufzubauen.

Anders als in der Vergleichsdekade greift die korporatistische Governance nicht. Weder schafft der in der Vergangenheit bei Ausbildungsfragen besonders enge Schulterschluss zwischen Betriebsräten und Personal-/Ausbildungsmanagement eine nennenswerte Ausweitung des Angebots (Ausnahme Chemie 1996), noch fruchten die Beschwörungsappelle des Kanzlers (Helmut Kohl) und der arbeitgebernahen Regierung. Im Gegenteil: Die Unternehmensverbände scheuen mögliche Einbußen an politischer Glaubwürdigkeit nicht, welche die Nichteinhaltung von versprochenen Zusatzangeboten an Ausbildungsplätzen bringen könnten und haben gegenüber ihren Mitgliedsfirmen in diesen Fragen möglicherweise auch nicht mehr die erforderliche Durchschlagskraft. Durch das von der rot/grünen Regierung aktivierte ›Bündnis für Arbeit, Ausbildung und Wettbewerb‹, das den Korporatismus in der Bundesrepublik Deutschland mit neuem Leben erfüllen sollte, konnte die Ausbildungskrise ebenfalls nicht gemeistert und die Unternehmen zu einem ausreichenden Ausbildungsplatzangebot bewegt werden. Schließlich bleibt auch der ›Ausbildungspakt‹, der 2004 zwischen der (rot/grünen) Regierung und den Unternehmerverbänden zur Vermeidung einer Ausbildungsabgabe geschlossen wurde, hinter den Erwartungen zurück; in ihm werden Ausbildungs- und Praktikantenplätze zu Ausbildungseinstiegsgelegenheiten addiert. Es spricht für die Brüchigkeit der korporatistischen Allianz, dass die Gewerkschaften dem Ausbildungspakt (bisher) nicht beigetreten sind.

12 Wegen der bekannten statistischen Erfassungsprobleme lässt sich eine exakte Angebots-Nachfrage-Relation nicht berechnen. Hier wird die Angebotsdefinition des Berufsbildungsberichts (Neuverträge plus bis 30.9. unbesetzt gebliebene Stellen bei der BA) zugrunde gelegt, die Nachfrage über die abgeschlossenen Neuverträge + unvermittelte Bewerber + Bewerber mit alternativer Eimündung (z. B. Berufsvorbereitungsmaßnahmen) bei aufrecht erhaltenem Ausbildungswunsch definiert.

Die Unterschiede in der Krisenbewältigung in beiden Phasen sind gravierend, auch wenn die Lösung in der ersten Phase (1975 bis 1985) nicht als optimal hingestellt werden sollte. Es konnte kein wirklich auswahlfähiges Angebot erzielt werden, und der Staat musste Ende der 1970er Jahre mit Subventionen für überbetriebliche Berufsbildungsplätze intervenieren (vgl. Mäding/Nimmerrichter 1983), ohne damit strukturpolitische Effekte zu erzielen, und sah sich zugleich gezwungen, gerade eingeführte Qualitätsstandards (in Form der Ausbildereignungsverordnung) auszusetzen. Aber es wurde annähernd eine Bedarfsdeckung erreicht. Dies gelang in der aktuellen Krise nicht, obwohl die öffentliche Hand sehr viel höhere Summen zur Subventionierung betrieblicher und außerbetrieblicher Ausbildungsplätze einsetzte (vgl. BMBF, Berufsbildungsberichte diverse Jahrgänge).[13] Das Resultat ist eine ansteigende Zahl von Jugendlichen, die keinen Ausbildungsplatz erhalten und jahrelang in irgendwelchen Übergangsmaßnahmen zwischen Schule und Ausbildung oder Arbeitsmarkt verbleiben. In diese Situation geraten aktuell etwa 40 Prozent der Jugendlichen, die einen Zugang zur beruflichen Bildung suchen.[14]

Strukturelle Schwächung des Korporatismus

Die Handlungsfähigkeit eines korporatistischen Politik-Arrangements hängt wesentlich davon ab, wie stark die Mitgliederbasis der Korporationen ist und wie sehr sie in ihren politischen Aktivitäten durch die Vertretenen legitimiert ist. An dieser Stelle sind meines Erachtens die Gründe für die geringere Durchschlagskraft der korporatistischen Politik bei der Lösung der aktuellen Ausbildungskrise zu suchen. Man muss den politischen Akteuren nicht weniger guten Willen zur Lösung des Ausbildungsplatzproblems unterstellen als vor 30 Jahren. Meine Hypothese geht dahin, dass die geringere Handlungskapazität der korporativen Akteure auf strukturbedingte Machtverluste beider großer Tarifparteien und auch auf Legitimationseinbußen des deutschen Kapitalismus-Modells bei den Arbeitgebern, zurückzuführen ist. Diese haben etwas mit Wandlungstendenzen in den Steuerungsprinzipien von Unternehmen, dem Wiedererstarken des Neoliberalismus in der Politik und mit sektoralen Strukturverschiebungen zur Dienstleistungs- und Wissensökonomie zu tun.

13 Nach einer vom BiBB durchgeführten Berechnung setzte die öffentliche Hand (Bund, Länder, BA) 2000 beispielsweise etwa 11 Mrd. Euro für die berufliche Erstausbildung ein, die Nettokosten der Unternehmen lagen bei 14,66 Mrd. (BWPZ/2003 zitiert nach Greinert 2003).

14 Eigene Berechnungen nach Angaben des Berufsbildungsberichts und Angaben der BA.

Die in unserem Zusammenhang folgenreichste Wandlungstendenz vollzieht sich in den betrieblichen Governance-Strukturen, die mit Stichworten wie ›Einführung von Marktprinzipien innerhalb der Unternehmen‹, ›neues Kostenmanagement‹ und ›global sourcing‹ nicht nur breit diskutiert, sondern zunehmend auch implementiert werden. Man muss die sich insbesondere im letzten Jahrzehnt verschärft durchsetzende Kostenorientierung nicht gleich als geradlinigen Marsch in einen rabiaten Shareholder-Value-Kapitalismus interpretieren, um ihr weit reichende Wirkungen auf die betriebliche Berufsbildung zuzusprechen: Statt als Investition in die Zukunft und in die Stabilisierung der fachkräfteorientierten Produktionsverfassung wird die Ausbildung in diesem Governance-Konzept eher als Kostenfaktor betrachtet. Der Perspektivwechsel zum Kostenargument in den Betrieben ist vollzogen. Der Bedarf an Quantität und Qualität von Auszubildenden wird zunehmend systematisch in den Abteilungen und Werkstätten ermittelt, und diese werden als Abnehmer von Auszubildenden mit den entstandenen Ausbildungskosten anteilig belastet. Dies verstärkt den Trend zu einer eng ›bedarfsbezogenen‹ Ausbildungsplanung, die, selbst wenn sie nicht überall perfektioniert ist, kaum noch Spielräume für soziales commitment zulässt, das in der ersten Krise eine wichtige Rolle gespielt hatte.[15]

In engem Zusammenhang mit dem Kostenmanagement steht ein Wandel der Betriebs- und Arbeitsorganisation. Angesichts eines verschärften weltweiten Innovationswettbewerbs und des Drucks, beschleunigt auf Marktveränderungen reagieren zu müssen, weist das traditionelle deutsche Betriebsmodell einige Mängel auf, die aus dessen fordistisch-tayloristischen Phase stammen. Gerade weil der Taylorismus in Deutschland nie so tiefe Linien wie in den USA gezogen hat und gleichsam ›berufsförmig‹ domestiziert war, hat sich die Betriebs- und Arbeitsorganisation, die auf strenge Funktions- und Arbeitsteilung entlang beruflicher Kompetenzen setzte, lange halten können. Das dominierende Muster einer berufs- und funktionsbezogenen Betriebs- und

[15] Politischer Perspektivwechsel und betriebswirtschaftliche Reorganisation der Berufsbildung sind in den Unternehmen, und vor allem bei den Ausbildungsverantwortlichen nicht unumstritten, weil ein Teil von ihnen auch die Gefahren für die ›duale Ausbildung‹ sieht und die privatwirtschaftliche ›Quasi-Verschulung‹ ihre Fallstricke hat und unter Umständen unversehens zu Engpässen, Auflösung der Orientierung auf dem internen Arbeitsmarkt, schlechtere Abstimmung zwischen Produktion und Ausbildung führen und einen höheren Koordinierungsaufwand erforderlich machen kann. Die Hauptkampflinie lässt sich – mit aller gebotenen Vorsicht – als Grenze zwischen der ›deutschen Version des Kapitalismus‹ (Streeck) und einer anderen, die man vielleicht als ›Pfadwechsel aufs amerikanische Modell‹ (Kern/Schumann 1996: 720) bezeichnen kann, identifizieren.

Arbeitsorganisation stößt in den 1990er Jahren immer mehr an seine Grenzen, da es oft mit einer berufsbezogenen Departmentalisierung von Zuständigkeiten verbunden ist, welche die interne Dynamisierung und Flexibilisierung der Arbeitsorganisation hemmt. Diese Schwächen könnten sich schnell zu Innovationsblockaden sowohl im organisatorischen als auch hinsichtlich neuer Produktentwicklung ausweiten und mittelfristig die Konkurrenzfähigkeit beeinträchtigen.

Um den neuen Wettbewerbsbedingungen entsprechen zu können, setzt das Management zunehmend auf eine Prozessorientierung der Betriebs- und Arbeitsorganisation. Mit dieser will sie gleichzeitig Optimierung von Markt- bzw. Kundenbezug, Produktqualität, Kosten und Innovation erreichen. Bezogen auf das Berufskonzept heißt es, die bis dato gültigen berufstypischen Einsatzkonzepte und Aufgabenprofile aufzulockern, querfunktionale Kooperationen durch Formen temporärer und dauerhafter Zusammenarbeit (Teamorganisation) von Beschäftigten mit unterschiedlicher Ausbildung und unterschiedlichem Tätigkeitsschwerpunkt zu intensivieren (vgl. Baethge/Baethge-Kinsky 2006).

Eine Konsequenz davon ist, dass die duale Ausbildung in vielen Betrieben nicht mehr als der Königsweg der Nachwuchsrekrutierung angesehen wird. Unsere Untersuchungen in Industrie und Dienstleistungen zeigen, dass besonders unter der Bedingung beschleunigter Innovation und verstärkter Wissensintensität der Arbeitsprozesse Betriebe dazu neigen, auf Aufstiegs- und in anderen strategischen Positionen auf der mittleren Ebene lieber Hoch- oder Fachhochschulabsolventen zu beschäftigen als Facharbeiter oder Fachangestellte für die entsprechenden Stellen weiterzuqualifizieren, weil sie von ersteren mehr theoretisches Wissen und analytisches Vermögen erwarten. Dies gilt insbesondere in einer Situation, in der Hoch- und Fachhochschulabsolventen auf dem Arbeitsmarkt zu relativ niedrigen Preisen zu haben sind. Hinzu kommt, dass diese Qualifikationsgruppen den generellen Trend bei den Berufsprofilen und Qualifikationsanforderungen, der sich mit der Entwicklung zur Informationsgesellschaft verbindet und oft genug als Wandel von erfahrungs- zu wissensbasierten Qualifikationen beschrieben ist, besser meistern können als viele dual ausgebildete Kräfte.

Es muss die Berufsbildungspolitik auch des Bundesministeriums treffen, wenn die betrieblichen Bestandvoraussetzungen der dualen Ausbildung ausgehöhlt werden. Gegen die aus den veränderten Markt- und Produktionsbedingungen selbst hervorgehende Infragestellung von Berufsprinzip und dualer Ausbildung tut sich das Pochen auf den korporatistischen Ausbildungskonsens schwer.

Neben den Veränderungen betrieblicher Governance-Prinzipien und Arbeitsorganisationsformen steht der Wandel zur Dienstleistungsökonomie. Das duale System der Berufsbildung ist in seinen berufspädagogischen

Gestaltungsprinzipien und in seinen politischen Organisationsformen (Korporatismus) zutiefst mit der Entwicklung der Industriegesellschaft verbunden (dies gilt unbeschadet seiner vorindustriellen Bezüge). In den Dienstleistungsbereichen hat es nie die quantitative Bedeutung gehabt wie in der Industrie, und nicht zufällig blieb der Anteil der Auszubildenden in Dienstleistungsberufen immer unterhalb des Anteils der Dienstleistungssektoren an der Beschäftigung. Der Wandel von der Industrie- zur Dienstleistungsgesellschaft setzt sich in der Bundesrepublik erst wirklich in den letzten 20 Jahren durch. Mit dieser Entwicklung aber gerät das duale System auf beiden Ebenen, der Ausbildungsdurchführung ebenso wie ihrer politischen Regulation und Steuerung, in schweres Fahrwasser. Welche Bedeutung die traditionelle Professionalisierungsstrategie über duale Ausbildung in den Dienstleistungsbereichen in Zukunft noch haben und in welchen Formen von Dualität sie sich vollziehen wird, ist im Augenblick eine offene und schwer zu beantwortende Frage. Vieles spricht dafür, dass in kaufmännischen und anderen unternehmensbezogenen Dienstleistungen sich neue Formen der Dualität oberhalb der traditionellen Ebene (Betrieb/Teilzeit-Berufsschule) und die verstärkte Rekrutierung von Hoch- und Fachhochschulabsolventen durchsetzen werden.

Auf der politischen Ebene ist der Dienstleistungssektor das Feld, in dem sich die Gewerkschaften seit jeher schwer getan haben. Ihre Organisationserfolge blieben in den Unternehmen zumeist beschränkt. Wenn sie hier dennoch Vertretungsstrukturen aufbauen konnten und in der Vergangenheit durchaus respektable tarifpolitische Erfolge aufzuweisen hatten, so mehr als ›free rider‹ der Industriegewerkschaften und der von ihnen durchgesetzten Formen industrieller Beziehungen als aufgrund einer eigenen Machtbasis. Weder passte lange Zeit das Arbeitskonzept der Dienstleistungen noch die spezifischen Bedürfnisse und Interessen der oft mehrheitlich weiblichen Angestellten-Belegschaften in den Dienstleistungsunternehmen zum Arbeits- und Organisationskonzept der Industriegewerkschaften.

Sowohl für die Berufsbildungspolitik als auch für Beschäftigungs- und Arbeitsmarktpolitik haben sich die Koordinaten für korporatistische Lösungen gegenüber den 1970er Jahren erheblich gewandelt. Zu den bereits genannten Momenten des Strukturwandels kommen – teils von diesen, teils von Verschiebungen in der politischen Großwetterlage bedingt – politische Gewichtsverluste der Akteure des Korporatismus. Auf Arbeitgeber- wie auf Gewerkschaftsseite waren die 1970er Jahre Zeiten großer Organisationsstärke. Dies hat sich gewandelt, beide Seiten haben es heute schwer, ihre alten Bataillone zusammenzuhalten und neue zu rekrutieren. Auch die Unfähigkeit der Politik, in den neuen Ländern, trotz hoher öffentlicher Subventionen, ein sich selbst tragendes duales System aufzubauen, könnte etwas mit der Schwäche der Interessenorganisationen zu tun haben. Insofern ist es nicht sehr wahrscheinlich, dass es auf der Basis der bestehenden institutionellen Regelungen eine Rückkehr zu ›konzertierten Aktionen‹ gibt und die korporatistische Handlungskapazität in der Berufsbildungspolitik wieder steigt. Die starken Bündnisgenossen der Berufsbildungspolitik des Bundesministeriums sind strukturell schwächer geworden.

3.3 Politik zur Qualitätsverbesserung

Neben der Sicherstellung eines ausreichenden Angebots an Ausbildungsplätzen ist das zweite große Feld der Berufsbildungspolitik die Wahrung und Verbesserung der Qualität von Ausbildung. Bleibt man bei der Analyse von Qualität und Qualitätsproblemen bei einer immanenten Betrachtungsperspektive, so lassen sich an drei zentralen Dimensionen die Ansatzpunkte der Politik des Bundesministeriums über die Jahre hinweg beschreiben:
- die Verbesserung der Informationsinfrastruktur als Voraussetzung für eine rationale Politik aller an der Berufsbildung beteiligten Kräfte und Institutionen – vom Politiker bis zum betrieblichen Ausbilder und zu den Jugendlichen;
- die Normierung von Ausbildungsstruktur und -ordnungsmittel, einschließlich der Prüfungen;
- die Normierung des betrieblichen Ausbildungsprozesses durch den Erlass von Qualitätsstandards und die Qualifizierung und Weiterbildung des Ausbildungspersonals.

An einzelnen Beispielen aus diesen Bereichen lassen sich Reichweite und Probleme des korporatistischen Politikmodells in der Qualitätsfrage erörtern.

Verbesserung der Datenbasis und der Informationsinfrastruktur

Nur wer die schmale Datenbasis der Kammern zur Berufsbildung in den 1950er und 1960er Jahren, die man eine Berufsbildungsstatistik nicht nennen konnte (vgl. Lempert 1971: 221 ff.) in Erinnerung hat, kann die Leistung des Bundesministeriums in den letzten Dekaden in der erstmaligen Schaffung einer breiten Dateninfrastruktur und einer regelmäßigen Informationsbasis für eine breite Öffentlichkeit einschätzen, auch wenn bis heute Datenwünsche offen geblieben sind. Aber die Debatten über Berufsbildung und Berufsbildungspolitik können seit den 1980er Jahren auf einem anderen Informationsstand als in der Zeit vor dem Berufsbildungsgesetz stattfinden. Dies ist als Gewinn zu verbuchen.

Die Dateninfrastruktur, mit deren Aufbau das BbiG die Bundesregierung beauftragt hatte, umfasst als wichtigste Bausteine die Verbesserung der Berufsbildungsstatistik, den jährlich erscheinenden Berufsbildungsbericht und das Bundesinstitut für Berufsbildung (BiBB[16]). Der Berufsbildungsbericht, dessen Umfang und Qualität seit seiner Einführung (APLFG 1976) kontinuierlich zugenommen hat, ist heute zu einem ›Hauptbuch der Berufsbildung‹ geworden, das die umfassendsten quantitativen Daten zur Berufsbildung im letzten Jahr bereitstellt und zugleich neue qualitative Studien zugänglich macht. Das Hauptproblem des Berufsbildungsberichts liegt m. E. darin, dass er auf den Geltungsbereich des BbiG eingeschränkt ist und die anderen Bereiche der Berufsbildung, vor allem die vollzeitschulischen Berufsausbildungsgänge und die Teilzeitberufsschule, nicht systematisch einbezieht. Der so geteilte Informationshorizont des Berufsbildungsberichts verhindert Vergleiche zwischen unterschiedlichen Berufsbereichen.

Es ist hier weder der Platz noch der Ort, um eine detaillierte Kritik an Berufsbildungsbericht und -statistik zu üben. Beide scheinen bisher zu sehr an den quantitativen Dimensionen des betrieblichen Ausbildungsangebots, das für politische Intervention im Vordergrund steht, orientiert zu sein. Vernachlässigt werden damit die qualitativen Dimensionen des betrieblichen Ausbildungsgeschehens wie die Qualifikation des Personals und die Organisation des Ausbildungsprozesses. Dazu allerdings bedürfte es auch eines erweiterten Erhebungsprogramms, vor dem alle Akteure des korporativen Arrangements zurückschrecken: die Unternehmen, weil jede statistische Erhebung mit zusätzlicher Arbeit verbunden ist; die Betriebsräte, weil dort auch nicht ihre Kompetenz liegt und es für sie wichtigere Verhandlungsgegenstände im betrieblichen bargaining gibt; die Politik schließlich, weil sie die Unternehmen nicht zu sehr belasten will (auch statistische Erhebungen könnten zur ›ausbildungshemmenden Vorschrift‹ mutieren).

Die wichtigste Informationsbeschaffungs- und -verteilungsinstitution ist das Bundesinstitut für Berufsbildung, das den Berufsbildungsbericht vorbereitet, an der Berufsbildungsstatistik mitwirkt, vor allem aber Berufsbildungsforschung zu betreiben den Auftrag hat. Es erfüllt seine Aufgaben im Rahmen der Bildungspolitik der Bundesregierung. In seinem Forschungsprogramm unterliegt es der Kontrolle des BMBF und des Hauptausschusses, der das ›jährliche Forschungsprogramm beschließt‹ (§ 92 BbiG 2005).

Das Bundesinstitut teilt das Problem vieler verwaltungsnaher und -kontrollierter staatlicher Forschungseinrichtungen: Sie müssen ständig einen Spagat zwischen den jeweiligen politisch-administrativen Anforderungen und denen wissenschaftlicher Erkenntnisproduktion vollführen. Diese Übung ist deswegen kaum erfolgreich abzuschließen, weil der zeitlich immer relativ kurztaktige Druck der politischen Administration Vorrang vor der grundlegenderen Forschungsarbeit beansprucht. Die

---

16 Bis 1976 ›Bundesinstitut für Berufsbildungsforschung‹.

korporatistische Einbindung über den Hauptausschuss mildert den pragmatischen Druck nicht, kann ihn unter Umständen sogar verstärken, wenn auch noch Ansprüche der mächtigen Verbände das Institut heimsuchen. Dass dem BiBB der Spagat zwischen Pragmatismus und wissenschaftlicher Forschung nicht gelungen ist – vielleicht sollte man besser sagen nicht gelingen konnte –, wird in der aktuellen kritischen Evaluation des BiBB durch den Wissenschaftsrat deutlich. Ihr lapidares Fazit, dass die Forschungsleistungen des BiBB nicht zufrieden stellend seien (WR 2005: 7), markiert den Verlierer in dem ungleichen Wettstreit: die wissenschaftliche Forschung.

Korporatistische Kontrolle scheint, wie die Geschichte des BiBB lehrt, kein optimales Steuerungsprinzip für ein Forschungsinstitut abzugeben. Das beginnt mit Personalentscheidungen bei Leitungsfunktionen: Die Besetzung der frühen Abteilungsleiterstellen scheint eher der ›Lagerzugehörigkeit oder -zuschreibbarkeit‹ der Bewerber zur Arbeitgeber- oder Arbeitnehmerseite als ihrer wissenschaftlichen Qualifikation gefolgt zu sein. Unter der korporativen Steuerung vernachlässigte das Bundesinstitut auch seine stärkere Einbindung in das Wissenschaftssystem, von der her man sich eine Öffnung der Perspektiven nicht allein in die Berufspädagogik, sondern umfassender in die Bildungswissenschaften hätte versprechen können. Der Wissenschaftsrat mahnt eine größere Nähe zum Wissenschaftssystem mit Nachdruck an, und das neue BbiG 2005 verankert zum ersten Mal in der Geschichte des Instituts einen wissenschaftlichen Beirat, ohne allerdings die Position des Hauptausschusses wesentlich zu beschneiden. Man darf gespannt sein, wie in Zukunft das Kondominium der beiden Kontrollgremien sich auf die Forschung des BiBB auswirken und ob es das Problem der funktionalistischen Verengung der Forschung zu lösen imstande sein wird.

Die Kritik des Wissenschaftsrats an der wissenschaftlichen Qualität der Forschung, die vielleicht die Zwänge der institutionellen Einbettung des BiBB unterschätzt, betrifft nicht die anderen Leistungen des BiBB in der Neu- und Weiterentwicklung von beruflichen Ausbildungsordnungen und in der Dokumentation und Informationsarbeit. Sie trifft gleichwohl einen neuralgischen Punkt, indem sie die Fähigkeit des Instituts in Frage stellt, der Berufsbildungspolitik ein stärker rationales Fundament wissenschaftlich valider Information zu verschaffen.

Normierung von Ausbildungsstruktur und -ordnungsmitteln

Die Verbesserung der beruflichen Grundbildung war bereits eines der großen Ziele der Berufsbildungsreform schon der 1960er und 1970er Jahre. Der Gesetzgeber hebt ihre Bedeutung im BbiG von 1969 an prominenter Stelle (§ 1, Abs. 2) hervor. Sie sollte den Jugendlichen ein Fundament an Wissen und Fähigkeiten oberhalb des je speziellen Berufs geben, damit sie eine bessere Entscheidungsgrundlage für die Wahl eines spezifischen Berufs und kognitive Voraussetzungen für ihr Handeln am Arbeitsmarkt und für späteres Weiterlernen haben.

Eines der wichtigsten Instrumente zur Verbesserung der beruflichen Grundbildung war die Einführung eines Berufsgrundbildungsjahres (BGJ), das als erstes Ausbildungsjahr »diejenigen Ausbildungsinhalte vermittelt, die allen einem Berufsfeld zugeordneten Ausbildungsberufen gemeinsam sind« (Kell 1983: 161). Sowohl die Bundesregierung als auch die Bund-Länder-Kommission im Bildungsgesamtplan projektierten Anfang der 1970er Jahre einen breiten Ausbau des BGJ in schulischer Form. Mit der BGJ-Anrechnungsverordnung des BMBWi vom 04.07.1972 sollte das BGJ abgesichert werden. Nach ihr sollte das schulische BGJ voll auf die in der Regel dreijährige Berufsbildungszeit angerechnet werden. Dass dieses nicht ohne Konflikte mit den ausbildenden Betrieben und ihren Interessenvertretungen durchsetzbar sein und der Unterstützung seitens der korporativen Akteure bedürfen würde, war allen Beteiligten von Anfang an klar.

Es entwickelte sich ein zäher Kampf um die Anrechnung des BGJ auf der betrieblichen und der Verbandsebene, der, nachdem im Laufe der 1970er Jahre auch das Bundesministerium das kooperative BGJ zwischen Betrieb und Schule zu favorisieren begann, mit der Revision der Anrechnungsverordnung durch den Bundeswirtschaftsminister (vom 17.07.1978) endete. Auf der Verbandsebene opponierten die Unternehmerorganisationen und brachten die Anrechnungsverordnung (von 1972) mit Hilfe der CDU/CSU-Mehrheit im Bundesrat zu Fall. Auf der betrieblichen Ebene entwickelte sich bei vielen Betrieben eine subtile Praxis des Unterlaufens, indem sie die Jugendlichen vor die Alternative stellten, freiwillig auf die volle Anrechnung ihres Berufsgrundbildungsjahres zu verzichten oder nicht eingestellt zu werden (vgl. Baethge 1983). In Zeiten eines extremen Ausbildungsplatzmangels, wie in der zweiten Hälfte der 1970er Jahre, musste diese Alternative das BGJ zu einer zwiespältigen und wenig attraktiven Bildungsmaßnahme machen. Aber auch die Gewerkschaften blieben trotz vielfältiger Bekenntnisse zur beruflichen Grundbildung eher abwartend.

Nachdem zunächst kleinere Gewerkschaften, dann auch die IG-Metall und der DGB sich mit einem kooperativen Grundbildungsjahr (BGJk), das von Betrieb und Schule im ersten Ausbildungsjahr gemeinsam gestaltet wird, immer mehr anfreunden konnte (1978), zerfaserte das BGJ in eine Vielzahl von unterschiedlichen Konstruktionen: von echten angerechneten schulischen BGJs, über ein fakultatives Angebot im Übergang von Schule in Ausbildung oder Arbeitsmarkt, das besonders für Jugendliche ohne Arbeits- und Ausbildungsverhältnis als Vollzeitschuljahr eingerichtet ist, bis hin zu kooperativen BGJs. Die Ausgestaltung und schulorganisatorische Zuordnung des BGJ und die Praxis der Anerkennung variiert zwischen, zum Teil auch innerhalb von Bundesländern. Von einer flächendeckenden Einführung eines beruflichen Grundbildungsjahres, das Jugendlichen einheitlich für eines der großen Berufsfelder erweiterte theoretische und fachspezifische Kompetenzen vermittelte, kann seitdem nicht mehr die Rede sein.

Es geht hier nicht um die Frage, ob das schulische BGJ eine optimale Form der beruflichen Grundbildung abgibt; dagegen mag Skepsis aus unterschiedlichen Gründen angebracht sein. Es lässt sich an dem Beispiel aber zeigen, wie ein politisches Konzept zur Grundbildung in den Aushandlungsprozessen über seine Umsetzung zerrieben wurde, ohne dass etwas ähnlich allgemein Verbindliches an seine Stelle getreten wäre. Es erscheint mir ein aufschlussreiches und bedenkliches Detail, dass im 2005 novellierten BbiG der Passus des alten Gesetztes über die breite berufliche Grundbildung fallen gelassen und ersetzt wurde durch die Formulierung, die Berufsbildung habe die für die Ausübung einer qualifizierten beruflichen Tätigkeit erforderlichen Fähigkeiten, Fertigkeiten und Kenntnisse zu vermitteln (§ 1, Abs. 2) – was immer das dann heißen mag. Das Problem beruflicher Grundbildung bleibt damit bis heute ungelöst, was aus heutiger Sicht als Schwäche korporatistischer Berufsbildungspolitik zu werten ist. Seine Bearbeitung wird angesichts der zunehmenden Schwierigkeiten im Übergang von der Schule in Ausbildung oder Arbeit dringlicher (vgl. Abschnitt 3.2 und 4).

Gegenüber dieser Schwäche wurde die Stärke des korporatistischen Arrangements in der Qualitätsfrage am besten in der Reformierung und Neugestaltung von Ausbildungsordnungen sichtbar. Entgegen einer breiten öffentlichen Kritik, die der Entwicklung neuer Ausbildungsordnungen Schwerfälligkeit gegenüber neuen Qualifikationsanforderungen, die der ökonomisch-technische Wandel mit sich bringt, vorwirft, hat sich in den letzten 30 Jahren ein Verfahren der Konstruktion von beruflichen Ordnungsmitteln in der Kooperation von Bundesinstitut und Sozialpartnern herausgebildet, das eine effiziente und mittlerweile auch schnelle Anpassung der beruflichen Qualifizierungsprozesse an sich wandelnde ökonomische und technische Umweltbedingungen ermöglicht. Hier ist ein Instrument der inhaltlichen Modernisierung der Berufsbildung erarbeitet worden, das beispielhaft für die Curriculum-Revision in anderen Bildungsbereichen wirken könnte.

Allein 2004 sind 30 neue Ausbildungsordnungen in Kraft gesetzt worden (vgl. Berufsbildungsbericht 2005: 152 f.). Im Zeitraum von 1997 bis 2003 wurden 40 neue Ausbildungsberufe geschaffen, über 100 überarbeitet und den neuen Umweltbedingungen angepasst (Greinert 2003: 5). Die Zahlen sollen nur die Intensität und Schnelligkeit der Ordnungsarbeit demonstrieren und sind weniger wichtig als die inhaltlichen Konzepte, die sich hinter ihnen verbergen.

Der endgültige Durchbruch zu einem neuen Typus von Ausbildungsordnung, der nicht mehr eng an einem speziellen Berufsprofil orientiert ist, wurde m. E. mit der Neuordnung der industriellen Metall- und Elektroberufe in der zweiten Hälfte der 1980er Jahre erzielt. Den Kern der neuen Berufsbilder stellt ein Konzept beruflicher Handlungskompetenz dar, das zwar Berufsbilder beibehält, aber durch eine berufsfeldweite Grundbildung und fachübergreifende Schlüssel- oder Basisqualifikation fundiert und ergänzt und als übergeordnetes Ausbildungsziel das ›selbständige Planen, Durchführen und Kontrollieren‹ der eigenen Arbeitsaufgaben einführt. Dieses Ziel wurde danach in fast alle Neuordnungen aufgenommen. Diese Gattung von Ausbildungsberufen erhöht die berufliche Mobilität, Flexibilität und stärkt selbständiges Agieren im Betrieb und auf dem Arbeitsmarkt. Fortgeführt und auf eine neue Stufe gehoben wurde dieser Typ von Ausbildungsordnung in der Entwicklung der vier IT-Berufe, die 1997 verabschiedet wurden. Sie dynamisieren und flexibilisieren zum ersten Mal in der Geschichte der Berufsbildung die Berufsbilder selbst, indem sie eine Verbindung von curricular fest definierten Kern- oder Basisqualifikationen (50 Prozent der Ausbildung) mit nach fachbereichs- oder betriebsspezifischen Bedingungen offen gestalteten Fachqualifikationen vorsehen. Als weiteres Kennzeichen dieses neuen Ausbildungsordnungstyps ist die Orientierung an Geschäftsprozessen hervorzuheben. Die Kernkompetenzen sind entlang einer Geschäftsprozesslogik entwickelt, was gegenüber traditionellen Berufsbildern eine Pluralisierung bzw. Heterogenisierung der Ausbildungsdimensionen bedeutet. Geschäftsprozess- und Problemorientierung ziehen auch eine Dynamisierung der Prüfung nach sich. Das neue Berufsbildungsgesetz (2005) greift diese Entwicklung in der Normierung der Prüfungen auf.

Man hat die Konstruktion der IT-Berufe als einen ›Paradigmenwechsel‹ in der Entwicklung von Berufsbildern bezeichnet (Ehrke 1997). Offene und flexible Berufsbilder nehmen die Dynamik des ökonomischen und organisatorischen Wandels in ihre Konstruktion mit hinein und ermöglichen so eine schnellere Anpassung. Sie finden ihre Entsprechung in der betrieblichen Arbeitsorganisation, die sich seit den 1990er Jahren zunehmend von einer beruflich-funktionalen Ausrichtung abwendet und auf eine Orientierung an Geschäftsprozessen hin umstellt.

Die hohe korporatistische Konsensfähigkeit in der Gestaltung von Ausbildungsordnungen wurzelt in der Erfahrung der Realität betrieblicher Arbeitsorganisation und ihrer Qualifikationsanforderungen, die beiden korporativen Akteursgruppen gemeinsam ist und über sie in die Ausbildungsordnungsarbeit eingeht (vgl. Abschnitt 3.2.). Das macht die Stärke des Korporatismus in der Bestimmung der Qualität der Ausbildungsnormierung aus.

Die Normierung des Ausbildungsprozesses

Außer durch Indikatoren wie Ausbildungsordnungen oder Lehrpläne, die Qualifikation des Personals, Schüler-Lehrer-Relationen oder Ressourcen-Einsatz pro Teilnehmer die Qualität von Ausbildungsprozessen vergleichbar und kontrollierbar zu machen, ist bezogen auf alle Bildungsinstitutionen ein großes und nirgends befriedigend gelöstes Problem. Die genannten Faktoren stellen durchgängig Input-Indikatoren dar, von denen es plausibel erscheint, dass sie die Qualität der Ausbildungsprozesse beeinflussen, ohne dass man aber ihren differentiellen Stellenwert präzise ausweisen könnte. Der Mangel an Qualitätsindikatoren verleiht den Kontrollinstanzen vor Ort, an die das Gesetz die Qualitätskontrolle delegiert, ein hohes Gewicht für die Sicherstellung der Ausbildungsqualität. Da die Berufsbildungsausschüsse bei den Kammern, die für alle wichtigen Fragen der Berufsbildung vor Ort zuständig sind und »auf eine stetige Entwicklung der Qualität hinzuwirken haben« (BbiG 2005 § 79) paritätisch aus Beauftragten der Arbeitgeber und Arbeitnehmer sowie Lehrkräften aus Berufsschulen (letztere in der Regel beratend)[17] zusammengesetzt sind, stehen die korporativen Akteure für die Qualität der Ausbildung in den Betrieben in der Verantwortung. Wie sie die Qualitätskontrolle handhaben, für die sie zusätzliche Informationen aus den ebenfalls paritätisch besetzten Prüfungsausschüssen beziehen können, darüber existieren kaum valide Informationen. Größere Konflikte sind nicht bekannt geworden.

Dem Bundesministerium steht seit Verabschiedung des BbiG mit den Bestimmungen über die persönliche und fachliche Eignung (§ 20 BbiG 1969) ein Hebel zur Qualitätskontrolle zur Verfügung, den es mit Rechtsverordnungen zur Ausbildereignung (Ausbildereignungsverordnung AEVO) 1972 auch aktivierte und mit beträchtlichen Mitteln für die Ausbilderqualifizierung flankierte. Die AEVO forderte, dass Ausbilder ein bestimmtes Maß an berufs- und arbeitspädagogischen Kenntnissen durch Zertifizierung von Kursen nachweisen müssen. In Krisenzeiten wurde die Ausbildereignungsverordnung schnell als ›ausbildungshemmende Vorschrift‹ betrachtet und vom Bundesministerium ausgesetzt. Diese Praxis lässt sich bis in die Gegenwart hinein beobachten. Allein im ersten Jahrzehnt ihrer Gültigkeit wurde die Ausbildereignungsverordnung mehrfach in der Weise suspendiert, dass die Übergangsvorschriften verlängert und/oder beträchtliche Gruppen von

---

17 Lehrkräfte haben Stimmrecht »bei Beschlüssen zu Angelegenheiten der Berufsausbildungsvorbereitung und Berufsausbildung, soweit sich die Beschlüsse auf die Organisation der schulischen Berufsausbildung auswirken« (BbiG 2005, § 79, Abs. 6).

Ausbildern den Nachweis von systematisch in Lehrgängen erworbenen Kenntnissen durch fünf Jahre Ausbildungserfahrung ersetzen konnten.[18] Diese faktische Aufhebung von Qualitätsstandards war allenfalls von einer folgenlosen Protestrhetorik seitens der Gewerkschaften begleitet. Der Druck des Ausbildungsplatzmangels hatte die politische Normierung der Ausbildungsqualität außer Kraft gesetzt, ohne dass ernsthaft geprüft worden wäre, ob tatsächlich die wenigen Qualitätsnormen das Ausbildungsverhalten der Betriebe negativ beeinflussen.[19] Aktuell können wir die gleiche Suspendierung der AEVO beobachten.

4. Das Spannungsverhältnis zwischen Bildungs- und Arbeitsmarktbezug – Bilanz und Herausforderungen der korporatistischen Berufsbildungspolitik

Je nachdem, ob man eine zusammenfassende Bilanzierung der Berufsbildungspolitik eher immanent am gesetzlichen Auftrag und seiner Umsetzung in die Optimierung der (betrieblichen) Berufsbildung oder eher an übergreifenden Maßstäben der individuellen Bildung im Lebensverlauf, von der die Berufsbildung eine Phase darstellt, und an den Erfordernissen zukünftiger Politik orientiert, wird die Bewertung anders ausfallen. Bezogen aber auf beide Betrachtungsperspektiven dürfte unstrittig sein, dass auch für Berufsbildung jene normativ-funktionalen Zielsetzungen Gültigkeit haben, die für moderne Bildungssysteme insgesamt gelten: dass sie die individuelle Regulationsfähigkeit (Autonomie) entwickeln, zu gesellschaftlicher Teilhabe befähigen und zur Sicherung der Humanressourcen einer Gesellschaft beitragen sollen.

Man kann die Entwicklung der Berufsbildungspolitik der Bundesregierung nach Verabschiedung des Berufsbildungsgesetzes als Weg von einer Arbeitsmarkt- zu einer Bildungsperspektive und zurück charakterisieren. Das erste ›Aktionsprogramm Berufliche Bildung‹ – 1970 vom damaligen Arbeitsminister Walter Arendt verkündet – steht ganz in der Arbeitsmarkttradition von Berufsbildungspolitik; im Zentrum seiner Forderungen stand die Verbesserung der infrastrukturellen Bedingungen der Ausbildung (Qualifikation der Ausbilder, überbetriebliche Ausbildungsstätten, Berufsberatung u. a.) und ihre normative Regulation (neue Ausbildungsordnungen, Grund- und Stufenausbildung u. a. – vgl Bundesminister für Arbeit und Sozialordnung 1970).

18 Vgl. die Änderungsverordnungen zur Ausbildereignungsverordnung vom 25.07.1974 und 24.06.1982 sowie die Verordnung vom 29.6.1978.
19 Eine frühe Untersuchung belegt, dass Betriebe Qualitätsnormen eher ignorieren – und mangels wirksamer Kontrolle auch ignorieren können – als die Ausbildung aufzugeben. Vgl. Binkelmann/Schneller (1975).

Eine deutlich weiter gefasste und stärker bildungspolitisch akzentuierte Perspektive präsentierten die ›Markierungspunkten für die berufliche Bildung‹ von Dohnanyis, auf deren Schicksal ich eingegangen bin (vgl. Abschnitt 3.1.). Zwar stand auch in diesem Dokument die betriebliche Ausbildung nicht in Frage, da sie aus »pädagogischen, fachlichen und volkswirtschaftlichen Gründen unverzichtbar« sei. Aber im Nachklang zur Bildungsreform-Debatte und Willy Brandts Credo aus der Regierungserklärung der sozialliberalen Koalition von 1969, dass »Bildung und Ausbildung, Wissenschaft und Forschung an der Spitze der Reformen« stünden, wurde die betriebliche Ausbildung inhaltlich und institutionell in einen eher bildungspolitischen Rahmen gestellt. Gefordert wurde inhaltlich eine ›vollständige Integration von beruflicher und so genannter allgemeiner Bildung‹, institutionell die Verstärkung und der Ausbau der staatlichen Verantwortung für den Gesamtbereich der beruflichen Bildung. Die Verwirklichung dieser Vorstellungen hätte nicht allein eine weitgehende Entmachtung der Kammern nach sich gezogen, sie hätte auch den Arbeitsmarktbezug und den Zugang zu den Betrieben in einer nicht kalkulierbaren Weise geschwächt.

Unabhängig davon, ob es grundsätzliche Bedenken gegenüber der Funktionsfähigkeit einer so starken staatlichen Regulation oder eher situationsbedingte Probleme der beginnenden Arbeitsmarkt- und Ausbildungskrise waren: Der Rückzug der Bundesregierung aus dem Konzept einer bildungspolitisch weiter gesteckten Berufsbildungspolitik fällt auch zusammen mit dem Abflauen der Bildungsreformdiskussion, die ja eher von den bürgerlichen Schichten als von den Tarifparteien geführt worden war und der das Arbeitgeberlager ausgesprochen skeptisch gegenüber gestanden hatte.

Ähnlich weit gesteckte Reformperspektiven wie in den ›Markierungspunkten‹ sind in der Folgezeit vom Bundesministerium nicht mehr in die Diskussion gebracht worden. Mit der Ausbildungskrise von Mitte der 1970er bis Mitte der 1980er Jahre traten pragmatische Probleme der Sicherung des Ausbildungsplatzangebots so nachdrücklich in den Vordergrund der Politik, dass für weiter reichende Konzeptionsdebatten wenig Raum blieb. Auch wenn die ritualisierte Beschwörung der Integration von Berufs- und Allgemeinbildung in der berufsbildungspolitischen Programmatik weiter mitgeführt wurde, fristete sie in der konkreten Politik des Ministeriums und der Korporationen eher ein Schattendasein.

Pragmatismus, der ab jetzt das Handeln des Bundesministeriums prägte, ist das ideale Spielfeld für korporatistische Aushandlungsprozesse. Es geht nicht mehr um ordnungspolitische und ideologische Grundsatzdebatten, nicht um zähes Ringen zur Ausweitung der je eigenen Machtposition, sondern um das Finden möglichst praktikabler Lösungen für relativ klar abgrenzbare Probleme, die man als gemeinsame konkrete Aufgabe interpretieren kann. Für diese können in korporativen Aushandlungsprozessen komplexe Strategien konsensuell entwickelt werden – allerdings im Wesentlichen aus dem Interessenhorizont und -abgleich der beteiligten korporativen Kräfte.

Es war jedoch auch deutlich geworden, dass die Lösungskapazität des Korporatismus begrenzt ist, wenn strukturelle Probleme anstehen und ein Gewicht gewonnen haben wie im Fall der aktuellen Ausbildungsmarktkrise oder wenn es um bildungs- und forschungspolitische Fragen jenseits des Arbeitsmarktes geht. An solchen Punkten wird deutlich: Der Korporatismus agiert nicht auf einem freien Feld und seine Zukunft in der Berufsbildungspolitik entscheidet sich auch daran, ob deren zukünftige Probleme der korporatistischen Handlungslogik zugänglich sind. Dies ist daran zu prüfen, welche strukturellen Probleme der Berufsbildung jenseits des Pragmatismus liegen geblieben sind und heute unter neuen Bedingungen gelöst werden müssen.

Die Stärke korporatistischer Politik lag in der konsequenten Arbeits- und Arbeitsmarktorientierung der Berufsbildung. Ihre inhaltliche Adresse war das mittlere Qualifikationssegment der Fachkräfte (Facharbeiter-/Fachangestellten-Ebene). Bezogen darauf hat das korporatistisch regulierte Ausbildungssystem die einmalige Leistung vorzuweisen, einen höheren Anteil eines Altersjahrgangs zu einem berufsbefähigenden Abschluss zu führen als jedes andere nationale Bildungssystem und das System zugleich inhaltlich weiter zu entwickeln. Aber auch diese Leistung belässt die Berufsbildung vordringlich in der Arbeitsmarktbindung. Vielleicht hätte es dem Bundesministerium gut angestanden, den Bildungsbezug der Berufsbildung in seiner Politik wie auch besonders in der Novellierung von 2005 stärker zur Geltung zu bringen – im Zweifel auch gegen die Korporationen. Eine solche Perspektive hat das Bundesministerium nie realisiert bzw. realisieren können.

Selbst gegenüber der Arbeitsmarktorientierung des berufsbildungspolitischen Steuerungsmodells sind mit Blick auf die Zukunft zwei Fragen zu stellen: zum einen, ob seine implizite Voraussetzung, dass sich auch in Zukunft Arbeitsmärkte, und zwar zunehmend internationalisierte, vornehmlich nach Berufskategorien strukturieren und sich Beschäftigungsinteressen nach ihnen politisch organisieren lassen, noch Gültigkeit hat. Zum anderen auf der inhaltlichen Ebene, ob die Arbeits- und Arbeitsmarktorientierung der Berufsbildung in einer Gesellschaft, in der das Gewicht der Erwerbsarbeit im Lebensverlauf und in der Alltagskommunikation geringer wird – selbst wenn es für die gesellschaftliche Teilhabe hoch bleibt –, nicht einem zu engen Bildungskonzept folgt, um junge Menschen angemessen auf das Leben vorzubereiten.

Vor dem Hintergrund beider Fragen lassen sich drei von der Berufsbildungspolitik in der Vergangenheit unzulänglich bearbeitete Probleme benennen, die Herausforderungen für die Zukunft abgeben und – mehr

oder weniger intensiv – das Verhältnis von beruflicher und allgemeiner Bildung angehen:
(1) das Problem der Schnittstelle zwischen Schule und Berufsbildung am unteren Ende der Schulhierarchie;
(2) das Problem der Durchlässigkeit bzw. Integration von Berufsbildung, Weiterbildung und höherer Allgemeinbildung;
(3) das Problem der Internationalisierung und Europäisierung von Bildung und Arbeitsmarkt.

Ad (1): Es war lange Zeit eine der großen Stärken des dualen Systems, dass es in großer Zahl Jugendliche mit geringen allgemeinbildenden Kompetenzen in Ausbildung integriert hat. Dies gelingt bis zu einem gewissen Ausmaß immer noch, aber mit steigenden Schwierigkeiten und Umwegen für die Jugendlichen. Der Anteil, der nach Schulabschluss für längere Zeit (wie lange weiß niemand) in irgendwelche Übergangsmaßnahmen der Berufsvorbereitung oder Stabilisierung der Allgemeinbildung geht, hat sich in den letzten Jahren kontinuierlich erhöht (von 30 Prozent der Neuzugänge zur beruflichen Bildung 1995 auf über 40 Prozent 2003). Unter ihnen befinden sich viele Migrantenkinder.

Auch wenn es keine gesicherten Daten über die Ursachen der Expansion dieses Übergangssektors gibt, wird man nicht allein den Mangel an Ausbildungsplätzen dafür ins Feld führen dürfen. Andere Gründe liegen in einer zur ›Restschule‹ abgesunkenen Hauptschule und auch in gestiegenen kognitiven Anforderungen, die modernisierte Berufsbilder in der betrieblichen Ausbildung mit sich bringen. Sollte es nicht gelingen die vielfältigen und unkoordinierten Maßnahmen pädagogisch aufzuwerten und mit der beruflichen Bildung systematisch zu verknüpfen, so besteht die Gefahr, dass eine stabile Unqualifizierten-Population sich vergrößert, die dauerhaft chancenbenachteiligt ist, weil ihr die kognitiven und motivationalen Voraussetzungen für Selbstorganisation der eigenen Biografie und lebenslanges Lernen nicht vermittelt worden sind. Die Aufgabe setzt m. E. eine didaktische und institutionelle Reorganisation des Zusammenhangs von schulischer Sek. I, (Teilzeit)Berufsschule und Eingangsstufe der beruflichen Bildung voraus. Sie zu erfüllen, verlangt auf der administrativen Ebene eine Kompetenzgrenzen überwindende Kooperation (Bund, Länder, Kommunen) und auf der Akteursebene den Abschied von eingefahrenen bildungs- und berufsbildungspolitischen Orientierungen.

Ad (2): Unter den Bedingungen einer von steigender Wissensintensität geprägten Gesellschaft beschneidet die für das deutsche Bildungssystem typische Abschottung von Berufsbildung und höherer Allgemeinbildung sowohl die je individuellen Entfaltungschancen der Jugendlichen als auch die Humankapitalbasis der Gesellschaft. Die individuellen Entfaltungschancen machen an den Grenzen des Arbeitsmarktes halt, die kognitiven und motivationalen Kompetenzen für lebenslanges

Lernen wie auch Aufstiegsperspektiven werden Jugendlichen zu wenig vermittelt. Bezogen auf die Humankapitalbasis der Zukunft sind an der internationalen bildungspolitischen Diskussion bei aller Anerkennung für das deutsche Berufsbildungssystem die zu niedrigen Studierenden- und Hochschulabsolventenquoten in der Bundesrepublik Deutschland immer wieder kritisch angemerkt worden. Sie würden für die wirtschaftliche Entwicklung dann zum Problem, wenn das durchschnittliche Kompetenzniveau der Arbeitskräfte steige und die Qualifikationsanforderungen sich zunehmend zu Wissens- und Denkfähigkeiten hin verlagerten.

Die Notwendigkeit, Durchlässigkeit herzustellen, ist aktuell noch einmal gestiegen. Zugleich haben sich die Chancen dafür verbessert, weil sich beide Seiten – Hochschul- und Berufsbildung – aufeinander zu zu bewegen scheinen. In den Hochschulen kann man von der breiten Einführung von modularisierten Bachelor-Studiengängen eine Verstärkung des Praxis- und Arbeitsmarktbezugs im Studium erwarten.[20] Auf der anderen Seite ist in den ambitionierten beruflichen Neuordnungskonzepten eine Verstärkung der berufsübergreifenden kognitiven, kommunikativen und fachlichen Kompetenzen – mithin eine Lösung aus dem zu engen Arbeits- und Arbeitsmarktbezug – unübersehbar, die den Absolventen ein gleiches Qualifikationsniveau wie Abiturienten vermittelt.

Ad (3): Traditionell zeichnet sich das deutsche Berufsbildungssystem durch eine starke Regionalisierung in der Durchführung aus, die internationale Mobilität nicht unbedingt fördert. Erst die Novellierung des BbiG 2005 öffnet das System, indem es die Durchführung eines Teils der betrieblichen Ausbildung im Ausland ermöglicht. Da das duale System mit seinem Berufskonzept zugleich im internationalen Vergleich eine exklusive Organisationsstruktur und didaktische Gestaltung aufweist, sehen viele seiner institutionellen Akteure (auch in den Verbänden) in der voranschreitenden Europäisierung der Berufsbildungspolitik eine Bedrohung. Insbesondere der Europäische Qualifikationsrahmen (EQR) und das Kreditpunktesystem (ECVET) werden als Gefahr für die Ganzheitlichkeit der beruflichen Sozialisation und darüber hinaus für die deutsche Arbeitskultur mit dem hohen Stellenwert von Facharbeit und niedrigen Hierarchien angesehen (vgl. Drexel 2005). Die starke Outcome-Orientierung des europäischen Qualifikationsrahmens könnte in der Tat das deutsche Ausbildungssystem mit seinen hohen Qualitätsstandards (als inputs) stärker treffen als andere Länder. Da auf der anderen Seite aber die Entscheidung über die Organisation der

---

20 An über hundert Fachhochschulen und einigen Universitäten werden duale Studiengänge eingeführt, von denen allerdings die meisten eine Berufsausbildung *und* das Abitur verlangen.

Ausbildung in der Hoheit der nationalen Regierungen bleibt, erscheint es fruchtbarer, als eine Wagenburgmentalität zu entwickeln, die europäische Herausforderung als Hebel für die Lösung der liegen gebliebenen grundlegenden Probleme und zur Öffnung des Systems zu nutzen. Ohne das Berufskonzept als Kern des Ausbildungssystems aufgeben zu müssen, könnte die im EQR angelegte Modularisierung dazu beitragen, sowohl die Segmentierung innerhalb der Berufsbildung in abgeschottete Teilbereiche als auch das Schisma zwischen Berufs- und höherer Allgemeinbildung aufzulösen.

Die drei Herausforderungen sind kaum aus der korporatistischen Handlungslogik heraus, sondern nur über die Neuverteilung institutioneller Zuständigkeiten und/oder über institutionenübergreifende Kooperationen befriedigend zu bewältigen

Neuverteilung institutioneller Kompetenzen ist zumeist ein dorniger und langer Weg. Die vielfältigen Debatten um die Förderalismus-Reform legen davon Zeugnis ab. Der bei den Verhandlungen zur großen Koalition nach der Bundestagswahl vom September 2005 ausgehandelte Förderalismus-Kompromiss schreibt die alte Kompetenzverteilung zwischen Bund und Ländern fest. In den vorausgegangenen Verhandlungen der Förderalismus-Kommission unter der rot-grünen Bundesregierung konnte der Plan einiger Länder, auch die Berufsbildung insgesamt den Ländern zuzuschlagen, dank des Drucks durch die korporatistische Allianz, die in alle Bundes- und Landtagsfraktionen hineinreichte, abgewendet werden. Gegen diese von den Ländern auch früher in Verfassungsreform-Diskussionen eingebrachte Vorstellung steht das arbeitsmarktpolitische Argument von Wirtschaft und Gewerkschaften: Durch eine solche Kompetenzverschiebung würde die Einheitlichkeit der Ausbildung und der Standards in den Ausbildungsabschlüssen, die bundesweit berufliche Mobilität und Flexibilität der Arbeitskräfte auf dem Arbeitsmarkt ebenso ermögliche wie Transparenz und Kalkulierbarkeit über die Kompetenzprofile bei den Unternehmen schaffe, bedroht.

Die Auflösung des Schismas zwischen Berufs- und Allgemeinbildung ist nicht allein eine rechtliche Frage und geht nicht in einer Kompetenzzuweisung entweder zum Bund oder zu den Ländern auf. Obwohl viele Bundesländer durch ihre Gesetzgebung inzwischen auf der individuellen Ebene den Übergang von der Berufsbildung zur Hochschule bei besonders guten Prüfungsleistungen ermöglichen, ist der Anteil von Absolventen des dualen Systems ohne vorherige Hochschulreife an den Studienanfängern im letzten Jahrzehnt eher wieder zurückgegangen und verharrt auf einem niedrigen Niveau (vgl. Baethge 2003). Eine Veränderung dieses Sachverhalts und die Herstellung echter Durchlässigkeit sind erst zu erwarten, wenn die Curricula, die Ausbildungsorganisation und das Bildungs- und Ausbildungsverhalten sich sowohl in der Berufsbildung als auch in den Hochschulen und den allgemeinbildenden Bereichen der Sekundarstufe II verändern.

Hierzu bedarf es allerdings auch neuer Formen der politischen Steuerung, die inhaltlich nicht nur eine stärkere Öffnung der Institutionen der Allgemeinbildung zu Arbeitsmarkt und Beschäftigung, sondern auch eine bildungspolitische Öffnung und Neudefinition der korporatistischen Akteure zu einem Konzept ›Bildung im Lebensverlauf‹ bei der weiteren Modernisierung der Berufsbildung und politisch eine Umverteilung von Macht- und Einflusspositionen in der Bildungspolitik voraussetzen.

Literatur

Albert, M. (1992): Kapitalismus contra Kapitalismus. Frankfurt am Main: Campus.
Baethge, M. (1983): Berufsbildungspolitik in den 70er Jahren: Eine Lektion in ökonomischer Macht und politischer Ohnmacht. In: A. Lipsmeier (Hrsg.),Berufsbildungspolitik in den 70er Jahren, Beiheft 4. Zeitschrift für Berufs- und Wirtschaftspädagogik. Wiesbaden: Steiner.
Baethge, M. (1999): Glanz und Elend des deutschen Korporatismus in der Berufsbildung. In: WSI-Mitteilungen, 8/1999.
Baethge, M. (2003): Das berufliche Bildungswesen in Deutschland am Beginn des 21. Jahrhunderts. S. 525-580 in: K. S. Cortina/J. Baumert (Hrsg.), Das Bildungswesen in der Bundesrepublik Deutschland, Reinbek: Rowohlt.
Baethge, M./Baethge-Kinsky, V. (2006): Ökonomie, Technik, Organisation: Zur Entwicklung von Qualifikationsstruktur und qualitativem Arbeitsvermögen. In: R. Arnold/A. Lipsmeier (Hrsg.), Handbuch der Berufsbildung, Köln.
Baethge, M./Mantsche, B./Pellul; W./Voskamp, U. (1988): Jugend: Arbeit und Identität. Opladen: Leske + Budrich.
BiBB Datenbank ›Auszubildende/Weiterbildung‹ 01/99.
Binkelmann, P./Schneller, I. (1975): Berufsbildungsreform in der betrieblichen Praxis, Frankfurt am Main/München: Aspekte Verlag.
BMBF: Berufsbildungsbericht – diverse Jahrgänge. Bonn/Berlin: BMBF.
Bundesminister für Arbeit und Sozialordnung (1970): Aktionsprogramm Berufliche Bildung. Bonn: BMWA.
Bundesminister für Bildung Wissenschaft (1973): Grundsätze zur Neuordnung der Berufsbildung (Markierungspunkte). Bonn (Ms. 15. November 1973).
Deutscher Industrie- und Handelstag (1973): DIHT-Markierungspunkte zur beruflichen Bildung vom 05. November 1973. In: W. D. Winterlager (Hrsg.), Reform der Berufsbildung. Berlin 1974.

DGB-Bundesvorstand (22. 10. 1973): Brief Vetter/Weber an den Bundeskanzler. Düsseldorf.

Drexel, I. (2005): Das duale System und Europa. Ein Gutachten im Auftrag von ver.di und IG Metall. Berlin: ver.di.

Ehrke, M. (1997): IT-Ausbildungsberufe: Paradigmenwechsel im dualen System. In: Berufsbildung in Wissenschaft und Praxis (BWP) 1, S. 3-8.

Greinert, W. (2003): Das ›deutsche System‹ der Berufsausbildung am Ende seiner Entwicklung? http://www.bbig-reform.de/documents/Referat_Greinert.pdf.

Greinert, W.-D. (1998): Das ›deutsche System‹ der Berufsausbildung. Baden-Baden.

Kell, A. (1983): Berufsgrundbildung. S. 161-166 in: H. Blankertz, u. a. (Hrsg.), Sekundarstufe II – Jugendbildung zwischen Schule und Beruf (Enzyklopädie Erziehungswissenschaft Bd. 9.2), Stuttgart: Klett-Cotta.

Kern, H./Schumann, M. (1996): Vorwärts in die Vergangenheit? Zustand der Arbeit – Zustand der Arbeit. In: Gewerkschaftliche Monatshefte 11-12/96.

Krüger, H. (2004): Zur Datenlage vollzeitschulischer Berufsausbildung. In: M. Baethge, u. a. (Hrsg.), Expertisen zu den konzeptionellen Grundlagen für einen nationalen Bildungsbericht – Berufliche Bildung und Weiterbildung/Lebenslanges Lernen. Berlin: BMBF.

Kuratorium der Deutschen Wirtschaft für Berufsbildung (23./30. 10. 1973): Aktuelles zur Berufsbildungspolitik und Berufsbildung.

Lempert, W. (1971): Leistungsprinzip und Emanzipation, Frankfurt am Main: Suhrkamp.

Mäding, P; Nimmerrichter, K. (1983): Öffentliche Förderung der beruflichen Erstausbildung. In: IG-Metall (Hrsg.), Finanzierung der beruflichen Bildung. Frankfurt. IG Metall.

Porter, M., (1991): Nationale Wettbewerbsvorteile. Erfolgreich konkurrieren auf dem Weltmarkt. München: Droemer Knaur.

Schmidt, H., 2000: The Future of Labor-Management Relations, Training and Labor Market Institutions. In: P. Berg, (Ed.), Creating Competitive Capacity. Berlin: Sigma Press.

Soskice, D. (1997): Technologiepolitik, Innovation und nationale Institutionengefüge in Deutschland. In: F. Naschold/D. Soskice/B. Hancke/U. Jürgens (Hrsg.), Ökonomische Leistungsfähigkeit und institutionelle Innovation. Das deutsche Produktions- und Politikregime im globalen Wettbewerb. Berlin: Ed. Sigma.

Soskice, D./Hancke, B. (1996): Von der Konstruktion von Industrienormen zur Organisation der Berufsausbildung. Eine vergleichende Analyse. Berlin Ms. WZB.

Stratmann, K./Schlösser, M. (1990): Das duale System der Berufsausbildung. Eine historische Analyse seiner Reformdebatte. Frankfurt am Main: Verlag der Gesellschaft zur Förderung arbeitsorientierter Forschung und Bildung.

Stratmann, V./Pätzold, G. (1984): Institutionalisierung der Berufsbildung. In: M. Baethge/K. Nevermann (Hrsg), Organisation, Recht und Ökonomie des Bildungswesens (Enzyklopädie Erziehungswissenschaft Bd. 5). Stuttgart: Klett-Cotta.
Streeck, W. (1996): Der deutsche Kapitalismus: Existiert er? Kann er überleben? Köln.
Streeck, W./Hilbert, J./Kevelaer, van. K.-H./Maier, F./Weber, H. (1987): Die Rolle der Sozialpartner in Berufsausbildung und beruflichen Weiterbildung: Bundesrepublik Deutschland. Berlin (Cedefop) Ms.
Wissenschaftsrat (2005): Stellungnahme zum Bundesinstitut für Berufsbildung (BiBB), Bonn, Bremen. MS 11.11.2005.

Klaus Landfried
Föderalismusdebatte – Ein Plädoyer

Braucht Europa in Gestalt der Europäischen Union eine europäische Bildungs- und Forschungspolitik? Braucht die Bundesrepublik Deutschland eine Bundesbildungs- und Bundesforschungspolitik? Oder brauchen nur Schulen und Hochschulen mehr Autonomie? Und wenn ja, auf welchen Gebieten? Und wo vielleicht doch nicht? Oder brauchen nur die Fakultäten mehr Autonomie? Oder brauchen nur die so genannten ›Lehrstühle‹ mehr Autonomie? Und wie steht es mit den Forschungseinrichtungen? Sollen Max-Planck-Gesellschaft oder Leibniz-Gemeinschaft in ländereigene ›Firmen‹ zerlegt werden? Braucht Deutschland eine Forschung außerhalb der Hochschulen oder ausschließlich unter deren Dach? Braucht Deutschland eine aufs ganze Land bezogene Akademie der Wissenschaften, oder soll man es bei den Akademien, die es in einigen Bundesländern gibt und die in der Welt draußen nur ein paar Eingeweihte kennen, belassen? Und was ist mit der Bundesstiftung für Baukultur, die der Deutsche Bundestag einstimmig beschlossen hat, die aber vom Bundesrat mit ›Bedenken‹ zurückgestellt wurde, weil es zur Förderung der Baukultur keiner Bundes-Stiftung bedürfe und weil vor allem dadurch die ›Kulturhoheit‹ der Länder tangiert sei. Föderalismusdebatte pur. Und auf einem Niveau, dass man glaubt, ein Paragraphenballett tanzen zu sehen.

Damit keine Missverständnisse entstehen, will ich erst einmal getreulich die anfangs gestellten rhetorischen Fragen beantworten: europäische Bildungs- und Forschungspolitik: Ja, bis zu einem gewissen Grade; Bundesbildungs- und Bundesforschungspolitik: Ja, als Koordinatorin, Mitfinancier und Vertretung Deutschlands auf der internationalen Ebene; Autonomie für Schulen und Hochschulen: Ja, aber nur soweit sie auch dazu fähig werden, und unter den strukturellen und koordinierenden Vorgaben, die sie auf Landes- wie Bundesebene unter ihrer Mitwirkung, erhalten; Max-Planck-Gesellschaft, Leibniz-Gemeinschaft und auch die Helmholtzgemeinschaft soll man lassen, wie sie sind – auch was die politische Zuständigkeit für sie angeht – und sie gemäß den Empfehlungen jener bekannten Evaluation von MPG und DFG stärker mit den Universitäten vernetzen – vor allem bei der Nachwuchsförderung. Und die ›Lehrstühle‹? Ein Denkbild der Vergangenheit. Die Zukunft gehört größeren, nicht hierarchischen Gruppen, auch in den Geisteswissenschaften. Das schließt genügend Freiheit für Individualisten vom Range eines Odo Marquard keineswegs aus. Als international klar vernehmliche und damit auch wirksame Stimme der deutschen Wissenschaften erscheint mir heute – anders als früher – eine deutsche Akademie aus eigenem Recht und nicht als Kompilation aus den bestehenden unverzichtbar zu sein. Die hoffentlich vorläufige Ablehnung der Bundesstiftung Baukultur ist nichts als peinlich. Und sie schadet dem Ansehen Deutschlands in der Welt des Bauens. Architekten aus mehreren Ländern haben sich mir gegenüber so geäußert.

Was heißt hier ›brauchen‹? Und weshalb und wozu? Das Thema ›Föderalismus‹ betrifft Entscheidungsstrukturen und die Zuordnung von Zuständigkeiten. Es geht zunächst um Machtpositionen und nicht um ›Sachfragen‹. Im Selbstverständnis überzeugter Föderalisten mit anima candida – die freilich nicht oft vorkommt – handelt es sich beim Föderalismus um Organisations- und Entscheidungsregeln mit den Zwecken: Verbesserung der ›Richtigkeit‹ oder auch ›Sachgerechtigkeit‹ von umzusetzenden Politikinhalten unter dem Axiom der Subsidiarität (eine vornehme Variante des aus der Mode gekommenen ›small is beautiful‹), die eine größere ›Sachnähe‹ erlaube, einerseits und um die Verteilung von Macht unter dem Axiom, diese horizontale Gewaltenteilung bedeute mehr Gerechtigkeit und mehr ›Demokratie‹ andererseits.

Ich erinnere mich lebhaft in diesem Zusammenhang an eine britisch-deutsche Regierungskonferenz – unter Beteiligung der jeweiligen Hochschulvertretungen – über die Zusammenarbeit in Schul- und Hochschulfragen in Manchester vor rund 10 Jahren – Norbert Lammert, damals parlamentarischer Staatssekretär im BMBF ist mein deutscher, Tony Clarke, damals undersecretary im britischen Ministerium mein britischer Zeuge, und Hans Rainer Friedrich war auch dabei – als auf einem Abendempfang gerade der britische Minister in gutem Deutsch und Norbert Lammert in ebenso gutem Englisch jeweils kurze, launige Toasts auf den – schon lange vor Bologna 1999 – erfreulichen Dialog ausgebracht hatten. Da, im Angesicht dampfender Platten mit frischem Roastbeef, erhob sich der Vertreter der KMK, zog eine Reihe von Seiten Papier aus seiner Brusttasche und begann, des Englischen nicht mächtig, also einer – gottlob verkürzenden – Übersetzung bedürftig, die Anwesenden in strengem Amtsdeutsch über die Segnungen des deutschen Föderalismus zu belehren, um schließlich als Höhepunkt – währenddessen wuchs sich die Ungeduld der Briten und Deutschen angesichts des erkaltenden Roastbeefs zu anschwellendem Räuspern aus – um also als Höhepunkt den Briten die dramatische Erkenntnis zu verkünden, nur Föderalismus schütze vor dem Faschismus. Diese im Lichte deutscher Erfahrung mit der mehr als mühelosen ›Gleichschaltung‹ der Länder 1933 zumindest abenteuerliche These ließ den Übergang zum Essen dann doch in versöhnlich-ungläubigem Staunen und lautstarker Heiterkeit enden.

Wie kam es im West-Deutschland der Nachkriegsjahre, von den West-Alliierten besetzt, beaufsichtigt und in Richtung Demokratie umerzogen zu jenem Föderalismus, der jetzt so wirkmächtig eine Debatte prägt? Es war eine Mischung aus den schon genannten Axiomen ›Subsidiarität‹ (der christlichen Soziallehre entnommen) und ›Demokratie‹ mittels Gewaltenteilung, die neben einer zugleich zum Trauma stilisierten Erfahrung mit zentralisierter und vor allem inhaltlich pervertierter Bildung und Forschung im 3. Reich die Debatte vor und im Parlamentarischen Rat bestimmte. Diese Mischung verband sich dabei auf das trefflichste mit den in Deutschland bei Einfallslosen so beliebten Traditionen des angeblich ›Bewährten‹ und den gerade beim ›Föderalismus‹ drohenden Zeigefingern der Alliierten. Und so haben wir es heute mit einem Organisationsprinzip zu tun, mit geheiligtem Verfassungsrang zumal, das dennoch zur Zeit – das war nicht immer so und muss auch gar nicht so sein – aus meiner Sicht in Gefahr steht, in eine provinzielle Selbstzufriedenheit zu kippen, deren kulturelle ›Verzwergung‹ die Leistungsfähigkeit, d. h. die kulturelle wie ökonomische Wettbewerbsfähigkeit, Deutschlands beschädigt.

Die Chance, welche die Atmosphäre des politischen Attentismus vor einem eventuellen, von der Wahlbürgerschaft herbeigeführten Regierungswechsel auf Bundesebene bietet, will ich nutzen, um eine unvoreingenommene, gleichwohl nicht ohne Leidenschaft vorgetragene Beschreibung einiger notwendiger und auch umsetzbarer Richtungsentscheidungen zur künftigen Struktur und zu künftigen Inhalten von Bildungs- und Forschungspolitik in Deutschland zu liefern. Auch von noch so klugen, oft aber nur spitzfindigen verfassungs-rechtlichen Selbstfesselungs-Künstlern werde ich mich dabei nicht beeindrucken lassen.

Aus der erst vor kurzem fast schon unverhofft und auf den ersten Blick positiv beendeten Teil-Debatte um die Förderung von Spitzenleistungen in der Forschung – wieso nicht auch in der Lehre? – durch den Bund (=3/4) und Länder (=1/4), sei es in Arbeitsgruppen, Clustern, Fachbereichen, Graduiertenschulen oder auch in ›Zukunftsprojekten‹ ganzer Universitäten, lässt sich viel für solche Richtungsentscheidungen ableiten und lernen. Zum Beispiel dass ein scheinbares Mehr oft in Wahrheit ein wirkliches Weniger ist, sofern man zuzählen und abziehen kann. Denn für die auf 6 Jahre verteilten 1,425 Mrd. Euro Bundeszuschuss für jene Exzellenzen wurden schon seit Jahren die ohnehin völlig unzureichenden Mittel für den Hochschulbau durch den Bund – und damit auch durch die Länder – kräftig gekürzt. Angesichts des Investitionsstaus bei den für die experimentelle Forschung in den Universitäten unerlässlichen Großgeräten, die nun ebenso in noch längeren Warteschlangen stehen müssen wie die fast überall längst fälligen Großsanierungen maroder Gebäude quer durchs Land, ist man versucht, von Schildbürgerstreichen zu reden, um nicht gröbere Worte zu verwenden.

Schließlich kann man aus der schon wegen ihrer Länge ziemlich ruhmlosen Geschichte auch noch lernen, wie dieses gegen das öffentliche Interesse des Landes gerichtete Gezerre um am Ende nur noch spitzfindige Bewortungen von Programmteilen auf unsere europäischen Partner gewirkt hat. In deren Journalen wie auch aus dem Munde von politischen Repräsentanten in Brüssel liest bzw. hört man immer wieder Zeichen der Fassungslosigkeit angesichts der ebenso clownesken wie trübsinnigen Selbstlähmung des ja immer noch mit Abstand größten und stärksten Mitgliedslandes der EU. ›Frustrated by frustration and self-pity‹, ist die kürzeste Kommentierung, die ich gehört habe.

Der schrille Eigensinn, mit dem lautstark, aber finanzschwach die ›Kulturhoheit‹ der Länder beschworen wird, ob bei der Bundesstiftung Baukultur oder der – ja nicht von den Ländern, sondern vom Bund auf Antrag der Vertretung der Hochschulen (HRK) finanzierten – Unterstützung der Hochschulen bei der Umsetzung des Bologna-Prozesses, d. h. bei der Internationalisierung ihrer Studienorganisation, ob bei den Ganztagsschulen oder den Berliner Opern, Theatern und Hochschulen, ob bei der Forschungsförderung für die Hochschulen – vor deren Toren geht es etwas besser – oder beim schon erwähnten Hochschulbau, der ja in Wahrheit die ganze existenzsichernde Infrastruktur, den ›backbone‹ der Hochschulen betrifft, ob bei den Standortfragen feiner, aber leider kleiner Fächer, dieser Eigensinn hat seine pathologischen Ursprünge nicht nur in parteipolitischer Polemik, sondern, was das Argumentationsarsenal angeht, auch in der deutschen Geschichte. Überall sind jedenfalls die öffentlichen Münder der Länder voller starker Worte und ihre Hände leer. Und da und dort dann wohl auch die Köpfe, wenn sie soviel kognitive Dissonanz nicht erkennen.

Nachher werde ich für einige der konkreten und zugleich drängenden Aufgaben, die ich eben skizziert habe, eine durch die politischen Akteure eigentlich leicht zu erfüllende Forderung begründen, nämlich die, dass in einem ordentlich funktionierenden Bundesstaat mit einem mehr kooperativen als konfliktiven Föderalismus – es handelt sich bei der Bundesrepublik Deutschland doch nicht um einen Staatenbund – die jeweiligen Zuständigkeiten, d. h. die getrennte oder gemeinsame Erledigung öffentlicher Aufgaben von letzteren her zu organisieren sind und nicht auf der Grundlage bloß tradierter, aber ihren ursprünglichen Zweck verfehlender Besitzstände und der unvermeidlich mit ihrer Dysfunktionalität verbundenen ideologischen Überhöhung. Zuvor will ich aber noch auf drei mit dem Thema zusammenhängende Sachverhalte hinweisen, die in der öffentlichen Diskussion der letzten Jahre so gut wie keine Rolle gespielt haben, sich jedoch dazu eignen, einige Paradoxien der Föderalismusdebatte aufzuspießen.

Der erste Sachverhalt betrifft die angeblich unvermeidliche ›Schwerfälligkeit‹ kooperativ angelegter Entscheidungsprozesse. Dabei lässt sich leicht nachweisen, dass heutige Streitfragen über lange Jahre streitarm und zügig abgearbeitet wurden, ohne dass sie zur Schaubühne von

Stellvertreterkonflikten aufgeblasen wurden, deren wahre Ursache in parteipolitischer oder landesherrlicher Profilierungssucht zu suchen sind. Dass letztere zu langwierigen Verhandlungsketten führen kann, ist ebenso wenig zu leugnen wie die Rolle, welche die schiere Größe der von selbstgesteuertem Regelungseifer aufgeblasenen Ministerialverwaltungen dabei spielen.

So zurückhaltend und sparsam wie einst im Deutschen Reich – oder in Preußen – vor 1933 werden die inzwischen bis zur Bevölkerungsstärke einer Kleinstadt angewachsenen Heerscharen fleißiger Bediensteter in den Kultus- – wie man früher sagte – Bildungs- und Wissenschaftsministerien nicht mehr gehalten. Reichten damals in den meisten Ländern des Reiches – mit Ausnahme Preußens, Bayerns, Württembergs und Badens – Kultusabteilungen der Innenministerien aus zur, wie es hieß,»Beaufsichtigung und Förderung des geistigen Lebens« (Brockhaus 1931), mit einer Personalstärke, die nicht einmal 10 Prozent der heutigen ausmachte, so begegnen uns jetzt selbst in den kleinsten und dazu meist verarmten Ländern Behörden, bei denen die Freude an der ›Mitzeichnung‹ von Vorgängen als einer wirksamen Methode zur Sicherung der Sachgerechtigkeit und der Entlastung von persönlicher Verantwortung auf herrliche Weise mit der Freude an nur per Dienstreise zu erreichender, sorgfältigst vorbereiteter und ohne zuviel Entscheidungsdruck abgehaltener Sitzungen vielfältiger Ausschüsse und Unterausschüsse, Arbeitsgruppen und Unterarbeitsgruppen harmoniert. Jede Vereinfachung der Verfahren, jede Dezentralisierung von operativer Verantwortung – und beide sind nötig – wird nach meiner Überzeugung nur dann gelingen, wenn gleichzeitig oder gar vorher schrittweise rund 70 Prozent aller Regel-Wärter-Stellen auf allen Ebenen abgebaut werden. Die hierdurch erzielbare finanzielle Entlastung der öffentlichen Hände kann aber nur ein Nebeneffekt, nicht das Ziel eines derartigen politischen Kraftaktes sein. Wie letzterer in Gang zu setzen ist, gehört nicht zum Hauptthema. Dass mir aber Wege dahin einfallen würden, sofern ich gefragt würde, will ich doch versichern.

Der zweite Sachverhalt betrifft die auffallende strukturelle Ähnlichkeit zwischen manchen, in der aktuellen Diskussion von Trotz- und Rechthaber-Föderalisten gebrauchten Argumente und denen, die in Mittelalter und früher Neuzeit von großen und kleinen Landesherren gegenüber dem königlich-kaiserlichen Oberdompteur des weder heiligen noch römischen Reiches deutscher Nation vorgebracht wurden, um sich immer mehr Regalien zu ertrotzen bzw. zu erhandeln. Die Ähnlichkeit setzt sich fort nach dem unrühmlichen Ende jenes Reiches in den Argumenten, die die Duodezfürsten des so genannten Deutschen Bundes gegen jedwede Vereinheitlichung der Rechts- und Wirtschaftsordnung – den Zollverein eingeschlossen – in Stellung brachten. Und sie findet sich erneut wieder bei der Versammlung der württembergischen

Landstände 1816 in den aufgebotenen Argumenten zugunsten des so genannten ›guten alten Rechts‹ – also der partikularen Zunft- und Ständerechte – die schon dort fast gleichzeitig vom damals kurz zu Heidelberg lehrenden, später in Berlin zu Ruhm gelangenden, höchst modernen schwäbischen Philosophen Hegel rezensiert und buchstäblich in der Luft zerrissen wurden.

Von der Analyse manchmal ebenso ›kleinstaatlichen‹ Denk- und Argumentationsstrukturen in den universitären Modernisierungs-Dramen will hier absehen zu reden. ›My chair is my castle‹ mag als Schlagwort zur Illustration genügen.

Der dritte Sachverhalt betrifft das bisher noch kaum öffentlich wahrgenommene Maß an faktischer Penetrierung des ja besonders strittigen Bildungs- und Forschungsbereiches durch Regelungen und Entscheidungen außerhalb seiner selbst, die entweder durch ›anderes‹ Bundesrecht oder nichtstaatliche Verträge oder durch EU-Recht bzw. ›Welt‹-Recht, z. B. der WTO, geprägt sind. Es geht z. B. um die Felder Beschäftigungsrecht, Ausländerrecht, um Schutzrechte bei Erfindungen, um das Umweltrecht, um das auf Familien bezogene Einkommensteuerrecht, um das Recht der Berufszulassung, um die Entwicklungszusammenarbeit oder die auswärtige Kulturpolitik und die Außenwirtschaftspolitik.

Natürlich trifft es zu, dass sich kürzlich der Bund, das Land Baden-Württemberg, der DAAD – als eine von den Mitgliedshochschulen getragene, vom Bund (nicht von den Ländern, die eigentlich dazu verpflichtet wären) und über im Wettbewerb eingeworbene Projekte finanzierte ›Mittler-Organisation‹ – sowie die Universitäten Stuttgart und Ulm ohne allzu viel Debatte mit privaten Förderern in Ägypten zusammengefunden haben, um gemeinsam die private ägyptisch-deutsche Universität Kairo auf den Weg zu bringen: Ein Musterbeispiel für aufgabenbezogene Zusammenarbeit, wie ich sie nachher für das Zusammenwirken von Bund und Ländern bei Bildung und Forschung insgesamt empfehlen will.

Zu den Paradoxien der in mancher Hinsicht wie eine nostalgiegetriebene Regression wirkenden Föderalismusdebatte gehört auch, dass kaum jemand zur Kenntnis zu nehmen scheint, in welchem Ausmaß die EU (Kommission wie Rat und Parlament) über die Finanzierung von Forschungs- und Bildungsprogrammen und über die zugrunde liegenden Richtlinien, die ja alle Mitgliedsländer verpflichten, Strukturen und sogar Inhalte von Forschung und Bildung beeinflusst und damit verändert. Als besondere Variante dieser Paradoxien dürfen einige in ihrer Wirkung als unmittelbar gegen die Interessen der Bundesrepublik Deutschland gerichtete Prüfberichte des Bundesrechnungshofes angeführt werden, in denen, ohne den europäischen Hochschulraum und den internationalen Bildungsmarkt auch nur zur Kenntnis zu nehmen, z. B. dem DAAD (und damit der ihn finanziell fördernden Bundesregierung) vorgeworfen wurde, er greife mit seiner (leider wegen des Berichts inzwischen beendeten) finanziellen Förderung der internationalen integrierten BA/MA-Studiengänge in die Zuständigkeit der Länder ein. In die Zuständigkeit von Ländern wohlgemerkt, die zu jenen für die internationale Vernetzung und Wettbewerbsfähigkeit ›ihrer‹ Hochschulen eminent wichtigen, dazu noch sehr erfolgreichen Programmen weder die Initiative ergriffen, noch finanzielle Beiträge geleistet hatten. Dieser hier geschilderte Fall ist nur ein Beispiel unter mehreren für die mentale ›Verzwergung‹ und Provinzialisierung in manchen deutschen Amtsstuben.

Dass auch in der Schulpolitik die grenzüberschreitenden Aspekte stetig wichtiger werden, was eine über die Grenzen der Bundesländer hinausgehende Koordinierung zwingend erfordert – Stichworte ›PISA‹ oder internationale Bildungsberichterstattung – sei hier nur am Rande erwähnt. Jegliche sektorale Betrachtung von Politikfeldern macht das Zusammenwirken von Bund und Ländern buchstäblich unausweichlich. Bei Bildung und Forschung haben die Fachminister von Bund und Ländern über alle Parteigrenzen hinweg schon Ende der 60er Jahre des 20. Jahrhunderts diese Notwendigkeit erkannt und die Verankerung der Gemeinschaftsaufgaben Hochschulbau, Bildungsplanung und Forschungsförderung im Grundgesetz erreicht.

Was aber kann man aus den Dunstschwaden der Föderalismus-Stammtische hören? Da hört man z. B. aus Hessen, dass die Förderung des Spitzennachwuchses entscheidend sei für den Erfolg im Innovationswettbewerb. Bravo! Ja, kommt dazu die Zustimmung z. B. aus Nordrhein-Westfalen, aus Sachsen oder Berlin, ja aus allen Ländern. Wer aber fördert – außer ein paar privaten Förderern – die für diese Aufgabe so zentrale Studienstiftung des Deutschen Volkes? Der Bund. Erst Druck von außen, sozusagen aus PISA, und aus der öffentlichen Meinung veranlasste die Länder, im Schulwesen zu bundesweiten Leistungs- und Anforderungs-Standards zu kommen, eine klassische Koordinationaufgabe unter Beiziehung von Fachexperten. Die aus meiner Erfahrung meist zu Unrecht und nur von kenntnisarmen Zeitgenossen geschmähte KMK hat diese Aufgabe angepackt, vergleichsweise zügig Ergebnisse vorgelegt und dann auch beschlossen. Auch an dem schwierigen Thema ›Nationale (wie auch internationale) Bildungsberichterstattung‹ arbeitet sie aktiv mit dem Bund zusammen, auch wenn das hier von beiden beauftragte Konsortium angesichts des im Bildungsbereich unangemessenen Zahlenfetischismus noch einige methodische Probleme wird lösen müssen.

Völlig ungelöst sind aber die länderübergreifenden Koordinationsprobleme im Hochschulbereich. Ein so genannter Wettbewerbs-Föderalismus löst diese Probleme nicht. Schon deshalb nicht, weil es sich gar nicht um echten Wettbewerb handelt, in dem Rahmenbedingungen,

Wettbewerbsregeln und Ausgangslage für alle Beteiligten zumindest vergleichbar sein müssten. Nein, hier werden nur Wortspiele veranstaltet, um Besitzstände mit sozusagen ›Verfahrens-Schutzzöllen‹ abzusichern. ›Wettbewerbe‹, in denen der Ernstfall des Scheiterns, des Untergangs aus Gründen der Staatsräson oder – im Falle von Hochschulen – der regionalen Strukturpolitik wegen, also wegen vielleicht verschnupfter Wähler, ausgeschlossen erscheint, müssen daher als Alibi-Übungen in politischer Rhetorik angesehen werden. Denn wirkliche Aufgaben bestünden z. B. in der Beantwortung der Frage, wie viel und wo in Deutschland insgesamt – nicht innerhalb der zufälligen Grenzen der Bundesländer Hessen, Saarland, Baden-Württemberg usw. – Rumänistik, Judaistik, Architektur, Veterinärmedizin, Pharmazie – als hier willkürlich gewählte Beispiele – gebraucht und soweit finanziert werden sollen, damit auch kleinere Fächer eine wissenschaftliche Entwicklung nehmen und auf Grund einer kritischen Mindestgröße wenigstens in der internationalen Wissenschafts-Kommunikation sprechfähig und bei Forschungsförderern antragsfähig bleiben können. Diese heiklen wissenschaftlichen Bewertungs-Aufgaben kann und darf man nicht einem – ohnehin verzerrten – Pseudowettbewerb von Ländern oder von Hochschulen überlassen, in dem die hier auch in Rede stehenden kulturellen Werte, die ja auf den zweiten Blick auch noch ökonomischen Sinn gewinnen, gar nicht wahrgenommen werden. Umso mehr gilt dies dann für große Investitionsentscheidungen in Bildung und Forschung, wie sie beim Hochschulbau und bei der Forschungsförderung anstehen. Hier sind zwingend der Sachverstand und der möglichst unparteiische Rat des Wissenschaftsrates ebenso wie der DFG oder auch der HRK sowie eine länderübergreifende Koordination gefragt. Selbst gutwillige und fachlich gut beratene Ministerien in den Provinz-Metropolen wie Saarbrücken oder Magdeburg, Hamburg oder München, Düsseldorf oder Schwerin sind da ohne die übergreifende Perspektive der genannten Wissenschaftsorganisationen überfordert.

Nun gibt es oder gab es da auch noch Landesregierungen, welche die ja nicht gerade kraftvoll unterstützte und zudem – im Vergleich zu einigen Länderministerien – noch vergleichsweise bescheiden finanzierte Koordinations-Providerin KMK in eine existenzgefährdende Abmagerung treiben wollen. Als Diagnose dieses Strebens fällt mir dann nur noch der Begriff der kognitiven Dissonanz ein. Soviel gnadenlosen Populismus haben die Standortfaktoren Bildung und Forschung nicht verdient.

Betrachtet man die Föderalismus-Debatte einmal von London, Paris, Helsinki oder Madrid aus, d. h. liest man einschlägige Kommentare in der Presse oder hört Vertretern dieser Länder zu, so erkennt man rasch, dass das jahrelange, ja in aller Öffentlichkeit sich abspielende Gezerre zwischen Bund und Ländern im Hochschulbereich auf leider spürbare Weise die Interessen und das Ansehen der Bundesrepublik Deutschland bei internationalen Kooperationspartnern schädigt.

Als Mitglied des ERASMUS-MUNDUS-Selection Board wie als ehemaliges Vorstandsmitglied der CRE (heute EUA) kann ich sagen, dass man auch in Brüssel über kein Mitgliedsland der EU – leider nicht nur auf den Hochschulbereich beschränkt – so viele abschätzige Bemerkungen, ja Witze, hört wie über Deutschland. Das schmerzt. Auf die Gesamt-Problematik hat in unmissverständlicher Weise Theodor Berchem, der international hoch angesehene Präsident des DAAD in einem Beitrag beim ›Villa Hügel-Gespräch 2004‹ des Stifterverbandes für die deutsche Wissenschaft aufmerksam gemacht: »Mir liegt auch daran, dass wir im europäischen und im Weltrahmen nicht ständig mit 16 oder 32 Ministern anreisen müssen, sondern, dass wir einheitlich vertreten werden. Wir werden doch überhaupt nicht ernst genommen in Brüssel, wenn da jeden Tag ein anderer kommt. Also irgendwo muss eine gewisse Außenvertretung jedenfalls für dieses Land, das ansonsten ja einiges Ansehen hat, gewährleistet sein, und das gilt auch für die Abschlüsse. Man darf miteinander rivalisieren, man kann versuchen, es besser zu machen als der Nachbar, aber ich hätte schon ganz gerne, dass einheitliche Standards einer Hochschulausbildung in diesem Lande gewährleistet sind.« (Berchem 2004)

Aus den hier vorgetragenen Sachverhalten lassen sich nun leicht einige klare Folgerungen ziehen, um aufgabenbezogen das ›Zusammen‹- und das ›Getrennt‹-Handeln von Bund und Ländern bei Bildung und Forschung im EU-Mitgliedsland zu organisieren.

(1) Um bei der Internationalität zu beginnen, so ist offensichtlich, dass Bund und Länder vor allen Konferenzen und Beratungen internationaler Gremien sich zwar abstimmen müssen, dass aber jeweils nur einer und zwar über mehrere Jahre die gleiche Person – weil auf Kontinuität und Verlässlichkeit Vertrauen und Glaubwürdigkeit wachsen – die Stimme führt. Sobald einmal die KMK die nur über zügige Mehrheitsentscheidungen erzielbare Entscheidungskraft aufweisen sollte – unerlässlich im internationalen Verkehr – kann bei bestimmten zu verabredenden Themen die KMK-Vertreterin die deutsche Stimme führen. Ich weiß, dass dies in Ansätzen schon mehrfach so gehandhabt wurde, allerdings nicht selten in wechselnder personeller Besetzung. Bei fehlender vorheriger Einigung auf Aussage oder Person muss aber im Notfall auch der Bund die Stimme allein führen können.

(2) Eine Änderung des Grundgesetzes bei den Gemeinschaftsaufgaben nach Art.91 ist nicht nur überflüssig, sondern wäre auch schädlich für die internationale Wettbewerbsfähigkeit Deutschlands bei Bildung und Forschung. Die zum Teil tatsächlich unnötig umständlichen Abstimmungsverfahren lassen sich ohne Qualitätsverlust wirksam vereinfachen. Die Rolle des Wissenschaftsrates bei der Bewertung von

wissenschaftspolitischen Strukturentscheidungen aller Art (z. B. länderübergreifende Kooperationen und Verbünde, Investitionen, Sicherung kleiner Fächer, Prioritätenlisten für Groß-Sanierungen, Neubau und Großgeräte) muss gestärkt werden. Gleichzeitig sollten internationale Experten die Arbeit des Wissenschaftsrates kritisch begleiten und metaevaluieren.

(3) Ein Bundesgesetz zur Sicherung von Freizügigkeit und Wettbewerbsfähigkeit im Hochschulbereich sollte das alte HRG ersetzen. In ihm sollten in allgemeiner Form und nur als Rahmenvorgaben qualitätsgesteuerte Verfahren für die Hochschulplanung, für Fälle eines bundesweiten N.C. Eckpunkte der Studienstruktur und der EU-weiten Anerkennung von Abschlüssen sowie Kriterien für die Gestaltung der Personalstruktur und des Beschäftigungs-Rechtes zu finden sein. Darüber hinaus sind alle Hochschulen auf die Entwicklung und Anwendung von international gebräuchlichen Verfahren des Qualitätsmanagements in Forschung, Lehre, Studium und Weiterbildung, einschließlich eines transparenten und nachvollziehbaren Berichtswesens zu verpflichten. Subsidiarität im Hochschulbereich würde bedeuten, dass in allen Ländern die Hochschulen das Maß an Eigenverantwortung im operativen Alltagsgeschäft erhalten, das beispielsweise in Österreich oder auch bei den Stiftungshochschulen in Niedersachsen – auf dem Papier – besteht.

Ich verhehle nicht, dass zur verantwortlichen Ausfüllung einer vollen Autonomie der Hochschulen – gerne und schnell gefordert – nicht nur das echte Risiko des Scheiterns ganzer Einrichtungen – mit Haftungsansprüchen gegenüber den verantwortlichen Leitungspersonen – sondern auch die viel bessere, d. h. professionelle Vorbereitung des wissenschaftlichen Leitungspersonals auf allen Ebenen (›Personalentwicklung‹) gehört. Letztere erfordert im Übrigen eine Verbesserung der bisher üblichen Verfahren zur Gewinnung von Professor(inn)en, Dekanen und Rektoren u. a. durch Beteiligung externer Fachleute als Moderatoren.

(4) Angesichts der mehrfach angesprochenen internationalen Verflechtungen von Bildung und Forschung und ihrer Durchdringung durch andere Politiksektoren sind also anstelle einer stärkeren ›Föderalisierung‹, d. h. im Ergebnis ›Provinzialisierung‹, der öffentlichen Verantwortung neue und auch leichter handhabbare Formen des Zusammenwirkens von Bund und Ländern zu entwickeln, wofür glücklicherweise unser untadelig föderales Nachbarland im Süden, die Schweiz, ein beachtenswertes Verfahren anwendet, um all jene Aufgaben, die ich vorher skizziert habe, durch ein Mehr an Koordination und ein Mehr an gemeinsamer Finanzierungsverantwortung zu meistern.

Literatur

Berchem, T. (2004): Diskussion II. In: Stifterverband für die deutsche Wissenschaft (Hrsg.), Eine (un)endliche Geschichte? Beiträge zur Föderalismusdiskussion. Essen: Stifterverband.

Brockhaus (1931): Der große Brockhaus. Wiesbaden: Brockhaus-Verlag.

Hans R. Friedrich
Ergänzende Anmerkungen zum Beitrag von Uwe Schimank und Stefan Lange ›Hochschulpolitik in der Bund-Länder-Konkurrenz‹

Ich bin – als Angehöriger des BMBF über mehr als 29 Jahre und Leiter der Hochschulabteilung über mehr als 12 Jahre – gebeten worden, ergänzende Anmerkungen zu dem Beitrag von Uwe Schimank und Stefan Lange zu schreiben. Ich tue dies gern und möchte – bei allem Respekt vor und Zustimmung zu einer Reihe von Aussagen der Autoren – ein paar Dinge aus meiner Sicht historisch richtigstellen und auf einige wichtige Institutionen und Entwicklungen, die bisher nicht oder zu knapp erwähnt werden, ergänzend eingehen.

Die Autoren stellen fest, dass die Bundesregierung das Politikfeld ›Hochschulbildung‹ nicht allein den Ländern überlassen will, sondern auch eine gesamtstaatliche Verantwortung und Mitwirkung reklamiert. Sie begründen dies mit dem modischen, aber gleichwohl richtigen Stichwort ›Wissensgesellschaft‹, das in den 90er Jahren als Folge der nunmehr spürbaren Globalisierungseffekte und des zunehmenden internationalen Wettbewerbs – ansatzweise auch im Bildungsbereich – entstanden ist. Tatsächlich reicht die Einsicht in die Notwendigkeit einer gesamtstaatlichen Mitverantwortung schon viel weiter zurück. Als einen frühen Markierungspunkt könnte man vielleicht den so genannten ›Sputnik-Schock‹ von 1957 nennen – nicht den angeblich technologisch führenden USA, sondern der Kommandowirtschaft der früheren UdSSR gelingt es, mit starken Raketen einen ersten Satelliten in eine geostationäre Umlaufbahn im Weltraum zu bringen und dort für 92 Tage stabil zu halten. Auch nachfolgend ist es nicht ein Amerikaner, sondern ein Russe (J. A. Gagarin), der zuerst die Erde in einer Raumkapsel umkreist (1961). Noch heute erinnern viele Straßennamen in ostdeutschen Städten an diese Ereignisse. In der Bundesrepublik führt dies zur Diskussion über die so genannte ›Picht'sche Bildungskatastrophe‹ und der Forderung nach einer deutlichen Erhöhung der Abiturientenquote, die nachfolgend auch in allen Ländern umgesetzt wird.[1]

Zu Beginn der Amtszeit des zweiten Kabinetts Brandt erlässt der Bundeskanzler seinen berühmten ›Organisationserlass Bildung‹. Das neue Bundesministerium für Bildung und Wissenschaft (BMBW) wird

---

[1] Vgl. hierzu auch den Beitrag von Klaus Klemm in diesem Band.

HANS R. FRIEDRICH

für alle Bildungsfragen zuständiges federführendes Bundesministerium, bisher teilweise verstreute Zuständigkeiten im Bildungsbereich (z. B. für berufliche Bildung beim Wirtschaftsministerium und für Weiterbildung beim Arbeitsministerium) werden dem BMBW zu- bzw. untergeordnet. Diese begrüßenswerte Entwicklung wird in den nächsten Jahren dadurch beeinträchtigt, dass ideologisch fixierte Politiker und Beamte versuchen, einen ›Bildungsgesamtplan‹ für die ganze Bundesrepublik zu entwerfen und zu verabschieden. Dies führt in der Folge zu schrecklichen Grabenkämpfen zwischen SPD-geführten Ländern (A) einerseits und CDU-geführten Ländern (B) andererseits und zur schließlichen Verabschiedung eines (nicht umsetzungsverbindlichen) Dokuments mit unzähligen Protokollnotizen und Minderheitsvoten. Das Klima der bildungspolitischen Zusammenarbeit zwischen Bund und Ländern ist danach für mehrere Jahre beeinträchtigt.

Trotzdem ist mit der bisher nicht erwähnten ›Bund-Länder-Kommission für Bildungsplanung und Forschungsförderung‹ (BLK) 1970 ein institutionalisiertes Gremium für die Zusammenarbeit von Ländern und Bund in Bildungsfragen (auf der Basis des 1969 eingeführten Art. 91b des Grundgesetzes) mit einem zwar umständlichen und bürokratischen, aber etablierten Verfahren eingerichtet. Es ist wahrscheinlich nicht vermessen zu sagen, dass die gesamtstaatliche Analysekapazität des Bundes im Hinblick auf erkennbare Trends und Notwendigkeiten im Bildungswesen derjenigen der Länder (vielleicht mit Ausnahme von Ländern wie Bayern oder Baden-Württemberg, die in größeren Zeitabständen Kommissionen zu bestimmten aktuellen Themen eingerichtet haben) immer überlegen war (und dies gilt bis heute). Es ist wahrscheinlich historisch nachweisbar, dass der Bund über viele Jahre hinweg die Agenda der BLK inhaltlich dominiert hat.

Zwischen Bund und Ländern sind in der BLK weit reichende Vereinbarungen – wie z. B. der Offenhaltungsbeschluss für die Hochschulen vom November 1978 und seine erneute Bestätigung durch die Regierungschefs von Bund und Ländern 1989, die Hochschulsonderprogramme und der so genannte 5 x 5 Prozent-Beschluss für DFG und MPG Anfang der 90er Jahre – getroffen worden. Bei all diesen Programmen ging die wesentliche Initiative vom Bund aus. Anders als die Autoren bin ich der Auffassung, dass der Bund damit – auch ohne festgeschriebene gesetzliche Zuständigkeiten – strukturelle Einflüsse auf die Entwicklung des Hochschulwesens genommen hat. Die Stärkung des Fachhochschulbereichs, die Förderung der angewandten Forschung und Entwicklung an Fachhochschulen und die Erhöhung des Frauenanteils bei den Lehrenden waren z. B. explizite Zielvorgaben des Bundes, ohne die der heutige Sachstand in diesen Bereichen sicher nicht erreicht worden wäre.

Neben diesen großen Instrumenten verfügt die BLK auch über klei-

ANMERKUNGEN ZUM BEITRAG VON UWE SCHIMANK UND STEFAN LANGE

nere, aber gleichwohl hochwirksame und trendbestimmende Instrumente wie z. B. die Modellversuche (sie werden nach Vereinbarung in der BLK jeweils hälftig von Ländern und Bund finanziert). Der Bund hat auf dem Wege über Modellversuche viele sehr sinnvolle Entwicklungen angestoßen. Die Einführung der Graduiertenkollegs bei der DFG 1990 ist aus einem vom Bund initiierten Modellversuch in Köln hervorgegangen. Die Graduiertenkollegs der DFG sind inzwischen sowohl als Strukturinstrument (neue, breitere und besser betreute Doktorandenausbildung) wie als Instrument der Nachwuchsförderung bewährt und sind auch mit Erfolg internationalisiert worden. Modellversuchsprogramme zur Modularisierung von Inhalten der Hochschulausbildung, zur hochschul- oder fakultätsweiten Einführung von Leistungspunktesystemen (ECTS) oder zum verstärkten Angebot dualer Studiengänge in Zusammenarbeit mit der Wirtschaft sind weitere positive Beispiele für vom Bund induzierte Modellversuche.

Ein weiterer, heute sehr wichtiger Bereich wird allein vom Bund (ohne die Länder) finanziert und strukturell beeinflusst – im öffentlichen Bewusstsein ist dies allerdings nicht präsent. Gemeint ist die Förderung der internationalen Austauschbeziehungen durch den Deutschen Akademischen Austauschdienst (DAAD), eine so genannte Mittlerorganisation, die ihr Geld zu fast gleichen Teilen vom BMBF und dem Auswärtigen Amt (AA) und zum kleineren Teil vom Bundesministerium für wirtschaftliche Zusammenarbeit (BMZ) erhält. Es geht dabei um den zeitlich befristeten Aufenthalt von Studierenden und Nachwuchswissenschaftlern – Deutsche ins Ausland, Ausländer nach Deutschland. Deutschland nimmt heute in diesem – als Folge der Globalisierung zunehmend wichtigen – internationalen Austauschgeschäft eine führende Rolle ein und spielt inzwischen – trotz gewisser sprachlicher Nachteile – auf einer Linie mit den anderen führenden Austauschländern wie Großbritannien, Frankreich und Spanien. Bei den mittel- und osteuropäischen Ländern ist Deutschland – mit weitem Abstand vor dem zweitplacierten Frankreich – bevorzugtes Gastland für Studierende.

Die Förderung so genannter ›International orientierter Auslands-Studiengänge (IAS)‹, die Bemühungen um ein systematisches Marketing deutscher Hochschulen und die Förderung von ›Exportaktivitäten‹ deutscher Hochschulen (›GATE‹) sind allesamt Initiativen des Bundes.[2]

Bezüglich der Einschätzung der Hochschulrahmengesetzgebung des Bundes unterscheide ich mich deutlich von beiden Autoren. Im jetzt größeren und weiter zusammenwachsenden Europa und für die internationale wettbewerbliche Positionierung ist es wichtig, dass das Hochschulwesen auch in einem föderativ organisierten Bundesstaat ein paar gemeinsame Prinzipien und Grundsätze aufweist. Dies waren

2 Vgl. Friedrich 2003.

wichtige Begründungen für die Einführung des Hochschulrahmengesetzes (HRG) im Jahr 1976 und sie sind von der Verfassungskommission des Deutschen Bundestages 1992/93 nach eingehender Diskussion mit großer Mehrheit bestätigt worden. Es ist unverständlich, wie wenig die jüngste Föderalismus-Kommission – die dann allerdings gescheitert ist – bei ihren Vorschlägen zum Bildungswesen diese nach wie vor richtigen Argumente aufgenommen hat.

Der Bund hat öfter – vor allem mit der Dritten und Vierten Novelle des HRG – für notwendige Modernitätsschübe im Hochschulwesen gesorgt. Mit der Dritten HRG-Novelle wurde 1986 z. B. die Drittmittelfähigkeit der Hochschulen (›Forschung mit Mitteln Dritter‹; §§ 25 und 26) für alle Hochschultypen verankert; eine für Profilbildung und Wettbewerbsfähigkeit moderner Hochschulen unerlässliche Voraussetzung. Der noch in den 70er Jahren von manchen Hochschulpolitikern und Gewerkschaftlern gepflegte Slogan von der Gefahr, dass die Hochschulen zur verlängerten Werkbank der Industrie würden, wurde damit ad acta gelegt.

Mit der Vierten HRG-Novelle hat der Bund das Hochschulrecht dramatisch entbürokratisiert (das gesamte Organisationskapitel wurde gestrichen und die Gestaltungsfreiheit hierfür in den Autonomiebereich der Hochschulen gegeben), regelmäßige Evaluation im Hochschulbereich verankert und mit der Einführung der neuen Abschlussgrade ›Bachelor‹ und ›Master‹ einen großen Schritt in Richtung auf internationale Sichtbarkeit, Kompatibilität und Wettbewerbsfähigkeit getan. Damit hat er zugleich der Bundesrepublik Deutschland eine gute Startposition in dem kurze Zeit später beginnenden Bologna-Prozess verschafft.

In der internationalen, vor allem europäischen Zusammenarbeit im Hochschulbereich war der Bund in den ganzen 90er Jahren Markt- und Meinungsführer. Auf Vorschlag des BMBF wurde 1994 eine regelmäßige halbjährliche Konferenz der Hochschulabteilungsleiter aller EU-Mitgliedsstaaten eingerichtet – die so genannte Runde der Generaldirektoren für Hochschulbildung. Die Existenz dieser Runde war wiederum Voraussetzung dafür, dass nach der zunächst von nur vier EU-Mitgliedsstaaten (F, GB, I und D) isoliert und durchaus kontrovers vorgenommenen Sorbonne-Erklärung eine breiter angelegte Erklärung entworfen werden konnte, die im Juni 1999 als so genannte Bologna-Erklärung von allen EU-Mitgliedsstaaten (und einer Reihe weiterer europäischer Staaten) unterzeichnet wurde, seither als gleichnamiger Prozess sehr dynamisch verläuft und die Konturen der europäischen Hochschullandschaft deutlich beeinflusst. Ohne die Arbeitsgruppe der Generaldirektoren und ohne maßgebliche deutsche Mitarbeit darin wäre dies wahrscheinlich so schnell nicht möglich gewesen. Eine auf Vorschlag des BMBF eingerichtete gemeinsame Arbeitsgruppe von Hochschulrektorenkonferenz (HRK), Kultusministerkonferenz (KMK) und BMBF hat danach zweimal einen Sachstandsbericht zur Umsetzung des Bologna-Prozesses in Deutschland erarbeitet und vorgelegt, der bewusst (aus Akzeptanz- und Verbindlichkeitsgründen) als KMK-Dokument auf den Weg gebracht wurde. Dass solche aktuellen Arbeitsdokumente – mit denen Deutschland zunächst führend unter den Bologna-Staaten war – möglich wurden, hat auch mit guten Arbeitsbeziehungen zwischen leitenden Personen in HRK, KMK und BMBF unmittelbar unterhalb der politischen Ebene zu tun.[3]

Die Hochschulpolitik des Bundes hat in diesem Zeitraum auch ganz bewusst dazu geführt, dass von dem in den 70er Jahren vorherrschenden ›Bildungskauderwelsch‹ Abschied genommen und eine für den Bürger besser verständliche, stärker ökonomisch begründete Terminologie eingeführt wurde (›Bildung als Rohstoff oder Produktionsfaktor‹).

Im Jahr 1993 verabschiedete die Bundesregierung einen ›Bericht zur Zukunftssicherung des Standortes Deutschland‹, der an verschiedenen Stellen auch auf Reformnotwendigkeiten im Hochschulbereich und zu verbessernde Bedingungen für Forschung und Innovation eingeht. Auf Vorschlag des BMBF wurde ab 1996 viermal den Regierungschefs von Bund und Ländern für ihr übliches Jahresendetreffen im Dezember ein von Bund und Ländern gemeinsam verfasster ›Bericht zur Sicherung der Wettbewerbsfähigkeit des Hochschulstandorts Deutschland‹ mit jeweils einer Reihe konkreter Maßnahmevorschläge vorgelegt, die auch umgesetzt wurden (darunter die oben skizzierten Programme des DAAD).

Spätestens seit der 2000 von den Regierungschefs der EU verkündeten so genannten ›Lissabon-Strategie‹ (die Europäische Union soll binnen einer Dekade zum wirtschaftlich fortschrittlichsten, wissensbasierten Wirtschaftsraum der Welt werden) und der nachfolgenden ›Barcelona-Zielsetzung‹ (alle Mitgliedsstaaten der EU sollen bis spätestens 2010 mindesten 3 Prozent ihres Bruttoinlandsproduktes für Forschung und Entwicklung aufwenden) hat diese Argumentation und Terminologie breiten Einzug bei den meisten europäischen Staaten gefunden.

Einige der skizzierten Anmerkungen und persönlichen Einschätzungen möchte ich wie folgt thesenartig zusammenfassen:

Ein rein auf rechtlich fixierte Durchsetzungszuständigkeiten fokussierter Untersuchungsansatz (›was kann der Bund rechtlich fixiert – im Hochschulbereich tun?‹) wird den komplexen Realitäten in einem föderativen Staatswesen nicht gerecht.

In Zeiten, in denen das BMBF kooperativem Föderalismus den Vorrang vor A-/B-Konfrontation gegeben hat, konnten wichtige strukturelle Weiterentwicklungen des deutschen Hochschulwesens im Zusammenwirken von Ländern und Bund vereinbart werden.

Im Hinblick auf internationale Entwicklungsnotwendigkeiten hat

3 Vgl. Friedrich 2001.

der Bund die Analyse- und Meinungsführerschaft und dies sollte auch so bleiben.

Bezüglich derselben rechtlichen Grundlage – Art. 91 b Grundgesetz – besteht eine seltsam gespaltene Einstellung: während ausufernde Aktivitäten der bürokratisch gesteuerten und staatsgläubigen Forschungsförderung des Bundes auf der (relativ schwachen) Basis des Art. 91b Grundgesetz begrüßt (und dabei auch viele Millionen in den Sand gesetzt werden; z. B. verspäteter Rettungsversuch der deutschen Uhrenindustrie, fehlgeschlagener Versuch der Entwicklung eines Superrechners (SUPRENUM) bei der GMD), begegnen Förderungsaktivitäten zur strukturellen Weiterentwicklung des Hochschulwesens auf derselben grundgesetzlichen Basis plötzlich ›verfassungsrechtlichen Bedenken‹.

Die zunehmend wettbewerbliche internationale Entwicklung (unumkehrbare Globalisierung, Entstehen eines Welt-Bildungsmarktes bei zunehmender Mobilität der Studierenden und Nachwuchswissenschaftler) wird es erzwingen, dass unsere Hochschul- und Wirtschaftspolitiker sich den Realitäten des Wettbewerbs und unserer internationalen Positionierung noch stärker öffnen müssen. Den Hochschulen als ständigem ›Erneuerungsmotor‹ der Wissensgesellschaft muss eine stärkere Rolle zukommen.

Im Vergleich der OECD-Länder ist Deutschland inzwischen in der hinteren Hälfte gelandet, was Leistungsfähigkeit und Aufwendungen als Anteil am Bruttoinlandsprodukt für Bildungszwecke angeht. Es ist zu hoffen, dass die nächsten 50 Jahre BMBF-Politik dazu führen, dass sich diese Situation wieder verbessert.

Literatur

Faber, K./Gieseke, L. (1991): Gemeinschaftsaufgaben von Bund und Ländern im Hochschulbereich. 2. neu bearbeitete Aufl. Bad Honnef: Verlag Karl Heinrich Bock.

Friedrich, H. R. (2001): Europa kommt – sind wir schon da? Hochschulen im Wandel – Hochschulen im Wort. Veröffentlichungen aus Lehre, angewandter Forschung und Weiterbildung der Fachhochschule Wiesbaden, Band 38: 275-294.

Friedrich, H. R. (2003): Positioning in an emerging world education market – New opportunities and challenges for German higher education institutions. Hochschulen im Wandel – Hochschulen im Wort. Veröffentlichungen aus Lehre, angewandter Forschung und Weiterbildung der Fachhochschule Wiesbaden, Bd. 41: 51-78.

Fritz Schaumann
Bildungs- und Wissenschaftspolitik des Bundes
Unsystematische Erinnerungen

Eberhard Böning, langjähriger, angesehener Leiter der Hochschulabteilung und Staatssekretär seit April 1987, starb nach einem knappen Jahr seiner Amtszeit. Seine Nachfolge im Mai 1988 anzutreten hieß für mich, in große Schuhe springen zu müssen. Als einer der jüngsten Staatssekretäre der Bundesregierung und zudem noch als so genannter Seiteneinsteiger durchlebte ich anfangs ein sehr intensives ›training on the job‹. Daraus wurden schließlich rund zehneinhalb Jahre im Bundesministerium für Bildung und Wissenschaft (BMBW), später Bundesministerium für Bildung und Forschung (BMBF), zusammen mit den Ministern Jürgen Möllemann, Rainer Ortleb, Karl-Hans Laermann und Jürgen Rüttgers.

1. Minister

Mit Jürgen Möllemann, über viele Jahre auch ein Freund, arbeitete ich außerordentlich vertrauensvoll zusammen. Die Arbeitsteilung zwischen ihm und mir verlief einfach, praktisch und effizient zugleich: Er wirkte vorwiegend im politisch-gesellschaftlichen Raum außerhalb des Ministeriums und der Bund-Länder-Gremien, ich konzentrierte mich besonders auf die interne Gestaltung der Abläufe und die Vertretung in der Kultusministerkonferenz, der Bund-Länder-Kommission und dem Wissenschaftsrat. Abgesehen von einigen seiner gelegentlich überschießenden persönlichen Eigenheiten, erwarb er sich als Bildungsminister unzweifelhafte Verdienste, obwohl oder gerade weil er Konflikte innerhalb der Bundesregierung und auch mit seinen Länderkollegen nicht scheute. Sein Vergleich der Willensbildung in der KMK mit der Schnelligkeit einer griechischen Landschildkröte – wenn ich recht erinnere, anlässlich deren mehrjähriger Dauerübung in der gegenseitigen Anerkennung von Lehrerexamina angestellt – ist legendär.

Meine Teilnahme an KMK-Sitzungen nach solchen und anderen Begebenheiten geriet dann jeweils besonders pikant. Trotzdem konnten die manchmal provozierend ausgelösten, manchmal schlicht funktional bedingten Spannungen zwischen Bundesbildungsminister und KMK das weitgehend konstruktive Zusammenwirken nicht ernsthaft beeinträchtigen (gut erinnerlich sind mir dabei Diether Breitenbach, Georg Gölter, Hans Schwier und Hans Zehetmair).

Rainer Ortleb, Vorsitzender der LDP vor der Vereinigung mit der FDP und Fraktionsvorsitzender im ersten frei gewählten Parlament der DDR, wurde nach der Einigung Minister für besondere Aufgaben und nach der Bundestagwahl 1990 dann Bildungsminister. Er verfügte, wie auch andere seiner Kollegen mit einer ähnlichen Karriere, über geringe Erfahrungen in einer Regierungsfunktion und mit ministeriellen Abläufen. Die Arbeitsbeziehungen mit ihm gestalteten sich deshalb gelegentlich schwierig und kompliziert, allerdings mit ausgeprägtem persönlichen Respekt voreinander.

Karl-Hans Laermann, jahrzehntelang Abgeordneter des Deutschen Bundestags, ausgewiesener forschungspolitischer Experte und jemand, der trotz Mandat seine Tätigkeit als Hochschullehrer gewissenhaft wahrnahm, betrat mit seiner Ernennung Anfang 1994 vertrautes fachliches Gebiet. Wir kannten und schätzten uns aus der parteipolitischen Arbeit in Nordrhein-Westfalen. Die einzige Eintrübung hätte darin bestehen können, dass in der Spitze der Bundespartei mit mir und in der Bundestagsfraktion mit Karl-Hans Laermann unterschiedliche Nachfolgeüberlegungen für Rainer Ortleb angestellt wurden. Dies blieb aber für uns beide unwichtig, so dass die gemeinsame Zeit harmonisch und produktiv verlief. Seine Amtsführung wurde sowohl von innen als auch von außen positiv bewertet und eröffnete einen neuen Zugang zu den Wissenschaftsorganisationen.

Jürgen Rüttgers, Parlamentarischer Geschäftsführer der CDU/CSU-Fraktion, wurde im November 1994 Minister des nach 22 Jahren wieder vereinten Bildungs- und Forschungsministeriums. Wir waren uns gelegentlich in einem Bonner Kreis begegnet, in dem man über Partei- und Politikgrenzen hinaus längerfristige Perspektiven der gesellschaftlichen Entwicklung diskutierte. Nebenbei bemerkt, dies war ein Sonderfall, denn die Bonner Welt erschöpfte sich eigentlich nur in gruppeninterner Kommunikation: Politik und Presse, (höhere) Beamtenschaft, Wissenschaft, Kunst und Kultur, Diplomaten – jeweils weitgehend unter sich und ohne Querbezüge. Ich habe mit Jürgen Rüttgers ausgesprochen gern gearbeitet, seine perspektivischen Problemanalysen und die Entwicklung von Handlungsoptionen deutlich über den gewöhnlichen Tellerrand hinaus als sehr anregend und weiterführend erlebt. Dass wir beide parteipolitisch unterschiedlich gebunden waren, hat jedenfalls uns beide nicht behindert, manchmal die Durchsetzung von Entscheidungen sogar befördert. Gleichwohl entstand für mich in einem CDU-geführten Ressort denn doch ein anderer Bezugsrahmen als zuvor.

2. BMBW, BMFT und BMBF

Die Beziehungen der beiden Ministerien waren konkurrenzorientiert und nicht immer spannungsfrei. Unterschiedliche Denkmuster, Kommunikationsstile und Bewertungen trafen manchmal hart aufeinander. Die Minister begegneten sich zwar jeweils freundlich kollegial, vermieden aber persönliche Nähe. Also oblag es den Staatssekretären, Gebhard Ziller und mir, Verbindungen zu schaffen und zu halten oder auch Konflikte zu regulieren. Dies ist bis zur Zusammenlegung der Häuser 1994 in enger, flexibler Weise gelungen und ermöglichte so manche integrierte Aktion, wie z. B. die der Gestaltung des Wissenschaftsraumes Bonn als Ausgleich für den Wegfall der Hauptstadtfunktion.

Bereits 1990 erarbeiteten wir im BMBW den Organisationsplan für ein vereintes Ministerium, um wirkliches Potential für Zukunftsgestaltung zu gewinnen und versuchten, die Verhandlungsziele der FDP für die neue Koalition entsprechend zu beeinflussen. Leider bewerteten die FDP und auch Jürgen Möllemann letztlich den Status eines Bundeswirtschaftsministers ungleich höher. Dass unsere Überlegungen erst 1994 mit dem CDU-Minister Jürgen Rüttgers mit in das Zusammenlegungskonzept einfließen konnten, war aus parteipolitischer Brille gesehen schade, aus übergeordneter Sicht allerdings nur zu begrüßen.

Sowohl für Gebhard Ziller als auch für mich folgte aus der Vereinigung beider Ministerien die neue Erfahrung, nicht mehr allein Amtschef zu sein, sondern die Verantwortung gleichberechtigt teilen zu müssen. Wir haben diese ungewohnte Situation, aufbauend auf der Übung im getrennten Zusammenwirken, zunehmend freundschaftlicher bewältigt.

3. Politische Schwerpunkte

Haushalt

Der Haushalt eines Ministeriums ist zwar nicht alles, aber was an politisch zentralen Zielen nicht im Haushalt abgebildet wird, bleibt bloße Deklamation. Zwei Momentaufnahmen dazu habe ich noch deutlich vor Augen:

Jürgen Möllemann wollte den Haushalt des BMBW als Aktionsbasis für strategisch gestaltendes Handeln sukzessiv deutlich ausweiten und erwartete nach denkbar kurzer Einarbeitungszeit meine kompetente Begleitung bei den Budgetverhandlungen für 1989. Eine für uns beide schwierige Situation, denn der damalige Finanzminister Gerhard Stoltenberg hegte als ehemaliger Minister für wissenschaftliche Forschung durchaus eigene Vorstellungen davon, was diesem Ressort zustand. Außerdem hatte er in Staatssekretär Franz Obert einen der erfahrensten und fähigsten Partner im Bereich der Bundesfinanzen zur Seite – einen Beistand, den ich jedenfalls ›meinem‹ Minister zu dieser Zeit nicht liefern konnte. Es warf im Übrigen ein schönes Schlaglicht auf das Verständnis von Kollegialität unter einigen der damaligen Staatssekretäre, dass Franz Obert, meine fachliche Not diagnostizierend, mir ein Privatissime zum Bundeshaushalt erteilte, dessen Ergebnisse ich, was ihm durchaus klar war, später auch gegen ihn verwenden konnte. Die Verhandlung verlief ziemlich frostig und wurde von Jürgen Möllemann mit dem Hinweis abgebrochen, wenn man bilateral nicht zurechtkäme, müsse er eben den Weg über ein Koalitionsgespräch wählen. Ein risikoreiches Vorgehen, aber wir formulierten danach die wichtigeren unserer bildungs- und wissenschaftspolitischen Ziele zunächst als Bundesparteitags-Beschlüsse der FDP und setzten sie dann in Koalitionsgesprächen durch. Dies erwies sich für Haushalt und Gestaltungskraft des BMBW während mehrerer Jahre als ausgesprochen erfolgreich, vor allem im Hinblick auf die Hochschulsonderprogramme und die Berufliche Bildung.

Jürgen Rüttgers wurde öffentlich schon bald als Superminister gehandelt, nicht nur wegen der Größe und des Gewichts des Ressorts, sondern auch, weil man seine guten Kontakte zum Bundeskanzler in Rechnung stellte und daraus schloss, er könne auch finanziell Entscheidendes bewirken, um Bildung und Wissenschaft voranzubringen. Wie sich herausstellte, ein Trugschluss, denn die Bundesregierung zeigte sich trotz mehrerer, sorgfältig vorbereiteter Spitzengespräche in Sachen Bildung und Forschung nicht bereit, den Etat und die Finanzplanung deutlich aufzustocken. Jürgen Rüttgers erzielte wichtige politische Erfolge (Meister-BaföG, Bioregio, Raumfahrtorganisation u. a. m.), musste aber mit dieser auf kurzfristigen Erwägungen beruhenden Weigerung des Bundeskanzlers und des Finanzministers während der gesamten Legislaturperiode umgehen.

Berufliche Bildung

Eines der zentralen bildungspolitischen Ziele der Bundesregierung bestand darin, möglichst vielen Jugendlichen eine solide Berufsausbildung im dualen System zu ermöglichen, weil dies nach unserer Überzeugung den besten Schutz gegen Arbeitslosigkeit darstellt(e). Die Differenz zwischen dem Angebot von und der Nachfrage nach Ausbildungsplätzen in Unternehmen war (und ist) ein Dauerthema. Die politische Auseinandersetzung darüber fiel wiederholt heftig aus, dennoch gelang es in enger Partnerschaft mit dem Deutschen Industrie- und Handelkammertag und dem Zentralverband des Deutschen Handwerks von Jahr zu Jahr erneut, die Lücke weitgehend zu schließen.

Dazu erwies sich die Kombination dreier Wege als hilfreich: (1) Die Förderung überbetrieblicher Ausbildungsstätten, um kleine und mittlere Betriebe, darunter vor allem Handwerksunternehmen, in jenen Teilen der Ausbildung zu entlasten, die unter Umständen einzelbetrieblich nicht oder nur schwer vermittelt werden können. (2) Die Förderung außerbetrieblicher Ausbildungsplätze vor allem in strukturschwachen Gebieten mit geringem Unternehmensbesatz (nach der Einigung insbesondere in den neuen Ländern) und die Unterstützung von Ausbildungsverbünden. (3) Die Einführung des so genannten Meister-BaföG. Konzeptionell war diese Unterstützung zum einen unter dem Aspekt einer höheren Gleichwertigkeit von beruflicher und akademischer Bildung geplant, zum anderen, um indirekt vermehrt Ausbildungspotential für Jugendliche zu schaffen.

Ein vierter Weg, die breite Einführung von mehr praktisch orientierten Berufsbildern mit zweijähriger Ausbildungsdauer für Jugendliche, die in theoretischer Hinsicht größere Schwierigkeiten haben, war aufgrund des anhaltenden, vorwiegend tarifpolitischen Widerstandes der Gewerkschaften nur in sehr beschränktem Umfang gangbar.

Die Kultusminister der Länder versuchten mehrfach, in Koalitionen mit Gewerkschaften das Gewicht der begleitenden berufsschulischen gegenüber der betrieblichen Ausbildung zu erhöhen. Wir hielten solche Ambitionen für falsch, weil sie das Profil der beruflichen Erstausbildung beeinträchtigt hätten und konnten sie im Zusammenspiel mit den Landeswirtschaftsministern jeweils erfolgreich abwehren.

Hochschulen

Als Gerhard Konow 1994 seinen 60. Geburtstag feierte, schenkte ich ihm die gesammelten, von 1989 bis 1993 erzielten Bund-Länder-Vereinbarungen zum Hochschulbereich. Wir ernteten diese gemeinsamen ›Früchte‹ in zum Teil mühsamen Verhandlungen mit uns beiden als Verhandlungsführern und waren uns immer gewiss, dass sie sich überhaupt nur durch eine enge, freundschaftliche Kooperation gewinnen ließen. Ich denke immer noch gern an Gerhard Konow, einen absolut integren Kollegen, der, beruflicher Wanderer zwischen Bundes- und Länderwelten, dabei strikt föderale Prinzipien verfolgte, was für ihn immer hieß, Bundes- und Länderkompetenzen vernünftig auszubalancieren, auch in und gegenüber der Europäischen Union.

Die Ergebnisse bestanden aus
– dem Hochschulsonderprogramm (HSP) 1 von 1989, angelegt auf bis zu sieben Jahre mit jährlich zusätzlich 300 Mio. DM, mit dem

im Kern die Ausbildungskapazität in besonders belasteten Studienfächern (damals vor allem Betriebswirtschaftslehre, Informatik, Maschinenbau und Elektrotechnik) erhöht werden sollte. – Wie standhaft und wortreich einige Ländervertreter ihre prinzipielle Ablehnung von vermehrten Bundesaktivitäten im Hochschulbereich bei einer Sitzung im Untergeschoß des BMBW vortrugen und sich dann doch in vorderster Front sehr gern um das Bundesgeld bemühten, entlockt mir noch heute mehr als ein Schmunzeln.
- dem HSP II von 1990, in das als erster Teil das HSP I unverändert aufgenommen wurde und das als zweiten Teil zusätzliche Maßnahmen von 1991 bis 2001 mit insgesamt rund 2 Mrd. DM beinhaltete. Die Aktivitäten dieses zweiten Teils richteten sich darauf, den wissenschaftlichen Nachwuchs entschiedener zu fördern, den Anteil von Frauen in der Wissenschaft deutlich zu steigern, die Fachhochschulen zu stärken und die europäische Zusammenarbeit auszubauen. – Es war nicht verwunderlich, dass die Eile, mit der diese Vereinbarung noch vor dem offiziellen Termin der deutschen Einigung am 3. Oktober 1990 abgeschlossen wurde (sie galt damit nur für die alten Länder), bei den danach hinzukommenden neuen Ländern durchaus kritische Kommentare auslöste.
- dem Hochschulerneuerungsprogramm (HEP) von 1991 (aufgestockt 1992) für die Dauer von fünf Jahren mit insgesamt 2,4 Mrd. DM. Dieses Programm ermöglichte Soforthilfen für die Erneuerung und Weiterqualifizierung des Personals der Hochschulen und Forschungseinrichtungen, bot Anreize für den Verbleib qualifizierter Wissenschaftler/-innen, richtete sich auf die Förderung des wissenschaftlichen Nachwuchses, sollte die Eingliederung der Forschung aus den Akademien der DDR in die Hochschulen unterstützen und erstreckte sich auch auf die infrastrukturelle Modernisierung außerhalb des Hochschulbaus. – Die Verhandlungslagen gerieten gerade im Hinblick auf finanzielle Fragen mitunter in äußerst schwieriges Fahrwasser, weil die alten Länder sich keineswegs geneigt sahen, Kosten dieses Programms anteilig zu übernehmen, sondern diese Hilfe als bundesstaatliche Verpflichtung ansahen, weshalb letztlich der Bund 75 Prozent und die neuen Länder 25 Prozent der Finanzierung übernahmen.
- dem so genannten Eckwertepapier von 1993, das der Vorbereitung eines bildungspolitischen Spitzengesprächs zwischen Bund, Ländern, Arbeitgebern und Gewerkschaften dienen und konkrete Entscheidungsvorschläge (inklusive ihrer kurz- und mittelfristigen Finanzierung) zur künftigen Hochschul- und Forschungspolitik sowie zur beruflichen Aus- und Weiterbildung unterbreiten sollte. Die vorgelegte detaillierte Situationsanalyse und der darauf bezogene Maßnahmenkatalog sind inzwischen sicher zum Teil überholt, haben andererseits

in manchen Aspekten aber durchaus noch aktuelle Relevanz. Leider sahen sich Bund und Länder zur Umsetzung eines solchen perspektivischen Rahmens nicht in der Lage. Gerade auch die Finanzseite des Bundes verwies neben den finanziellen Verpflichtungen aus der Einigung darauf, dass zwischen 1989 und 1992 insgesamt zusätzlich ca. 6 Mrd. DM Bundesmittel für den Hochschul- und Forschungsbereich zur Verfügung gestellt wurden.

Neben grundlegenden Novellierungen des Hochschulrahmengesetzes (HRG) und der Bundesausbildungsförderung (BaföG) stritten Bund und Länder wiederholt (eigentlich dauernd) über die Höhe der Bundesförderung für den Hochschulbau. Trotz verschiedentlich merklicher Erhöhungen der jeweiligen Etatansätze des BMBW bzw. BMBF rechneten die Länder ihre jeweiligen ›Vorleistungen‹ dagegen und befanden, der Bund sei wieder einmal zu kurz gesprungen. Dem daraus resultierenden Druck versuchten wir zum einen durch die Entwicklung alternativer Finanzierungsformen (Leasingmodelle) – letztlich unzureichend – zu begegnen, zum anderen gelang es 1994, mit vier Ländern – Baden-Württemberg, Bayern, Bremen und Hessen – eine Vereinbarung zu treffen (›UK 2004‹), nach der sie einige besonders wichtige Bauprogramme außerhalb des jährlich verabschiedeten ›Rahmenplans für den Hochschulbau‹ zunächst rein länderfinanziert durchführen konnten. Sowohl der Wissenschaftsrat als auch die Hochschulrektorenkonferenz kritisierten dieses Vorgehen als ›Aushöhlung‹ der Gemeinschaftsaufgabe, dennoch bin ich auch heute noch überzeugt, dass ohne diese Übereinkunft wichtige Vorhaben unterblieben wären oder auf eine überlange Zeitschiene hätten gesetzt werden müssen. Eine der Änderungen im Hochschulbauförderungsgesetz (HBFG), die wir am Ende der achtziger Jahre initiierten, nämlich der mögliche Ersatz von Landesmitteln durch private Geldgeber bei gleichzeitiger Mitfinanzierung des Bundes, war als spezielle Hilfsmaßnahme für die private Universität Witten-Herdecke gedacht (bei der die Landesregierung NRW zu dieser Zeit eine Beteiligung ausschloss), zeigt sich mittlerweile aber auch als hilfreich für andere private Initiativen, so auch für die International University Bremen (IUB).

Wissenschaftsrat

Bedacht auf einen Paukenschlag, verweigerte die Wissenschaftliche Kommission des Wissenschaftsrates Mitte 1988 kurz nach meinem Start ihre weitere Arbeit, (an)geleitet von Dieter Simon, Horst Kern und Jürgen Mittelstraß, weil der Generalsekretär des Rates nicht mehr nach B9 sondern lediglich nach B6 besoldet und seine Stelle zudem noch im Haushalt des BMBW und nicht – wie bis dato – des Bundespräsidialamtes geführt werden sollte. Man konnte meinen, eine Lappalie, allerdings eine, die mich keineswegs kalt ließ, denn ich musste mich in Bonn für die zwar in meinem Beisein, aber ohne mein Zutun entstandene Situation rechtfertigen. Die Lösung des Problems nach langem Hin und Her: Alles blieb wie es war (und so ist es noch heute). Ich habe mir damals fest vorgenommen, alles zu versuchen, Derartiges nie wieder erleben zu müssen. Die weitere Zusammenarbeit im Wissenschaftsrat, deren Verwaltungskommission Diether Breitenbach (später Jürgen Zöllner) und ich leiteten, verlief denn auch über ein Jahrzehnt zwar nicht immer spannungsfrei, aber außerordentlich verlässlich und fruchtbar, sicher mit einem Höhepunkt unter dem Vorsitz von Dieter Simon beim Aufbau des gesamtdeutschen Wissenschaftssystems nach dem Niedergang der DDR.

Einigung

Im Jahresbericht 1988 des BMBW heißt es: »Die Beziehungen zur DDR auf dem Gebiet von Bildung und Wissenschaft wurden [...] weiter ausgebaut.« Mindestens ich ahnte an diesem Jahresende nicht, das der Zerfall der DDR etwa ein Jahr später eintrat.

Die allgemeine historische Bedeutung der wieder gewonnenen Einheit korrespondiert mit meiner autobiographischen Sicht. Sicher wird mir die Zeit vor dem 3. Oktober 1990 – Verhandlungen zu Art. 37 und 38 des Einigungsvertrages; Beratungen der ›Gemeinsamen Bildungskommission‹ – und besonders auch meine Tätigkeit nach der Einigung in Berlin immer als sehr bedeutsamer Lebensabschnitt präsent bleiben.

Mein erster in einer Reihe von Besuchen bei dem Minister für Bildung und Wissenschaft (MBW) der DDR, Hans-Joachim Meyer, vermittelte mir zwiespältige Eindrücke: Hier der Minister, die Staatssekretäre und das Ministerbüro als Insel des Aufbruchs, dort das ›übernommene‹ Ministerium als vertrauter sozialistischer Hort – für den außerordentlichen Professor der Humboldt-Universität ein schwieriges Regieren, das er unter den obwaltenden Umständen allerdings mit Bravour gemeistert hat. Unser späteres Gespräch auf dem Flughafen Schönefeld über die Modalitäten der ›Übergabe‹ des MBW an das BMBW zeigte etwas von seinem Stil: Er wünschte, sich ohne unsere Anwesenheit von seinen Mitarbeitern zu verabschieden, und wir sollten am nächsten Tag ohne seine Präsenz beginnen; so geschah es dann auch.

Ich hatte es zusammen mit meinen Kollegen Ernst August Blanke und Hinrich Enderlein übernommen, die Zusammenführung beider Ministerien und ihrer Geschäftsbereiche zu organisieren. Ohne auch nur ansatzweise auf die vielfältigen Aspekte einzugehen, die die Aufgabe mit sich brachte, die zentrale Instanz des DDR-Bildungswesens mit

unserem Ministerium zu verschmelzen, nur einige wenige illustrative Striche aus jener Zeit:
- Anfangs residierten die ›Gemeinsame Einrichtung der Länder‹ (für Bildung und Wissenschaft) nach Art. 14 des Einigungsvertrages und die ›Außenstelle‹ des BMBW gemeinsam im ehemaligen Volksbildungsministerium (Unter den Linden/Ecke Wilhelmstraße), eng benachbart der ›Akademie der Pädagogischen Wissenschaften‹. Der Geist von Margot Honecker schwebte sozusagen noch im Gebäude.
- Es waren Erlebnisse höchst eigener Art, in einem Tunnel ›Unter den Linden‹ voll ausgebaute, aber weitgehend geräumte Schulklassen zu entdecken.
- Mir fielen immer wieder Personen auf, die das Haus mit dicken Aktenordnern verließen. Wenn ich recht erinnere, verbot ich daraufhin mit der einzigen Hausanordnung meiner Amtszeit, die disziplinarische Konsequenzen androhte, die Mitnahme von Papieren.
- Eines Morgens bemerkten wir die deutlich verringerte Anzahl von Dienst-Pkws im Hof. Einige Mitarbeiter hatten offensichtlich beabsichtigt, Staatseigentum zum eigenen Nutzen zu verwerten. Nach massivem Eingreifen fanden die verloren geglaubten Fahrzeuge irgendwie wieder zurück.
- Als wir nach Wochen realisierten, dass sich im Dachgeschoss des Gebäudes noch eine der Leitstellen der Staatssicherheit befand und diese aufsuchten, hatte Stunden zuvor ein ominöser Anruf aus der Außenstelle des Bundeskanzleramtes dazu geführt, dass die Mitarbeiter weisungsgemäß alle Unterlagen vernichtet hatten.
- Von einem Tag zum anderen verschwand ein ehemaliger Staatssekretär, den wir als Mitarbeiter in der Außenstelle beschäftigten und ward fortan nicht mehr gesehen – vermutlich fürchtete er sich vor der Aufdeckung einer Tätigkeit für den Staatssicherheitsdienst.
- Die Regierung Modrow hatte allen ministeriellen Mitarbeitern ermöglicht, ihre Personalakten zu säubern, so dass wir manchmal nur noch wenige Blätter vorfanden. Wir lehnten Personalgespräche zur Überleitung in den Dienst des BMBW prinzipiell ab, wenn die Mitarbeiter sich nicht bereit fanden, ihre Akten wieder zu vervollständigen.
- Personalakten der Professoren waren für uns weitgehend nicht mehr auffindbar, durch einen glücklichen Umstand verfügten wir allerdings über ca. 3.000 Berufungsakten. Diese dem Bundesarchiv (trotz aller Begehrlichkeiten nicht den im Aufbau befindlichen Landesministerien) zu übergeben, ermöglichte die Sicherung des Bestandes. Der Rückgriff darauf war für mich auch sehr hilfreich zur Vorbereitung einer schwierigen Unterhaltung mit dem amtsenthobenen Rektor der Humboldt-Universität, Heinrich Fink.

- Die ›Akademie der Pädagogischen Wissenschaften‹ wurde, da sie den DDR-Repräsentanten als ideologische Speerspitze sozialistischer Pädagogik galt, bewusst nicht als zu überführende Einrichtung in den Einigungsvertrag aufgenommen. Die so genannte Abwicklung der Akademie und ihrer Institute war für mich mit Blick auf das Schicksal der Mitarbeiter eine der belastendsten Tätigkeiten. Das es in diesem Prozess gelungen ist, die ›Bibliothek des Lehrers‹ zu erhalten, freut mich noch heute.

Abschließend und mir bewusst seiend, manches Wichtige übergangen zu haben: Ich lernte viel und konnte einiges mitgestalten.

Verzeichnis der Abkürzungen

AA	Auswärtiges Amt
ABB	Arbeitsstelle für Betriebliche Berufsausbildung
AdW	Akademie der Wissenschaften der DDR
AEVO	Ausbildungseignungsverordnung
AfB	Arbeitsausschuß für Berufsausbildung
AFG	Arbeitsförderungsgesetz
AFRA	Arbeitsgemeinschaft für Raketentechnik e.V.
AGF	Arbeitsgemeinschaft der Großforschungseinrichtungen
AiF	Arbeitsgemeinschaft industrielle Forschungsvereinigung
APIFG	Ausbildungsplatzförderungsgesetz
ARGUS	Arbeitsgruppe zur Realistischen Gesamtanalyse des Umweltschutzes
AWI	Alfred-Wegener-Institut für Polar- und Meersforschung
BaföG	Bundesausbildungsförderung
BBAW	Berlin-Brandenburgische Akademie der Wissenschaften
BBF	Bundesinstituts für Berufsbildungsforschung
BBiG	Berufsbildungsgesetz
BDA	Bundesvereinigung der Deutschen Arbeitgeberverbände
BDI	Bundesverband der Deutschen Industrie
BerBiFG	Berufsbildungsföderungsgesetz
BGJ	Berufsgrundbildungsjahr
BGJk	kooperatives Berufsgrundbildungsjahr
BHS	Berufsbildende Höhere Schulen
BIBB	Bundesinstitut für Berufsbildung
BLK	Bund-Länder-Kommission für Bildungsplanung und Forschungsförderung
BMAt	Bundesministerium für Atomfragen, später Bundesministerium für Atomfragen und Wasserwirtschaft, dann Bundesministerium für Atomkernenergie
BMBF	Bundesministerium für Bildung und Wissenschaft
BMBW	Bundesministerium für Bildung und Wissenschaft
BMFT	Bundesministerium für Forschung und Technik
BMI	Bundesministerium des Innern
BMU	Bundesministerium für Umwelt, Naturschutz und Reaktorsicherheit
BMV	Bundesministerium für Verkehr
BMwF	Bundesministerium für wissenschaftliche Forschung
BMWi	Bundesministerium für Wirtschaft (und Technologie)
BMZ	Bundesministerium für wirtschaftliche Zusammenarbeit und Entwicklung
BTU	Beteiligungskapital für Technologieorientierte Unternehmensgründungen

ABKÜRZUNGEN

BverfGE	Bundesverfassungsgericht
CERN	Conseil Européen pour la Recherche Nucléaire
CNES	Centre national d'études spatiales
CRE	Confederation of European Union Rectors' Conference
DAAD	Deutsche Akademische Austauschdienst
DAF	Deutsche Arbeitsfront
DAFRA	Deutsche Arbeitsgemeinschaft für Raketentechnik e.v.
DARA	Deutsche Agentur für Raumfahrt
DAtK	Deutsche Atomkommission
DATSCH	Deutscher Ausschuß für Technisches Schulwesen
DESY	Deutsches Elektronen Synchrotron
DFG	Deutsche Forschungsgemeinschaft
DFVLR	Deutsche Gesellschaft für Luft- und Raumfahrt
DGAP	Deutsche Gesellschaft für Auswärtige Politik
DGB	Deutscher Gewerkschaftsbund
DIHT	Deutscher Industrie und Handelstag
DIN	Deutsches Institut für Normung e. V.
DINTA	Deutsche Institut für technische Arbeitsschulung
DKfW	Deutsche Kommission für Weltraumforschung
DKFZ	Deutsches Krebsforschungszentrum
DKRZ	Deutsches Klimarechenzentrum
DLR	Deutsches Zentrum für Luft- und Raumfahrt
EACRO	European Association of Contract Research Organisations
EBR I	Experimental Breeder Reactor
ECTS	European Credit Transfer System
ECVET	European Credit System for Vocational Education and Training
EFDA	European Fusion Development Agreement
ELDO	European Launcher Development Organisation
EMBL	European Molecular Biology Laboratory
ENI	European Neuroscience Institute
EPR	Europea Recovery Program
EPSRC	Engineering and Physical Sciences Research Council
EQR	European Qualifications Framework
ERA-Nets	European Research Area Netzwerke
ESA	European Space Agency
ESO	European Southern Observatory
ESRF	European Synchrotron
ESRO	European Space Research Organisation
ESTA	European Science and Technology Assembly
ETH- Zürich	Eidgenössische Technische Hochschule Zürich
EUA	European University Association
EURAB	European Research Advisory Board
EVG	Europäische Verteidigungsgemeinschaft
FhG	Fraunhofer-Gesellschaft
FIAS	Frankfurt Institute of Advanced Studies

ABKÜRZUNGEN

FISS	First International Science Study
FPS	Forschungsinstitut für Physik der Strahlantriebe
FTI	Forschung, Technologie und Innovation
FuE	Forschung und Entwicklung
FZJ	Forschungszentrum Jülich
FZK	Forschungszentrum Karlsruhe
GBF	Gesellschaft für Biotechnologische Forschung
GFE	Großforschungseinrichtungen
GfW	Gesellschaft für Weltraumforschung
GKSS	Gesellschaft für Kernenergieverwertung in Schiffbau und Schifffahrt
GMD	Gesellschaft für Mathematik und Datenverarbeitung
GPS	Global Positioning System
HBFG	Hochschulbauförderungsgesetz
HEP	Hochschulerneuerungsprogramm für die neuen Länder
HGF	Helmholtz-Gemeinschaft Deutscher Forschungszentren
HRG	Hochschulrahmengesetz
HRGÄndG	Gesetz zur Änderung des Hochschulrahmengesetzes
HRK	Hochschulrektorenkonferenz
HSP	Hochschulsonderprogramm
HTR	Hochtemperaturreaktor
HWK	Handwerkskammer
HWO	Gesetz zur Ordnung Handwerks
HWP	Hochschul- und Wissenschaftsprogramm
IAS	International orientierte Auslands-Studiengänge
IG Metall	Industriegewerkschaft Metall
IHK	Industrie- und Handelskammer
ILL	Institut Laue-Langevin
IMA	Interministerieller Ausschuss für Weltraumfahrt
IPA	Fraunhofer-Institut für Produktionstechnik und Automatisierung
IPCC	Intergovernmental Panel on Climate Change
IPP	Max-Planck-Institut für Plasmaphysik
IQB	Institut zur Qualitätsentwicklung im Bildungswesen
ISCO	International Standard Classification of Occupation
ISS	International Space Station
IST	Information Society Technologies
ITA	Innovations- und Technikanalyse
ITAS	Institut für Technikfolgenabschätzung und Systemanalyse
IUB	International University Bremen
IZBB	Investitionsprogramm ›Zukunft Bildung und Betreuung‹
JESSI	Joint European Silicon Submikron Initiative
KAI-AdW	Koordinierungs- und Abwicklungsstelle für die Institute und Einrichtungen der ehemaligen AdW der DDR
KFA	Kernforschungsanlage Jülich

ABKÜRZUNGEN

KfR	Kommission für Raumfahrttechnik
KKN	Kernkraftwerk Niederaibach
KMK	Kultusministerkonferenz
LMU	Ludwig-Maximilians-Universität München
MBW	Ministerium für Bildung und Wissenschaft der DDR
MDC	Max-Delbrück-Centrum
MFT	Ministerium für Forschung und Technologie der DDR
MIT	Massachusetts Institute of Technology
MPG	Max-Planck-Gesellschaft
MST	Mikrosystemtechnik
MTCR	Missile Technology Control Regime
MWFK	Ministerium für Wissenschaft, Forschung und Kultur
MZFR	Mehrzweckforschungsreaktor
NASA	National Aeronautics and Space Administration
NBIC	Nano, Bio, Info und Cogno
NTA	Netzwerk Technikfolgenabschätzung
NWO	Nederlandse Organisatie voor Wetenschappelijk Onderzoek
OECD	Organisation for Economic Co-operation and Development
OEEC	Organization for European Economic Cooperation
OTA	Office of Technology Assessment
ÖTV	Gewerkschaft Öffentlicher Dienst, Transport und Verkehr
PIK	Potsdam-Institut für Klimaforschung
PISA	Programme for International Student Assessment
POST	Parliamentary Office of Science and Technology
PT	Projektträger
RWTH	Rheinisch-Westfälischen Technischen Hochschule Aachen
SDI	Strategic Defense Initiative
SFB	Sonderforschungsbereich
SRU	Sachverständigenrat für Umweltfragen
TA	Technology Assessment
TAB	Büro für Technikfolgenabschätzung beim Deutschen Bundestag
TIMSS	Third International Mathematics and Science Study
TNO	Nederlandse Organisatie voor Toegepast-Natuurwetenschappelijk Onderzoek
TOU	Technologieorientierte Unternehmensgründungen
UBA	Umweltbundesamt
UFZ	Umweltforschungszentrum Leipzig
VDI	Verein Deutscher Ingenieure
WBGU	Wissenschaftlicher Beitrag der Bundesregierung Globale Umweltveränderung
WGL	Wissensgemeinschaft Gottfried Wilhelm Leibniz
WIP	Wissenschaftlerintegrationsprogramm
WR	Wissenschaftsrat

ABKÜRZUNGEN

WRK	Westdeutsche Rektorenkonferenz
WTO	World Trade Organization
WZB	Wissenschaftszentrum Berlin
ZDH	Zentralverband des Deutschen Handwerks

Hinweise zu den Autorinnen und Autoren

Martin Baethge, Prof. Dr., bis 2005 Professor für Soziologie am Soziologischen Seminar der Georg-August-Universität Göttingen. Direktor des Soziologischen Forschungsinstituts an der Georg-August-Universität Göttingen. *Anschrift:* Soziologisches Forschungsinstitut an der Georg-August-Universität Göttingen, Friedländer Weg 31, 37085 Göttingen. *Publikationen:* Mit P. Kupka: Bildung und soziale Strukturierung in Berichterstattung zur sozio-ökonomischen Entwicklung in Deutschland, erster und zweiter Bericht. Mit R. Reichwald, O. Brakel: Die neue Welt der Mikrounternehmen, 2004. Mit V. Baethge-Kinsky: Der ungleiche Kampf um das lebenslange Lernen, 2004.

Alfons Bora, geb. 1957, Prof. Dr. phil., Ass. iur., Studium der Rechtswissenschaften und der Soziologie in Freiburg/Br.; 1983-1991 Max-Planck-Institut für ausländisches und internationales Strafrecht Freiburg; 1991-1999 Wissenschaftszentrum Berlin für Sozialforschung (WZB); seit 1999 Professor für Technikfolgenabschätzung am Institut für Wissenschafts- und Technikforschung der Universität Bielefeld. *Anschrift:* IWT, Postfach 100131, 33501 Bielefeld. E-Mail: bora@iwt.unibielefeld.de. *Publikationen:* Hrsg. mit H. Hausendorf: Analysing Citizenship Talk. Social positioning in political and legal decision-making processes, 2006. Hrsg. mit M. Decker, A. Grunwald, O. Renn: Technik in einer fragilen Welt. Die Rolle der Technikfolgenabschätzung, 2005. Mit G. Abels: Demokratische Technikbewertung, 2004.

Barbara Breitschopf, geb. 1965, Dr., studierte Allgemeine Agrarwissenschaften an der Universität Hohenheim. Master of Arts in Economics, Ohio State University. Promotion im Bereich »Ländliche Finanzmärkte in Transformationsländern«, Universität Hohenheim. Wiss. Mitarbeiterin am Lehrstuhl Systemdynamik und Innovation an der Wirtschaftswissenschaftlichen Fakultät der Universität Karlsruhe (TH). Seit 2006 wiss. Mitarbeiterin am Fraunhofer-Institut für System- und Innovationsforschung (ISI). *Publikationen:* Mit I. Haller, H. Grupp: Bedeutung von Innovationen für die Wettbewerbsfähigkeit. In: Handbuch Technologie- und Innovationsmanagement, Hrsg. S. Albers, O. Grassmann, Wiesbaden, 2005. Mit H. Grupp: Innovation Dynamics in OECD Countries: Challenges for German Enterprises. In: International Economics and Economic Policy, Vol 1, no. 2-3, 2004.

Hans Rainer Friedrich, geb. 1944, Prof. Dr., studierte Volkswirtschaft an den Universitäten Bonn und Mainz. Nach Mitarbeit in der Planungsabteilung des Bundeskanzleramtes im Mai 1973 Eintritt in das heutige

AUTORINNEN UND AUTOREN

Bundesministerium für Bildung und Forschung. Er arbeitete dort über 29 Jahre in verschiedenen Funktionen (u. a. Referatsleiter für Bedarfsanalysen und Prognoseforschung, Abordnung an das Auswärtige Amt zur Tätigkeit bei der UNESCO, Referatsleiter Hochschule und Wirtschaft, Leiter des Ministerbüros). Von 1990 bis Ende 2002 war er Leiter der Hochschulabteilung, verantwortlich für die Vierte Novelle zum Hochschulrahmengesetz und Mitverfasser der Bologna-Erklärung von 1999. Er lehrt als Honorarprofessor an der Hochschule Bremen und der Fachhochschule Osnabrück. *Anschrift:* Erzbergerufer 14, D-53111 Bonn. *Publikationen:* Hochschulen im Wandel – Hochschulen im Wort. Bd 1 und 2, 2001 und 2003. Der Bologna-Prozess nach Bergen. Perspektiven für die deutschen Hochschulen. In: die hochschule, 14. Jg. Heft 2/05.

Giesecke, Susanne, Dr., Senior Researcher bei der ARC systems research GmbH, Wien. *Arbeitsschwerpunkte:* Innovationsforschung, Technologiepolitik, Technology Assessment, Foresight, Politikberatung. *Anschrift:* ARC systems research GmbH, Technologiepolitik, Donau-City-Str. 1, 1220 Wien. E-Mail: Susanne.Giesecke@arcs.ac.at. *Publikationen:* Von der Forschung zum Markt. Innovationssysteme und Forschungspolitik in der Biotechnologie, 2001. (Hg.): Technikakzeptanz durch Nutzerintegration?, 2003. The Contrasting Roles of Government in the Development of Biotechnology Industries in the U.S. and Germany. In: Research Policy, 2000, Bd. 29, Nr. 2-3.

Wolf-Dietrich Greinert, geb. 1938, Prof. Dr. phil., Ausbildung als Gewerbelehrer, Promotion, Wiss. Rat und Professor an der Universität Hannover; von 1979 bis 2006 Professor für Berufspädagogik an der Technischen Universität Berlin; *Hauptarbeitsgebiete:* Sozialgeschichte der beruflichen Bildung, Bildungspolitik und Systemanalyse, internationale vergleichende Berufsbildungsforschung. *Publikationen:* Realistische Bildung in Deutschland, 2003. Berufliche Breitenausbildung in Europa, 2005. *Weitere Informationen:* www.ibba.tu-berlin.de/wir/greinert/index-greinert.html.

Hariolf Grupp, geb. 1950, Prof. Dr., studierte Physik und Mathematik an der Universität Heidelberg. Nach seiner Promotion 1978 habilitierte sich Grupp an der Technischen Universität Berlin in Volkswirtschaftslehre. Seit 1984 forscht er am Fraunhofer-Institut für System- und Innovationsforschung ISI, seit 1996 in der Funktion des stellvertretenden Institutsleiters, seit 2005 als Direktor des ISI. Im Januar 2001 zum Universitätsprofessor an der Universität Karlsruhe ernannt, lehrt Grupp am dortigen Institut für Wirtschaftspolitik und Wirtschaftsforschung (IWW) Systemdynamik und Innovation. *Publikationen:* Über 100 Zeitschriften- und Buchveröffentlichungen. *Verfasser des Standardwerks:* Messung und Erklärung des Technischen Wandels – Grundzüge einer empirischen Innovationsökonomik, 1997.

Klaus Klemm, geb. 1942, Prof. Dr., nach einem Lehramtsstudium in München und Bonn und nach einem wirtschaftswissenschaftlichen Ergänzungsstudium 1977 Berufung auf eine Professur für Erziehungswissenschaft im heutigen Fachbereich Bildungswissenschaften der Universität Duisburg-Essen (Campus Essen). *Anschrift:* Universitätsstr. 11, 45117 Essen. E-Mail: k.klemm@uni-essen.de. *Publikationen:* Bildungsausgaben: Woher sie kommen, wohin sie fließen. In: Cortina, K. S. u. a. (Hrsg.): Das Bildungswesen in der Bundesrepublik, 2003. Block, R./Klemm, K.: Lohnt sich Schule, 1997. Klemm, K. u. a.: Bildungsgesamtplan '90. Ein Rahmen für Reformen, 1990.

Wilhelm Krull, geb. 1952, Dr. phil., Studium der Germanistik, Politikwissenschaften, Philosophie und Pädagogik in Bremen und Marburg. Nach beruflichen Stationen an der Universität Oxford, beim Wissenschaftsrat und in der Generalverwaltung der Max-Planck-Gesellschaft ist er seit Januar 1996 Generalsekretär der VolkswagenStiftung. Er ist Mitglied in zahlreichen nationalen und internationalen Aufsichts- und Beratungsgremien. *Anschrift:* VolkswagenStiftung, Kastanienallee 35, 30519 Hannover. E-Mail: krull@volkswagenstiftung.de.

Klaus Landfried, geb. 1941, Prof. Dr., Studium an den Universitäten Basel und Heidelberg, Auslandsaufenthalte in England und Frankreich, Promotion 1970. Danach Co-Leiter eines DFG-Projektes mit vielen Auslandsreisen in den Mittleren Osten, 1972-73 J. F. Kennedy-Fellow an der Harvard University Cambridge, 1974-1982 Prof. für Politikwissenschaft an der Universität Kaiserslautern, dort 1981-87 Vizepräsident, 1987-97 Präsident der Universität Kaiserslautern, 1991-97 Vizepräsident der HRK, 1997-2003 Präsident der HRK, 1994-98 Mitglied des Vorstands der CRE (Europ. Rektorenkonferenz, jetzt EUA). *E-Mail:* K.Landfried@web.de. *Hauptarbeitsschwerpunkt:* Hochschulmanagement, gesellschaftliche Bedeutung von Bildung und Forschung. Zahlreiche kleinere und größere Publikationen zum Thema. Jüngst mit J. Kohler und W. Benz (Hrsg.): Qualität in Lehre und Studium, 2004.

Stefan Lange, geb. 1967, Dr., ist zur Zeit wissenschaftlicher Mitarbeiter im Forschungsprojekt ›Auswirkungen der evaluationsbasierten Forschungsfinanzierung an Universitäten« an der FernUniversität Hagen. *Arbeitsschwerpunkte:* international vergleichende Hochschulforschung, Governance der Forschung, Wissenschafts- und Hochschulpolitik, Theorien der Governance und politischen Steuerung. *Anschrift:*

Lehrgebiet Soziologie II, FernUniversität in Hagen, Universitätsstr. 11, 58084 Hagen. E-Mail: stefan.lange@fernuni-hagen.de. *Publikationen:* Governance und gesellschaftliche Integration, 2004. Hrsg. mit Uwe Schimank: Niklas Luhmanns Theorie der Politik. Eine Abklärung der Staatsgesellschaft, 2003. Mit Dietmar Braun: Politische Steuerung zwischen System und Akteur. Eine Einführung, 2000.

Reimar Lüst, geb. 1923, Prof. Dr. rer nat., Promotion an der Universität Göttingen, 1951. Habilitation für Theoretische Physik an der Universität München, 1959. Honorarprofessor an der Technischen Universität München, 1965. Wissenschaftliches Mitglied des Max-Planck-Instituts für Physik und Astrophysik, München, 1960. Direktor des Max-Planck-Instituts für extraterrestrische Physik, Garching bei München, 1963-1972. Präsident der Max-Planck-Gesellschaft zur Förderung der Wissenschaften e.V., 1972-1984. Generaldirektor der Europäischen Weltraumorganisation (ESA), 1984-1990. Präsident der Alexander von Humboldt-Stiftung, 1989-1999. Professor für Physik der Universität Hamburg, 1992. *Arbeitsschwerpunkte:* Astrophysik/Weltraumforschung. *Anschrift:* Max-Planck-Institut für Meteorologie, Bundesstr. 53, 20146 Hamburg, E-Mail: sengbusch@dkrz.de.

Ernst-Joachim Meusel, geb. 1932, Dr. jur., 1961-1962 Vorstandsassistent in der Kernforschungsanlage Jülich des Landes Nordrhein-Westfalen e.V. (KFA). 1964-1968 Geschäftsführer der (bundeseigenen) Gesellschaft für Kernverfahrenstechnik GmbH in Jülich (GKT). 1968-1970 Geschäftsführer der Institut für Plasmaphysik GmbH in Garching (IPP). 1969-1970 (Gründungs-) Vorsitzender der Arbeitsgemeinschaft der Großforschungseinrichtungen (AGF). 1985-1987 deren Direktoriumsmitglied. 1970-1997 Gf. Direktoriumsmitglied des Max-Planck-Instituts für Plasmaphysik in Garching (IPP). 1993-1997 Lehrbeauftragter an der Hochschule für Verwaltungswissenschaften in Speyer. Seit 1977 Mitherausgeber der Zeitschrift und des Handbuchs für Wissenschaftsrecht. Seit 1997 Rechtsanwalt in Rohrbach/Ilm.

Joachim Radkau, geb. 1943, Prof. Dr., Studium in Münster, Berlin und Hamburg, 1970 Promotion bei Fritz Fischer in Hamburg, seit 1980 Prof. für Neuere Geschichte an der Universität Bielefeld. *Arbeitsschwerpunkte:* Technik-, Umwelt- und Wissenschaftsgeschichte. *Anschrift:* Bultkamp 16, D-33611 Bielefeld. E-Mail: joachim.radkau@uni-bielefeld.de. *Publikationen:* Aufstieg und Krise der deutschen Atomwirtschaft 1945-1975, 1983. Technik in Deutschland: Vom 18. Jahrhundert bis zur Gegenwart, 1989. Natur und Macht: Eine Weltgeschichte der Umwelt, 2000.

AUTORINNEN UND AUTOREN

Werner Reutter, Dr., Privatdozent an der Humboldt-Universität zu Berlin. *Arbeitsschwerpunkte:* Interessengruppen, Parlamentarismus, nationale und internationale Gewerkschaftspolitik, Verfassungspolitik *E-Mail:* werner.reutter@rz.hu-berlin.de. *Publikationen:* Germany on the Road to »Normalcy«: Politics and Policies of the Red-Green Federal Government (1998-2002), New York, 2004. Hrsg. mit Peter Rütters: Verbände und Verbandssysteme in Westeuropa, 2001. Möglichkeiten und Grenzen internationaler Gewerkschaftspolitik, 1998. Hrsg. mit Siegfried Mielke: Struktur, Funktionen, 2004.

Fritz Schaumann, geb. 1946, Dr., Staatssekretär a. D. Fernmeldehandwerkerlehre, Studium der Erziehungswissenschaften und Psychologie in Dortmund und Münster (1974 Promotion). Studiendirektor im Hochschuldienst, Landtagsabgeordneter NRW, Staatssekretär im Bundesministerium für Bildung und Forschung, seit 1998 Präsident der International University Bremen (IUB). *Anschrift:* Am Fullacker 17, 47495 Rheinberg. *Publikationen:* Ca. 80 Veröffentlichungen, vorwiegend zu bildungs- und forschungspolitischen Themen.

Uwe Schimank, geb. 1955, Prof. Dr. rer soz., Professor für Soziologie an der FernUniversität in Hagen. *Arbeitsschwerpunkte:* Theorien der modernen Gesellschaft, Organisations- und Sportsoziologie, Hochschulforschung. *Publikationen:* Die Entscheidungsgesellschaft, 2005. Differenzierung und Integration der modernen Gesellschaft, 2005. Hrsg. mit Rainer Greshoff: Was erklärt die Soziologie?, 2005.

Simon Sommer, geb. 1975, studierte Musik-, Medien- und Kulturwissenschaften an den Universitäten Lüneburg und College Park, Maryland. Nach Tätigkeiten bei McKinsey & Company in Berlin und bei der VolkswagenStiftung in Hannover ist er derzeit im Bereich Wissenschaftsförderung bei der Jacobs Stiftung tätig. *Anschrift:* Schlossgasse 24, CH-8450 Andelfingen. E-Mail: office@simonsommer.ch. *Publikationen:* Mit Wilhelm Krull: Independent Research Funding for Europe. Conditiones sine qua non for a successful European Research Council In: Wissenschaftsrecht, 37 (3), 2004. Bibliometric Analysis and Private Research Funding. In: Scientometrics, 62 (1), 2005. Mit Wilhelm Krull: Learning by Comparing. Ein Plädoyer für Wettbewerb und offene Kooperation. In: Wissenschaftsmanagement, vol. 9 (6), 2003.

Andreas Stucke, geb. 1958, Dr., Leiter des Arbeitsbereichs Ressortforschung in der Geschäftsstelle des Wissenschaftsrates. Davor (1987-1994) Stipendiat bzw. wissenschaftlicher Mitarbeiter am MPI für Gesellschaftsforschung, Köln. *E-Mail:* stucke@wissenschaftsrat.de.

Publikationen: Institutionalisierung der Forschungspolitik. Entstehung, Entwicklung und Steuerung des Bundesforschungsministeriums, 1993.

Niels C. Taubert, geb. 1972, Dr. phil., studierte Soziologie mit den Schwerpunkten Wissenschafts- und Technikforschung in Hamburg und Bielefeld. Stipendiat im Gradiertenkolleg ›Genese, Strukturen und Folgen von Wissenschaft und Technik‹. Wissenschaftlicher Mitarbeiter am Institut für Wissenschafts- und Technikforschung, Universität Bielefeld. *Anschrift*: IWT, Postfach 100131, 33501 Bielefeld. E-Mail: ntaubert@uni-bielefeld.de. *Publikationen*: Produktive Anarchie? Netzwerke freier Softwareentwicklung, 2006.

Ulrich Teichler, geb. 1942, Prof. Dr., Studium der Soziologie an der Freien Universität Berlin und Wissenschaftlicher Mitarbeiter am Max-Planck Institut für Bildungsforschung. Seit 1978 Professor und langjährig Direktor am Internationalen Zentrum für Hochschulforschung Kassel (INCHER-Kassel); daneben teilzeitliche Professuren und längere Forschungsaufenthalte in Japan, den USA, Belgien und den Niederlanden. *Anschrift*: Universität Kassel WZ1 Mönchebergstraße 17, 34109 Kassel. E-Mail: teichler@hochschulforschung.uni-kassel). *Publikationen*: ERASMUS in the Socrates Programme. Findings of an Evaluation Study, 2002. Hochschule und Arbeitswelt, 2003. Hochschulstrukturen im Umbruch, 2005.

Uwe Thomas, geb. 1938, Diplomphysiker, Dr. Ing. E. h., Minister für Wirtschaft, Technik und Verkehr a. D. in Schleswig-Holstein; Staatssekretär des Bundesministeriums für Bildung und Forschung a. D. *Anschrift*: Wissenschaftsberatung T.EA München, Vorhoelzer Straße 6, 81477 München. *Publikationen*: Das dritte Wirtschaftswunder, 1994. Mit Peter Glotz: Dichtung und Wahrheit in der Verkehrspolitik, 1996. Wissenschaftsmanagement, 2006.

Helmuth Trischler, geb. 1958, Prof. Dr., Forschungsdirektor des Deutschen Museums und Professor für Neuere und Neueste Geschichte sowie Technikgeschichte an der Universität München. Forschungsschwerpunkte: Wissenschafts- und Technikgeschichte im 19. und 20. Jahrhundert sowie Innovationskulturen im internationalen Vergleich. *Anschrift*: Deutsches Museum, Museumsinsel 1, 80538 München. E-Mail: h.trischler@deutsches-museum.de. Autor von 15 Büchern und ca. 80 Artikeln, darunter: Forschung für den Markt. Geschichte der Fraunhofer-Gesellschaft, 1999 (mit Rüdiger vom Bruch).

Peter Weingart, geb.1941, Prof. Dr., Studium der Soziologie und Ökonomie in Freiburg, Berlin und Princeton. Seit 1973 Professor an der

Fakultät für Soziologie, Universität Bielefeld. Fellow am Wissenschaftskolleg zu Berlin, 1983/84. Visiting Scholar, Harvard University, 1984/85. 1989 bis 1994 Geschäftsführender Direktor des Zentrums für interdisziplinäre Forschung (ZIF). Geschäftsführer des Instituts für Wissenschafts- und Technikforschung (IWT) Universität Bielefeld. *Anschrift:* IWT, Postfach 100131, 33501 Bielefeld. *Publikationen:* Hrsg. mit N. Stehr: Practising Interdisciplinarity; 1999. Mit S. Maasen: Metaphors and the Dynamics of Knowledge, 2000. Die Stunde der Wahrheit? Zum Verhältnis der Wissenschaft zu Politik, Wirtschaft und den Medien in der Wissensgesellschaft, 2001. Wissenschaftssoziologie, 2003. Die Wissenschaft der Öffentlichkeit, 2005.

Johannes Weyer, geb. 1956, Prof. Dr. phil., 1983 Promotion Univ. Marburg; 1984-1999 Wiss. Mitarbeiter Univ. Bielefeld; 1991 Habilitation; 2000-2002 eLog-Center Dortmund; seit 2002 Professor für Techniksoziologie an der Universität Dortmund. *Arbeitsschwerpunkte:* Techniksoziologie, Technologiepolitik, Innovationsmanagement in hochautomatisierten Verkehrssystemen. *Anschrift:* Universität Dortmund, WiSo-Fakultät, D-44221 Dortmund. E-Mail: johannes.weyer@unidortmund.de. *Publikationen:* Soziale Netzwerke. Konzepte und Methoden der sozialwissenschaftlichen Netzwerkforschung, 2000. Wernher von Braun, 1999. Technik, die Gesellschaft schafft, 1997.

Gebhard Ziller, geb. 1932, PhD h.c. Dr. iur., 1961 Sekretariat des Bundesrates; 1971 Abteilungsleiter Sozialministerium Rheinland-Pfalz; 1976 Staatssekretär Sozialministerium Niedersachsen; 1978 Direktor des Bundesrates; 1987 bis 1996 Staatssekretär BMFT/BMBF. *Anschrift:* Am Stadtwald 97 C, 53177 Bonn. E-Mail: GIZiller@t-online.de. Veröffentlichungen zu Staats- und verfassungsrechtlichen Themen, u.a.: Der Bundesrat, 10. Aufl., 1998.

Peter Weingart
Die Stunde der Wahrheit?
Zum Verhältnis der Wissenschaft zu Politik, Wirtschaft und Medien in der Wissensgesellschaft
Studienausgabe 2005 · 397 Seiten · Broschiert · ISBN 3-934730-98-1

Gegenwärtig erleben wir die Auflösung der Wissenschaft als Institution in ihrer seit dem Ende des 18. Jahrhunderts überkommenen Gestalt. Wissensgesellschaften sind nicht nur durch die vermehrte Produktion und Anwendung wissenschaftlichen Wissens in der Gesellschaft charakterisiert, sondern gleichzeitig durch eine veränderte Art und Weise der Wissensproduktion. Neben der Verwissenschaftlichung der Gesellschaft vollzieht sich eine Vergesellschaftung der Wissenschaft.

Peter Weingart
Die Wissenschaft der Öffentlichkeit
Essays zum Verhältnis von Wissenschaft, Medien und Öffentlichkeit
206 Seiten · Broschiert   ISBN 3-934730-03-5

Die Wissenschaft ist immer öffentlich gewesen, aber ihre Öffentlichkeit hat sich im Verlauf der letzten dreieinhalb Jahrhunderte grundlegend gewandelt. Die entscheidende Veränderung ist mit dem Übergang von der bürgerlichen Öffentlichkeit des 19. und frühen 20. Jahrhunderts zur medialen Öffentlichkeit der Massendemokratien der zweiten Hälfte des 20. Jahrhunderts verbunden. Das Interesse richtet sich nun auf die Rückwirkungen der Kopplung des Wissenschaftssystems mit dem der Medien, das heißt: auf die Transformation der Wissenschaft, die als ihre Medialisierung bezeichnet wurde.

Peter Weingart ist Professor für Soziologie an der Universität Bielefeld und Direktor des Instituts für Wissenschafts- und Technikforschung (IWT) an der Universität Bielefeld.

Buchausgaben bei Velbrück Wissenschaft
(www.velbrueck-wissenschaft.de)

Digitale Ausgaben (PDF) im Verlag Humanities Online
(www.humanities-online.de)

Andreas Reckwitz
Die Transformation der Kulturtheorien
Zur Entwicklung eines Theorieprogramms
Mit einem Nachwort zur Studienausgabe 2006:
Aktuelle Tendenzen der Kulturtheorien
728 Seiten · Broschiert · ISBN-10: 3-938808-20-9
ISBN-13: 978-3-938808-20-7

Zum einen geht es in diesem Buch um eine offensive und zugleich systematische Positionierung eines kulturtheoretischen Analyseprogramms als eines komplexen Feldes von Ansätzen, die den klassischen Sozialwissenschaften wie den klassischen Geisteswissenschaften einen Horizont neuartiger Fragestellungen eröffnen. Die Kulturtheorien bewirken eine Transformation des Feldes der Theorie und des humanwissenschaftlichen Denkens. Diese Transformation betrifft vor allem die Unterminierung gängiger sozial- und geisteswissenschaftlicher Voraussetzungen einer Ebene des ›Vordiskursiven‹ (J. Butler), das heißt des Vorkulturellen, Nicht-Sinnhaften, Formalen, Strukturellen, Materiellen oder der universalen Rationalität – ob diese Ebene nun im Subjekt oder Akteur, in der Sprache, der Vernunft, der Ökonomie, der Technik, der menschlichen Natur, der sozialen Differenzierung oder der Macht ausgemacht wird.

Zum anderen geht es darum, die Transformation nachzuzeichnen, der das Feld der Kulturtheorien im 20. Jahrhundert selbst unterliegt. Der zentrale Aspekt betrifft die Ausbildung einer kulturwissenschaftlichen Theoriefamilie, die Reckwitz als ›Theorien sozialer Praktiken‹ umschreibt. Er erkennt darin einen sich verdichtenden theoretischen Knotenpunkt im heterogenen Netzwerk kulturtheoretischer Ansätze, der sich – in kritischer Auseinandersetzung mit den ›intellektualistischen‹ Tendenzen anderer Kulturalismen und ihrer Orientierung an Geistigem und Sprachlich-Textuellem – vor allem um zwei miteinander verknüpfte praxistheoretische Grundintuitionen bildet: das Element der Materialität und das der Implizitheit des Wissens.

Das Nachwort zur Studienausgabe geht auf einige Brennpunkte der Theoriediskussion seit der Erstveröffentlichung ein.

Andreas Reckwitz ist Professor für Allgemeine Soziologie und Kultursoziologie an der Universität Konstanz. Weitere Veröffentlichung bei Velbrück Wissenschaft: *Das hybride Subjekt. Eine Theorie der Subjektkulturen von der bürgerlichen Moderne zur Postmoderne* (2006).

Walter Herzog
Zeitgemäße Erziehung
Die Konstruktion pädagogischer Wirklichkeit
Studienausgabe 2006 · 688 Seiten · Broschiert
ISBN-10: 3-938808-21-7 · ISBN-13: 978-3-938808-21-4

Der Autor kritisiert die in der Erziehungswissenschaft vorherrschende Raummetaphorik. Als alternative Begründung pädagogischer Wissenschaft schlägt er vor, das metaphorische Potential der Zeit zu nutzen. Zentrale Begriffe der Erziehungswissenschaft lassen sich im Rahmen einer modalen Zeitauffassung neu bestimmen. Die zeitliche Konstruktion pädagogischer Wirklichkeit erschließt der Disziplin die Dimension der Sozialität und verhilft der pädagogischen Theorie zu einer sozialwissenschaftlichen Grundlage.

Gerald Hartung
Das Maß des Menschen
Aporien der philosophischen Anthropologie und ihre Auflösung in der Kulturphilosophie Ernst Cassirers
Studienausgabe 2006 · 394 Seiten · Broschiert
ISBN-10: 3-938808-22-5 · ISBN-13: 978-3-938808-22-1

»Man is to be explained by humanity«. So lautet die von Ernst Cassirer formulierte neue Antwort auf die Frage nach dem Maß des Menschen. In diesem Sinn erfüllt die Kulturphilosophie im Wissenschaftsdiskurs eine zentrale Funktion; denn sie reflektiert die Voraussetzungen und Methoden kulturwissenschaftlicher Forschungen, in denen der Umkreis der kulturellen Existenz des Menschen vermessen wird.

Subjekte und Gesellschaft
Zur Konstitution von Sozialität
Herausgegeben von
Ulrich Wenzel, Bettina Bretzinger, Klaus Holz
Studienausgabe 2006 · 407 Seiten · Broschiert
ISBN-10: 3-938808-23-3 · ISBN-13: 978-3-938808-23-8

Wie keine andere Soziologie rückt das Gesamtwerk von Günter Dux, dem die Beiträge dieses Bandes gewidmet sind, die Frage nach der Gesellschaft in den Horizont ihrer historischen Genese. Will man erklären, was ist – so der Grundsatz seines Werkes –, muß man rekonstruieren, wie es entstanden ist. Das gilt für einzelne soziale Elemente (etwa Handlungen und Normen), für Sozialstrukturen (etwa Staaten und Geschlechterverhältnisse) und für kulturelle Phänomene (etwa Weltbilder und Religionen) ebenso wie für die soziokulturelle Lebensform der Menschheit insgesamt.